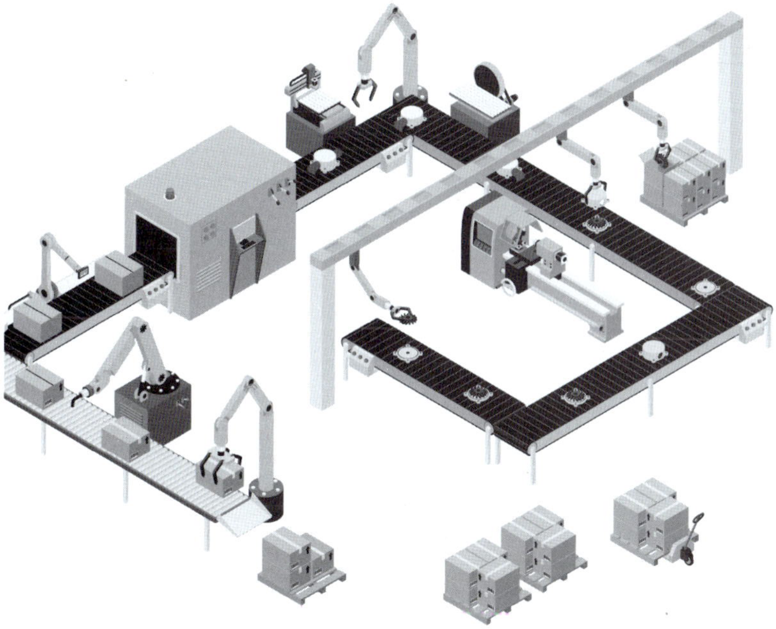

제4판

Production & Supply Chain Management

생산·공급망관리의 이해

김태웅 · 장영봉

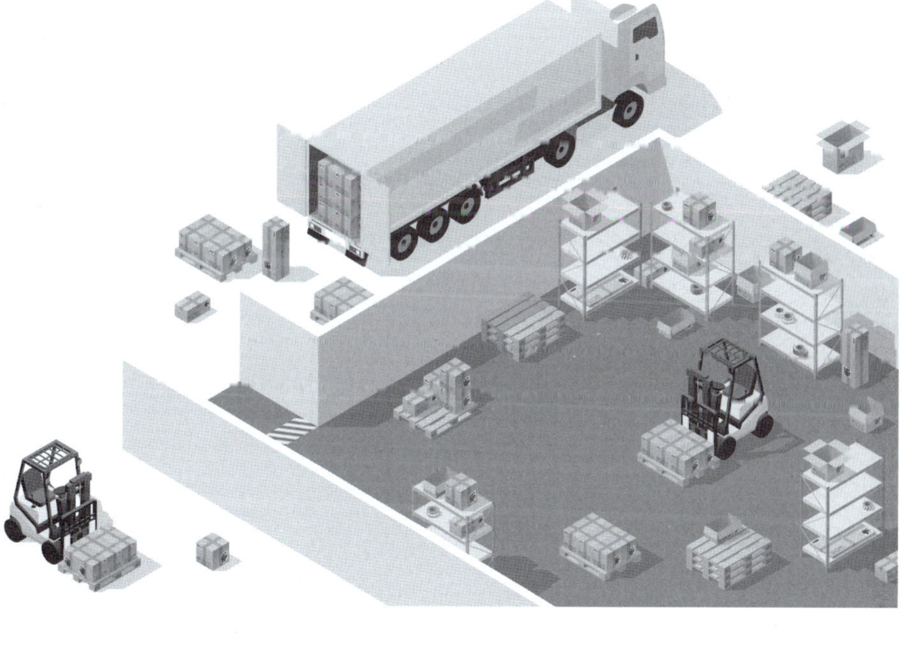

머리말

경영학 분야에서 생산관리는 마케팅, 재무관리, 인사·조직, 경영정보, 회계 등과 함께 기업 운영의 이해에 필수적인 학문 영역이다. 특히 대량생산을 위주로 하던 제조업 중심 시대에는 생산관리야말로 생산성 제고와 비용절감에 핵심적인 역할을 했었다. 그러나 이제 글로벌화와 함께 수많은 제조업들이 해외로 공장을 이전하고, 국내 총생산의 70% 이상을 서비스업이 차지하게 되면서 전통적인 생산관리의 위상과 중요성 역시 제대로 인정받지 못하고 있다. 특히나 많은 제조업체들이 공장을 해외로 옮겨가면서 생산관리는 기업 사회 내에서조차 별로 관심을 끌지 못하는 분야가 되어버렸다.

그러나 인터넷과 모바일기술의 혁신으로 기업들의 디지털화가 급속히 진전되면서 생산관리는 공급망관리(supply chain management)라는 새로운 의사결정영역의 한 구성요소로 진화하게 되었다. 공급망이란 고객, 유통업체, 소매업자, 도매업자, 제조업체, 부품 및 자재 공급업체, 물류업체 등으로 구성된 망 또는 네트워크로서 이들 구성원들이 유기적으로 서로 얽혀 상호작용하는 것을 말한다. 부품이나 자재 공급업체는 제조업체에, 제조업체는 고객에게 직접 판매하거나 유통업체 또는 대리점 등을 통하여 고객에게 상품을 판매한다. 유통업체는 다시 고객에게 직접 판매하거나 소매점 등을 통해 고객에게 상품을 공급하기도 한다. 고객에게 판매가 완료되면 상품의 공급과정과는 정반대 방향으로 자금이 이동한다. 이런 복잡한 상호작용은 공급망 구성원간의 정보교류를 통해 이루어진다.

이제 생산관리는 공급망 내의 통합적 의사결정의 일환으로 진행되고 있다. 제조업체의 규모가 영세한 경우 공급망관리라는 개념이 필요하지 않겠지만, 일정규모 이상 성장하게 되면 기업은 공급망에 참여할 수밖에 없다. 글로벌 기업이 이끌어가는 공급망의 일원이 될 수도 있으며, 또는 공급망을 이끌어가는 선도기업이 될 수도 있다. 제조업체가 대형 공급망의 일원이라면 생산관리는 공급망관리라는 한 차원 높은 전략틀 내에서 영업 · 마케팅 활동을 지원해야 한다. 이 경우 생산관리는 공급망관리 차원에서 복잡하게 얽혀 있는 공급망 구성원 사이의 자재와 상품의 흐름, 정보의 흐름, 자금의 흐름이 통합적으로 관리될 수 있도록 지원하며, 고객에 대한 리드타임을 줄이고 재고를 최소화하며 또한 원가와 품질관리 측면에서 효율성이 극대화될 수 있도록 지원하는 전략적 역할을 담당한다. 이렇듯 생산관리는 공급망관리에 대한 이해가 뒷받침되지 않으면 전공영역으로서의 가치도 드러나지 않는다. 본서에서 제 I 부에 생산 · 공급망관리의 기본원리, 제 II 부에 공급망관리를 소개한 것도 그런 이유에서이다.

ICT 도구의 확산으로 계량적 모형과 관련 이론에 대한 학생들의 관심은 많이 줄어들었지만 여전히 대부분 대학 및 대학원 경영학과에서 생산 · 운영관리 또는 생산 · 공급망관리의 중요성을 인식하여 교육과정에 포함시키고 있다. 본서는 수학적 모형에 대한 깊은 내용의 전개보다는 기본적인 내용만을 간추려 이해하기 쉽도록 설명하려고 노력하였다. 어려운 증명이나 이론들은 가급적 생략하고 문제풀이 위주, 그리고 모형구축 위주로 내용을 설계하였다. 꼭 필요한 내용만을 다양한 예제와 연습문제를 통해 다루었기 때문에 경영학도로서 학습해야 할 생산 · 공급망관리의 이론과 실제를 이해하는 데 도움이 되리라 믿는다.

본서의 집필과 편집 과정에서 많은 도움을 준 조남형 박사에게 큰 고마움을 전한다. 또한 무엇보다도 어려운 경제여건에도 불구하고 본서의 출판을 기꺼이 후원해 주신 신영사의 권영섭 사장님과 편집부 여러분들께 진심으로 감사드리는 바이다.

2023년 6월

김태웅 · 장영봉

차 례

제 I 부 생산 · 공급망관리의 기본원리

제 1 장 생산 · 공급망관리의 의의와 범주

제 1 절 생산 · 공급망관리의 의의 18

1. 생산 · 공급망관리의 역할 / 18
2. 생산 · 공급망관리의 의사결정문제 / 20
3. 네트워크 기반의 공급망관리 / 22

제 2 절 생산 · 공급망관리의 목표 24

제 3 절 생산시스템의 유형과 특징 29

1. 자재흐름패턴에 따른 분류 / 30
2. 생산시스템 유형별 특징 / 31
3. 생산계획수립방식에 따른 분류 / 34

제 4 절 생산 · 공급망관리이론의 발전과정 37

1. 애덤 스미스의 분업이론 / 37
2. 테일러의 과학적 관리법과 포디즘 / 38
3. 계량적 모델과 이론의 개발 / 39
4. 새로운 생산관리이론의 등장과 자동화의 확산 / 40
5. 생산정보화 도구로서의 ERP의 탄생 / 41
6. 네트워크 기반의 공급망관리 등장 / 43

- 쉬어가기 / 45
- 연습문제 / 48

제 2 장 신제품 및 프로세스 개발전략

제 1 절 신제품 개발의 전략적 가치 ……… 52

1. 신제품 개발프로세스의 구성 / 52
2. 전통적 제품개발과정의 문제점 / 53
3. 신제품 개발 리드타임의 전략적 효과 / 55

제 2 절 신제품 개발의 혁신전략 ……… 58

1. 컨커런트 엔지니어링 / 58
2. 생산을 쉽게 하기 위한 설계원리 / 60
3. 모듈러 디자인과 플랫폼 관리 / 62
4. 순차적 추가가 가능한 선택사양 / 65
5. 품질기능전개 / 65

제 3 절 프로세스 테크놀로지의 선택 ……… 70

1. 프로세스 테크놀로지의 유형 / 70
2. 자동화 / 71
3. 스마트 팩토리 / 75

• 쉬어가기 / 79
• 연습문제 / 82

제 3 장 프로세스 분석과 레이아웃

제 1 절 프로세스 분석의 의의 ……… 86

1. 프로세스 분석의 기본원리 / 86
2. 프로세스 분석 도구 / 92
3. 프로세스 분석 절차 / 94

제 2 절 레이아웃의 유형과 선택 ……… 95

1. 공정별(기능별) 레이아웃 / 95
2. 제품별 레이아웃 / 97
3. 그룹별 레이아웃 / 98

4. 레이아웃의 선택 / 99

제 3 절 생산능력의 균형화 설계 100

1. 라인 균형의 개념 / 101
2. 라인의 균형 설정기법 / 103

제 4 절 서비스 공급프로세스의 설계 109

1. 서비스의 구조와 특성 / 109
2. 서비스 청사진 / 111
3. 서비스 디자인의 구축단계 / 113
4. 서비스 시설의 레이아웃 유형 / 114
5. 대기행렬모형을 이용한 서비스 공급시스템의 디자인 / 115
6. 서비스 관련 대기시간의 분석 / 119
7. 서비스 처리능력의 통합적 운영 / 120

- 쉬어가기 / 122
- 연습문제 / 128

제 4 장 수요관리와 수요예측

제 1 절 수요관리의 개념과 중요성 136

1. 수요관리의 필요성 / 136
2. 수요예측 오류의 악순환 / 138
3. 수요관리의 절차 / 139

제 2 절 수요예측기법의 유형과 선택 141

1. 예측기법의 분류 / 141
2. 정성적 예측기법 / 143
3. 예측기법의 선택 / 144

제 3 절 시계열 예측기법 145

1. 시계열 예측기법의 가정 / 145
2. 예측오차 / 146

3. 이동평균법 / 148
4. 지수평활법 / 151
5. 추세를 고려한 지수평활법 / 154
6. 계절적 변동요인을 고려한 예측기법 / 158

제 4 절 인과형 예측기법 ······ 160
1. 회귀모형의 구조 / 160
2. 결정계수와 예측치의 추정 / 163

[보 론] 엑셀을 활용한 단순지수평활법과 회귀분석법 예시 ······ 165
1. 엑셀의 통계 데이터분석 메뉴의 활성화 / 165
2. 단순지수평활법 / 167
3. 회귀분석 / 169

• 쉬어가기 / 171
• 연습문제 / 177

제 5 장 생판계획(S&OP)과 일정계획

제 1 절 생판계획의 의의 ······ 186
1. 생판계획의 전략적 의의 / 186
2. S&OP의 수립절차 / 189

제 2 절 기준생산계획의 수립 ······ 192
1. 기준생산계획의 역할 / 192
2. MPS의 수립단위 / 194
3. MPS 수립방법 / 196

제 3 절 제조현장의 일정계획 수립 ······ 200
1. 일정계획의 구성요소 / 200
2. 작업현장의 일정계획 수립 / 201

제 4 절 프로젝트의 일정계획 수립 ······ 204
1. 간트 차트와 네트워크를 이용한 작업일정의 도시 / 204

2. 주공정의 정의 / 207
3. 프로젝트 관리에서의 시간과 비용의 관계 / 209
• 쉬어가기 / 214
• 연습문제 / 219

제 6 장 재고관리

제 1 절 재고의 유형과 재고관리비용 ······ 228
1. 재고의 유형 / 228
2. 재고관리비용 / 230
3. 기본적인 재고관련 평가지표 / 232

제 2 절 ABC 재고관리 ······ 234
1. ABC 재고관리의 배경 / 234
2. 다기준 ABC 분석 / 236

제 3 절 재고관리의 기본모형 ······ 238
1. 경제적 주문량모형 / 238
2. 단일기간 확률적 재고모형 / 243

제 4 절 재고관리시스템의 설계 ······ 247
1. 재고관리시스템의 구조 / 247
2. 재주문점 결정과 안전재고 계산 / 249

제 5 절 유통망에서의 재고관리 ······ 251
1. 유통망에서의 안전재고 풀링 / 251
2. 크로스도킹을 통한 재고비용 절감 / 253

[보 론] 뉴스벤더모형을 이용한 산출관리 ······ 255
1. 서비스 생산성과 초과예약제도 / 255
2. 산출관리 / 257
• 쉬어가기 / 261
• 연습문제 / 266

제 7 장 동적주문량모형과 MRP시스템

제 1 절 동적주문량모형의 개념 ······ 274
1. 동적주문량모형의 필요성 / 274
2. 이산기간 EOQ모형 / 275
3. 주기적 주문주기모형 / 276

제 2 절 MRP시스템의 구조와 운영원리 ······ 277
1. MRP시스템의 구조 / 277
2. MRP운영의 기본원리 / 280

제 3 절 MRP시스템하에서의 발주량 계산 ······ 282
1. 상위품목의 발주량 계산 / 282
2. 하위품목의 계획수립 / 285
3. 공통품목의 계획수립 / 287

• 쉬어가기 / 290
• 연습문제 / 291

제 8 장 린생산

제 1 절 린생산의 개념과 원리 ······ 298

제 2 절 린생산제의 전제조건 ······ 302
1. 작업장 정비 / 302
2. 품질경영과 실수방지책 구축 / 303
3. 생산준비시간의 단축 / 304
4. 풀(Pull)시스템의 도입 / 307
5. 생산스케줄의 평준화와 안정화 / 308

제 3 절 린생산제하에서의 프로세스 개선 ······ 309
1. 셀룰러 시스템의 구축 / 310
2. U자형 셀 / 311
3. 다능공의 양성과 작업인력의 소인화 / 313

4. 생산라인의 동기화 / 314
5. 리드타임 단축을 위한 로트 축소 / 315
6. 간판을 이용한 공정간 의사소통 / 318

제 4 절 린생산제의 기대효과 ······ 319

• 쉬어가기 / 321
• 연습문제 / 325

제 9 장 품질경영

제 1 절 품질과 품질경영의 의의 ······ 330
1. 품질의 정의 / 330
2. 품질의 진부화와 카노 모형 / 333
3. 품질경영의 발전추이 / 335

제 2 절 품질비용 ······ 337
1. 품질비용의 정의 / 337
2. 품질비용분석의 목적 / 341

제 3 절 품질개선을 위한 7가지 문제해결기법 ······ 342

제 4 절 통합적 경영혁신도구로서의 식스시그마 경영 ······ 351
1. 식스시그마 경영의 출현배경 / 351
2. 식스시그마의 개념 / 353
3. 식스시그마 경영의 추진절차 / 354
4. 식스시그마 경영하에서의 품질개선절차 / 356

제 5 절 서비스 품질의 경영 ······ 359

• 쉬어가기 / 363
• 연습문제 / 367

제 Ⅱ 부 공급망관리의 이해

제10장 공급망관리의 의의와 범주

제 1 절 공급망관리의 의의 ········ 376

1. 공급망의 개념 / 376
2. 초기 공급망관리의 태동배경 / 378
3. 글로벌 기업의 공급망관리 / 381

제 2 절 공급망 내의 흐름관리와 공급망 유형 ········ 385

1. 공급망에서의 흐름관리 / 385
2. 공급망의 유형 / 386

제 3 절 공급망관리시스템의 구성 ········ 388

1. 공급망관리의 구성요소 / 388
2. 공급망관리 도입을 위한 프로세스 혁신 / 389
3. 정보시스템 기반의 정보공유 / 393
4. ERP시스템의 도입과 정착 / 396
5. 공급망 운영을 위한 계획수립과 실행기능 / 398

제 4 절 기업간 협업과 SRM ········ 400

1. SRM의 의의 / 400
2. SRM의 구성요소 / 402
3. 협력업체와의 상생관계 모색 / 404

제 5 절 공급망관리의 평가지표 ········ 405

1. 핵심성과지표의 의의 / 405
2. 공급망의 성과평가를 위한 주요 KPI / 407

- 쉬어가기 / 411
- 연습문제 / 417

제11장 공급망 계획수립시스템

제 1 절 공급망 계획수립시스템의 구성요소 ······ 424

제 2 절 수요관리 ······ 425

1. 수요관리의 절차 / 425
2. 수요관리 산출물의 공유 / 427
3. 제품수명주기관리 / 428

제 3 절 통합공급계획 ······ 429

1. 통합공급계획의 의의 / 429
2. 생판계획(S&OP)을 통한 공급계획 조정 / 430
3. 글로벌 MRP로의 진화 / 432

제 4 절 공장운영계획 ······ 434

1. 공장운영계획의 의의 / 434
2. 생산일정의 관리 / 435

제 5 절 주문처리관리 ······ 436

1. 할당 및 수주 · 주문정보 관리 / 436
2. 납기의 약속 / 438
3. 반품관리 / 439

제 6 절 재고관리 ······ 439

1. 공급망상의 재고관리와 협업 / 439
2. 재고관리 효율화를 위한 기업간 협업 사례 / 444

제 7 절 물류관리 ······ 449

1. 정보공유와 물류관리 / 449
2. 글로벌 기업의 물류관리 사례 / 451

• 쉬어가기 / 459
• 연습문제 / 464

제12장 디지털 공급망관리의 의의와 구성요소

제 1 절 디지털 공급망관리의 의의 ······ 470

제 2 절 디지털 공급망관리의 핵심개념과 적용사례 ······ 472

제 3 절 디지털 공급망관리의 구성요소 ······ 475

1. Schrauf & Berttram의 연구 / 475
2. 매킨지의 연구 / 478
3. SAP의 연구 / 481

제 4 절 디지털 공급망으로의 변신을 위한 시사점 ······ 482

- 쉬어가기 / 485
- 연습문제 / 489

❖ 부 록 ······ 493

❖ 찾아보기 ······ 516

PART I

생산 · 공급망관리의 기본원리

제 1 장 생산 · 공급망관리의 의의와 범주
제 2 장 신제품 및 프로세스 개발전략
제 3 장 프로세스 분석과 레이아웃
제 4 장 수요관리와 수요예측
제 5 장 생판계획(S&OP)과 일정계획
제 6 장 재고관리
제 7 장 동적주문량모형과 MRP시스템
제 8 장 린생산
제 9 장 품질경영

CHAPTER

1 생산 · 공급망관리의 의의와 범주

본서의 서설격인 본장에서는 생산 · 공급망관리의 역할과 범주, 그리고 생산시스템의 유형을 정의해 보고, 지속적인 성장을 위해 기업이 추구해야 하는 생산 · 공급망관리의 목표에 대해 간략히 살펴보고자 한다. 또한 생산 · 공급망관리의 역사적 발전과정을 학습함으로써 앞으로 지향해야 할 생산 · 공급망관리 체계의 모습도 알아보고자 한다.

제 1 절 생산 · 공급망관리의 의의
제 2 절 생산 · 공급망관리의 목표
제 3 절 생산시스템의 유형과 특징
제 4 절 생산 · 공급망관리이론의 발전과정

제 1 절 생산 · 공급망관리의 의의

1 생산 · 공급망관리의 역할

기업이 지속적인 성장을 거듭하기 위해서는 무엇보다도 소비자가 원하는 좋은 품질의 제품이나 서비스를 적정한 가격에 신속히 공급할 수 있어야 한다. 물론 이 과정에서 유통경로, 광고, 애프터서비스, 자금지원 등과 같은 전략적인 요소들이 큰 영향을 미친다. 제품이나 서비스가 다소 부실하더라도 가격할인, 광고공세, 외상판매 등을 통해 일시적으로 매출 증대를 실현할 수는 있다. 그러나 지속적인 성장을 하기 위해서는 소비자가 원하는 좋은 품질의 제품과 서비스를 신속히 개발 · 생산할 수 있는 역량을 갖추어야 한다.

생산관리 또는 구미 경영학계에서 흔히 사용하는 Production and Operations Management를 번역한 생산 · 운영관리는 바로 이런 역량을 개발하고 유지 · 확대하는 것을 목표로 한다. 수많은 협력업체와의 협업을 기반으로 전 세계 시장을 선도하고 있는 글로벌 기업의 경우 전통적인 생산 · 운영관리의 범주를 대폭 확장하여 공급망관리(supply chain management, SCM)라는 새로운 시스템 내에서 생산 · 운영에 대한 통합적 의사결정을 도모하고 있다. 본서에서는 생산 · 운영관리보다는 생산 · 공급망관리[1)]라는 용어를 사용함으로써 생산부문에 대한 전략적 시각을 부각시키고자 한다.

기본적으로 생산 · 운영관리 또는 생산 · 공급망관리란 제품과 서비스를 창출하는 생산시스템의 설계 및 운영을 이끌어가는 다양한 의사결정문제를 담당하는 관리활동이라 할 수 있다. 여기서 생산시스템은 [그림 1-1]에서와 같이 자재, 자본, 정보, 노동력, 에너지와 같은 투입물(input)을 제품이나 서비스와 같은 산출물(output)로 변환시키는 과정이라 정의할 수 있다.

제조업체의 경우 생산시스템은 제품을 생산하는 공장뿐만 아니라 원자재 · 부품 공급업체, 원자재나 완성된 제품을 일시적으로 보관하는 물류센터,

1) 공급망관리는 전통적인 생산 · 운영관리를 포함하는 폭넓은 개념이므로 생산관리와 공급망관리를 결합한 생산 · 공급망관리라는 용어를 사용할 필요는 없다. 그러나 제조부문의 많은 구성원들이 공급망관리 개념에 익숙하지 않으므로 본서에서는 생산 · 공급망관리라는 용어를 생산 · 운영관리와 거의 유사한 의미로 사용하고자 한다.

[그림 1-1]
생산시스템의 구조

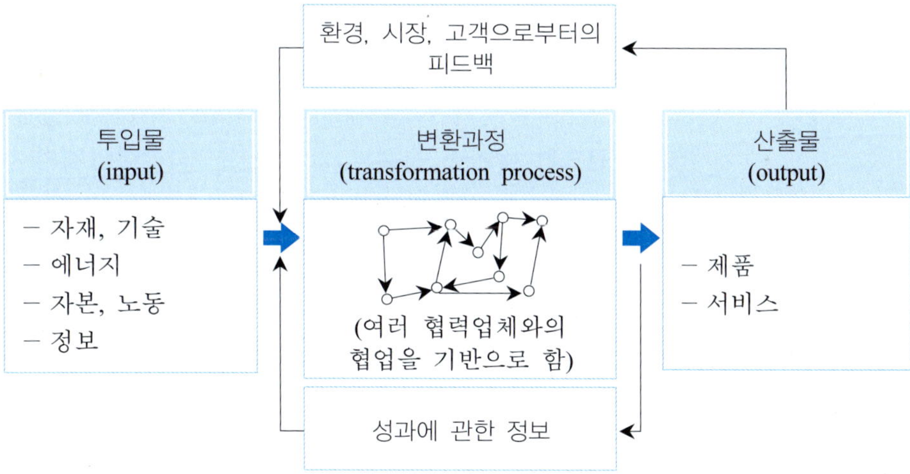

완성된 제품을 소비자에게 공급해 주기 위해 필요한 물류시스템 등 다양한 요소들로 구성된다. 단순히 공장 내의 설비나 작업장만이 생산시스템을 구성하는 것이 아니다. 여기서 생산이란 투입물을 부가가치가 증대된 산출물로 바꾸어낸다는 의미로 파악해야 한다. 예를 들어 공장에서 완성된 제품을 소비자에게 전해주는 물류활동도 부가가치를 창출하는 생산부문의 활동에 속한다고 볼 수 있다. 이런 식으로 생산 · 공급망관리를 정의한다면 공장이 아닌 본사조직에서도 생산 · 공급망관리에 참여하고 있는 사람들은 많다. 새로운 설비나 테크놀로지의 도입, 자재나 부품의 구매의사 결정, 공장의 규모와 입지 결정, 품질경영, 협력업체의 선정 등 제조부문의 구조, 즉 생산시스템의 형태를 결정하는 중요 의사결정문제에 참여하는 경영층과 관리자들도 모두 생산 · 공급망관리를 담당하고 있다고 볼 수 있다

생산 · 공급망관리활동을 제조분야에만 국한시키지 않고 서비스의 창출과정까지를 포괄하는 개념으로 본다면 서비스업에서도 생산 · 공급망관리를 담당하는 사람은 쉽게 찾을 수 있다. 예를 들어 백화점이나 대형마트에는 엄청나게 다양한 제품들이 쌓여 있다. 직접 만든 것은 거의 없지만 소비자들이 구매하기 편하게 한 곳에 다양한 상품을 쌓아둠으로써 소비자들이 생산자를 찾아 여러 곳을 다니면서 쇼핑할 필요가 없게 만든다는 측면에서 부가가치 창출에 큰 기여를 한다. 대형마트의 생산 · 공급망관리활동은 질 좋은 제품을 공급하는 협력업체의 선정과 계약관리, 적정구매량의 계산, 구매요청 상품의

배송과 품질검사, 소비자들이 쇼핑하기 편하도록 매장의 레이아웃 개발, 반품 및 애프터서비스 등 매우 다양하게 펼쳐진다.

레스토랑이나 커피프랜차이즈와 같은 서비스업에서도 재고관리와 품질관리는 필요할 것이며 시설의 입지와 규모, 협력업체의 선정과 계약관리, 설비배치와 같은 문제도 발생하게 마련이다. 은행, 보험회사, 항공사와 같은 서비스업종도 제조업의 경우와 마찬가지로 소비자에게 가치 있는 서비스를 제공하기 위해 생산공정을 보유하고 있다. 물론 서비스는 제품과 달리 만져볼 수도 없고 생산하자마자 소비가 되어버리는 무형의 것이다. 그러나 생산시스템을 제품과 서비스의 창출과정이라 생각한다면 제조업이나 서비스업을 구분할 필요가 없으며 제조업에서 활용될 수 있는 많은 생산 · 공급망관리 이론과 기법들이 서비스업에서도 상당한 효과를 볼 수 있을 것으로 기대해 볼 수 있다.

2 생산 · 공급망관리의 의사결정문제

생산 · 공급망부문이 주체가 되어 해결해야 할 제반 의사결정문제는 이미 기술한 바와 같이 생산시스템의 설계와 운영에 관한 사항이다. 그러나 이들 제반 문제가 기업경영에 미치는 영향은 품질, 시간, 원가, 유연성 등 생산 · 공급망부문 목표의 상대적 중요도에 따라 달라진다. 대량생산 위주의 제조기업에서 중요하게 여기는 생산 · 공급망부문의 문제가 하청 위주의 중소기업의 경우 전혀 문제가 되지 않을 수도 있으며, 유사한 품목을 생산하는 기업이라 하더라도 지향하는 목표에 따라 문제의 중요도가 달라질 수도 있다.

일반적으로 생산 · 공급망부문의 의사결정문제는 그 결정효과가 기업경영에 얼마만 한 영향을 미치느냐에 따라 크게 전략적 의사결정문제와 일상운영적 의사결정문제로 나누어 볼 수 있다. 전자는 생산시스템의 설계에 관한 사항이 주로 포함되며, 후자는 생산시스템의 운영 및 관리에 대한 중 · 단기 의사결정문제가 주종을 이룬다.

전략적 의사결정문제는 기본적으로 생산시스템의 설계에 관한 것으로, 이들 문제는 품질, 원가, 납기, 생산조직의 신축성 등을 어느 정도 결정짓다시피 한다. 이 유형에 속하는 의사결정문제는 기업규모와 생산조직의 특성에 따라

〈표 1-1〉
생산 · 공급망부문의 의사결정문제

전략적 의사결정문제	일상운영적 의사결정문제
• 상품과 공정의 설계와 기술도입 • 시설의 규모와 입지의 결정 • 물류망의 구축 • 공정의 분석과 설비의 배치	• 생산계획의 구축 • 구매 및 재고관리 • 프로젝트의 계획과 관리 • 품질관리 • 자재관리

다르나 제품과 공정의 설계, 시설의 규모와 입지의 결정, 물류망의 구축, 공정의 분석과 설비의 배치, 기술의 도입 등을 들 수 있다.

일상운영적인 성격을 띠는 의사결정문제는 생산계획의 구축, 주문과 재고관리, 프로젝트의 계획과 관리, 품질관리, 자재관리 등 매우 다양하다. 그러나 비록 일상운영에 관한 의사결정문제에 속한다 하더라도 그 결정의 효과가 극히 국부적이거나 지엽적인 것만은 아니다. 설사 당장의 영향은 그리 없다 하더라도 일정시간이 경과하면서 그 결과가 누적되면 이 역시 전략적인 성격을 띤다.

우리나라의 대기업들과는 달리 나이키, 애플, H&M, 갭 등의 많은 글로벌 기업들은 자체 생산시설을 보유하지 않고 경영전략, 마케팅, 신제품 개발 등에 많은 노력을 투입한다. 그렇다고 해서 이들이 제조업체가 아닌 것도 아니다. 다만 자체적으로 생산을 하지 않고 협력업체를 통해 상품을 조달한다는 특징을 가진다. 이런 기업들도 생산 · 공급망 분야에 상당한 투자를 하고 있으며 이 분야의 관리능력과 역량도 당연히 세계적인 수준이다. 예를 들어 애플은 반도체나 TV도 생산하지 않고, 거의 모든 제품을 협력업체의 생산에 의존하며 메모리와 디스플레이 같은 부품도 협력업체에서 납품받지만, 생산 · 공급망부문에도 상당한 투자와 관리노력을 투입한다. 애플의 대표적인 협력업체인 팍스콘의 설비는 대부분 애플이 직접 구매해서 임대해 주고 있는 것이다. 즉, 부품을 만들지 않는다고 해서 기술마저 갖고 있지 않다면 부품 생산업체를 통제할 수 없으며 구입가격 측면에서도 불리할 수 있기 때문이다. 이처럼 제조시설을 직접 운영하지 않아도 생산 · 공급망관리에 대한 이해도가 일정수준 이상을 유지해야만 지속가능한 성장과 경영을 도모할 수 있다.

3 네트워크 기반의 공급망관리

시간과 공간적인 제약을 뛰어넘어 수많은 소비자와 기업들을 연결해 주는 인터넷은 기업경쟁의 환경을 송두리째 바꾸어 놓음과 동시에 기업들에 무궁무진한 사업기회를 제공하고 있다. 이제 전 세계 시장을 선도하는 많은 글로벌 기업들은 전통적인 생산관리 또는 생산 · 운영관리의 범주를 대폭 확장하여 네트워크 기반의 의사결정 플랫폼을 가미한 공급망관리(supply chain management, SCM)라는 폭넓은 개념의 생산 · 운영관리시스템을 개발 · 도입하기에 이르렀다.

공급망은 원자재의 구매 및 가공에서부터 완제품의 생산 그리고 유통에 이르는 부가가치활동에 참여하는 모든 기업들과 이들의 상호활동을 지칭한다. 공급망관리는 공급망 내 기업들의 활동을 관리하여 최종고객이 원하는 제품을 원하는 시기에 낮은 비용으로 제공하는 것을 목적으로 한다. 국경을 초월한 경쟁, 기업환경의 불확실성 증대, 기업 활동영역의 국제화, 정보기술의 발달 등의 요인으로 인해 경쟁의 양상은 개별 기업간 경쟁의 차원을 넘어서 공급망간의 경쟁으로 변화하고 있다. 따라서 이러한 기업환경에서 생존하기 위해 기업들은 개별 기업수준이 아닌 공급망이라는 한 배를 탄 '공동운명체'의 관점에서 경쟁력 강화를 추구할 수밖에 없는 상황이다.

물론 공급망관리의 개념이 등장하기 전에도 물적인 공급망 그 자체는 존재하였다. 그러나 유통업체, 소매업자, 도매업자, 제조업체, 부품 및 자재 공급

[그림 1–2]
공급망의 구조

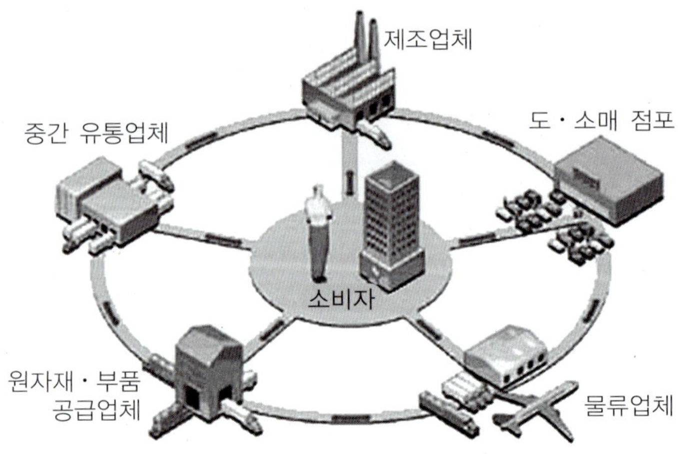

출처 : http://www.axtin.com/solutions/supply_chain.html

업체, 물류업체 등은 각기 직접적인 거래관계에 있는 기업과의 협업만을 중시했고, 그 외의 공급망 참여기업과는 별다른 관계를 유지할 필요가 없었다. 실질적으로 아무 관계가 없어 보이기 때문이다. 이런 상황하에서는 공급망 참여기업간에 갈등이 빈번하게 발생했으며 거래 상대방의 약점을 적극적으로 악용하고자 하는 기회주의적 행위 또한 일반적인 관행으로 받아들여졌다. 또한 거래 상대방과 정보공유를 해보았자 별다른 인센티브가 주어지지 않기 때문에 정확한 정보를 제시할 이유도 없었다. 오히려 정보공유 자체를 전략적으로 불이익을 가져다주는 행위로 보았다.

정보통신기술 측면에서도 인터넷 확산과 기업들의 e-비즈니스 도입 전에는 공급망 전체의 최적화를 도모하는 공급망관리는 현실적으로 불가능한 목표였다. 1980년대 말 인공위성을 통해 정보공유시스템을 구축했던 월마트와 같은 글로벌 기업 외에는 기업간에 필요한 정보를 신속 · 정확하게 공유하고, 공급망 성과에 영향을 미치는 중요한 의사결정을 서로 조성할 수 있는 체계를 만들기가 어려웠기 때문이다. 그러나 이제 대부분의 글로벌 기업들은 공급망 참여기업들과 함께 전체 최적화를 추구한다. 공급망 참여기업간의 정보공유와 커뮤니케이션을 통한 의사결정의 조정이 가능해졌기 때문이다.

공급망관리의 최우선 목표는 고객만족과 신속대응에 있다. 고객의 모든 요구사항에 대해 신속하게 대응한다는 것이다. 이는 언제, 어디서든지 주문이 가능하도록 하고, 고객의 요구사양에 따른 공급(make-to-order)을 하며, 현지 시장의 요구사항에 맞는 가격 및 납기를 설정한다는 것이다. 삼성전자, 애플, 도요타, 로레알, 델, H&M, 자라 등과 같은 거대 글로벌 기업의 경우 각 사가 주체적으로 공급망을 이끌어간다. 각 공급망에는 수천여 개의 협력업체들이 거미줄처럼 연결되어 최고의 상품과 서비스를 신속하게 고객이 원하는 곳에 공급하고자 노력한다. 이 과정에서 부가가치가 창출되며 엄청난 부가 축적된다. 이들 기업에게 공급망관리란 자재와 상품의 흐름, 정보의 흐름, 자금의 흐름을 통합적으로 관리하는 데 필요한 핵심역량이며, 생산관리는 공급망의 최적화에 따라 움직이도록 제조시스템 운영의 계획과 관리방법에 관한 논의이다. 즉, 제조부문의 생산관리는 독자적으로 진행되는 것이 아니라 공급망 최적화라는 틀 안에서 유기적인 관점으로 고려되어야 할 부분이다.

물론 공급망관리가 모든 기업들이 반드시 도입해야 하는 관리영역은 아니다. 일반 소비자로부터의 수요나 주문보다는 대기업이나 대형유통업체의 개별주문을 기반으로 생산계획을 수립하는 많은 중소기업들에게도 공급망의 개념은 중요하나 주체적으로 공급망관리를 도입할 수는 없다. 대부분의 작업이 자사 내의 설비에서 이루어지고 원자재 구매 역시 소규모로 이루어지기 때문에 구매기능의 전문화나 원자재 공급업체와의 장기적인 공급계약 역시 필요 없다. 주어진 납기와 품질수준을 충족시켜 주는 것만으로도 충분할 수 있다. 또한 자사에서 생산한 부품이나 제품이 공장 문을 떠난 후 시장이나 공급망 내에서 얼마나 소진되었는지, 대기업이나 대형유통업체를 거쳐 최종 소비자에게 전달된 상품에 품질문제는 없는지 등에 관한 정보도 수집하기가 쉽지 않기 때문이다. 이런 규모의 기업들은 전통적인 생산관리의 혁신에 선제적인 노력을 투입하는 것이 순서일 것이다. 그렇지만 글로벌 기업으로 성장하고자 하는 기업은 절대 공급망관리를 등한시할 수 없으며 최고경영자를 포함한 조직구성원 모두에게 공급망관리에 대한 기본적인 이해가 요구된다.

제 2 절 생산 · 공급망관리의 목표

기업의 경쟁력은 소비자가 원하는 좋은 품질의 제품이나 서비스를 얼마나 값싸고 신속히 공급할 수 있는가에 의해 결정된다. 제품이나 서비스의 경쟁력이 있다는 것은 경쟁기업에 비해 품질이 뛰어나거나 가격이 싸거나 또는 아주 신속히 공급해 줄 수 있는 능력을 갖추고 있다는 것을 의미한다. 물론 경쟁기업이 만들어낼 수 없는 제품이나 서비스를 공급할 수 있다면 그 외에 별다른 것은 생각할 필요도 없다. 그러나 유사한 제품을 공급할 수 있는 경쟁업체가 존재하는 기업은 생산 · 공급망부문의 경쟁력을 품질, 시간, 원가, 유연성의 네 측면에서 생각해 보아야 한다.

(1) 품 질

기본적으로 품질(quality)은 소비자의 기대를 제품에 반영한 정도를 의미한다. 높은 품질이 목표인 경우, 품질수준은 경쟁회사의 제품보다 현격히 높거나 또는 판매가격을 상대적으로 높게 유지하더라도 충분히 팔릴 수 있는 정도가 되어야 한다. 즉 유사제품에 비해 상대적으로 월등한 질의 제품을 제공함으로써 경쟁에서 이겨나가는 경우를 말한다. 이때 생산부서의 최대 현안은 제품의 설계를 고급화하고 제조공정이 이러한 설계에 맞추어 제품을 생산해낼 수 있도록 관리하는 데에 있을 것이다. 물론 이러한 과제를 제대로 수행하기 위해서는 우수한 기술인력, 완벽한 제조설비, 고품질의 원자재 공급 등이 뒷받침되어야 한다.

(2) 시 간

생산 · 공급망부문의 또 하나의 목표인 시간단축, 즉 스피드는 제품이나 서비스의 공급에 소요되는 시간의 단축과 설계소요시간의 단축이라는 두 측면이 있다. 스피드, 다시 말해 리드타임의 단축은 단순히 일이 빨리 진행된다는 차원을 넘어선 전략적인 목표이다. 대규모 매장을 생각해 보사. 경쟁업체는 1주일에 1회 납품받지만 우리 매장은 1주일에 2회 납품받는다고 가정하자. 수요가 비슷하게 발생한다면, 우리 매장이 공급받는 1회 납품량은 경쟁업체의 50% 정도가 될 것이므로, 매장의 공간면적이 같다면 경쟁업체보다 두 배나 다양한 상품을 진열할 수 있다. 그뿐만 아니라 평균적으로 보유하는 재고도 경쟁업체의 2분의 1이다. 리드타임의 단축은 이처럼 눈에 보이지 않는, 그렇지만 큰 파급효과를 불러온다.

리드타임이 단축되면 비용이 절감될 수밖에 없다. 소비자들에 대한 서비스도 한결 좋아진다. 그렇지만 리드타임을 단축한다고 해서 단순히 열심히 빨리, 그리고 미리 시작한다는 의미는 아니다. 일을 지혜롭게 한다는 뜻으로 받아들여야 한다. 기계나 설비를 필요 이상으로 가동시킨다는 말도 아니다. 무엇보다 소비자에게 신속히 공급하려고 엄청난 양의 재고를 보유할 필요도 없다.

제품이나 서비스의 공급에 소요되는 리드타임의 단축은 생산공정의 단순화, 병목공정의 제거, 낭비의 제거 등을 통해 자재와 정보흐름의 속도를 높임으로써 가능하다. 신제품 개발이나 설계변경에 걸리는 시간을 단축하기 위해서는 설계, 제조, 구매, 마케팅 등 여러 부문의 전문가들이 한 팀을 이루어 병렬식으로 개발에 참여해야 한다.

(3) 원 가

원가(cost)는 기본적으로 제품이나 서비스의 생산시설에 투입되는 설비투자비용과 이 시설을 운영하기 위해 필요한 비용을 포함한다. 석유화학이나 철강산업의 경우 자본집약적 생산구조가 용인되지만, 일반 소비자들을 고객으로 하는 경우 소수 품목의 대량생산만을 고집할 수는 없다. 신제품 도입이나 제품구조의 설계변경 또는 생산량 조절과 같이 시장환경에 적절히 대응할 수 있는 신축성을 상실할 가능성이 높기 때문이다.

일반 소비자에게 직접 상품을 판매하는 많은 기업들은 설계나 디자인이 마무리되면 판매가격을 먼저 정한 다음, 그 한도 내에서 재질과 제작방법, 원부자재 구입가격의 상한선 등을 결정하곤 한다. 우리에게 익숙한 글로벌 기업인 자라나 이케아 등이 이러한 원가결정방식을 선호한다. 무분별한 원가절감활동보다는 전략적인 가격결정방식을 기반으로 하는 체계적인 생산 · 공급망관리의 정착에 많은 노력을 기울이고 있다. 이들 기업은 원자재나 팔다 남은 재고의 최소화에도 상당한 노력을 기울임으로써 원가와 비용 절감을 도모하기도 한다.

팔다 남은 완제품재고나 더 이상 사용하기 힘든 자재나 부품재고는 일정시간이 지나면 그 가치가 현저히 떨어져 정상적인 판매나 처리가 어려워진다. 제조원가가 아무리 낮더라도 재고가 많이 남아 처분과정에서 상당한 손실을 불러일으킨다면 이 역시 생산 · 공급망관리의 핵심 목표로 인식되어야 한다. 회계부문에서 정의하는 원가에 포함되지는 않지만 더 이상 사용가치가 없는 재고로 인정되어 폐기 처분되어야 하는 재고로 인한 손실은 원가와 밀접한 중요한 평가지표로 삼아야 한다.

(4) 유연성

많은 미래학자들은 대량생산시대는 가고 유연생산시대를 거쳐 매스커스터마이제이션(mass customization)시대로 향해 가고 있다고 한다. 고객의 다양한 니즈를 충족시켜 주기 위해서는 신축성 있는 생산시스템을 통해 다품종소량생산을 유지해야 하며 궁극적으로는 생산품목의 가짓수에 제한이 없는 매스커스터마이제이션에 돌입하게 된다. 매스커스터마이제이션은 대량생산처럼 신속히 값싸게 만들지만 고객의 니즈를 철저히 반영한다는 데 결정적인 차이가 있다. 즉 과거의 주문생산방식과 대량생산방식의 장점을 고루 취하는 방식이다.

다양한 소비자의 요구에 부응하는 제품을 신축성 있게 생산하기 위해서는 소비자의 니즈와 욕구를 정확히 파악할 수 있는 체계적인 방법을 갖추고 있어야 하는 것은 물론, 이를 구체적인 제품으로 반영시킬 수 있는 제품설계와 생산프로세스가 제대로 뒷받침해 주어야 한다. 그렇다면 신축성 있는 생산체제, 변화에 신속히 대응할 수 있는 생산체제는 어떻게 구축할 수 있는가?

한정된 설비를 이용하면서도 제품의 가짓수를 늘리고 생산수량을 필요에 따라 변동시키자면 우선 이와 같은 다양성을 소화시킬 수 있는 신제품 개발 및 생산시스템을 갖추고 있어야 한다. 소수의 품목만을 대량으로 생산할 수밖에 없는 생산설비나 고객의 디자인 수정요구를 받아들이기 어려운 제품 구조 하에서는 유연성 제고가 어렵다. 물론 무리를 하면 다양한 품목을 생산할 수는 있겠지만 품질의 저하, 생산원가의 상승, 빈번한 품목교체로 인한 생산성 저하로 인해 아무런 실익이 없다. 유연생산은 다양한 품목을 마치 대량생산하듯 고품질, 저가로 생산해 낼 수 있어야 한다. 기존의 체제로는 고품질은 가능하겠지만 원가, 신속성, 생산량의 신축성 측면에서는 뒤처질 수밖에 없기 때문이다.

그러나 4차 산업혁명과 맞물리면서 많은 관심을 불러일으키고 있는 스마트 팩토리(Smart Factory)의 등장은 기존의 자동화공장과는 차원을 달리하는 유연성을 제공할 수 있다. 스마트 팩토리는 각종 첨단 센서와 인공지능 기술을 활용하여 설비의 고장, 불량 여부, 생산진척도 등의 공장상황에 대한 실시간 제어를 가능하게 한다. 예를 들어 아디다스는 저임금을 좇아 진출한 동남아 공장을 접고 독일에서 제조용 로봇과 인터넷을 활용한 스피드 팩토리를 구축하여 운영 중이다. 과거 제품 기획에서 생산까지 3주 이상 걸렸지만 이젠 다섯 시간 만에 고객이 원하는 신발을 제작할 수 있다고 한다. 물론 소비자가 부담해야 하는 가격은 상당히 높겠지만 디자인이나 속도 측면의 유연성은 이전과는 비교할 수가 없다.

모든 제조업체들이 스마트 팩토리를 구현하여 시장상황에 신축성 있게 대응할 수 있으면 좋겠지만 판매품목이나 수요량에 관계없이 스마트 팩토리가 항상 정답은 아닐 것이다. 아직도 많은 중소기업의 경우 생산시스템의 혁신과 개선에 상당한 노력을 투입해야 한다. 이 경우 품질, 시간, 원가, 유연성의 네 목표간 우선순위는 어떻게 설정해야 하는가? 일반적으로 품질은 모든

[그림 1-3]
품질, 시간, 원가, 유연성의 우선순위

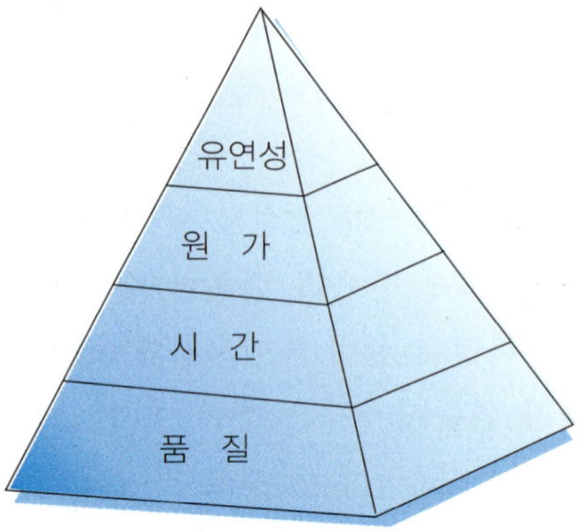

다른 부문의 개선의 토대가 되기 때문에 최우선목표이고 시간단축과 원가절감이 두 번째와 세 번째를 차지하며 유연성 향상은 가장 달성하기 어려운 장기적인 목표로 보고 있다. 즉 품질개선은 낭비의 제거, 불량품비율의 하락, 재작업시간의 단축, 보증비용의 절감 등으로 이어지므로 시간단축과 원가절감의 긍정적인 효과가 있다. 생산소요시간과 설계개발시간의 단축은 생산성 향상을 가져오며 이는 곧 원가절감을 가져온다. 다시 말해 원가절감은 품질개선과 시간단축 노력의 부산물이라고도 볼 수 있다. 그러나 원가절감이나 시간단축이 반드시 품질개선으로 이어지지는 않는다. 제조조직의 유연성 역시 품질개선과 시간단축에 의해 어느 정도 향상되지만 생산설비에 대한 장기적인 투자와 연구개발 노력을 필요로 한다.

이처럼 목표의 우선순위를 결정해두면 한꺼번에 지나치게 많은 것을 해보고자 하는 노력의 분산을 막을 수 있다. 뒤떨어진 생산설비, 엉성한 설비배치, 저급한 원자재와 부품의 사용, 비효율적인 생산규모 등과 같이 제조역량에 근본적인 문제점이 내재되어 있는 경우 어느 한 부문의 개선은 다른 세 부문의 개선에 큰 기여를 한다. 그러나 더 이상의 원가절감이나 유연성 향상이 불가능하게 보이더라도 품질개선과 시간단축을 통해 추가적인 개선이 가능하므로 제조부문의 혁신은 무엇보다도 품질부문의 혁신에서부터 시작해야 한다.

제 3 절 생산시스템의 유형과 특징

생산부문의 역할은 기업에 따라 크게 차이가 날 수 있다. 한 기업에서 중요하게 여기는 문제가 다른 기업에서는 별로 신경을 쓰지 않아도 되는 사항이 될 수 있고, 한 기업에서 효율적으로 적용되는 시스템이 또 다른 기업에서는 큰 문제를 일으킬 수도 있다. 생산조직을 효율적으로 운영하기 위해서는 생산시스템이 어떤 유형에 속하는지를 알아야 한다.

생산 · 공급망관리의 여러 가지 기법 중에서 모든 유형의 시스템에 공통적으로 이용될 수 있는 경우는 많지 않고, 내재 생산시스템의 유형에 따라 그 접근방법이 크게 달라진다. 또한 신제품 개발이나 생산능력의 증대로 인해 새로운 공장을 건설한다든가 설비의 확장이 필요하게 될 때 생산시스템의 유형을 바꾸어 봄으로써 보다 효율적으로 경쟁해 나갈 수도 있다. 이 경우 선택하고자 하는 생산시스템의 구조와 잠재적 능력이 기업의 목적과 전략에 일치하는가를 알아보기 위해서도 각 생산시스템의 유형과 그 특징을 알아볼 필요가 있다.

일반적으로 많이 이용되는 분류방법으로, 자재흐름의 패턴에 따라 개별생산(job shop), 배치생산(batch process), 반복라인생산(repetitive line process) 그리고 계속생산(continuous process) 등으로 나눌 수 있다. 생산계획의 모체가 무엇이냐에 따라 계획생산, 주문생산, 주문조립생산으로 나누기도 한다. 다만 여기서 주의해야 할 점은 자동차제조회사에서처럼 최종품목인 자동차는 조립공정을 거쳐 생산되지만, 자동차 조립에 필요한 수많은 부품들은 반복라인생산, 배치(batch) 또는 개별생산 공정 등을 통해 생산될 수 있다는 것이다. 즉 한 제품이 여러 생산공정을 거쳐 만들어지는 경우, 일률적으로 이 생산체제는 '반복라인생산이다' 또는 '배치생산이다'라고 결정지을 수는 없다.

1 자재흐름패턴에 따른 분류

(1) 개별생산

우리나라의 소규모 제조기업에서 많이 볼 수 있는 생산형태로, 주로 고객의 주문에 따라 생산이 이루어진다. 공작기계제조업, 기계수리업, 특수산업설비 제조업, 조선업 등에서 흔히 볼 수 있는 형태로, 설계도면에 따라 범용기계설비를 이용, 소량의 제품을 만들어내며 일단 생산이 완료되면 같은 제품을 생산하는 경우가 그리 많지 않다.

따라서 주문을 받기 전에는 어떤 제품을 생산하게 될지 예측도 불가능하여 원자재 구매계획을 세우기도 어렵다. 또한 주문에 따라 생산에 필요한 가공공정이 전혀 다를 수도 있으며 실제 생산에 들어가기 전에는 제품생산에 소요되는 시간을 정확히 파악하기 힘들어 자재흐름이 원활하지 못하다.

제조기업은 아니지만 개별생산제의 전형적인 예로 종합병원을 들 수 있다. 환자마다 진료받고자 하는 과목이 다를 뿐만 아니라 단일 진료과목 내에서도 병의 종류나 상태에 따라 진료시간이 다를 수 있다. 각 진료과목마다 여러 명의 의사가 대기하고 있으나, 환자의 대기시간은 진료과목에 따라 다르게 마련이다. 병원의 설비와 의사를 생산설비로 보고, 환자를 생산해야 할 주문으로 보면 병원 역시 개별생산제에 속함을 알 수 있다.

(2) 배치생산

배치생산제는 다양한 품목의 제품을 범용설비를 이용하여 생산한다는 면에서는 개별생산제와 유사하나 생산품목의 종류가 어느 정도 제한되어 있으며 개별생산제에서처럼 특정품목의 생산이 1회에 한정되어 있지 않고, 주기적으로 일정량(batch)만큼을 생산한다는 점에 차이가 있다. 대표적인 예로 구두제조업, 가구제조업, 의료기기제조업 등을 들 수 있으며, 일반적으로 수요예측 및 재고수준을 기초로 한 계획생산을 주로 한다.

(3) 반복라인생산

반복라인생산의 형태를 취하는 제조시스템에서는 제품생산을 위한 작업이 여러 단계로 나뉘어 각 가공단계가 하나의 작업장을 이루고 있으며, 동일한 반복라인에서는 복수의 품목이 생산된다 할지라도 품목에 관계없이 원자재에서 완제품에 이르기까지 작업순서가 거의 일정하다. 자동차조립라인이나 기성복제조업체가 그 좋은 예로, 각 생산라인은 한 품목 또는 두서너 품목만을 생산한다.

반복라인생산은 생산의 속도를 결정하는 주체에 따라 작업자 주체와 기계 주체라인으로 나눌 수 있다. 작업자 주체라인에서는 각 작업자가 작업속도를 결정하게 되는데, 예를 들어 기성복제조업체의 경우 원단을 자르는 작업, 바느질하는 작업 등의 속도는 작업자의 경험에 의해 결정된다. 기계 주체라인의 경우 각 작업장의 작업속도는 기계적인 수단에 의해 결정된다. 예를 들어 컨베이어 벨트를 이용한 조립라인의 경우 각 작업자는 제한된 시간 내에 맡은 작업을 수행해야 하며 자동설비에 의해 생산하는 라인의 경우, 작업자의 작업범위가 원자재나 부품을 공급하는 정도로 제한되어 있기 때문에 전반적인 작업속도는 작업자보다는 기계적 장치의 가동속도에 의해 결정된다.

반복라인생산에 있어서는 배치생산에서와 같이 1회 생산량의 개념이 필요치 않으며 단위기간의 생산량은 라인의 설계단계에서 자동적으로 결정된다. 따라서 개별생산제나 배치생산제와 비교할 때 공정과 공정 사이에 재공품이 거의 존재하지 않는 반면 완제품재고는 상대적으로 많다.

(4) 계속생산

석유화학, 제지, 비료, 시멘트 등 장치산업에서 흔히 볼 수 있는 제조형태로, 일단 원자재가 투입되면 막힘이 없이 완제품에 이르기까지 거의 자동적으로 생산이 이루어진다. 따라서 재공품이 있을 수 없으며 반복라인생산과 마찬가지로 매일매일의 상세한 생산계획이 필요 없다. 일반적으로 대규모 설비투자가 요구되며 생산할 수 있는 품목이 몇 가지 되지 않는 것이 특징이다.

2 생산시스템 유형별 특징

생산시스템의 선택은 제품의 특성과 수요의 패턴 등 여러 요소들을 감안하여 이루어지지만 일반적으로 생산시스템은 개별생산에서 배치생산을 거쳐 계속생산쪽으로 발전한다. 따라서 양쪽 끝에 위치한다고 볼 수 있는 개별생산과 계속생산의 특징을 알아보면, 그 중간에 위치하는 배치생산, 반복라인생산의 특징은 대략 짐작해 볼 수 있다.

(1) 생산품목의 특성

개별생산에서 계속생산으로 발전해 감에 따라 생산가능한 품목수는 줄어들게 되나, 각 품목의 평균생산량은 급증한다. 개별생산에서는 고객의 주문에 의해 생산을 하게 되므로 제품의 표준화란 거의 고려될 수 없으며, 가격보다는 품질에 의해 경쟁한다. 계속생산시스템은 대량생산을 위주로 하기 때문에 제품의 규격과 표준이 거의 고정되어 있으며, 가격에 의한 경쟁이 심해진다.

(2) 제조설비의 물리적 특성

개별생산과 계속생산에서 제조품목의 특성이 대조적이듯이 제조설비의 물리적 특성 역시 완전히 대조적이다.

- 기계설비의 유형 : 공작기계제작소 등에서 볼 수 있듯이 개별생산제의 기계설비는 범용인 경우가 많다. 설계규격 또는 주문에 의해 생산을 시작하므로 특수목적의 기계설비를 갖출 수가 없다. 이에 반해 계속생산제에서의 기계설비는 한두 가지 품목만을 생산할 수 있는 특수설비가 대부분이다. 석유화학, 제지공장 등에서 볼 수 있는 설비는 그 용도가 극히 제한되어 있다.
- 생산능력의 측정과 증설의 난이도 : 계속생산제에서는 특수목적설비로 소수의 품목만을 생산하므로 톤이나 리터 등 생산량을 나타내는 지표를 이용하여 생산능력을 쉽게 측정할 수 있다. 반면 개별생산제에서는 다양한 품목을 생산해내며 각 품목마다 가공시간이 다르고, 작업자의 숙련도에 의해서도 생산능력이 영향을 받으므로 생산량을 기준으로 생산능력을 측정하기가 극히 어렵다. 생산능력은 병목공정(bottleneck)의 생산능력에 의해서 결정되나, 개별생산제에서 병목공정은 고정된 것이 아니고, 생산해내고자 하는 품목의 구성에 따라 변화하므로 정확한 생산능력의 측정은 쉽지 않다. 일반적으로 많이 쓰이는 측정단위로는 생산가능한 품목들의 평균매출액을 들 수 있다. 즉 한 달 평균 10억 원 정도의 가치를 지닌 품목을 생산해낼 수 있다는 식으로 나타내곤 한다.

- 생산능력 증설의 난이도 : 계속생산제에서는 설비증설에 대규모 투자를 필요로 하며 석유화학 플랜트의 경우를 보면 알 수 있듯이 한꺼번에 큰 규모의 증설만이 가능하다. 이에 반해 개별생산제에서는 기계의 구입, 기술인력의 고용 등을 통해 필요한 만큼 생산설비를 확장할 수 있다.
- 1인당 자본투자액 : 계속생산제의 경우 대규모 설비투자를 요하게 되어 작업자 1인당 자본투자액이 개별생산제에 비해 엄청나게 높다. 또한 설비 가동을 잠시 중지하기에는 재가동에 엄청난 비용이 들어 수요가 격감하는 경우에도 계속 생산하는 것이 유리한 경우가 많다.

(3) 자재흐름의 특성

자재흐름의 특성 역시 개별생산과 계속생산은 완전히 대조적이다.

- 원자재의 공급 : 개별생산제의 경우 주문을 받기 전에는 어떤 원자재가 필요하게 될지 확실히 알 수 없기 때문에 원자재의 재고가 별로 없다. 또한 품목별 생산량이 별로 많지 않고 반복생산을 하지 않기 때문에 장기적인 원자재 공급에 대한 관심은 적다. 이에 반해 계속생산제는 소수의 품목을 대량생산하기 때문에 안정적인 원자재 공급이 가장 중요한 문제로 대두된다.
- 재고수준 : 개별생산제의 경우 제품이 완성되면 곧 인도하기 때문에 완제품재고는 거의 없다. 그러나 생산품목의 수가 많고 품목별 가공공정이 일정하지 않기 때문에 각 공정에 대기하는 시간이 길어져 결과적으로 재공품 재고수준이 높다. 이에 반해 계속생산제는 주로 계획생산을 위주로 하기 때문에 완제품재고가 많으나 공정 그 자체가 연속성을 띠므로 재공품은 별로 없는 것이 특징이다.
- 가공공정의 패턴 : 개별생산제는 생산설비 및 생산품목의 특성에서 이미 알 수 있듯이 품목에 따라 거쳐야 되는 가공공정이 일정하지 않다. 따라서 생산스케줄의 수립이나 설비능력의 측정 등이 상당히 어려운 문제로 등장한다. 이에 반해 계속생산제는 생산품목의 수가 극히 적을 뿐만 아니라 설비 자체가 특정품목의 생산을 위해 설계 · 운영되므로 이러한 문제는 별로 발생하지 않는다.

[그림 1-4]
공정유형별
제품 가짓수와
1회 생산량 비교

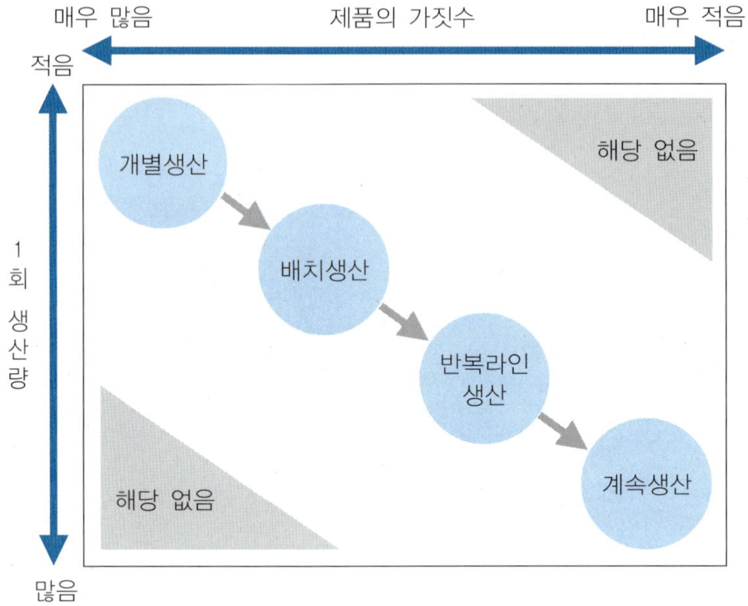

참고로 [그림 1-4]는 각 공정유형별로 제품 가짓수와 1회 생산량을 비교한 것이다. 앞에서 설명한 바와 같이 개별생산에서 배치생산을 거쳐 반복라인생산, 계속생산으로 진화할수록 제품의 가짓수는 줄어들며, 대신 한 번 생산준비를 하면 많은 양을 생산하게 된다는 특징을 가진다.

3 생산계획수립방식에 따른 분류

생산시스템의 운영방식은 고객의 요구와 주문을 어느 정도까지 세밀히 충족시켜 줄 것인가에 따라서도 달라진다. 매일매일의 고객주문은 상세하고도 구체적인 생산계획으로 전환되는데, 계획수립방법은 제품고객화(customization)의 정도와 서비스수준에 따라 달라지며, 크게 계획생산(make-to-stock, MTS), 주문생산(make-to-order, MTO), 주문조립생산(assemble-to-order, ATO)의 세 유형으로 나눈다.

(1) 계획생산시스템

소비재를 생산하는 기업이 주로 이에 해당하며 고객의 수요에 신속히 대처하기 위해 상당량의 재고를 보유한다. 직접적인 고객주문은 거의 없으며 고객

수요는 재고에서 충당된다. 계획생산을 하는 기업의 경우 생산계획은 각 품목의 제품번호를 이용하여 수립하며 모델의 수가 많을 경우에는 품목그룹별로 나누어 생산계획을 수립한다. 또 생산준비시간을 절감하고 생산성을 높이기 위해 유사한 품목들을 묶어서 같이 생산하기도 한다. MTS 환경하에서 수요관리는 고객에게 납기일을 약속하지는 않는다. 이미 완제품을 재고로 보유하고 재고에서 공급, 수요를 충족시킬 수 있기 때문이다. 만약 주문에 비해 재고가 충분하지 않으면 공급가능한 날짜를 가르쳐 주거나 공급가능한 물량을 제시할 수는 있다.

(2) 주문생산시스템

대개 완제품재고를 가지고 있지 않으며 고객의 주문이 확정되어야만 생산에 들어간다. 어떤 주문들은 제조과정에 있음에도 불구하고 엔지니어링 스펙이 확정되지 않은 경우도 있다. 이런 경우 생산이 진행되는 과정에서도 계속해서 고객의 주문변경에 대비해야 한다. 다만 고객의 요구사항을 미리 정확히 예측하기 어렵기 때문에 제품을 주문한 고객도 상당시간 기다릴 것을 예상한다. 이 체제하에서는 납기를 준수할 수 있도록 고객의 주문을 관리 · 통제하는 일이 주된 업무 중 하나이다.

(3) 주문조립생산시스템

자동차조립과 같이 다수의 기본부품과 반제품을 조립하여 다양한 제품을 만드는 경우 최종제품에 대한 생산계획을 수립하기보다는 엔진, 기어, 차체 등과 같이 중요부품에 대해서만 생산계획을 작성하고, 최종작업과정인 자동차조립은 최종조립계획을 통해 별도로 운영된다. 소비자의 제품요구시간은 생산에 필요한 총소요시간보다 훨씬 짧으므로 고객 주문을 어느 정도 대비하여 생산에 임한다. 그러나 최종품목의 종류가 매우 많기 때문에 기본부품과 반제품에 대한 생산은 수요예측을 기초로 하지만 최종조립은 고객의 주문이 확정된 뒤에 시작한다. 고객이 선택한 사양에 대한 정확한 자료수집과 고객에게 약속한 납기의 확인과정이 매우 중요하다.

[그림 1-5]
MTS, MTO, ATO의 비교

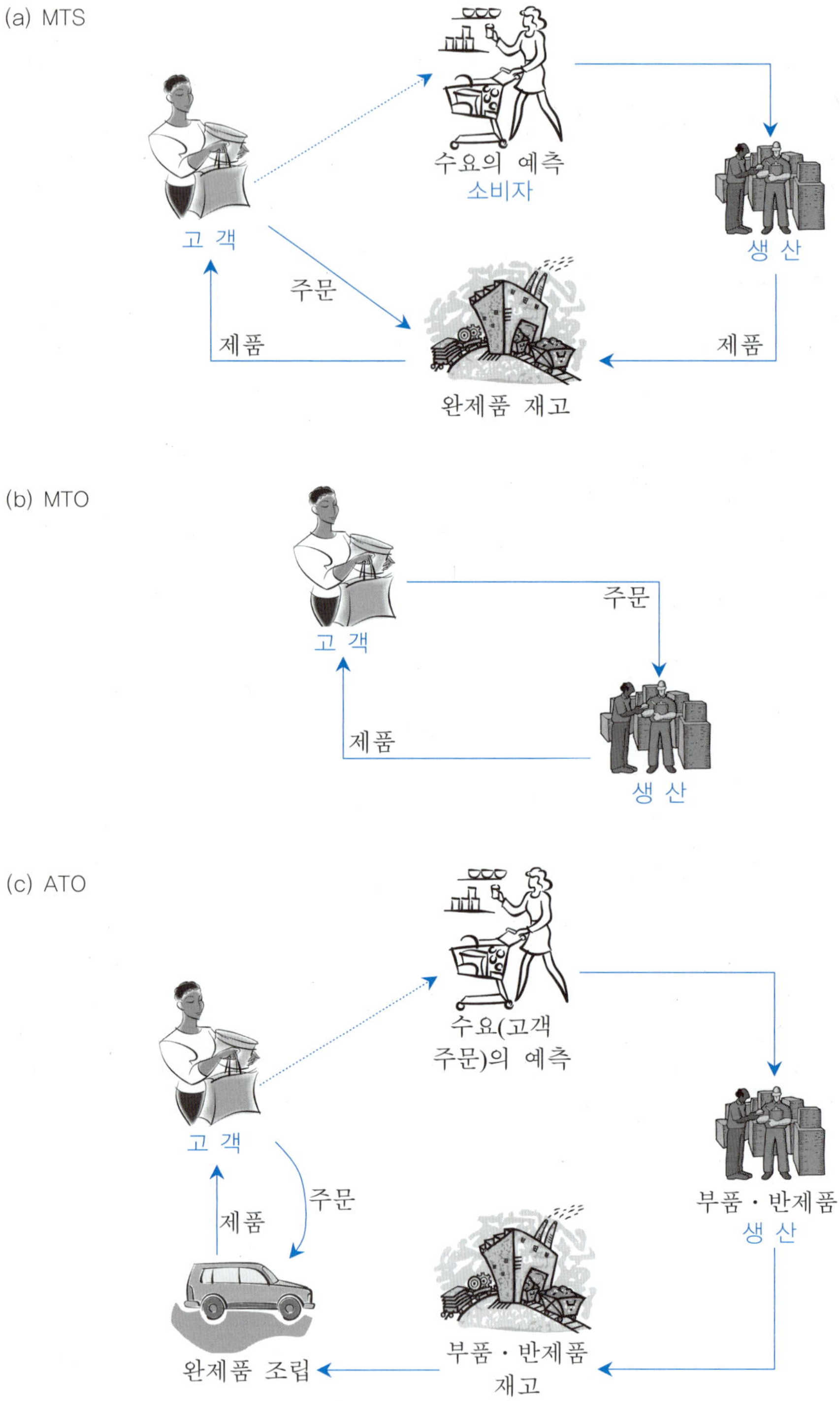

출처 : Schroeder, R.G., *Operation Management*, 4th ed., McGraw-Hill, 2008, p.61.

제4절 생산 · 공급망관리이론의 발전과정

이제 테크놀로지와 환경의 변화에 따른 생산 · 공급망관리이론의 발전과정에 대해 간략히 살펴보기로 하자. 현대적 의미의 생산 · 공급망관리이론의 개발과 적용은 20세기에 접어들면서 시작되었다고 볼 수 있지만 그 토대는 애덤 스미스(Adam Smith)의 분업이론에 두고 있다.

1 애덤 스미스의 분업이론

20세기초 미국과 유럽에서는 자동차, 가정용 전자제품, 새로운 식료품 등과 같이 이전에는 존재하지도 않았던 제품들이 개발됨에 따라 여기저기서 새로운 산업이 우후죽순처럼 일어났다. 더구나 제1차 세계대전이 발발하면서 기계, 비행기, 화학무기, 폭탄, 저장용 식품 등과 같은 전쟁수행용 품목의 개발과 생산이 급성장하였다. 전쟁이 끝난 뒤에도 이들 제품들을 생산하던 기업들은 생산능력을 소비재 생산으로 전환하기 위한 연구개발 노력에 집중하였다. 이처럼 급성장하는 시장을 목표로 하는 기업들은 생산량 극대화가 최고의 목표였다. 즉 경쟁력 있는 저렴한 가격에 가능한 한 많이 만들어 공급하는 것이 최대의 관심사였다. 따라서 제조조직의 관리는 규모의 경제, 즉 공장의 규모가 클수록 단위당 원가는 줄어든다는 이론을 토대로 삼았다.

이러한 대량생산의 원리는 18세기의 유명한 경제학자인 애덤 스미스의 분업이론(division of labor)에 기초를 둔다. 애덤 스미스는 핀(pin)제조공정의 관찰을 통해 제조공정을 여러 개의 작은 작업으로 세분화시켜 각 개별작업을 나누어 담당하게 되면 생산성이 급증하게 된다는 사실을 발견하였다. 그 후 이 이론은 더욱 발전하여 작업의 세분화와 이 세분화된 작업의 기계화를 통해 제품질의 변동을 없애고 관리통제를 손쉽게 하고자 하는 방향쪽으로 초점이 맞추어졌다.

2 테일러의 과학적 관리법과 포디즘

프레드릭 테일러(Frederick Taylor)는 1911년 그의 저서 『과학적 관리법의 원리』를 발표하면서 분업이론과 기계화논리를 더욱 확대하였다. 테일러는 작업을 담당하는 직접노동인력과 각종 계획 및 관리를 담당하는 간접부문을 분리함으로써 작업현장에서의 의사결정의 여지를 대폭 줄이고 피라미드식 관리구조를 도입해야 한다고 주장하였다. 또한 노동자의 능률을 극대화시키기 위해 시간연구와 동작연구를 바탕으로 공정한 1일의 작업 표준량을 제시하는 과업관리와 노동의욕 고취를 위한 차별적 성과급제도도 제안하였다.

20세기초 대량생산의 대명사처럼 불리는 미국 포드자동차회사의 T형 자동차는 바로 이 이론의 대표적인 적용 예로 볼 수 있다. T형 모델의 생산은 기존의 소규모 노동집약적 제조스타일을 벗어나 새로운 테크놀로지와 관리조직을 탄생시켰다. 포디즘(Fordism)이라고 불릴 만큼 큰 영향을 미쳤던 포드사의 자동차생산방식은 테일러의 과학적 관리법을 더욱 발전시켜 고급숙련공의 필요성 감소, 조립공정의 기계화, 원자재공급과 부품생산의 통합화, 제조공정 전체의 일체화 등 그 당시로서는 혁신적인 생산체제를 구축하였다. 작업자들의 역할은 단지 파트나 부품을 기계에 투입하는 것으로 단순화되고 말았다. 생산성이 최고도에 달했을 때 포드의 하루 생산량은 8,000대였다고 한다.

이러한 경쟁력을 바탕으로 포드사는 1909년부터 약 15년 이상을 시장의 리더로 이끌어 갈 수 있었다. 그러나 1920년대 중반부터 다양한 설계와 선택사양으로 여러 종류의 차를 선보인 경쟁업체들의 반격으로 포드사의 시장점유율은 점차 떨어지고 있었다. 이런 위기를 맞아 포드사는 기존라인에 선택사양을 추가함으로써 소비자의 선택폭을 늘려주고자 노력했으나 원자재, 부품, 중간조립품, 조립의 생산라인 자체가 오직 T형 모델만의 생산을 위해 극도로 통합화되어 있었기 때문에 제품의 다양화는 곧 한계에 달하고 말았다. T형 모델의 뒤를 이은 A형 모델의 생산준비에 1년이라는 시간과 2억달러라는 어마어마한 자금이 투입되었다. 디트로이트에서만 약 6만명의 근로자가 해고되었으며 15,000대 이상의 기계를 폐기하고 25,000대 이상의 기계를 다른 용도로 분해 · 재조립하였지만 이미 경쟁력을 상실한 뒤였다.[2)]

---

2) Bessant, J., *Managing Advanced Manufacturing Technology*, NCC Blackwell, 1991, pp.17～20 참조.

테일러의 과학적 관리법에 토대를 둔 포드의 현대적 대량생산원리의 특징을 요약하면 다음과 같다.

- 제품과 부품의 표준화, 제조설비와 작업방법의 표준화
- 동작연구와 시간연구를 통해 작업을 효율적으로 수행하기 위한 최적조건을 식별하고 작업의 세분화를 통해 통제가 쉽고 반복가능한 다수의 동작으로 분해함으로써 대량생산의 기초 구축
- 작업자별 기능의 세분화 및 이를 통한 단순화
- 생산율의 균일화 및 성과에 따른 급여
- 관리업무는 전문가(specialist)들만이 전담하게 함으로써 관료적 피라미드식 조직 구축

3 계량적 모델과 이론의 개발

제조부문의 규모가 급속도로 확대되고 제조기술도 점차 고도화되면서 생산현장에서는 재고, 품질, 스케줄 등에 관련된 여러 어려운 문제들이 발생하였다. 이 같은 문제들을 효율적으로 해결하고자 20세기초부터 계량적 이론들이 나타나기 시작하였다.

1915년 웨스팅하우스의 엔지니어였던 해리스(Ford W. Harris)는 경제적 발주량모형을 개발하였다. 생산재고문제를 해결하기 위해 개발된 최초의 계량모형으로 많은 관심을 불러일으켰으며, 이를 확장시킨 많은 논문들이 쏟아져 나왔다. 그러나 1930년대 대공황이 닥쳐 수요가 점점 떨어지면서 관심은 곧 저하되었다. 1931년에는 슈와트(W. Shewhart)가 관리도나 샘플링기법과 같은 통계적 품질관리이론을 제시하였다. 여기에 제2차 세계대전중에 하나의 체계적 학문분야로 OR(Operations Research)이 등장하면서 생산관리는 계량적인 성격을 띠기 시작했다. 1947년에는 단치히(G. Dantzig)가 선형계획법모형의 해법인 심플렉스해법을 개발하여 수학적 계획수립기법(mathematical programming model)의 토대를 이루었다.

한편 1957년 듀퐁사는 대규모 프로젝트의 수행을 위한 네트워크기법인 CPM(critical path method)을 개발하였으며 같은 시기에 미해군연구소는 미사일

시스템의 개발과 생산의 지원도구로서 PERT(project evaluation and review technique)를 개발하였다. 그 후 컴퓨터의 등장과 함께 계량적 설비배치기법, 자재소요계획(material requirement planning, MRP), 계량적 재고관리기법, 일정계획모형 등이 속속 등장하였다. 예를 들어 1959년 American Bosch사에서 처음 MRP를 도입하였으며, 1960년대에는 IBM에서 PICS라는 상업용 소프트웨어를 개발하였다. 1980년대에 들어오면서 MRP는 MRP-Ⅱ로 확장되어 광범위한 자원계획의 도구로 사용되기 시작하였다.

4 새로운 생산관리이론의 등장과 자동화의 확산

1970년대까지의 생산관리이론은 대개 미국과 서유럽에서 정립된 것으로 원가절감과 생산성 향상에 초점을 두었다. 1980년대에 접어들면서 일본기업들이 높은 품질과 저렴한 가격으로 세계시장에서 경쟁우위를 확보하는 비약적인 발전을 보이자 전 세계는 일본식 생산관리에 대해 비상한 관심을 가지게 되었다. 전사적 품질경영과 적시생산제로 대표되는 일본기업의 생산관리는 소비자만족과 낭비제거를 최대의 목표로 삼고 있다. 소비자가 무엇을 원하는가를 정확히 파악하고 생산 및 유통 과정의 모든 낭비적 요소를 제거함으로써 자연스럽게 품질향상, 공급소요시간 단축, 원가절감, 신축성 향상 등을 이룩할 수 있었다. 이와 더불어 설계, 제조, 구매, 마케팅 등 여러 부문의 노력을 통합함으로써 제품설계의 속도를 높이고 품질향상, 제조원가절감을 이룩하고자 하는 통합적 제품설계원리인 컨커런트 엔지니어링(concurrent engineering)이론도 비슷한 시기에 등장하였다.

한편 1980년대에 들어서면서 제조조직의 자동화도 눈부시게 발전하였다. 로봇이나 NC(numerical control)기계의 사용에 불과했던 공장자동화가 CAD/CAM, 유연생산시스템, 컴퓨터통합생산시스템(computer-integrated manufacturing system)의 구축단계에까지 이르렀으며 이들 자동화시스템의 도입과 설계, 그리고 운영방법에 관한 연구에도 많은 관심을 보이게 되었다.

5 생산정보화 도구로서의 ERP의 탄생

글로벌화의 급속한 진행과, 지구상의 모든 소비자를 직 · 간접적으로 연결시켜 줄 수 있는 인터넷 및 관련 기술의 급속한 발전은 기술과 영업체제뿐만 아니라 생산시스템 전반에 엄청난 변화의 압력을 주고 있다. 글로벌 기업의 경우, 자재와 부품은 전 세계에서 조달되고, 역외에서 제조되어 현지의 주문사양에 따라 여러 나라에서 판매된다. 이러한 글로벌화의 추세로 미루어 볼 때, 아마도 21세기 대부분의 시장은 글로벌 기업에 의해서 지배될 것이다. 심지어 국가 단위 기업에 남겨질 유일한 역할은 식품산업과 같이 독특한 현지 수요를 만족시키는 정도라는 전망도 제시되고 있다.

이처럼 시장환경이 대량생산을 기반으로 하는 저가제품 중심에서 고객 및 시장 중심으로 변화함에 따라 고객에게 특화된(customized) 제품을 만들 수 있도록 상품기획력을 강화하는 문제, 신제품의 시장선점 및 기회손실 극소화를 위한 상품의 조기개발 및 신속한 출시 등이 전략적으로 중요한 과제로 부각되고 있다. 고객 취향은 더욱 개성화되어 각자 특화된 제품 및 서비스를 원하게 된 데다 구매정보에 대한 접근이 용이해지면서 기업간 경쟁은 더욱 심화되고 있기 때문이다. 특히나 시장수요의 불확실성이 극심한 글로벌 경영환경하에서는 대량생산체제의 효율성이 급격히 저하되므로 매스커스터마이제이션(mass customization) 체제로의 전환이 시급해져 가고 있다.

매스커스터마이제이션 체제하에서 소비자는 자신이 바라는 것을 정확히 찾을 수 있도록 기업이 충분히 다양한 상품과 서비스를 개발해 주길 원한다. 동시에 저렴한 가격대와 우수한 품질을 유지하여 고객을 만족시켜 주길 원한다. 당연히 상품의 라이프사이클은 짧아지고 소비자에게 상품을 공급하는 데 소요되는 리드타임 역시 계속적으로 줄어든다. 제조업체와 도매상들은 직시 배송을 요구하고 있으며, 최종사용자들은 상품을 원하는 즉시 구입할 수 없으면 기꺼이 대체품을 받아들인다. 신제품을 도입할 경우에도 이익을 벌어들일 수 있는 시간의 길이가 줄어들고 있다.

영업과 마케팅 부문을 통해 생산부문에 강력히 요구되는 이러한 복잡다단한 고객니즈를 충족시켜 주기 위해서는, 일차적으로 생산부문의 모든 데이터와 정보가 실시간으로 접근가능하며 영업과 마케팅 부문에서 제기하는 다양한 문의와 질문에 대한 답을 신속하게 제공할 수 있어야 한다. 기업의 규모가 작고 주로 주문에 의해 단순한 제품을 생산하는 경우에는 PC를 이용하여 매출액, 원자재 · 완제품 재고량, 생산능력 등에 관한 자료를 보관하여 필요에 따라 분석 · 활용할 수 있다. 그러나 생산품목수가 많아지고 제조부문의 규모가 커지며, 원자재 · 부품 · 완제품 재고의 종류가 다양해지면 데이터의 수집과 분석 그리고 신속한 의사결정을 위해 정보처리시스템을 기반으로 하는 생산시스템이 필요하게 된다.

다품목 소량생산이 일반화되고 소비자들이 리드타임의 급격한 단축을 원하게 됨에 따라 생산부문의 정보화는 불가피한 단계에 이르게 되었으며, 전사적 자원관리시스템(enterprise resource planning, ERP)이라 불리는 정보시스템의 도입이 일반화되어 가고 있다.

ERP시스템은 좁은 의미로는 통합생산관리시스템이지만 넓은 의미로 보면 기업 전체를 대상으로 하는 종합적인 자원관리시스템이다. ERP의 개념을 처음으로 제시한 가트너 그룹(Gartner Group)의 정의를 보면 "기업 내의 각 업무기능들이 조화롭게 제대로 발휘될 수 있도록 지원하는 애플리케이션들의 집합으로 차세대의 업무시스템"이라 하였다. 오라클(Oracle)사에서는 ERP를 "재무, 인사, 회계를 포함해 구매, 생산, 물류 등 기업의 전 업무를 포괄하며, 시스템 설치 및 실행 기간을 단축시키고 설치과정 중 기업의 프로세스를 재설계할 수 있는 능력을 가지는 대형 소프트웨어"라고 정의하고 있다. 종합해 보면, ERP시스템이란 기업이 경영활동을 위해 기업 내의 모든 자원을 계획하고 업무 프로세스에 따른 흐름을 관리 · 통제하는 자동관리시스템이라 정의할 수 있다. 관리대상이 되는 자원은 물질적인 자원뿐만 아니라 인적자원과 정보자원 및 시간까지 포함한다. ERP가 갖는 장점과 특징을 요약하면 다음과 같다.

- 통합적 관리 : ERP 이전에 각 기업체에서 개발하여 사용하던 시스템은 분야별로 독립적으로 개발되어 활용되어 왔기 때문에, 통합적 관리가 불가능했다. 그러나 ERP는 각 분야의 기업활동과 데이터를 통합적으로 관리하도록 지원해 주고, 데이터의 변경내용을 실시간 반영해 주기 때문에, 정확한 정보를 가지고 경영의사결정을 지원해 준다.
- 국제화를 위한 적용 : 제조를 비롯한 기업활동은 여러 장소에서 일어나며, 이런 장소들은 세계적으로 흩어져 있다. 따라서 상이한 국가환

경에 따른 언어, 통화, 회계표준 등을 지원해 줄 수 있는 기능이 필요하게 되었다. 이런 기능을 지원하는 ERP를 사용하게 되면, 단순히 국가별 시스템을 개발 · 관리하는 노력을 절약해 줄 뿐만 아니라, 기업활동의 통합적 관리를 가능하게 해준다.

- 정확한 계획수립기능 : 데이터의 통합적 관리와 실시간 정보 업데이트를 바탕으로 의사결정지원이나 시뮬레이션 기능을 통해 합리적인 계획수립이 가능해진다.

이처럼 ERP시스템은 다양한 기능을 발휘할 수 있지만 대개의 경우 기업 내부의 생산 · 영업 · 물류 · 인적자원 · 재무 등 개별 프로세스별 정보수집과 분석에 초점을 둔다. 기업규모가 커지고 글로벌화가 심해지면서 원자재공급이나 생산 및 물류 기능의 아웃소싱을 담당하는 기업 또는 판매담당업체와의 정보공유 및 유기적 연결체제의 운영이 필요한데, 이런 전략적 역할을 ERP 시스템이 담당하지는 못한다. 이는 공급망관리라는 새로운 전략이 등장하게 된 배경이기도 하다.

6 네트워크 기반의 공급망관리 등장

인터넷과 모바일 기술의 혁신은 상품과 서비스의 기획 · 개발 · 제조 · 생산 · 유통에 이르는 가치사슬이 디지털화되는 데 큰 기여를 하고 있다. 공급망관리는 바로 이 가치사슬을 하나의 네트워크로 구성하고 인터넷을 통해 정보공유를 도모하며 모든 중요 자료를 디지털화하고 소프트웨어 기반의 의사결정을 도모함으로써 경쟁환경의 변화에 따른 신속한 의사결정을 지원하기 위해 개발되었다.

많은 글로벌 기업의 경우 부가가치의 60~70%가 제조부문이 아닌 공급망의 다른 영역에서 발생하며, 고객이 주문 후 상품을 받을 때까지 기다려야 하는 공급리드타임 중 순수하게 제조과정에서 소요되는 시간보다는 그 외 공급망상에서 소요되는 시간이 훨씬 더 길다. 또한, 부품이나 원자재를 외부 협력업체에서 공급받는 경우 중장기적인 계약을 맺고 있다 하더라도 공급과정상의 불확실성을 완벽하게 제거할 수는 없다. 공급받는 자재나 부품의 품질과 물량 등에 불확실성이 존재하기 때문이다. 또한 수요예측에 많은 시간과 비용을 투자하더라도 시장수요의 불확실성을 배제한다는 것은 불가능하다. 주문량과 납기의 불확실성 역시 안정적인 공급망 운영을 어렵게 한다. 공급망 안팎에서 나타나는 불확실성은 리드타임 증가, 재고량 증대, 고객대응시간 및 원가 상승 등으로 이어지게 된다. 공급망관리는 이와 같은 불확실성을 디지털 기반의 정보공유와 동기화(synchronization)된 협업을 통해 리드타임을 최소한으로 줄이고 재고 및 물류비용을 절감하고자 하는 경영 패러다임이다.

생산, 부품 조달 및 구매, 보관 및 물류, 운송, 판매 및 유통 등의 기업 활동이 글로벌화됨에 따라 공급망상의 리드타임이 길어지고 불확실성이 증대되어가고 있다. 국가별 · 지역별 편차가 크고 물류가 복잡해지면서, 어떤 주문을 어디서 받아서, 언제 어디서 어떻게 얼마나 만들고, 어떤 물류 및 유통채널을 통해 어떻게 운송하며, 필요한 자재 및 부품 조달을 어디서 어떻게 할 것인가에 등에 관한 방대한 계획수립과 실행 그리고 성과 추적이 점점 더 어려운 의사결정문제로 부각되고 있다. 글로벌 공급망 운영을 위한 합리적인 계획수립과 관리, 조정, 통제가 기업 생존에 핵심적인 과제로 부각되었다. 예를 들어 스마트폰을 제조 · 판매하는 삼성전자나 애플의 경쟁력은 각 기업이 이끌고 있는 공급망의 경쟁력에 의해 결정된다. 이들 기업이 공급망관리에 엄청난 투자를 하지 않고서는 글로벌 시장에서 지속가능한 경영이 쉽지 않다.

쉬어가기

재고 몸살 앓는 H&M - 안 팔린 옷 4조 5,000억어치…

세계적인 패스트패션 브랜드 H&M이 350억크로나(약 4조 5,000억원)어치의 재고로 몸살을 앓고 있다고 뉴욕타임스(NYT)가 27일(현지시간) 보도했다. NYT는 이날 H&M이 발표한 1분기 실적을 인용해 "예상치 못한 매출 감소로 지난해부터 재고가 급증했다"며 "H&M이 산처럼 쌓여 있는 재고로 고군분투하고 있다"고 전했다. 보도에 따르면 지난해 12월부터 올해 2월 말까지 H&M의 영업이익은 62% 감소했다. 전 세계 약 4,700개 매장을 거느릴 만큼 성장한 H&M의 영업이익이 감소한 건 최근 20여년간 처음 있는 일이다. 또 지난해 재고량은 7% 증가해 그 가치가 350억크로나에 달했다.

실적 부진은 주가에도 즉시 영향을 미쳤다. 27일 스톡홀름 증권거래소에 상장된 'H&M 헤네스 앤드 모리츠 AB(H&M Hennes&Mauritz AB)'는 120.94크로나(약 1만 5,600원)로 장을 마감하며 5년 새 최저가를 기록했다.

NYT는 "패션업계에선 제품수량을 판매량에 최대한 근접하게 하기 위해 노력한다"며 "팔리지 않은 약간의 재고도 나쁜 신호가 될 수 있기 때문"이라고 지적했다. H&M의 최고경영자(CEO)인 칼-요한 페르손은 "온라인 판매를 확장하고 220개의 새 매장을 열면서 매대를 채워야 했다"며 재고 증가는 불가피했다고 주장했다. 그러나 NYT는 "부실한 재고관리와 고객 지갑을 열지 못한 실망스러운 제품이 근본 원인으로 거론된다"고 전했다. 특히 다른 패스트패션 브랜드와 달리 H&M이 시장변화에 대응하지 못했다는 지적도 나온다.

2000년대 들어서 H&M을 비롯한 패스트패션 브랜드들은 급성장했다. 최신 유행을 반영한 저렴한 제품을 빠르게 제작 · 유통해 소비자들을 사로잡았다. 하지만 이내 경쟁은 과열됐고, 시장은 온라인으로 확장됐다. 경쟁사인 영국의 '아소스(ASOS)'가 오프라인 매장을 포기하며 무료 배송제를 도입하고, 자라를 보유한 스페인의 '인디텍스'가 온라인 판매에 집중할 때 H&M은 손을 놓고 있었다. H&M의 번 실적에 대해 스위스의 투자은행 UBS는 "핵심 소비자를 잃게 된 것과 그것을 개선할 방법에 대해 확실한 견해를 갖고 있지 않다"고 분석했다.

1947년 스톡홀름의 여성복 매장에서 출발한 H&M은 70년 만에 인디텍스에 이은 세계 2위의 패스트패션 브랜드로 성장했다. 매년 수억 벌에 달하는 의류를 생산하며, 스웨덴에는 판매할 수 없는 H&M의 불량품을 연료로 태우는 발전소도 여럿 있다. (중앙일보, 2018.3.29)

애플의 하도급업체 관리 노하우 : 맡기지만 통제한다

우리는 흔히 애플이 하도급 생산에 의존하고 있다고 알고 있다. 대만의 하도급 생산업체인 팍스콘(Foxconn)은 중국에서 100만명 이상의 종업원을 고용해 애플 제품을 생산, 납품하고 있다. 애플은 하도급 생산을 통해 생산설비나 기계와 같은 고정자산과 재고와 같은 운전자본 투자 부담을 줄이는 자산 경량화(asset-light) 전략으로 높은 수익률을 누리고 있다고 한다. 더 나아가 이처럼 하도급 생산 전문 기업에 생산을 위탁하고, 스스로는 제품 디자인과 개발에 주력하는 핵심 역량적 분업화가 미래의 기업 모델이라고까지 말하는 사람도 있다. 그러나 이런 통설은 사실과 많이 다르다. 애플은 뛰어난 생산능력을 보유하고 있으며, 생산설비에도 많이 투자하는 제조업체이다. 다만 공장운영만 팍스콘에 위탁하고 있을 뿐이다.

애플의 재무제표를 들여다보자. 애플은 작년에 1,560억달러의 매출에 417억달러의 당기순이익을 올려 26.7%의 매출 대비 순이익률을 자랑한다. 그런데 시설 투자액도 103억달러에 달하고 있다. 그중 8억달러는 애플스토어와 같은 매장에 대한 투자지만 95억달러는 순수한 생산시설에 대한 투자였다. 애플의 주요 경쟁자인 삼성전자와 비교를 해보자. 2012년 연결재무제표에 의하면 삼성전자는 1,870억달러의 매출에 220억달러의 당기순이익을 기록, 11.7%의 수익률을 기록하고 있다. 같은 연도의 시설 투자액은 210억달러에 이른다.

삼성전자가 많은 시설 투자를 하는 것은 당연하다. 삼성전자의 주력 사업인 반도체는 생산라인 하나에 수조원이 들 정도로 고가의 생산설비 투자가 필요하다. 또한 반도체, 스마트폰, TV, 백색가전 등 대부분의 제품을 국내외의 자사 공장에서 생산하고 있다. 그러나 반도체나 TV도 생산하지 않고, 거의 모든 제품을 하도급 생산에 의존하고, 메모리와 디스플레이 같은 부품도 협력 기업에서 납품받는 애플이 왜 삼성전자의 절반에 달하는 시설 투자를 할까? 도대체 애플이 구매한 생산설비는 어디에 있을까?

그 답은 애플의 하도급업체인 팍스콘을 방문해 보면 알 수 있다. 팍스콘의 공장에 있는 대부분의 생산설비와 기계를 애플이 소유하고 있다. 즉, 애플이 자신의 제품을 만드는 데 필요한 중요한 기계와 생산설비를 직접 구매해서 팍스콘에 임대해 주고 있는 것이다.

대만의 하도급 생산업체인 팍스콘이 운영하는 중국 광둥성 선전의 공장에서는 100만명 이상의 종업원을 고용해 애플 제품을 하도급 생산하고 있다. 애플 특유의 디자인과 소재를 사용하기 때문에 애플이 스스로 생산설비를 직접 제작해야 하기 때문이기도 하다. 아이폰의 내장형 안테나, 레티나 디스플레이, 제품 케이스를 만드는 금형 등 애플이 생산기술을 갖고 있는 예는 수없이 많다. 마이크로프로세서 칩도 애플이 직접 디자인해서 삼성전자와 TSMC가 하도급 생산을 하고 있다.

이처럼 애플이 생산 노하우와 생산설비 소유권을 갖고 있기 때문에 폭스콘은 애플에 대해 절대적으로 을(乙)의 입장이다. 애플이 맘만 먹으면 다른 하도급업체로 설비를 옮길 수 있다. 주요 설비를 애플이 소유하므로 애플의 허락 없이 그 설비를 사용해서 다른 고객을 상대할 수도 없다. 독자

브랜드는 꿈도 못 꾼다. 물론 팍스콘에도 남다른 핵심 역량이 있다. 팍스콘의 공장은 축구장 여러 개를 합친 것보다 크다. 수십만명의 노동자가 휴식시간에 식사를 하는 모습은 장관이다. 팍스콘의 노동자들은 애플에 납기를 맞추기 위해 수시로 추가근무를 해야 한다. 수많은 근로자를 관리하다 보니 군대식으로 작업장을 관리하며, 근로자끼리 대화도 못하게 하고, 일상생활도 엄격하게 통제한다.

팍스콘의 테리 구 회장은 얼마 전 인터뷰에서 "백만명의 '동물'을 관리하는 일로 골치가 아프다"는 말을 해서 구설에 올랐다. 이렇게 동물 취급을 당하는 것에 절망한 근로자들이 여럿 자살하고서야 최근 근로조건을 개선하는 노력을 보이고 있다.

애플의 팀 쿡 회장은 자동차산업의 도요타에서 많은 영감을 받았다고 한다. 도요타의 도요타 쇼이치로 전 회장은 "우리가 부품을 만들지 않는다고 해서 기술마저 갖고 있지 않는다면 부품 생산업체를 장악할 수 없다. 따라서 우리는 항상 부품을 내부에서 만들어 본 다음 외부에 발주를 한다"고 말했다. 즉, 하도급을 줄 때 직접 만들어 보고 비용구조를 파악하고 있기 때문에 부품업체를 통제할 수 있고, 부품업체가 높은 가격을 요구할 수도 없다는 것이다. 애플의 하도급 생산에 대한 오해는 '하도급 생산=생산 노하우 없음'이란 단순한 등식에서 비롯한다. 그러나 생산 노하우 없는 하도급 생산은 '생산 공동화(生産 空洞化)'에 불과하다. 오히려 생산 노하우가 있어야 하도급 생산을 좀더 잘 활용할 수 있다.

(조선일보, 2013.10.12)

연습문제

CHAPTER 1

선택형 문제

1. 다음 중 생산 · 공급망관리의 의의와 기능에 관해 옳게 기술된 것은?

ㄱ. 생산 · 공급망관리는 재화나 서비스를 창출하는 생산시스템의 설계 및 운영에 관한 제반 의사결정문제를 담당하는 관리기능이라 할 수 있다.
ㄴ. 생산시스템은 재화나 서비스를 창출해내는 데 필요한 물적설비, 인적자원 그리고 이들 요소에 의해 결정되는 구체적인 생산과정까지를 포함하는 개념이다.
ㄷ. 기업 전체의 목표를 이윤의 극대화 또는 기업가치의 극대화라 한다면 생산 · 공급망관리 부서의 목표는 이러한 목표를 달성하기 위한 수단의 역할을 한다.

① ㄱ, ㄴ　② ㄴ, ㄷ
③ ㄱ, ㄷ　④ ㄱ, ㄴ, ㄷ

2. 다음 중 생산 · 공급망부문의 전략적 의사결정문제에 해당하는 것은?

① 물류망의 구축　② 품질관리
③ 프로젝트의 계획과 관리　④ 재고관리

3. 다음 중 생산 · 공급망관리 분야의 전략적 목표로 보기 힘든 것은?

① 원가　② 품질
③ 설비가동률　④ 리드타임

4. 생산시스템을 개별생산, 배치생산, 반복라인생산, 그리고 계속생산으로 나눈 것은 다음 중 어느 항목에 근거한 것인가?

① 생산계획의 모체　② 생산품목수
③ 생산량의 크기　④ 자재흐름의 패턴

5. 다음과 같은 특징을 갖는 제조업체는 어떤 유형의 계획수립방법이 적절할 것인가?

ㄱ. 소비재를 생산하는 기업이 주로 이에 해당하며 고객의 수요에 신속히 대처하기 위해 상당량의 재고를 보유한다.
ㄴ. 직접적인 고객주문은 거의 없으며 고객수요는 재고에서 충당된다.
ㄷ. 모델의 수가 많을 경우에는 품목그룹별로 나누어 생산계획을 수립하며 생산준비시간을 절감하고 생산성 제고를 위해 유사한 품목들을 묶어서 같이 생산하기도 한다.

---

① 계획생산(make-to-stock, MTS)
② 주문생산(make-to-order, MTO)
③ 주문조립생산(assemble-to-order, ATO)

6. 다음 중 반복라인에 관한 설명인 것은?

① 제품생산을 위한 작업이 여러 단계로 나뉘어 각 가공단계가 하나의 작업장을 이루고 있으며 품목에 관계없이 원자재에서 완제품에 이르기까지 직업순서가 일정하다.
② 단위기간의 생산량은 생산준비시간 등 여러 요소에 의해 결정된다.
③ 공정과 공정 사이에 재공품은 상당히 존재하는 반면 완제품재고는 상대적으로 적다.
④ 일단 원자재가 투입되면 막힘이 없이 완제품까지 자동으로 생산이 이루어진다.

7. 개별생산제와 계속생산제의 특징에 관한 다음 설명 중 옳은 것은?

① 개별생산제의 기계설비는 범용인 경우가 많으며 주문에 의해 생산을 시작하므로 특수목적의 기계설비를 갖출 수가 없으나 계속생산시스템에서는 특수목적설비로 소수의 품목을 생산한다.
② 계속생산제의 생산능력은 병목공정의 생산능력에 의해서 결정되나, 병목공정이 고정된 것이 아니고, 생산해내고자 하는 품목의 구성에 따라 변화하므로 정확한 생산능력의 측정은 쉽지 않다.
③ 개별생산제에서는 설비증설에 대규모 투자를 필요로 하나 계속생산제에서는 기계의 구입, 기술인력의 고용 등을 통해 필요한 만큼 생산설비를 확장할 수 있다.
④ 개별생산제의 경우 대규모 설비투자를 요하게 되어 작업자 1인당 자본투자액이 계속생산제에 비해 상당히 높다.

8. 다음 중 제품생산 및 설계에서 신축성 또는 유연성이 가장 큰 공정은?

① 개별생산제　　② 배치생산제
③ 계속생산제　　④ 반복라인생산제

9. 다음 중 테일러의 과학적 관리법에 대한 설명인 것은?

① 현장작업자와 전문가, 엔지니어의 협업 ② 자재관리의 혁신을 통한 생산성 극대화
③ 직무통합을 통한 근로자의 사기 제고 ④ 제조설비와 작업방법의 표준화

10. 다음 중 ERP시스템의 특징으로 바르게 기술된 것은?

① 재무, 마케팅, 생산 등 각 분야별로 별도의 ERP시스템을 도입해야 하지만 국가별로 별도의 시스템을 개발 · 관리해야 하는 노력은 절약해 줄 수 있다.
② 각 분야의 기업활동과 데이터를 통합적으로 관리하도록 지원해 주고, 데이터의 변경 내용을 실시간 반영해 주기 때문에, 정확한 정보를 가지고 경영의사결정을 할 수 있도록 지원해 준다.
③ 생산현장에서의 일정관리나 품질경영에 주로 사용되며 의사결정지원이나 시뮬레이션과 같은 기능은 지원하지 못한다.
④ 신제품 개발의 속도와 효율성을 극대화하는데 기여하기 때문에 마케팅과 영업부문 성과에 절대적인 영향을 미친다.

11. 다음 중 공급망관리시스템의 등장배경이기도 하면서 ERP시스템의 한계점으로 지적되는 것은?

① 생산품목의 가짓수가 다양할 경우 품목별 원가계산이 어려워진다.
② 고객군이 다양해질수록 신속한 주문처리 및 사후관리 기능이 취약해진다.
③ 데이터와 정보 표준화가 쉽지 않아 데이터 기반의 의사결정역량 제고가 어려워진다.
④ 원자재 공급이나 생산 및 물류 기능을 담당하는 외부 협력업체와의 정보공유와 유기적 연결이 쉽지 않다.

12. 다음 중 공급망관리에 대한 설명으로 바르지 않은 것은?

① 기업이 경영활동을 위해 기업 내의 모든 자원을 계획하고 업무 프로세스에 따른 흐름을 관리 · 통제하는 자동관리시스템이다.
② 공급망관리의 최우선 목표는 고객만족과 신속대응에 있다. 고객의 모든 요구사항에 대해 신속하게 대응한다는 것이다.
③ 국경을 초월한 경쟁, 기업환경의 불확실성 증대, 기업 활동영역의 국제화, 정보기술의 발달 등의 요인으로 인해 공급망간의 경쟁이 치열해지면서 공급망관리의 중요성이 더해가고 있다.
④ 원자재의 구매, 가공에서부터 완제품의 생산, 유통에 이르는 부가가치활동에 관련된 일련의 기업들을 지칭하는 공급망을 효과적으로 관리하여 최종고객에게 그들이 원하는 제품을 원하는 시기에 낮은 비용으로 제공하고자 하는 것을 목적으로 한다.

CHAPTER

2 신제품 및 프로세스 개발전략

소비자가 원하는 새로운 제품이나 서비스를 경쟁업체보다 신속히 개발하여 싼값에 시장에 공급할 수 있다면 경쟁이 치열해지더라도 걱정할 것이 없다. 그러나 신제품을 개발하는 것만으로는 충분하지 않다. 제품의 설계비용은 원가의 5%에 불과하지만 제조원가의 70% 정도를 결정짓는다고 한다. 따라서 제품의 설계개선이 이루어지지 않은 상태에서의 제조원가절감이란 제조부서에만 큰 짐을 지우는 극히 비효과적인 방법이다. 아이디어창출에서 테스트용 완제품 생산쪽으로 개발작업이 진행되어 갈수록 설계변경이나 아이디어 추가에 드는 비용이 급증하며 실제 수정할 수 있는 폭도 점점 더 좁아진다. 본장에서는 생산전략적인 측면에서 신제품 개발전략과 프로세스 테크놀로지에 대해 알아보기로 한다.

제 1 절 신제품 개발의 전략적 가치

제 2 절 신제품 개발의 혁신전략

제 3 절 프로세스 테크놀로지의 선택

제 1 절 신제품 개발의 전략적 가치

1 신제품 개발프로세스의 구성

기업이 지속적으로 성장 · 발전하기 위해서는 신제품 개발활동을 소홀히 할 수 없다. 기존제품의 라인에 새로운 품목을 추가하든, 새로운 시장에 침투하기 위해 기존의 제품과 전혀 다른 제품을 개발하든 간에, 무엇인가 새로운 제품을 시장에 소개하지 않고서는 경쟁에서 이겨나갈 수 없다.

신제품 개발은 일반적으로 마케팅, 연구개발 부서를 중심으로 이루어지지만, 개발에 투자되는 비용과 본격적인 양산체제를 갖추고자 할 때 고려해야 할 기술적인 문제 등에 비추어 보면 재무와 생산 부서도 신제품 개발과정에 참여하지 않을 수 없다. 신제품 개발은 [그림 2-1]에 요약되어 있듯이 여러 단계의 개발과 테스트 과정을 거친다. 마케팅부서는 시장조사를 통해 소비자의 기호와 요구에 관련된 자료를 조사 · 분석하여 연구개발 또는 엔지니어링 부서에 제공함으로써 신제품 개발의 중추적인 역할을 한다. 구체적인

[그림 2-1]
신제품 개발프로세스

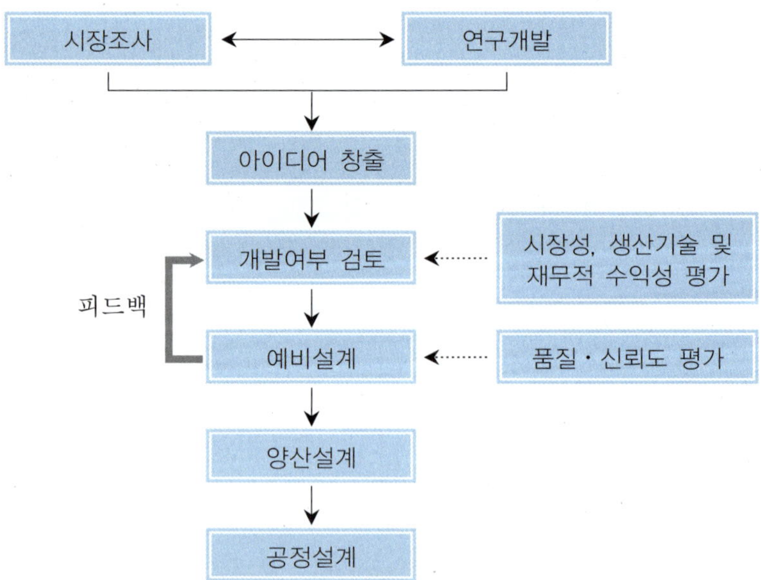

제품개발은 연구개발 또는 엔지니어링 부서에서 담당하지만, 실제 생산가능성을 타진하기 위해서는 기업 내의 여러 부서와 긴밀한 협조관계를 유지할 필요가 있다.

신제품 개발을 위한 새로운 아이디어가 나오더라도 구체적인 예비설계에 들어가기에 앞서 타당성 검토(feasibility study)가 이루어져야 하는데, 이 과정에서 다음과 같은 요소들을 고려한다.

- 제품의 기대수명주기 및 신뢰도
- 현재 보유하고 있는 공정 또는 생산기술과의 적합성
- 현 제품라인과의 적합성
- 개발 및 생산에 소요되는 비용
- 기대이익률 및 기대수요

타당성 검토를 거쳐 예비설계 단계에 들어서게 되면 제품설계부서와 생산기술을 담당하는 부서의 의견교환이 절대적으로 필요하다. 예비설계는 현재 보유하고 있는 생산설비, 생산기술 등을 감안하여 생산하고자 하는 제품의 품질, 신뢰도, 형태 등을 결정하는 과정으로, 현실적으로 선택가능한 공정형태까지 고려하여 어느 정도 설계를 구체화시킨다. 기술적인 문제가 모두 해결되고 생산비용면에서도 타당성이 인정된다면 최종설계에 들어가게 되는데, 이 단계에서는 기술적인 규격, 필요부품은 물론 생산공정 전체를 일람할 수 있도록 공정의 흐름도까지 작성한다. 이처럼 신제품 개발과정은 공정의 설계과정과 밀접한 관계를 가질 뿐만 아니라, 많은 경우 선택할 수 있는 공정의 폭을 제한하는 역할도 한다.

2 전통적 제품개발과정의 문제점

제품개발과 설계에 있어 가장 중요한 점은 소비자의 욕구와 필요를 감안해야 한다는 것이다. 소비자가 원하지 않는 제품은 아무리 싸고 튼튼해도 가치가 없기 때문이다. 시장조사나 시험판매 등을 하는 이유도 바로 소비자의 취향을 파악하기 위해서이다. 따라서 소비자와 직접 접촉하는 마케팅부문의 역량은 우수한 제품의 개발에 큰 기여를 한다. 이처럼 물건을 구입하는 최종소비자의 역할이 중요하다면 같은 조직 내의 소비자도 중요하다. 설계부문의 고객은 제조부문이고 외주를 주는 경우에는 협력업체도 설계부문의 고객이 된다.

제품설계를 담당하는 엔지니어들이 고객으로 생각해야 하는 제조부서의 생산기술이나 양산능력을 감안하지 않고 설계의 완성이라는 목표만을 지향한다면 설사 설계를 완성했다 하더라도 이는 단지 일시적인 설계중단에 불과하다. 제조공정의 설계와 양산능력 점검 등의 과정을 거치는 가운데 최초의 설계내용은 거의 남아 있는 것이 없을 정도가 된다. 제품구조가 복잡하지 않은 경우에도 밀려 있는 일감을 빨리 처리하기 위해 작업현장의 기술수준을 알아볼 생각도 하지 않고 대략 제품의 규격과 공차를 결정하여 작업장에 건네주는 경우가 허다하다. 또 밖에서 손쉽게 구할 수 있는 부품을 쓸 수 있도록 설계하기보다는 무관심과 무지함으로 인해 만들기 어렵고 시간도 많이 걸리는 설계쪽으로 진전된다. 제품개선이라는 명목하에 설계변경과 엔지니어링 수정을 하면서도 이에 관한 계획과 자료를 제조부서에 제때에 넘겨주지 않기도 한다.

이 모든 경우 설계 · 엔지니어링부서와 제조부서 사이를 수십 차례 왕복하고서야 최종적인 설계가 완성된다. 처음에 빨리 끝내고자 하는 노력은 결국 시간을 더 지체시키는 결과를 낳는다. 설사 생산에 들어갔다 하더라도 생산 도중에의 설계변경을 막을 수 없으며 이는 곧 기존부품의 폐기, 생산계획의 변경, 주문적체, 소비자 불만의 증가로 이어질 수밖에 없다. 특히 하나의 제품이 다수의 부품으로 구성되어 있을 때 부품 하나의 설계변경은 다른 부품의 설계에 큰 영향을 미칠 수 있다. 예를 들어 자동차와 같은 경우에 엔진, 문, 브레이크 등 여러 부문에서 수없이 많은 설계도면을 그리고 수정하는 작업이 이루어지고 있다. 이들 작업들은 서로 밀접히 관계하고 있으며 어느 한 부문에서의 설계변경은 다른 사람이 작업하는 부품설계에 큰 영향을 미친다. 만약 변경에 관한 자료가 제때에 전달되지 않거나 미리 의사소통이 되어 있지 않다면 이들 부품들은 서로 맞지 않아 나중에 큰 혼란과 손실을 초래할 가능성이 높다.

물론 자동차나 가전제품과 같은 엄청난 자금과 인력을 투자해야 하는 대량생산 위주의 품목에만 설계부문과 제조부문의 통합적 노력이 필요한 것은 아니다. 이들 품목을 생산하는 기업들은 대개 대기업으로 연구부문, 설계부문, 기술부문, 제조부문 등이 각각 거대한 독립부서로 자리잡고 있어 부문별 이기주의의 폐해가 크기 때문에 자주 거론된다. 그러나 기업규모에 관계없이 설계의 역할이 혁신적으로 변화되어야만 제조부문의 전체적 경쟁력을 강화할 수 있다. 설계를 반드시 제품기술이나 첨단제조기술의 개발과 연계시킬 필요는 없다. 조그마한 개선과제에서도 설계부문의 역할은 크다. 예를 들어 여러 개의 부품을 조립하여 생산하는 경우 부품의 결합위치가 정확하지 못하여 불량이 생기는 경우가 많다. 현장작업자들을 중심으로 조립방법에 대한 훈련을 하거나 품질관리에 더 많은 주의를 기울이기보다는 한 방향으로만 조립될 수밖에 없도록 부품의 설계를 고치는 것이 낫다. 회로에 납땜불량이 많이 생기면 납땜을 필요로 하지 않는, 또는 납땜횟수를 줄일 수 있는 제품의 설계를 모색하는 것이 훨씬 저렴한 대처방안이다. 설계개선이 반드시 하이테크 기술만을 요구하는 것은 아니다.

제품의 설계비용은 원가의 5%에 불과하지만 제조원가의 70% 정도를 결정짓는다고 한다. 따라서 제품의 설계개선이 이루어지지 않은 상태에서의 제조원가절감이란 제조부서에만 큰 짐을 지우는 극히 비효과적인 방법이다. 아이디어창출에서 시작품 생산쪽으로 개발작업이 진행되어 갈수록 설계변경이나 아이디어추가에 드는 비용이 급증하며 실제 수정할 수 있는 폭도 점점 더 좁아진다. 제품설계의 개선이 이루어지지 않으면 품질향상과 원가절감을 위한 노력은 곧 한계에 이르고 만다. 주어진 설비와 작업방법을 개선하여 열심히 일하는 것도 중요하지만 만들기 쉽고 불량품이 발생하기 어렵게 제품을 설계할 수 있다면 품질과 원가문제까지 같이 해결할 수 있다.

3 신제품 개발 리드타임의 전략적 효과

가전제품과 같이 성숙기에 접어든 품목이나 고도의 엔지니어링역량을 필요로 하는 주문형 제품들은 제조공정상의 스피드만으로는 경쟁우위를 지켜나갈 수 없다. 치열한 경쟁은 제품의 수명주기를 줄이고 진부화를 가속시켜 경쟁우위는 고객이 원하는 새로운 제품을 신속히 개발·공급하는 기업 쪽으로 기울게 된다. 삼성, LG, 애플, HP, GE, 혼다, 도요타 등과 같은 글로벌 기업들은 신제품 개발을 통해 새로운 기술의 상업화에 전력투구하는 초우량기업일 뿐만 아니라 적시생산시스템을 통해 고품질, 저가의 제품을 시의적절하게 생산해내는 기업이기도 하다. 생산시스템의 효율성 극대화에 애쓰던 기업들이 이제는 이 원리를 신제품 개발과 설계공정에 적용하고자 노력하고 있다.

Smith와 Reinertsen은 마켓시계(market clock)와 회사시계(company clock)라는 개념을 이용하여 신제품 개발의 중요성을 강조하였다. 마켓시계란 충족시켜주지 못한 고객니즈가 발생했을 때부터 초침이 움직이는 시계이고, 회사시계는 그 니즈를 인지하여 충족시키기 위한 첫 움직임을 시도했을 때부터 초침이 움직이는 시계라 정의하였다. 시간을 경쟁의 주요 축으로 삼는 기업일수록 이 두 시계의 시간차이를 줄이려는 노력을 더 많이 기울인다고 한다.[1)]

경쟁회사보다 빨리 신제품을 개발하여 시장에 소개하면 당연히 시장에서의 독점적인 위치로 인해 경쟁기업이 따라올 때까지 독점이익을 누릴 수 있다. 물론 가격도 높게 설정하여 개발비를 단기간 내에 회수할 수 있다. 이와 함께 제품개발 리드타임의 단축은 [그림 2-2]에서와 같이 경쟁기업보다 늦게 개발에 착수했지만 거의 같은 시기에 완제품 출시를 가능하게 해준다. 가령, 2년 정도 늦게 개발을 시작했다면 제품생산에 투입되는 자재, 기술, 설비가 모두 최고 2년 정도 앞선 것이 된다. 같은 제품을 더욱 우수한 설비와 기

[그림 2-2]
신제품 개발 리드타임 축소의 전략적 효과

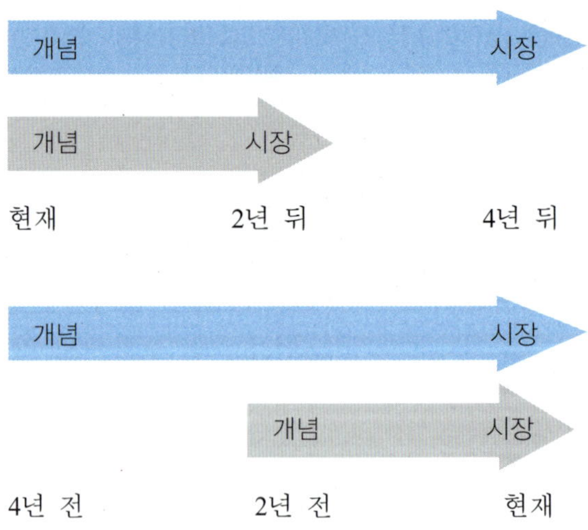

1) Smith, P.G. and D.G. Reinertsen, *Developing Products in Half the Time*, John Wiley & Sons, New York, 1998.

술로 생산이 가능하며 그만큼 짧은 시간 내에 개발을 완료하면 개발에 따른 간접비도 절감된다. 그뿐만 아니라 소비자의 수요와 욕구에 대한 예측도 최고 2년 정도 더 가까운 미래를 보고 하게 되어 예측의 오류도 줄어든다. 결과적으로 소비자 입장에서 보면 더 좋은 소비자의 요구를 더 잘 반영한 제품을 더 싸게 구입할 수 있게 된다.

최근의 디지털 제품 시장에 대한 연구도 매우 흥미로운 결론을 제시하고 있다. [그림 2-3]은 개발예산 초과, 품질문제 등에 의한 이익의 감소분을 시장에 늦게 진입함에 따른 이익의 감소분과 대비하여 상대적으로 표시하고 있다.[2] 시장에 진입하기까지의 소요시간이 제품수명주기에 걸친 총이익의 주요 결정요인이 된다는 연구결과와 함께, 품질 · 호환성 · 원가 관련 요인들이 이익에 미치는 영향도 잘 보여주고 있다. 신제품 개발 초기부터 이런 다양한 전략적 요인들을 고려해야 할 필요성을 계량적으로 잘 나타내고 있다.

신제품을 경쟁업체보다 신속히 개발하여 시장에 내놓을 수 있는 초우량기업들은 무엇인가 근본적으로 다른 점이 많다. 이들 기업들은 생산라인의 신축성과 대응성을 증진시키는 데 적용하였던 원리들을 신제품 설계와 양산설비준비과정에도 적용하였다. 신속한 제품개발과 양산준비를 할 수 있는 능력을 갖춘 우량기업의 개발조직은 시장변화에 신속히 대응할 수 있는 공장조

[그림 2-3]
프린터 개발시 문제점들이 이익에 미치는 영향 예시

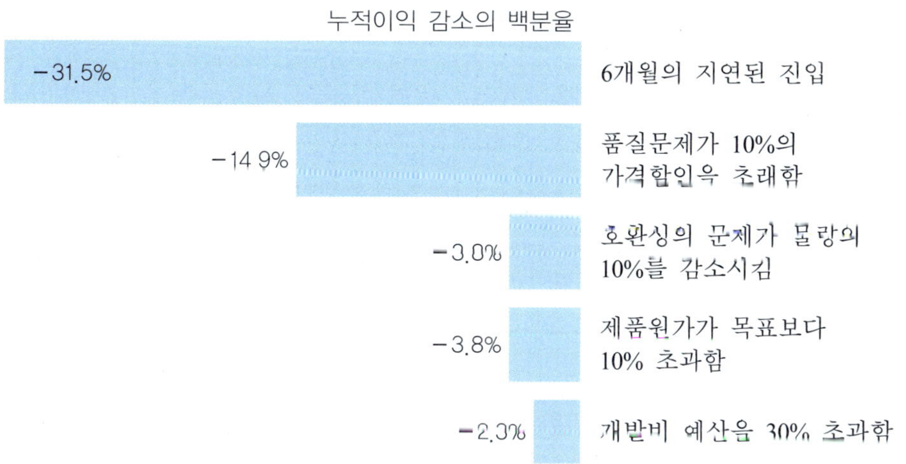

2) Christopher, M., *Logistics and Supply Chain Management : creating value-adding network*, 3rd ed., Prentice-Hall, 2005, pp.200～210 참고.

직과 유사점이 많다. 우선 개발주기가 짧고 신제품 개발횟수는 높다. 신제품 개발의 신속성을 자랑하는 조직은 신축성 있는 공장조직과 같다. 신제품 개발에 필요한 모든 인적자원을 한 곳에 모아 팀을 구성하도록 한다. 마케팅, 제품설계, 엔지니어링, 제조 그리고 필요하다면 재무와 판매 부서의 전문가까지 팀에 참여시킨다.

제 2 절 신제품 개발의 혁신전략

1 컨커런트 엔지니어링

전통적 제품개발방식은 대개 순차적(sequential) 또는 직렬식이었다. 즉 제품의 기획, 개발 · 설계, 생산준비, 제조 등의 업무가 부서별로 나뉘어 있어 한 부서의 업무가 끝난 뒤에야 그 다음 부서로 제품개발작업이 이어졌다. 즉 분업에 의한 효율화와 전문화를 추구한 결과가 바로 직렬식 제품개발방식이다.

이에 반해 컨커런트 엔지니어링은 병렬식 처리를 통한 개발시간의 단축을 목표로 한다. 컨커런트 엔지니어링은 제품의 품질과 성능을 결정하거나 여기에 영향을 미치는 여러 부서의 전문가들로 구성된 다기능팀(cross-functional team)을 통해 설계가 이루어지도록 한다. 다기능팀에는 제품디자인 엔지니어, 생산기술 엔지니어, 마케팅전문가, 구매전문가, 재무분석가 및 협력업체 기술진 등이 참여하도록 하여 부서간의 벽을 없애고 제품개발 및 생산에 관련된 모든 정보를 공유하도록 유도한다. 이러한 다기능팀은 설계담당 엔지니어들과 같이 일하고 나중에 시작품생산을 위한 미니생산라인도 구축하며 생산이 본궤도에 오를 때까지 계속 유지되고 설계변경까지도 책임진다. 판매전문가들도 소비자의 요구사항을 반영시키고 생산기술전문가는 어떤 설계가 작업시간을 단축할 수 있는지를 검토하며, 협력업체들 역시 신속한 생산 및 원가절감을 위한 다양한 의견을 개진한다.

컨커런트 엔지니어링은 [그림 2-4](a)에서와 같은 전통적인 직렬식 설계

[그림 2-4]
전통적 제품설계 방식과 컨커런트 엔지니어링 방식의 비교

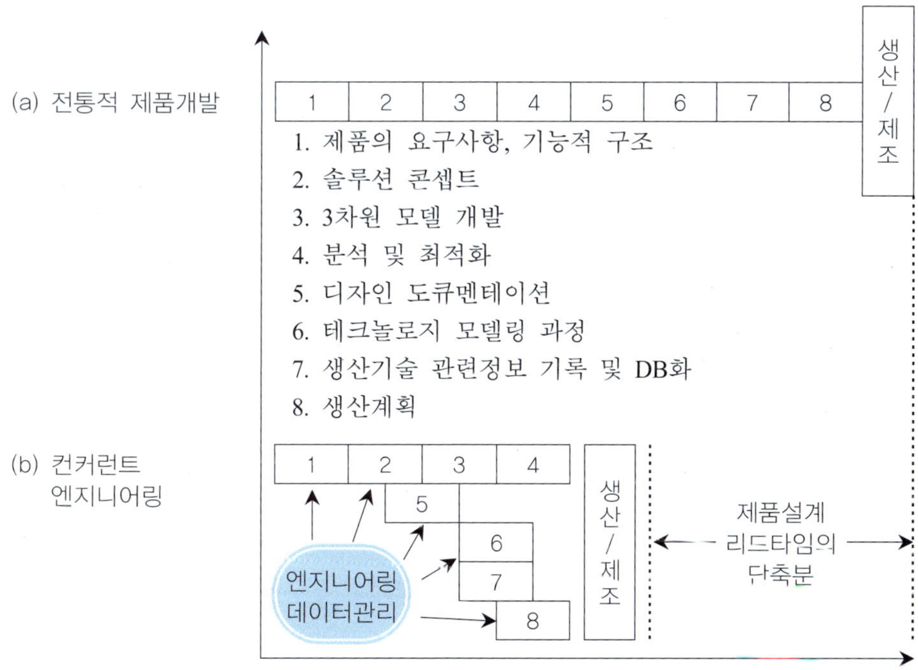

출처 : http://dx.doi.org/10.1016/S0924-0136(97)00345-2

과정을 배제하고 대신 [그림 2-4](b)와 같이 제품개발과정을 구성하는 다양한 활동을 동시에 수행해 가도록 하는 설계의 통합화원리를 지향한다. 컨커런트 엔지니어링은 제품개발비용의 30% 이상 절감, 제품개발시간의 60% 절감의 효과와 함께 혁신적 품질개선을 가능하게 한다. 이제 컨커런트 엔지니어링은 거의 모든 글로벌 일류기업에서 설계부문의 기본원리로 채택하고 있다.

예를 들어 삼성전자는 컨커런트 엔지니어링 원리에 설계-제조 프로세스의 완벽한 디지털화를 결합하여 제품설계의 효율성 극대화를 도모하고 있다. 디지털 렌더링 및 모형을 사용하여 실제 물리적 시제품 생산의 필요성을 줄이고 모든 관련 데이터를 전 세계적으로 공유함으로써 협력업체와의 협업이 향상되며, 엔지니어링 관련 설계변경 횟수도 대폭 줄일 수 있게 되었다. 그 결과 제품개발주기는 30% 단축되었고, 시제품 생산필요성은 30% 감소되었으며, 최초 생산라인 가동시 오류는 50% 감소되어,[3] 휴대폰 금형 같은 경우 단 10일이면 완벽하게 양산준비에 들어갈 수 있다고 한다.

3) 이 내용은 지멘스의 http://www.plm.automation.siemens.com/ko_kr/의 탑재자료를 주로 참고하였음.

컨커런트 엔지니어링의 중요성은 패스트 패션업체인 일본 유니클로의 혁신활동에서도 엿볼 수 있다. 2014년 영업이익률이 10% 이하로 떨어지자 유니클로는 본사 7층에 수요조사 · 디자인 · 개발 · 기획 · 마케팅 · 생산 · 판매영업 · IT 부문의 핵심인력 1,000여명을 집결시켰다고 한다.[4] 건물 7개 층에 나뉘어 일하던 인력을 한 층에 모아 제품의 실시간 기획 · 생산을 유도했다. 소비자의 수요 데이터가 생산 · 물류 부문에 실시간으로 공유되면서 일주일 단위였던 기획 · 생산 흐름이 하루 단위로 진화함으로써 신제품 출시 스피드가 높아져 꼭 필요한 제품만 만들어 재고를 줄일 수 있었다고 한다. 이처럼 상품설계의 통합화는 치열한 글로벌 시장에서 살아남기 위한 기업문화의 일부이다.

2 생산을 쉽게 하기 위한 설계원리

설계와 생산의 통합원리는 DFM(Design for Manufacturability)을 통해 그 효과가 더욱 빛난다. DFM은 좀더 만들기 쉽도록 설계를 이끌어가는 디자인원리를 말한다. 이 개념은 1980년 미국 로드아일랜드대학의 제프리 부스로이드 교수가 "Design for Assembly"라는 연구논문을 발표함으로써 더욱 체계가 잡히게 되었다. DFM은 제조현장에서의 작업을 손쉽게 하기 위해 설계과정에서 감안해야 할 설계의 기본원리를 의미한다.

그 후 일본 히타치의 생산공학연구소는 부스로이드 교수의 세미나에 연구원들을 보내 그 나름대로의 DFM을 수립하였으며, GE는 히타치 것을 빌려 좀더 개선한 후 영어로 교육자료를 개발하였다. 이제 DFM은 여러 다른 분야에 폭넓게 펴져가고 있다. 예를 들어 손쉽게 페인트를 칠할 수 있도록 자재선택과 형태를 선택하는 원리를 의미하는 Design for Finish Quality, PCB조립에 관한 Design for PCB Assembly 등이 개발되었다. 이제 DFM은 서비스부문에까지 확장되는 실정이다.

DFM원리를 적용한 대표적인 상품으로는 미국 NCR사의 현금출납기(cash register)를 들 수 있다. 비즈니스위크(Business Week)지에도 소개된 이 제품은

4) 조선일보, 2017년 10월 6일 기사 참고.

겨우 15개의 부품으로 구성되어 있어 엔지니어가 눈을 감고도 2분 만에 조립할 수 있다고 한다. 구모델은 110개의 파트로 구성되어 있었지만 새 모델은 나사를 사용하지 않고 조립할 수 있도록 설계가 되어 모든 파트를 제자리에 손으로 눌러 끼워 넣기만 하면 완성된다고 한다.

DFM원리는 〈표 2-1〉에 몇 가지가 수록되어 있다. 이 같은 DFM 가이드라인은 상당히 상식적인 것으로 보여도 그리 널리 확산되지 못했다. 설계를 담당하는 고급엔지니어들은 제조나 운영적인 손쉬움을 염두에 두고 개발하기보다는 제품의 기능만을 생각하는 경향이 있으며, 더욱이 밖에서 구할 수 없는 아주 독특한 파트를 설계하는 것이 설계자의 능력과 일치한다고 생각하는 오류를 범하기 때문이다. 만들기 쉬운지 어려운지, 생산비가 많이 들지 적게 들지 그들의 소관은 아니라고 생각하는 한 DFM이 눈에 들어올 리가 없다. 이제 〈표 2-1〉에서 몇 가지만 살펴보기로 하자.

〈표 2-1〉
DFM 가이드라인

- 파트의 가짓수를 최소화하라.
- 모듈러 디자인을 적극 감안하라.
- 한 파트가 여러 기능을 할 수 있도록 설계하라.
- 한 파트가 여러 용도에 쓰일 수 있도록 설계하라.
- Fabrication이 쉽도록 설계하라.
- 가급적 여러 개의 fastener나 connector를 쓰지 않도록 하라.
- 여러 방향으로 조립할 필요가 없도록 하라(즉 위에서 밑으로 조립할 수 있도록 설계).
- 조립하기 쉽게 설계하라.
- 취급하기 쉽게 설계하라.
- 조립방법을 평가하라.
- 조립공정에서 조정(adjustment)을 할 필요가 없도록 설계하라

(1) 파트(part) 가짓수의 최소화

제품생산에 필요한 부속이나 부품의 가짓수를 줄이고 밖에서 손쉽게 구할 수 있는 부품의 사용비율을 높이면 제조원가는 낭연히 줄어든다. 개별부속은 언젠가 완제품 속으로 끼어들어 간다. 따라서 부품이나 부속수가 많을수록 조립에 소요되는 시간과 비용이 더 들 것이며, 이들 부품과 부속의 구입과 관리를 위한 간접비용 역시 증가할 수밖에 없다. 즉 작업단계의 축소, 실수의

발생가능성 저하, 노동력 절감, 훈련의 용이, 작업매뉴얼 작성의 용이, 협력업체수의 감소, 각종 거래업무의 감소, 관리필요성의 저하 등의 효과가 자동적으로 수반된다. 따라서 부품수를 줄이면 직접적인 생산비용이 절감되는 것은 물론 간접비도 줄어든다.

부품수의 축소는 여러 개의 부품이 수행하던 기능을 하나의 부품이 대신할 수 있도록 설계변경하거나 같은 부품이라도 그 위치를 달리함으로써 기존에 쓰였던 부품이나 부속을 없앨 수 있도록 함으로써 가능하다. 물론 그렇다고 하여 간단한 구조를 가진 여러 개의 부품이나 부속을 구태여 하나의 복잡한 부품으로 전환시킬 필요는 없다.

(2) 조립작업의 단순화

조립작업의 경우 DFM 가이드라인은 특히 중요하다. 예를 들어 어느 중간조립품이 두 개의 파트와 이 둘을 하나로 조립하는 데 필요한 연결고리로 구성되어 있다고 생각해 보자. 설계팀은 다음의 세 가지를 생각해 봐야 한다.

- 이 두 파트 중 어느 하나가 움직이거나 회전하는 것인가?
- 이 둘 다 서로 다른 자재를 써서 만들어야 하는가?
- 이 둘 중 어느 하나는 나중에 서비스를 받기 위해 빼낼 필요가 있는가?

만약 이 물음에 대한 답이 아니오(No)면 이를 하나의 파트로 재설계할 필요가 있다. 파트의 가짓수를 줄이면 엄청난 원가절감을 기대할 수 있다. 또한 파트조립시 오직 한 방향으로만 조립이 되도록 한다든가 또는 용도에 따라 연결고리의 형태나 색상을 달리하여 실수를 방지하도록 할 수 있다.

3 모듈러 디자인과 플랫폼 관리

제조공정을 단순하게 유지하면서도 소비자들에게 다양한 제품을 제공할 수 있는 가장 손쉬운 방법은 기본설계를 확정해 놓고 고객의 요구에 따라 다양한 선택사양을 추가하는 것이다. 기계공구, 컴퓨터, 가구, 펌프 등은 선택사양을 이용하여 제품의 다양화를 꾀하는 품목들로 볼 수 있다. 소비자가 원하는 사양을 신속히 제공할 수 있다는 것은 큰 힘이 된다. 그러나 문제는 '얼마나 쉽게 선택사양을 추가할 수 있는가'이다. 한 제품에 추가할 수 있는 선택사양의 구조를 체계화함으로써 사양의 추가가 제조원가를 필요 이상으로 올리는 부작용을 막아야 한다. 모듈러 디자인(modular design)은 바로 이 선택사양의 체계화에 기여할 수 있는 디자인원리이다. 여러 개의 독립된 모듈로 하나의 제품을 구성할 수 있도록 제품을 설계하고 각각의 모듈은 독자적으로 조립·검사된다. 고객이 원하는 선택사양에 따라 최종조립·생산단계에서 제품의 일부가 되며, 어떤 제품에 장착되더라도 제품의 기능에는 문제를 불러일으키지 않는다. 결과적으로 소비자가 인식하는 제품의 종류는 모듈수에 따라 기하급수적으로 늘어난다.

[그림 2-5]는 모듈의 개념을 시각적으로 표시한 것이다. 제품의 상층부를 구성하는 맨 위의 모듈은 모두 2가지 유형이 있으며 모듈의 끝부분이 구멍에 들어갈 수 있도록 뾰족하게 설계되어 있다.[5] 제품의 중층부를 구성하는 두 번째 모듈은 모두 4가지 유형이 있으며 모듈 위 표면에 구멍이 나 있고 모듈 하단은 볼트처럼 생겨 다른 모듈과의 조립이 가능하다. 제품의 베이스 역할을 하는 세 번째 모듈은 2가지 유형이 있으며 모두 상단에 구멍이 나 있어 볼트 형태의 모듈 결합이 가능하다.

이들 3가지 모듈을 어떤 방식으로 결합·조립하든 기술적으로 문제가 없다면 생산가능한 최종 품목의 가짓수는 2×4×2=16가지가 된다. 이와 같

[그림 2-5]
모듈러 디자인의 예시

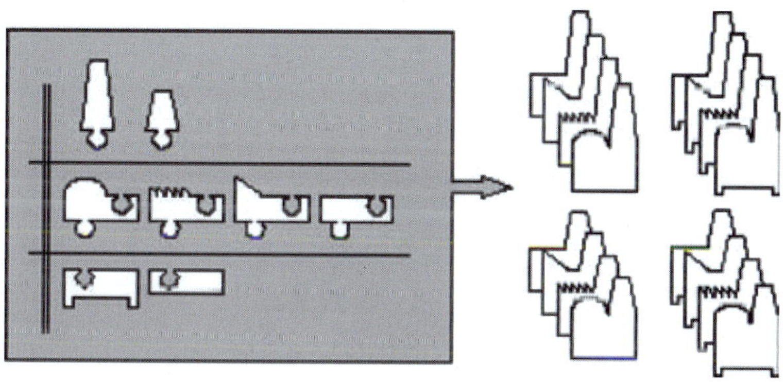

출처 : Jose, A. and M. Tollenaere(2005)

5) 이 예시자료는 다음 논문을 참고하였음. Jose, A. and M. Tollenaere, "Modular and platform methods for product family design: literature analysis," *Journal of Intelligent Manufacturing*, Vol. 16, Iss. 3, 2005, pp.371~390.

이 제품을 설계하는 데 있어서 각 품목을 독립적으로 고려하는 대신 모듈러 디자인의 원리를 적용함으로써 소요부품의 가짓수를 줄일 수 있으며 생산공정도 단순화시킬 수 있다. 물론 제품설계를 시작할 때부터 모듈러 디자인을 감안한다 하더라도 설계과정이 더 복잡하거나 어려워지지는 않는다.

모듈을 활용하는 설계원리에는 플랫폼(platform)이라는 개념도 자주 등장한다. 서로 다른 제품에 표준화된 동일 모듈을 사용하는 방식인데, 겉으로 보기에는 다른 제품으로 인식되지만 내부 구조를 살펴보면 같은 모듈을 사용하는 경우를 의미한다. [그림 2-6]에서와 같이 자동차 생산공정에서 흔히 적용되는 설계원리인데, 예를 들어 모두 4가지 서로 다른 자동차가 조립라인에서 마무리되어 나오지만 현가장치(suspension system)는 모두 같은 모듈이다. 조립공정에서 일정단계까지는 모두 같은 모듈을 사용하며 이 단계를 지나야만 각 개별 자동차에 맞는 브레이크, 타이어, 쇼크 업소버(shock absorber) 등을 장착하게 된다.

생산 · 공급망관리 분야에서의 플랫폼은 소비자들이 볼 때에는 서로 다른 제품으로 인식하지만, 이들 제품에 특정부품, 치공구, 컴퓨터칩 등이 공통적으로 사용되며 생산 · 조립공정의 구조나 설비가 거의 유사한 경우를 의미한다. 예를 들어 자동차 모델 A와 B가 플랫폼을 공유한다는 것은 차체는 다르지만, 주행하는 데 필요한 많은 기계 및 전자장치는 같은 것을 사용한다는 의미이다. 이 경우 모델 A 생산을 위한 부품 디자인과 조립공정의 설계가 완료되었다면 모델 B를 위한 부품과 조립공정 개발비용

[그림 2-6]
플랫폼의 예시

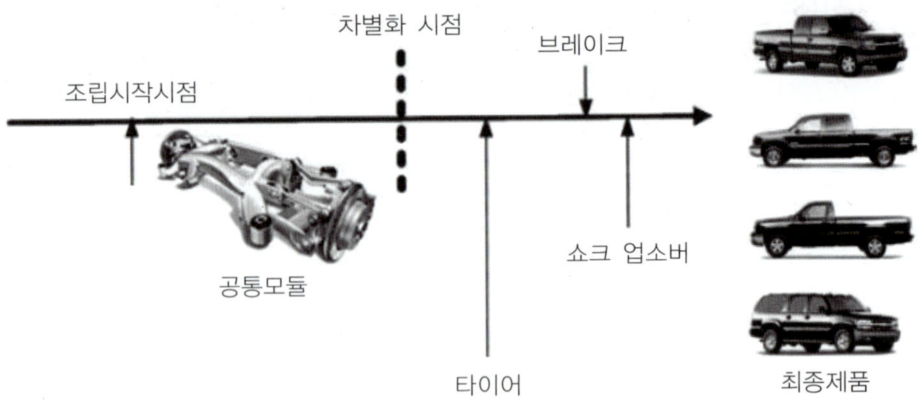

출처 : Jose, A. and M. Tollenaere(2005)

은 상당히 절감된다. 플랫폼 기반의 생산은 부품의 표준화를 넘어서 전체적인 조립 및 생산프로세스의 구조까지 공유한다는 의미이다.

4 순차적 추가가 가능한 선택사양

선택사양을 설계하는 경우에도 순차적으로 사양을 추가할 수 있도록 하는 것이 바람직하다. 즉 작업의 흐름을 중단하지 않고 자연스럽게 작업이 진행되면서 필요한 선택사양을 끼워 넣도록 해야 한다. 예를 들어 선택사양의 조립이 단순히 공구의 교체만으로도 신속히 이루어질 수 있고 별다른 추가작업을 하지 않아도 가능하다면 자연스러운 작업흐름을 그런대로 유지할 수 있다. 예를 들어 어느 선택사양을 추가하기 위해서는 제품의 일부를 뜯어내고 안쪽에 몇 개의 구멍을 뚫어야 한다고 생각해 보자. 필요할 때마다 구멍을 뚫기보다는 제작초기에 필요하든 안 하든 구멍을 뚫는 것이 바람직할 것이고, 다른 모든 선택사양의 조립에 대비하여 필요한 모든 구멍을 미리 뚫어놓는 것이 더 효율적일 것이다. 물론 가장 좋은 방법은 구멍을 뚫지 않고도 선택사양을 추가할 수 있도록 설계를 개선하는 것일 것이다.

이와 같은 선택사양설계전략은 모듈러 디자인과 함께 최소비용으로 상품다양화를 요구하는 매스커스터마이제이션을 가능하게 한다. 또한 고객이 원하는 다양한 상품을 만들어주되, 가급적 다양성이 생산공정이 거의 끝나갈 무렵에 나타나는 지연전략(postponement strategy)의 도입도 쉬워진다.

5 품질기능전개

품질기능전개(quality function deployment, QFD)는 제품설계 전반에 걸쳐 각 단계에서 다소 막연하면서도 추상적인 소비자의 요구, 필요성, 기호 등을 이에 대응되는 기술적인 요구(technical requirement)로 전환하는 과정이라 할 수 있다.[6] 즉, 소비자의 요구, 필요성, 기호는 “WHAT”이 되고 이를 충족시키기 위한

---

6) Franceschini, F., *Advanced Quality Function Deployment*, Boca Raton, Fla.: St. Lucie Press, 2002.

기술적 요구사항은 "HOW"가 된다. 소비자는 최종제품을 구매하는 고객집단만을 의미하지는 않는다. 예를 들어 연구개발부서의 직접적인 고객은 제조부서이며, 제조부서의 고객은 판매부서라고 생각할 수 있다. 한 부서의 고객이란 그 부서의 생산품을 투입물로 이용하여 무엇인가 부가가치가 증대된 산출물을 생산하는 부서를 의미한다.

QFD를 이용할 경우 제품의 설계에 직 · 간접적으로 참여하는 모든 이해관계자들의 의견을 취합하고 이를 조정 · 통합하는 과정을 거치기 때문에, 제품의 기획단계에서 상당한 시간을 투자하게 된다. 그러나 설계에 투입되는 총작업시간은 오히려 줄어들게 되는데, 그 이유는 제품의 설계과정에서 고려해야 할 품질특성의 우선순위가 뚜렷이 나타나고, 설계과정의 기록 및 보관, 의사소통이 개선됨에 따라 중요 부품의 재설계가 줄어들며, 전반적인 설계변경의 횟수가 현저히 줄어들기 때문이다. 1960년대말 미쓰비시의 고베조선소에서 최초로 적용된 이 원리는 여러 분야의 담당자들을 한 팀으로 모아 제품 및 공정에 관한 제반 의사결정에 필요한 자료와 그 결과를 정리 · 기록하는 것을 제도화함으로써 설계과정에 참여한 여러 다른 사람들에게 이러한 정보의 효율적 전달을 가능하게 하였다.

QFD는 소비자 요구와 이를 기술적 용어로 나타낸 대용특성(substitute characteristics) 간의 관계를 나타내는 "House of Quality(품질의 집)"라 불리는 표의 작성으로부터 시작된다. 품질의 집은 [그림 2-7]에 간략히 소개된 것과 같

[그림 2-7]
House of Quality (품질의 집)의 기본구조

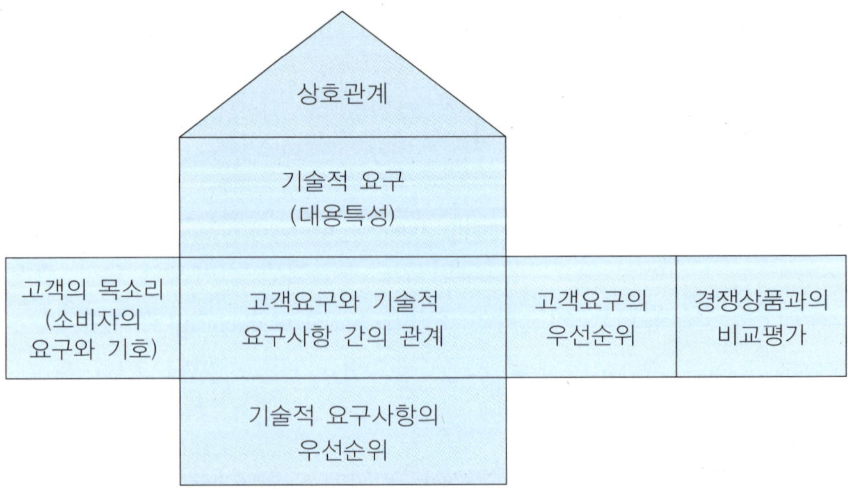

[그림 2-8]
QFD원리의 확장

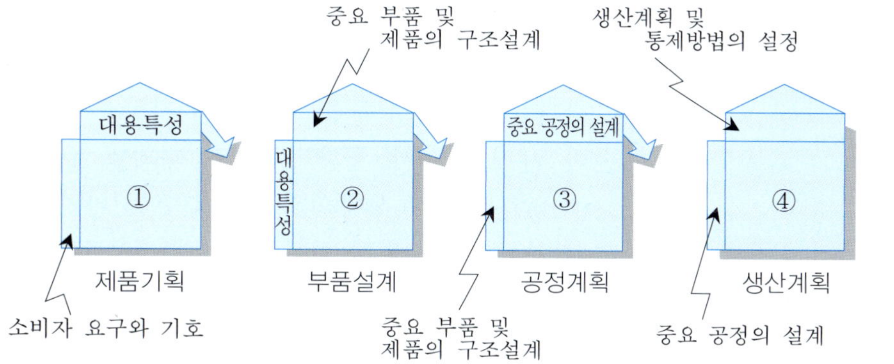

출처 : Hauser, J.R. and D. Clausing, "The House of Quality," *Harvard Business Review*, May-June 1988, p.73.

이 소비자의 요구와 이들 항목의 상대적 중요도, 경쟁기업제품과의 품질특성 비교, 소비자의 요구를 기술적인 용어로 전환시킨 대용특성의 설정, 다양한 대용특성간의 상관관계와 목표치(target value), 그리고 이러한 대용특성의 목표치를 달성하는 데 따르는 기술적 어려움 등을 체계적으로 종합한 일람표라 할 수 있다.

소비자 요구와 필요가 최종 제품으로 형상화되는 과정 전체에 QFD의 원리를 적용하기 위해서는 여러 개의 품질의 집이 필요하다. [그림 2-8]에 예시된 것과 같이 제품기획(product planning)단계에서 "HOW"로 도출된 기술적 특성은 부품설계(part deployment)단계에서는 "WHAT"의 기능을 하게 되며, 부품설계단계에서 "HOW"가 되는 부품의 특성은 공정계획(process planning)단계에서는 "WHAT"의 역할을 맡게 된다. 마찬가지로 공정계획단계의 "HOW"는 생산계획(production planning)단계에서는 "WHAT"의 역할을 맡게 된다.

물론 이들 네 단계에서 품질의 집이 모두 필요하지는 않다. 품질의 집을 작성할 것인지 여부는 제품수명, 설계 난이도, 원가절감의 필요성, 경쟁전략의 유형 등 다양한 요소에 의해 복합적으로 이루어진다. 품질의 집은 다음과 같이 몇 가지 단계를 거쳐 구축된다.[7]

① 소비자의 요구분석 : 소비자의 요구와 필요는 "WHAT"으로 표시되는

7) 이 부분은 Hauser, J.R. and D. Clausing, "The House of Quality," *Harvard Business Review*, May-June 1988, pp.63～73을 주로 참고하였다.

데, “WHAT”은 반드시 제품의 규격일 필요는 없으며 일상적인 표현으로 나타낼 수 있다. 예를 들어 자동차 문의 특성은 “닫기가 쉬워야 한다”, “언덕에서 문을 열었을 때 저절로 닫히지 않아야 한다”, “빗물이 새지 않아야 한다” 등으로 나타낼 수 있다. 이러한 요구사항(WHAT)은 그 특성에 따라 1차 분류를 마치면 알기 쉽게 2차 혹은 3차 분류를 시도하여 일목요연하게 작성한다.

② WHAT의 상대적 중요도의 결정 : 요구항목의 상대적 중요성을 소비자의 의견, 실무자의 경험, 서베이 자료 등을 기초로 하여 결정한다.

③ 경쟁기업 제품과의 품질특성 비교 : 소비자의 의견이나 서베이 자료를 이용하여 경쟁기업의 제품과 자사제품 간의 품질특성 비교를 수행한다.

④ 소비자 요구의 대용특성으로의 전환 : 소비자의 요구를 기술적인 용어인 대용특성(How)으로 전환시킨다.

⑤ 각 HOW에 대한 정확한 측정치의 기록 : 각 “HOW”에 대해 정확한 측정치를 기록하고, 가능하면 경쟁제품의 “HOW”에 대해서도 평가를 실시한다.

⑥ 각 HOW간의 상관관계 도시 : 그 다음 각 “HOW”간의 상관관계를 강한 양의 상관관계, 약한 양의 상관관계, 강한 음의 상관관계, 약한 음의 상관관계 등으로 개략적으로 나타낸다.

⑦ 각 HOW의 목표치 설정과 추가자료 정리 : 마지막으로 각 “HOW”에 대한 목표치의 설정, 이를 달성하는 데 따르는 기술적 어려움, 특정 “WHAT”에 대한 소비자 불만수준, 각 “HOW”간의 상대적 중요도에 관한 자료를 추가하여 품질의 집을 완성한다.

[그림 2-9]는 주거지역 가까이에 위치한 피트니스 센터의 QFD분석 결과이다. 고객들의 요구사항(“WHAT”)을 주요 카테고리별로 분류한 결과 프로그램과 활동, 시설, 분위기, 스태프 멤버, 기타 등으로 나눌 수 있다. 이런 요구사항을 충족시켜 주기 위해 다양한 영역에서 대응책이 요구되는데, [그림 2-9]에 소개되어 있는 품질의 집 상단의 내용이 “HOW”에 해당한다. [그림 2-9]에 첨부되어 있는 ①부터 ⑦까지의 숫자는 앞에서 소개한 품질의 집 구축과정의 각 단계에 해당된다고 볼 수 있다.

[그림 2-9] 품질의 집 예시

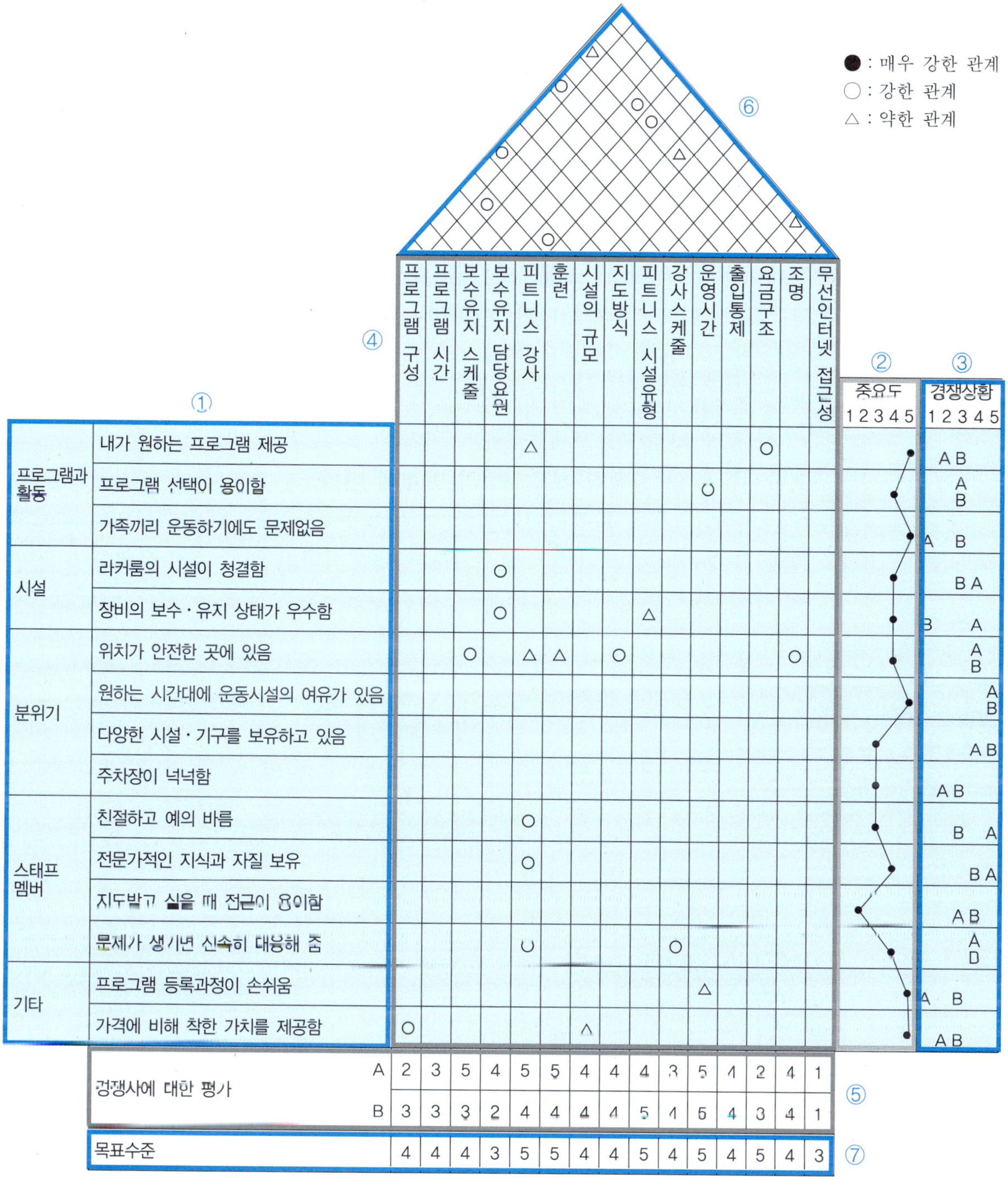

출처 : Evans, R.E. and W.M. Lindsay, *Managing for Quality and Performance Excellence*, 9th ed., South-Western, Cengage Learning, 2014, p.324.

제 3 절 프로세스 테크놀로지의 선택

1 프로세스 테크놀로지의 유형

프로세스 테크놀로지(process technology)는 제품이나 서비스를 창출해 내는 방법과 설비를 의미한다. 새로운 테크놀로지의 도입은 기업의 경쟁력 개선과 직결되는 경우가 대부분이다. 따라서 경쟁기업들이 어떤 테크놀로지를 도입하고 있는지 또 그 특성은 무엇이며 지금 사용하고 있는 제조기술과는 어떤 차이가 있는지 항상 주의를 기울일 필요가 있다.

프로세스 테크놀로지는 생산시스템의 골격을 구성하는 가장 중요한 요소이지만 이미 선택한 제조공정의 유형에 따라 그 선택의 폭이 상당히 제한받는다. 예를 들어 반복라인생산의 경우 표준화 제품을 대량생산하게 되므로 이에 따라 선택할 수 있는 제조기술은 범용설비가 아닌 특수설비를 위주로 한 시스템이 될 것이며, 반면에 다품종 소량생산을 위주로 하는 개별생산제

[그림 2-10]
프로세스
테크놀로지의 유형

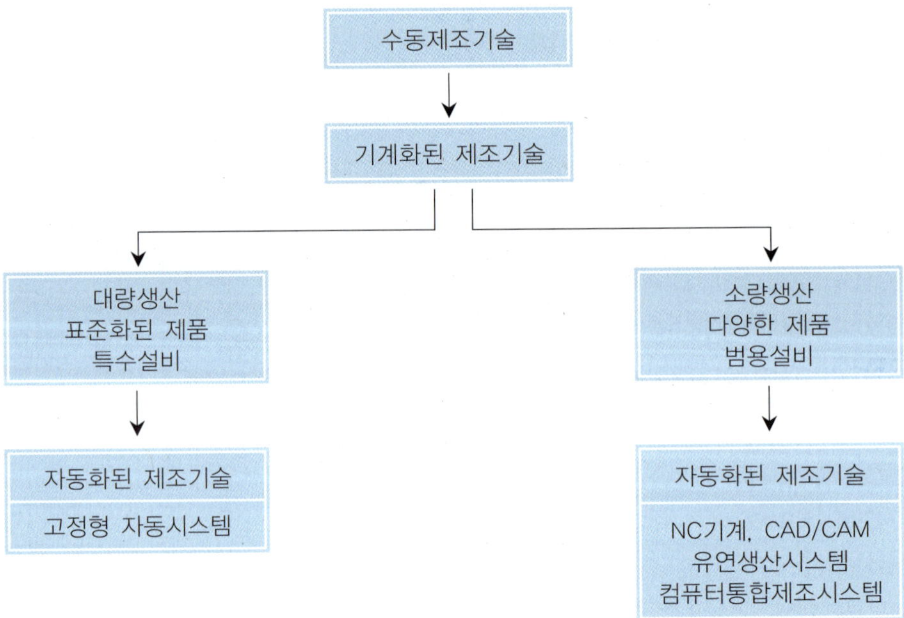

나 배치생산제에서는 생산가능한 품목이 제한된 특수설비보다는 범용설비를 채택하게 될 것이다.

프로세스 테크놀로지의 유형은 화학공정, 성형공정, 조립공정 등과 같이 투입물의 변환과정을 기준으로 하여 분류해 볼 수 있으며, 자동화의 발전과정에 따라 [그림 2-10]에서와 같이 수동제조기술(manual technology), 기계화된 제조기술(mechanized technology), 자동화된 제조기술(automated technology)로 나눌 수 있다.

순수한 의미에서의 수동제조기술은 봉제품, 의류품 등의 생산에 주로 많이 이용되고, 기계화된 제조기술은 전기, 전자, 자동차 등 대부분의 공산품 제조산업에서 채택되고 있으며 설비의 특성에 따라 특수설비를 이용한 기계화와 범용설비를 이용한 기계화시스템으로 나누어 볼 수 있다. 자동화된 프로세스 테크놀로지는 자동화의 성격에 따라 고정형 자동화(fixed automation)와 유연형 자동화(flexible automation)로 나누어 볼 수 있는데, 전자의 경우 석유화학, 제지, 제철 등의 장치산업에서 찾아볼 수 있는 계속공정시스템과 소수품목의 반복적인 생산에 주로 쓰이는 자동흐름라인을 그 대표적인 예로 들 수 있다. 한편 유연형 자동화에는 NC기계, 로봇, 유연생산시스템 등이 포함된다.

2 자동화

제조부문의 프로세스 테크놀로지를 논의할 때 자동화를 빼놓을 수 없다. 기술인력이 부족하거나 제품의 질과 생산성이 저하되는 경우 적극적으로 자동화 도입을 고려한다.

자동화, 즉 오토메이션은 생산공정의 운영과 통제에 기계식, 전기·전자적, 혹은 컴퓨터 응용 테크놀로지를 적용하는 것이며 대개 그 도입목적은 병목작업의 해소, 특정작업장의 효율성 개선에 있다. 용접작업과 같이 위험하고 지나치게 열이 많이 발생하는 작업에 사람 대신 로봇을 설치하거나 품질개선과 신축성 증대를 위해 자동도장기계를 사용하는 것이 좋은 예이다.

이러한 테크놀로지에는 수치제어기계와 같이 부품가공에 이용되는 자동가공기계, 자재운반에 쓰이는 자동자재운반시스템, 부품조립에 이용되는 자동조립설비, 대규모 장치산업에 주로 이용되는 계속공정시스템, 그리고 미래의 공장으로까지 지칭되는 유연생산시스템 등이 포함된다. 최근에는 자동화의 개념을 확장해, 컴퓨터통합생산시스템과 같이 제조활동을 지원하기 위해 필요한 자료수집, 계획수립 그리고 의사결정을 위한 컴퓨터시스템까지 자동화에 포함시키기도 한다. 이러한 자동화가 제조기업에 있어 전략적인 무기로 등장하게 된 이유를 간추려 보면 대략 다음과 같다.

- 경쟁이 치열해지고 기술진보가 급격히 이루어짐에 따라 생산성 향상의 필요성이 과거보다 더욱 심각히 대두하게 되었다.
- 원자재 가격과 임금의 상승으로 인한 원가상승을 억제하기 위해서는 불량품과 폐기물의 감소, 품질의 향상 등이 절실히 필요하게 되었다.
- 생산에 소요되는 시간을 줄임으로써 고객의 요구에 신속히 대응할 수 있을 뿐만 아니라 전반적인 재고수준을 낮출 수 있는 기회를 제공한다.
- 유연생산시스템과 같이 프로그램이 가능한 자동화시스템은 소비자의 요구에 신축성 있게 대응함으로써 다품종 소량생산체제를 유지하면서도 대량생산의 이점을 그대로 유지할 수 있다. 또한 시장에서의 제품수명주기가 점차 짧아짐에 따라 새로운 제품 또는 개선된 제품을 단시간 내에 생산해 낼 수 있는 기술적인 능력이 필요하게 되었다.

그렇지만 무턱대고 자동화를 도입한다고 해서 기대한 만큼의 효과가 나타나지는 않는다. 자동화의 성공은 자금력과 자동화를 소화할 수 있는 기술적 역량 외에도 제조조직의 도입준비과정에 의해 좌우되기 때문이다. 자동화 도입으로 인해 개선될 수 있는 제조부문의 역량부터 연구해야 한다. 자동화나 전산화에 투자해도 별다른 생산성 향상의 효과를 보지 못하는 이유 중의 하나는 불필요하고 낭비적인 것을 자동화하기 때문이다. 따라서 자동화시스템을 성공적으로 도입하기 위해서는 기존에 가지고 있는 생산시스템의 개선이 전제되어야 한다. 자동화에 투자해도 별다른 생산성 향상의 효과를 보지 못하는 이유 중의 하나는 불필요하고 낭비적인 것을 자동화하여 아무도 돌아보지 않는 쓰레기를 만들기 때문이다.

앞에서 이미 설명한 바와 같이 자동화시스템은 신축성 정도에 따라 고정형 자동화시스템과 유연형 자동화시스템으로 나누어 볼 수 있다. 이 두 유형의 자동화시스템의 특성을 항목별로 요약해 보면 〈표 2-2〉와 같다.

〈표 2-2〉
고정형 자동화와 유연형 자동화 시스템의 비교

	고정형 자동화시스템	유연형 자동화시스템
설비투자액	엄청나게 많음	고정형에 비해 적지만 기계화된 시스템에 비해 상당히 많음
생산품목	소수품목의 대량생산에 사용	다품종 소량생산이 가능
공정의 유연성	가공순서나 생산품목의 변경에 비용이 엄청남	가공순서가 프로그램에 의해 통제가 능하여 생산조직의 유연성이 높음
생산속도	단위기간당 생산량이 높음	고정형 시스템에 비해 단위시간당 생산량이 낮음
사 례	자동가공라인, 자동조립라인	NC기계, 로봇, 유연생산시스템

고정형 자동화시스템은 석유화학이나 제지, 펄프 등의 대규모 장치산업에서 볼 수 있는 일련의 자동제조시스템을 포괄하는 개념이지만, 이들 장치산업은 현재 사용하고 있는 자동화시스템 외에는 대체할 수 있는 생산방법이 뚜렷하지 않다. 따라서 자동화시스템을 사용할 것인가 말 것인가는 선택의 여지가 없는 경우가 많다. 이에 반해 자동가공라인이나 자동조립라인과 같은 고정형 자동화시스템은 생산성 향상, 원가절감, 품질향상 등에 기여할 수 있는 시스템으로 현재 사용하고 있는 설비를 대체할 수 있는 가능성이 있다. 고정형 자동화시스템은 일반적으로 성숙기에 접어든 제품을 대량생산하는 경우에 주로 이용되며 노무비 절감, 생산량 증대, 공정의 전문화, 생산시간 단축 등을 도입의 목표로 삼는다. 고정형 자동화시스템은 소수품목의 대량생산에 맞도록 설계되어 있어 제품의 규격변경이나 신제품 개발에 신축성 있게 대응하기가 힘들며 유연형 자동화시스템에 비해 설비투자액이 많이 소요된다.

이에 반해 유연형 자동화시스템은 생산설비의 프로그램이 가능하여 생산순서나 생산품목을 어느 정도 신축성 있게 변경, 수정할 수 있는 시스템을 의미하는데, 유연형 자동화시스템에 속하는 NC기계, 로봇, 유연생산시스템 등의 특징을 간략히 요약하면 다음과 같다.

(1) NC기계

개발 초기의 NC기계는 공정에 관한 순서 및 작업방법 등을 종이테이프에 구멍을 뚫어 수록하였는데, 이제는 종이테이프 대신 PC가 그 역할을 대신한다.

컴퓨터시스템은 부품의 형태, 필요한 기계도구, 그리고 가공에 필요한 자료가 주어지면 상세한 작업과정까지 자동적으로 준비할 수 있다. 또한 NC기계를 이용하는 경우 작업자가 직접 작업을 수행하지 않기 때문에 한 명의 작업자가 여러 대의 NC기계를 운영할 수 있다.

(2) 로 봇

로봇의 시초는 1954년 미국의 조지 데볼(George Devol)이 특허청에 출원한 pick-place 로봇으로 볼 수 있으나, 실용적인 산업용 로봇의 등장은 1969년 미국의 제너럴모터스 자동차회사가 용접용 로봇을 도입한 후일 것이다. 산업용 로봇은 일반적으로 부품의 무게가 무거워 작업자가 직접 취급하기 힘들거나 페인팅이나 용접과 같이 작업환경이 열악하고 반복적인 동작을 요구하는 작업에 효율적으로 사용된다. 로봇은 이제 용접, 페인팅, 조립작업 등의 분야에서는 없어서는 안 될 핵심적인 설비로 인정받고 있다. 물류센터에서도 로봇은 인간을 대신하는 다양한 역할을 수행하고 있다. 바닥의 바코드를 읽으며 움직이는 피킹 로봇(Automated Guided Vehicle, AGV)은 수백 개의 상품을 작업자에게 빠르게 전달하며, 상품이 진열된 선반을 들고 작업대까지 옮겨주기도 한다. 심지어 포장 작업에도 자동화 기술이 적용돼 있는데, 자동 포장기기는 작업자가 일일이 플라스틱 백을 손으로 여닫는 과정 없이 물건만 집어넣으면 알아서 송장을 부착하고 포장을 마무리하는 업무를 담당한다. 분류 로봇(Sorting Robot)은 운송장 주소를 스캔한 후 단 몇 초 만에 포장된 박스를 지역별로 분류하기도 한다.

(3) 유연생산시스템(flexible manufacturing system, FMS)

이 자동화시스템은 고정형 자동화시스템이나 NC기계 등과 같은 기존의 유연형 자동화시스템의 장점만을 취하여 설계된 고도의 자동생산시스템이다. FMS를 구성하는 요소를 열거해 보면, NC기계로 구성된 작업장, 자동운반시스템, 자동공구교체시스템, 공정관리를 위한 컴퓨터통제시스템 등을 들 수 있다. FMS에서는 모든 작업이 컴퓨터통제시스템에 의해 이루어지며 각 작업장간의 자재흐름과 각 NC기계간의 자재운반 역시 자동화설비에 의해 처리된다. 생산하고자 하는 품목의 규격, 형태에 관한 자료가 컴퓨터에 의해 작업장에 전달되면 NC기계는 자동공구선택시스템에 의해 필요한 공구 및 연장을 선택·부착한다. 따라서 생산준비시간이란 거의 필요하지 않으며 프로그램에 수록된 모든 품목을 신축성 있게 생산할 수 있다.

(4) 컴퓨터지원설계시스템(computer-aided design, CAD)

제품의 설계 및 공학적 분석 그리고 설계도면의 작성에 컴퓨터를 효과적으로 이용하는 시스템을 의미한다. CAD를 이용할 경우 설계된 제품을 컴퓨터 모니터를 통해 입체적으로 구축해 볼 수 있어 각 소요부품을 종합하여 분석하는 데 소요되는 시간을 줄일 수 있으며, 최종 설계도면까지도 손쉽게 작성할 수 있어 설계자의 생산성을 현격히 향상시킬 수 있다. 더구나 설계과정에서 부수적으로 정리, 기억되는 제품의 기하학적 형상, 필요자재의 종류와 수량, 자재명세서 등은 추후 제품생산을 위한 기초자료로도 이용될 수 있다.

(5) 컴퓨터지원생산시스템(computer-aided manufacturing system, CAM)

제조공정의 운영 및 통제 활동에 컴퓨터를 직접 사용하거나 제조활동을 지원하기 위해 컴퓨터를 사용하는 생산시스템을 지칭한다. 제조공정에 컴퓨터가 연결되어 공정에서 도출되는 자료를 수집·분석함으로써 그 운영상태를 관찰하며 생산원가, 수율 등의 공정의 성과를 최대화하기 위한 통제기능까지 담당한다.

3 스마트 팩토리

인터넷과 디지털 기술의 발선은 생산시스템과 자동화에도 큰 영향을 미치고 있다. 대표적인 예가 스마트 팩토리(smart factory)인데, 인건비 때문에 국내에 제조업을 유지하기가 쉽지 않은 독일과 같은 국가에서 개발이 확산되고 있다. 독일이 주도하고 있는 스마트 팩토리는 내외부 환경 변화에 대해 유연하게 대응하기 위해 감지(sensing), 판단(control) 및 수행(actuating)의 기능이 자동화되어 있는 생산시스템을 의미한다. 스마트라는 형용사가 붙게 된 것은 생산시스템이 첫째, 사람의 피부와 같이 외부의 변화를 감지할 수 있는 감지 기능을 보유하고 있고, 둘째, 사람이 갖고 있는 두뇌의 역할로 감지된 변화를 판단해 어떤 조치가 이루어지도록 판단하는 기능을 가지며, 마지막은 판단에

[그림 2-11]
스마트 팩토리의 3가지 기능

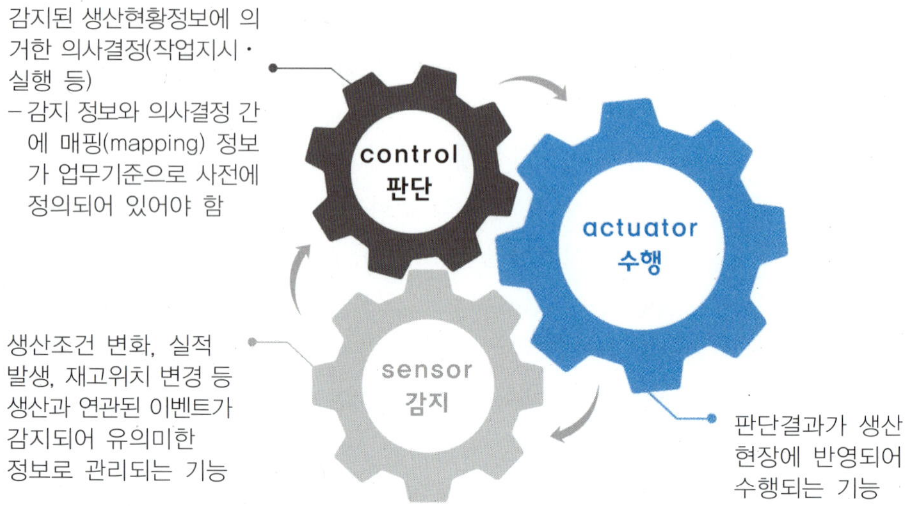

따라 결정된 실행방식이 실제로 이루어지도록 하는 기능으로 근육의 역할을 수행할 수 있는 기능도 탑재되어 있어서이다.8)

스마트 팩토리도 이러한 3가지 기능이 일체화된 사람처럼 유기적으로 연계되어 운영되는 공장을 의미한다고 볼 수 있다. [그림 2-11]에서와 같이 감지기능은 고객니즈나 수요량의 변화, 또는 그 외 생산조건의 변화, 보유하고 있는 자재와 부품 등의 물리적 위치의 변경 등 생산과 연관된 사건이 감지되어 이를 의미 있는 정보로 변환시킬 수 있는 기능을 의미한다. 판단기능은 감지된 생산현황정보를 기반으로 작업지시나 실행과 같은 의사결정이 이루어지는 과정을 의미한다. 사람이 일일이 변화에 대응하여 생산일정을 수정 · 보완하는 것이 아니라 스마트 팩토리 내의 소프트웨어가 이를 처리한다. 수행기능은 판단결과가 실제 생산현장에 반영되어 일이 수행되도록 조치하는 기능이다. 이 역시 필요한 도구나 장비를 자동적으로 교체하거나 생산품목의 스펙에 맞추어 설비를 조정할 수 있는 유연생산시스템을 통해 생산이 이루어진다. 요약하면 스마트 팩토리는 공장에 투입되는 자원을 최적화해 사람의 결정에 의한 변동을 최소화하고, 가급적 데이터에 기반한 의사결정이 실시간으로 이루어지도록 설계 · 운영되는 최첨단의 공장이라 할 수 있다.

---

8) 본 내용은 다음을 참고하였음. 김억 · 김승택, "유연생산체계를 구현하는 Smart Factory: 생산전략의 효과적 운용 방안," *Deloitte Anjin Review*, No. 4, 2015, pp.62～68.

독일의 부엌가구 제조업체 노빌리아(Nobilia)는 스마트 팩토리를 기반으로 연간 75만 세트의 키친세트를 생산하는 유럽 최대의 메이커이다. 고객이 자신의 니즈를 반영한 특별사양 제품만을 생산하며 인건비가 높은 독일 내에서 경쟁력을 유지하기 위해서는 생산자동화가 필수이다.[9] 품질 유지와 생산비용을 절감해 국제적인 가격경쟁력을 유지하면서 세계 70개국을 대상으로 제품 출하가 가능한 것은 꾸준한 자동화의 결과이다. 2개의 공장에서 3,000명 이상의 종업원들이 연간 1.3조원이 넘는 매출액을 보이며 이 중 수출이 45%에 달한다. 노빌리아의 자동생산방식은 다음과 같다.

- 생산공정은 재료를 가공하여 부품을 만드는 '앞공정'과 부품을 완성품에 조립하는 '뒷공정'으로 나누고 각각의 공정에 고도의 ICT를 접목하여 활용한다.
- 앞공정에서는 부품이나 용도마다 나른 조립용 자새의 구밍위치 관련 자료를 데이터베이스로 구축하여 관리한다. 예를 들어 드릴 천공시 스

[그림 2-12]
독일 노빌리아 가구 공장의 스마트 팩토리 도입 사례

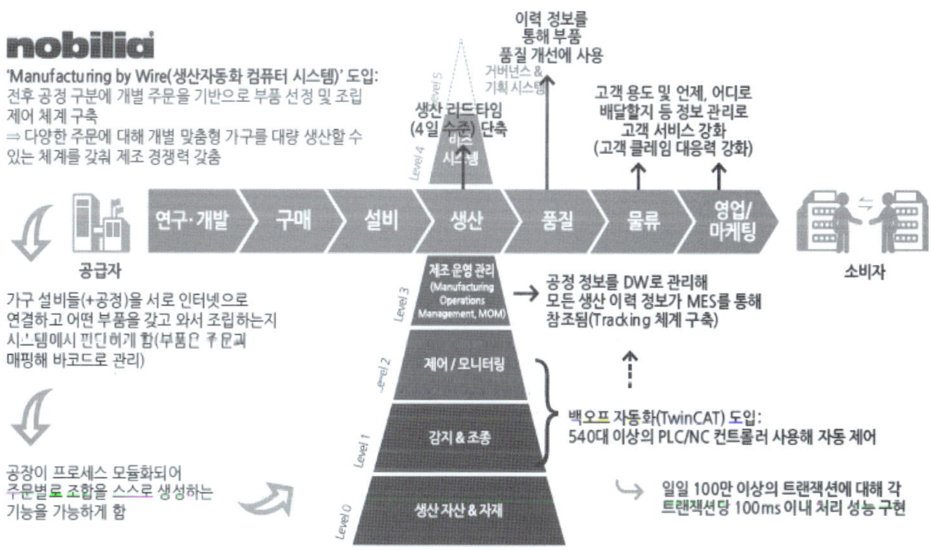

출처 : '인더스트리 4.0과 제조업 창조경제 전략', 한국정보화진흥원, 2014.5, 'Beckhoft's Intel IoT Solution Data-driven Manufacturing', Intel, 2016.1, Deloitte Analysis.

9) 이정아 · 김영훈, "인더스트리 4.0과 제조업 창조경제 전략," IT & Future Strategy 2, 2014.

핀모터의 전류치나 전력, 모터나 워크의 진동 등 모든 생산공정의 데이터가 데이터베이스에 기록되어 부품 품질의 최적화를 위해 활용된다.

- 뒷공정에서는 각 개별 주문마다 필요한 부품을 가공이 완료된 부품재고에서 자동으로 선별하고 RFID 태그나 바코드를 부착한다. 이 과정에서 생산공정과 ERP가 직결되어 각 부품마다 어떤 제품에 필요한 것인지를 식별할 수 있게 한다. 예를 들어 A라는 고객이 주문한 키친세트를 마무리하기 위해서는 어떤 부품들이 언제 어디에 도착해야 하는지 파악이 가능하다. 이를 통해 조립공정의 실시간 최적화와 문제 발생시 어떤 부품으로 인한 것인지 원인 규명이 용이해진다.
- 모든 프로세스에 걸쳐 프로그램이 가능한 수백대의 NC기계를 이용하여 생산한다. 공장의 NC기계에 전달되는 지시내용만 하루에 100만건이 넘는다고 한다. 노빌리아는 자사의 이런 생산방식을 'Manufacturing by Wire'라고 지칭한다.

쉬어가기

벽 뚫고 치킨도 튀기는 '로봇팔'… 年 2,300대 만든다

지난 16일 경기 수원시 두산로보틱스 생산공장에선 직원들이 사람 팔 같은 형태의 '협동로봇'을 조립하고 있었다. 직원들은 관절 부위를 하나씩 붙잡고 설계도에 따라 조립한 다음 관절 부위 6개를 연결해 하나의 팔 형태를 만들었다. 조립된 협동로봇들은 16시간에 걸친 시운전을 통과해야 한다. 다양한 각도로 움직이며 최종적으로 문제가 없으면 완성된다. 이 공장에선 연간 2,200~2,300대의 협동로봇이 생산된다.

인간의 팔보다 더 자유롭게 움직이는 협동로봇은 사람과 상호작용하며 일할 수 있는 소형 로봇을 뜻한다. 최대 작동 반경 1.7m 안에서 사람의 움직임이 감지되면 스스로 팔의 힘을 풀어버리는 센서가 내장돼 있다. 대당 가격은 3,000만~4,000만원으로, 로봇에 따라 5~10kg부터 20~25kg까지 다양한 무게를 들 수 있다. 산업용 대형 로봇과 달리 부피와 무게가 작고 다양한 동작이 가능해 제조 현장뿐 아니라 카페(음료 제조), 뮤지컬·영화 촬영 현장(카메라 조작), 물류창고까지 활용도가 다양하다.

건설 기술 전문업체 빌딩포인트코리아는 최근 두산로보틱스 협동로봇에 공사용 드릴과 바퀴를 결합한 타공(구멍 뚫기) 로봇을 선보였다. 태블릿으로 설정된 좌표를 입력하면 로봇이 창고 내 설치된 콘크리트 벽에 지름 15mm, 깊이 50mm의 구멍 여러 개를 반복적으로 뚫는다. 업체 관계자는 "사람이 두꺼운 콘크리트 벽에 공사용 드릴로 구멍을 뚫으려면 온몸 전체로 진동을 버텨야 하기 때문에 숙련된 작업자도 하루에 구멍 10여 개를 뚫는 게 고작"이라고 했다. 또 LG화학·현대자동차·샤넬·에르메스·KLM 등 국내외 여러 대기업이 두산로보틱스 로봇을 이용하고 있고, 교촌치킨이나 스타트업 로보아르떼는 치킨을 튀기는 데 협동로봇을 도입하기도 했다.

협동로봇은 두산그룹의 새로운 성장 동력 중 하나다. 2018년부터 양산에 들어가 올해 기준 국내 협동로봇 시장점유율 35%로 1위, 세계 시장 5위를 기록하고 있다. 현재 세계 시장 점유율은 7% 정도로 추정된다. 현재까지 누적 판매량은 국내외를 통틀어 4,000여 대에 이르고, 최근 국내 판매량은 한 해 1,500대에 이른다. 두산로보틱스는 내년까지 업계 최다인 11종의 협동로봇 라인업을 갖출 계획이다.

2018년 99억원이던 두산로보틱스 매출은 지난해 370억원까지 늘었고 올해는 500억~600억원으로 예상된다. 두산로보틱스는 현재 수작업으로 진행하고 있는 로봇 생산을 완전 자동화하고 생산량을 늘려 내년에는 연간 1만대의 생산 능력을 갖추고, 팔 형태의 협동로봇을 이동체·카메라 등과 결합한 솔루션도 직접 개발해 본격적으로 판매할 예정이다. (조선일보, 2022.11.22)

"세계 최고 자랑하더니"… 日가전은 왜 급격히 몰락했나

'한때 전 세계를 호령했던 소니, 도시바, 파나소닉, 샤프 등 일본 가전회사들은 왜 그리도 급격하게 몰락의 길을 걸었을까.' 일본 경제 주간지 프레지던트는 많은 사람이 의문을 가져봄 직한 이 질문에 대해 전자 대기업 임원 출신 전문경영인이 실제 경험을 바탕으로 쓴 책 '일본의 가전산업은 왜 몰락했는가'를 발췌, 지난 23일 인터넷판에 게재했다. 책의 저자는 일본 TDK의 미국법인 부사장을 역임한 가쓰라 미키(62). TDK는 교세라, 무라타제작소 등과 함께 일본을 대표하는 전자부품 회사다.

가쓰라는 책에서 "일본 가전산업의 몰락은 소비자의 바람보다 기업의 사정을 우선시했기 때문"이라고 잘라 말했다. 그는 "미국 애플이 아이팟으로 전 세계 뮤직 플레이어 시장 판도를 바꿔놓았을 때 일본 기업이 전혀 대응하지 못했던 데도 이런 이유가 작용했다"고 했다. "일본 공업제품의 대표적인 수식어는 '고품질', '고성능'이다. '기술 대국'의 자부심을 바탕으로 일본 사회에 광범위하게 뿌리내린 고집이다. '메이드 인 재팬'은 바로 그 집념의 대명사였다. 제품에 '메이드 인 재팬'이 새겨져 있으면 고품질, 고성능이라고 전 세계가 인정해 주었던 것이다." 그는 "고도 성장기 일본 제품에는 '저렴한 가격'이라는 강점도 있었다"며 "고품질, 고성능이면서도 경쟁사인 유럽, 미국 제품에 비해 저렴하다는 것은 커다란 무기였다"고 술회했다.

○ '제조'가 아닌 '장인정신'을 고집한 결과

가쓰라는 그러나 기술에 대한 고집과 자부심은 결과적으로 일본 가전산업이 변화에 적응하는 것을 방해하는 요인이 됐다고 지적하고 그 핵심으로 '모노즈쿠리'를 지목했다. 모노즈쿠리는 1990년대 말 이후 널리 퍼진 표현으로 장인정신을 중시하는 일본의 독특한 제조 문화를 함축한 말이다. 물건 하나하나에 혼신의 힘을 불어넣는 장인정신의 상징어다. "일본의 '제조'는 어느새 '모노즈쿠리'로 승화됐다. 옛 장인의 기술을 계승하는 '모노즈쿠리'는 일본 제조업의 강점이자 번영의 원천으로 인식됐다." 이런 가운데 진행된 디지털 기술의 눈부신 발전은 일본 기업들에 중대한 도전을 안겼다.

"(자급자족주의를 버리고) 수평적 분업을 지향하는 미국 방식을 따라가자니 현장 직원들의 대량 해고가 불가피해지는 문제가 생겼다. 또 (고성능 주의를 버리고) 범용제품을 대량 생산하자니 한국, 대만 등 신흥 세력에 가격 경쟁력에서 밀릴 수밖에 없었다."

그는 "이 대목에서 일본 기업이 기술 대국의 자존심을 걸고 선택한 결론은 고품질, 고성능, 그리고 고부가가치 등 '3고'(三高)였다"며 "이윤이 작은 범용제품을 대량 생산하는 '제조'가 아니라 이윤이 높은 고부가가치 제품을 만드는 '모노즈쿠리'가 일본 기업에 맞는다고 판단한 것"이라고 설명했다.

○ '3고 신앙'에 빠진 일본 기업의 말로

"많은 기업이 고부가가치, 고품질, 고성능의 제품이라면 가격이 다소 비싸더라도 그동안 그래왔던 것처럼 소비자들에게 먹혀들 것이라고 믿었다. 이른바 '3고 신앙'이다. '싸고 좋은 것을 만들면 반드시 팔린다'는 아날로그 시대의 명제가 '좋은 것을 만들면 반드시 팔린다'로 전환됐던 것이다." 실제로 '3고 신앙'은 일본 기업의 제품 개발에 막대한 영향을 미쳤다. 하지만 2000년대 들어 많은 가전업체가 시도한 '3고'의 성공 사례는 많지 않았다. 소비자들이 진정으로 원하는 부가가치 창출이 결코 간단한 문제가 아니었기 때문이다. "휴대용 음악 플레이어와 카세트 라디오에서 압도적인 능력을 자랑하던 일본 기업들은 디지털화와 함께 길을 잃기 시작했고, 이 분야는 결국은 몰락할 수밖에 없는 제품군이 되고 말았다."

2001년 애플은 간편하고 합법적인 음악 다운로드 서비스인 '아이튠즈'와 '1000곡을 주머니에 넣는다'를 간판으로 내걸고 아이팟을 출시했다. 음악을 간편하게 즐길 수 있는 새로운 수단으로 소프트웨어와 하드웨어를 함께 제공한 것이었다. 제품과 서비스는 순식간에 전 세계로 퍼져나갔다.

○ "소비자가 원하는 것보다는 기업의 사정을 우선시"

"당시 일본 가전업체들도 애플과 마찬가지로 높은 부가가치를 추구했다. 하지만 사용자가 진정으로 원하는 가치를 찾지 못했고, 그저 다기능화에만 주력했다. 이를테면 미니 컴포넌트 오디오에 CD와 MD뿐 아니라 USB 단자와 SD카드 슬롯을 탑재한 모델을 등장시켰다. 하드디스크를 탑재해 작은 화면에 사진 영상으로 띄워주는 제품까지 개발했다." 일본 가전업계는 이 밖에도 충격에 강한 컴퓨터, 입체영상을 볼 수 있는 3차원(3D) TV, 흠집이 나지 않는 광디스크 등 다양한 제품에 다양한 부가가치를 부여했다.

가쓰라는 "일본 가전업체들은 디지털화의 본질을 잘못 파악하면서도 가격은 높게 책정했다"며 "사용자들이 추가된 기능을 마음에 들어 하지 않으면 그만큼 가격을 낮춰어야 하지만, 그런 일은 일어나지 않았다"고 지적했다. "그나마 일본 시장에서는 소비자들의 일본 브랜드에 대한 믿음에 힘입어 살아남았지만, 해외 시장에서는 전혀 받아들여지지 않았다. 소비자 수요에 맞지 않는 기능을 추가하고, 이 때문에 비용이 상승하고 가격이 올랐으니 히트하지 않는 것은 당연했다." 가쓰라는 "지나침은 모자람만 못하다는 말과 같이 일본 기업이 추진한 '고부가가치화'는 실제로는 '다기능화'에 불과했고 이걸로는 판세를 뒤집을 만한 영향력이 창출되지 않았다"고 개탄했다.

그의 주장이 일본 가전산업 쇠락의 전체 이유를 설명하지는 못하지만, '기술 대국'과 '모노즈쿠리'의 자부심이 가져온 부(負)의 산물이라는 관점은 흥미롭다.

(서울신문, 2023.3.29, https://www.seoul.co.kr/news/newsView.php?id=20230328500065)

연습문제

CHAPTER 2

선택형 문제

1. 신제품 개발과정에서는 예비설계에 들어가기에 앞서 개발할 제품의 타당성 검토(feasibility study)가 이루어져야 한다. 이 과정에서 고려할 필요가 가장 적은 것은?

① 제품의 기대수명주기 및 신뢰도
② 현재 보유하고 있는 공정 또는 생산기술과의 적합성
③ 현 제품라인과의 적합성
④ 기술진보에 따른 생산기술의 라이프사이클

2. 제품개발과 관련하여 적절하게 설명된 항목들로 구성된 것은?

ㄱ. 컨커런트 엔지니어링(concurrent engineering)을 적용하는 경우 제품의 설계과정에서 디자이너, 설계엔지니어, 생산계획담당, 생산현장의 관리자, 재무담당, 협력업체 관계자 등 제품설계와 관련된 이해관계자들을 팀으로 구성함으로써 설계기간을 단축하는 데 도움을 준다.
ㄴ. 모듈러 디자인(modular design)을 적용하는 경우 제품생산의 용이성이 증가하면서 제품의 다양성도 확보할 수 있는 장점이 있다.
ㄷ. 제품개발시 순차적 접근법(sequential approach)을 적용하는 경우 제품개발 소요기간이 길어져서 시장경쟁이 심한 첨단기술 제품의 개발에는 적절하지 않다.

---

① ㄱ, ㄴ　　② ㄴ, ㄷ
③ ㄱ, ㄷ　　④ ㄱ, ㄴ, ㄷ

3. 서로 다른 완제품에 똑같은 부품들이 공통적으로 사용될 수 있도록 제품을 설계하여 소요부품의 종류를 줄이고 이에 따라 생산공정을 단순화시킬 수 있는 설계방식을 무엇이라 하는가?

① 모듈러 디자인　　② 설계의 단순화
③ 설계의 전문화　　④ 설계심사

4. 다음 중 설계원리로서의 플랫폼(platform) 관리에 대한 설명인 것은?

ㄱ. 서로 다른 제품에 표준화된 동일 모듈을 사용하는 방식인데, 겉으로 보기에는 다른 제품으로 인식되지만 내부 구조를 살펴보면 같은 모듈을 사용하는 경우를 의미한다.
ㄴ. 소비자들이 볼 때에는 서로 다른 제품으로 인식하지만, 이들 제품에 특정부품, 치공구, 컴퓨터칩 등이 공통적으로 사용되며 생산·조립공정의 구조나 설비가 거의 유사한 경우를 의미한다.
ㄷ. 대량고객화를 위해 제품에 관계없이 동일한 조립 및 생산프로세스를 거치지만 투입되는 부품은 표준화를 지양하고 최대한 차별화하여 고객만족을 높이고자 한다.

---

① ㄱ, ㄴ ② ㄴ, ㄷ
③ ㄱ, ㄷ ④ ㄱ, ㄴ, ㄷ

5. 다음 중 서비스 디자인 전반에 걸쳐 다소 추상적인 소비자의 요구나 필요성, 기호 등을 이에 대응되는 구체적인 요구사항으로 전환하는 과정에 적용할 수 있는 도구는?

① TQM ② 품질기능전개
③ 컨커런트 엔지니어링 ④ 모듈러 디자인

6. 다음 중 자동화시스템의 도입사유로 볼 수 없는 것은?

① 경쟁이 치열해지고 기술진보가 급격히 이루어짐에 따라 생산성 향상의 필요성이 과거보다 더욱 심각히 대두하게 되었다.
② 원자재 가격과 임금의 상승으로 인한 원가상승을 억제하기 위해서는 불량품, 폐기물의 감소, 품질의 향상 등이 절실히 필요하게 되었다.
③ 생산에 소요되는 시간을 줄임으로써 고객의 요구에 신속히 대응할 수 있을 뿐만 아니라 전반적인 재고수준을 낮출 수 있는 기회를 제공할 수 있다.
④ 원자재와 부품 공급의 불확실성이 증대되어 가고 있어 이를 극복하는 도구로서 자동화가 필요하게 되었다.

7. 다음 중 유연형 자동화시스템의 설명으로 볼 수 없는 것은?

① 생산설비의 프로그램이 가능하여 생산순서나 생산품목을 어느 정도 신축성 있게 변경, 수정할 수 있는 시스템을 의미한다.
② 이 유형에 속하는 자동화시스템으로는 NC기계, 로봇, 유연생산시스템 등을 들 수 있다.
③ 생산속도나 단위기간당 생산량은 고정형 시스템에 비해 현저히 떨어진다.
④ 자동가공라인이나 자동조립라인과 같이 생산성 향상, 원가절감, 품질향상 등에 기여할 수 있는 시스템이다.

8. 다음과 같은 구성요소를 지닌 컴퓨터통제 생산시스템을 무엇이라 하는가?

ㄱ. NC기계로 구성된 작업장
ㄴ. 각 작업장 또는 NC기계간의 자재 이동을 담당하는 자동운반시스템
ㄷ. NC기계에 부착된 자동공구교체시스템
ㄹ. 생산공정의 통제 및 관리를 위한 컴퓨터통제시스템

① CAD ② FMS
③ 자동가공라인 ④ 자동조립라인

9. 다음 중 고정형 자동화시스템에 속하는 것은?

① 로봇 ② 유연생산시스템
③ NC기계 ④ 자동조립라인

10. 다음 중 스마트 팩토리의 핵심기능에 해당하지 않는 것은?

① 예측(forecasting) ② 판단(control)
③ 수행(actuating) ④ 감지(sensing)

11. 다음 중 스마트 팩토리의 운영에 대한 설명으로 바르게 된 것은?

ㄱ. 스마트 팩토리에는 고객니즈나 수요량의 변화, 또는 그 외 생산조건의 변화, 보유하고 있는 자재와 부품 등의 물리적 위치의 변경 등 생산과 연관된 사건을 감지하여 이를 의미 있는 정보로 변환시킬 수 있는 기능이 탑재된다.
ㄴ. 스마트 팩토리 내에서는 감지된 생산현황정보를 기반으로 작업지시나 실행과 같은 의사결정이 이루어지는 과정이 구축되어 있다. 즉, 사람이 일일이 변화에 대응하여 생산일정을 수정 · 보완하는 것이 아니라 스마트 팩토리 내의 소프트웨어가 이를 처리한다.
ㄷ. 스마트 팩토리 내에서의 생산은 필요한 도구나 장비가 자동적으로 교체되어 생산품목의 스펙에 맞추어 설비를 조정할 수 있는 유연생산시스템을 통해 이루어진다.

① ㄱ, ㄴ ② ㄴ, ㄷ
③ ㄱ, ㄷ ④ ㄱ, ㄴ, ㄷ

CHAPTER

3 프로세스 분석과 레이아웃

전략적인 차원에서 제조공정과 생산기술이 선택되면, 효율적인 제품생산을 위한 세부적인 설비계획을 수립하게 된다. 설비계획의 목적은 기계설비 및 기술인력 등과 같이 생산에 투입되는 자원을 효율적으로 조직하여 작업의 흐름을 효과적으로 통제하고자 하는 데에 있다. 기계설비의 효율적인 조직과 배치는 공간의 효율적인 활용이라는 직접적인 성과 외에도 제조시간의 단축, 재공품 수준의 감소 등을 통해 생산비용을 절감하는 데 일익을 담당할 수 있다. 본장에서는 효율적인 설비계획을 수행하기 위해 필요한 프로세스 분석의 절차와 이를 기초로 하는 레이아웃의 결정방법에 대해 알아보고자 한다.

제 1 절 프로세스 분석의 의의

제 2 절 레이아웃의 유형과 선택

제 3 절 생산능력의 균형화 설계

제 4 절 서비스 공급프로세스의 설계

제 1 절 프로세스 분석의 의의

1 프로세스 분석의 기본원리

새로운 공정을 도입하거나 또는 신제품 개발, 기존 제품의 구조개선 등을 통해 생산품목과 생산량에 큰 변동이 있는 경우 생산공정의 재설계 및 재배치가 필요하게 된다. 이와 같은 전략적 계획을 효율적으로 수행하기 위해서는 제품의 구조, 작업과정, 각 작업의 소요시간 등의 기초자료를 수집하고, 작업장간 자재흐름의 패턴을 명확히 파악해야 한다.

프로세스 분석(process-flow analysis) 또는 공정흐름의 분석은 바로 이러한 목적을 달성하기 위해 거쳐야 할 과정이다. 새로운 기계설비를 도입한 경우 프로세스 분석을 통해 각 작업장이 포괄할 작업의 범위, 작업장간의 자재흐름 등을 파악해 볼 수 있다. 기존의 제조공정에 적용하는 경우, 각 작업장의 생산능력, 병목공정의 위치 등을 분석하고 불필요한 작업을 제거함으로써 리드타임 단축, 생산성 증대 및 원가절감의 효과를 기대할 수 있다. 프로세스 분석을 시도하는 경우 몇 가지 기본원리를 미리 이해하고 있어야 한다.

(1) 초점화의 원리

기업의 목표는 소비자가 높이 평가하는 제품과 서비스의 판매를 통해 기존의 고객들을 유지하고 새로운 고객을 끌어들이면서 이들에게 끊임없이 무엇인

[그림 3-1]
프로세스 분석의
기본원리

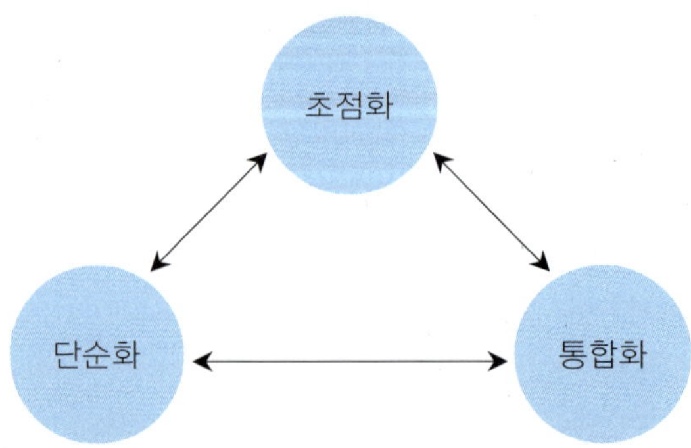

가 새로운 가치를 제공하는 데 있다. 따라서 생산부문 역시 단순히 무엇인가 만들어내는 조직으로 좁게 생각하기보다는 고객만족을 이끌어내기 위해 존재하는 것이라 생각해야 한다. 고객에게 만족을 주지 못하는 것, 즉 고객에게 초점을 두지 않는 활동은 그 의도가 무엇이었든 간에 모두 낭비로 취급되고 만다.

고객중심 또는 고객에의 초점화가 이루어지기 위해서는 우선 생산부문의 조직과 운영방법이 소비자중점주의에 토대를 두어야 한다. 즉 다음 공정, 다음 부서가 바로 나의 고객이라는 생각이 조직 전체에 반영되어 있어야 한다. 설계부서의 고객은 제조부문이고, 제조부문의 고객은 판매부문이며, 판매부문의 고객은 최종소비자라고도 할 수 있다. 물건을 만들어내는 제조공정의 경우 한 작업장의 고객은 그 공정에서 가공한 것을 이용하여 부가가치를 창출하는 바로 옆에 있는 작업장이다. 이런 생각이 조직 전체에 뿌리박힌다면 각 부문간의 통합은 문제가 되지 않는다. 다음 공정이 나의 고객이라는 사고를 조직 전체에 확장시키기 가장 쉬운 방법은 조직 내의 모든 자원을 제품이나 서비스가 만들어지는 방향에 맞추어 재조직하는 것이다. 즉 같은 일이나 작업을 하는 사람들끼리 한 부서를 만들어 기능의 분화와 전문화를 꾀하기보다는 제품이나 서비스를 창출해내는 프로세스를 중심으로 조직하는 것이 바람직하다.

(2) 단순화의 원리

생산부문의 여러 어려운 문제에 접하게 되었을 때 문제의 근원을 파헤치고 싶으면 "왜"라는 말을 다섯 번 반복하여 되물어보는 것도 매우 효과적인 방법이다. 문제의 근원이 아주 간단한 형태로 나오기 때문이다. 복잡하다는 것은 문제가 완전히 풀리지 않았기 때문이다.

그러나 대개의 경우 해답은 단순하며 이는 여러 각도에서 다양한 방법을 통해 문제를 다룬 결과이다. 따라서 주어진 문제나 증상에 대한 해결책을 찾기에 앞서 그러한 것들이 나타나게 된 이유부터 찾아야 한다. 근본적인 원인의 제기는 문제 그 자체를 생각할 필요가 없게 한다. 예를 들어 어떤 기계가 작동을 멈추었다고 가정해 보자. 이 문제에 다섯 번의 "왜"를 적용해 보면 다음과 같다.

- 왜 그 기계가 멈추었는가? 과부하가 있었고 퓨즈가 끊어졌기 때문이다.
- 왜 과부하가 일어났는가? 베어링에 충분한 양의 윤활유가 공급되지 못했기 때문이다.
- 왜 윤활유가 부족했는가? 윤활유 펌프가 정상적으로 작동하지 않았기 때문이다.
- 왜 윤활유 펌프가 정상적으로 작동하지 않았는가? 펌프의 축이 닳았고 소음이 심했기 때문이다.
- 왜 축이 그 모양이었는가? 스트레이너(상부가 금속망으로 되어 있는 여과기)가 부착되지 않았고 쇠 부스러기가 들어갔기 때문이다.

이와 같이 왜를 다섯 번 반복하면 근본적인 원인을 밝혀 제거할 수 있다. 이런 원리를 적절히 이용하면 눈에 보이는 뚜렷한 문제의 근원을 손쉽게 색출해 낼 수 있다. 도요타생산시스템을 적시생산제로 이끄는 데 큰 공헌을 한 오노 타이치(Ohno Taiichi)는 우선적으로 제거해야 할 일곱 가지 낭비(waste)를 제시하였다.1) 이 아이디어는 뒤에 시게오 신고(Shigeo Shingo)에 의해 더욱 널리 알려졌다.

〈표 3-1〉
일곱 가지 낭비의 유형

낭비의 유형	낭비의 제거방법
과잉생산 (waste of overproduction)	당장 꼭 필요한 양만큼만 만들어 써도 되도록 생산현장의 개선
대기시간 (waste of waiting)	기다릴 필요 없이 즉시 다음 작업을 시작할 수 있도록 작업자와 설비의 신축성 향상
쓸데없는 자재의 이동 (waste of transportation)	설비와 작업장 배치의 개선을 통해 불필요한 자재이동의 감축
불필요한 공정의 가동 (waste of processing itself)	이 부품이나 제품을 꼭 생산해야 하는가를 분석하고 이를 확대하여 공정 전체가 필요한가를 결정
쓸데없는 재고 (waste of stocks)	재고는 만악의 근원, 재고발생의 원인 제거
불필요한 동작 (waste of motion)	꼭 필요한 움직임인가를 분석하여 불필요한 낭비적 요소의 제거
불량품의 생산 (waste of making defective products)	불량품을 생산하는 낭비와 이를 고치기 위한 재작업시간의 제거

1) Shingo, S., *A Study of Toyota Production System*, Tokyo : Japan Management Association, 1981, p.11.

물론 아무도 의도적으로 이러한 쓰레기나 낭비를 만들어내지는 않는다. 납기에 쫓기다 보니 불량품을 만들어내기도 하고 설비가동률을 높이다 보니 당장 불필요한 품목들을 만들기도 한다. 금형을 교체하고 조정하는 데 상당한 시간이 투입되므로 기왕 생산하는 김에 많이 만들기도 한다. 공장을 조금씩 늘리다 보니 다음 작업장이 건너편 건물에 위치하기도 하며, 원가절감을 위해 싸구려 자재를 쓰다 보니 불량품이 많이 나오기도 한다. 작업대의 크기와 높이가 적당하지 않아 이리저리 움직이면서 작업할 수밖에 없고 쉽게 피곤해진다. 한꺼번에 여러 개의 주문을 작업장에 내다보니 당장 작업할 수도 없는 재공품만 통로에 쌓이게 되어 지나가기도 힘들다. 제품의 설계변경은 벌써 완료되었지만 제조부서에는 연락이 안 되고 있어 새 제품에는 필요도 없는 부품을 열심히 만들고 있다. 모두가 다 열심히 일하지만 그 결과는 전혀 만족스럽지 못한 경우가 많다.

겉으로 보기에 복잡해 보이는 문제에 대한 해결책이 난순한 형태를 띠게 하기 위해서는 일곱 가지 낭비적 요소들부터 제거하여 문제가 모든 사람들에게 명확히 보이도록 해야 한다. 문제를 숨기고 회피하는 것은 가치창출에 전혀 도움을 주지 못한다. 조직의 구조와 운영패턴이 단순해지면 누구나 쉽게 이해할 수 있으며 관리와 통제가 손쉬워진다. 구태여 수많은 데이터를 수집하고 분석한 뒤 복잡한 기법을 이용하여 관리할 필요도 없어진다. 생산시스템이 단순해지면 무엇보다도 비용이 현격히 절감된다. 모든 사람이 투명하게 조직의 움직임과 문제점을 알 수 있고 앞뒤 전후관계를 명확히 파악할 수 있으므로 복잡함에서 오는 각종 관리비용이 줄어든다. 따라서 이러한 단순함을 목표로 모든 공정과 작업을 대상으로 하여 불필요하고 복잡한 요소들을 식별・제거하는 데 노력해야 한다.

단순화의 원리는 특히 새로운 테크놀로지의 도입에 앞서 반드시 생각해 보아야 한다. 불필요한 작업이나 공정이 제거되고 전체적인 제조공정의 개선이 이루어지면 전반적인 구조가 단순해져 자동화와 같은 새로운 테크놀로지의 도입이 불필요해지는 경우가 많다. 또 자동화가 도입되더라도 단순한 시스템의 자동화는 품질개선, 비용절감, 생산성 향상으로 쉽게 이어진다.

(3) 통합화의 원리

제품의 품질과 우수성을 이야기할 때 곧잘 장인정신을 언급하곤 한다. 장인은 오랫동안 스승 밑에서 기술을 익힌 뒤에야 독립을 할 수 있었는데, 이 경우 기술자는 제품의 설계, 마케팅, 생산관리, 품질관리, 생산현장의 개선, 제품과 제조공정의 개선과 혁신, 자금조달 등 모든 것을 다 맡아 하는 슈퍼맨이었다. 그는 좋은 제품을 만들어 멀리서 찾아온 오랜 고객을 만족시키기 위해 여러 가지 디자인을 생각해 보고 고객의 어려움을 잘 듣고 이를 제품에 반영하기 위해 여러 방법을 모색하는 사람이었을 것이다. 여기서 생각해 볼 수 있는 장인의 속성은 단지 자신의 제품에 정성을 들인다는 것 외에도 여러 가지가 있다. 마케팅, 생산관리, 품질관리, 제품과 제조공정의 개선과 혁신 등 모든 것을 다 맡아 한다는 것은 곧 이들 여러 기능이 한 사람의 머릿속에서 통합되어 장인정신이라 하는 노하우(know-how)로 나타난다는 것이다.

물론 오늘날에는 이처럼 한 사람이 다 할 수는 없다. 대개의 경우 기업조직은 프로세스별보다는 기능별로 구성되어 있기 때문에 개선활동 자체도 그 부문(기능)의 시각으로 보고 관리하려는 경향이 있다. 따라서 엔지니어링 그룹, 제조부문, 마케팅그룹은 있지만 "고객주문의 접수 · 획득에서 납품"까지의 전체 프로세스를 책임지는 부서는 없다. 마찬가지로 제품개발업무에서도 어느 누구(그룹)도 신제품 개발프로세스 전체에 대해 책임지는 사람이 없으면서 여러 부문을 전전한다. 더욱이 각 부문의 관리자들은 대개 공식적인 조직경계, 비공식적인 내규, 물리적인 공간배치 등을 통해 서로 분리되어 있다. 바로 이런 요소들이 개선이 요하는 통합과 조정을 막는 장애물이다. 이런 조직하에서는 고객의 관점에서 사물을 보거나 올바른 것에 개선노력의 초점을 맞춘다는 것이 극히 어렵다.

이런 환경하에서의 개선은 소위 개선의 고립화(island of excellence)를 초래할 뿐이다. 즉 부문별 경계를 넘어서 서로 연결되지 못하고 기업 전체에 전략적인 우위를 제공하지도 못한다. 예를 들어 제조프로세스의 리드타임을 상당히 단축하였다 하더라도 제품 출고장에서의 비능률로 인한 지연과 대기를 막지 못하면 제조부문의 개선은 별 의미가 없다. 더욱 나쁜 것은 이처럼 부문별(기능별)로 개선이 유도될 때 자기 부서만의 개선을 위해 남의 부서를 희생하는 경우도 발생할 수 있다. 모든 문제를 전체적인 시각에서 파악함으로써 "이것은 내 문제가 아니니 저쪽에다 던져버려라"는 식의 생각은 이제 버려야 한다.

통합이란 조직 내 여러 부문의 의사결정이 기업 전체의 목표와 일관성을 가지며 국지적인 이해득실보다는 전체적인 득실을 먼저 감안하도록 이루어진다는 의미이다. 기업의 규모가 작을 때에는 통합의 문제는 신경 쓸 것이 없다. 사장이 고객을 만나 직접 주문을 받고 납품조건을 결정하며 주문서도 작성한다. 판매담당자도 급하면 밖에 나가 당장 작업할 사람을 구해오고 늦게 도착한 자재도 작업장 안으로 옮기는 것을 도와준다. 생산라인에 근무하는 작업자는 자신이 현재 맡고 있는 일 외에도 급하면 동료의 작업도 거들어주어 제시간에 모든 작업을 완수하게끔 한다. 이 제품을 사갈 최종고객이 누군지도 알며 자신이 불량품을 만들면 다음 작업장에 있는 자신의 친한 동료가 자기에게 와서 불량품의 생산을 슬며시 지적해 줄 것이라는 것도 안다. 비록 훈련이나 교육은 충분히 받지 못하고 공정관리나 지속적 개선을 위한 기술이 떨어져도 서로서로 잘 연결되고 단합되어 있다.

그러나 기업의 규모가 커지게 되면 이 같은 연결의식은 쉽게 상실되며 같은 일을 하는 사람들끼리 무리를 이루어 집단이기주의를 표명하게 된다. 구매부서는 구입한 부품이 어떻게 언제 쓰이는지 상관하지 않고 가능한 한 싼 가격으로만 구입하고자 할 것이며, 일선작업부서는 생산성 증대를 위해 가장 만들기 쉬운 것들만 집중적으로 생산한다. 엔지니어링부서는 밀려 있는 일감을 빨리 처리하기 위해 작업현장의 기술수준을 무시한 채 대략 제품의 규격과 공차를 결정하여 건네준다. 배송부서는 한 트럭분을 채우기 전까지는 출발하지 않으려 한다. 이런 식으로 각자 해야 할 일을 나누어 맡은 바만을 잘하면 모든 것이 잘된다는 생각은 버려야 한다. 부서간의 갈등과 이기주의를 없애기 위해서는 우선 자신의 고객, 자신이 속해 있는 부서의 고객, 자기회사의 고객이 누구인지 먼저 파악해야 한다. 같은 회사에서 일한다고 하여 최고의 서비스를 제공해야 할 고객이 모두 같은 것은 아니다. 물론 기업의 여러 부문들이 유기적으로 통합되었다면 각자 맡은 바를 열심히 하면 된다. 각자 하는 일 자체가 이미 전체적으로 하나로 통합된 시스템의 구성요소이기 때문이다.

2 프로세스 분석 도구

프로세스 분석을 효과적으로 도모하기 위해서는 상품과 서비스의 구조 및 생산공정에 관한 전반적인 자료를 갖추어야 하는데, 이 같은 용도에 사용할 수 있는 도식적 기법으로는 조립도표(assembly chart, Gozinto chart)나 흐름공정표(flow process chart) 등을 들 수 있다.

[그림 3–2] 연필깎이통의 조립도표

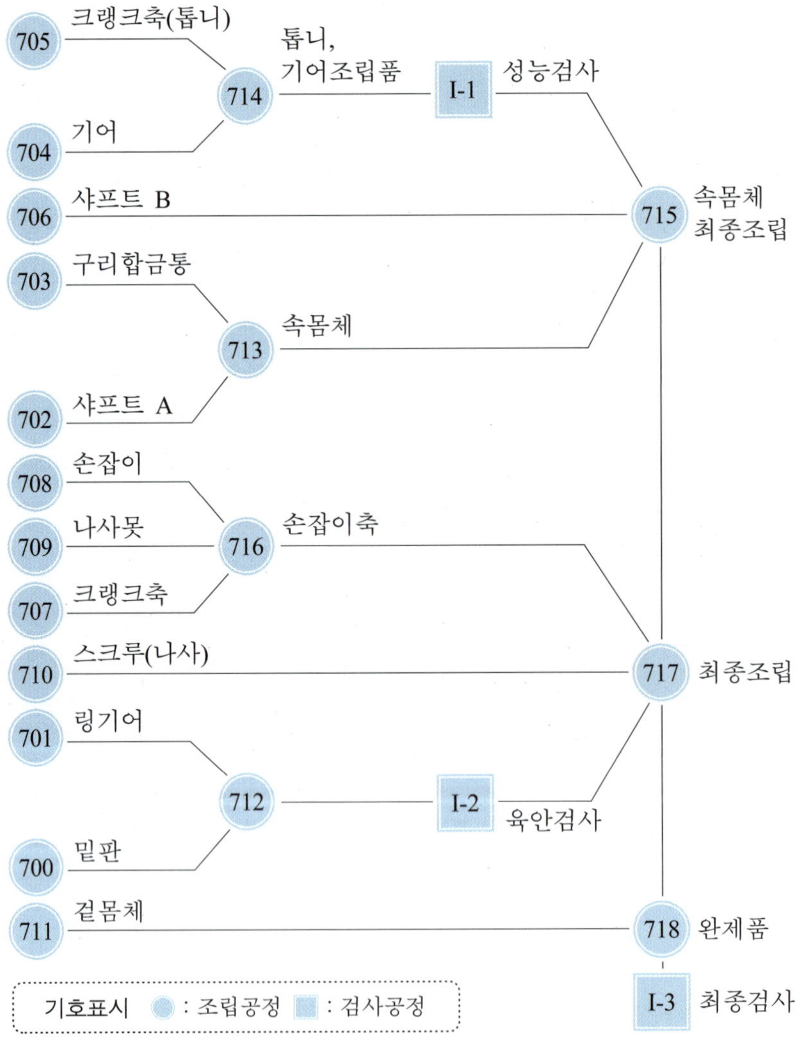

[그림 3-3]
새 책 정리과정을 나타낸 흐름공정표

요 약	횟 수
작업	5
운반	6
검사	1
지연	1
보관	1

부 품 이 름 :
공정의 정의 : 새로 구입한 책의 정리
작 성 자 : 김 길 동
날 짜 : 202×년 1월 1일

						이동거리
1. 새 책을 밖에서 도서관으로 가져온다.	●	⇨	□	D	▽	
2. 대출 담당자 사무실로 이동한다.	○	➡	□	D	▽	12/4m
3. 현재 보유하고 있는 책과 중복되는가를 확인한다.	●	⇨	□	D	▽	
4. 도서목록 보관소로 이동한다.	○	➡	□	D	▽	9/3m
5. 도서색인 목록 작성처	●	⇨	□	D	▽	
5a. 목록번호가 아직 작성되지 않았으면 임시보관소로 간다.	○	➡	□	D	▽	8.5/8.5m
5b. 목록번호가 지정될 때까지 보관한다.	○	⇨	□	◗	▽	
5c. 목록번호 작성처로 이동한다.	○	➡	□	D	▽	6/7m
5d. 목록번호를 만든다.	●	⇨	□	D	▽	
6. 목록번호 확인처로 이동한다.	○	➡	□	D	▽	9/2.5m
7. 색인목록을 확인한다.	○	⇨	■	D	▽	
8. 도난방지를 위해 약품처리 작업장으로 이동한다.	○	➡	□	D	▽	6/3m
9. 도서에 도난방지 처리를 한다.	●	⇨	□	D	▽	
10. 서고에 정리할 때까지 보관한다.	○	⇨	□	D	▼	

기 호	의 미
●	작업
➡	이동 또는 운반
□	검사
D	지연
▽	보관

출처 : Evans, J.R., D.R. Anderson, D.J. Sweeney, and T.A. Williams, *Applied Production and Operations Management*, 2nd ed., West Publishing, 1999, p.228.

조립도표는 최종제품을 생산하기 위해 필요한 공정과 그 선후관계를 네트워크 형태로 일목요연하게 집약한 표이다. [그림 3-2]에 예시된 바와 같이 조립도표는 검사는 ■, 작업은 ●로 표시하여 도시화한 것으로, 제조공정 전체를 파악하는 데 큰 도움을 줄 수 있다. 흐름공정표는 생산에 필요한 작업뿐만 아니라 제조공정 또는 서비스공정에서 발생할 수 있는 운반, 검사, 대기, 저장 등의 활동까지 기호를 이용하여 그림으로 나타낸 것이다. [그림 3-3]은 전형적인 흐름공정표의 예로 작업순서, 작업시간, 이동거리 등이 자세하게 수록되어 있어, 설비배치 및 작업방법의 개선에 필수적인 자료로 쓰인다. 흐름공정표는 제조공정 전체를 나타내는 데 이용하기도 하지만 공정의 한 부분만을 자세히 나타내고, 대기시간, 운반시간 등을 상세히 기록함으로써 부분적인 공정개선에 이용되는 경우도 많다.

3 프로세스 분석 절차

흐름공정표와 같은 표를 작성하는 목적은 제품이 가공되는 방법이나 매일매일의 운영상태와 같은 작업의 흐름을 개선하여 생산성을 높이고자 하는 데에 있다. 따라서 일단 이러한 도표가 완성되면 기본적으로 다음과 같은 문제에 초점을 두고 분석을 수행해야 한다.

- 어떤 작업이 병목(bottleneck)[2)]현상을 일으키는가? 어떤 작업장의 대기시간이 유난히 높은가?
- 불필요한 작업들은 없는가, 또는 단순화할 수 있는가? 제품 설계를 개선함으로써 생산을 보다 원활히 할 수 없는가?
- 작업 자체를 재설계함으로써 작업시간을 단축할 수는 없는가? 설비의 개량을 통해 작업을 단순화시키거나 작업시간을 단축할 수는 없는가?
- 설비배치를 변경함으로써 운반시간을 줄일 수 없는가?

2) 병은 목 부분을 좁게 만들어 액체를 따를 때 갑자기 쏟아지는 것을 방지하게 되어 있다. 이처럼 도로의 너비가 넓은 곳에서 갑자기 좁은 곳으로 차량이 몰려들면 좁아진 도로 너비로 인해 차량 정체 현상이 일어나는데, 이를 병의 목에 비유해 병목현상이라고 한다. 생산공정의 경우도 특정 생산요소의 공급(생산능력이나 자재공급량)이 충분하지 못하면 다른 요소가 충분하더라도 공급부족으로 인하여 그 이상의 생산량 확대가 불가능해진다.

이러한 문제에 대한 답을 도출해 내면, 이를 토대로 하여 구체적인 설비 배치, 작업방법, 작업의 범위 그리고 기계설비 자체에 대한 개선이 이루어질 수 있다.

제 2 절 레이아웃의 유형과 선택

레이아웃의 유형은 작업의 흐름에 따라 크게 공정별 레이아웃(process layout, functional layout), 제품별 레이아웃(product layout), 고정형 레이아웃(fixed-position layout) 그리고 제품그룹별 레이아웃(group technology layout)으로 나누어 볼 수 있다.

연속생산공정이나 반복조립공정은 주로 제품별 레이아웃 형태를 취하며, 배치(batch)공정과 개별생산공정은 공정별 레이아웃 또는 제품그룹별 레이아웃 형태를 취한다. 선박, 항공기와 같이 단일 제품을 생산하는 프로젝트형 생산형태는 제품의 크기와 생산과정의 복잡성으로 인해 고정형 레이아웃[3] 형태를 취하는 것이 일반적이다. 고정형 레이아웃을 제외한 다른 세 가지 레이아웃의 특징을 간단히 살펴보기로 하자.

1 공정별(기능별) 레이아웃

개별생산제에서 흔히 볼 수 있는 레이아웃 형태로 [그림 3-4]와 같이 같은 기능을 수행하는 기계설비가 한 작업장에 모여 있는 레이아웃 형태를 의미한다. 이러한 레이아웃 형태는 제품의 종류가 다양하고 1회 생산량이 적은 다품종 소량생산 시스템에 알맞으며, 일반적으로 범용기계설비의 배치에 이용된다. 이 레이아웃 형태는 공작기계를 제작하는 공장에서 흔히 볼 수 있으며

3) 고정형 레이아웃하에서는 한 작업장에서 다른 작업장으로 생산할 품목을 이동·가공하는 대신, 모든 기계설비, 원자재, 부품, 작업자를 한곳에 집중시켜 생산해 나간다.

[그림 3-4]
공정별 레이아웃

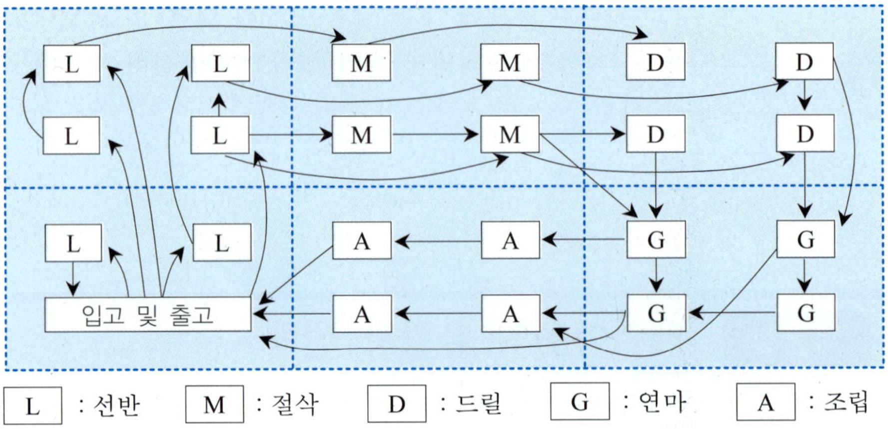

병원, 은행, 자동차 수리공장 등의 서비스 기업에서도 많이 채택하는 레이아웃 형태이다.

공정별 레이아웃 형태의 장점을 요약해 보면 다음과 같다.

- 범용기계설비가 주축을 이루고 있으므로 수요의 변동, 제품설계의 변경 또는 작업순서의 변동 등에 대해 손쉽게 대응할 수 있다. 즉 생산 시스템의 신축성이 뛰어나다.
- 여러 품목을 생산할 수 있기 때문에 기계설비의 투자액이 상대적으로 낮다.
- 다양한 품목, 다양한 기계설비를 다루게 되므로 작업자의 작업범위가 넓어진다.

그러나 공정별 레이아웃 형태는 다양한 품목을 생산하도록 설계되어 있기 때문에 다음과 같은 문제점을 피할 수 없다.

- 생산품목별로 기계설비가 배치되어 있지 않기 때문에 대기 및 이동에 많은 시간이 소요된다. 이에 따라 재공품 재고가 늘게 되며, 또한 생산에 소요되는 시간, 즉 리드타임이 길어진다.
- 대량생산이 불가능하고, 재공품 재고로 인해 소요자금과 소요면적이 증가하므로 단위당 생산비용이 상대적으로 높다.

- 생산품목이 다양하고 기계설비가 기능별로 배치되어 있으므로, 생산계획 및 작업스케줄을 효율적으로 수립하기 어렵다.

2 제품별 레이아웃

석유화학, 제지공장 등과 같은 계속공정이나, 자동차, 전자제품 등의 조립공정에 주로 이용되는 형태로, 일반적으로 생산라인이라 불리는 제조시스템에서 볼 수 있는 레이아웃 형태이다. 제품별 레이아웃에서는 [그림 3-5]와 같이 특정품목을 생산하는 데 필요한 기계설비가 작업순서순으로 배치되어 있어 표준화된 제품을 반복생산하는 경우에 주로 이용된다.

제품별 레이아웃 형태는 공정별 레이아웃 형태와 거의 모든 면에서 대조적인 특징을 지니는데, 우선 제품별 레이아웃의 장점부터 살펴보면 다음과 같다.

- 생산순서별로 기계설비가 배치되어 있기 때문에 작업장간의 이동시간이 짧아지고 대기시간 역시 현격히 줄어든다. 따라서 재공품 재고는 상대적으로 낮은 수준을 유지하며, 제품 단위당 생산소요시간도 짧다.
- 표준화된 제품을 반복생산하므로 단위당 생산비용이 저렴해지며, 생산계획 및 일정계획을 효율적으로 수립할 수 있다.
- 생산품목이 적고, 반복작업을 계속하므로 작업자의 훈련이 용이하며 따라서 높은 기술수준을 요구하지 않는다.

이에 반해 공정별 레이아웃에서는 전혀 문제점이 없었던 사항들이 제품

[그림 3-5]
제품별 레이아웃

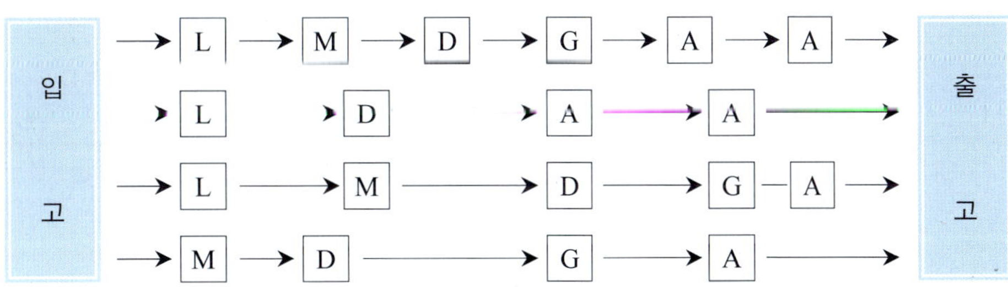

별 레이아웃에서는 큰 문제로 등장하게 된다. 제품별 레이아웃을 선택할 때 나타나는 문제점들을 요약하면 다음과 같다.

- 생산품목에 맞추어 기계설비를 갖추게 되므로 제품의 설계변경, 수요의 변동이 일어나는 경우 손쉽게 설비를 조정할 수 없기 때문에 공정별 레이아웃과는 달리 신축성이 결여되기 쉽다.
- 생산라인을 구성하는 설비 중 어느 하나가 고장이 나거나 원자재의 부족으로 인해 가동이 중지되면 공정 전체에 큰 영향을 주게 된다.
- 작업자의 작업범위가 좁아지게 되어 쉽게 싫증을 느낄 가능성이 높다.

3 그룹별 레이아웃

제품별 레이아웃의 특징을 공정별 레이아웃에 가미하여 자재의 운반, 대기시간을 줄이는 한편 다양한 품목을 생산할 수 있도록 고안된 설비배치의 형태로, 그룹테크놀로지(group technology, GT)시스템하에서의 레이아웃 형태이다. 그룹테크놀로지 또는 셀룰러제조시스템(cellular manufacturing system)은 생산해야 할 품목을 형상, 치수, 가공공정 등의 유사성에 근거하여 몇 개의 그룹으

[그림 3-6]
그룹테크놀로지 시스템의 예시

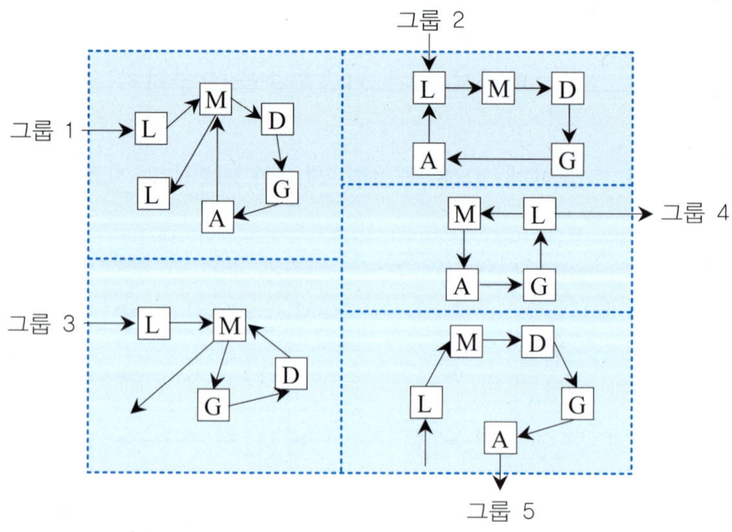

로 나누고 각 그룹별로 필요한 기계설비를 배치함으로써 생산준비시간, 작업장간의 운반거리, 대기시간 등을 줄여 개별생산시스템하에서의 생산성을 높이고자 하는 기법이다.

[그림 3-6]은 그룹별 레이아웃 형태를 예시한 것이다. 기능별 레이아웃하에서는 같은 기능의 기계설비가 한 작업장에 모여 있어, 이 기계설비를 필요로 하는 모든 품목은 같은 작업장을 거쳐 가공이 이루어진다. 이에 반해 그룹별 레이아웃하에서는 품목 그룹별로 기계설비가 배정되어 있기 때문에, 속해 있는 그룹이 다르면 같은 종류의 기계설비를 이용한다 하더라도 가공장소가 달라진다. 그룹별 레이아웃의 도입효과는 다음과 같다.

- 유사품목을 묶어서 생산할 수 있으므로 생산준비시간이 절감되며 작업장간의 운반시간이 줄어들게 된다.
- 각 그룹별로 일정계획을 수립할 수 있기 때문에 계획수립의 내상이 되는 작업의 수가 줄어들어, 보다 효율적인 계획수립이 가능해진다.
- 새로운 품목을 설계·생산하고자 할 때, 설계비용을 절감할 수 있으며 이와 함께 설계의 표준화도 가능해진다.

그러나 어느 한 품목그룹의 수요가 급증하여 설비부족이 발생하더라도 다른 그룹의 기계설비를 이용하기 힘들어 가동률이 저하될 가능성은 있다.

4 레이아웃의 선택

일반적으로 개별, 배치, 반복, 계속생산세 등으로 분류될 수 있는 생산공정의 유형이 결정되면, 선택할 수 있는 레이아웃 유형의 종류는 제한된다. 개별생산시스템에 제품별 레이아웃 형태를 도입할 수 없고, 이와 반대로 조립공정에 기능별 레이아웃 형태를 취하는 것도 무리이다. 즉 생산하고자 하는 품목수가 적고, 각 작업장간의 재공품 이동이 용이하며, 또한 필요생산량이 상대적으로 큰 경우에는 제품별 레이아웃이 적절할 것이며 이와 반대로 다양한 품목을 소량 생산하고자 하는 경우에는 기능별 레이아웃이 적합할 것이다.

그룹별 레이아웃은 기능별 레이아웃과 제품별 레이아웃의 중간형태로 이들 두 레이아웃 형태의 장점만을 취하고자 하는 레이아웃 유형이므로 기능별 레이아웃을 취할 만큼 품목수가 많지도 않으나, 그렇다고 제품별 레이아웃을 선택할 만큼 1회 생산량이 크지 않은 경우에 이용될 수 있다. 또한 같은 공장 내에 있다 하더라도 제품라인에 따라 기능별 레이아웃과 제품별 레이아웃이 혼합되어 있을 수도 있다.

제 3 절 생산능력의 균형화 설계

일반적으로 생산라인이라고도 불리는 제품별 레이아웃하에서는 그 라인에서 생산되는 모든 품목들이 같은 순서로 작업장을 거친다. 따라서 제품별 레이아웃 시스템을 설계할 때 문제가 되는 것은 각 작업장에서 수행해야 하는 작업의 범위, 작업장과 작업장 사이의 재공품 대기장소(buffer)의 크기와 위치 등이다.

단순조립라인과 같이 작업의 흐름이 복잡하지 않고 각 작업에 소요되는 시간을 어느 정도 정확하게 측정할 수 있는 경우에는 그리 큰 문제가 없으나, 작업 자체가 복잡하여 가공 및 조립에 소요되는 시간의 편차가 큰 경우에는 작업장간의 생산능력을 균형 있게 설계하기 힘들다. 이러한 경우 작업장과 작업장 사이에 재공품 대기장소를 설치함으로써 작업의 흐름을 보다 원활히 할 수 있겠으나 어디에 얼마만한 크기의 재공품 대기장소를 설치해야 할 것인가 결정하는 것은 쉽게 해결될 수 있는 문제가 아니다.

이와 같이 제품별 레이아웃 시스템을 설계할 때에는 기본적으로 각 작업장이 어느 정도 균형된 생산능력을 보유할 수 있도록 기계설비와 기술인력을 배치해야 하며, 설비특성이나 공정상의 문제점으로 인해 균형된 생산능력을 유지하기 힘든 경우에는 재공품 보관처와 같은 부수적인 설비까지를 포함하여 설계가 이루어져야 한다. 자동생산라인이나 대규모 계속생산시스템과 같이 생산공정이 복잡한 경우에는 컴퓨터 시뮬레이션, 대기행렬이론 등과 같은 기법을 이용해서 접근해 볼 수 있으나 이는 본서의 수준을 넘어서기 때문에 본절에서는 특성상 분석이 용이한 반복생산라인하에서의 생산능력 균형화 문제를 살펴보고자 한다.

1 라인 균형의 개념

반복적으로 유사상품을 생산하는 라인은 제품생산에 필요한 작업들을 일련의 작은 과업(elementary task)으로 분할하여 작업자 또는 기계에 의해 반복적으로 수행될 수 있도록 설계한 생산시스템이다.

라인의 균형(line balancing)이라 불리는 설비의 배치문제는 물리적인 설비의 배치문제라기보다는 각 작업장의 작업범위와 그에 따른 생산능력의 균형화에 초점을 두는 문제라 할 수 있다.

예를 들어 [그림 3-7]에서와 같이 4개의 과업으로 구성된 조립라인을 생각해 보자. 작업자 1명이 모든 작업을 수행한다면 8분에 1개의 제품을 생산할 수 있다. 만약 2명이 작업한다면 ⓐ와 ⓑ를 한 명이, 그리고 ⓒ와 ⓓ를 또 다른 한 명이 작업하는 것이 생산량을 최대화할 수 있다.

이 경우 평균 5분에 하나의 제품이 생산될 수 있어 생산주기(cycle time)는 5분이 된다. 즉 평균 5분에 하나의 제품이 생산되어 나온다. 만약 하루 420분을 근무한다면 ⓐ와 ⓑ를 담당하는 작업자는 84개를 생산할 수 있으나, ⓒ와 ⓓ를 담당하는 작업자는 ⓐ와 ⓑ에서부터 공급되는 재공품이 84개에 불과하기 때문에 결국 (84개)(3분)=252분만을 작업할 뿐 나머지 168분 동안은 쉬게 된다.

생산라인의 효율은 이와 같은 생산적인 시간의 비율을 의미하며 아래의 공식을 이용하여 간단히 계산해 볼 수 있다.

$$\text{라인의 효율} = \frac{\text{총과업시간}}{(\text{생산주기})(\text{작업장 수})}$$

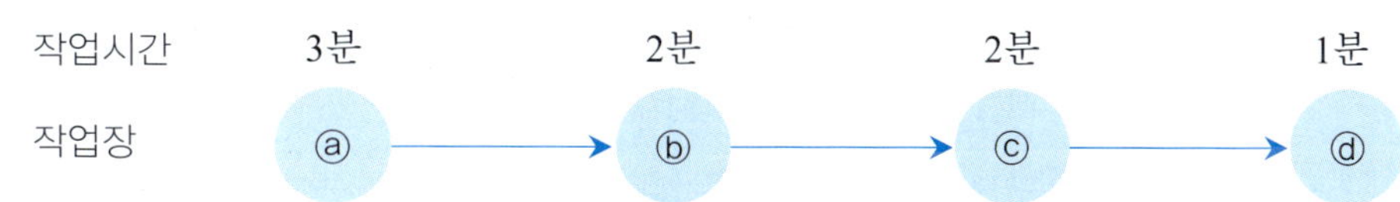

[그림 3-7] 4개의 과업으로 구성된 조립라인

[그림 3-8]
생산주기와 라인의 효율

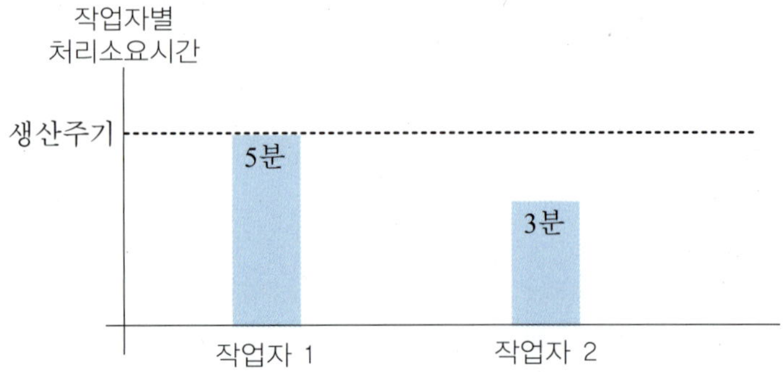

여기서 총과업시간이란 제품 1개를 생산하는 데 소요되는 시간으로 이 예에서는 8분이 되며 작업장 수는 한 명의 작업자가 작업장 두 개씩을 담당하게 되므로 2가 된다. 따라서 생산주기를 5분이라 할 때 라인의 효율은 [그림 3-8]에서 알 수 있듯이,

$$\frac{8}{(5)(2)}=80\%$$

이다. 이는 곧 2명의 작업자가 합쳐서 하루 840분을 근무하는데, 이 중 실제작업시간은 (840)(0.8)=672분이라는 의미이다. 한편 라인의 불균형률(balance delay)은 아래와 같이 계산되며 유휴시간과 총작업가능시간의 비율을 나타낸다.

라인의 불균형률=1−라인의 효율

일반적으로 라인의 균형문제는

- 작업자의 수 또는 작업장의 수가 주어져 있을 때 생산주기를 최소화하고자 하는 방법
- 생산주기를 고정시켜 놓고 작업장의 수를 최소화하고자 하는 방법

의 두 가지로 접근해 볼 수 있으나, 두 번째 방법으로 최적해를 구할 수 있으면, 이를 이용하여 첫 번째 문제도 해결할 수 있으므로 본절에서는 두 번째 접근방식을 중심으로 하여 분석과정을 전개하고자 한다.

예제 3-1

다음과 같이 10개의 과업으로 구성된 생산라인을 고려해 보자. 작업순서는 과업 1에서 시작하여 과업 10에서 끝나도록 되어 있다.

과 업	1	2	3	4	5	6	7	8	9	10
소요시간(분)	0.3	0.5	0.3	0.2	0.2	0.1	0.3	0.3	0.8	0.2

일주일 평균 작업가능시간은 40시간이며 주당 목표생산량은 2,000개로 책정되어 있다.

(a) 목표생산량을 달성하기 위해서는 주기시간은 얼마이어야 하는가?
(b) 몇 개의 작업장이 필요하며 각 작업장에서 수행해야 할 과업은 어떻게 구성되는가?
(c) 라인의 효율을 계산하시오.

풀이

(a) 한 주일에 (40시간)(60분)=2,400분을 작업할 수 있고 목표생산량이 2,000개이므로 주기시간은 2,400분/2,000개=1.2분이다. 매 1.2분마다 하나씩 생산되어야 한다.
(b) 작업장 1에 작업 1, 2, 3을 배정(작업시간 합계=1.1분), 작업장 2에 작업 4, 5, 6, 7, 8을 배정(작업시간 합계=1.1분), 작업장 3에 나머지 작업 9와 10을 배정(작업시간 합계=1.0분)하면 된다.
(c) 목표 주기시간은 1.2분이었으나 과업의 배정결과 주기시간이 1.1분으로 나타났으므로 라인의 효율도 1.1분을 이용하여 계산하는 것이 타당하다.

$$\text{라인의 효율} = \frac{3.2}{(1.1)(3)} = 0.97 = 97\%\text{이다.}$$

2 라인의 균형 설정기법

생산주기가 주어져 있을 때 실제 과업을 작업장에 할당하는 문제는 다양한 수학적 기법을 적용하여 해결할 수 있으나 여기서는 호프만(Hoffman)이 개발한 기법을 중심으로 조립라인 균형문제를 예시해 보고자 한다. 호프만의 기법은 선행과업이 없거나, 또는 있더라도 이미 작업장에 배정이 완료된 미배정과업만을 추출해 낸 뒤 과업시간이 가장 긴 과업을 우선적으로 작업장에 배정하는 매우 단순한 방법으로 최적해를 도출해 낸다는 보장은 없다. 구체적인 배정절차는 다음의 예를 통해 살펴보기로 하자.

예제 3-2

한국OA는 복사기를 조립 · 판매하는 기업이다. 수요의 급격한 변화에 따라 복사기 조립라인을 재조정할 필요가 생겨 조립라인을 구성하는 작업들과 소요시간, 그리고 선행관계를 분석한 결과 〈표 3-2〉 및 [그림 3-9]와 같은 자료를 얻을 수 있었다. 생산주기시간을 12분으로 설정했다면 이들 과업들을 어떻게 배정해야 라인의 균형을 도모할 수 있는가?

〈표 3-2〉
복사기 조립라인의 과업과 소요시간자료

과업번호	소요시간(분)	선행과업
1	3	·
2	4	·
3	2	1, 2
4	2	·
5	6	3, 4
6	2	5
7	2	5
8	2	7
9	4	6
10	2	6, 8, 9
11	1	10
12	2	10, 11
13	1	12
계	33	

[그림 3-9]
복사기 조립라인의 과업시간과 선행관계

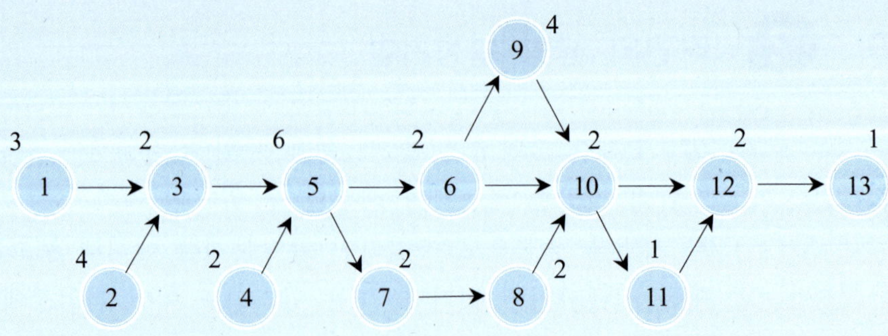

과업을 작업장에 배정하기에 앞서 우선 최소한 몇 개의 작업장이 필요할 것인가 계산해 보기로 하자. 총과업시간이 33분이고 생산주기시간은 12분이므로 최소한 3개의 작업장이 필요하게 된다. 물론 실제 과업을 배정함에 따라 이보다 더 필요할 수도 있겠지만 이 숫자는 작업장 수의 최소한계치를 나타내는 값이라 할 수 있다.

이제 각 과업을 작업장에 할당하는 과정을 살펴보도록 하자.

① [그림 3-9]에서 선행과업이 없는 과업들을 찾아보면 1, 2, 4임을 알 수 있다. 이 중 소요시간이 가장 긴 과업 2를 첫 번째 작업장에 할당한다. 두 번째로 할당할 과업은 아직 할당되지 않은 작업들 중 선행과업이 없거나, 또는 있더라도 그 과업이 이미 작업장에 할당된 과업들 중에서 선택한다. 예를 들어 과업 3은 선행과업인 과업 1이 작업장에 할당되지 않았으므로 고려의 대상이 되지 못한다. 따라서 두 번째로 할당할 과업은 선행과업이 없는 과업 1과 4 중의 하나이다. 이 중 과업시간이 긴 과업 1을 첫 번째 작업장에 추가한다.

② 세 번째로 할당할 과업의 후보는 선행과업이 없는 과업 4와 두 개의 선행과업 1, 2가 이미 작업장에 할당된 과업 3이다. 과업 3과 4는 소요시간이 같으므로 이 중 아무 과업이나 첫 번째 작업장에 할당이 가능하나 과업번호가 작은 과업 3을 할당하기로 한다. 이제 할당가능한 과업은 4밖에 없으므로 이 과업을 첫 번째 작업장에 할당한다. 지금까지 할당한 과업들의 총시간은 11분으로 아직 생산주기 12분을 초과하지 않고 있다.

③ 다섯 번째로 할당할 과업의 후보는 과업 5밖에 없으나 이를 첫 번째 작업장에 추가하면 총과업시간이 17분이 되어 생산주기를 초과하므로 과업 5는 두 번째 작업장에 할당한다.

④ 계속해서 두 번째 작업장에 할당할 과업후보를 찾아보면 선행과업이 이미 작업장에 할당된 과업 6과 7뿐이다. 두 과업 모두 소요시간이 2분이므로 이 중 과업번호가 작은 6을 두 번째 작업장에 할당한다. 일단 과업 6이 배정되면 과업 7과 9가 후보로 나타나게 되는데 과업 9의 소요시간이 과업 7의 소요시간보다 크므로 과업 9를 두 번째 작업장에 할당한다. 이제 두 번째 작업장에 할당된 과업들을 계산해 보면

(6분+2분+4분)=12분이므로 더 이상의 과업을 할당하지 않고 세 번째 작업장으로 넘어가게 된다.

⑤ 세 번째 작업장에 할당할 후보를 살펴보면 과업 7밖에 없다. 참고로 과업 10은 과업 7과 8이 아직 작업장에 할당되지 못했기 때문에 후보가 될 수 없음을 알 수 있다.

이와 같은 방법으로 순차적으로 과업을 할당해 가면 [그림 3-10] 및 〈표 3-3〉과 같은 결과를 얻을 수 있으며, 라인의 효율은 33분÷[(12분)(3)]=91.67%이다.

[그림 3-10]
작업장의 구성형태

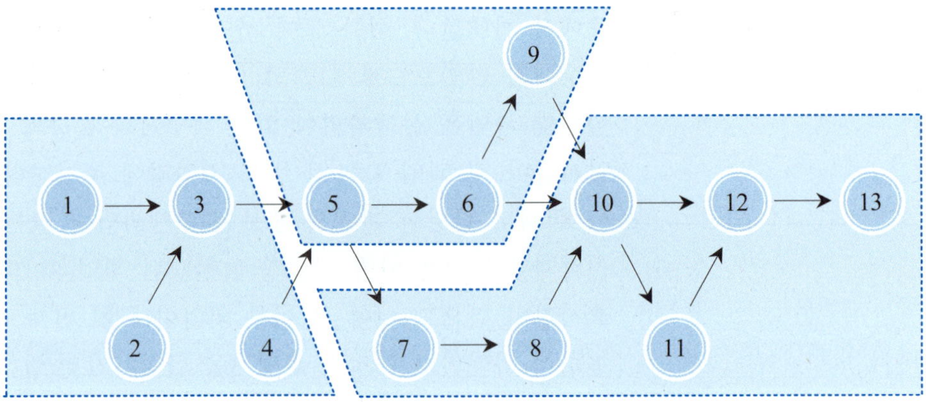

〈표 3-3〉
복사기 조립라인의 균형

작업장 번호	할당된 과업	과업시간 계
A	1, 2, 3, 4	11분
B	5, 6, 9	12분
C	7, 8, 10, 11, 12, 13	10분

〈표 3-4〉
과업번호가 큰 과업부터 할당시의 균형

작업장 번호	할당된 과업	과업시간 계
A	1, 2, 3, 4	11분
B	5, 6, 7, 8	12분
C	9, 10, 11, 12, 13	10분

앞의 계산과정에서 쉽게 알 수 있듯이 작업장에 할당할 후보의 과업시간이 같을 경우 과업번호가 작은 것부터 할당하도록 한 방법을 채택한 것은 단지 할당의 편의를 위한 것일 뿐 뚜렷한 이유가 있는 것은 아니다. 따라서 과업번호가 큰 것부터 할당한다면 두 번째 작업장에는 과업 5, 7, 8, 6의 순서로 할당되어 〈표 3-4〉와 같은 배치가 가능해진다. 이 경우 역시 라인의 효율은 91.67%가 되어 같은 결과를 나타낸다.

지금까지 살펴본 라인의 문제는 생산라인에서 단 하나의 품목만을 생산한다는 가정에 근거한다. 만약 같은 라인에서 둘 이상의 서로 다른 품목을 생산할 필요가 있다면 라인의 균형문제는 복잡해진다. 특히 품목에 따라 각 작업의 소요시간이 다르다면 품목별 · 작업별 소요시간을 모두 고려하여 적절한 라인의 균형을 도모하기가 쉽지 않다. 생산순서 역시 라인의 생산성에 큰 영향을 미친다. 품목을 교체하여 생산하더라도 별다른 준비를 할 필요가 없거나 생산성에 영향을 미치지 않는다면 품목의 수요율에 맞추어 생산순서와 생산량을 결정하면 된다. 예를 들어 품목 A와 B의 일일수요가 각각 200개, 100개라면 A-A-B-A-A-B의 순서로 생산하면 된다. 그러나 품목교체로 인해 생산준비시간이 상당히 소요된다면 이들 품목의 혼합생산은 근본적으로 바람직하지 않다고 볼 수 있다. 따라서 혼합라인을 본격적으로 가동하기에 앞서 생산준비시간의 절감을 위한 개선책을 강구해야 한다.

예제 3-3

한국전자는 신제품 개발로 인해 새로운 생산라인이 필요하게 되었다. 생산라인은 하루 평균 20개를 생산해야 하며 다음과 같이 7개의 과업으로 구성되어 있다.

과 업	소요시간(분)	선행과업
A	12	없음
B	5	A
C	10	없음
D	6	A, C
E	12	B
F	12	D
G	5	E, F

하루 생산시간을 8시간으로 가정하고 다음 물음에 답하시오.

(a) 생산라인의 구조를 네트워크로 표시하시오.

(b) 생산목표를 달성하기 위해서는 주기시간을 얼마로 책정해야 하는가?

(c) 호프만의 기법을 이용하여 라인의 균형을 도모하시오.

(d) 이때 라인의 효율은 얼마인가?

풀이

(a)

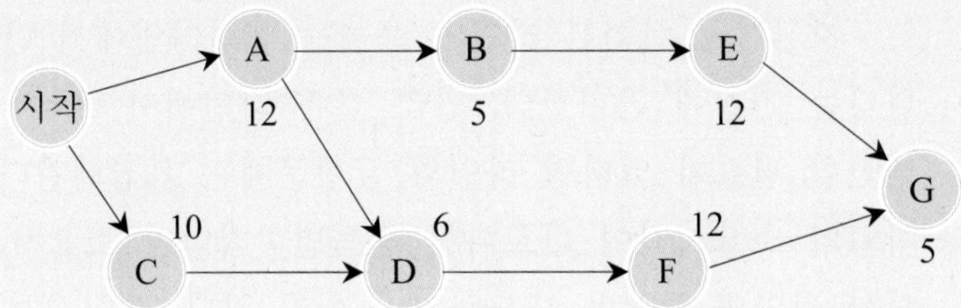

(b) 하루 8시간, 즉 480분의 생산가능시간이 주어져 있고, 하루 생산목표가 평균 20개이므로 480분/20개＝24분마다 한 개를 생산해야 한다. 즉, 주기시간이 24분이 된다.

(c) 주기시간을 24분으로 설정하고 각 작업장에서의 총작업처리시간이 24분을 넘지 않도록 과업들을 배정해야 한다. 이제 각 과업을 작업장에 할당하는 과정을 살펴보도록 하자.

① 선행과업이 없는 과업들을 찾아보면 A와 C이다. 이 중 소요시간이 긴 과업 A를 첫 번째 작업장에 할당한다. 두 번째로 할당할 과업은 아직 할당되지 않은 작업들 중 선행과업이 없거나, 또는 있더라도 그 과업이 이미 작업장에 할당된 과업들 중에서 선택한다. 과업 B와 C가 후보가 되는데 소요시간이 긴 과업 C를 첫 번째 작업장에 할당한다.

② 세 번째로 할당할 과업의 후보는 선행과업의 배정이 마무리된 B와 D인데 이것 중 어떤 것을 배정하더라도 생산주기 24분을 초과하므로 첫 번째 작업장은 할당을 마무리하고, 과업시간이 긴 과업 D를 두 번째 작업장에 배정한다.

③ 네 번째로 할당할 과업의 후보는 과업 B와 F인데, 이 중 과업시간이 긴 과업 F를 두 번째 작업장에 배정한다.

④ 계속해서 두 번째 작업장에 할당할 과업후보를 찾아보면 선행과업이 이미 작업장에 할당된 과업 B뿐이다. 이제 두 번째 작업장에 할당된 과업을 대상으로 과업시간을 계산하면 (6분＋12분＋5분)＝23분이므로 더 이상의 과업을 할당하지 않고 세 번째 작업장으로 넘어가게 된다.

⑤ 세 번째 작업장에 나머지 두 과업인 E와 G를 배정한다.

(d) 작업장 1에 A, C가 배정되고 작업시간은 22분, 작업장 2에 B, D, F가 배정되고 작업시

간은 23분, 작업장 3에 E, G가 배정되고 17분의 작업시간이 요구된다. 따라서 주기시간은 24분을 목표로 했지만 배정결과 23분으로 줄어들었기 때문에, 최종적인 주기시간은 23분으로 결정한다. 라인의 효율은 62분÷[(23분)(3)]=89.9%이다.

제 4 절 서비스 공급프로세스의 설계

1 서비스의 구조와 특성

호텔이나 레스토랑에서 받는 서비스는 무형의 서비스이지만 이런 서비스가 창출되기 위해서는 여러 가지가 필요하다. 소비자가 가격을 지불하고 받는 서비스에는 다음과 같은 여러 요소가 반영된다.[4]

- 서비스 지원시설(supporting facilities): 호텔이나 레스토랑, 병원에서 받는 서비스는 무형의 서비스이지만 호텔과 레스토랑 그 자체는 물적인 시설을 갖추고 있다. 이와 같은 서비스 시설, 즉 인프라가 갖추어지지 않는다면 고객만족의 서비스는 아예 불가능하다.
- 서비스에 포함되는 상품(facilitating goods): 서비스 제공과정에서 소비되는 제품이나 자재를 말한다. 레스토랑에서는 음식, 약국이나 병원에서는 약 또는 주사 등, 자동차 수리점에서는 각종 수리용 부품 등을 지칭한다.
- 명시적 서비스(explicit services): 가격을 지불하고 얻은 서비스에서 충족되는 직접적인 편익을 말한다. 소비자는 바로 이 서비스를 위해 비용을 지출한다. 자동차수리 서비스를 받았으면 차의 상태가 다시 좋아졌기를 바랄 것이고, 식당에서는 배가 불러야 하며, 영어회화학원에

4) Fitzsimmons, J.A. and M.J. Fitzsimmons, *Service Management: Operations, Strategy, and Information Technology*, 7th ed., McGraw-Hill/Irwin, 2010.

등록했다면 영어회화를 잘할 수 있게 된 상태를 말한다.

- 묵시적 서비스(implicit services) : 심리적인 편익을 지칭하는 것으로, 예를 들어 최고급호텔의 분위기, 일류대학의 네임브랜드, 은행의 프라이비트 서비스 등을 들 수 있다. 묵시적 서비스의 수준은 고객을 접대하는 종업원들의 태도나 예절, 서비스 시설의 안정성 · 편의성 · 분위기, 서비스를 받기 위해 대기하는 시간, 서비스를 통해 느끼는 어떤 대우감 등의 정도를 통해 평가된다.

서비스는 바로 네 가지 요소들이 결합된 결정체이다. 서비스의 디자인을 개선하고 고객만족을 불러일으키기 위해서는 이 네 가지 요소에 대한 명확한 이해가 뒷받침되어야 한다.

상품으로서의 서비스는 무형이므로 보관이 불가능하다. 물론 서비스 지원시설, 서비스에 포함되는 상품 등은 그대로 있지만 이런 시설의 이용가능시간과 서비스 제공요원들의 근무시간은 보관이 불가능하다는 의미이다. 서비스 상품은 다음과 같은 특징을 지닌다.

- 서비스는 순간적 경험이므로 당연히 재고로의 저장이 불가능하며 결과적으로 수요변화에 대한 완충역할도 어렵다. 일단 생산된 서비스는 추후 사용의 목적으로 보관 · 저장할 수 없다. 생산과 소비 간에 중간유통단계가 없어 연결기능이 미비하며 생산과 소비의 동시성은 서비스 수요와 공급 관리를 어렵게 한다.
- 서비스 시설에 손님이 도착함과 동시에 서비스를 제공해야 하는 경우도 많아 고객요구에 대한 대응시간인 리드타임(lead time)이 짧다. 고객의 도착패턴도 불규칙하여 서비스 시설의 수용능력과 수요를 일치시키기도 어렵다.
- 생산 · 소비가 동시에 일어나므로 종업원에 대한 교육과 훈련이 매우 중요하다. 특히, 노동집약적인 서비스에서 품질은 서비스 제공자와 고객 사이의 매우 짧은 서비스 접촉시간 동안에 만들어진다. 조직의 하위층에서 현장서비스 담당자, 예를 들어 은행의 창구직원, 호텔의 프런트 등이 조직 전체의 서비스 수준 결정에 큰 영향을 미친다.
- 서비스 제공과정에 고객이 적극적으로 참여한다. 서비스의 생산과 소

비가 동시에 일어나므로 고객과 서비스 창출을 담당하는 직원 간의 상호작용 및 접촉이 중대한 역할을 한다.

2 서비스 청사진

서비스 품질, 리드타임, 원가, 신축성 등을 반영하는 서비스 공급프로세스의 디자인은 바로 이와 같은 서비스 지원시설, 서비스에 포함되는 상품, 명시적 서비스, 묵시적 서비스 등에 관한 요소들을 모두 반영해야 한다.

서비스 디자인에 도움을 줄 수 있는 도구로는 쇼스택(G.L. Shostack)이 기존의 흐름공정도에 가시성 경계(line of visibility)라는 개념을 추가하여 개발한 서비스 청사진(service blueprint)을 들 수 있다.[5] 가시성 경계는 서비스 제공과정을 고객이 상호작용을 하면서 구체적인 서비스를 받는 과정(front office)과 고객이 볼 수 없는 준비과정(back office)으로 구분하고, 잠재적인 실수 발생가능점의 확인을 강조함으로써 흐름도의 용도를 확장하였다. 그 후 서비스 청사진의 개념은 더욱 세분화되어 고객의 행동, 전방부(onstage)의 직원활동, 후방부(backstage)의 직원활동, 지원 프로세스 등으로 구분하고 있다. 전방부의 직원활동이란 고객의 면전에서 또는 고객과 함께 서비스를 창출하는 과정을 의미하고, 후방부의 직원활동은 고객이 볼 수 없는 다양한 서비스 창출활동을 말한다. 지원 프로세스는 고객과 직접적인 관련은 없으나 서비스 제공자 또는 직원 상호간에 도움을 주는 과정이다.

서비스 질을 향상시키기 위해서는 당연히 고객과의 접촉빈도가 높은 전방부 활동에 더 많은 주의를 기울여야 한다. 전방부 활동의 핵심자원은 인력이다. 따라서 전방부 현장에서의 신속하고도 효과적인 업무처리를 위해서는 지속적 재교육을 유도해야 하며, 서비스 질의 일관성을 위해 표준화된 업무처리기준도 구축해야 한다. 특히 고객접촉빈도가 높으므로 대인관계나 의사소통 기술에 대한 전사적 교육이 필요하다.

흐름공정표 또는 이와 유사한 성격의 서비스 공정의 흐름도가 완성되면 서비스 청사진의 개발은 그리 어렵지 않다. 다만 [그림 3-11]을 보면 가시성

5) Shostack, G.L., "Designing Services that Deliver," *Harvard Business Review*, Jan.-Feb., 1984, pp.133~139.

[그림 3-11]
일류호텔의 서비스 청사진 일부예시

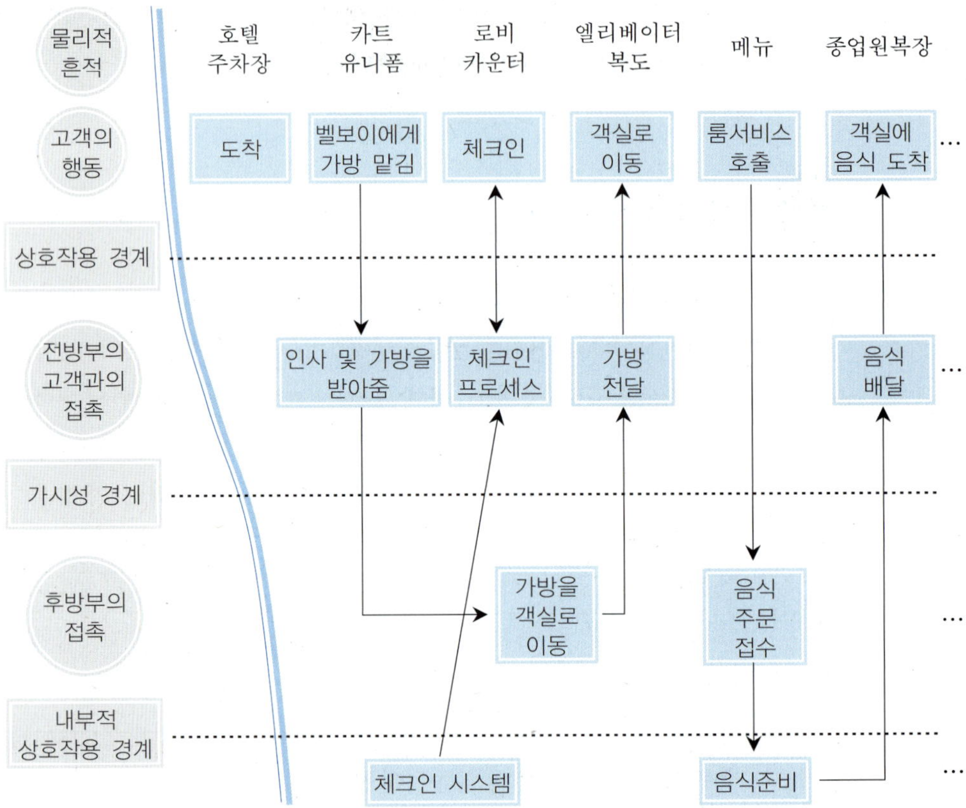

출처 : Fitzsimmons, J.A. and M.J. Fitzsimmons, *op. cit.*

경계 외에도 흐름공정표에서는 볼 수 없는 몇 가지 추가 항목이 있다. 상호작용경계(line of interaction)의 상단부분에서는 고객이 주도하는 활동, 요구, 선택, 상호작용을 나타내고 있으며, 바로 그 밑부분은 고객과 서비스 조직이 직접 상호작용하는 과정으로 전방부 활동을 의미한다. 가시성 경계 하단은 후방부 활동 중 고객과 직접 접촉하지는 않으면서 고객에게 제공하는 서비스 활동을 보여주고 있으며, 최하단의 지원프로세스는 조직구성원간의 내적인 상호작용과정을 잘 나타내고 있다.

이 그림의 상단으로 갈수록 고객과의 접촉도가 높고 잘못될 경우 서비스 질에 상당히 큰 영향을 미칠 우려가 큰 활동들이 모여 있다. 이와 반대로 하단으로 갈수록 고객이 직접 볼 수 없는 활동이 많고 자동화를 통해 충분한 처리능력을 갖출 수 있는 여지가 많으며 상대적으로 서비스 질의 변동성도 낮다. 따라서 하단에 위치한 활동들이 상단의 활동에 부정적인 영향을 미치지 않도록 상당한 주의와 노력을 기울여야 한다.

3 서비스 디자인의 구축단계

(1) 서비스를 구성하는 개략적인 업무구조의 파악

서비스 청사진의 첫 번째 작업은 서비스 제공 프로세스에 대한 큰 그림을 그리는 것이다. 서비스 제공 프로세스에는 서비스 시설, 서비스에 부수적으로 제공되는 상품, 무형의 서비스에 관한 요소가 모두 포함된다.

(2) 서비스 제공 흐름도의 작성

서비스 제공과정을 구성하는 업무에 대한 합의가 이루어지면 이 과정을 시각적으로 나타낸다. 고객의 도착과 안내, 주문의 접수, 실질적인 서비스의 제공, 요금 청구 및 지불 등 투입과 산출 및 변환 과정에 대한 흐름도가 구축된다.

(3) 실수 발생가능점의 식별

의사결정이 이루어지는 주요 단계에서 실수하기 쉬운 요소들을 감안하여 일종의 실수방지책의 설계도 고려한다.

- 고객과의 접촉빈도가 높은 전방부 고객활동에서 이상적인 시나리오는 무엇인가?
- 실수 발생가능점은 어디에 있으며, 그 원인은 무엇인가?
- 어떻게 실수를 적시에 발견하여 고객에게 영향을 미치지 않도록 교정하거나 미연에 방지할 수 있는가?

(4) 서비스 처리 업무표준 구축 및 표준시간 설정

각 단계별 업무표준을 설정하고 단계별 표준작업시간을 측정한다. 업무의 예상소요시간은 서비스 제공과정의 수익성과 연계되므로 합리적인 기준을 근거로 하여 설정되어야 한다.

(5) 후방부 지원요소의 적절성 확인

고객에게 제공되는 서비스의 품질과 리드타임 목표를 충분히 달성할 수 있도록 지원하는 후방부 요소들이 제대로 정비되어 있는지 여부를 확인한다. 모든 후방부 요소들이 서비스 흐름도에 포함되었는지 재차 확인한다. 전방부 요소의 경우 고객과의 상호작용을 통해 신축적으로 대응할 수 있는 여지가 있으나 후방부 요소의 경우 서비스 개시 전에 충분히 그 역할과 기능이 규정되어 있어야 한다.

4 서비스 시설의 레이아웃 유형

서비스 시설의 레이아웃도 크게 기능별 레이아웃(functional layout)과 라인별 레이아웃(product-line layout)으로 대별해 볼 수 있다.

(1) 기능별 레이아웃

종합병원, 은행, 대학교, 자동차 수리공장에서와 같이 유사한 업무나 기능을 담당하는 서비스 제공자가 서로 가까이 모여 있는 레이아웃을 의미한다. 소비자는 본인이 원하는 서비스에 따라 여러 부서를 거쳐가면서 서비스를 공급받는다. 대개의 서비스 시설은 기능별 레이아웃으로 구축되어 있다.

기능별 레이아웃은 업무별 또는 세부 서비스별로 나누어져 있기 때문에 신입사원도 빠르게 전문화될 수 있다. 그러나 고객 입장에서는 서비스별로 여러 곳을 이동해야 할 필요가 생기므로 대기 및 이동에 상당한 시간을 허비할 수 있다. 따라서 표준화된 서비스를 제공하는 서비스 조직은 기능별 레이아웃보다는 라인별 레이아웃을 선호한다.

(2) 라인별 레이아웃

건강진단센터와 같이 표준화된 서비스를 제공하는 서비스 조직은 라인별 레이아웃을 도입하여 서비스 리드타임을 최소화하고자 한다. 자동차 조립라인에서 볼 수 있듯이 서비스를 구성하는 여러 작업이나 업무를 세분화하여 서비스 제공순서별로 설비와 사람을 배치한 레이아웃이다. 표준화된 서비스를 반복생산하는 경우에 주로 이용된다.

라인별 레이아웃은 서비스 제공순서별로 시설이 배치되어 있기 때문에 이동시간이 짧아지고 대기시간 역시 현격히 줄어든다. 표준화된 서비스를 반복생산하므로 단위당 서비스비용이 낮아지고, 고객관련 서비스 제공스케줄도 효율적으로 수립할 수 있다. 서비스요원의 경우 반복작업을 계속하므로 작업자의 훈련이 용이하며 따라서 높은 기술수준을 요구하지 않는다. 다만 서비스 제공자의 작업범위가 좁아지게 되어 쉽게 싫증을 느낄 가능성은 높다.

5 대기행렬모형을 이용한 서비스 공급시스템의 디자인

은행이나 병원에서 차례를 기다리는 현상은 서비스를 받고자 하는 고객을 즉시에 처리하지 못하기 때문에 발생하게 된다. 대기행렬(waiting line 또는 queue) 이론이란 이처럼 서비스 시스템에서 발생하는 대기행렬 문제를 확률이론을 적용하여 분석하고자 하는 이론이다. 그러나 주어진 문제에 대한 최적해를 구하는 것이 목적이 아니라 서비스 시설의 규모와 고객의 도착률 등이 주어져 있을 때 평균대기시간, 서비스 설비 내의 고객의 수, 서비스 설비의 가동률 등과 같은 시스템의 행태를 파악하는 데 그 목적이 있다.

대기행렬의 특성은 고객의 평균대기시간, 대기하고 있는 고객수의 평균값, 그리고 서비스 시설의 가동률 등을 통해 분석할 수 있다. 이와 같은 요소들을 분석하기 위해서는 고객의 도착패턴, 대기행렬의 구조와 형태 그리고 서비스 시설의 능력에 관한 자료가 구비되어 있어야 한다.

본절에서는 서비스 제공시설이 하나이고 고객이 받는 서비스도 한 단계로 구성되어 있는 단순모형만을 살펴보기로 한다. 우선 대기행렬시스템의 구조와 그 특성을 표시하는 변수들을 정의해 보자.

λ = 단위시간당 평균도착률, 즉 단위시간당 도착하는 고객수의 평균치
μ = 단위시간당 평균서비스율, 즉 단위시간당 서비스를 제공할 수 있는 고객수의 평균치
W_q = 고객 1명이 대기행렬에서 기다리는 평균시간
W_s = 한 고객이 시스템(대기행렬 및 서비스 시설) 내에서 소비하는 시간
L_q = 대기행렬 내의 평균고객수
ρ = 서비스 시설의 가동률

이 변수들 중 λ와 μ는 대기행렬모형을 설정하는 데 필요한 것이며, 나머지 변수들의 값은 모형을 통해 도출하게 된다. 여기서 λ가 μ보다 큰 경우는 대기행렬에서 기다리는 고객의 수가 무한대로 계속 증가하게 되므로 분석할 필요조차 없다.

따라서 다음에 설명할 모형에서는 λ가 μ보다 작다는 가정을 전제조건으로 채택하고자 한다. 즉, 단위시간당 서비스 제공능력은 서비스를 받기 위해 시설에 도착하는 고객수의 평균치보다 크다고 가정한다. 물론 이 경우 모든 고객들이 철저하게 예약을 통해 서비스받고자 하는 시간을 할당받고 그 시간에 맞추어 시설에 도착하며 고객에 관계없이 서비스 제공에 소요되는 시간도 모두 똑같다면 대기행렬은 발생하지 않을 것이다. 그렇지만 예약은 받지 않고 무조건 서비스 시설에의 도착 순서대로 서비스하며, 도착예정시간이나 서비스 소요시간을 정확히 추정할 수 없다면 어떤 시간대에는 누구도 기다리지 않지만 시간대에 따라서는 오래 기다려야 하는 경우도 있을 것이다. 이 때문에 대기행렬이 발생하게 된다.

이제 도착한 순서대로 서비스를 제공하며, 서비스를 받기 전에는 서비스 시설을 이탈하지 않는다고 가정한다면 다음과 같은 공식이 성립한다.

서비스 시설의 평균가동률 : $\rho = \dfrac{\lambda}{\mu}$

대기행렬 내의 평균고객수 : $L_q = \dfrac{\lambda^2}{\mu(\mu-\lambda)}$

서비스를 받기 전에 대기하는 평균시간 : $W_q = \dfrac{\lambda}{\mu(\mu-\lambda)}$

서비스 시스템(대기행렬과 서비스 시설)에서 소비하는 평균시간 : $W_s = \dfrac{1}{\mu-\lambda}$

예제 3-4

한국농수산유통은 매일매일 산지에서 직송되는 과일을 선별하여 등급을 부여하는 서비스를 위탁받아 운영하고 있다. 1시간 평균 5대 트럭분의 과일이 서비스 시설에 도착하며 과일의 선별 및 등급부여에 이용되는 설비는 1시간 평균 6대분의 과일을 처리할 수 있다. 제때에 처리되지 못하면 트럭에 실린 상태로 보관되는데, 이 경우 트럭 1대당 1시간 대기할 때마다 50,000원을 지급해야 한다.

과일의 선별 및 등급부여설비의 처리능력은 담당직원을 추가로 고용함으로써 어느 정도 증대시킬 수 있으나 최대처리능력은 트럭 8대분을 초과할 수 없다. 추가고용 및 그에 따른 처리능력을 대비해 보면 다음과 같다.

추가고용 인원수	0명	5명	10명
처리능력(트럭대수)	6대	7대	8대

한국농수산유통이 당면한 문제는 몇 명을 고용하는 것이 총운영비용을 최소화할 수 있을 것인가이다. 여기서 추가고용시 1인당 1시간에 20,000원을 지급한다고 가정한다.

풀이

처리능력이 6대일 경우의 대기시간, 시설의 가동률, 대기행렬 내의 트럭수의 평균치 등 의사결정에 가장 큰 영향을 주는 항목들을 계산해 보면 다음과 같다.

$$\text{평균대기시간 } W_q = \frac{5}{6(6-5)} = 0.83$$

$$\text{서비스 시스템에서 소비하는 평균시간 } W_s = \frac{1}{6-5} = 1.0$$

$$\text{대기행렬 내의 평균트럭수} = \frac{25}{6(6-5)} = 4.17$$

$$\text{서비스 시설의 가동률} = \frac{5}{6} = 0.83$$

〈표 3-5〉
처리능력의 변화에 따른 시스템 행태

처리능력	6대	7대	8대
추가고용 인원수	0명	5명	10명
평균대기시간(W_q)	0.83	0.36	0.21
대기행렬 내의 평균트럭 대수(L_q)	4.17	1.79	1.04
서비스 시설의 평균가동률	0.83	0.71	0.63

시간당 처리능력이 7대, 8대일 경우까지를 포함한 시스템의 행태는 〈표 3-5〉에 요약되어 있다. 〈표 3-5〉에서 알 수 있듯이 평균대기시간은 물론 시설 가동률도 처리능력이 확대됨에 따라 점차 저하되는 추세를 보이고 있다.

처리능력이 6대일 경우의 총비용을 계산해 보면 다음과 같다.

$$
\begin{aligned}
&\text{시간당 총비용 (처리능력}=6\text{대)}\\
&\quad=(\text{시간당 트럭 도착대수})\times(\text{평균대기시간})\times(50{,}000\text{원})\\
&\qquad+(\text{추가고용인원수})\times(\text{시간당 임금})\\
&\quad=(5)(0.83)(50{,}000)+(0)(20{,}000)=207{,}500\text{원}
\end{aligned}
$$

처리능력이 7대, 8대일 경우의 총비용도 같은 방법으로 계산할 수 있으며 그 결과는 다음과 같다.

$$
\begin{aligned}
&\text{시간당 총비용 (처리능력}=7\text{대)}\\
&\quad=(5)(0.36)(50{,}000)+(5)(20{,}000)=190{,}000\text{원}\\
&\text{시간당 총비용 (처리능력}=8\text{대)}\\
&\quad=(5)(0.21)(50{,}000)+(10)(20{,}000)=252{,}500\text{원}
\end{aligned}
$$

따라서 추가고용비용과 대기비용만을 고려한다면 5명을 고용하여 처리능력을 시간당 7대로 증가시키는 것이 최선의 방책이라 할 수 있다.

예제 3-5

여러 보험회사의 업무를 대행하는 한국콜센터에는 시간당 평균 10건 정도의 문의전화가 들어온다. 한국콜센터의 업무처리능력을 평가한 결과 5명의 직원이 시간당 평균 15건 정도의 고객문의사항을 처리해 줄 수 있는 것으로 나타났다. 1명의 직원을 더 투입하면 시간당 처리건수는 평균 18건으로 증가하며, 2명의 직원을 더 투입하여 7명의 직원이 근무하게 되면 시간당 처리건수는 평균 20건으로 증가하는 것으로 나타났다. 고객들의 평균대기시간이 3분 30초를 넘지 않도록 하기 위해서는 어떤 조치를 취해야 하는가?

풀이

5명의 직원으로 서비스를 계속할 경우의 평균대기시간

$$W_q=\frac{(10)}{15(15-10)}=0.133333\text{시간}=8\text{분}$$

6명의 직원으로 서비스를 계속할 경우 평균대기시간

$$W_q=\frac{(10)}{18(18-10)}=0.069444\text{시간}=4.167\text{분}$$

7명의 직원으로 서비스를 계속할 경우 평균대기시간

$$W_q = \frac{(10)}{20(20-10)} = 0.05\text{시간} = 3\text{분}$$

따라서 2명을 더 투입해야만 고객들의 평균대기시간이 3분 30초 이하로 줄어든다.

6 서비스 관련 대기시간의 분석

은행창구, 레스토랑, 공항의 체크인 카운터, 대형마트의 계산대 등과 같이 불규칙하게 발생하는 서비스 수요를 관리한다는 것은 매우 어렵다. 서비스 처리능력은 서비스 수요가 고르게 발생할수록 확대된다. 평균적으로는 서비스 시설과 서비스 제공요원이 충분하다 하더라도, 고객수요가 같은 시간대에 일시에 몰려버리고 만다면 서비스 질에 있어 큰 문제가 발생하며, 동시에 주문의 처리소요시간에 변동이 심할 경우 기다리는 줄은 더욱 길어진다.

Hopp와 Spearman은 대기행렬의 길이는 서비스 처리공정이 하나인 경우 다음 식에서와 같이 서비스 처리공정의 가동률 수준(혹은 자원 활용도), 수요발생패턴과 서비스 처리시간의 편차에 의해 주로 영향을 받음을 밝힌 바 있다.[6] 이 수식에서 주목할 점은 가동률을 나타내는 ρ가 증가할수록 대기행렬의 길이는 급속히 증가한다는 것이다. 즉, 기다리는 서비스 줄의 길이는 ρ에 정비례하지 않고 훨씬 더 빠른 속도로 늘어나 통제불능상태에 빠진다는 것이다. 가동률이 100%에 거의 근접하면 대기행렬의 길이는 무한대로 늘어나 아무것도 처리할 수 없는 상태에 빠지게 된다

$$\text{대기행렬의 길이} \fallingdotseq \frac{\rho^2}{(1-\rho)} \times \frac{C_i^2 + C_p^2}{2}$$

따라서 대기행렬을 줄여 고객만족도를 높이기 위해서는 수요가 급증하기 이전에 서비스 처리능력을 미리 늘려 가동률을 낮추고 서비스 처리시간의 변동성도 줄이고자 다양한 노력을 기울여야 한다.

---

6) Hopp, W.J. and M.L. Spearman, *Factory Physics*, 3rd ed., Chicago: Irwin, 2008.

[그림 3-12]
대기행렬이론에서의 가동률(자원 활용도)과 대기시간 간의 관계

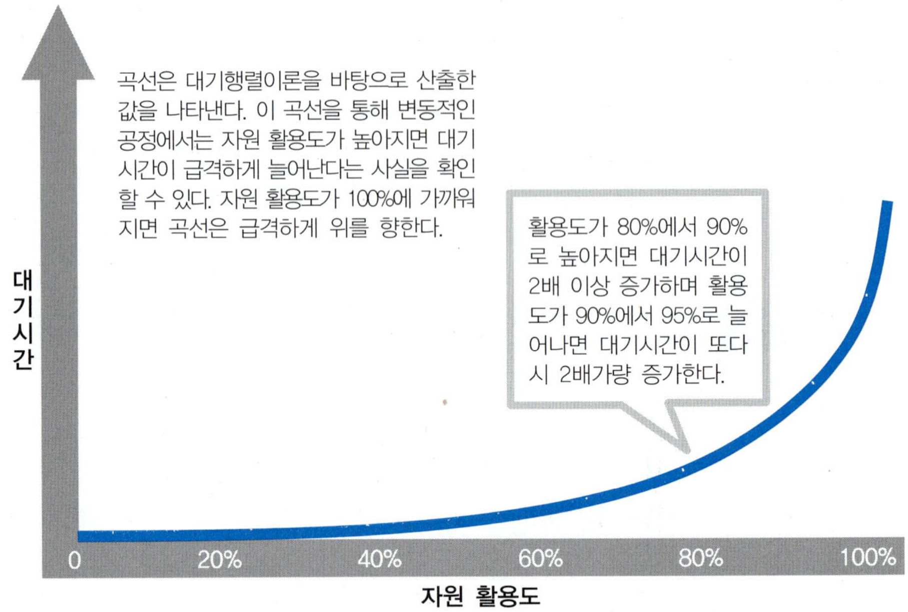

출처 : https://www.hbrkorea.com/article/view/atype/ma/category_id/1_1/article_no/173

7 서비스 처리능력의 통합적 운영

유사한 서비스 처리공정을 추가로 구입하여 처리능력을 확대하고자 하는 경우 가급적 대기행렬이 하나로만 구성되도록 레이아웃을 설정하는 것이 바람직하다. 예를 들어 지금은 어느 은행에 가더라도 번호표를 뽑은 뒤 순서를 기다리는 것이 일반적인 관행이다. 은행의 서비스 창구가 몇 개이든 간에 하나의 줄을 형성하여 자기 순서를 기다린다. 이런 경우 서비스 처리공정의 개수는 열려 있는 서비스 창구 개수와 같으며, 창구 개수에 관계없이 대기행렬은 하나뿐이다. 그러나 대형마트의 계산대는 각 계산대별로 줄을 서기 때문에 대기행렬의 개수가 계산대 수와 같다. 대형마트 내에서는 고객들이 구입한 상품을 카트에 싣고 움직이며 많은 고객들이 드나들기 때문에 은행처럼 대기행렬을 하나로 유지할 수가 없다.

[그림 3-13]
풀링(pooling)의 예시

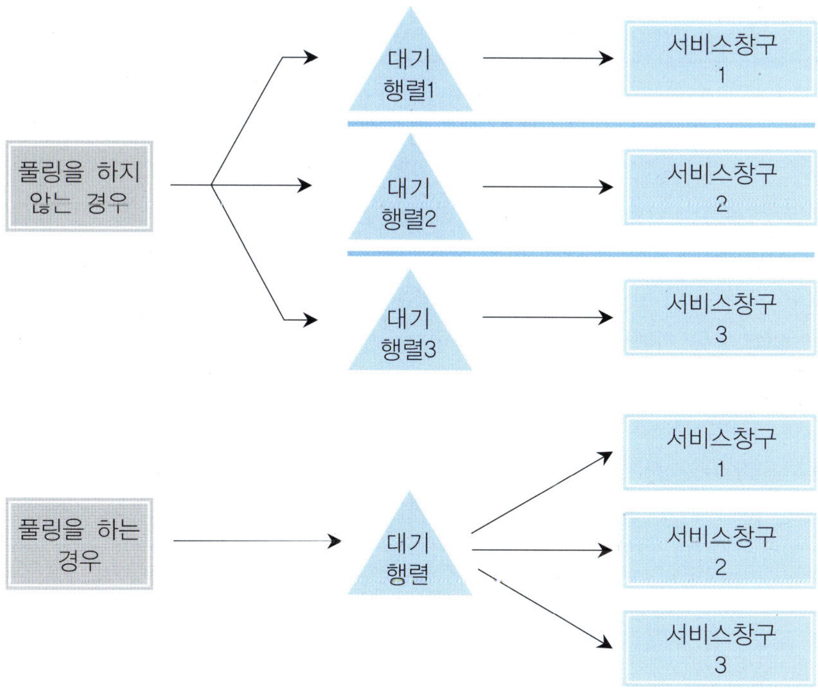

대형마트처럼 계산대별로 대기행렬을 유지하는 경우 줄에 서 있는 고객 수와 이들의 구입 상품량에 따라 오래 기다리기도 하고 운 좋게 빨리 서비스를 받기도 한다. 또 계산을 담당하는 서비스 요원의 처리량도 대기행렬을 형성하고 있는 고객 수요의 질에 따라 달라진다. 손님이 별로 없는 줄을 담당하는 서비스 요원은 다소 한가할 것이며, 운 나쁘게 복잡한 요구를 하는 고객만을 상대하게 된 서비스 요원은 업무시간에 비해 서비스 처리성과가 그리 우수하지 못할 것이다. 이런 시스템하에서 고객 대기시간은 바로 앞에서 서비스를 받는 고객의 서비스 처리소요시간에 의해 전적으로 영향을 받는다.

만약 대형마트의 계산대도 은행의 서비스 창구와 같이 하나의 대기행렬만을 허용한다면 대기시간에 대한 심리적 불안감도 덜할 것이고 대기시간 자체도 상당히 줄어든다. 이런 식으로 서비스 처리공정을 통합적으로 운영하는 방식을 풀링(capacity pooling)이라 한다.

쉬어가기

현대차 노사, 도요타式 품질혁신 시동 - '원키트 시스템' 울산공장 도입

최근 제네시스 GV80 엔진 떨림 현상으로 논란에 휩싸인 현대자동차가 품질혁신에 시동을 걸고 있다. 차량 한 대 분량 부품을 실은 키트가 생산라인에서 차체와 함께 이동하는 '원키트(One-kit) 시스템'의 국내 도입이 적극 검토되고 있다. 다품종 소량생산 체제를 구축하는 동시에 생산성 향상, 불량률 감소 등을 이뤄낸다는 포석이다.

13일 자동차업계에 따르면 최근 현대차 노사는 고용안정위원회 품질세미나에서 '다차종 생산시스템' 설명회를 갖고 시스템 개요와 효과, 해외 공장 적용 사례 등을 집중 점검했다. 현대차 노사가 논의 중인 다차종 생산시스템은 차량 한 대분 부품을 적재한 물류대차(키트)가 차량과 함께 이동하면서 적시에 부품을 공급하는 생산체제다. 노사 모두 시스템 도입에 긍정적인 입장을 밝힌 것으로 전해졌다. 다만 키트 개발과 라인 정비 등을 고려하면 도입 때까지 다소 시일이 걸릴 전망이다.

울산과 아산, 전주 등 현대차 국내 공장은 현재 하나의 생산라인을 따라 차체가 이동하면 공정별 근로자가 부품을 조립하는 컨베이어 벨트 시스템을 적용하고 있다. 라인 인근에 위치한 물류 차량이 공정별로 필요한 부품을 공급하기 때문에 한 라인에서 적게는 하나, 많게는 네 개의 차종을 생산하고 있다. 그러나 부품과 차체가 함께 이동하는 원키트 시스템이 본격 도입되면 라인 하나에서 10여 개 차종을 만들 수 있을 것으로 예상된다.

이 같은 다품종 소량생산시스템은 국내에서는 다소 생소하지만 해외 완성차 업계에서는 오래전부터 논의돼왔다. 미국 볼보자동차는 수십 명으로 구성된 팀이 한곳에서 완성차를 조립하는 '셀' 생산방식을 2000년대 도입했고, 일본 도요타자동차는 노동력과 재고, 공장 면적 등 자동차 생산요소를 최소화해 효율성을 끌어올린 '린' 생산방식을 1990년대부터 논의해왔다.

현대차 역시 브라질 공장과 중국 창저우 공장 등 해외 공장에서는 '원키트 시스템'을 도입해 품질과 생산성을 크게 향상시켰다. 국내 공장 일부에도 적용된 것으로 알려졌는데, 국내 최대 완성차 공장인 현대차 울산공장에서는 첫 도입을 앞두고 있다. 이번 결정은 고객 취향이 다변화되면서 현대차 울산공장의 생산차종이 2010년 14종에서 2020년 28종으로 10년 새 두 배로 늘어난 것과 무관치 않다.

현대차 노조는 "기존 소품종 대량생산에서 다품종 소량생산으로 전환되는 시장 트렌드 변화는 거스를 수 없는 현실"이라며 "생산시스템과 부품조달체계 역시 이에 발맞춰 대응해야 하는 것 또한 사실"이라고 밝혔다. 최근 고객 요구에 따라 완성차별 트림과 옵션이 세분화되고 있다는 점을 감안하면 원키트 시스템 도입으로 불량률 감소, 품질향상 등 효과도 기대된다. 아울러 현대차는 품질개선을 위해 특단의 대책을 내놓고 있다. 업계에 따르면 현대차는 수년간 반복적으로 조기 퇴근한 울산공장 근로자 한 명을 해고 조치하고, 신차의 디자인이 공개된 이후에도 최대 수백 번에 달하는 도로주행 테스트를 실시하기로 했다. (매일경제, 2020.7.13)

휴맥스의 프로세스 혁신

벤처 1세대 기업으로 휴맥스는 1990년대 후반 고속성장을 거듭했지만 2000년대 초반 3,000억원대 매출액을 수년간 맴돌며 성장 정체에 부딪쳤다. 회사규모는 갑작스레 커졌지만 운영시스템의 효율성은 개선되지 않았고 하루에 많게는 9번이나 공장이 멈춰서는 등 곳곳에서 문제가 발생했다. 휴맥스는 이에 따라 혁신만 담당하는 조직을 별도로 설치, 품질개선과 SCM 혁신에 나섰다. 개발자마다 제각각이었던 제품개발 프로세스를 일원화하고 각 단계별로 품질관리를 실시했다. "일단 진행하고 나중에 문제가 되면 고치자"는 관행도 없앴다. 즉, 개발단계마다 갖춰야 할 요소를 100% 갖추지 못하면 다음 단계로 넘어가지 못하게 함으로써 '앞단 품질' 확보에 주력했다. 특히 SCM 관련업무 프로세스를 기존 한 달 단위에서 1주일 단위로 바꿔 매주 생산계획과 실제 생산, 판매 실적을 점검하는 시스템을 구축했다. 이 같은 혁신활동 덕택에 휴맥스는 중견기업으로 도약하기 위한 성장통을 성공적으로 극복하고 현재 1조원대 매출액을 올리는 기업으로 발돋움했다.

하지만 몸집이 커진 것에 비해 내부 운영 수준은 시업 초창기 수준을 벗어나지 못했다. 자재 결품, 생산계획 변경, 생산 도중 불량 발생 등으로 하루에도 몇 번씩 공장이 멈춰 섰다. 자재를 잘못 발주해 재고과잉이 되기 다반사였다. 장부에 기록된 부품 재고는 1,000개인데 실제로는 100개밖에 없어 기계가 돌아가려는 찰나 생산계획을 바꾸는 일도 허다했다. 누가 무슨 일을 하고 있는지, 프로젝트의 진행상황은 어떤지, 제때 납품은 가능한지조차 알 수 없는 상황이 빈번하게 발생했다. 창업 초기에 가졌던 열정과 패기만으로는 조직을 운영하기 힘들 정도로 회사가 커졌지만 그에 걸맞은 내부 시스템을 체계화하지 못해 발생한 문제들이었다.

다행히 매출이 워낙 좋아 수십억원의 손실쯤은 쉽게 묻혔다. 혁신실을 설치한 이듬해인 2005년에 '마의 벽'인 3,000억원대 매출액을 돌파해 6,495억원의 매출액(연결재무제표 기준)을 올리기까지 했다. 하지만 이건 순전히 시장이 호황을 이뤘기 때문이었다. 내부 비효율은 이루 말할 수 없을 정도로 심해 당시 한 해 불용 재고로 버리는 돈만 100억원을 넘어서기도 했다. 매출로 비효율의 비용을 충당하며 영업이익을 깎아먹던 시절, 운영의 효율성을 어떻게 확보하느냐에 따라 장차 회사의 운명이 갈릴 것이라고 변대규 대표는 생각했다. 그가 혁신만 전담할 부서를 따로 설치한 배경이기도 했다.

○ 있는 그대로 커뮤니케이션하기

혁신실이 설치되기 이전 휴맥스는 비효율이 심해 프로젝트를 제 날짜에 맞춰 끝내는 경우가 거의 없었다. 예를 들어 프로젝트 계획을 100일로 잡아놓으면 실제로는 170일이 지나서야 가까스로 끝이 났다. 개발일정이 지연돼 생산에 차질이 빚어지니 영업담당자들은 생산일정이 촉박할 것을 우려해 프로젝트 수주 후 납품기일을 일부러 당겨서 요구하는 일이 빈번했다. 가령 9개월 뒤에 납품하면 되는 계약건에 대해 7개월 후 납품해야 한다고 개발팀에 요구하는 식이었다. 그래야 9개월 뒤 납품이 가능했기 때문이다. 납기일뿐 아니라 주문수량에서도 서로 믿지 못하는 일이 비일비재했다. 영업팀은 실제보다 부풀려 보고하기 일쑤였고 애당초 정확한 수량이 아니라는 걸 아는 생산담당자는 영업팀이 넘겨준 주문수량에 임의의 숫자를 더하고 뺐다. 구매팀은 한술 더 떠 필요한 자재보다 더 많은 양을 주문했다. 자재가 부족해서 라인이 멈추는 것을 방지하려는 의도였다. 하지만 그 결과는 과잉재고로 이어졌을 뿐이다. 어느 한쪽에서 과잉이라는 건 다른 어딘가에선 자재가 부족하다는 걸 뜻한다. 실제로 부품 하나가 없어 공장 전체가 중단되는 일이 하루에도 몇 번씩 일어났다. 많게는 하루에 9번씩 공장이 서는 날도 있었다.

개발팀과 영업팀, 구매팀 등 각 부서들은 서로를 신뢰하지 못하는 지경에 이르렀다. 급기야 회사 초창기 멤버들끼리 모여 '진짜로(?) 정확한 정보'를 공유하는 '생구알마'라는 비공식 회의를 조직해 제대로 된 정보를 공유하는 어처구니없는 일까지 벌어졌다. 생구알마란 생산, 구매, R&D, 마케팅의 앞 글자를 따 온 것으로 4개 부서 핵심 실무자들이 일주일에 한 번씩 모여 실제 일정과 정확한 주문수량 정보를 공유하는 자리였다.

본사만 문제가 아니었다. 심지어 해외법인들간에도 투명한 정보 공유에 기초한 협력은커녕 블러핑을 기반으로 서로 속이고 경쟁하는 사례가 비일비재했다. 예를 들어, 법인끼리 주요 공용자재를 우선적으로 확보해 놓으려고 필요수량을 부풀려 얘기했다. 이 과정에서 법인들이 이야기하는 예상매출 목표치는 늘어났고 실제 매출이 일어나는 시점이 다가오면 시장 여건 악화 등의 이유를 들어 목표치를 막판에 하향 수정하는 일들이 벌어졌다. 그 결과, 그 누구도 서로가 발표하는 숫자를 곧이곧대로 믿지 않는 상황이 됐다.

변대규 대표는 주간 단위로 업무를 점검하는 생판회의(S&OP)가 제대로 실행되려면 무엇보다 블러핑을 없애는 게 급선무라고 판단했다. 포커판에서나 자행되는 게 마땅할 부풀리기 커뮤니케이션 관행을 고치지 못하면 SCM이 제대로 돌아갈 수 없다고 판단했기 때문이다. 이에 따라 2007년말 모든 법인장을 본사로 불러들여 '블러핑 금지'를 역설했다. 또한 혁신실은 계획단계에서부터 부풀려 말하기 관행이 없어질 수 있도록 2008년 자체적인 플래닝 시스템을 개발하는 프로젝트를 주도했다. 플래닝 시스템은 각 법인마다 수요계획과 모델별 우선순위, 자재재고 상황, 자재입고계획, 각종 물류계획을 입력하면 1주일간의 생산계획을 자동으로 계산해 내는 프로그램이다. 이렇게 개개인의 주관이 반영된 '감퓨터'가 아니라 객관적인 '컴퓨터'가 생산관리계획에 대한 밑그림을 제시하게 함으로써 서로 믿고 신뢰할 수 있는 커뮤니케이션 기반을 구축했다.

○ '월 단위'에서 '주 단위'로… 업무점검 속도를 4배로 높이다

'앞단 품질' 확보 못지않게 혁신실이 주안점을 뒀던 또 다른 목표가 있었다. 바로 업무의 '가시성' 확보였다. 스테이지별 사전 품질 체크 못지않게 중요한 건 매일매일 일이 얼마만큼 진행돼 가고 있는지를 한눈에 알 수 있어야만 SCM이 제대로 돌아간다고 판단했기 때문이다. 이를 위해 휴맥스는 2008년 하반기부터 생산계획과 실제 생산, 판매 실적을 1주일 단위로 점검하는 프로세스 혁신에 나섰다.

주 단위 프로세스는 한 달에 한 번씩 판매와 생산을 조율하던 기존 체계에 비해 무려 4배나 속도를 높이는 대대적인 개선 작업이었다. 즉, 모든 부서가 요일별 데드라인에 맞춰 1주일 단위로 업무를 상시 점검하도록 하는 게 목표였다. 예를 들어, 월요일엔 전 세계 각지의 11개 판매법인이 해당주간(차주부터 향후 16주간)의 예상수요정보 입력을 마쳐야 하고, 화요일엔 이 데이터를 기초로 본사 수요관리팀에서의 차주의 수요계획을 확정한다. 구매부문과 제조부문은 이 정보를 토대로 목요일까지 생산계획을 확정한다. 그러면 목요일과 금요일에 걸쳐 그게 연계된 자재이동계획 등 세부계획을 세워 실행에 옮긴다.

이렇게 요일별로 시간표를 정해놓은 이유는 생산시스템의 효율을 높이기 위해서였다. 이전에는 시장수요 변화에 유연하게 대응해야 한다는 취지하에 해외법인들이 본사 공장에 수시로 수요계획 변동을 요청했다. 하지만 11개 법인들이 일주일 내내 시도 때도 없이 생산 변경 요청을 하다 보니 전체 시스템의 효율은 떨어지게 됐다. 즉, 부분 최적화만 이뤄질 뿐 전체 최적화는 저해되는 결과를 낳고 있었던 것. 혁신실은 수요 변경 요청을 하더라도 일주일에 딱 하루에만 할 수 있도록 시스템을 설계했다. 이에 따라 생산 관련 부서는 일주일간 계획에 대한 변동 걱정 없이 정해진 목표달성을 위해 몰두할 수 있게 됐다.

변대규 대표를 포함해 판매, 생산, 구매 부서 담당자들은 주 단위 업무 프로세스에 맞춰 매주 한 번씩 S&OP 회의를 열고 장차 16주간의 자재 구매 및 물류, 생산 계획을 검토해 확정했다. 한 주가 끝나고 다음 주가 되면 이전 주에 세운 계획과 대비해 얼마나 목표를 준수했는지를 검토했다. 그리고 각 판매법인에서 새롭게 입력한 정보를 바탕으로 다시금 생산물량을 조율해 새로운 16주간의 계획을 확정 짓는 의사결정을 반복했다.

처음 혁신실에서 매주 계획과 실적을 점검하는 프로세스를 확립하겠다고 하자 "융통성이 너무 없는 것 아니냐" "회사가 경직돼 가고 있다" 등 내부 반발이 만만치 않았다. 어차피 매출 목표는 월말 기준으로 체크하고 고객사 역시 월 단위로 움직이는데 왜 굳이 일주일마다 재고관리를 해야 하냐며 불만이 컸다. 어차피 일주일이나 이주일 정도 지나면 없어질 재고이고 이번 주에 안 팔려도 월말이 되면 다 팔릴 텐데 주마다 일일이 매출과 재고, 자재 관리 상황을 파악해 보고하라는 건 업무 부담이 너무 커진다는 이유였다. 하지만 혁신실에선 SCM의 기본인 '정물일치'를 실현하려면 업무 사이클을 월 단위에서 주 단위로 바꿔서 4배 정도 빠르게 만들어야 한다고 강조했다. 이렇게 상시 점검 체계를 갖추다 보면 눈에 보이지 않는 정보와 화물의 흐름이 잘 드러나게 돼 전반적으로 업무의 가시성이 높아지고, 그 결과 장기적으로 회사의 생존능력을 높일 수 있게 된다는 점을 적극 설득해 나갔다.

○ 달성률보다 중요한 건 준수율이다

혁신실은 또한 일련의 혁신활동 결과물을 평가하기 위해 KPI 지표 개선 작업에도 착수했다. 2008년 이전까지 휴맥스는 계획 대비 실제 달성 실적을 체크하는 '달성률'을 성과측정지표로 삼았다. 이때 관심을 두는 건 '총량'뿐으로 세부 모델별 실적은 체크하지 않았다. 즉, 모델 구분 없이 총 1만 대를 생산한다는 목표를 잡고 실제로 9,000대를 생산했다면 90%, 1만 1,000대를 생산했다면 110%가 각각 달성률이 된다.

하지만 이런 총량관리는 큰 의미가 없다는 게 혁신실의 판단이었다. 모델별로 얼마나 계획에 맞게 생산이 됐는지를 알아야 효율적인 SCM이 이뤄질 수 있기 때문이다. 똑같은 지역에 들어가는 셋톱박스라도 어떤 모델의 제품이냐에 따라 그에 필요한 부품과 자재는 각기 달라진다. 만약 A모델을 많이 생산해서 B모델의 부족량을 채웠다면 A모델에 들어간 자재는 어딘가 과잉이 있었다거나 기계를 놀릴 수 없어서 미리 생산했다는 뜻이다. 모델별로 구분해 따로 실적을 점검하지 않으면 생산관리의 효율성을 높이기란 불가능하다는 게 혁신실의 판단이었다. 이에 따라 총량이 아니라 세부 모델별로 실적을 계산하고 그 생산량에 맞춰 가중치를 두는 방식으로 성과측정지표를 개선했다.

혁신실은 또한 목표 대비 실적치를 단순히 대비시키는 '달성률'이 아니라 세분된 목표에 실적치가 얼마나 근접해 있는지를 따지는 '준수율'을 성과지표로 삼았다. 이는 초과생산한 물량도 거꾸로 깎는다는 뜻이었다. 예를 들어 600개를 계획했을 때 1,000개를 생산했다면 달성률은 167%가 되지만 준수율은 60%로 잡는 식이다. 이렇게 지표를 바꾼 것은 SCM의 핵심이 정해진 계획에 따라 차질 없이 실행되는 것이라고 판단했기 때문이다.

이렇게 성과지표를 바꿔놓고 보니 과거엔 보이지 않았던 문제점들이 보이기 시작했다. 2008년경 제품 총량을 기준으로 한 생산실적 달성률은 90% 이상으로, 심지어 100%를 초과할 때도 있었다. 하지만 모델별 실적을 따로 잡아 계획 대비 목표 달성의 정확도를 고려한 준수율을 따져 보니 고작 50% 수준에 불과했다. 새롭게 적용한 평가지표에 따라 실적을 재평가한 결과를 보자 굳이 번거롭게 KPI 지표를 바꿀 필요가 있겠냐고 불만을 갖고 있던 직원들의 목소리도 쑥 들어갔다. 모두들 '이 정도로 형편없을 줄을 몰랐다'며 문제의식을 공유했기 때문이다.

'총량' 중심 지표에 묶여 수년간 간과했던 비효율은 모델별 준수율로 성과지표를 바꾸면서 서서히 사라져갔다. 계획은 무조건 크게 잡은 후 잘되면 좋고 안 되면 말자는 식의 태도가 없어지고 S&OP를 통해 1주일마다 계획을 상시 점검해 실행하는 프로세스가 자리를 잡아갔기 때문이다. 조직원들은 계획을 세우는 단계에서부터 신중을 기했고 실제 실행단계에서는 각 모델별로 목표한 바를 최대한 맞춰갈 수 있도록 노력했다. 그 결과 2012년 준수율은 90% 수준으로 2008년에 비해 2배 가까이 높아졌다. 재고비용과 물류비용도 크게 줄었다. 2008년에 비해 불용 재고는 2011년 기준으로 80%, 물류비용은 20%가 각각 줄어들었다. 반면 매출액은 2005년 6,000억원대, 2006년 7,000억원대, 2009년 8,000억원대를 넘어 2010년 1조원대까지 돌파함으로써 2000년대 초반 겪었던 매출액 정체 현상을 완전히 극복했다. 2011년엔 유럽 경기 불황과 일본 대지진 등의 여파로 수익성이 높은 유럽과 일본에서의 셋톱박스 판매가 부진을 겪으며 매출액이 1조원대 아래로 떨어지긴 했지만 이듬해 다시 회복했다.

휴맥스는 사업 초창기부터 해외시장을 적극 공략한 결과 1997년 이후 고속성장을 구가했다. 그러나 그것도 잠시뿐, 기업 성장에 걸맞은 역량과 인프라를 갖추지 못해 플램홀츠 교수가 지적한 성장통의 징후들을 앓았다. 무언가 잘못돼 가고 있다는 걸 누구나 인식하고 있었지만 "바쁘다"는 핑계로 다들 지나쳐 버렸다. 하루에 9번씩 공장이 멈춰 설 정도로 생산관리가 엉망이었지만 '시장 호황'의 우산 속에 숨어 당장의 매출액을 올리는 데 급급했다. 정말로 진실된 정보를 따로 공유하는 비공식 회의가 생겨났을 정도로 조직원간 불신의 골도 깊었다.

또한 휴맥스는 전반적인 업무 프로세스의 '가시성'을 높임으로써 혁신을 성공적으로 수행할 수 있었다. 현대 경영학의 아버지라 불리는 피터 드러커는 일찍이 "측정할 수 없는 것은 관리할 수 없다"고 말했다. 무언가를 제대로 측정하려면 일단 눈에 보여야 한다. 소프트웨어처럼 눈에 보이지 않는 것은 측정하기도, 관리하기도 쉽지 않다. 하지만 휴맥스는 인사 평가와 관계없는 동료들이 소프트웨어 소스 코드를 점검하는 방식 등을 통해 눈에 보이지 않는 부분까지도 효과적으로 관리할 수 있는 체계를 잡았다. 성과측정지표 역시 달성률이 아닌 준수율을 도입함으로써 이전에는 파악하기 힘들었던 세부 모델별 생산, 판매 실적을 한눈에 파악할 수 있도록 했다. 이는 결국 SCM의 진일보를 의미했고 이 같은 운영혁신의 결과 휴맥스는 벤처 1세대 기업 가운데 매우 드물게 창업한 지 21년 만에 매출액 1조원을 넘는 큰 성과를 이룩할 수 있었다. (동아비즈니스리뷰, 135호, 2013)

연습문제

CHAPTER 3

선택형 문제

1. '다음 공정은 나의 고객'이라는 사고는 다음의 어떤 원리에 해당하는 생각인가?

① 초점화 ② 단순화
③ 통합화 ④ 생산성 극대화

2. 다음 중 도요타생산시스템을 적시생산제로 이끄는 데 큰 공헌을 한 오노 타이치가 제시한 일곱 가지 낭비에 속하지 않는 것은?

① waste of overproduction ② waste of waiting
③ waste of shortage ④ waste of making defective products

3. 생산에 필요한 작업뿐만 아니라 제조공정 또는 서비스공정에서 발생할 수 있는 운반, 검사, 대기, 저장 등의 활동까지 기호를 이용하여 그림으로 나타낸 것으로, 제조공정 전체를 나타내는 데 이용하기도 하지만 공정의 한 부분만을 자세히 나타내고, 대기시간, 운반시간 등을 상세히 기록함으로써 부분적인 공정개선에 이용되는 경우도 많은 도식적 기법은?

① 공정절차표 ② 조립도표
③ 작업공정표 ④ 흐름공정표

4. 다음 중 공정별 레이아웃의 장점으로 볼 수 없는 것은?

① 작업장간의 이동시간과 대기시간이 짧다.
② 여러 품목을 생산할 수 있기 때문에 기계설비의 투자액이 상대적으로 낮다.
③ 생산공정의 신축성이 우수하다.
④ 다양한 품목, 다양한 기계설비를 다루게 되므로 작업자의 작업범위가 넓어진다.

5. 항공기, 선박처럼 제품이 크고 그 구조가 복잡한 경우에 주로 이용되는 레이아웃 형태로, 프로젝트 생산시스템의 경우에만 이용되며 한 작업장에서 또 다른 작업장으로 생산할 품목을 이동 가공하는 대신, 모든 기계설비, 원자재, 부품, 작업자를 한곳에 집중시켜 생산해 나가는 방식은?

① 공정별 레이아웃 ② 제품별 레이아웃
③ 고정형 레이아웃 ④ 제품그룹별 레이아웃

6. 다음 중 프로세스 분석과정에서 논의해야 하는 문제에 해당하는 것은?

ㄱ. 작업 자체를 재설계함으로써 작업시간을 단축할 수는 없는가? 또는 보다 낮은 수준의 기술을 투입하여 같은 결과를 얻을 수는 없는가?
ㄴ. 어떤 작업이 병목현상을 일으키며, 어떤 작업장의 대기시간이 유난히 높은가?
ㄷ. 기계설비의 개량을 통해 작업을 단순화시키거나 작업시간을 단축할 수는 없는가?

① ㄱ, ㄴ ② ㄴ, ㄷ
③ ㄱ, ㄷ ④ ㄱ, ㄴ, ㄷ

7. 다음 그림과 같은 4개의 업무를 2명이 나누어서 담당한다면 효율은 몇 %인가? 단, 라인의 형태가 일직선으로 되어 있어서 인접한 작업들만 같은 작업자에게 배정할 수 있다고 가정한다. 예를 들어 ⓐ와 ⓓ를 같은 작업자가 맡아 하는 것은 불가능하다.

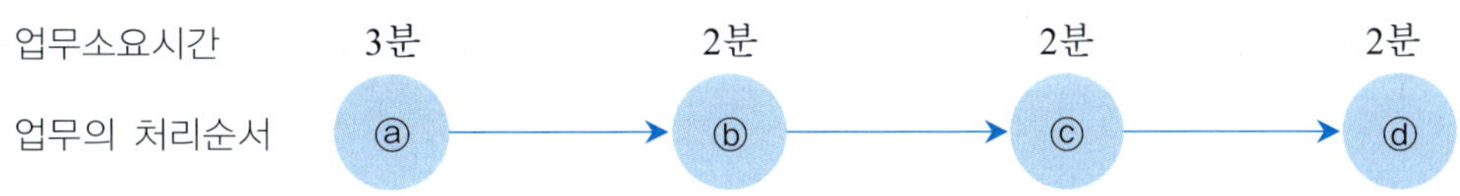

① 50% ② 80%
③ 90% ④ 100%

8. 다음과 같이 9개의 작업으로 구성된 업무처리라인에서 박스로 처리된 업무들을 같은 작업장에 배정한다면, 라인의 효율은 몇 %인가?

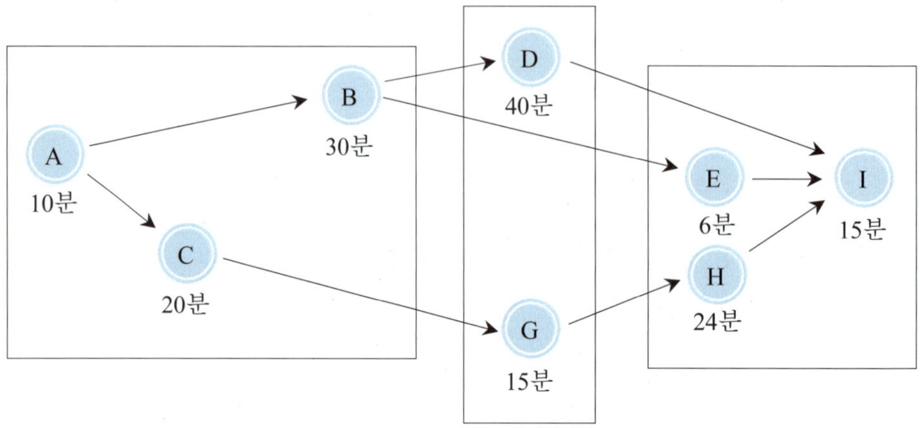

① 80% 미만
② 80% 이상 85% 미만
③ 85% 이상 90% 미만
④ 90% 이상

9. 다음 중 서비스 상품의 특징으로 보기 힘든 것은?

① 서비스는 순간적 경험이므로 당연히 재고로의 저장이 불가능하며 결과적으로 수요 변화에 대한 완충역할도 어렵다.
② 고객의 도착패턴도 불규칙하여 서비스 시설의 수용능력과 수요를 일치시키기도 어렵다.
③ 생산과 소비 간에 중간유통단계를 구축함으로써 서비스 공급관리의 효율성을 제고할 수 있다.
④ 서비스의 생산과 소비가 동시에 일어나므로 고객과 서비스 창출을 담당하는 직원 간의 상호작용 및 접촉이 중대한 역할을 한다.

10. 다음 중 서비스를 제공하기 위해 갖추고 있어야 할 요소에 해당하는 것은?

ㄱ. 서비스 지원시설
ㄴ. 서비스에 포함되는 상품
ㄷ. 명시적 · 묵시적 서비스

① ㄱ, ㄴ
② ㄴ, ㄷ
③ ㄱ, ㄷ
④ ㄱ, ㄴ, ㄷ

11. 한국카센터는 하루 8시간 동안 평균 16대를 서비스할 수 있다. 1시간 평균 1.5명의 고객이 서비스를 요청한다면 고객 1인당 평균대기시간은 얼마인가?

① 1.5시간 ② 1.75시간
③ 2시간 ④ 3시간

12. 문제 11에서 서비스를 받기 위해 기다리는 대기행렬 내의 평균고객수는 얼마인가?

① 2.1명 ② 2.25명
③ 2.5명 ④ 2.75명

13. 다음 중 단순대기행렬모형의 기본가정에 포함되어야 하는 것은?

ㄱ. 고객의 평균도착률보다 평균서비스율이 더 높음
ㄴ. 도착한 순서대로 서비스를 제공함
ㄷ. 서비스 대기건수가 일정시간을 넘어서면 서비스를 포기함

① ㄱ, ㄴ ② ㄴ, ㄷ
③ ㄱ, ㄷ ④ ㄱ, ㄴ, ㄷ

계산형 문제

1. (주)글로벌디스패치는 신제품 개발로 인해 새로운 생산라인이 필요하게 되었다. 생산라인은 하루 평균 40개를 생산해야 하며 다음과 같이 8개의 과업으로 구성되어 있다.

과 업	소요시간(분)	선행과업
A	5	없음
B	2	A
C	5	A
D	3	B, C
E	6	B, D
F	2	D
G	5	E, F
H	4	G

하루 생산가능시간을 480분으로 가정하고 다음 물음에 답하시오.

(a) 생산라인의 구조를 네트워크로 표시하시오.
(b) 생산목표를 달성하기 위해서는 주기시간을 얼마로 책정해야 하는가?
(c) 호프만의 기법을 이용하여 라인의 균형을 도모하시오. 이때 라인의 효율은 얼마인가?

2. 다음과 같이 9개의 과업으로 구성된 생산라인을 고려해 보자. 작업순서는 과업 1에서 시작하여 과업 9에서 끝나도록 되어 있다.

과 업	1	2	3	4	5	6	7	8	9
소요시간(분)	3	5	3	2	2	7	4	3	2

일주일 평균 작업가능시간은 2,400분이며 주당 목표생산량은 200개로 책정되어 있다.

(a) 목표생산량을 달성하기 위해서는 주기시간은 얼마이어야 하는가?
(b) 몇 개의 작업장이 필요하며 각 작업장에서 수행해야 할 과업은 어떻게 구성되는가?
(c) 라인의 효율성을 계산하시오.

3. 문제 2에서 주당 목표생산량이 300개로 증가되었지만 마지막 처리공정인 과업 9는 필요 없는 것으로 결정되었다고 생각해 보자. (a), (b), (c)에 답하시오.

4. 다음과 같이 9개의 작업으로 구성된 업무처리라인을 생각해 보자.

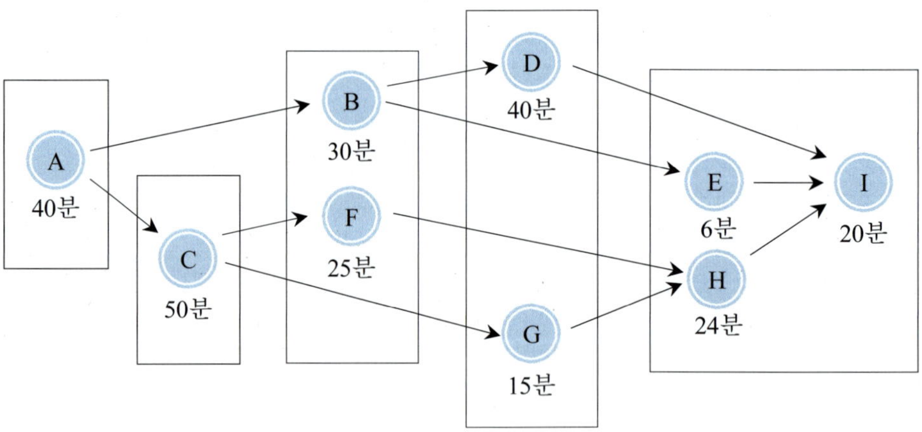

(a) 박스로 처리된 작업들이 같은 작업장에 배정된다면, 라인의 효율은 몇 %인가?
(b) 주기시간을 95분으로 설정하고 호프만의 기법을 이용하여 작업들을 재배정하면 라인의 효율은 몇 %가 되는가?

5. 다음과 같이 10개의 작업으로 구성된 생산라인을 생각해 보자.

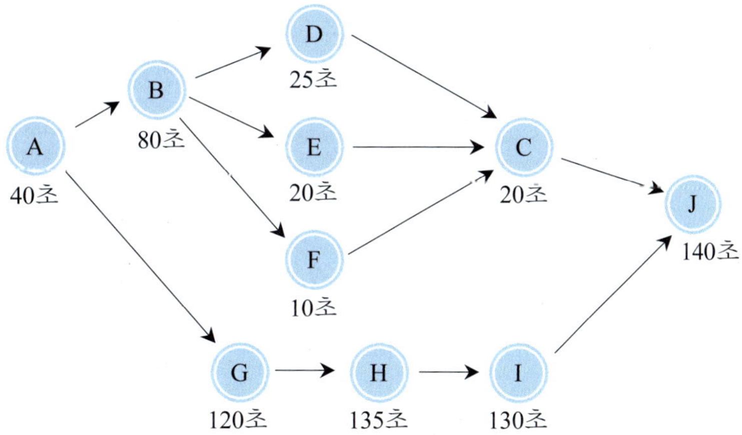

주기시간이 150초로 주어졌을 때, 호프만의 기법을 이용하여 라인의 균형을 시도한다면 작업들이 어떻게 배정될 것인가? 라인의 효율도 계산하시오.

6. 한국카센터는 하루 8시간 동안 평균 16대를 서비스할 수 있다. 대기행렬모형을 이용하여 다음에 답하시오.

(a) 1시간 평균 1.2명의 고객이 서비스를 요청한다면 고객 1인당 평균대기시간은 얼마인가? 서비스를 받기 위해 기다리는 대기행렬 내의 평균고객수는 얼마인가? 그리고 카센터의 평균가동률은 얼마인가?

(b) 만약 서비스 처리능력이 하루 8시간에 24대로 증가한다면 (a)의 답은 어떻게 변할 것인가?

7. 신도시 근처에 입지한 글로벌 국제공항은 각종 불법휴대물의 검색을 위해 검사대를 운영하고 있다. 검사대를 지나는 승객 1명을 검사하는 데 2명의 요원이 필요하다. 즉 2명이 한 팀이 되어 검색서비스를 제공한다. 분당 평균 10명에게 서비스를 제공할 수 있으며, 현재 분당 평균 6명의 승객이 이 검사대를 지나가고 있다.

(a) 검사대를 지나가는 데 평균 몇 분이나 소요되는가?

(b) 평균 몇 명의 승객이 검사대에 들어오기 위해 대기선에서 기다리는가?

CHAPTER

4 수요관리와 수요예측

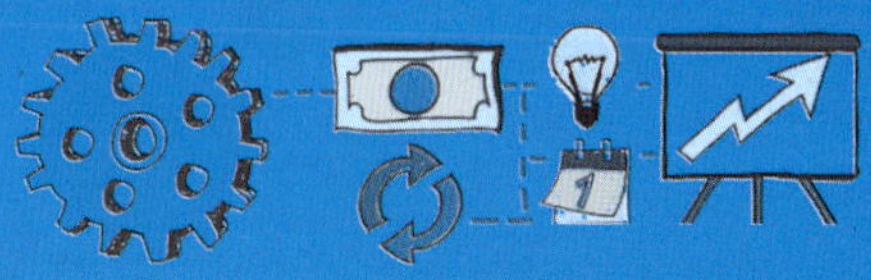

효율적인 의사결정을 하기 위해서는 체계적인 수요예측과정이 필요하다. 수요예측의 도출은 여러 부서의 도움이 필요한데, 구체적으로 고객요구사항, 판매팀의 예상치, 잠재적 시장수요, 고객주문량의 최근 추세, 판촉활동의 계획에 관한 사항들이 최종 예측치에 반영되어야 한다. 그뿐만 아니라 거시적인 경제요소들도 가미되어야 하며 연구 · 개발부서의 신제품 개발 및 도입 계획도 예측치 도출과정에 가미되어야 한다. 본장에서는 수요관리의 개념을 살펴본 뒤, 현업에서 많이 사용되는 예측기법의 구조와 사용방법에 대해 알아보고자 한다.

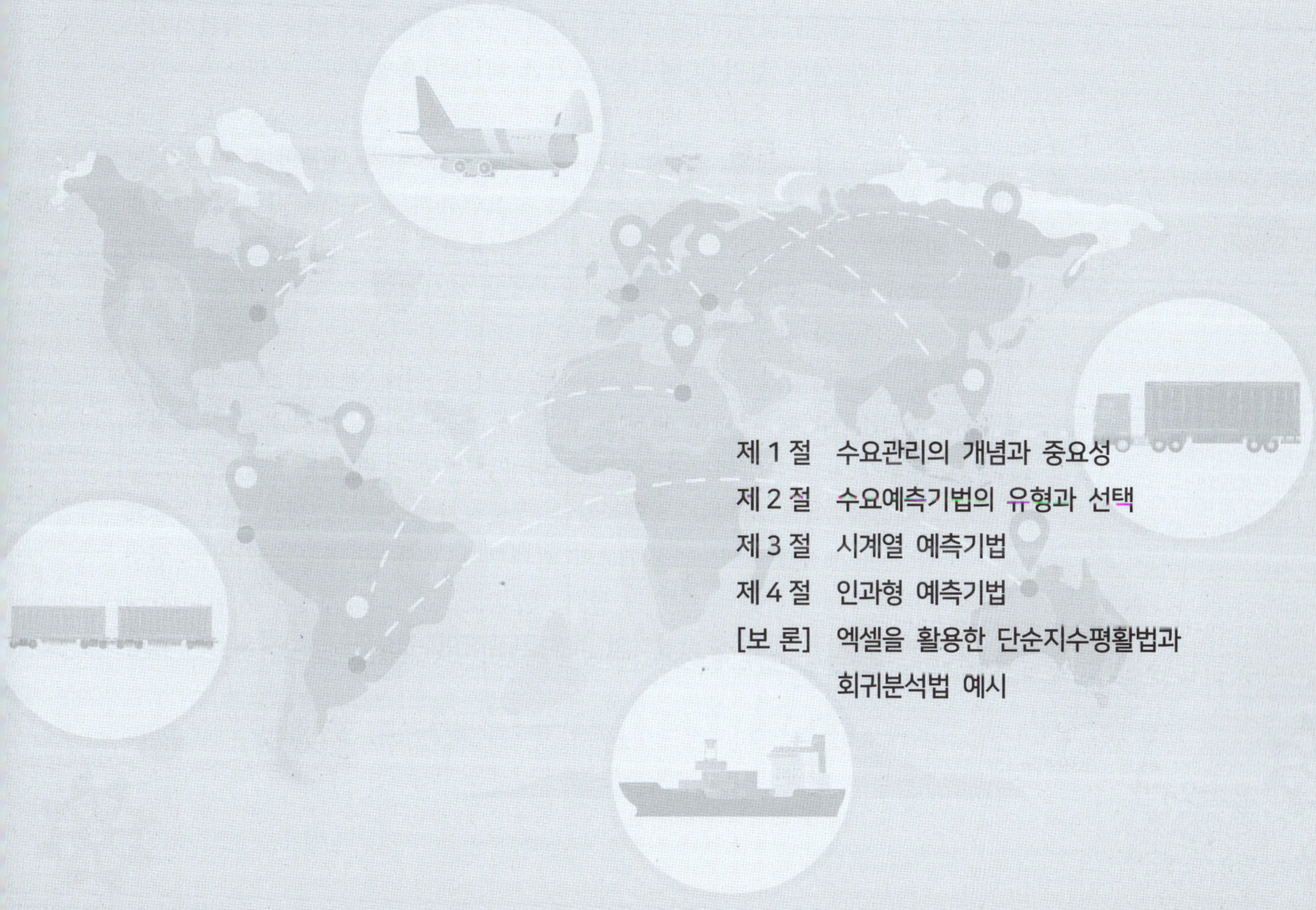

제 1 절 수요관리의 개념과 중요성

제 2 절 수요예측기법의 유형과 선택

제 3 절 시계열 예측기법

제 4 절 인과형 예측기법

[보 론] 엑셀을 활용한 단순지수평활법과 회귀분석법 예시

제 1 절 수요관리의 개념과 중요성

1 수요관리의 필요성

정확한 수요예측은 사업의 성과를 좌우하는 매우 중요한 과제이다. 하지만 온갖 불확실성 요소가 난무하는 사업환경에서 미래 수요를 정확하게 예측하기는 어렵다. 시장수요는 해당기업이나 경쟁사의 마케팅 활동 양태에 따라 가변적이다.[1] 차별적인 제품속성이나 상대적 가격수준, 영업활동의 강도에 따라 수요가 증가 혹은 감소할 수 있다. 시장참여자가 제한적인 과점적 구조하에서 한 공급자가 마케팅 전략에 변화를 주면 그 파급력은 더욱 크다.

수요변동에 영향을 미치는 요인들도 다양하다 보니 수요예측의 오차율은 당연히 클 수밖에 없다. 따라서 일부 기업들은 예측의 소용없음을 역설하기도 하고 나아가 아예 합리적 예측을 포기한 채 단기운영에만 초점을 맞추기도 한다. 그러나 미래 수요에 대한 예측 또한 포기할 수는 없는 노릇이다. 미래에 대한 전망이 없다면 계획과 대비 또한 있을 수 없기 때문이다. 따라서 기업은 믿을 수도 없고 무시할 수도 없는 수요예측의 딜레마를 극복하고, 가변적 미래 수요에 성공적으로 대처할 수 있는 유연하고도 체계적인 경영체계를 구축해야 한다. 그것은 바로 시장지향적이고 전사적인 수요관리체계이다.

수요관리란 시장과 수요관련 정보를 획득 · 분석하고, 이를 토대로 수요예측을 시도하며, 전략적으로 설정한 목표달성을 위해 필요한 수요의 규모를 주도적으로 추정해 나가는 과정을 의미한다. 즉 수요는 그 자체로 독립적인 절대변수가 아니며 판매가격, 판촉 등 다양한 전략적 변수에 따라 변화될 수 있기 때문에, 목표로 하는 경영성과를 창출하기 위해서는 어느 고객층에게 얼마만큼의 제품을 어떤 가격수준에 판매할지를 전사적이고 전략적인 관점에서 정의해야 한다는 의미이다. 물론 대기업으로부터의 하청을 중심으로 생산이 이루어지는 많은 중소기업의 경우 자체적인 수요관리는 큰 의미가 없을

1) 안상훈, "영업부서는 낮게, 생산부서는 높게 : 이기적 수요예측, 컨센서스를 찾아라," 동아비즈니스리뷰(DBR), 69호, 2010, pp.18～25 참조.

수도 있다. 최종소비자나 시장에 대한 급변하는 정보를 직접 수집·분석하기가 쉽지 않고 B2B 유형의 영업을 하는 경우에는 계획에도 없는 발주기업의 요청을 무시할 수도 없기 때문이다. 이런 기업들은 수요관리나 예측기능에 대한 관심이 높을 수가 없을 것이다.

기본적으로 예측은 어떠한 방식을 취하든 과거의 경험과 이력에 기초해 이루어지게 마련이다. 하지만 미래는 항상 과거와는 다른 양태로 전개될 가능성이 있으므로 예측은 근본적으로 오류가능성을 내포할 수밖에 없다. 따라서 정확한 수요예측의 핵심 성공요인은 과거 데이터에 기반한 논리적이고 계량적인 예측 모델과 새롭게 변화하는 상황을 유연하게 반영시킬 수 있는 합리적 보정체계를 효과적으로 결합시키는 데 있다.

이를 위해서는 첫째, 수요의 개념을 명확히 해야 한다. 많은 기업들이 판매량을 수요와 혼동하곤 한다. 판매량은 사실 제품특성과 가격수준, 영업활동을 어떻게 하느냐에 따라 얼마든지 달라질 수 있기 때문에 단순한 예측의 관점을 넘어 목표설정의 개념이 많이 개입된다. 물론 설정된 판매량은 생산 및 구매계획의 근간을 이루게 되므로 명확한 숫자를 정립하는 것이 필요하지만 그 전에 전체시장 및 각 세분시장이 필요로 하는 본래적 의미의 제품수요를 명확히 규명하는 것이 선제적으로 요구된다. 전체적인 수요규모와 시장기회를 파악한 후, 그 가운데 기업이 판매할 수 있는 대상시장의 잠재성이 얼마나 되는지를 분석해야 수요에 대한 전략적 대응계획을 세울 수 있다.

둘째, 활용 목적에 따라 적합한 예측요건을 정의해야 한다. 수요예측은 경영계획 수립, 마케팅 전략 수립, 생산능력 계획, 생산계획 수립, 주문의 우선순위 설정 등 다양한 용도로 활용될 수 있다. 따라서 예측수준을 총량, 카테고리, 개별제품 가운데 어디에 초점을 맞출 것인지, 예측기간과 주기를 어느 정도로 할 것인지 등을 활용 목적에 따라 차별적으로 정의해야 한다.

셋째, 예측대상의 전략적 특성에 따라 최적의 계량적 예측모델을 구축하고, 유연하면서도 객관적인 수요예측 보정체계를 마련해야 한다. 계량적 예측모델이 아무리 정교하게 구축된다 하더라도 미래의 수요를 정확하게 예측해 낼 수는 없다. 논리적 모델에 담아내기 어려운 돌발변수나 예외상황이 발생할 수도 있고, 모델의 가정사항이나 논리 자체가 일부 변할 수도 있기 때문이다. 따라서 계량적 예측모델에 의한 예측결과를 현실적인 상황 변화에 맞게 유연하게 보정할 수 있는 장치를 구비하는 것은 필수적이라 하겠다.

2 수요예측 오류의 악순환

수요관리의 핵심은 수요예측이다. 부정확한 수요예측은 공급망 내의 다양한 계획수립기능에 심각한 문제를 야기한다. 악순환 고리의 시작은 부정확한 수요예측이다. [그림 4-1]에서 알 수 있듯이 부정확한 수요예측은 부정확한 생산 · 유통계획을 수립하게 하여, 결과적으로 생산성 저하나 재고의 과부족 현상을 유발하고, 자재의 긴급수송으로 물류비용을 증가시키고 재고관리에도 부정적인 영향을 미친다. 빈번한 절품이나 주문지연은 소량선적 등으로 인해 물류비용을 증가시키고 영업 및 고객주문 부서의 생산성을 떨어뜨린다. 이러한 문제점은 고객불만을 불러일으키고 매출 저하와 수요안정성 저해로 이어진다. 이는 다시 수요예측의 오류 증대로 이어지고 악순환은 더욱 심각하게 반복된다. 수요예측 프로세스를 체계화하고 예측의 중요성을 인지하며 최선을 다해 예측한 대로 실행하고자 하는 분위기 조성이 중요하다. 수요예측이 정확하고 이를 신뢰하여 활용한 공급계획에 의해 판매계획이 확정되고, 계획대로 공급되어 판매계획대로 판매하기가 쉬워지면 선순환으로 흘러 부서간에 신뢰가 형성되어 정보공유와 의사소통이 더욱 원활해진다.

[그림 4-1]
수요예측 오류의 악순환

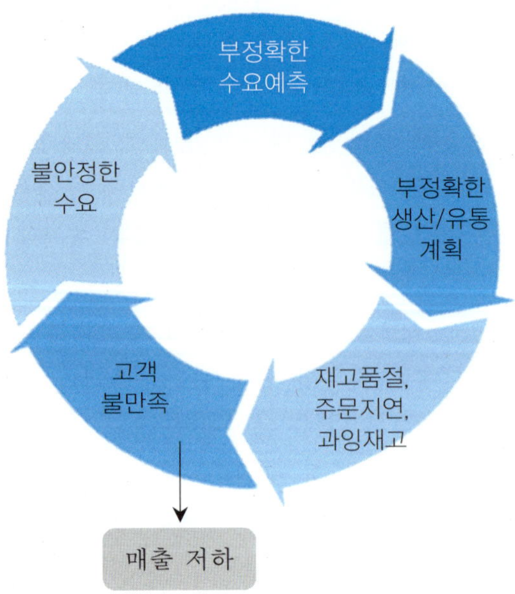

공식적이고 체계적인 수요관리 프로세스가 운영되면 수요와 공급의 불균형 문제가 발생했을 때 고객이나 유통채널의 중요도에 따라 최적의 주문관리가 가능하다. 수급불균형에 대처하는 적절한 프로세스가 없으면 눈앞에 보이는 고객의 주문 및 요구사항 해결을 위해 동분서주하게 되며, 체계적인 수급관리가 불가능해져 항상 급한 불만 끄는 악순환의 고리를 벗어날 수 없다. 예를 들어 대부분의 회사에서는 판매나 마케팅 팀원들이 생산, 공급 부서를 닦달하면서 주문추적과 긴급주문처리에 불필요한 시간과 비용을 투입하나, 이러한 수요공급의 불균형이 일어난 원인 분석이나 대처방안 마련에는 신경조차 쓰지 않는다. 일단 불을 껐으면 더 이상 흥미로운 문제가 되지 못하고 자신의 일이 아니라 생각하기 때문이다. 효과적인 수요관리는 고객에게 사전에 실현가능한 공급날짜를 약속하며, 이 과정에서 고객만족, 매출 증대, 재고량 감소, 생산스케줄의 평준화 등의 전략적 효과를 기대해 볼 수 있다.

3 수요관리의 절차

수요관리는 몇 단계를 거쳐 운영되는데, 수요계획 수립 프로세스, 수요계획 합의 프로세스, 모니터링 및 수요분석 프로세스의 3단계로 구성된다.[2)]

- 수요계획 수립 프로세스 : 수요에 영향을 미치는 다양한 가정 및 관련 정보(유통정보, 판매실적, 통계적 분석결과, 경영계획 등)를 바탕으로 수요예측을 실시하고 구체적인 수요규모를 추정하는 단계
- 수요계획 합의 프로세스 : 마케팅, 판매, 생산, 재무 등 조직 내 부서 및 외부 거래처와의 긴밀한 커뮤니케이션을 통해 수요계획을 합의하는 단계
- 모니터링 및 수요분석 프로세스 : 수요계획 및 실행결과를 모니터링하고 그 결과를 다음 계획수립시 반영함으로써 계획의 정확도를 지속적으로 개선하고자 하는 수요분석 단계

2) 이기형, “수요 불확실성, 시나리오로 관리하라,” 동아비즈니스리뷰(DBR), 69호, 2010, pp.38～44.

수요계획 수립 프로세스에서 흔히 등장하는 말은 'No Forecast, No Allocation'이다. 즉, 예측치를 제공하지 않은 부서는 판매할 물량을 할당받지 못한다는 의미이다. 판매목표치를 높게 잡았다가 실적치가 계획에 미치지 못하는 경우에 대비하여 예측치를 아주 낮게 설정하는 경우가 많다. 이런 경우 시장수요가 예측치를 훨씬 웃돌게 되면 생산부서는 원자재와 부품의 부족, 생산능력 부족 등으로 인해 효율적인 공급을 하지 못하게 된다. 이런 식의 관행이 지속되면 생산부서는 별도의 예측치를 준비하여 생산 및 자재 구매에 임하게 되어, 하나의 조직 내에 여러 개의 예측치 또는 수요계획이 존재하는 부작용이 발생한다.

'No Forecast, No Allocation' 원칙을 적용하면 누가 어떤 상품에 대해 어느 정도 예측을 했는지 알 수 있으며, 예측오류 축소를 위한 다양한 활동 전개를 유도할 수 있게 된다. 재고가 발생하더라도 그 원인이 무엇인지 파악하기가 용이하고 책임소재도 명확해질 수 있다. 이런 규칙이 적용되지 않으면 영업 또는 마케팅에서 주문해서 생산한 것인지, 생산부서에서 임의대로 생산한 것인지 파악하기 힘들고, 재고에 대한 책임소재가 불분명해질 우려가 크다.

수요예측 결과를 토대로 하여 전사적인 수요계획이 수립되었다면, 기업 내 모든 부서들은 전사적으로 통일된 예측수요와 판매계획에 기초해 업무를 일관되게 수행해야 한다. 마케팅부서는 시장점유율 확대를 위해 목표치를 높게 잡으려는 경향이 있고, 영업부서는 판매목표달성률 증대를 위해 목표치를 낮게 잡으려는 경향이 있으며, 생산부서는 품절사태를 피하기 위해 목표치를 높게 잡으려는 경향이 있기 때문이다. 따라서 각 부서는 전사적인 수요계획과는 별개로 자신들만의 내적 목표치에 기초해 업무를 전개하기도 한다.

이 같은 혼선과 낭비를 막기 위해서는 이미 수요예측 및 수요계획 수립 단계에서 충분한 공감대를 구축하고 수요 및 판매에 대한 통일된 시각을 확보해야 한다. 이해할 수 없는 예측값이나 동의할 수 없는 수요 및 판매 계획이 일방적으로 전달될 경우, 각 부서는 자신의 이해관계에 따른 위험회피를 위해 그 수치를 액면 그대로 수용할 수 없기 때문이다. 따라서 수요계획의 이행에 앞서 전사적으로 확정된 예측치와 대응계획을 공유하고 공감대를 확고히 구축하는 과정이 전략적으로 매우 중요하다.

이와 같이 복잡한 과정을 거치는 수요관리는 마케팅, 영업, 생산, 재무,

조달 등 이해관계자들이 모두 모이는 회의인 다음 장에서 논의할 생판계획(Sales & Operations Planning) 회의에서 마무리되고 판매 및 생산조직을 이끌어갈 중요한 지침으로서의 역할을 하게 된다.

제 2 절 수요예측기법의 유형과 선택

1 예측기법의 분류

미래를 계획하기 위해서는 예측이 필요하다. 제조업체의 경우, 수요예측에 오류가 발생하더라도 잔업, 아웃소싱, 안전재고 등을 통해 어느 정도 여유를 가질 수 있지만, 서비스기업의 경우, 재고와 같은 형태로 저장이 불가능하기 때문에 서비스 수요변화에 대한 완충장치를 개발하기도 어렵다. 또 서비스시설에 고객이 도착함과 동시에 서비스를 제공해야 하는 경우도 많기 때문에 서비스 수요에 대한 예측에 상당한 오류가 발생하면 고객요구에 충분히 대응할 수 있는 여유시간이 짧아 서비스 질을 저하시킬 가능성이 높다. 물론 셀프서비스제의 도입, 파트타이머 고용, 서비스요원의 다기능화 등을 통해 다양하게 발생하는 서비스 수요에 대해 신축성 있는 체제를 유지하고자 노력하기도 한다. 그렇지만 무엇보다도 원활한 계획수립과 서비스 질 유지에는 서비스 수요에 대한 정확하고도 체계적인 예측과정이 뒷받침되어야 한다.

백화점이나 대형마트 같은 유통업의 경우 고객서비스 질 유지와 효율적 재고관리를 위해 수요예측에 상당한 시간과 비용을 투자한다. 예측오류는 절품이나 재고과잉으로 이어져 기업의 수익성에 부정적인 영향을 미치기 때문이다. 또 서비스 지원시설의 확상이나 실비구입과 같은 투자의사결정에도 중장기적인 수요예측이 필요하다.

예측기법의 선택은 일반적으로 예측하고자 하는 변수의 성격과 예측대상기간(forecast horizon)의 길이에 따라 달라진다. 예를 들어 개별수요를 예측하고 이를 기초로 하여 구입하고자 하는 품목의 수량을 결정하고자 할 때 쓰일

[그림 4-2]
예측기법의 분류

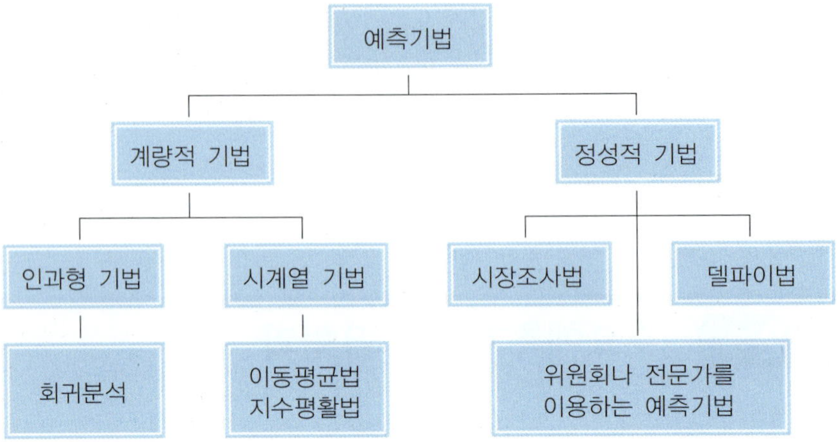

수 있는 기법과 현재 사용하고 있는 생산기술이 언제까지 경쟁력을 유지할 수 있는가 등을 예측할 때 쓰일 수 있는 기법은 전혀 다르다. 전자의 경우 최근의 매출액 또는 수요에 관한 자료를 분석, 그 추세를 파악하는 방식을 쓸 것이고, 후자의 경우에는 과거의 자료가 존재하지 않기 때문에, 그 분야의 전문가 의견을 종합하여 예측하는 방법을 사용할 수밖에 없다.

이처럼 예측기법은 과거의 자료를 이용하여 미래를 예측하고자 하는 데 쓰이는 계량적 기법(quantitative method)과 관련 분야의 전문가나 경험자의 의견을 토대로 하여 예측하고자 하는 정성적 기법(judgemental method)으로 나누어 볼 수 있다. [그림 4-2]에 도시된 바와 같이 계량적 기법은 예측하고자 하는 변수와 이에 영향을 미치는 변수 간의 관계를 기초로 한 인과형 기법과 거의 패턴 또는 경향이 앞으로도 계속된다는 단순한 가정을 근거로 한 시계열 기법으로 나누어 볼 수 있다. 대표적인 인과형 기법으로는 회귀분석(regression analysis)이 있으며, 시계열 기법으로는 이동평균법(moving average), 지수평활법(exponential smoothing) 등이 있다. 한편 정성적 기법으로는 시장조사법(market survey), 델파이법(Delphi method), 위원회나 전문가를 이용하는 예측기법 등이 있다.

2 정성적 예측기법

수요예측을 전적으로 과거의 자료에만 의존해서는 좋은 결과를 가져오기 힘든 경우가 많다. 제품이나 서비스의 수요는 가격, 소득, 이자율 등 많은 경제적 요인에 의해 영향을 받기도 하지만, 경쟁회사의 움직임, 정부의 규제, 기술진보수준 등 계량화될 수 없는 요소들에 의해서도 결정될 수 있다. 과거자료가 없거나, 설사 있어도 새로운 기술의 도입, 정부규제 등에 의해 그 자료의 신빙성이 거의 없는 경우, 수요예측은 전문가로 구성된 위원회의 의견이라든가, 시장조사법 또는 델파이법 등의 정성적 기법에 의존한다.

전문가에 의한 예측은 문자 그대로 주어진 상황에 대한 지식과 경험이 풍부한 전문가들의 의견을 종합하여 수요예측을 하는 것을 의미한다. 예를 들어 전국적인 대리점망을 가진 회사의 경우, 각 대리점 대표자들의 의견을 종합하여 수요예측을 할 수 있을 것이며, 이 경우 기존상품에 대한 수요예측뿐만 아니라 새로 개발할 제품에 대한 수요예측도 어느 정도 가능할 것이다.

시장조사법은 설문지, 전화 또는 개별방문 등을 통해 자료를 수집하는 방법이다. 특히 신제품 개발 등에 유용한 정보를 제공할 수 있는 이 방법은, 일반적으로 치밀한 통계분석을 통해 소비자행동에 관한 정보를 수집하는 데 많이 이용된다.

마지막으로 델파이법은 여러 전문가에게 일련의 미래사항에 대한 의견을 개별적으로 물어 종합하는 방법으로 전문가에 의한 첫 번째 방법과 달리 비공개적으로 진행된다. 이 기법의 특징은 공개적으로 진행시 나타날 수 있는 몇몇 권위자의 영향력을 배제하고, 다수의 의견에 자신의 의견표시를 포기하는 문제점을 줄이고자 하는 데에 있다. 델파이법은 질문에 대한 전문가의 의견과 이의 근거자료가 제3자에 의해 정리되고, 의견의 일치가 이루어지지 않으면 새로운 질문서와 이에 관계되는 자료가 재차 배포되는 과정을 거치게 된다. 이 방법은 상당히 정확한 예측결과를 도출해 낼 수 있으나 비용과 시간이 많이 소요된다는 것이 단점이다.

3 예측기법의 선택

예측기법의 선택에 영향을 미치는 요인은 상황에 따라 달라질 수 있으나 기본적으로 예측기법에 투자할 수 있는 시간과 비용의 정도, 예측을 이용하여 해결하고자 하는 문제의 특성, 과거 실적자료의 형태, 그리고 자료의 획득가능성 등을 대표적인 것으로 들 수 있다.

첫째, 예측기법의 선택은 자료를 수집하고 모형을 설정하는 데 사용할 수 있는 시간과 비용이 충분한가 여부에 의해 영향을 받지 않을 수 없다. 대부분의 정성적 예측기법이나 인과형 예측기법은 자료의 수집과 분석에 상당한 시간과 비용을 요하게 되며, 모형의 구조가 복잡해질수록 이 요소가 미치는 영향은 더욱 증대한다.

둘째, 수요예측을 이용하여 해결하고자 하는 의사결정문제의 특성은 선택하고자 하는 수요예측기법이 지니고 있어야 할 특성과 곧바로 연결된다. 〈표 4-1〉에 요약된 바와 같이 재고관리 및 생산일정의 수립과 같은 단기 의사결정문제에는 시계열 예측기법과 같이 사용이 용이하며, 여러 품목의 예측도 동시에 할 수 있는 기법을 채택해야 할 것이다. 이에 반해 설비증설이나 신제품 개발 같은 전략적 의사결정문제의 경우에는 예측대상기간이 장기화할 것이며, 그 정확도가 단기예측에 비해 상대적으로 떨어져도 무방할 것이다.

〈표 4-1〉 예측기법의 적용가능분야

예측기법	적용분야	예측대상기간	소요비용
델파이법	• 시설 및 설비증설계획을 위한 장기수요 예측 • 기술진보 예측	중, 장기	중 이상
시장조사법	• 신제품 개발을 위한 잠재수요 예측 • 기업 전체의 총괄수요 예측	중기	고
회귀분석	• 총괄수요 예측 • 설비투자계획의 수립을 위한 장기수요 예측	중, 장기	중
시계열 기법	• 일정계획 및 재고관리를 위한 단기수요 예측	단기	저

셋째, 아무리 우수한 예측기법을 개발해 냈다 하더라도 사용가능한 자료를 구할 수 없는 경우에는 이 기법의 사용은 어려워진다. 따라서 인과형 기법과 같이 다양한 자료를 요구하는 예측기법은 특히 이 점에 의해 그 사용이 제한받기 쉽다.

마지막으로 예측기법은 단순해야 한다. 단순할수록 사용자의 자신감을 높일 수 있고 잘못된 사용도 방지할 수 있으며, 또 문제가 발생하더라도 쉽게 조정할 수 있다. 또한 개별품목의 예측보다는 그룹이나 군(family)으로 묶인 품목들의 예측이 더 정확하다. 일반적으로 그룹 전체의 예측오차의 비율은 개별품목의 예측오차의 비율보다 낮다. 즉, 실제 필요한 것이 어느 그룹 전체의 예측치라면 각 개별품목의 예측치를 구하여 합하는 것보다 직접 그 그룹의 예측치를 구하는 것이 더 정확하다.

제 3 절 시계열 예측기법

1 시계열 예측기법의 가정

시계열 예측기법은 과거의 수요패턴이 미래에도 계속된다는 가정하에 과거의 매출액 또는 수요에 관한 자료만을 이용하는 기법으로, 인과형 기법과는 달리 수요에 영향을 미치는 요인들을 전혀 고려하지 않는다. 이 예측기법은 기본적으로 과거 수요의 패턴이 [그림 4-3]에서와 같이 평균수준(average level), 추세(trend), 계절적 변동(seasonality), 순환변동(cycle) 그리고 불규칙 변동(random fluctuation) 등으로 나누어져 있다고 가정하며 불규칙 변동을 제외한 네 요인을 규명하여 예측하고자 하는 기법이라 할 수 있다.

시계열 예측기법은 과거의 수요 또는 매출액 자료만을 가지고 예측하므로 회귀분석에서와 같이 많은 자료를 필요로 하지 않으며 또한 예측과정이 간단하여 개별제품의 단기수요 예측에 많이 쓰인다.

[그림 4-3]
시계열에서의 변동패턴

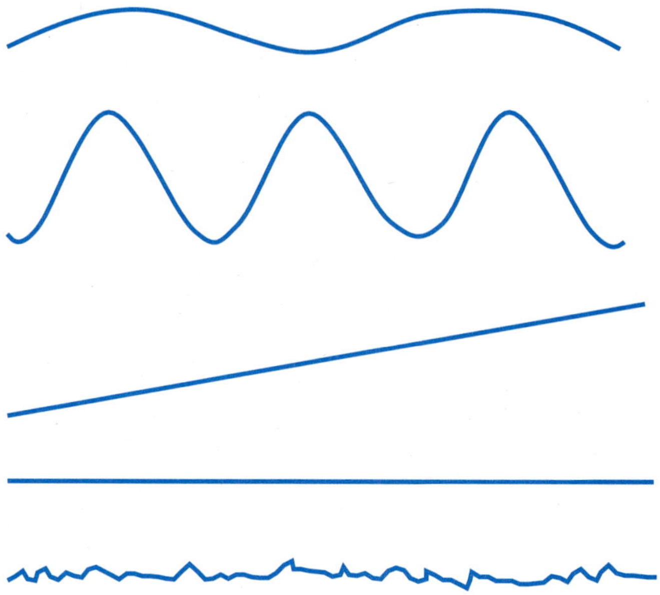

2 예측오차

예측치가 실제수요에 어느 정도 접근하는가를 측정하기 위해서는 먼저 예측오차를 계산해야 한다. t기의 예측오차는 t기의 실제수요에서 t기의 예측치를 뺀 값으로 e_t로 표시한다. 예측기법의 신뢰도는 절대평균편차(mean absolute deviation, MAD)나 평균자승오차(mean square error, MSE)를 이용하여 측정한다. 절대평균편차는 예측오차의 절댓값을 평균한 값이고 평균자승오차는 예측오차 제곱의 평균값이다.

$$\text{MAD} = \frac{\sum |e_t|}{n}$$

$$\text{MSE} = \frac{\sum e_t^2}{n}$$

예제 4-1

A, B, C 세 가지 수요예측기법이 주어져 있다. 이 중 가장 좋은 기법을 선택하기 위해 5개월 동안 이 세 기법을 사용해 본 결과 다음과 같은 자료를 얻었다. 각 예측기법의 사용에 따른 MAD와 MSE를 계산하고 가장 바람직한 예측기법으로 볼 수 있는 것을 선택하시오.

기 간	실제 매출액	예측치		
		A	B	C
1월	22	23	18	25
2월	26	24	29	32
3월	30	33	29	29
4월	31	29	37	38
5월	33	34	32	40

풀이

예측오차

기 간	A	B	C
1월	−1	4	−3
2월	2	−3	−6
3월	−3	1	1
4월	2	−6	−7
5월	−1	1	−7

예측기법 A : MAD=(1+2+3+2+1)/5=1.8
MSE=(1+4+9+4+1)/5=3.8

예측기법 B : MAD=(4+3+1+6+1)/5=3.0
MSE=(16+9+1+36+1)/5=12.6

예측기법 C : MAD=(3+6+1+7+7)/5=4.8
MSE=(9+36+1+49+49)/5=28.8

예측기법 A의 MAD, MSE가 가장 작으므로 A기법이 가장 우수하다고 할 수 있다.

3 이동평균법

시계열 예측기법을 설명하기에 앞서 필요한 변수들을 정의하면 다음과 같다.

D_t = t기의 실제수요
A_t = t기까지의 자료를 이용하여 계산한 평균값 또는 예측치

시계열 기법 중 가장 단순한 예측기법인 이동평균법은 최근의 실제 수요치 몇 개를 단순평균한 값을 다음 기간의 예측치로 삼는 기법이다.

$$A_t = \frac{D_t + D_{t-1} + \cdots + D_{t-(n-1)}}{n}$$

〈표 4-2〉 **이동평균법 적용을 위한 자료**

기간(주)	매출액	기간(주)	매출액
1	120	6	145
2	110	7	160
3	130	8	165
4	135	9	160
5	140	10	170

이동평균법은 예측치를 계산하기 위해 사용한 과거 자료의 수로 그 종류를 구분한다. 〈표 4-2〉의 자료에 3기 이동평균법(n=3)과 5기 이동평균법(n=5)을 적용하여 예측치와 실제값의 차이를 계산해 보면 〈표 4-3〉과 같다.

〈표 4-3〉에서 넷째주의 3주 이동평균 예측치 120은 첫 3주간의 매출액 평균값이다. 즉, 첫 3주간의 매출액 이동평균값은 다음과 같다.

$$A_3 = \frac{D_3 + D_2 + D_1}{3} = \frac{130 + 110 + 120}{3} = 120$$

참고로 〈표 4-3〉에서는 A_3 = 120을 기간 4의 예측치로 설정했고, 실제 매출액 135와 이동평균값 120의 차이인 15를 예측오차로 계산하여 해당칸에 삽

〈표 4-3〉
3주 이동평균과
5주 이동평균

기 간	매출액	3주 이동평균			5주 이동평균		
		A_t	예측치	예측오차	A_t	예측치	예측오차
1	120						
2	110						
3	130	120					
4	135	125	120	15			
5	140	135	125	15	127		
6	145	140	135	10	132	127	18
7	160	148.3	140	20	142	132	28
8	165	156.7	148.3	16.7	149	142	23
9	160	161.7	156.7	3.3	154	149	11
10	170	165	161.7	8.3	160	154	16
11			165			160	

[그림 4-4]
실제값과
이동평균의 대비

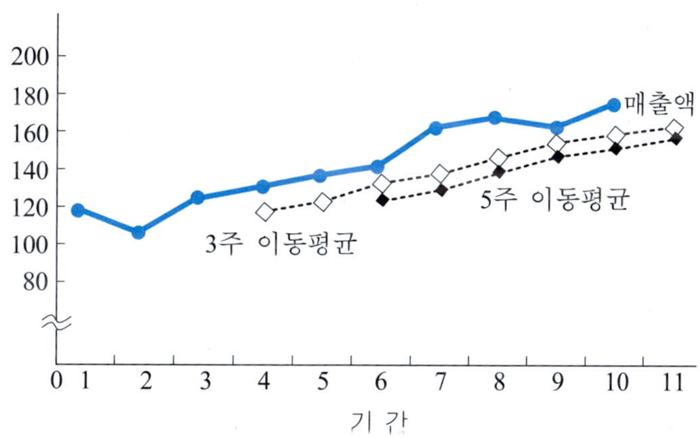

입하였다. [그림 4-4]에 나타나 있듯이 3주 이동평균이 5주 이동평균보다 실제 매출액에 가까운 예측치를 도출해 냄을 알 수 있다. 이러한 결과는 MAD 또는 MSE를 계산해 보면 쉽게 알 수 있다.

이동평균법을 이용하고자 할 때 가장 큰 문제는 이동평균을 계산하기 위해 사용하는 과거자료의 적정개수, 즉 n을 결정하는 것이다. 일반적으로 시계열 자료에 뚜렷한 추세가 나타나 있거나 불규칙변동이 심하지 않은 경우에는 작은 n값이 유리하고, 그렇지 않을 경우는 n값을 크게 잡아야 한다. 실제로 적정 n값은 n값을 바꾸어 가면서 MAD나 MSE를 계산해 본 후 이들 중 오차가 가장 작은 것으로 택한다.

이동평균법은 계산이 쉽다는 장점이 있지만, 과거의 모든 자료를 이용하지 않는다는 점, 또 이동평균의 계산에 이용되는 실적치들에 동일한 가중치 $1/n$을 적용함으로써 자료의 중요도가 동일하다고 가정한다는 단점이 있다. 이러한 문제점은 실적치에 부과되는 가중치를 중요도에 따라 달리 책정함으로써 어느 정도 해소할 수 있다. 가중이동평균법은 이러한 발상에 근거를 둔 예측기법으로 그 형태는 다음과 같다.

$$A_t = W_1 D_t + W_2 D_{t-1} + \cdots + W_n D_{t-(n-1)}$$
$$(\text{단, } W_1 + W_2 + \cdots + W_n = 1)$$

단순이동평균법에서는 n의 크기만을 결정하면 실제예측에 임할 수 있지만 가중이동평균법은 n뿐만 아니라 각각의 W_i도 결정해야 되는 어려움이 따른다. 이러한 어려움은 다음에 설명할 지수평활법을 이용함으로써 어느 정도 해소할 수 있다.

예제 4-2

한국백화점의 지난 6개월간의 매출액이 아래와 같다. 다음 각각의 예측기법을 이용하여 예측치를 계산하시오.

기간(월)	1	2	3	4	5	6
매출액(단위 : 억)	1.20	1.23	1.27	1.29	1.27	1.29

(a) 3기 이동평균법
(b) 0.1, 0.3, 0.6을 가중치로 한 3기 가중이동평균법(오래된 자료일수록 가중치가 작아짐)

풀이

(a) $A_3 = (1.20 + 1.23 + 1.27) / 3 = 1.2333$
$A_4 = (1.23 + 1.27 + 1.29) / 3 = 1.2633$
$A_5 = (1.27 + 1.29 + 1.27) / 3 = 1.2767$
$A_6 = (1.29 + 1.27 + 1.29) / 3 = 1.2833$

(b) $A_3=(0.1)(1.20)+(0.3)(1.23)+(0.6)(1.27)=1.2510$
$A_4=(0.1)(1.23)+(0.3)(1.27)+(0.6)(1.29)=1.2780$
$A_5=(0.1)(1.27)+(0.3)(1.29)+(0.6)(1.27)=1.2760$
$A_6=(0.1)(1.29)+(0.3)(1.27)+(0.6)(1.29)=1.2840$

4 지수평활법

지수평활법은 이동평균법과는 달리 과거의 모든 자료를 반영하며, 최근의 자료일수록 가중치를 높게 부과하는 특징을 가지고 있다. 그러나 계산방식은 아주 단순하여 하나의 예측치를 얻기 위해서는 전기에 예측한 이번 기의 예측치와 이번 기의 실제값만 있으면 된다. 즉

$$A_t = \alpha D_t + (1-\alpha)A_{t-1}$$
$$(\text{단, } 0 < \alpha < 1)$$

〈표 4-2〉의 시계열 자료에 지수평활법을 적용해 보기로 하자. 지수평활법을 적용하기 위해서는 α 값뿐만 아니라 A_{t-1} 값을 필요로 하므로 이 예에서는 편의상 A_t의 초기값인 A_0를 첫주의 매출액인 120으로 놓고 α는 0.1인 경우를 고려해 보자. $D_1=120$이고 A_0를 120이라 가정하였으므로 A_1은 다음과 같다.

$$A_1=(0.1)(120)+(0.9)(120)=120$$

A_2, 즉 둘째주 말에 계산한 셋째주의 예측치는 D_2와 A_1의 가중평균으로 아래와 같다.

$$A_2=(0.1)(110)+(0.9)(120)=119$$

이와 같은 방식으로 $\alpha=0.1$인 경우와 $\alpha=0.9$인 경우를 계산해 보면 〈표

4-4〉와 같다. 예를 들어 $A_1 = 120$은 첫째주 말에 계산된 것으로 둘째주의 수요예측치이다. 〈표 4-4〉를 그래프로 나타낸 것이 [그림 4-5]이다. 이 그림에서 볼 수 있듯이 α가 0.9인 경우가 0.1인 경우보다 실제 매출액에 더 가까운 예측치를 도출해 내고 있다. 이는 시계열이 증가하는 추세를 보여주고 있으며 α값이 크면 클수록 가장 최근의 실제값(D_t)이 예측치에 많이 반영되므로 이러한 결과가 나온다.

〈표 4-4〉
지수평활법의 적용결과

기 간	관측치	$\alpha = 0.1$		$\alpha = 0.9$	
		예측치	e_t	예측치	e_t
1	120				
2	110	120	−10	120	−10
3	130	119	11	111	19
4	135	120.1	14.9	128.1	6.9
5	140	121.6	18.4	134.3	5.7
6	145	123.4	21.6	139.4	5.6
7	160	125.6	34.4	144.4	15.6
8	165	129.0	36.0	158.4	6.6
9	160	132.6	27.4	164.3	−4.3
10	170	135.4	34.6	160.4	9.6
		138.8		169.0	

[그림 4-5]
$\alpha = 0.1$과 $\alpha = 0.9$일 때의 예측치

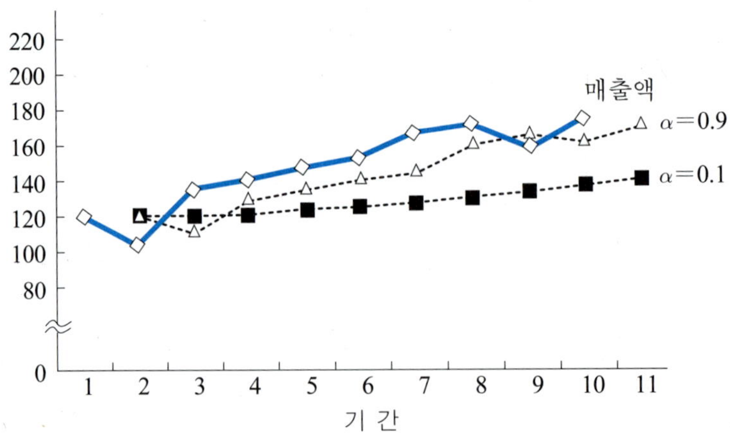

지수평활법을 이용하기 위해서는 α값과 A_{t-1}의 초기값을 결정해야 한다. 이동평균법에서 n값을 시행착오에 의해 결정하였듯이, α값의 결정 역시 시행착오적 방법에 의존하는 수밖에 없다. 일반적으로 α값이 클수록 D_t에 보다 큰 가중치를 부여하게 되므로 불규칙 변동이 적거나 뚜렷한 추세가 보이는 경우 좋은 결과를 나타낼 수 있으며, 이와 반대로 불규칙 변동이 심한 경우에는 작은 α값을 사용해야 한다. 적정 α값은 여러 개의 α값을 이용하여 예측치와 MAD 또는 MSE를 계산해 본 후 이들 중 오차가 가장 작은 α값을 택한다.

앞에서 예로 든 문제에서는 A_0를 첫째주의 매출액으로 임의로 결정했지만 자료가 충분히 있는 경우 A_0의 선택은 예측치에 그리 큰 영향을 미치지 못한다. 이는 다음과 같이 지수평활법의 구조를 분석해 보면 쉽게 알 수 있다.

$$
\begin{aligned}
A_t &= \alpha D_t + (1-\alpha)A_{t-1} \\
&= \alpha D_t + (1-\alpha)[\alpha D_{t-1} + (1-\alpha)A_{t-2}] \\
&= \alpha D_t + (1-\alpha)\alpha D_{t-1} + (1-\alpha)^2[\alpha D_{t-2} + (1-\alpha)A_{t-3}] \\
&= \alpha D_t + (1-\alpha)\alpha D_{t-1} + (1-\alpha)^2\alpha D_{t-2} + (1-\alpha)^3[\alpha D_{t-3} + (1-\alpha)A_{t-4}] \\
&\quad \vdots \\
&= \alpha \sum_{k=0}^{t-1} (1-\alpha)^k D_{t-k} + (1-\alpha)^t A_0
\end{aligned}
$$

여기서 두 번째 식은 A_{t-1} 대신에 $\alpha D_{t-1} + (1-\alpha)A_{t-2}$를 치환한 것이고, 세 번째 식에서는 A_{t-2} 대신 $\alpha D_{t-2} + (1-\alpha)A_{t-3}$을 이용하였다. 따라서 시계열 자료가 충분히 있을 때, 즉 t가 클수록 $(1-\alpha)^t$ 값이 작아져 A_0는 예측치 A_t에 큰 영향을 미치지 못하게 된다. 또한 이 전개과정에서 A_t는 과거의 모든 자료를 가중평균한 값임을 알 수 있다. 예를 들어 $t-1$기의 수요인 D_{t-1}에는 $\alpha(1-\alpha)$의 가중치가 부가되고, D_{t-2}에는 $\alpha(1-\alpha)^2$의 가중치가 부가되며, D_{t-3}에는 $\alpha(1-\alpha)^3$의 가중치가 부가된다. 다시 말해 지수평활법은 가중치가 현시점에 가까울수록 커지는 일종의 가중이동평균법이라 할 수 있다.

예제 4-3

신도시에 새로 오픈한 체인형 커피점의 지난 6개월간의 매출액이 아래와 같다. $\alpha=0.1$, $A_0=1.2$로 가정하고 지수평활법을 이용하여 예측치를 계산하시오.

기간(월)	1	2	3	4	5	6
매출액(단위 : 억)	1.20	1.23	1.27	1.29	1.27	1.29

풀이

$A_1=(0.1)(1.20)+(0.9)(1.2)=1.20$

$A_2=(0.1)(1.23)+(0.9)(1.2)=1.203$

$A_3=(0.1)(1.27)+(0.9)(1.203)=1.2097$

$A_4=(0.1)(1.29)+(0.9)(1.2097)=1.2177$

$A_5=(0.1)(1.27)+(0.9)(1.2177)=1.2230$

$A_6=(0.1)(1.29)+(0.9)(1.2230)=1.2297$

5 추세를 고려한 지수평활법

시계열 자료가 뚜렷한 추세를 보이고 있는 경우에는 이미 설명한 지수평활법보다는 추세를 직접적으로 고려한 방법이 더욱 효과적이다. 여러 기법들이 개발되어 있지만 여기서는 홀트(Holt, C.E.)의 모형을 살펴보기로 한다.[3] 이 모형에서는 다음과 같은 변수가 추가적으로 필요하다.

T_t $=t$ 기말에 계산한 추세값의 추정치

$S_{t,i}$$=t$ 기말에 계산된 $t+i$ 기의 수요예측치

주별 수요예측을 한다고 가정한다면 t는 이번 주가 될 것이고 i가 1이라면 $S_{t,1}$은 이번 주에 계산한 다음 주 수요예측치가 되며, $S_{t,2}$는 이번 주에 계산한 두 주 후의 수요예측치가 된다.

---

3) Hyndman, R.J. and G. Athanasopoulos, *Forecasting: principles and practice*, OTexts, 2018. (출처 : https://otexts.com/fpp2/holt.html)

$$A_t = \alpha D_t + (1-\alpha)(A_{t-1} + T_{t-1})$$
$$T_t = \beta(A_t - A_{t-1}) + (1-\beta)T_{t-1}$$
$$S_{t,1} = A_t + T_t$$
$$S_{t,k} = A_t + (k)T_t, \ k \geq 2$$
$$(\text{단, } 0 < \alpha < 1, \ 0 < \beta < 1)$$

이 모형을 부연 설명하면 우선 전기의 추세 예측치를 바탕으로 하여 A_t를 계산하고, 추세의 예측치 T_t는 A_t의 변화량과 전기에 계산한 추세 예측치를 이용하여 계산한다. t기말에 계산한 $t+1$기의 수요예측치는 A_t에 T_t를 더하여 계산하고 t기말에 계산한 $t+k$기의 수요예측치는 A_t에 $(k)T_t$를 더하여 계산한다.

$\alpha=0.2$, $\beta=0.1$이라 가정하고 이 모형을 〈표 4-5〉의 시계열 자료에 적용해 보기로 하자. 지수평활법과 마찬가지로 이 방법을 이용하기 위해서도 A_t와 T_t의 초기값 A_0, T_0를 결정해야 한다. 알기 쉽게 A_0는 120, T_0는 평균 매출액 증가분인 5로 놓고 첫째주부터 셋째주까지의 A_t와 T_t를 계산해 보면 다음과 같다.

첫째주 말$(t=1)$: $A_1 = (0.2)(D_1) + (0.8)(A_0 + T_0)$
$= (0.2)(120) + (0.8)(120 + 5) = 124$
$T_1 = (0.1)(A_1 - A_0) + (0.9)(T_0)$
$= (0.1)(124 - 120) + (0.9)(5) = 4.9$
$S_{1,1} = A_1 + T_1 = 128.9$

여기서 $S_{1,1}$은 첫째주 말에 계산한 둘째주의 수요예측치이다. 만약 첫째주 말에 셋째주의 수요예측치를 구하고자 한다면 다음과 같이 $S_{1,2}$를 계

〈표 4-5〉 추세를 고려한 지수평활법의 적용을 위한 예시자료

기 간	매출액	기 간	매출액
1	120	6	145
2	110	7	160
3	130	8	165
4	135	9	160
5	140	10	170

산해야 한다.

$$S_{1,2} = A_1 + (2)T_1 = 133.8$$

둘째주 말($t=2$) : $A_2 = (0.2)(D_2) + (0.8)(A_1 + T_1)$

$$= (0.2)(110) + (0.8)(124 + 4.9) = 125$$

$$T_2 = (0.1)(A_2 - A_1) + (0.9)(T_1)$$

$$= (0.1)(125 - 124) + (0.9)(4.9) = 4.5$$

$$S_{2,1} = A_2 + T_2 = 129.5$$

셋째주 말($t=3$) : $A_3 = (0.2)(130) + (0.8)(125 + 4.5) = 130$

$$T_3 = (0.1)(130 - 125) + (0.9)(4.5) = 4.6$$

$$S_{3,1} = 134.6$$

넷째주 이후의 A_t, T_t, $S_{t,1}$을 계산한 결과는 〈표 4-6〉과 같다.

〈표 4-6〉 추세를 고려한 지수평활법의 적용 결과

기간(t)	매출액	A_t	T_t	$S_{t,1}$	e_t
1	120	124.0	4.9		
2	110	125.1	4.5	128.9	−18.9
3	130	129.7	4.5	129.6	0.4
4	135	134.4	4.5	134.2	0.8
5	140	139.2	4.6	138.9	1.1
6	145	144.0	4.6	143.7	1.3
7	160	150.9	4.8	148.6	11.4
8	165	157.5	5.0	155.7	9.3
9	160	162.0	5.0	162.5	−2.5
10	170	167.6	5.0	167.0	3.0
				172.6	

〈표 4-6〉에서 $t+1$기의 예측치 S_{t+1}은 예측오차를 계산하기 위해 A_t와 T_t값보다는 한 줄 아래에 수록되어 있다. 추세를 고려한 지수평활법의 적용 결과는 이동평균법이나 지수평활법에 비해 예측오차가 상당히 작다. 매출액 자체가 상승하는 추세를 보이고 있으므로 추세를 고려한 지수평활법이 보다 좋은 예측치값을 주는 것은 당연한 결과라 할 수 있다.

지수평활법에서와 마찬가지로 추세를 고려한 지수평활법을 이용하기 위해서도 α, β, A_0, T_0 등의 값을 추정해야 한다. α와 β는 시행착오법에 의하여 결정할 수밖에 없으며, A_0와 T_0는 기간 t를 독립변수로 하고 매출액을 종속변수로 설정한 뒤 회귀분석을 통해 도출한 a값을 A_0, b값을 T_0로 사용하는 것도 한 방법이다.

예제 4-4

한국컴퓨터판매회사의 지난 6개월간의 매출액을 조사한 결과 다음과 같았다.

기간(월)	1	2	3	4	5	6
매출액(단위 : 억)	10	12	15	14	16	19

$A_0=8.56$, $T_0=1.63$, $\alpha=0.2$, $\beta=0.3$인 추세를 고려한 지수평활법을 이용하여 6월말에 계산한 7월, 12월의 예측치를 구하시오.

풀이

A_0와 T_0값만 주어져 있으므로 이 값과 각 기간의 실제 수요치를 이용하여 각 기간말별로 A값과 T값을 6기말까지 계산해 나가야 한다. 이 과정을 정리하면 다음 표와 같다.

기간(t)	수 요	A_t	T_t	A_t+T_t
0		8.56	1.63	10.19
1	10	10.15	1.62	11.77
2	12	11.82	1.63	13.45
3	15	13.76	1.73	15.49
4	14	15.19	1.64	16.83
5	16	16.66	1.59	18.25
6	19	18.40	1.63	20.03

일단 6기말의 A값과 T값이 계산되면 이를 이용하여 7월과 12월 예측치를 다음과 같이 구하게 된다.

7월의 예측치 : $S_{6,1}=A_6+T_6=18.40+1.63=20.03$

12월의 예측치 : $S_{6,6}=A_6+(12-6)T_6=18.40+(6)(1.63)=28.18$

6 계절적 변동요인을 고려한 예측기법

매출액이나 판매량을 나타내는 시계열 자료가 추세적인 요소 외에도 계절적 변동요인(seasonality)을 포함하는 경우도 많다. 봄, 여름, 가을, 겨울과 같은 계절에 따른 변동일 수도 있지만, 월, 화, 수, 목, 금, 토와 같이 요일별로 수요가 달라지는 경우도 많다. 맥주나 청량음료는 계절별로 변동이 발생하겠지만, 카페나 레스토랑과 같은 서비스업종은 요일별 또는 주별로도 변동이 발생할 수 있다. 계절적 변동을 고려한 예측모형도 앞에서 논의한 지수평활법이나 홀트의 모형에 변동요인을 포함하는 복잡한 모형들이 제시된 바 있지만 여기서는 단순하지만 실제 많이 활용되는 평균값을 토대로 하는 예측기법을 살펴보고자 한다.

〈표 4-7〉은 주 6일 영업하는 어느 대형 레스토랑의 지난 4주간 매출액(단위 : 10만원)이다. 일별로 매출액의 변동이 뚜렷이 나타나고 있고 전체적인 주별 매출은 지속적으로 증가하고 있음을 알 수 있다. 앞에서 살펴본 추세를 고려한 예측기법을 적용한 결과 5주차 예상매출액이 1,500(단위 : 10만원)인 것으로 나타났다고 하자. 5주차의 일별 예상매출액을 구해보기로 하자.

〈표 4-7〉 계절적 변동요인을 고려한 예측기법 적용을 위한 예시 자료

	1주차 매출	2주차 매출	3주차 매출	4주차 매출
월	50	80	75	80
화	200	200	210	210
수	250	270	250	260
목	300	320	330	330
금	300	330	350	360
토	100	120	120	125
합계	1,200	1,320	1,335	1,365
평균	200	220	222.5	227.5

〈표 4-8〉 계절적 변동요인의 평균값 추정

	1주차		2주차		3주차		4주차		계절적 요인의 평균값
	매 출	계절적 요인(1)	매 출	계절적 요인(2)	매 출	계절적 요인(3)	매 출	계절적 요인(4)	(1주차+2주차+3주차+4주차)/4
월	50	50/200=0.25	80	0.363636	75	0.337079	80	0.351648	0.325590842
화	200	200/200=1	200	0.909091	210	0.943820	210	0.923077	0.943997014
수	250	250/200=1.25	270	1.227273	250	1.123596	260	1.142857	1.185931344
목	300	300/200=1.5	320	1.454545	330	1.483146	330	1.450549	1.472060243
금	300	300/200=1.5	330	1.5	350	1.573034	360	1.582418	1.538862823
토	100	100/200=0.5	120	0.545455	120	0.539326	125	0.549451	0.533557734
합계	1,200		1,320		1,335		1,365		
평균	200		220		222.5		227.5		

① 우선 〈표 4-8〉의 1주차 계산과정을 살펴보기로 하자. 1주차 전체 매출은 1,200이며 6일간 영업했으므로 하루 평균 매출은 200이다. 각 요일별로 매출액이 평균과 얼마나 차이가 나는가를 비율로 계산한다. 월요일 매출은 50이므로 평균값 200으로 나누어주면 0.25가 되며, 수요일 매출은 250이므로 평균값 200으로 나누어주면 1.25가 된다.

② 이런 방식으로 각 주별 요일별로 비율을 계산한다.

③ 각 요일별로 계산한 비율값의 평균을 계산한다. 월요일의 경우 1주차가 0.25, 2주차가 0.363636, 3주차가 0.337079, 4주차가 0.351648 등이며, 이 네 비율의 평균값은 0.325590842이다. 이런 식으로 각 요일별로 비율의 평균을 계산한다.

④ 추세를 고려한 예측모형을 적용한 결과 5주차 매출이 1,500으로서 일평균은 250인 것으로 예측되었다고 하자. 〈표 4-8〉에 제시되어 있는 계절적 요인의 평균값에 250을 곱하면 각 일별 예상매출액은 〈표 4-9〉와 같다. 예를 들어 5주차 월요일 예상매출은 (0.325590842)(250)=81.3977이 된다. 물론 일별 예상매출액의 합을 구해보면 1,500이 된다.

〈표 4-9〉 5주차 요일별 예상매출액

	계절적 요인의 평균값	예측치
월	0.325590842	81.3977
화	0.943997014	235.9993
수	1.185931344	296.4828
목	1.472060243	368.0151
금	1.538862823	384.7157
토	0.533557734	133.3894
합계		1,500

제 4 절 인과형 예측기법

1 회귀모형의 구조

인과형 예측기법은 수요의 변동에 영향을 미친다고 생각되는 요인들을 찾아 이들 요인과 수요의 관계를 계량화하는 기법이다. 이제 대표적인 인과형 예측기법인 회귀분석에 대해 살펴보기로 하자. 회귀분석에서 사용되는 모형 중 가장 간단한 형태의 것은 다음과 같은 일차식의 형태를 취한다.

$$Y = a + bX$$

여기서 Y는 예측하고자 하는 변수로 종속변수라 부르며, X는 예측하고자 하는 변수인 Y에 영향을 준다고 생각되는 변수로 독립변수라 부른다. 일단 회귀식이 설정되면 과거 자료를 이용하여 a와 b값을 추정하고, X의 새로운 값을 결정한 뒤, 이를 회귀분석식에 대입하여 수요예측치 Y를 계산한다. 이 과정을 간단한 예를 통해 알아보기로 하자.

예제 4-5

국내 여러 커피전문점에 커피원두를 공급하는 (주)글로벌커피맛은 원두 수입 및 가공계획의 수립을 위해 회귀분석법을 이용하여 월별 수요예측을 하고자 한다. (주)글로벌커피맛이 설정한 회귀분석식은 자사로부터 원두를 공급받는 커피전문점수를 독립변수로 설정한 단순모형이며, t기의 원두커피 수요는 t기의 커피전문점수에 의해 영향을 받는다는 가정을 전제로 하고 있다. 과거 8개월간의 자료를 정리한 결과가 〈표 4-10〉과 같다.

〈표 4-10〉
예시자료

기 간	커피원두 매출액 (단위 : 억원)	커피전문점수
1월	60	150
2월	40	90
3월	160	400
4월	60	200
5월	130	250
6월	90	250
7월	100	150
8월	160	350

〈표 4-10〉의 자료를 그래프상에 표시하면 [그림 4-6]과 같다. 회귀분석기법에서 도출하고자 하는 회귀식 $Y=a+bX$는 [그림 4-7]에 표시되어 있는 점들에 가장 가깝게 위치한 일차식이라 할 수 있다.

다시 말해 가능한 회귀식이 이들 8개의 점에 가깝게 위치할 수 있도록 a와 b를 결정해야 한다. 그래프상의 임의의 점 (X_i, Y_i)가 주어져 있을 때 이 점과 회귀식 $Y=a+bX$의 거리는

$$|\ Y_i - a - bX_i\ |$$

라 할 수 있다. 회귀분석에서 a와 b를 구하는 데 사용되는 대표적인 방법인 최소자승법(least square method)은 바로 이러한 거리의 제곱합을 최소화시키는 방법이다. 즉, 최소자승법은 $\sum(Y_i - a - bX_i)^2$을 최소화하는 a와 b를 구하는 방법으로, a와 b값은 $\sum(Y_i - a - bX_i)^2$을 a와 b에 대해 각각 미분하여 0으로 설정한 뒤 연립방정식을 풀면 구할 수 있다.

$$b=\frac{\sum X_iY_i-n(X\text{의 평균값})(Y\text{의 평균값})}{\sum X_i^2-n(X\text{의 평균값})^2}$$

$$a=(Y\text{의 평균값})-b(X\text{의 평균값})$$

$$X\text{의 평균}=1{,}840/8=230$$

$$Y\text{의 평균}=800/8=100$$

$$\sum X_i Y_i=214{,}600,\ \sum X_i^2=500{,}600$$

$$b=\frac{214{,}600-(8)(230)(100)}{500{,}600-(8)(230)^2}=0.395$$

$$a=100-(0.395)(230)=9.07$$

$$Y=9.07+0.395X$$

[그림 4-6]
커피전문점수와 매출액 간의 관계

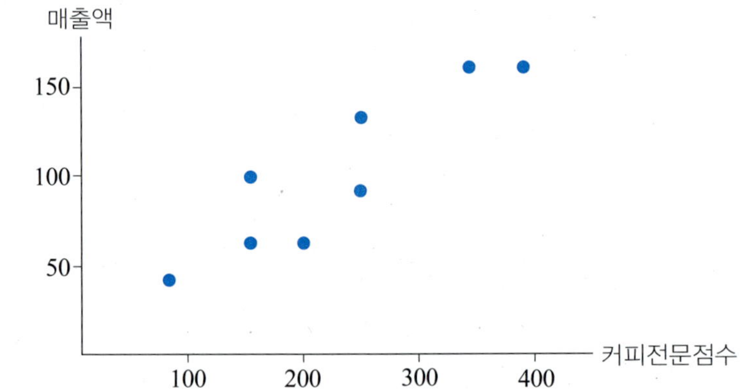

[그림 4-7]
$|Y_i-a-bX_i|$의 예시

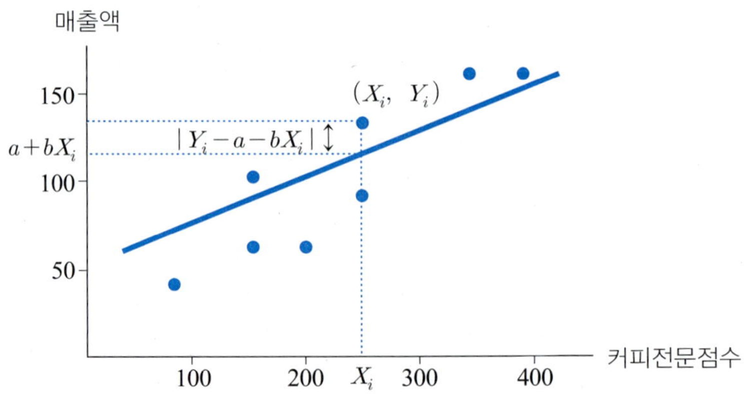

물론 분석에 사용된 8개의 자료 모두가 이 회귀식상에 있지는 않다. 이는 매출액의 증감이 원두를 공급받는 커피전문점수에 의해서만 영향을 받지는 않기 때문이다.

2 결정계수와 예측치의 추정

회귀식에 의해 설명이 가능한 Y값 변동의 비율은 다음과 같은 결정계수(coefficient of determination, R^2)의 개념을 이용하여 나타낼 수 있다.

$$R^2 = 1 - \frac{\sum(Y_i - a - bX_i)^2}{\sum(Y_i - Y\text{의 평균})^2}$$

(주)글로벌커피맛의 경우 결정계수의 값 R^2은 0.8065이다. 즉 매출액이 평균 100억원을 중심으로 이보다 클 수도 있고 작을 수도 있는데, 이러한 변동량 중 80.65%는 독립변수인 커피전문점수에 의해 설명이 가능하다는 것이며, 나머지 19.35%는 회귀식에 포함되지 않은 다른 독립변수들과 자료의 수집과정에서 발생할 수 있는 오류 등에 기인하는 것이라 할 수 있다. R^2값은 언제나 0과 1 사이에 있고 R^2이 1인 경우에는 회귀식상에 모든 자료가 위치하고 있으며 R^2이 0인 경우는 회귀식 자체가 전혀 의미가 없다는 것임을 나타낸다.

이제 회귀식을 이용하여 예측해 보기로 하자. 회사자료에 의하면 9월에 원두를 공급받을 것으로 계약된 커피전문점수는 300개로 예상된다고 한다. 회귀식 $Y = 9.07 + 0.395X$가 주어져 있으므로 9월 매출액은 아래와 같이 X에 300을 대입하여 계산할 수 있다.

$$9\text{월 매출액} = 9.07 + (0.395)(300) = 127.57\text{억원}$$

예제 4-6

다음은 다양한 캔맥주를 취급하는 주류유통기업이 지난 9주간의 주 평균기온과 맥주 매출액(단위 : 만원) 자료를 정리한 것이다.

주	1	2	3	4	5	6	7	8	9
매출액	2,500	1,900	3,900	2,000	3,800	2,900	2,200	4,000	3,800
평균기온	20도	18도	22도	19도	23도	20도	19도	25도	23도

(a) 평균기온을 독립변수로, 맥주 매출액을 종속변수로 설정하고 회귀분석을 실시하시오.

(b) 다음 주(10주차) 평균기온이 19.5도로 예측된다면 맥주 매출액은 어느 정도일 것으로 예상할 수 있는가?

풀이

(a) X의 평균$=21$, Y의 평균$=3,000$

$\sum X_i Y_i = 582,600$, $\sum X_i^2 = 4,013$

$$b = \frac{(582,600) - (9)(21)(3,000)}{4,013 - (9)(21)^2} = 354.5$$

$a = 3,000 - (354.5)(21) = -4,444.5$

맥주 매출액$= -4,444.5 + 354.5$(평균기온)

앞쪽에 제시된 공식을 이용하거나 엑셀을 활용하여 결정계수를 구하면 결정계수의 값 R^2은 0.892이다. 즉 맥주 매출액이 한 주일 평균 3,000만원을 중심으로 이보다 클 수도 있고 작을 수도 있는데, 이러한 변동량 중 89.2%는 독립변수인 평균기온에 의해 설명이 가능하다는 것이며, 나머지 10.8%는 회귀식에 포함되지 않은 다른 독립변수들과 자료의 수집과정에서 발생할 수 있는 오류 등에 기인하는 것이라 할 수 있다.

(b) 다음 주(10주차) 평균기온이 19.5도로 예측된다면 맥주 매출액은 아래와 같이 추정할 수 있다.

$$\text{맥주 매출액} = -4,444.5 + (354.5)(19.5) = 2,468.25\text{만원}$$

보 론 엑셀을 활용한 단순지수평활법과 회귀분석법 예시

1 엑셀의 통계 데이터분석 메뉴의 활성화

엑셀을 이용한 통계분석은 [데이터] 메뉴를 선택할 때 가장 오른쪽 끝편에 위치해 있는 [데이터분석]이라는 메뉴를 이용한다. 만약 [데이터분석]이란 메뉴가 나타나지 않는다면 [추가기능]을 이용하여 프로그램을 활성화해야 한다. 우선 엑셀화면의 왼쪽 최상단에 위치한 [파일] 메뉴를 클릭하여 나타난 창의 하단에 위치한 [옵션]을 선택하면 다음 창이 나타난다.

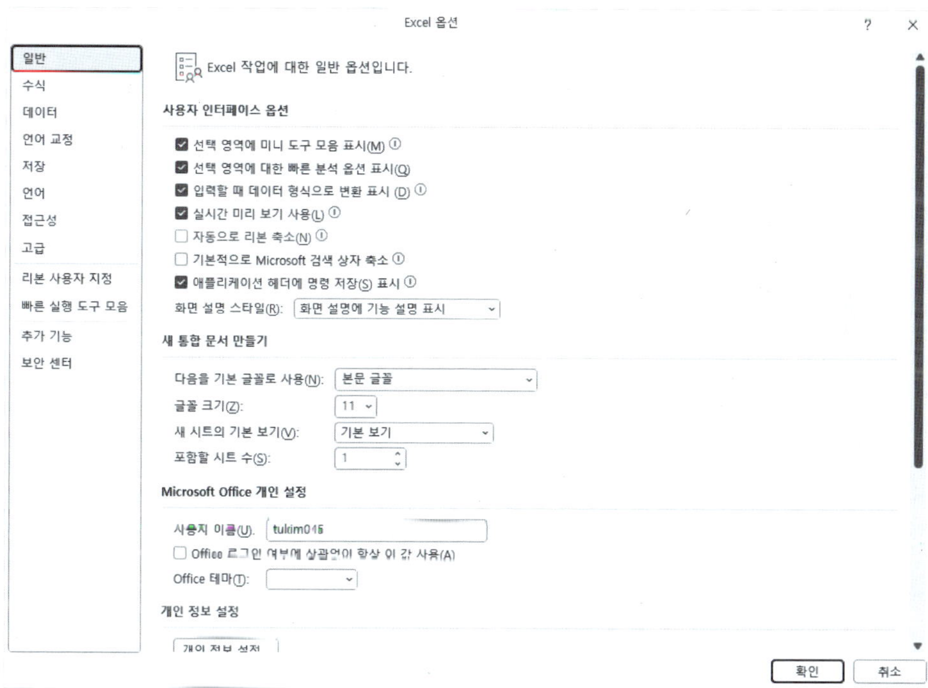

이 창에서 왼편 하단의 [추가기능]을 클릭하면 다음과 같은 화면이 뜨게 되며, 이 창 맨 하단의 Excel 추가기능 이동단추를 클릭한다.

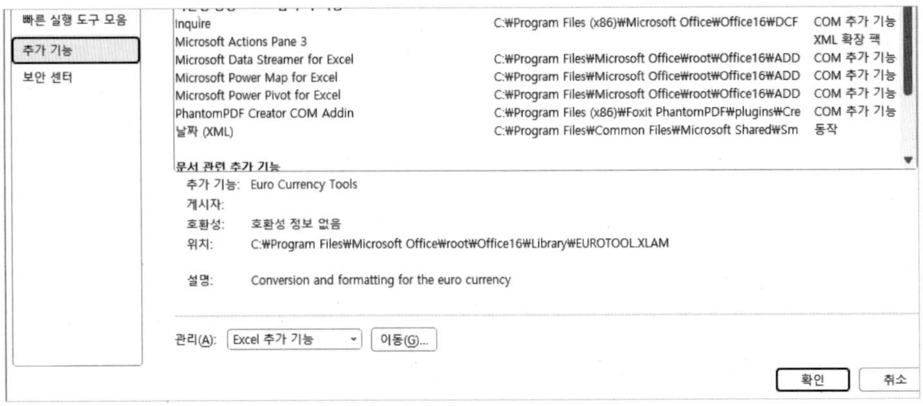

다음의 추가기능 선택 창에서 사용가능한 추가기능을 모두 체크하면 [데이터분석]이 나타나게 된다.

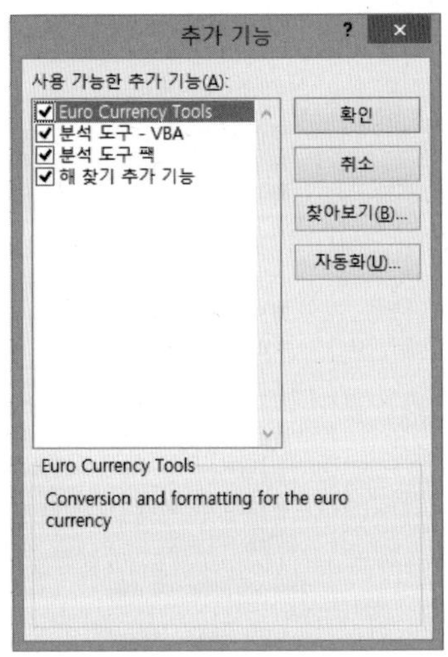

2 단순지수평활법

[데이터] → [데이터분석]을 택한 후 다음과 같이 [지수평활법]을 선택하여 단순지수평활법 활용방법을 알아보기로 하자.

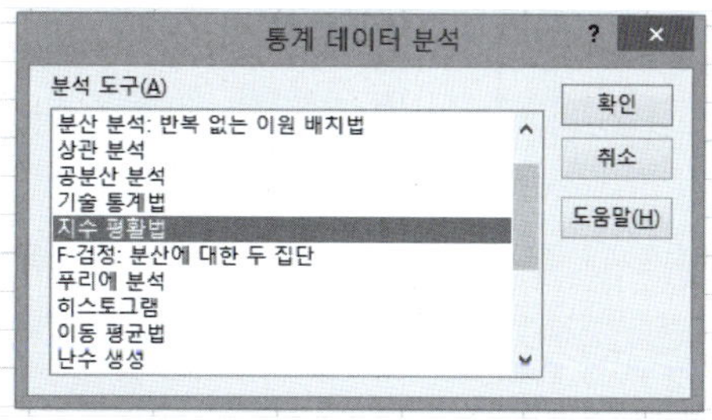

〈표 4-4〉의 데이터를 입력하고 $\alpha=0.1$인 지수평활법 예측치를 구해보기로 하자. 입력범위는 매출액만으로 제한하고 11기는 아직 도래하지 않은 기간이므로 매출액이 존재하지 않지만, 아무런 값도 없는 11기까지 입력범위에 포함시켜야 11기의 예측치가 계산된다. 엑셀에는 α값 대신 감쇠인수에 $(1-\alpha)$값을 입력한다. α값이 0.1이므로 0.9를 입력하고, 출력범위를 정하고 차트출력를 체크한 뒤 확인을 누르면 결과가 도출된다.

기 간	매출액
1	120
2	110
3	130
4	135
5	140
6	145
7	160
8	165
9	160
10	170
11	

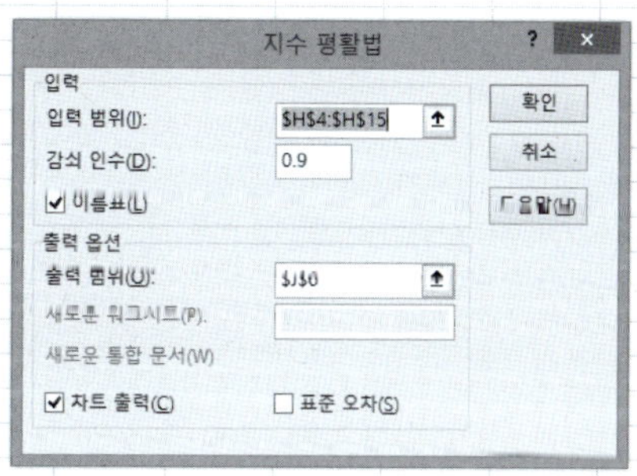

$\alpha=0.1$인 지수평활법 예측치는 다음 그림과 같다.

기간	매출액	
1	120	#N/A
2	110	120
3	130	119
4	135	120.1
5	140	121.59
6	145	123.431
7	160	125.5879
8	165	129.0291
9	160	132.6262
10	170	135.3636
11		138.8272

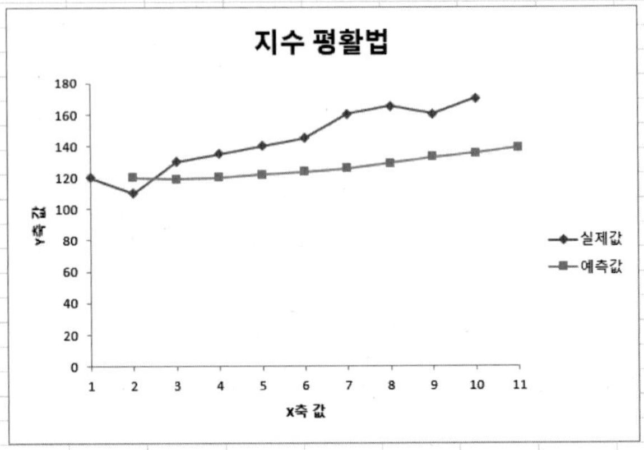

아래 그림은 $\alpha=0.9$인 경우를 나타내고 있다.

기간	매출액	
1	120	#N/A
2	110	120
3	130	111
4	135	128.1
5	140	134.31
6	145	139.431
7	160	144.4431
8	165	158.4443
9	160	164.3444
10	170	160.4344
11		169.0434

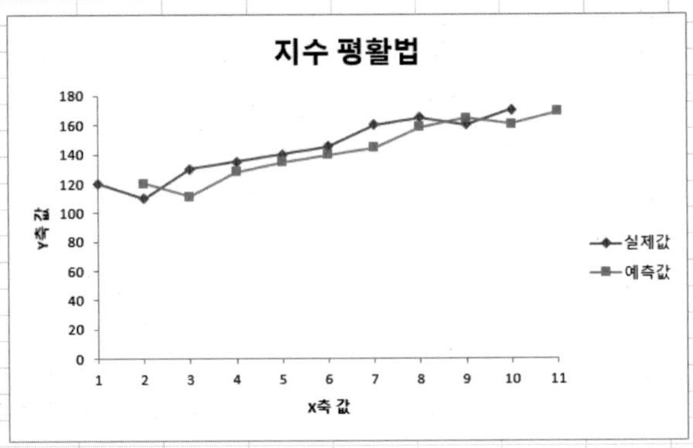

3 회귀분석

〈표 4-10〉의 원두 매출액 자료를 이용하여 [데이터] → [데이터분석] → [회귀분석]을 시도해 본다. 회귀분석 대화상자에서 Y축과 X축 입력범위에 각각 원두 매출액과 커피전문점수의 데이터범위를 지정하고 이름표, 선적합도에 체크하고 신뢰수준(일반적으로 95%로 설정)을 설정한 다음 확인을 클릭하면 결과를 출력할 수 있다.

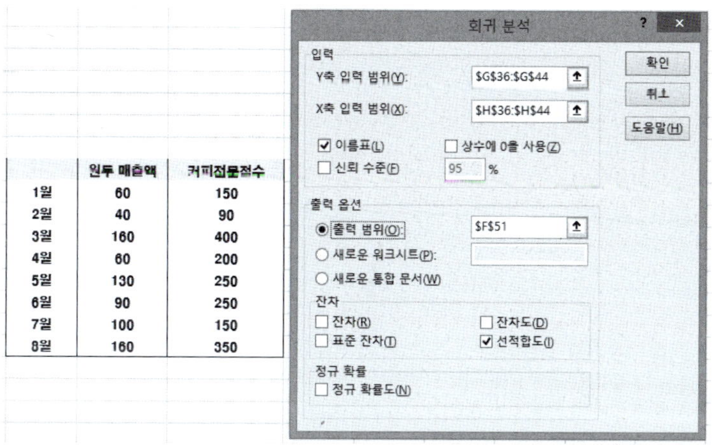

분석결과, 회귀식은 다음과 같다.

Y(원두 매출액) = 9.06976744 − (0.39534884)(커피전문점수)

물론 분석에 사용된 8개의 자료 모두가 이 회귀식상에 있지는 않다. 이는 매출액의 증감이 원두를 공급받는 커피전문점수에 의해서만 영향을 받지는 않기 때문이다. 결정계수값도 0.80651163으로 나타났는데, 매출액이 평균 100억원을 중심으로 이보다 클 수도 있고 작을 수도 있다. 이러한 변동량 중 80.651163%는 독립변수인 커피전문점수에 의해 설명이 가능하다는 것이며, 나머지 19.35%는 회귀식에 포함되지 않은 다른 독립변수들과 자료의 수집과정에서 발생할 수 있는 오류 등에 기인하는 것이라 할 수 있다.

요약 출력

회귀분석 통계량	
다중 상관계수	0.89805992
결정계수	0.80651163
조정된 결정계	0.77426357
표준 오차	21.9936566
관측수	8

분산 분석

	자유도	제곱합	제곱 평균	F 비	유의한 F
회귀	1	12097.67442	12097.67	25.00962	0.00245
잔차	6	2902.325581	483.7209		
계	7	15000			

	계수	표준 오차	t 통계량	P-값	하위 95%	상위 95%
Y 절편	9.06976744	19.77549616	0.458637	0.662639	-39.3191	57.45866
커피전문점수	0.39534884	0.079054566	5.000961	0.00245	0.201909	0.588788

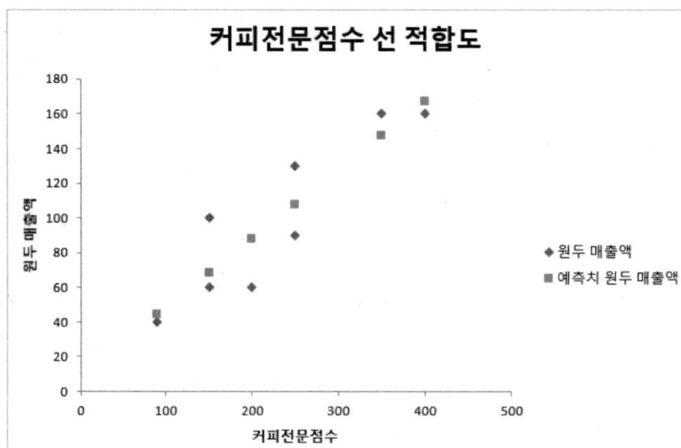

쉬어가기

수요예측체계, 어떻게 구축하나

수요예측모델은 만드는 과정이 힘들기는 하지만, 외부 전문가에게 용역을 주면 비용은 꽤 소요되더라도 해결될 수 있는 일이다. 문제는 이 모델을 자사 직원들이 효과적으로 운영하고 개선하여 예측에 활용할 수 있도록 하는 체계를 만들어낼 수 있느냐 하는 데에 있다. '과거 데이터에 의존해서 미래를 예측하는 것은 미래의 변화하는 상황을 반영할 수 없기 때문에 예측치를 믿을 수 없다'라고 말해 버리면 과학적인 기법을 도입하지 않는 것에 대한 일리 있는 핑곗거리는 될 수 있다.

하지만 계량모델에 기반한 예측은 합리적인 설명변수를 토대로 하고, 수식에 의해 도출되며, 자의적인 판단을 최소화한다. 미래에 있을, 알 수 없는 변화들을 반영하기 위한 다양한 방법론들이 도입되고 있다. 정성변수를 정량화하는 기법을 사용하기도 하고, 전문가들도 의견을 수렴하는 등 객관화하는 기법을 사용하여 감(感)에 의존하는 부분을 줄일 수 있다. 모든 산업의 예측에는 그 산업 고유의 특징들을 어떻게 반영하고, 향후 그 산업의 변화를 어떻게 처리해야 할 것인가가 늘 문제가 되며, 계량경제모델에 기반한 예측도 이러한 고민에서 자유롭지 못하나. 하지만 적어도 계량적 예측은 책상에 앉아서 5% 증가로 할 것인지 7% 증가로 할 것인지 고민하다가 '에잇 모르겠다 6%!'라는 식으로 결론을 짓는 상황은 만들지 않는다는 것이다.

과거 데이터에만 기반해서 예측하는 것은 미래의 변화를 반영할 수 없기 때문에 정확도가 떨어진다고 보는 회의론자도 있다. 하지만 기본적인 데이터 분석을 통해 나올 수 있는 패턴조차도 제대로 파악하지 못한 채 예측 담당 직원의 감에만 의존하는 수요예측은 문제가 많다. 데이터가 설명할 수 있는 부분은 최대한 끌어내고, 나머지 부분에 한해 전문가들의 의견을 반영하는 방법을 사용하는 것이 훨씬 더 논리적이고 체계적인 접근법이다.

모든 모델은 미완이면서 완결된 구조를 갖는다. 계속해서 개선해 나가야 한다는 면에서 미완이고, 결국 예측치를 결정하고 이를 회사의 중요한 의사결정에 사용해야 한다는 면에서 완결된 구조를 갖게 된다. 수요예측모델을 만들었다고 해서 모든 작업이 끝난 것은 아니다. 이 모델을 실제 데이터에 적용하고 문제점을 개선해 나가면서 자사 상황에 맞게 고쳐 써야 한다. 생명체와 같이 계속해서 진화해가야 의미 있는 모델이 될 수 있다. 시간이 흐름에 따라 새로운 데이터 포인트들이 모이고 상황도 변화하면서 경제적 요인이나 경쟁 상황 등 수요에 영향을 미치는 요인들도 달라지게 된다. 이러한 변화를 포착해서 모델에 반영할 수 있어야 한다.

수요예측은 과학이자 예술이다.[4] 정교한 통계기법의 정확한 사용이 예측 정확도를 명백히 향상시키므로 과학이라고 할 수 있으며, 현실적으로 실제 데이터는 거의 명쾌한 대답을 제공하지 않으므로 여러 개의 관계식들 중에서 가장 정확한 예측치를 제공할 수식들을 고르기 위해 사용자가 직접 선택해야 한다는 점에서 예술이라고 할 수 있다.

(김옥남, 2008.9.8, https://www.lgbr.co.kr/report/view.do?idx=15610)

4) Evans, M.K., *Practical Business Forecasting*, Blackwell Publishing, Oxford, 2003.
(다음 출처에서 재인용 : https://www.lgbr.co.kr/report/view.do?idx=15610)

이마트의 인공지능 수요예측, 먹혔나?

유통현장 '재고관리'와 관련된 페인 포인트(Pain Point)는 크게 세 가지가 있다. 첫 번째는 폐기. 너무 많은 재고를 발주해서 상품을 판매하지 못해서 버려지는 손실비용을 만든다. 두 번째는 결품. 반대로 너무 적게 재고를 발주해서 원래 더 팔 수 있는 것을 못 파는 기회비용을 만든다. 마지막은 인적자원(Human Resource). 위 모든 예측과정에 투입되는 인력으로 인해 자연히 늘어나는 비용이다.

이환기 신세계아이앤씨 AI팀장이 13일 AWS코리아가 주최한 행사(AWS 클라우드위크)에서 발표한 내용 일부를 갈무리한 내용이다. 작은 기업에서만 일어날 일이라고? 이 팀장에 따르면 신세계 또한 현장에서 똑같은 문제를 겪었다. 그래서 그는 생각했다. 어떻게 이 문제를 해결할 수 있을까. 사람이 아닌 인공지능이 수요예측을 한다면 어떨까.

전통적으로 유통업계에서 많이 사용하는 수요예측방법은 통계학을 응용한 '시계열 분석기법'이다. 상품 판매 추세와 계절 요소, 불규칙 변동 등을 조합해서 미래 판매 수치를 예측한다. 여기에 사람의 '직관'이 결합된다. 현장 경력이 오래된 사람이라면 갖고 있는 그 느낌, 바로 그거다.

하지만 전통적인 수요예측방법론의 한계가 없는 것은 아니다. 예컨대 시계열 데이터를 확보하기 어려운 신제품이나 코로나19와 같은 예측하지 못한 외부 변수가 들이닥쳤을 때 유연하고 빠른 대응이 어렵다는 지적이 나온다. 영업사원 등으로부터 수기로 전달받은 원데이터의 신뢰성을 담보하기도 어렵고, 사람의 직관이라는 것도 항상 맞는 것은 아니다.

이 팀장은 "유통회사들이 기존에 써오던 수요예측방식은 최근 데이터를 집계해서 추세를 확인하고, 그 추세를 연장하여 미래 수요를 예측하는 방식"이라며 "이런 방식은 예측대상이 되는 다음 주 업무환경을 반영하기 어렵고, 단순 추세만을 기반으로 하기 때문에 실상 '예측'이라 말하기 어렵다"고 설명했다. 그는 이어 "반면 인공지능 모델은 지난 데이터를 기반으로 특정상품이 왜 특정시기에 팔렸는지 파악하는 데 집중한다"며 "그날그날 상품의 팔림새와 환경변화를 학습하여 어떤 상황에서 상품이 판매되는지 추론할 수 있는 것"이라 말했다.

○ 이마트의 사정

신세계그룹의 대형마트 계열사인 이마트는 전국 140여개의 점포를 운영하고 있다. 각 점포에선 평균적으로 7만개 이상의 상품(Stock Keeping Units)을 판매한다. 점포별 영업일은 연간 340일 이상이다. 이 외에도 '독립변수'로 고려하도록 지정된 변수만 40여개다. 이마트의 발주 담당자는 이 모든 것을 고려하여 앞으로 한 주 뒤 판매될 상품이 얼마나 될지 예측해야 한다. 종전까지 이 수요예측 업무는 '수기'를 기반으로 진행됐다.

신세계아이앤씨는 이 과정에서 발생하는 비효율을 개선하고 싶었다. 그 방법은 수요예측 업무를 사람이 아닌 컴퓨터에게 맡기는 것이다. 수요예측 정확도와 종전 사람 직원의 업무량 등을 고려했을 때 오히려 인공지능이 사람보다 잘할 수 있을 것이라 생각했기 때문이다.

그래서 신세계아이앤씨가 AWS의 IT 인프라를 활용해 개발한 예측엔진이 '사이캐스트(Saicast)'다.

신세계아이앤씨는 이마트에서 발생한 지난 2년간의 데이터를 기반으로 예측모델을 구축했다. 효율적인 작업을 위해서 수집한 원데이터를 축소하고, 엔지니어링을 통해서 전처리, 보정하는 작업이 이어졌다. 이후 파생변수를 생성하는 작업을 거친 뒤 데이터를 기반으로 한 예측모델 학습을 진행했다.

사이캐스트는 그날그날 상황 변화에 따른 상품의 판매현황과 환경변화를 학습한다. 예컨대 요일, 상품 판매 가격, 날씨, 시즌, 행사 여부 등의 변화에 따라 특정상품의 판매량이 어떤 영향을 받는지 인공지능이 그때그때 확인하고, 학습한다. 인공지능 모델은 머신러닝을 기반으로 점차 고도화된다.

○ AI 수요예측의 결과

신세계아이앤씨는 수요예측 모델 '사이캐스트'를 지난해 이마트 2개점에 도입, 테스트했다. 기존 사람이 수기로 수요예측을 하는 방법의 결과값과 인공지능 기반 수요예측의 결과값을 비교하는 방식이었다. 결과는 인공지능의 압승이었다. 신세계아이앤씨에 따르면 2019년 10월 26일부터 30일까지 이마트 점포 1만개 상품, 98개 중분류 상품 카테고리를 대상으로 평균 제곱근 오차(RMSE)를 도출한 결과, 92개 중분류에서 인공지능을 통한 수요예측이 종전 사람이 하는 방식 대비 우수한 것으로 나타났다. 인공지능을 활용한 방식의 예측오차는 종전 사람이 수행하는 방식 대비 18%가 개선됐다.

이 팀장은 "테스트 결과를 토대로 현업부서에 인공지능의 가능성을 시사할 수 있었다"며 "이후 한 달간 현업부서의 검증기간을 거쳐서 POC 대상이었던 2개 점포에 인공지능 기반 자동발주를 적용했다. 현재 AI가 판단하여 사람의 개입 없이 발주를 내고 있으며, 10개월가량 운영하는 동안 단 한 번의 장애도 없었다"고 말했다.

테스트 결과에 힘입어 신세계아이앤씨는 사이캐스트를 '사이캐스트 2.0'으로 발전시켰다. 사이캐스트 2.0은 '행사상품' 전용 수요예측 엔진이다. 행사상품은 한시적으로 진행되는 이벤트와 가격변동 등으로 인해 일반상품 대비 변동성이 크고 수요예측은 어렵다고 여겨지던 품목이었다. 행사상품 수요예측을 위해서는 짧은 기간에 맞춘 순발력이 필요했고, 수기로 처리하기 어려운 복잡한 변수의 데이터 분석이 필요했다는 이 팀장의 설명이다. 사이캐스트 2.0에는 빠르게 변하는 행사 환경에 대응하기 위한 서브 AI모델을 도입했다. 예컨대 소비자가 상품별로 가격변경에 얼마나 민감하게 반응하는지 체감 가격을 '수치화'하는 모델을 적용했다. 행사 이후 판매량이 이상적으로 증가하는 '아웃라이어(이상치, Outlier)'를 제거하는 모델도 사이캐스트 2.0에 도입됐다.

신세계아이앤씨는 지난 4월 사이캐스트 2.0을 전국 140여개 이마트 매장에서 동시 진행한 행사상품 5만여 품목을 대상으로 적용해서 테스트했다. 이전 이마트 2개점에서 진행한 테스트와 마찬가지로 인공지능 모델의 예측값과 사람의 수기 모델 예측값의 결과치를 비교한 것인데, 그 규모가 크게 늘었다. 결과는 이번에도 인공지능의 압도적 우위로 나타났다. 신세계아이앤씨에 따르면 82:18의 비중으로 인공지능의 수요예측이 사람보다 더 우수한 값을 뽑아냈다. 기존 사람의 수기 모델은 행사 개시 첫 4일간의 판매량 증가와 행사 마감 이후 4일간의 판매량 감소를 잘 예측해내지 못한 반면, 인공지능 모델은 비교적 추세를 따라가며 수요를 예측한 것으로 확인됐다.

이 팀장은 "인공지능이 예측한 값은 실제 판매량을 유사하게 따라갔다. 행사 시작 이후에도 판매량이 미미한 상품이 있는데 이러한 상품 또한 인공지능은 상품별, 행사별 여러 변수를 고려해서 추론하는 모습을 보여줬다"며 "현장에는 아직 인공지능의 비즈니스 적용에 대한 의구심이 존재하고, 실제 기술 도입의 타당성, 가성비가 떨어지는 경우도 있다. 하지만 우리는 하나씩 인공지능 모델을 만들고 연구하면서 크고 작은 비즈니스에 적용하고 있다. 이 과정이 향후 단단한 초석이 될 것이라고 본다"고 강조했다. (Byline Network, 2020.11.15)

예측하지 않은 물량은 할당하지 않는다

두산전자 BG가 전사적으로 강력한 S&OP[5]를 진행하면서 세웠던 원칙이 바로 'No Forecast, No Allocation(예측하지 않은 물량은 할당하지 않는다)'이다. 처음 이 원칙을 발표했을 때 영업 담당자들의 불만은 엄청났다. 하지만 임원진들의 확고한 신념으로 원칙을 지켰고, 매주 수요일마다 S&OP 회의를 진행했다. 회의에서는 재고 및 납기 등에 대한 문제점을 지적하고 다음 주 계획을 수립했다. 이런 주 단위 S&OP 회의를 추진한 덕분에 지난주 발생한 수요변동을 금주 생산에 반영할 수 있었고, 다음 주 판매계획도 실제 판매수치에 근접한 정보를 반영함으로써 부실재고가 눈에 띄게 줄어들었다. 장기 악성재고가 줄어듦에 따라 기업의 수익성과 현금흐름도 좋아졌다. 납기 준수율과 판매계획 준수율도 개선됐다.

○ 두산전자 BG의 S&OP 프로세스에 대해 자세히 설명해 달라.

"수요관리를 제대로 하기 위해서는 SCM혁신부터 해야 했다. 2007년 SCM팀을 발족해 수요, 공급망에 대한 사전조사를 실시했다. 이때 움직이지 않는 장기 악성재고가 많은 것이 가장 큰 문제점으로 지적됐다. 이를 줄이고자 S&OP팀을 만들어 전사적 수요관리를 위한 프로세스를 구축했다. S&OP는 최적의 수요와 공급의 균형을 이뤄 고객만족과 수익성을 충족하도록 도와주는 업무 프로세스다. 매주 수요일마다 윤희구 부사장 주재로 S&OP 회의를 열어 지난주 시장에서 일어난 일을 이번 주 판매와 생산계획에 반영하고, 다음 주에 있을 법한 변화를 예측해 이를 금주 판매와 생산 계획을 수립할 때 고려한다. 회의에는 생산, 영업, 구매 등 50여명의 담당 임직원들이 참여한다. 주 단위로 S&OP 프로세스를 운영하는 것이 큰 변화였다. 한 달에 한번 만나서 넘던 걸 네 번 만나서 넘으면 정확도는 당연히 높아진다. 목~월요일까지는 정보를 입력해 수요를 예측하고, 화요일엔 공급계획을 수립하고, 수요일엔 S&OP 회의를 통해 공급계획을 확정한 후 실행에 들어가는 타임스케줄이다."

---

5) S&OP는 판매, 마케팅, 개발, 제조, 구매 및 재무 등의 기업 내 모든 의사결정부문을 통합화하기 위해 각 부문의 대표(팀장급)들이 모여 통합적 의사결정이 이루어지는 회의이다. 판매와 생산의 각 부문별로 세워진 계획은 전체적인 관점에서 보았을 때에는 서로에게 만족할 만한 결과를 주지 못할 수 있기 때문에 전체적인 관점에서 수립된 계획의 원인과 문제점을 공유하고 대응책을 마련하여 모두가 한 방향으로 나아가도록 유도하는 것이 주된 목적이다.

재고가 쌓이는 이유는 기본적으로 조직간 신뢰 문제다. 가령 영업부에서 100개가 필요하면 생산부서에 100개를 요청하지 않고 110개를 요청한다. 기간 내에 생산부서에서 다 만들 수 없을 거라는 불안감 때문이다. 이러한 문제점을 없애기 위해 '판매계획이 없는 생산계획은 없다' '팔기로 한 것은 반드시 판다'라는 기본 원칙을 강조했다. 중간에 계획을 바꾸고, 약속을 지키지 않으면 전체 공급망이 흔들린다. 두산전자 S&OP 프로세스의 운영원칙을 요약하면 프로세스간의 약속을 지켜서 신뢰를 확보하자는 것이다. 매주 S&OP 회의를 통해 계획과 실적의 차이를 분석하고, 분석을 통해 드러난 문제점을 개선해 다시 계획에 참고해 프로세스를 실행하고 있다.

○ 'No Forecast, No Allocation'이란 원칙은 영업부서 직원들에게 상당히 부담이었을 것 같았다. 불만도 상당했을듯 한데 이를 어떻게 극복하고 S&OP 프로세스를 진행했나?

"재고는 프로세스의 모든 문제가 모이는 곳이다. 재고를 줄이려면 우선 재고가 정확하게 보여야 한다. 즉 재고의 가시성을 확보해야 한다. 줄이려는 대상이 보여야 직원들을 움직일 수 있다. 피터 드러커는 '측정할 수 없으면 개선할 수 없다'고 했다. 우선 실시간으로 정확한 재고수준을 측정해 누구나 볼 수 있도록 하는 시스템 구축이 절실했다. 측정돼야 관리할 수 있고, 관리해야 개선될 수 있기 때문이다. 수요관리를 제대로 하기 위해서는 '오늘 재고가 몇 개냐'라는 질문에 정확한 답을 할 수 있어야 한다. 우리가 생산하는 제품 모델이 400~500개가량 되는데 각각의 세부적인 모델별로 재고가 몇 개인지 정확하게 측정하는 시스템을 만들었다. 여기서 그치지 않고 재고 아이템별로 고객사를 매칭시켰다. 이 말은 아이템별로 담당 영업사원이 누구인지 확인할 수 있다는 의미다. 누구의 재고라는 것이 분명해야 책임소재가 명확해진다. 개선하는 작업에서 책임소재가 불분명하면 개선이 안 된다. 이전까지는 누가 요청을 해서 생산한 것인지, 가령 영업사원이 주문해서 생산한 것인지, 생산부서에서 임의대로 생산한 것인지 알 수 없었다. 재고에 대한 책임소재가 불분명했기 때문에 악성재고가 많았다. 보다 실행력을 높이기 위해 수요예측 정확도, 판매계획 준수율을 KPI(핵심성과지표)에 포함시켜 평가와 연동시켰다."

○ S&OP 프로세스 혁신으로 이전보다 수요예측이 더욱 중요해졌을 것 같다. 정확한 수요예측을 위해 어떤 노력을 하고 있나?

"최근엔 수요변동이 너무 심해 한 치 앞을 내다보기 힘든 형국이다. 수요예측의 오차를 줄이는 게 매우 힘든 작업이지만 그럼에도 불구하고 끊임없이 해나가야 한다. 영업사원들이 직접 수요예측을 하는데 영업사원의 시장에 대한 통찰력이 중요하다. 재고상황 및 업스트림의 시장상황을 봐가면서 매주 수요예측을 하고 있다. S&OP팀에서는 영업부서에 각종 시장 데이터를 제공하고 영업사원들은 각각 수요예측모델을 정해 데이터들을 토대로 예측한 후 주 단위 S&OP 회의를 통해 예측과 실적 간의 차이를 분석한다. 차이가 많이 날 경우에는 활용하고 있는 수요예측모델이 맞지 않는 것이므로 다른 모델로 바꾼다. 처음부터 정확한 예측을 하는 것이 가장 좋겠지만 변동성이 심한 시장에서 이는 굉장히 힘들다. 그렇기 때문에 예측 후에 계획과 실적의 차이를 분석하고 이에 따른 대책을 세워 다음번 예측에 활용하는 게 더 중요하다."

○ 수요관리를 잘하고 싶어도 이를 위한 프로세스 구축 비용이 만만치 않아 엄두를 못 내는 중소기업들이 많다.

"수요관리를 잘하기 위해 가장 중요한 것은 관심이다. 우리도 본격적인 S&OP 프로세스를 갖추기 전엔 상당 기간 엑셀을 활용해 재고관리를 했다. 규모가 작은 중소기업이라면 공유 폴더를 활용해 엑셀 작업으로라도 재고관리를 시작할 수 있다. 근사한 시스템이 없더라도 의지를 갖고 운용하면 못할 것이 없다는 얘기다. 결국 시스템이 있어도 하는 건 사람이다. 시스템은 단지 업무량을 줄여줄 뿐이지 나머지는 사람이 한다. 다들 수요관리가 힘들다고 하는데 모든 회사들이 1년 단위의 경영계획을 세운다. 그것이 바로 수요예측이고, 그것을 쪼개서 월 단위, 주 단위로 하면서 실적과 비교해보고 다음 계획에 활용하는 것이 수요관리다." (동아비즈니스리뷰, 69호, 2010, pp.26~29)

연습문제

CHAPTER 4

선택형 문제

1. 다음 중 수요관리에 대한 설명이 바르지 못한 것은?

① 수요관리란 시장과 수요관련 정보를 획득 · 분석하고, 이를 토대로 수요예측을 시도하며, 전략적으로 설정한 목표달성을 위해 필요한 수요의 규모를 주도적으로 추정해 나가는 과정을 의미한다.
② 수요는 그 자체로 독립적인 절대변수가 아니며 판매가격, 판촉 등 다양한 전략적 변수에 따라 변화될 수 있기 때문에 적절한 수요관리가 요망된다.
③ 수요관리를 통해 시장에서 통할 수 있는 차별적인 제품속성이나 적정가격 수준 등을 손쉽게 파악할 수 있다.
④ 수요관리는 몇 단계를 거쳐 운영되는데, 수요계획의 수립, 수요계획의 합의, 모니터링 및 수요분석 등의 단계로 구성된다.

2. 수요계획 합의 프로세스란 무엇을 의미하는가?

① 수요에 영향을 미치는 다양한 가정 및 관련 정보(유통정보, 판매실적, 통계적 분석, 경영계획 등)를 바탕으로 수요예측을 실시하고 구체적인 수요규모를 추정하는 과정이다.
② 마케팅, 판매, 생산, 재무 등 조직 내 부서 및 외부 거래처와의 긴밀한 커뮤니케이션을 통해 단일 수요계획을 도출하는 단계이다.
③ 수요계획 및 실행결과를 모니터링하고 그 결과를 다음 계획수립시 반영함으로써 계획의 정확도를 개선하는 과정이다.
④ 최적 수요예측을 위해 적절한 예측기법을 선택하는 과정이다.

3. 다음 중 'No Forecast, No Allocation'에 대한 설명으로 바르게 된 것은?

ㄱ. 예측치를 제공하지 않은 부서는 판매할 물량을 할당받지 못한다는 의미이다.
ㄴ. 이 원칙을 적용하게 되면 재고에 대한 책임소재 파악이 어려워진다.
ㄷ. 이 원칙을 적용하면 누가 어떤 상품에 대해 어느 정도 예측을 했는지 알 수 있으며, 예측오류 축소를 위한 다양한 활동 전개를 유도할 수 있게 된다.

---

① ㄱ, ㄴ　　② ㄴ, ㄷ
③ ㄱ, ㄷ　　④ ㄱ, ㄴ, ㄷ

4. 질적인 예측기법이 사용되어야 하는 경우는?

① 과거의 자료가 없거나, 설사 있어도 새로운 기술의 도입, 정부의 규제 등에 의해 그 자료의 신빙성이 거의 없는 경우
② 과거 매출자료에서 수요에 영향을 미치는 요인들간의 관계를 찾기 어려운 경우
③ 과거 매출자료의 변동패턴이 뚜렷한 경우
④ 과거 매출관련 자료를 수집할 만한 시간과 비용이 없는 경우

5. 다음 중 델파이법에 관한 설명이 아닌 것은?

① 여러 전문가에게 일련의 미래사항에 대한 의견을 개별적으로 물어 종합하는 방법으로 전문가에 의한 방법과 마찬가지로 공개적으로 진행된다.
② 이 기법의 특징은 권위자의 영향력을 배제하고, 다수의견에 자신의 의견표시를 포기하는 문제점을 줄이고자 하는 데 있다.
③ 질문에 대한 전문가의 의견과 이의 근거자료가 제3자에 의해 정리되고, 이처럼 정리된 결과와 새로운 질문서가 다시 배포되는 과정을 의견일치가 이루어질 때까지 반복하게 된다.
④ 상당히 정확한 결과를 도출해 낼 수 있으나 비용과 시간이 많이 소요된다는 것이 단점으로 지적된다.

6. 다음 중 예측오차 및 예측기법의 신뢰도에 대한 설명으로 바르게 된 것은?

ㄱ. 예측오차는 t 기의 실제수요에서 t 기의 예측치를 뺀 값으로 e_t 로 표시한다.
ㄴ. 절대평균편차는 예측오차의 절댓값을 평균한 값이다.
ㄷ. 평균자승오차는 예측오차 제곱의 평균값이다.

---

① ㄱ, ㄴ　　② ㄴ, ㄷ
③ ㄱ, ㄷ　　④ ㄱ, ㄴ, ㄷ

7. 다음 중 단순회귀분석에 관한 설명으로 옳은 것은?

① 주로 초단기 수요예측만 쓰인다.
② 최소자승법에 의해 계수값을 도출한다.
③ 많은 자료를 필요로 하지 않아 사용하기가 용이하다.
④ 수요에 영향을 미치는 요인은 종속변수로 설정한다.

8. 시계열 예측기법에 관한 설명이 옳게 된 것은?

ㄱ. 과거의 수요패턴이 미래에도 계속된다는 가정하에 과거의 매출액 또는 수요에 관한 자료만을 이용하는 기법이다.
ㄴ. 수요에 영향을 미치는 요인들도 시계열화하여 반영할 수 있다.
ㄷ. 개별제품의 단기 수요예측에 많이 쓰인다.

① ㄱ, ㄴ　② ㄴ, ㄷ
③ ㄱ, ㄷ　④ ㄱ, ㄴ, ㄷ

9. 이동평균법에 관한 설명이 올바르게 된 것은?

ㄱ. 일반적으로 시계열 자료에 추세가 나타나 있거나 불규칙 변동이 심하지 않은 경우에는 가급적 작은 값의 n을 쓰게 되고, 그렇지 않을 경우는 큰 값의 n을 쓴다.
ㄴ. 구체적인 n값의 결정은 다양한 값의 n을 이용, MAD나 MSE를 계산하고, 이 중 그 값이 가장 큰 경우의 n값을 선택하는 과정을 거친다.
ㄷ. 이동평균법은 계산이 용이하기는 하지만, 과거의 모든 자료를 이용하지 않고, 또한 이동평균에 이용되는 실적치에 부과되는 가중치가 $1/n$로, 새로운 자료든 오래된 자료든 간에 예측에 있어서 자료의 중요성은 동일하다고 가정하고 있다.

① ㄱ, ㄴ　② ㄴ, ㄷ
③ ㄱ, ㄷ　④ ㄱ, ㄴ, ㄷ

10. 다음 중 지수평활법에 관한 설명으로 옳지 않은 것은?

① 지수평활법은 이동평균법과는 달리 과거의 모든 자료를 반영한다.
② 최근의 자료일수록 가중치를 높게 부과하는 특징을 가지고 있다.
③ 가중치인 α값이 작을수록 뚜렷한 추세가 보이는 경우 좋은 결과를 나타낼 수 있으며, 우연에 의한 변동이 심한 경우에는 큰 α값을 사용해야 한다.
④ 수요에 영향을 미치는 요인은 고려하지 않는다.

11. 오늘은 20××년 10월 31일이다. $\alpha=0.1$인 단순지수평활법을 이용하여 11월의 수요예측을 하고자 한다. 단순지수평활법을 이용하여 11월 매출액을 예측하고자 하는 경우 11월 예측치에는 9월 매출액 수치가 어느 정도 반영되어 있다. 11월 예측치의 계산과정에서 9월 매출액에 부과된 가중치를 구하시오.

① 0.03 미만　② 0.03과 0.06 사이
③ 0.061과 0.08 사이　④ 0.081 이상

12. 회귀분석 결과 결정계수값이 90%로 도출되었다. 그 의미를 제대로 설명한 것은?

① 전체 변동 중 10%가 회귀식에 의해 설명된다는 것을 의미한다.
② 독립변수는 종속변수 변동의 90%를 설명한다고 결론지을 수 있다.
③ 독립변수의 평균값이 종속변수 평균값의 90%이다.
④ 독립변수값이 1단위 움직이면 종속변수는 0.9단위 변동한다.

계산형 문제

1. 한국LCD는 매주 수요예측을 기초로 하여 단기생산계획을 수립하고 있다. 지난 10주간의 예측치와 실적치를 정리한 결과가 아래와 같을 때 이 예측기법의 사용에 따른 MAD와 MSE를 계산하시오.

주	1	2	3	4	5	6	7	8	9	10
예측치	885	900	900	905	905	900	905	915	915	910
실적치	883	890	900	900	895	906	910	905	909	915

2. A, B, C 세 가지 수요예측기법이 주어져 있다. 이 중 가장 좋은 기법을 선택하기 위해 6개월 동안 이 세 기법을 사용하여 예측치를 구한 결과가 다음과 같이 정리되어 있다. 각 예측기법의 사용에 따른 MAD와 MSE를 계산하고 가장 바람직한 예측기법으로 볼 수 있는 것을 선택하시오.

기 간	실제 매출액	예측치		
		A	B	C
1월	220	230	190	250
2월	240	280	290	320
3월	280	330	290	330
4월	320	330	380	370
5월	330	340	320	380
6월	340	330	350	380

3. 글로벌할인매장의 지난 8개월간의 매출액이 아래와 같다. 다음 각각의 예측기법을 이용하여 예측치를 계산하시오.

기간(월)	1	2	3	4	5	6	7	8
매출액(단위 : 천만원)	120	134	101	117	89	141	121	117

(a) 3기 이동평균법
(b) 0.1, 0.3, 0.6을 가중치로 한 3기 가중이동평균법(오래된 자료일수록 가중치가 작아짐)
(c) $\alpha=0.1$, $A_0=120$인 지수평활법

4. 다음 자료를 기초로 하여 물음에 답하시오.

기 간	1	2	3	4	5	6	7	8	9	10	11	12	13	14	15
판매량(단위 : 개)	153	160	141	159	155	137	275	267	285	279	282	274	275	220	227

(a) $\alpha=0.1$, 0.5, 0.7인 지수평활법을 이용하여 예측치를 구하시오($A_0=150$이라 가정). 단, 판매량 자료는 모두 정수이므로 예측치도 소수점 이하는 반올림하여 계산하시오.
(b) 각 기법의 MAD를 계산하시오.

5. 한국알파컴의 지난 6주간의 매출액이 다음과 같다.

기간(수)	1	2	3	4	5	6
매출액(단위 : 백만원)	100	105	115	120	130	135

(a) $A_0=100$, $T_0=5$, $\alpha=0.1$, $\beta=0.2$인 추세를 고려한 지수평활법을 이용하여 예측치를 계산하시오.
(b) 7주와 9주에 예상되는 매출액을 예측하시오.

6. 지난 6개월의 매출액이 다음과 같다.

기간(월)	1	2	3	4	5	6
매출액(단위 : 백만원)	12	11	15	12	16	15

(a) 가중치 0.6, 0.3, 0.1의 가중이동평균법을 이용하여 7월의 예측치를 구하시오.
(b) 단순 3개월 이동평균법을 사용하여 7월의 예측치를 구하시오.
(c) 5월말에 계산한 6월 예측치가 13일 때 $\alpha=0.2$인 지수평활법을 이용하여 7월의 예측치를 구하시오.

7. 극심한 불황에 허덕이는 건설자재 판매업체인 ABC마트의 지난 6개월간 매출액이 다음과 같다.

기간(월)	7	8	9	10	11	12
매출액(단위 : 백만원)	125	84	60	44	36	44

11월말에 계산한 $A_{11}=40$, $T_{11}=-23$이었다. $\alpha=0.3$, $\beta=0.4$일 때 12월말에 계산한 1월과 2월의 매출액 예측치를 구하시오.

8. 수제맥주를 생산, 판매하는 A가족 양조장은 지난 4년간 판매자료(단위 : 천 리터)를 살펴본 결과 분기별(계절별)로 판매량에 상당한 변동이 있음을 알게 되었다. 20×5년도 매출예상규모가 1,000(단위 : 천 리터)으로 예상될 때 20×5년도 분기별 매출예상치를 구하시오.

	20×1년도 판매량	20×2년도 판매량	20×3년도 판매량	20×4년도 판매량
1분기	50	80	90	100
2분기	200	200	210	230
3분기	250	270	250	260
4분기	300	320	330	330
합계	800	870	880	920
분기별 평균	200	217.5	220	230

9. 다음은 주 5일 영업하는 어느 대형 레스토랑의 지난 4주간 매출액(단위 : 10만원)이다. 일별로 매출액의 변동이 뚜렷이 나타나고 있고 전체적인 주별 매출은 지속적으로 증가하고 있음을 알 수 있다. 앞에서 살펴본 추세를 고려한 예측기법을 적용한 결과 5주차 예상매출액이 1,300(단위 : 10만원)인 것으로 나타났다고 하자. 다음 표를 참고하여 5주차의 일별 예상매출액을 구하시오.

	1주차		2주차		3주차		4주차	
	매출	계절적 요인(1)	매출	계절적 요인(2)	매출	계절적 요인(3)	매출	계절적 요인(4)
월	50	50/220=0.227273	80	80/240=0.333333	80	80/244=0.327869	80	80/248=0.322581
화	200	200/220=0.909091	200	200/240=0.833333	210	210/244=0.860656	210	210/248=0.846774
수	250	250/220=1.136364	270	270/240=1.125	250	250/244=1.024590	260	260/248=1.048387
목	300	300/220=1.363636	320	320/240=1.333333	330	330/244=1.352459	330	330/248=1.330645
금	300	300/220=1.363636	330	330/240=1.375	350	350/244=1.434426	360	360/248=1.451613
일일평균	220		240		244		248	

10. 주방기기 제조업체인 한국두샘은 회귀분석을 이용하여 매출액(Y) 예측을 하고 있다. 주방기기 매출에 영향을 미친다고 판단된 독립변수로는 다음과 같은 요인을 들 수 있다.

X_1 = 광고선전비 (단위 : 백만원)
X_2 = 대리점수
X_3 = 1인당 소득 (단위 : 백만원)
X_4 = 평균판매가격 (단위 : 백만원)
Y = 매출액 (단위 : 백만원)

과거의 자료를 수집하여 회귀식을 구한 결과가 다음과 같다고 가정하고 물음에 답하시오.

$$Y = 12.5 + 4X_1 + 90X_2 + 2.5X_3 - 4X_4$$

(a) 광고선전비 = 8백만원, 대리점수 = 60, 평균소득 = 80백만원, 그리고 평균판매가격이 1.5백만원이라면 매출액은 어느 정도가 될 것인가?
(b) 만약 대리점을 추가로 한 곳을 설치한다면 매출액은 어느 정도 증가하겠는가?

11. 다음은 한국항공의 주간 비행기 운행편수와 승객수의 관계를 정리한 자료이다.

운행편수	150	120	200	260	350	300	370
승객수(단위 : 만명)	5	20	15	18	17	30	35

(a) 회귀식을 구하시오.
(b) 운행편수가 400회일 때의 승객수 예측치는 얼마인가?
(c) 회귀식에 의해 설명되는 승객수의 변화 정도는 얼마겠는가?

12. 다음 자료는 한국철강의 월간 철근 판매액과 건설공사 허가건수의 관계를 정리한 것이다.

기간(월)	1	2	3	4	5	6	7	8	9
허가건수(단위 : 천건)	15	9	40	20	25	25	15	35	30
판매액(단위 : 억원)	10	6	4	16	6	13	9	10	16

공사허가 시점과 실제건설 시점은 약 한 달의 차이가 있다고 가정하고 다음 물음에 답하시오

(a) 독립변수와 종속변수를 정의하시오.
(b) 회귀식을 구하시오.
(c) 회귀식이 $Y = 0.91 + 0.395X$라 가정하고 10월 판매액의 예측치를 구하시오.

CHAPTER

5 생판계획(S&OP)과 일정계획

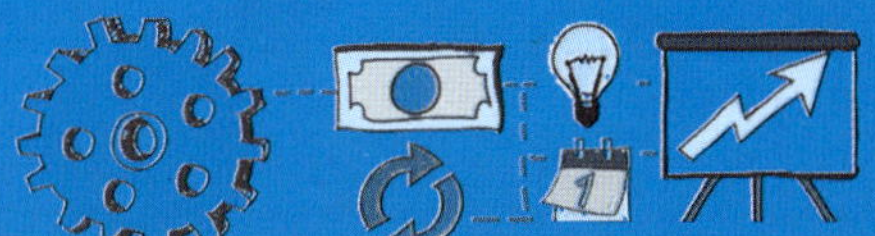

생산부문에서 매달 수립하는 생산계획은 각 판매채널의 수요예측치, 생산능력의 한계, 원자재나 부품의 조달가능성, 사용가능한 예산 등을 종합적으로 감안하여 수립하는데, 이를 판매 · 운영계획(Sales and Operations Planning, S&OP), 국내 기업들은 흔히 생판계획이라고 부른다. S&OP를 통해 제품그룹별 생산계획과 고용수준이 결정되면 각 개별제품의 생산계획인 기준생산계획을 수립한다. 본장에서는 제조현장에서의 계획수립과정을 단계별로 소개하고, 일회성 사업인 프로젝트의 일정계획 수립에 대해서도 간략히 살펴보고자 한다.

제 1 절 생판계획의 의의

제 2 절 기준생산계획의 수립

제 3 절 제조현장의 일정계획 수립

제 4 절 프로젝트의 일정계획 수립

제 1 절 생판계획의 의의

1 생판계획(Sales and Operations Planning)의 전략적 의의

일반 소비자로부터의 수요나 주문보다는 대기업이나 대형유통업체들의 개별적 주문을 기반으로 생산계획을 수립하는 많은 중소기업들은 복잡한 생산계획의 수립과정이 필요 없을 수도 있다. 설비투자 역시 상품을 구매해 가는 대기업이나 대형유통업체들의 요청을 감안하여 결정하는 경우가 많기 때문에 생산부문의 관리는 납기, 품질, 원가 등의 주어진 목표를 달성했는가에 대한 여부를 점검하는 정도에 그친다.

자사에서 생산한 부품이나 제품이 공장 문을 떠난 후 재고가 얼마나 남아 있는지, 대기업이나 대형유통업체를 거쳐 최종소비자에게 전달된 상품에 품질문제는 없는지 등에 관한 정보도 수집하기가 어렵다. 기업 외부 정보수집의 어려움은 생산관리를 말 그대로 생산공정에 별다른 이상이 없는지를 파악하는 프로세스 정도로 생각하기 쉽다. 상품개발이나 디자인을 직접 하지 않는 경우 생산관리는 매일매일 점검활동이 반복되는 일상적 업무에 불과하다. 이런 수준에 머무르는 기업은 주문이 지속적으로 올 것인지, 새로운 제품에 대한 생산요구가 닥치면 과연 대응할 수 있을지, 혹시라도 인건비가 저렴한 외국기업으로 아웃소싱은 하지 않을지 하는 우려 속에서 장기적인 성장전략의 수립은 생각하기도 힘들다.

그러나 기술력과 품질, 그리고 납품의 신뢰도 등을 기반으로 기업규모가 중견기업 수준으로 성장하게 되면, 생산관리는 단순한 일상적 점검수준을 넘어선다. 제품이 다양해지고 고객만족도가 높아지면서, 대기업이나 대형 도·소매업체로부터의 주문에 의존하던 판매방식이 자사 대리점을 통한 판매, 자사 웹사이트와 쇼핑몰을 통한 직접 판매, 외국 바이어들로부터의 주문 등으로 유통채널이 확장되기 시작한다. 매출이 늘어나면서 생산부문에 대한 요구도 다양해진다.

예정에도 없는 대형구매업체의 특판요청, 갑작스러운 납기 및 물량 변경이나 주문 취소, 설계변경에 따른 생산계획 수정 및 관련 원자재 및 부품에 대한 주문내역 변경, 유통채널마다 달리 요구하는 포장방식, 충분할 것이라고 예상했던 원자재재고의 이유 없는 소진 등과 같은 수요측면에서의 변동이 커지게 되면서 생산부문은 우왕좌왕하기 시작한다. 예를 들어 다양한 판매채널을 통해 요청된 생산요구물량을 그대로 합산하여 생산하면 대부분의 경우 재고가 기대 이상으로 남는다. 각 채널에서 예측한 판매량이 그대로 실현되기도 힘들고, 채널간에 보이지 않는 경쟁이 발생하여 전체적인 수요는 예상보다 낮은 수준을 나타내는 것이 일반적이다.

생산부문에서 매달 수립하는 생산계획은 각 채널의 수요예측치, 생산능력의 한계, 원자재나 부품의 조달가능성, 사용가능한 예산 등을 종합적으로 감안하여 수립하는데, 이를 생판계획(sales and operations planning, S&OP), 줄여서 흔히 S&OP라고 부른다. 기업의 정보시스템을 통칭하는 ERP시스템이 도입되기 전에는 생판계획 또는 S&OP라는 개념이 일반화되지 못했고 총괄생산계획(aggregate planning)이라는 이름으로 개략적인 월별 생산계획을 수립했었다. 이제 글로벌 기업들은 물론 많은 국내 기업들도 S&OP라는 용어를 사용하고 있다.

제조하는 데 시간이 많이 걸리는 제품이나, 필요한 원자재를 구매하는 데 시간이 많이 걸리거나 혹은 미리 주문하지 않으면 아예 자재를 공급하지 않는 경우, 생산부문은 영업부문에 수요예측을 요구하게 된다. 영업부문이 계약을 한 후에 생산계획을 잡으면 납기를 맞추기 힘들기 때문이며, 영업부문도 계약이 마무리되지 않은 주문을 생산측에 발주했다가 계약이 성사되지 않으면 불필요한 재고만 쌓이기 때문이다. 당장 팔 수 없는 완제품재고를 필요 이상 보유할 수도 없고 그렇다고 적절한 원・부자재재고 없이는 시장에서 요구하는 납기, 즉 리드타임을 맞출 수 없기 때문에 생산과 영업, 마케팅 부문 간에는 상당한 갈등이 유발될 가능성이 있다. 이런 상존하는 문제와 갈등의 소지를 체계적으로 접근하는 데 필요한 도구가 바로 S&OP라 할 수 있다.

S&OP는 전사적이고 광범위한 정보구축을 전제로 하는 공급망관리의 도입과는 상관이 없다. 최고경영자가 판매, 마케팅, 개발, 제조, 구매 및 재무 등의 이해관계자들을 한 곳에 모아 회사가 어떻게 자원을 투입해야 시장의 움직임에 효율적으로 대응할 수 있을 것인가에 대한 결정을 직접 주관하고자 하는 마인드만 있으면 충분하기 때문이다. S&OP는 제조업체가 상시적으로 직면하는 수요와 공급의 불균형을 해소하여 상품의 판매가용성을 제고하는

데 기여할 수 있는 비즈니스 프로세스이다. 과다한 재고, 주문 취소, 고객 불만족, 납기 지연, 문제발생에 대한 책임 회피, 수급 불균형, 사업계획과 실행계획의 불일치 등과 같은 문제에 대한 대안으로 S&OP는 상당히 효과적인 도구이다.

미국재고관리협회(APICS)에 의하면 S&OP는 지속적으로 고객중심의 영업 · 마케팅 전략계획을 공급망의 관리와 통합적으로 연계시키는 데 필요한 핵심역량을 제공할 수 있는 전술적 계획을 개발하는 과정으로 정의하고 있다. 보다 구체적으로 S&OP는 "기업 전체 최적화 관점에서 판매계획 및 자원의 운영계획 간의 동기화 계획을 수립하고, 계획 실행과정을 모니터링함으로써 적기에 차이 발생의 원인 분석과 문제 해결을 해나감으로써 지속적으로 계획 동기화를 추구하고 이에 근거한 실행을 유지시켜 나가는 과정"으로 정의할 수 있다. S&OP는 판매, 마케팅, 개발, 제조, 구매 및 재무 등의 기업 내 모든 의사결정부문을 통합화한 하나의 계획으로 몰아가는 데 기여한다. 판매와 생산의 각 부문별로 세워진 계획은 전체적인 관점에서 보았을 때에는 서로에게 만족할 만한 결과를 주지 못할 수 있기 때문에 전체적인 관점에서 수립된 계획의 원인과 문제점을 공유하고 대응책을 마련하여 모두가 한 방향으로 나아가도록 하는 것이 중요하다.[1)]

S&OP를 통해 월별 또는 주별 생산계획안이 확정되면, 영업 및 마케팅 부문에서는 언제 어떤 상품이 출시될지 알 수 있으며, 이미 확정된 주문 외에 판매가능한 물량이 어느 정도 되는지도 알 수 있다. 재무부문에서는 생산계획을 현실화하기 위해 필요한 예산과 판매를 통해 들어올 자금에 대한 구체적 계획을 세울 수 있다. 따라서 S&OP는 생산부문이 독자적으로 수립할 수 없다. 신상품 출시 및 판매부진제품의 단종에 관한 정보, 신상품의 테스트 마케팅, 마케팅 부문의 판촉스케줄, 원자재 구매가능량, 유통채널에 아직 남아 있는 상품재고 등까지 고려하여 계획을 수립하게 된다.

기술혁신으로 인해 제품수명주기가 점점 짧아지는 반면 치열한 경쟁으로 인해 제품다양성은 더욱 증대되면서, S&OP의 중요성은 더욱 강조되고 있다. S&OP가 형식적으로만 운영되면 값비싼 희생이 뒤따를 수 있다. 지나친 재고, 지나친 여유생산능력, 고객서비스의 추락, 긴 리드타임, 뒤죽박죽된 현장운영, 시장변화에 대한 대응력 둔화 등이 뒤따른다. 그뿐만 아니라 현장의

1) 주호재, 『글로벌 비즈니스 SCM으로 승부하다』, 성안당, 2010.

각종 일들이 공식적인 절차와 방법보다는 비공식적인 시스템에 의해 처리되기 시작한다. 상세한 결정이 하부현장의 일선 관리담당자 수준에서 별다른 가이드라인도 없이 이루어지게 된다. 연간 예산이나 계획은 한 달도 못 되어서 실제 운영과 어긋나게 된다.

이런 문제를 미연에 방지하기 위해 S&OP를 수립하기 위한 회의에는 생산, 마케팅, 영업, 신제품 개발, 구매, 재무부서의 주요 담당자들이 모두 참여해야 한다. 단순히 자료를 제시하는 정도에 그치는 것이 아니라 회의에 참여하는 모든 부서가 합의하는 생산계획을 도출하는 것이다. 생산에 영향을 줄 수 있는 정보는 이 회의에서 모두 공개되어야 한다. 정보공유를 통해 모두가 동의할 수 있는 액션플랜이 구축되는 것이다.

2 S&OP의 수립절차

S&OP는 대개 수요예측 및 수요계획의 수립, 공급(생산능력)계획의 수립과 실제 생산 및 수요 간의 갭 조정 등의 과정을 거치며, 주 1회 또는 월 1회 정도 관련 회의가 반복된다. S&OP의 첫 단계는 수요관리 시스템을 통해 도출된 생산요구량을 확정짓는 과정이다.

다시 말해, 수요관리기능을 통해 영업사원과 대리점에서 올라온 자료를 토대로 준비된 영업·마케팅부문의 예측치, 전략기획부문에서 준비한 예측치, 그리고 통계적 예측치 등이 S&OP 주관회의에 제시되면 심도 깊은 논의를 통해 사내의 모든 부문이 동의하는 단일 예측치를 마련한다. 수요예측치는 제조부문의 월별생산계획인 S&OP에 반영되고, 재무부서는 이를 토대로 예산계획과 자금흐름에 대한 계획을 수립한다. S&OP는 판매예측, 바람직한 재고수준, 생산능력상의 제약조건, 협력업체의 자재납품능력, 현금동원능력, 가용 인적자원 등을 고려하여 수립하며, 고객에게 직접 배송할 물량, 완제품 재고, 자사의 시설들에 인도하기로 계획된 총출고량이 주별(weekly)(경우에 따라서는 월별)로 결정된다.

이 경우 다음 주 또는 다음 달에 공급해야 할 물량만을 결정하지 않는다. 일정기간, 예를 들어 12주(주별로 계획을 수립하는 경우) 동안 주별로 공급해야 할 물량까지 동시에 결정한다. 월별로 S&OP를 수립한다면 다음 12개월 동안

각 월별로 공급해야 할 물량을 동시에 결정한다. 이런 계획수립방식을 rolling horizon 계획수립방식이라 한다. 물론 현실적으로 생산해야 할 물량은 다음 주 것으로 한정하지만 계획은 12주(월별 계획을 수립한다면 12개월) 것을 수립한다. 첫주가 지나가면 둘째주부터 다시 또다른 12주의 계획을 수립하고 그 중 첫째주의 계획을 실행한다. 한 번 수립한 12주의 계획을 수정 없이 실행하는 것이 합리적으로 보일 수도 있으나 실제는 그렇지 않다. rolling horizon 방식을 채택하는 이유는 단순하다. 첫째주에 실행해야 하는 계획량은 미래에 발생한 사건이나 변동사항을 고려하여 실행되어야 하므로 최적의 첫째주 의사결정을 위해서는 일정 미래기간 동안의 예측치가 고려되어야 한다. 단순히 다음 기간 동안에 무엇을 할 것인가를 정하기보다는 앞으로 12주간 어떻게 일을 해나갈 것인가를 염두에 두고 계획을 세우고 그중 첫째주 일을 처리한다는 것이다.

S&OP를 통해 제품그룹별 생산계획수준이 결정되면 각 개별제품의 생산계획인 기준생산계획(master production schedule, MPS)을 수립한다. 기준생산계획은 각 개별품목의 고객주문과 생산스케줄을 대응시키는 데 쓰이고, 고객의 납품요구조건과 제조자원 및 현금흐름 등을 연결시키며, 엔지니어링 디자인 활동의 필요시점을 나타내 주고, 핵심적인 인적자원의 부족여부를 결정해 준다. 따라서 기준생산계획은 단순히 수요예측치를 품목별로 재정리한 것이 아니고 생산능력의 한계와 설비가동의 효율성을 감안한 최종품목의 생산계획이다. 이 계획을 통해 미리 생산하여 재고로 비축할 품목들과 생산능력의 한계로 인해 출고가 다소 늦어질 품목들에 대한 정보도 얻을 수 있다. 예측이 수정되거나 주문내역이 바뀌면 기준생산계획을 수정한다. S&OP는 이미 기준생산계획의 도출과정에서 생산계획 수립도구로서의 역할을 완수한 것으로 볼 수 있다.

기준생산계획은 다시 세부자재계획(detailed material planning)과 작업현장의 일정계획을 이끌어 간다. 세부자재계획은 기준생산계획에서 설정한 제조부문의 전체적인 생산계획을 구체적으로 원자재, 부품, 파트, 중간조립품의 소요계획으로 바꾸는 프로세스이다. 외부에서의 구매와 자체적인 생산에 대해 모두 이런 과정이 적용된다. [그림 5-1]은 이런 계획수립과정을 간략히 정리한 것이다.

S&OP나 기준생산계획 등과 같은 생산부문의 계획수립은 공식적 시스템

[그림 5-1]
전체적인 생산계획의 수립과정

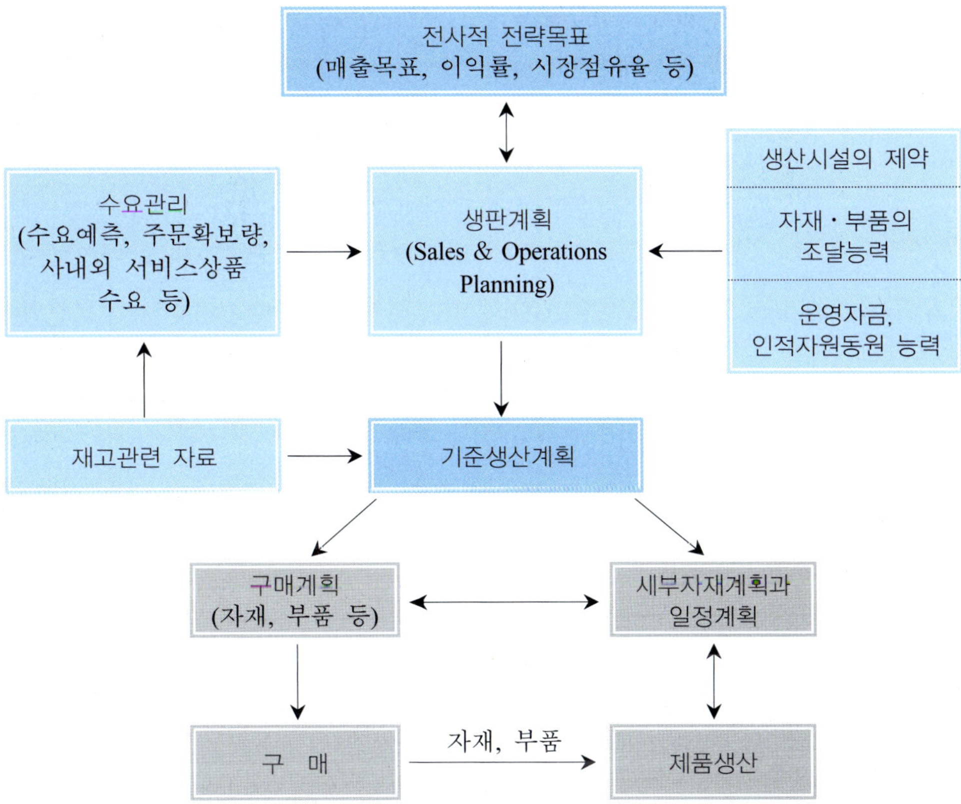

을 통해 구축되어야 한다. 그렇지 않고 임기응변식으로 생산계획을 수립해가는 기업에서는 발전이 있을 수 없다. 우선 이런 일을 담당하던 사람이 그 조직에서 빠져나가는 경우 전임자의 노하우가 기록이나 시스템으로 축적되어 있지 않았기 때문에 생산부문의 관리가 갑작스러운 혼란에 빠져들기 쉽다. 새로 인원을 투입하더라도 상당한 시간이 지나야 겨우 자리 잡게 된다.

무엇보다도 대부분의 일처리를 비공식적인 경로를 통해 하기 때문에 결과에 대한 평가가 힘들고 일에 대한 책임도 명확히 하기 어렵다. 지나치게 실행에만 초점을 두기 때문에 "할 수 있다"라는 생각이 앞서 조직구성원의 과도한 헌신을 요구하기도 한다. 그 결과로 나올 수 있는 부산물이 바로 불필요한 잔업, 과다한 재고와 폐기물, 예상치 못한 불량품 등이다. 공식적인 시스템이 존재한다 하더라도 생산현장에 맞지 않는 엉뚱한 모형을 채택하고 있었거나, 모형은 우수하지만 투입되는 데이터가 부정확하거나, 또는 모형과 데이터는 우수하지만 실제 운영이 시원치 않은 경우 공식적인 시스템 역시 별 효과가 없다.

S&OP, 기준생산계획, 세부자재계획 등 생산시설활용에 관한 다양한 계획수립 및 점검 활동은 실제 제품을 만들어내는 작업활동이 아니지만, 이런 간접부문의 운영이 효율적이지 못하면 생산현장의 운영 역시 뒤죽박죽이 될 가능성이 높다. 제조기업은 2개의 공장으로 구성되어 있다고 생각할 수 있다. 하나는 제품을 만드는 공장이고 또 하나는 서류나 컴퓨터시스템을 통해 온갖 업무를 처리하는 간접(overhead)인원으로 구성된 숨겨진 공장(hidden factory)[2]이다. 시간이 지나감에 따라 전자는 후자에 비해 점점 코스트 면에서 하락하고 있으나 숨겨진 공장의 확대로 전체적인 비용은 오히려 증가하는 경향이 있다. 바로 이 숨겨진 공장의 큰 부분을 차지하는 것이 계획수립과 점검 부문에 종사하는 간접부서의 인원들이다. 특히 라이프사이클이 점점 더 짧아지고 있는 첨단제품의 경우 수요관리, S&OP, 기준생산계획으로 이어지는 생산부문의 계획수립활동은 기업경쟁력에 매우 큰 영향을 미친다.

제 2 절 기준생산계획의 수립

1 기준생산계획의 역할

생판계획(S&OP)을 통해 전반적인 생산계획수준이 결정되면 이 자료를 토대로 하여 각 개별제품, 또는 제품라인의 생산계획, 즉 기준생산계획(master production schedule, 이하 MPS라 부르기로 함)을 수립한다. MPS는 마케팅, 엔지니어링, 재무, 제조, 인적자원을 포함하는 기업의 모든 관리영역의 운영적 결정을 조정 · 통합하는 결정적인 역할을 한다. 예를 들어 MPS는 각 개별품목의 고객주문과 생산스케줄을 대응시키는 데 쓰이고, 고객의 납품요구조건과 제

2) Miller, J.G. and T.E. Vollmann, "The Hidden Factory," *Harvard Business Review*, September/October 1985, pp. 41~50.

조자원을 연결시키며, 엔지니어링 디자인 활동의 필요시점을 나타내 주고, 핵심적인 인적자원의 부족여부를 결정해 준다. 결과적으로 MPS는 S&OP를 통합된 운영계획으로 바꾸어 가는 데 필요한 자세한 내용을 제시해 준다.

따라서 MPS는 단순히 수요예측치를 품목별로 재정리한 것이 아니고 생산능력의 한계와 설비가동의 효율성을 감안한 최종품목의 생산계획이다. 이 계획을 통해 미리 생산하여 재고로 비축할 품목들과 생산능력의 한계로 인해 출고가 다소 늦어질 품목들에 대한 정보도 얻을 수 있다. MPS는 납기결정프로세스를 통해 마케팅과 연계된다. 고객이 원하는 날짜에 납품하기가 어려우면 계획수정을 위한 상충관계(trade-off) 결정이 MPS의 수정과정에서 이루어진다.

MPS는 최종제품을 나타내는 카탈로그번호를 이용하여 수립한다. 즉 자재명세서(bill of material)가 존재하는 파트번호를 이용하여 수립된다. MPS는 구체적인 생산스케줄이기 때문에 부품이나 다른 소요원자재 수량을 결정하는 데 쓰일 수 있도록 설정되어야 한다. 따라서 MPS는 화폐단위나 그 밖의 총괄적인 단위로 나타내서는 안 된다. 물론 MPS에 나타난 제품번호가 최종제품을 의미할 수도 있고 경우에 따라서는 품목그룹일 수도 있다.

요약하면 MPS는 고객에게 납품일자를 약속해 줄 수 있는 토대를 제공하고, 생산능력을 효과적으로 활용하며, 제조・마케팅간의 갈등을 해소하고, 생산부문의 운영방향을 제시해 준다. MPS의 기능을 정리하면 다음과 같다.

- 최종품목의 생산・구매 스케줄을 제공한다. 즉 개별품목의 기간별 생산 및 구매 수량을 결정한다.
- 상세한 자재계획을 수립하는 데 가장 중요한 자료이다. 최종품목을 생산하는 데 필요한 부품 및 원자재의 생산・구매 시점을 결정하는 역할을 한다.
- 현재의 수요를 충족시키기 위해 투입되는 여러 자원들의 요구량을 결정하는 토대이다. 인적자원, 기계사용시간, 에너지와 같은 자원의 소요량을 결정하며 시뮬레이션과 같은 방법을 통해 여러 대안을 평가할 수 있는 도구이다.
- 고객이 요구한 품목을 언제 공급할 수 있는지를 알아보는 데 필요한 자료이다. 조립생산의 경우 스케줄상의 생산능력의 일부를 고객주문에 할당함으로써, 아직 할당 안 된 수량을 통해 고객에게 납품일자를 약

속할 수 있다. 또, 재고가 충분하지 않은 경우에는 ATP(available to promise)를 계산하여 앞으로 들어올 주문을 언제 만족시켜 줄 수 있는지 체크한다. ATP는 약속가능물량(available to promise)을 의미하는 용어로, 남아 있는 재고에서 생산예정량을 합한 뒤 이미 주문을 약속한 물량을 공제한 값으로 정의할 수 있다. ATP를 이용하여 납품일자를 결정하면 생산능력 없이 약속하거나 지키지도 못할 약속은 하지 않게 된다.

MPS 담당자는 기간별로 MPS에서 계획한 생산물량을 합하면 S&OP에서 합의한 생산물량과 일치가 되도록 조정해야 한다. 또 특정품목의 추가생산시 다른 품목에 미칠 영향과 같은 what-if 물음에 대해서도 언제나 답할 수 있어야 한다. 따라서 MPS 담당자는 주문접수, 작업현장의 관리부문과도 긴밀히 협조하면서 여러 부문에서 요구하는 계획상의 수정을 받아들일 수 있는지를 검토해야 한다.

2 MPS의 수립단위

MPS 수립방법은 기업의 마케팅전략을 반영한다. 예를 들어 매우 짧은 시간 내에 표준화된 디자인의 제품을 공급해야 한다면 MTS(make-to-stock) 접근방법을 적용해야 한다. 이 경우 MPS는 판매예측 · 유통부문과의 조정이 필요하다. 만약 다양한 디자인을 고객주문에 따라 소량씩 생산한다면 MTO(make-to-order) 방식이 적용되어야 하며 이 경우 MPS는 고객주문의 처리와 접수, 엔지니어링설계 부문과 매우 긴밀한 연락을 취해야 한다. 다수의 기본부품을 조립하여 다양한 제품을 만드는 경우 중요부품에 대한 MPS와 함께 최종제품의 조립계획을 별도로 수립하는 ATO(assemble-to-order) 방식을 취한다. MTS, MTO, ATO 중 어느 방식을 택하느냐에 따라 MPS 수립에 쓰이는 단위(unit)가 달라진다.

(1) 계획생산

고객의 수요에 신속히 대처하기 위해 상당량의 재고를 보유하며 배치형태로 생산하는 기업이 흔히 채택한다. 계획생산을 하는 경우 MPS는 각 품목의 카탈로그번호를 이용하여 수립하며 모델의 수가 많은 경우에는 품목그룹별로 나누어 MPS를 수립하기도 한다. 또 생산준비시간을 절감하고 생산성을 높이기 위해 유사한 품목들을 묶어서 같이 생산하기도 한다. 예를 들어 가구회사의 경우 똑같은 형태의 식탁은 색상이 다르더라도 같은 품목으로 처리한다. 가정용 전기드릴 같은 품목은 마력(horsepower), 부속물(attachments), 브랜드라벨이 다르더라도 똑같은 것으로 간주하여 MPS를 수립한다.

고객의 주문은 신속한 공급을 가능하게 하기 위해 재고에서 직접 충족된다. 고객에 대한 납품일자 약속은 별도로 요구되지 않지만 모든 제조계획이 예측을 토대로 하기 때문에 예측의 정확성을 모니터할 수 있는 장치가 필요하다. MTS환경에서의 불확실성은 예측의 오차에 있다.

(2) 주문생산

MTO기업은 일반적으로 완제품재고를 보유하지 않으며 고객의 주문이 들어와야만 생산한다. 다양한 제품들을 생산하기 때문에 판매예측을 통해 미리 생산해 놓기는 어렵다. 그러나 대개의 경우 생산리드타임이 매우 길기 때문에 주문내역이 확정되기 전에 필요한 원자재나 부자재 등을 예측하고 미리 주문하여 준비해 놓는다. 고객주문이 확정되면 해당주문의 디자인 및 제조에 소요되는 시간, 자재 · 생산능력의 가용량, 현시점의 주문현황 등을 토대로 고객에 대한 납품일자 약속이 이루어진다.

(3) 주문조립생산

자동차조립과 같이 다수의 기본부품과 서브어셈블리를 조립하여 다양한 제품을 만드는 경우 최종제품에 대한 MPS를 수립하기보다는 엔진, 기어, 몸체 등과 같이 중요부품에 대해서만 MPS를 작성하고 최종작업과정인 자동차조립은 최종조립스케줄을 통해 별도로 운영한다.

일반적으로 고객이 요구하는 납품소요시간은 제조리드타임보다 훨씬 짧기 때문에 고객의 주문을 어느 정도 예상하여 생산을 미리 시작해야 한다. 그러나 최종품목 가짓수가 많기 때문에 수요예측이 어려우며 모든 품목들을 재고로 보유하기에도 위험이 너무 크기 때문에 고객주문이 들어오기 전에는 최종조립을 시작하지 않는다.

전체적인 제조리드타임을 줄이기 위해서는 선택사양을 구성하는 재고를 충분히 보유한 뒤 각 개별고객의 주문에 맞추어 최종제품을 완성한다. ATO 하에서는 제품믹스의 불확실성이 높기 때문에 MPS와 최종조립스케줄은 가능한 한 마지막 순간까지 최종완제품생산을 유보하고 폭넓은 선택사양을 제시할 수도 있도록 디자인한다. 조립생산은 아니지만 제약업체의 경우에도 최종제품보다는 포장 직전의 약을 대상으로 MPS를 수립하며 최종적인 주문이나 수요에 맞추어 포장을 완성하여 출고한다.

3 MPS 수립방법

MPS는 최종 생산품목의 실제 생산계획이므로 다음과 같은 많은 자료를 필요로 한다.

- S&OP : MPS에서 계획한 생산량과 재고수준의 합이 S&OP에서 도출된 계획량과 일치할 수 있도록 조정되어야 한다. S&OP에서 나온 자료는 곧 MPS 수립시 제약조건의 역할을 한다.
- 수요데이터 : 판매예측, 고객주문, 유통업체의 주문, 서비스파트 수요예측, 엔지니어링 시제품, 안전재고, 비축재고 등을 모두 감안한 자료가 준비되어 있어야 한다.
- 재고현황 : 현재고, 이미 수요자에게 배정한 재고물량, 이미 발주한 생산 · 구매 주문 등을 감안하여 계획을 수립해야 한다.
- 주문모형에 관한 자료 : 주문량모형, 각종 비용, 안전재고 계산방식, 리드타임 등에 관한 최근의 자료도 준비되어 있어야 한다.

이제 MPS 수립에 사용되는 몇 가지 모형을 살펴보기로 하자.

(1) 재고소진기간을 이용한 계획수립

표준화된 품목들을 같은 설비를 이용하여 계획생산하는 경우 생산해야 할 품목들의 우선순위를 결정하는 것이 중요하다. 이 경우 많이 이용하는 기법으로 재고소진기간(runout time)을 이용하는 방법을 들 수 있다. 재고소진기간은 현재고가 완전히 소진될 때까지의 기간을 의미한다.

$$\text{재고소진기간 } R_i = \frac{\text{제품 } i \text{의 현재고}}{\text{제품 } i \text{의 단위기간당 평균수요}}$$

재고소진기간을 이용하여 생산계획을 수립하기 위해서는 생산준비비용을 감안한 각 품목의 경제적 생산량 및 이에 소요되는 생산시간을 계산해야 한다. 여기서 생산준비비용은 생산순서와 관계없이 품목별로 일정하게 소요되고 일단 생산준비가 완료되면 경제적 생산량만큼을 생산한 뒤에야 다음 품목의 생산으로 전환한다는 가정을 근거로 하며, 생산준비시간은 1회 생산량에 소요되는 생산시간에 포함되어 있다고 가정한다.

현재고를 기초로 하여 각 품목의 재고소진기간이 계산되면, 가장 먼저 생산해야 할 품목은 재고소진기간이 가장 짧은 것이 된다. 만약 이 품목의 생산에 소요되는 시간이 1주일이라 한다면, 두 번째로 생산해야 할 품목은 1주일 후의 예상재고를 기초로 하여 계산한 재고소진기간이 가장 짧은 품목이 된다.

이제 다음의 예를 중심으로 하여 이 원리를 구체적으로 살펴보기로 하자.

예제 5-1

다섯 가지 음료를 생산하는 한국음료는 재고소진기간을 이용하여 향후 4주간의 생산계획을 수립하고자 한다. 계획수립에 필요한 각 품목의 현재고, 주당 평균수요, 생산준비비용을 고려한 1회 생산량, 그리고 생산준비시간을 포함한 생산소요시간을 추정한 결과 다음과 같은 자료를 작성할 수 있었다.

품 목	현재고	주당 평균수요	1회 생산량 (배치의 크기)	1회 생산량의 생산소요시간
A	800	250	1,000	1.2주
B	600	300	800	0.8주
C	2,000	500	1,500	1.5주
D	2,400	800	1,800	2.2주
E	525	300	600	1.0주

풀이

우선 현재고와 주당 평균수요를 이용하여 각 품목의 재고소진기간을 계산해 보기로 하자.

품 목	A	B	C	D	E
재고소진기간	3.2	2.0	4.0	3.0	1.75

이 중 재고소진기간이 제일 짧은 것은 품목 E가 되므로 우선 이 품목을 1회 생산량만큼 생산하게 된다. 품목 E의 소요생산시간은 1주일이므로, 1주일 후에야 새로운 품목으로의 생산전환이 가능해진다. 앞으로 1주일간의 예상수요를 기초로 하여 예상재고를 계산하고 이를 이용하여 재고소진기간을 계산하면 다음과 같다.

	예상재고	재고소진기간
A	800－250＝550	2.2
B	600－300＝300	1
C	2,000－500＝1,500	3
D	2,400－800＝1,600	2
E	525－300＋600＝825	2.75

두 번째로 생산해야 할 품목은 B가 되며 생산소요시간이 0.8주이므로, 현재를 기점으로 하여 1.8주 후(즉 품목 B의 생산이 완료되는 시점)의 새로운 재고소진기간을 계산하고 생산해야 할 품목을 결정해야 한다. 1.8주 후의 예상재고와 재고소진기간은 다음과 같으며 이에 따라 세 번째 생산품목은 D가 된다.

	1.8주 후의 예상재고	재고소진기간
A	550－(250)(0.8)＝350	1.4
B	300＋800－(300)(0.8)＝860	2.87
C	1,500－(500)(0.8)＝1,100	2.2
D	1,600－(800)(0.8)＝960	1.2
E	825－(300)(0.8)＝585	1.95

따라서 첫 4주간 동안은 E－B－D의 순으로 생산이 이루어진다.

이 과정에 잘 나타나 있듯이 재고소진기간을 이용하여 생산계획을 수립하는 경우 계획초기에 계산한 재고소진기간으로 계획기간 전체의 생산스케줄을 도출하지 않으며, 한 품목의 생산이 완료된 시점에서의 예상재고를 추정하여 재고소진기간을 다시 계산한다. 물론 이처럼 결정된 생산스케줄이 계획기간 전체에 유효할 수는 없으며 실제수요와 생산실적에 관한 자료가 추가되면서 새로운 스케줄이 재작성된다.

참고로 5주초에 재고소진기간을 계산하면 다음과 같다. 이 표에서 알 수 있듯이 5주중에는 A, C, E의 재고부족현상이 나타난다. 물론 A와 E는 이미 넷째주중에 이미 재고부족현상을 보이게 된다. 이런 경우에는 생산능력을 추가하거나 품목 D의 1회 생산량을 줄여

재고부족이 발생하지 않도록 조치해야 한다.

	5주초의 예상재고	재고소진기간
A	350−(250)(2.2)=−200	−
B	860−(300)(2.2)=200	0.67
C	1,100−(500)(2.2)=0	0
D	960−(800)(2.2)+1,800=1,000	1.25
E	585−(300)(2.2)=−75	−

(2) 시간대별 주문점제도(time-phased order point, TPOP)

이번에는 시간대별로 예측치가 주어진 경우를 생각해 보기로 하자. 생산시설을 한 품목에 전용하는 경우는 거의 없으므로 재고소진법에서와 같이 MPS는 같은 설비를 통해 생산되는 모든 품목들의 필요생산량과 생산능력의 한계, 생산준비시간 등을 고려하여 작성되어야 한다. 예를 들어 일단 생산준비가 완료되면 생산성을 높이기 위해 1회 생산량을 30개로 설정하였다고 하자. 기초재고를 20개라 하고 보유재고가 5개 미만으로 떨어지는 기간에만 생산한다면 MPS는 〈표 5-1〉과 같다.

이 표에서 예상재고란 MPS에 맞추어 생산할 경우 해당기간의 수요예측치를 모두 충족시키고 남은 기말재고 물량을 의미한다. 예를 들어 첫째주의 경우 기초재고가 20개인데 예측치가 5이므로 판매가능량은 20−5=15이다. 넷째주 초가 되면 기초재고가 5개이므로 30개를 생산해야 한다. 판매가능량은 5+30−5=30개이다. 여덟째주 초에는 기초재고가 5개가 되므로 30개를 생산한다. 판매가능량은 5+30−15=20개이다.

〈표 5-1〉 시간대별 주문점제도의 예시

(기초재고=20)

기 간	1	2	3	4	5	6	7	8	9	10	11	12
예 측	5	5	5	5	5	5	15	15	15	15	15	15
예상재고	15	10	5	30	25	20	5	20	5	20	5	20
MPS				30				30		30		30
현재고 20												

제3절 제조현장의 일정계획 수립

1 일정계획의 구성요소

매일매일 진행되는 일정관리(production activity control, 이하 PAC로 약칭함)시스템은 생산현장의 모든 개별활동의 관리에 관한 것이다. PAC활동은 생산현장(shop floor)에서 작업장별 개별작업의 상세한 스케줄링과 통제 그리고 부품과 원자재를 공급하는 협력업체의 스케줄링을 결정한다. 구체적이고도 상세한 계획의 실행이 이루어질 수 있도록 스케줄링, 모니터링, 현장작업의 세심한 관리 등이 이루어진다.

효과적인 PAC활동은 고객의 서비스 요구를 제대로 충족시켜 줄 수 있으며 재공품재고의 감축, 리드타임의 축소 등을 가능하게 한다. PAC활동의 핵심은 계획에 대한 피드백에 있다. 즉 피드백을 통해 필요하면 계획을 적절히

[그림 5-2]
PAC활동의 상호연관관계

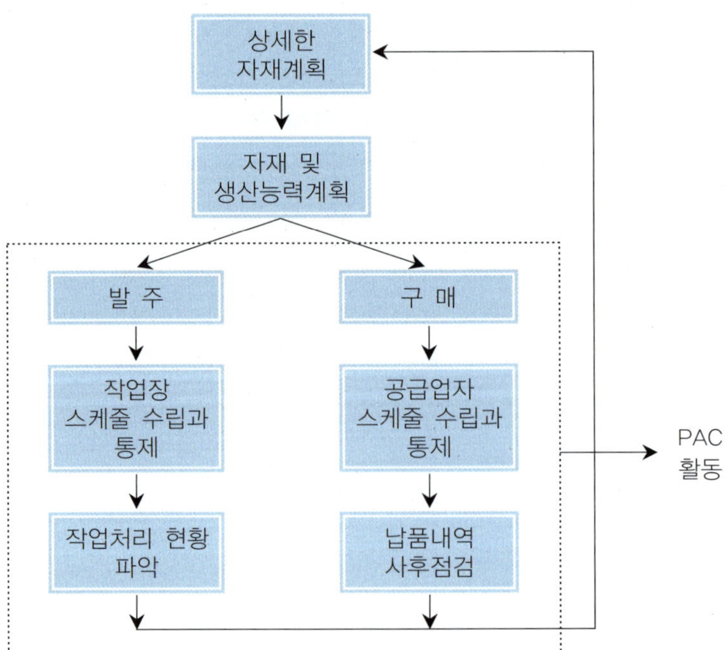

수정해야 한다는 신호를 보내준다.

[그림 5-2]는 배치생산을 주로 하는 제조업에서 작업장으로 주문을 내는 과정을 도시한 것이다. 주문내역과 시장수요 예측치를 모두 반영하여 구축된 시간대별 생산계획은 구체적인 작업지시서(shop order)로 전환하여 작업장으로 뿌려지고, 외부에서 구매해야 하는 품목은 구매지시서를 통해 협력업체에 전달된다. 작업장에서의 주문은 작업 스케줄링시스템에 의해 관리·통제되며, 협력업체의 것은 다시 주문처리상황 등의 자료형태로 피드백되어 현재 어떻게 진행되어 가고 있는지를 정확히 파악하도록 한다. 여기서 협력업체에 구매주문을 내고 진행상황을 지속적으로 파악하는 활동도 PAC활동에 포함된다. 협력업체의 선정, 가격·구매조건, 정보네트워크의 구축과 같은 전문적 업무는 PAC활동 밖의 일이지만, 개별주문을 내고 그 상황을 파악하는 활동(follow-up)은 PAC활동의 일부로 본다.

2 작업현장의 일정계획 수립

주어진 기간 내에 이미 주문을 받은 품목들을 생산할 수 있는가를 알아보기 위해서는 기계설비의 생산능력과 작업에 소요되는 시간을 비교해야 한다. 정상적으로 납기 내에 모든 품목을 생산하기 힘든 경우 잔업을 통해 생산능력을 확대시킬 필요가 있으며, 생산능력을 초과하여 주문받은 경우에는 생산설비에 여력이 생길 때까지 더 이상의 주문을 받지 말아야 한다. 이러한 결정은 수행해야 할 작업에 소요되는 시간을 사용가능한 기계시간에 대비시켜 봄으로써 가능하다.

그러나 생산해야 할 품목수나 작업장수가 많아지게 되면 이처럼 상세한 일정계획을 수립하기도 어렵지만 실제 이대로 수행하기도 불가능하다. 이 경우 작업순서를 미리 결정하기보다는 작업을 계속 수행해 가면서, 한 작업이 완료되면 대기하고 있는 작업들 중에서 그 중요도에 따라 다음 작업을 선택하는 방식을 취해 볼 수 있다. 이때 대기하고 있는 작업들의 중요성, 또는 우선순위를 결정하는 데 이용되는 규칙을 우선순위규칙(priority dispatching rule)이라 부르며 다음과 같은 몇 가지 규칙이 많이 사용된다.

- FCFS(first come, first served) : 먼저 온 것부터 처리하는 방식이다.
- SPT(shortest processing time next) : 작업장에 대기하고 있는 작업 중 작업시간이 가장 짧은 것부터 수행하는 방식이다. 납기를 전혀 고려하지 않기 때문에 이 규칙 하나만을 쓰는 경우는 별로 없다.
- EDD(earliest due date next) : 납기가 가장 빠른 것부터 작업하는 방식이다.
- MST(minimum slack time next) : 납기까지 남아 있는 시간에서 앞으로 작업해야 할 작업시간을 공제한 값, 즉 여유시간이 작은 것부터 작업하는 방식이다. 만약 이 값이 0보다 작다면 지금 당장 작업을 시작해도 납기를 지킬 수 없다.
- CR(critical ratio) : 납기까지 남아 있는 시간을 잔여작업시간으로 나눈 비율로, 이 값이 작을수록 먼저 작업하게 된다. 만약 이 값이 1보다 작다면 지금 당장 작업을 시작해도 납기를 지킬 수 없다.

$$CR = \frac{\text{납기} - \text{현재시간}}{\text{잔여작업시간}}$$

예제 5-2

한국웹 리서치는 당장 처리해야 할 연구보고서가 5개나 된다. 각 보고서를 작성하는 데 소요되는 시간, 보고서 제출시점(납기), 그리고 여유시간(제출시점－소요시간)이 다음과 같다. SPT, EDD, MST, CR 규칙을 이용하여 보고서를 마무리할 때, 보고서 1건당 평균제출지연시간이 얼마나 되는지, 제출시점(납기)을 지나 제출해야 할 보고서 개수는 몇 개나 되는지 계산하시오.

보고서 번호	소요시간(일)	보고서 제출시점(납기)	여유시간(제출시점－소요시간)
1	6	10일 후	4
2	3	5일 후	2
3	5	14일 후	9
4	7	15일 후	8
5	2	7일 후	5

풀이

(a) SPT : 소요시간이 가장 짧은 것부터 처리하는 방식

처리순서	5	2	3	1	4
소요시간	2	3	5	6	7
보고서 완료시간	2	5	10	16	23
보고서 제출시점(납기)	7	5	14	10	15
보고서 제출지연시간	0	0	0	6	8

- 평균제출지연시간=(6+8)÷5=2.8(일)
- 제출시점이 지연된 보고서 수=2(개)

(b) EDD : 보고서 제출시점(납기)이 가장 빠른 것부터 처리하는 방식

처리순서	2	5	1	3	4
소요시간	3	2	6	5	7
보고서 완료시간	3	5	11	16	23
보고서 제출시점(납기)	5	7	10	14	15
보고서 제출지연시간	0	0	1	2	8

- 평균제출지연시간=(1+2+8)÷5=2.2(일)
- 제출시점이 지연된 보고서 수=3(개)

(c) MST : 여유시간이 작은 것부터 처리하는 방식으로 여유시간은 표에 이미 주어져 있다.

처리순서	2	1	5	4	3
소요시간	3	6	2	7	5
보고서 완료시간	3	9	11	18	23
보고서 제출시점(납기)	5	10	7	15	14
보고서 제출지연시간	0	0	4	3	9

- 평균제출지연시간=(4+3+9)÷5=3.2(일)
- 제출시점이 지연된 보고서 수=3(개)

(d) CR : 납기까지 남아 있는 시간을 잔여작업시간으로 나눈 비율이므로 현 시점을 0, 소요시간을 잔여작업시간으로 설정하고 CR을 계산해 보기로 하자.

CR=보고서 제출시점(납기)/소요시간

각 작업의 CR을 계산하면 1.67, 1.67, 2.8, 2.14, 3.5가 된다. 보고서 1과 2의 CR값이 같지만 편의상 소요시간이 작은 2번 보고서를 먼저 하기로 하자. 이 경우 작업순서는

2 → 1 → 4 → 3 → 5가 된다. 실제 CR 규칙은 한 작업이 마무리되면 그 시점에서 남은 작업을 대상으로 CR값을 계산한 뒤 바로 다음에 처리할 작업을 선택하는 것이 일반적이지만, 이 예제에서는 처음 한 번만 계산한 뒤 5개 작업의 순서를 한꺼번에 결정하기로 한다.

처리순서	2	1	4	3	5
소요시간	3	6	7	5	2
보고서 완료시간	3	9	16	21	23
보고서 제출시점(납기)	5	10	15	14	7
보고서 제출지연시간	0	0	1	7	16

- 평균제출지연시간 = (1 + 7 + 16) ÷ 5 = 4.8(일)
- 제출시점이 지연된 보고서 수 = 3(개)

제 4 절 프로젝트의 일정계획 수립

1 간트 차트와 네트워크를 이용한 작업일정의 도시

프로젝트에서 계획이란 프로젝트를 구성할 작업 또는 요소들을 결정하고 주어진 납기를 지키기 위해 각 작업들이 언제 완성되어야 하는가를 결정하는 과정이다. 일정계획이라 하더라도 동일 품목을 반복해서 생산하는 제조현장에서의 일정관리와 프로젝트형 작업에서의 일정관리는 접근방법이 다르다.

예를 들어 신규 프로젝트로 선정된 물류센터 건설에 필요한 작업과 각 작업들의 선후관계를 정리한 결과 〈표 5-2〉와 같은 자료를 구할 수 있었다고 생각해 보자. 이 표에서 선행작업이란 주어진 작업을 시작하기 바로 직전에 완성되어야 하는 작업을 의미한다. 예를 들어 컴퓨터관리시스템의 설치는 컴퓨터 인터페이스 시스템 설계와 물류센터 건설이 마무리되기 전까지는 시작할 수 없다는 의미이다.

〈표 5-2〉
물류센터 건설 프로젝트의 구성요소

작업내용	작업시간 (단위 : 주)	선행작업
A : 물류센터의 용량과 형태 결정	4	없음
B : 물류센터 건설업자로부터의 설비계획서 입수 및 건설업체 결정	6	A
C : 물류센터의 레이아웃 설계	8	B
D : 컴퓨터 인터페이스 시스템 설계	10	B
E : 물류센터 건설	4	C
F : 컴퓨터관리시스템 설치	3	D, E
G : 물류센터 관리자 훈련	5	E
H : 물류센터 테스트	3	F, G

[그림 5-3]
간트 차트를 이용한 프로젝트 스케줄

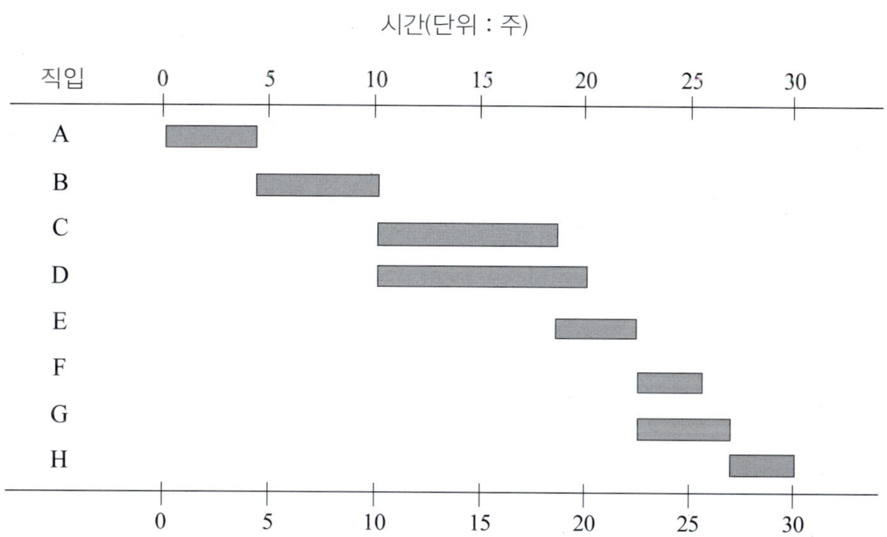

프로젝트의 구성작업이 많지 않은 경우에는 간트 차트(Gantt chart)라고 불리는 [그림 5-3]의 그래프를 이용하여 각 작업이 시작되는 시점과 마무리되는 시점을 손쉽게 알아볼 수 있다. 물론 인력과 비용을 추가한다면 작업시간을 내폭 축소할 수도 있지만, 현재 주어진 예산과 인력으로는 [그림 5-3]과 같은 일정계획이 최적인 것으로 간주한다. 이 그림에서 각 작업의 소요시간은 회색 막대로 표시되어 있으며, 시작시간과 종료시간은 그림 상단의 시간표시를 보면 알 수 있다. 각 작업들의 선후관계가 명확히 표시되어 있지는 않으나, 시작시간을 감안하면 대략 알아볼 수 있다. 예를 들어 작업 C와 D는 작업 B

가 종료된 후에야 시작할 수 있고 작업 F와 G는 작업 E가 종료된 후에야 가능하다.

간트 차트는 이처럼 작성하기가 용이하고 누구나 쉽게 이해할 수 있다는 장점이 있으나 프로젝트를 구성하는 작업수가 많아지면 간트 차트만으로 작업들의 선후관계나 작업시작시간을 명확히 표시하기 힘들어진다. 이러한 경우에는 다음에 설명할 네트워크를 이용한 기법을 사용함으로써 프로젝트의 진척과정을 손쉽게 통제할 수 있다.

네트워크는 마디(node)와 가지(arc)로 구성되어 있으며, 두 가지 형태의 네트워크가 프로젝트의 관리에 이용된다. 첫 번째 유형의 네트워크는 [그림 5-4]에서와 같이 각 작업이 마디로 표시되며 가지는 선후관계를 나타낸다. 즉 가지는 작업의 순서만을 나타낼 뿐 별 의미를 가지지 못한다.

두 번째 유형의 네트워크는 [그림 5-5]에서와 같이 각각의 마디는 작업의 시작점과 종료점을 의미하며, 작업 그 자체는 가지로 표시된다. 작업의 선후관계는 첫 번째 유형의 네트워크와 마찬가지로 가지에 표시되어 있으나 첫 번째 마디와 마지막 마디를 제외한 모든 마디가 한 작업의 종료점이자, 또 다른 작업의 시작점 역할을 한다는 점이 다르다. 예를 들어 마디 3은 작업 B의 종료점이자, 작업 C와 D의 시작점 역할을 한다. 그러나 마디 6의 경우 종료점의 역할은 하지만 시작점의 역할은 하지 않는다. 이와 같은 경우에는 소위

[그림 5-4]
작업이 마디로
표시된 네트워크

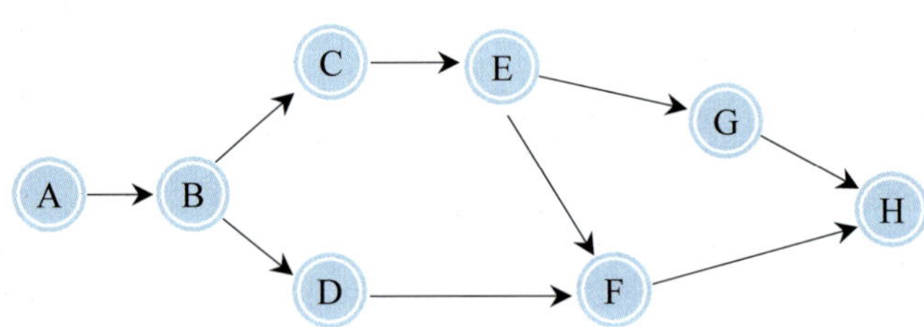

[그림 5-5]
작업이 가지로
표시된 네트워크

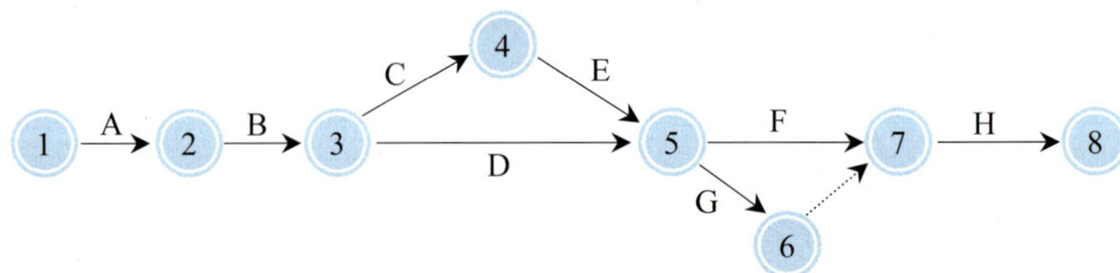

가상적인 작업(dummy activity)을 추가시켜, 점선으로 연결해야 한다. 이 가상적인 작업은 실제작업을 의미하는 것은 아니며 작업의 선후관계를 표시하는 역할을 한다. 다시 말해 가상적인 작업인 6→7을 추가시키지 않고서는 작업 G를 끝낸 후 시작해야 할 작업이 무엇인지 명확하지 않다. 그렇지만 이 두 유형 모두 이용되고 있으며 편의에 따라 어떤 유형을 사용할지 결정한다.

2 주공정의 정의

앞에서 설명한 네트워크를 이용하여 프로젝트의 진척과정을 통제하고자 하는 데 쓰일 수 있는 기법으로는 CPM과 PERT를 들 수 있다. CPM(critical path method)은 1950년대 중반 미국 듀퐁 회사에서 개발한 것으로 프로젝트를 구성하는 각 작업의 확정적 시간치를 기초로 하여 분석하는 기법이며, PERT(project evaluation and review technique)는 같은 시간에 미 해군에서 병기시스템의 종합계획관리를 목적으로 개발된 것으로 CPM과는 달리 확률적인 작업소요시간을 기초로 한다. 이 두 기법은 목적과 모형의 수립과정상 약간의 차이는 있지만 이들을 총괄하여 PERT/CPM이라 불릴 만큼 구조적인 측면에서 서로 비슷하다.

CPM을 이용하든 PERT를 이용하든 간에 가장 핵심적인 계산과정은 주공정(critical path)을 도출해 내는 과정이다.[3] 〈표 5-2〉의 예를 다시 들어보면, 프로젝트의 첫 작업은 시스템의 용량과 형태를 결정하는 것이고, 최종작업은 시스템의 테스트이다. 주공정이란 이 두 작업, 즉 A와 H를 연결할 수 있는 여러 공정(path) 중 그 공정상에 포함되어 있는 작업들을 수행하는 데 소요되는 시간이 가장 긴 공정을 의미한다.

---

3) PERT나 CPM은 모두 유사한 개념을 기초로 하여 선후관계를 표시하는 네트워크를 작성한 뒤 주공정을 계산하지만, 가장 큰 차이는 작업시간의 추정에 있다. CPM에서는 각 작업별로 하나의 작업시간만을 추정하면 되지만 PERT에서는 다음과 같이 세 개의 추정시간치를 필요로 한다. 이 세 가지 작업시간을 이용하여 각 작업의 평균작업시간을 구한 뒤 이를 토대로 CPM에서와 같이 주공정을 도출한다.
- 낙관적 시간(optimistic time estimate : a) : 모든 작업이 순조롭게 진행될 때의 작업시간
- 최빈시간(most likely time estimate : m) : 정상적으로 작업이 진행될 때 가장 많이 나타나는 작업시간
- 비관적 시간(pessimistic time estimate : b) : 모든 일이 제대로 되지 않을 때의 작업소요시간

[그림 5-6]
작업시간을 포함한 네트워크

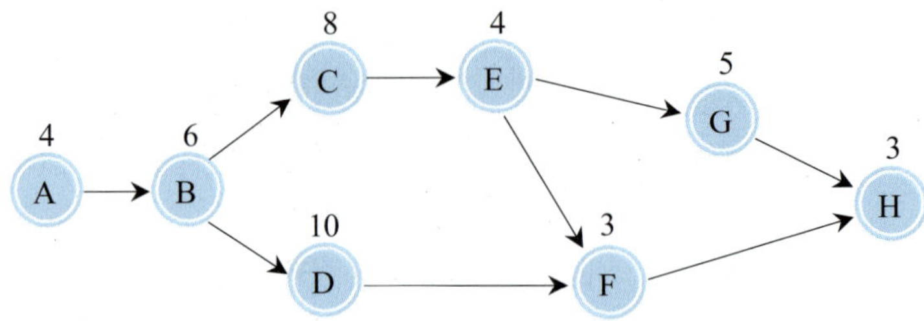

[그림 5-6]을 살펴보면 A와 H를 연결하는 방법은 다음 세 가지가 있다.

A – B – C – E – G – H
A – B – C – E – F – H
A – B – D – F – H

첫 번째의 경우 작업완료에 30주가 걸리며, 두 번째는 28주, 세 번째는 26주가 소요된다. 따라서 주공정은 첫 번째, 즉 A – B – C – E – G – H가 된다. 주공정이라는 이름을 사용하게 된 이유는, 주공정에 포함된 작업 중 어느 하나라도 지연되면, 프로젝트 전체가 지연되기 때문이다. 따라서 주공정에 포함되지 않은 작업, 즉 D와 F는 어느 정도까지는 지연이 되어도 프로젝트의 완성시간에는 영향을 주지 못한다. [그림 5-6]에서 알 수 있듯이 작업 D는 작업 C, E가 수행되는 동안에 병행하여 작업할 수 있으며 작업 F는 작업 G가 수행되는 동안 완료할 수 있다. 한편 작업 C, E, G는 17주가 소요되는 반면 작업 D와 F는 13주에 완성할 수 있으므로 D와 F는 총 4주의 여유가 있다고 할 수 있다. 이처럼 주공정에 포함된 작업은 프로젝트 관리의 초점이 된다.

프로젝트를 구성하는 작업의 수가 몇 개 안 되는 경우, 이와 같이 첫 작업과 마지막 작업을 연결하는 모든 가능한 공정을 파악하여 주공정을 도출해 낼 수 있으나 유조선 건조나 최고층 빌딩 건설과 같은 대규모 프로젝트는 오래전부터 상용화된 프로젝트 관리용 소프트웨어를 사용한다. 이런 소프트웨어는 프로젝트 일정관리뿐만 아니라 추가적인 자원 투입으로 인한 소요기간 단축여부도 쉽게 분석해 볼 수 있다.

3 프로젝트 관리에서의 시간과 비용의 관계

프로젝트를 구성하는 각 작업들의 소요시간은 작업에 투입될 기계설비, 기술인력 등 자원의 양에 의해 결정되며 일반적으로 자원의 투입량을 증가시키면 작업시간은 감소한다. 계획 초기에 결정된 작업일정으로 계약공기 내에 프로젝트를 끝낼 수 없거나, 프로젝트의 진행과정에서 문제가 생겨 작업시간을 단축할 필요가 있는 경우, 자원의 투입량을 증가시켜 일정을 앞당길 수 있다. 여기에서는 이와 같은 프로젝트의 소요시간과 투입비용 간의 관계를 중심으로 하여 CPM의 적용범위를 확장시켜 보고자 한다.

우선 몇 가지 정의를 소개하면, 계획 초기에 결정된 작업시간은 정상시간(normal time)이라 부르며 이에 소요되는 비용은 정상비용(normal cost)이라 한다. 한편 공기의 단축을 위해 자원투입량을 최대로 증가시켰을 때 가능한 작업시간은 속성시간(crash time)이라 하며 이에 소요되는 비용은 속성비용(crash cost)이라 정의한다. 여기서 작업시간은 자원투입량을 아무리 증가시키더라도 속성시간 이하로는 줄일 수 없다고 가정한다. 만약 자원의 추가적인 투입으로 단축시킬 수 있는 작업시간이 그에 소요되는 비용에 비례한다면 작업시간과 비용은 [그림 5-7]과 같은 관계를 가지게 된다.

물론 현실적으로는 시간과 비용의 관계가 [그림 5-7]에서 점선형태로 나타나겠지만 분석의 편의상 직선으로 가정해 보기로 하자. 작업별로 정상시간,

[그림 5–7] 시간과 비용 관계 그래프

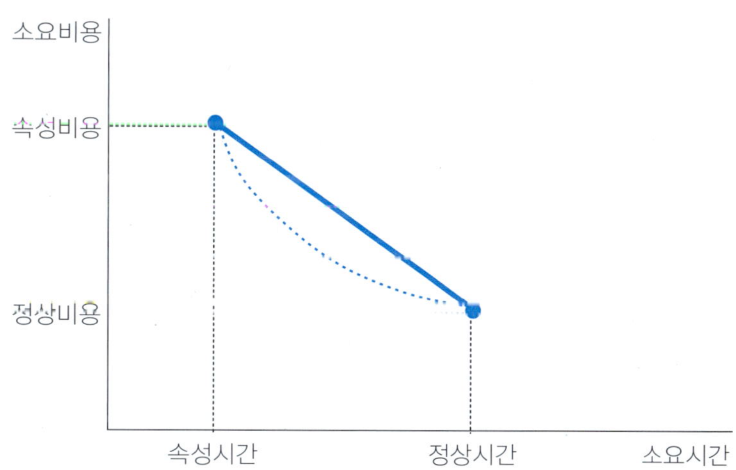

속성시간, 정상비용, 속성비용이 주어진다면 자원의 투입으로 단축될 수 있는 단위기간당 추가비용 K는 다음 식에 의해 계산할 수 있다.

$$K = \frac{\text{속성비용} - \text{정상비용}}{\text{정상시간} - \text{속성시간}}$$

프로젝트의 완성시간을 단축하기 위해 모든 작업에 자원을 추가로 투입할 필요는 없다. 우선 고려해야 할 작업들은 주공정상에 위치하고 있는 것들이다. 이는 여유시간을 가지고 있는 작업에 추가적인 자원을 투입해 봤자 프로젝트의 완료기간은 단축되지 못하기 때문이다. [그림 5-6]의 네트워크에 〈표 5-3〉의 시간과 비용 자료를 추가하여 자세히 살펴보기로 하자. 〈표 5-3〉의 마지막 열은 단위시간당 속성비용 K로, 예를 들어 작업 D의 경우 작업시간 1주의 단축을 위해 소요되는 비용은 다음과 같이 계산된 것이다.

$$K = \frac{\text{속성비용} - \text{정상비용}}{\text{정상시간} - \text{속성시간}} = \frac{83 - 56}{10 - 7} = 9$$

정상시간을 작업시간으로 설정하는 경우 프로젝트의 소요시간은 앞에서 계산한 바와 같이 30주가 된다. 만약 프로젝트의 완성시간을 30주에서 28주로 단축해야 한다면 어떤 작업의 소요시간을 얼마나 줄여야 하는가? 최소비용

〈표 5-3〉 **물류센터 건설 프로젝트의 시간과 비용 관계 자료**

(비용단위 : 백만원)

작 업	정상시간	속성시간	정상비용	속성비용	단축가능한 작업시간	주당 속성비용
A	4	4	12	12	0	0
B	6	5	9	12	1	3
C	8	7	24	32	1	8
D	10	7	56	83	3	9
E	4	3	200	250	1	50
F	3	2	40	50	1	10
G	5	2	20	38	3	6
H	3	3	15	15	0	0

(단축가능한 작업시간=정상시간－속성시간)

으로 이 목적을 달성하기 위해서는 주공정에 위치하는 작업 중 주당 속성비용이 가장 작은 것부터 작업시간을 단축해 나가야 한다. 주공정상에 위치한 작업들 중 작업 B의 주당 속성비용이 3백만원으로 가장 적으므로 이 작업의 소요시간을 1주 단축하고(그 이상의 단축은 허락되지 않음), 그 다음에는 작업 G의 소요시간을 6백만원을 들여 1주 단축하면 총 9백만원으로 2주를 줄일 수 있다.

만약 프로젝트 완성시간을 28주에서 26주로 2주 더 줄이고자 한다면 어떤 작업의 소요시간을 단축해야 하는가? 작업 G를 1주 더 단축하여 작업시간을 3주로 단축했을 때 프로젝트의 완성시간은 27주로 줄어든다.

그러나 이 경우 기존의 주공정인 A－B－C－E－G－H 외에도 A－B－C－E－F－H가 또 하나의 주공정으로 나타난다. 따라서 작업 G의 소요시간을 3주에서 2주로 추가 단축하더라도, 프로젝트의 완성시간은 또 하나의 주공정 A－B－C－E－F－H에 의해 결정되며 결과적으로 작업 G만의 소요시간 단축은 전혀 영향을 미치지 못한다. 즉 작업 G의 소요시간을 2주로 단축하여 프로젝트 완료시간을 26주로 줄이기 위해서는 작업 F도 1주 줄여야 하나, 이 경우 총비용은 22백만원이 소요되어 작업 C의 소요시간을 8백만원을 들여 1주 단축하는 것보다 비효율적이다. 지금까지의 설명을 요약해 보면 [그림 5-8]과 같다.

이제 마지막으로 프로젝트의 완성시간을 26주에서 25주로 단축하는 경우를 고려해 보자. [그림 5-8](c)에 도시되어 있듯이 이 네트워크는 2개의 주공정을 지니고 있는 반면 작업 A, B, C의 소요시간은 더 이상 단축할 수 없으므로, 프로젝트의 완성시간을 단축하기 위해서는 작업 E만의 소요시간을 단축하거나 또는 작업 G와 F의 소요시간을 동시에 단축해야 한다. 여기서 작업 E이 소요시간 단축은 두 개의 서로 다른 주공정의 길이를 동시에 단축할 수 있으나, 작업 G 또는 작업 F 중 한 작업만의 소요시간 단축은 두 개의 주공정 중 하나의 작업시간만을 단축시켜 결국 주공정의 길이, 즉 프로젝트 소요시간은 단축되지 않는다. 작업 E는 주당 속성비용이 50백만원인 데 비해 작업 G와 F는 총 16백만원(6백만원＋10백만원)이 주당 속성비용으로 소요되므로 [그림 5-9]에서와 같이 작업 G와 F를 각각 1주씩 단축하는 것이 가장 효율적인 방법이다.

[그림 5-8]
프로젝트 완성시간을 30주에서 26주로 변경시의 작업시간

(a) 30주에서 28주로 단축(추가비용=9백만원)

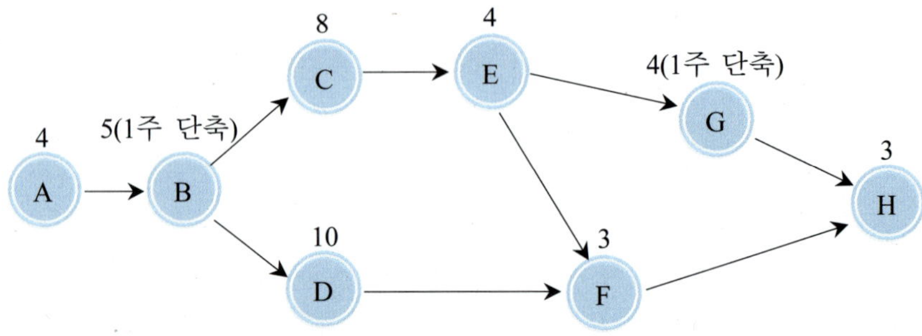

주공정 : A－B－C－E－G－H

(b) 28주에서 27주로 단축(추가비용=6백만원)

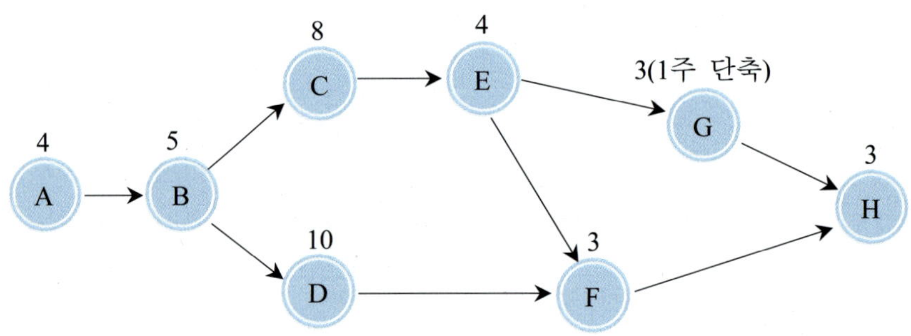

주공정 : A－B－C－E－G－H, A－B－C－E－F－H

(c) 27주에서 26주로 단축(추가비용=8백만원)

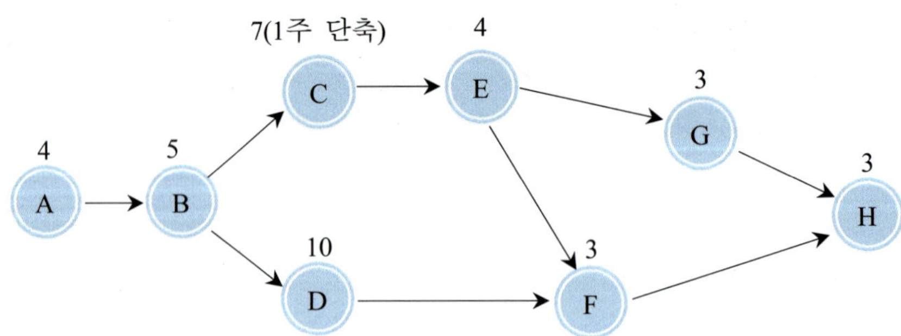

주공정 : A－B－C－E－G－H, A－B－C－E－F－H

[그림 5–9]
프로젝트 완성시간을 26주에서 25주로 변경시의 작업시간

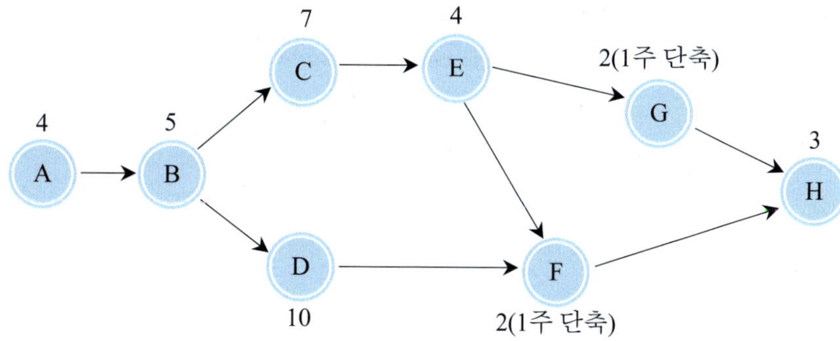

CPM에서의 비용과 시간의 관계는 이처럼 프로젝트 소요시간을 1주씩 단축시켜 가면서 추가비용이 최소로 소요되는 작업시간단축을 찾아 분석해 볼 수 있으나 네트워크의 크기가 큰 경우 상용화된 소프트웨어를 사용하는 것이 현실적이다.

쉬어가기

계획보다 더 팔면 혼나는 LG전자

"너희는 100개를 판다고 이야기해 놓고 왜 120개를 팔았느냐. 처음 계획을 세울 때부터 잘못된 것이 아니었는가." 더 많이 팔아오면 좋아해야 할 CEO가 도리어 호통을 친다. 구본준 부회장이 온 이후로 바뀐 LG전자 모습이다. 바로 이 점이 LG전자의 수익경영을 뒷받침한다. 정확해진 수요예측과 제품 적기출하, 재고 최적화가 비용절감으로 이어져 글로벌 판매가 늘어날수록 수익을 개선시켰다.

서로 약속한 만큼 판매하고 생산하는 문화와 시스템으로서 공급망관리(SCM) 혁신활동이 핵심이다. 재고와 적자 늪에 빠진 LG전자에 필요한 것은 SCM 개선이라 확신한 구 부회장은 삼성전자에 뒤처진 결정적 이유가 품질도 기술도 아닌 SCM 역량이라고 판단했다. 구 부회장의 강력한 지원에 힘입은 혁신활동은 여기저기에서 속도가 나기 시작했다.

구 부회장을 비롯한 C레벨 경영진의 태도와 말이 바뀐 것은 최근이다. "더 팔아도 야단, 덜 팔아도 야단입니다." LG전자 관계자들은 바뀐 분위기를 이렇게 전했다. 더 좋은 실적을 내는 사람이 아니라 계획을 잘 지키는 사람이 칭찬받는다. 판매법인에 재고가 다 떨어졌다고 보고받은 고위 임원이 '계획한 대로 다 팔았으니 잘했다'고 끝낸 일화도 유명하다. 예전 같으면 판매법인에 물건이 다 떨어지도록 왜 공급을 못했냐고 생산 쪽을 다그쳤을 임원이 같은 상황을 칭찬으로 마무리했다. 계획한 정량을 정시에 생산하고 정확한 시기에 빠르게 납품해 재고를 줄이는 체질변화전략이었다. "한계적자모델은 팔지 마라"는 구 부회장 지시처럼 크게 적자가 날 모델은 판매도 생산도 안 했다. 경영진은 바뀌기 시작했다. 악성 장기 재고를 놀랄 만큼 줄인 한 사업부장은 새벽 6시마다 세계 법인에 직접 전화를 돌려 신제품 발표 시기와 재고 등을 챙겼다. 문제가 있으면 직접 해결을 지시했다.

지난해 각 사업본부별로 활동범위와 목표는 달랐지만 공통적으로 실판매 정보 기반 수요관리 강화, 공급 신뢰성 제고, S&OP 강화 등을 주요 과제로 삼았다. LG전자가 최근 가장 강력하게 추진한 것은 판매부터 생산, 구매까지 바꿔놓은 유통정보 중심 수요관리 정책이다. 생산된 제품을 파는 방안을 고민하는 대신 유통정보를 최대한 활용해 생산에 반영하기로 한 것이 과거와 다르다. 매일 공장가동계획으로 이어지는 매주 S&OP 회의자료를 '실판매량' 데이터로 바꿨다. 과거에는 유통사에 판매한(밀어낸) 판매대수로 생산계획을 짰다. 그러다 보니 유통사에 쌓여 팔리지 않는 제품을 공장에선 연속해 찍어냈다.

이 문제를 해결하기 위해 LG전자는 TV부문 등을 중심으로 2010년부터 실제 매장에서 팔려나간 정보로 생산계획을 세우고 있다. 수요 변동폭이 큰 LCD TV와 PC 등을 판매하는 홈엔터테인먼트(HE) 사업본부는 이미 60% 이상 거래선 판매정보를 시스템으로 연계해 자동입수한다. 매장단위로 유통정보를 받는 곳도 4개 고객이 넘는다. 신뢰성 있는 실수요 정보를 확보하면서 상호 판매계획 공급예측(CPFR) 프로그램으로 유통업체와 협업해 수요 및 공급계획 변동을 최소화했다. 과거엔

SCM 조직이 유통정보를 확보하고 수요예측량을 입력했지만 영업이 직접 팔릴 예측량을 입력하고 '정확도'를 인사고과에 반영하기도 한다. 수요예측량을 입력하고 생산계획, 자재조달계획까지 확정하는 실판매수량 기반 주 단위 S&OP 체계를 보다 안정화시켰다.

변화한 LG전자는 정확한 계획을 세우는 역량이 눈에 띄게 좋아졌다. 이를 위한 시스템도 별도 개발해 유통사 통합물류창고가 아닌 실제 매장단위로 유통정보를 관리하는 수준까지 진전됐다. 수천개 매장별로 과다재고와 부족여부를 판별해 낸다. 밀어내기가 없어지고 유통재고도 줄었다. 이미 일부 해외 지역에서 삼성전자 SCM 역량을 능가한다는 평가를 받고 있다.

'당일생산, 당일출하 전략'은 LG전자 TV 등의 재고를 줄일 수 있었던 주요 비결이다. 그날 생산한 물량은 그날 출하하는 것을 원칙으로 정한 것이다. 적시생산이 이뤄질 수 있는 자재수급을 위해 3일치 계획은 변동하지 않았다. 4일째 되는 날 변동을 하더라도 일주일치 변동할 수 있는 분량은 정해졌다. 이는 급격한 변동으로 자재공급에 어려움을 겪을 수 있는 협력업체를 배려한 것이기도 하다. LG전자 관계자는 "초기에는 생산성이 오히려 떨어졌고 반발도 심했지만 이를 극복하면서 생산성이 눈에 띄게 올라갔다"면서 "2000년대 초반엔 자재조달 여부를 몰라 단 하루도 생산분량 확정을 못했었다"고 말했다. 3일만 고정시켜 놓고 계획을 움직이지 않으면 생산라인의 모든 문제가 다 보인다는 것이 이들이 깨달은 바다. 가전공장 등은 협력업체와 자재수급을 실시간화하고자 창원 공장을 시작으로 실시간 정보 공유를 강화하고 '보틀넥'을 서로 알 수 있도록 했다. 이른바 '생산 동기화 시스템'이다. 협력사에서 생산하는 수량이 LG전자 생산 · 구매팀 모니터에 실시간으로 깜빡깜빡 표시된다.

(전자신문, 2012.4.29)

우리 회사의 SCM 역량을 알 수 있는 7가지 진단법[4)]

중소기업의 경우 종이서류나 오피스 프로그램, 중소기업용 패키지 프로그램 등으로 어느 정도 관리가 가능하다. 그러나 기업의 규모가 커지면 커질수록 사내 업무의 연결뿐만 아니라 사외 업무의 연결까지 바라봐야 하다, 프로세스 또한 점검해야 할 요인이다. 아래 7가지 기준을 참고하자.

1. 기준정보 통일성

공장별로, 영업조직별로, 서로 다른 기준정보를 관리하는 조직이 있다. 기준정보 관리는 한가한 사람이나 하는 거라고 생각하며, 기준정보가 문제가 생겼을 때 바꾼다. 이러면 안 된다. 공장과 영업조직이 여러 개라도 공통의 기준정보를 관리해야 한다. 기준정보 관리 담당자를 정하고 정기적으로 업데이트해야 한다. 제품이나 상품명, 거래처 코드, 공급업체 코드 등 기초정보의 통합관리 여부 및 업데이트 주기를 점검해야 한다.

4) 저자 주 – 이런 준비가 되어 있지 않다면 S&OP의 효율적 운영은 현실적으로 매우 어렵거나 성과도 나지 않아 오래 지속될 가능성도 낮다.

예를 들면 이렇다. 어떤 기업이 중국, 한국, 태국 공장에서 미국, 캐나다, 멕시코로 납품을 하고 있다고 하자. 국가 대 국가의 조합이 9개가 생긴다. 공장마다 미국 거래처 코드가 같다면 통일성 있는 기준정보 관리를 하고 있는 것이고, 다르다면 통일성이 없는 것이다.

이게 왜 필요하냐고? 만약 경영진이 "미국으로 가는 전체 물량은 모두 얼마지?"라고 질문했을 때 기준정보가 통일되어 있으면 금방 뽑을 수 있다. 그러나 중국 공장의 미국 거래처 코드와 태국 공장의 미국 거래처 코드가 서로 다르다면 주 52시간 근무는 남의 얘기가 되어 버린다. 거래처 코드별로 일일이 찾아야 하기 때문이다.

2. 데이터 처리

수기로 출하 작업을 한 다음 당일 퇴근 직전에 시스템에 입력하는가? 아예 월말에 몰아서 시스템 입력 작업을 처리하는가? 데이터의 적시처리는 매우 중요하다. 거래처로부터 주문 입수, 공급업체 발주, 생산, 출하 등 각종 실행 데이터가 적시에 규격화되어 관리되는지 확인해야 한다. 관리를 잘하는 기업은 공장이 몇 개건, 영업소가 몇 개건 정해진 시간에 생산, 입고, 출고, 매출을 마감한다. 또한 해당행위 발생과 함께 데이터를 생성한다. 그리고 그렇게 데이터를 만들도록 적절한 시스템을 지원한다. 그렇지 않은 기업은 공장과 영업소마다 생산, 입고, 출고, 매출 마감시간이 다르다.

공급망관리 시대의 중요한 점검사항 중 하나는 거래처 또는 공급업체에 대해서도 동일한 마감 행위를 할 수 있는지에 대한 여부다. 거래처로부터 받을 거라고 해봤자 거래처에 있는 자사의 재고실적, 거래처의 자사 판매계획, 거래처의 자사 제품 판매실적 등 몇 가지 안 된다. 협력업체로부터는 자사가 필요로 하는 부품재고 현황, 자사의 발주에 대한 잔량, 발주 잔량에 대한 납품계획, 대금청구 실적 정도를 받으면 된다. 이러한 데이터를 정기적으로 정해진 시간에 받을 수 있으면 가장 이상적이다.

3. 계획 관리

보통 기업들은 최소한의 판매계획, 생산계획, 조달계획을 관리한다. 이때 각 계획별 관리 기준, 점검 및 갱신 주기가 정해져 있어야 하고, 그것을 실천하고 있는지 점검해야 한다. 관리를 잘하는 기업은 각각의 계획을 어느 요일 또는 어느 시점에 어느 부서가 수립할지, 어느 시점의 실적과 재고를 가지고 수립할지, 얼마나 상세하게 수립할지, 어느 주기로 점검하고 갱신할지를 정해 놓고 이를 지키기 위해 노력한다.

예를 들어 글로벌 기업은 특정요일에 판매계획을 마감하고, 이를 위해 거꾸로 어느 날 몇 시 기준의 재고와 매출실적을 가지고 판매계획을 수립할지를 다 정해 놓는다. 판매 현황과 시장 변화를 보고 판매계획을 적절하게 갱신한다. 판매계획과 공장의 생산능력 등 공급 제약을 보고, 그 조정을 하는 담당자와 담당 조직이 분명하다. 계획을 조정할 때 단순히 생산능력을 보고 원칙 없이 조정하지 않고, 재고 진부화, 중요한 거래처의 요구, 납기 지연에 따른 패널티 등 금전적 손실위험 등을 모두 고려하며, 조정 결과는 경영진의 의사결정을 거친다. 관리를 잘하는 기업은 모델이면 모델, 모델군이면 모델군, 계획의 '뎁스(Depth)'가 통일되어 있다. 계획수립을 금액으로 할지, 수량으로 할지, 금액의 기준은 무엇으로 할지도 정해져 있다.

계획 관리에 대한 기준이 없는 기업에선 이런 일이 발생한다. 이 세상에서 매출이 가장 중요하다고 생각하고 판매계획을 마감하는 시간이 지나서 그 매출까지 반영해서 생산계획을 수립해 달라고 우긴다. 계획을 수립할 때 참고한 실적과 재고가 다르기 때문에 잘못된 계획이 수립될 가능성이 높고 계획을 세우는 데 시간이 많이 걸린다. 판매 현황에 큰 변화가 나타나도 어차피 계획은 틀릴 거라 생각하고 판매계획을 수정하지 않는다. 생산능력을 감안한 조정에 원칙이 없다. 경영진의 의사결정을 못 받거나, 경영진이 의사결정을 해도 매출이나 눈앞의 영업이익 앞에서 번복된다. 어떤 계획은 모델군 기준으로, 어떤 계획은 모델 기준으로 만든다. 금액의 출처가 불명확하다.

관리를 잘 못하는 기업은 계획을 짧게 관리한다. 어차피 틀릴 계획이라고 생각한다. 납기가 긴 부품 조달은 그야말로 '알아서' 해야 한다. 계획마다 갱신 여부가 달라진다. 이미 시장의 변화가 감지됐는데 그것을 자기 머릿속에만 기억해 두고 계획을 안 바꾼다. 나중에 계획이 확정되고 나서야 시장의 변화를 반영하지 않았다는 것을 깨닫는다. 아니면 계획을 확정하는 시점에서야 드러난다. 그리고 그것을 관철하기 위해 비공식적인 부서간 갑을관계를 동원한다. 이해관계자들끼리 싸운다.

4. 계획 공유

계획을 수립하는 부서를 중심으로 어디까지 그 계획이 공유되는지를 점검해야 한다. 관리를 잘하는 기업은 경영진의 의사결정을 받은 계획을 거래처와 공급업체에도 공유하여 판매와 조달의 기본 계획으로 삼는다. 관리를 잘 못하는 기업은 담당자끼리 공유하고 조정한다. 경영진의 의사결정을 받더라도 현장에서는 우리는 합의하지 않았다는 이유로, 조직간 갑을관계를 들이대면서 번복한다. 거래처와 공급업체에는 따로 편집한 계획이 공유된다. 자신 없으니까 그럴 수밖에 없다. 주 52시간 근무는 저 다음 세상으로 보내 놓고 서로 다른 계획을 쓸데없이 양산해 놓고는 서로 남 탓 한다.

5. 외부와의 연결

제조업체와 유통업체는 공급업체로부터 자재나 상품을 공급받아 거래처에 판매한다. 따라서 거래처 또는 공급업체와 어떻게 업무를 하고 있는지 점검하는 것이 중요하다. 관리를 잘하는 기업은 거래처의 실제 판매실적인 POS(Point of Sales) 정보, 최종 소비자 정보까지도 공유받아 활용한다. 공급업체는 1차 협력업체뿐 아니라 2~3차 협력업체까지도 재고, 발주 정보를 공유하고 공유받는다.

관리를 잘 못하는 기업은 거래처로부터 자사 재고현황만이라도 제대로 받으면 다행이다. 공급업체의 경우 1차 협력업체의 재고현황만 파악해도 다행이다. 정보기술보다는 유선이나 이메일 등 불투명하고 사람이 편집할 수 있는 의사소통 수단을 사용한다. 제때 못 받기 때문에 활용도 못하는 정보가 난무한다. 정확한 현황이 확인 안 되니 긴급발주와 긴급조달, 긴급납품이 난무한다. 악순환이다.

6. KPI(Key Performance Indicator)

영업, 조달, 생산, 물류 등 기업의 가치사슬을 구성하는 조직들이 어떤 KPI를 관리하고 있는지를 점검해야 한다. 최소한 영업은 매출증가율, 영업이익률 못지않게 판매계획 정확도와 불용재고 등 악성재고 비중 정도는 관심을 갖고 관리해야 한다. 조달은 정시납품, 생산은 전통적인 가동률도 중요하겠지만 그에 못지않게 생산납기 준수율, 생산 확정구간 내 생산순번 변경 비중 등을 관리해야 한다. 일단 이렇게 중요하게 보는 KPI가 있는지 점검한다. 월드 베스트 기업이 되려면 월드 베스트 KPI가 필요하다고 했다.

관리를 잘하는 기업은 비단 촘촘하고 빈틈없이 KPI를 관리할 뿐 아니라 KPI간의 상충이 발생할 때 이를 경영진 의사결정을 통해 정리한다. 예를 들어 생산에서 전통적인 가동률을 중시하다 보면, 자연스럽게 생산순번 변경이 불가피해진다. 생산라인이 멈추지 않도록 생산해야 하기 때문이다. 가동률을 점검하는 담당자와 생산순번 변경을 점검하는 담당자는 서로 싸운다. 이때 관리를 잘 못하는 기업은 담당자끼리 싸우게 놔둔다. 관리를 잘하는 기업은 경영진의 의사결정을 통해 이를 중재한다. 예를 들어 생산순번 변경을 안 하는 것이 더 중요하다고 보고 가동률 목표를 낮추거나 하는 등의 의사결정이 이루어진다.

7. 조직간 협업

상품기획, 연구개발, 영업, 조달, 생산, 물류 등의 부서간 필요한 협업이 이루어지는지 점검해야 한다. 어찌 보면 가장 힘든 부분이다. 직원이 수십 명에 불과한 기업이라도, 협업에 약한 기업에서는 모두가 서로 자기 일만 한다. 자기 일을 다 했지만 다른 사람이 자기 일을 안 했으므로 문제라고 생각한다.

관리를 잘하는 기업은 공급망 각 단계마다 참여해야 하는 관련 부서들이 정해져 있고, 이들을 반드시 참여시켜서 의사결정을 하며, 이를 위해 충분한 자료를 준비한다. 관리를 못하는 기업은 관련 부서들이 정해져 있지 않거나, 정해져 있어도 바쁘다는 이유로 참여하지 않거나, 사전 자료 준비가 부실하거나, 아예 배제하고 의사결정한다. 자연스럽게 참여하지 않은 부서는 누구 마음대로 이런 결정을 했냐며 뒤늦게 항의하고, 문제가 불거지고, 담당자들끼리 싸운다.

(설창민, 2018.9, https://clomag.co.kr/article/3076)

연습문제

CHAPTER 5

선택형 문제

1. 다음 중 S&OP 수립에 필요한 자료가 아닌 것은?

   ① 각 유통채널의 수요예측치
   ② 생산능력의 한계
   ③ 원자재나 부품의 조달가능성
   ④ 각 제품의 생산원가

2. 다음 중 S&OP를 통해 얻을 수 있는 정보는?

   ① 이미 확정된 주문 외에 판매가능한 제품의 수량
   ② 경쟁기업의 판촉스케줄
   ③ 원자재나 부품의 기술수준
   ④ 생산설비에 대한 장기투자계획

3. 다음 중 S&OP에 관한 설명이 바르게 된 것은?

ㄱ. 기업 내부의 생산 프로세스 못지않게 협력업체에도 상당한 혜택을 가져다주는데, 주요 협력업체와의 정보공유는 바로 **S&OP**에서 결정한 결과에 대한 정보공유부터 시작한다.
ㄴ. 각 공장별로 생산해야 할 주별 생산물량과 자재공급업체에 요청할 원자재 수요량이 결정된다.
ㄷ. 판매, 마케팅, 개발, 제조, 구매 및 재무 등의 기업 내 모든 의사결정부문을 통합화한 하나의 계획으로 몰아가는 데 기여한다.

---

① ㄱ, ㄴ　　② ㄴ, ㄷ
③ ㄱ, ㄷ　　④ ㄱ, ㄴ, ㄷ

4. 다음 중 기준생산계획에 관한 설명으로 옳지 않은 것은?

① 일반적으로 주별 제품별 생산계획이다.
② S&OP로부터의 결과가 기준생산계획 수립시 제약조건의 역할을 한다.
③ 배치(batch)의 크기, 조달기간 등을 고려하여 수립되어야 한다.
④ 수요예측의 오류를 줄일 수 있는 정보를 제공한다.

5. 다음 중 단기생산능력에 영향을 미치는 요소는?

ㄱ. 생산준비시간 ㄴ. 생산할 제품의 종류나 구성(mix) ㄷ. 작업자의 생산성

① ㄱ, ㄴ ② ㄴ, ㄷ
③ ㄱ, ㄷ ④ ㄱ, ㄴ, ㄷ

6. 재고소진기간을 이용한 일정계획 수립방법에 관해 바르게 기술한 것은?

① 생산준비시간 또는 생산준비비용을 기초로 한 각 품목의 경제적 생산량 및 이에 소요되는 생산시간을 계산해야 한다.
② 생산준비비용은 생산순서에 따라 변동이 생기므로 총생산준비비용을 최소화하는 일정을 도출하는 데 주된 목적이 있다.
③ 현재고를 기초로 하여 각 품목의 재고소진기간이 계산되면, 가장 먼저 생산해야 할 품목은 재고소진기간이 가장 긴 것이 된다.
④ 현재고와 가용량 자료를 기초로 하여 생산스케줄을 수립한다.

7. 다음은 다양한 우선순위규칙에 관한 설명이다. 바르지 않은 것은?

① SPT(shortest processing time next)는 작업장에 대기하고 있는 작업 중 작업시간이 가장 짧은 것부터 수행하는 방식이다. 납기를 전혀 고려하지 않기 때문에 이 규칙 하나만을 쓰는 경우는 별로 없다.
② EDD(earliest due date next)는 납기가 가장 빠른 것부터 작업하는 방식이다.
③ FCFS(first come, first served)는 납기까지 남아 있는 시간에서 앞으로 작업해야 할 작업시간을 공제한 값, 즉 여유시간이 작은 것부터 작업하는 방식이다.
④ CR(critical ratio)은 납기까지 남아 있는 시간을 잔여작업시간으로 나눈 비율로, 이 값이 작을수록 먼저 작업하게 된다.

8. 다음 중 생산현장에서의 일정관리(production activity control, PAC)에 관한 설명이 아닌 것은?

① 생산현장(shop floor)에서 작업장별 개별작업의 상세한 스케줄링과 통제 그리고 부품과 원자재를 공급하는 협력업체의 스케줄링을 결정한다.
② 구체적이고도 상세한 계획의 실행이 이루어질 수 있도록 스케줄링, 모니터링, 현장작업의 세심한 관리 등이 이루어진다.
③ 효과적인 PAC활동은 고객의 서비스 요구를 제대로 충족시켜 줄 수 있으며 재공품재고의 감축, 리드타임의 축소 등을 가능하게 한다.
④ 협력업체의 선정, 가격 · 구매조건, 정보네트워크의 구축과 같은 전문적 업무도 PAC활동에 속한다.

9. 다음의 생산계획에 관한 설명 중 바르게 된 것은?

ㄱ. S&OP를 통해 제품그룹별 생산계획수준이 결정되면 각 개별제품의 생산계획인 기준생산계획(master production schedule, MPS)을 수립한다.
ㄴ. 기준생산계획은 단순히 수요예측치를 품목별로 재정리한 것이 아니고 생산능력의 한계와 설비가동의 효율성을 감안한 최종품목의 생산계획이다.
ㄷ. 기준생산계획은 세부자재계획(detailed material planning)과 작업현장의 일정계획을 통해 구체화된다.

① ㄱ, ㄴ　　② ㄴ, ㄷ
③ ㄱ, ㄷ　　④ ㄱ, ㄴ, ㄷ

10. 다음 중 주공정에 관한 설명으로 옳은 것은?

① 첫 작업과 마지막 작업을 연결할 수 있는 여러 공정 중 그 공정에 포함되어 있는 작업들을 수행하는 데 소요되는 시간이 가장 짧은 공정을 의미한다.
② 주공정에 포함된 작업 중 어느 하나라도 지연되면, 프로젝트 전체가 지연된다.
③ 주공정상의 작업이라도 인접한 작업의 여유시간에 따라 시작시간을 늦출 수 있다.
④ 프로젝트 완성시간을 단축하기 위해서는 주공정 외의 작업부터 소요시간을 단축할 수 있는 방안을 모색해야 한다.

11. 다음은 6개로 구성된 프로젝트를 나타내는 네트워크이다. 각 작업의 소요기간이 다음과 같을 때 주공정을 구하시오.

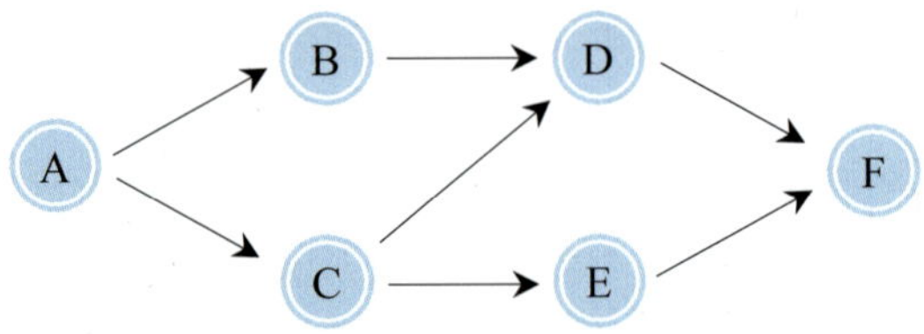

작 업	소요시간	작 업	소요시간
A	10	D	5
B	15	E	10
C	5	F	10

① A - C - D - F ② A - C - E - F
③ A - B - C - D - F ④ A - B - D - F

12. 다음의 프로젝트 관리에 대한 설명 중 바르게 된 것은?

ㄱ. 프로젝트 관리는 정상비용과 속성비용 간의 차이를 최소화하면서 계약된 공기 내에 프로젝트를 마무리하는 데 주된 목적이 있다.
ㄴ. 프로젝트 계획수립 초기에 결정된 작업시간은 정상시간(normal time)이라 부르며 이에 소요되는 비용은 정상비용(normal cost)이라 부른다.
ㄷ. 공기의 단축을 위해 자원투입량을 최대로 증가시켰을 때 달성가능한 작업시간은 속성시간(crash time)이라 하며 이에 소요되는 비용은 속성비용(crash cost)이라 정의한다.

① ㄱ, ㄴ ② ㄴ, ㄷ
③ ㄱ, ㄷ ④ ㄱ, ㄴ, ㄷ

계산형 문제

1. 한국음료주식회사는 다음의 네 가지 품목의 음료를 생산하고 있다. 하루 24시간 가동한다 가정하고 재고소진기간을 이용하여 다음 36시간 동안의 일정계획을 수립하시오.

품 목	1회 생산량	소요시간	일일 수요	현재고
콜라	40,000	24	20,000	20,000
오렌지소다	12,000	12	4,000	12,000
사이다	20,000	24	6,000	18,000
밀크음료	8,000	12	3,000	6,000

(생산량 단위 : 리터, 소요시간 단위 : 시간)

2. 한국전자는 재고가 10개 밑으로 떨어지면 60개씩 생산하여 보충한다. 60개 생산에 1주일이 소요된다. 현재 20개의 재고를 보유하고 있으며 다음 4주간의 예측이 다음과 같다.

기 간	1	2	3	4
수요예측	10	50	50	10

(a) 기간대별(time-phased) MPS표를 작성하시오.
(b) 각 주말 재고를 계산하시오.
(c) 첫째주에 한 개도 팔리지 않았으며 나머지 3주의 수요예측을 다음과 같이 수정했을 때 MPS는 어떻게 바뀔 것인가?

기 간	2	3	4
수요예측	20	40	60

3. 모바일애드코리아는 납품해야 할 광고주문이 6건이나 밀려 있다. 각 주문의 마무리에 소요되는 시간(단위 : 일)과 지금 시점(현시점은 0이라 설정)에서 계산한 납기일이 다음과 같다.

주문번호(J_i)	추정작업시간(P_i)	납기(D_i)	여유시간(S_i)
1	2	5	3
2	1	2	1
3	5	9	4
4	3	10	7
5	9	14	5
6	7	15	8

(a) EDD, SPT, MST 규칙을 각각 적용할 경우 납기를 맞추지 못하는 광고주문이 몇 건이나 되는가?

(b) EDD, SPT, MST 규칙을 각각 적용할 경우, 납기를 맞추지 못하는 광고주문만을 고려한다면 평균 어느 정도 납기를 초과하게 되는가?

4. 다음과 같이 구성된 프로젝트를 네트워크로 나타내시오.

작 업	선행작업
A	없음
B	없음
C	A
D	A
E	B, C
F	D, E

5. 다음과 같이 구성된 프로젝트를 네트워크로 나타내시오.

작 업	선행작업
A	없음
B	A
C	없음
D	A
E	A, C
F	B
G	D, E, F
H	B, G

6. 새로 추진하는 프로젝트의 내역(작업시간 단위 : 일, 비용 단위 : 만원)이 다음과 같이 주어져 있다. 아래 물음에 답하시오.

작 업	정상시간	속성시간	단위기간당 속성비용
시작	0	0	–
A	3	1	800
B	5	3	400
C	4	3	450
D	6	2	1,000
E	5	3	500
F	7	4	600

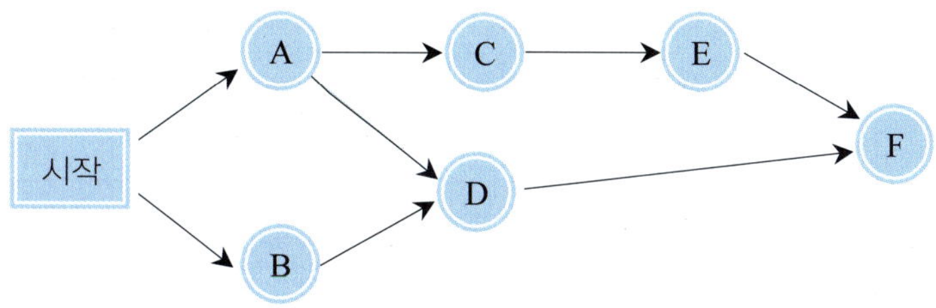

(a) 정상시간을 이용하여 프로젝트 완성시간을 구하시오.

(b) 프로젝트를 2일 단축하기 위해서는 어떤 작업의 소요시간을 줄여야 비용이 최소화 되겠는가?

7. 6개의 주요 작업으로 구성된 프로젝트의 내역이 다음과 같이 주어져 있다고 하자.

작 업	정상시간(주)	속성시간(주)	주당 속성비용(단위 : 만원)
A	10	8	1,800
B	8	5	700
C	5	1	1,500(첫 두 주) 1,900(셋째주) 2,500(넷째주)
D	3	1	1,000
E	8	3	1,200
F	5	2	2,500

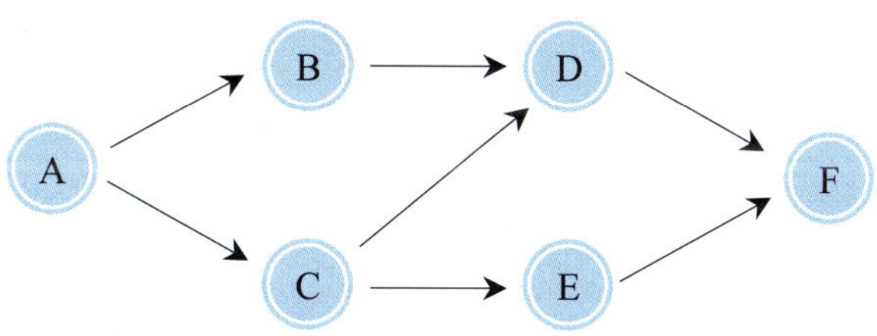

(a) 정상시간을 이용하여 프로젝트 완성시간을 구하시오.

(b) 계획보다 앞당겨 완성시, 1주일 단축시마다 2,000만원의 보너스를 받을 수 있다고 할 때 어떤 작업들을 계획보다 얼마만큼 앞당겨 완성해야 하는가?

CHAPTER

6 재고관리

재고 없는 기업은 없다. 조직의 원활한 운영을 위해서 재고는 필요하다. 그렇지만 재고자산은 투자를 필요로 한다. 재고는 자금을 묶고 공간을 필요로 하며 창고 및 보관과 같은 관리활동을 필요로 한다. 재고의 발생원인은 다양하다. 쌓여 있는 재고는 조직운영상의 여러 문제를 덮어버린다. 본장에서는 재고의 유형, 재고비용, 재고관리에 대한 계량적인 접근방법을 예제 중심으로 살펴보고자 한다.

제 1 절 재고의 유형과 재고관리비용
제 2 절 ABC 재고관리
제 3 절 재고관리의 기본모형
제 4 절 재고관리시스템의 설계
제 5 절 유통망에서의 재고관리
[보 론] 뉴스벤더모형을 이용한 산출관리

제 1 절 재고의 유형과 재고관리비용

1 재고의 유형

생산이나 구매가 수요발생시점보다 앞서 이루어질 때 재고는 당연히 발생한다. 재고는 완제품뿐만 아니라 원자재, 부품, 서브어셈블리(subassembly), 그리고 생산 및 유통 과정에 필요한 여러 서비스 품목까지 포함한다. 재고는 마케팅이나 구매 부서와 같은 타부서의 결정에 의해서도 상당히 영향을 받는다. 예를 들어 판매예측의 정확도가 높아지면 재고소요량이 줄어든다. 또 고객서비스수준을 높이고자 하면 재고투자액은 당연히 늘어난다. 판매 후 지원을 최우선으로 하는 전략적 결정은 수리용 소모품 품목에 대한 투자를 증대시킨다. 기업의 재고투자가 기업 내 여러 부문의 전략적 의사결정에 의해 결정된다는 사실은 재고관리의 중요성을 더욱 부각시켜 준다.

그렇지만 재고는 자금을 묶고 저장공간을 필요로 하며 기타 불필요한 관리활동을 유발시킨다. 부정확한 수요예측, 비효율적인 스케줄링, 생산준비활동이나 주문활동에 소요되는 간접비용에 대한 관심 부족 등의 문제가 발생하고 이로 인해 재고가 쌓여 있더라도 재고발생의 원인을 제대로 알기는 힘들다. 축적된 재고 그 자체가 문제를 덮어버리는 경우가 많기 때문이다. 이와

[그림 6-1]
재고의 기능별 분류

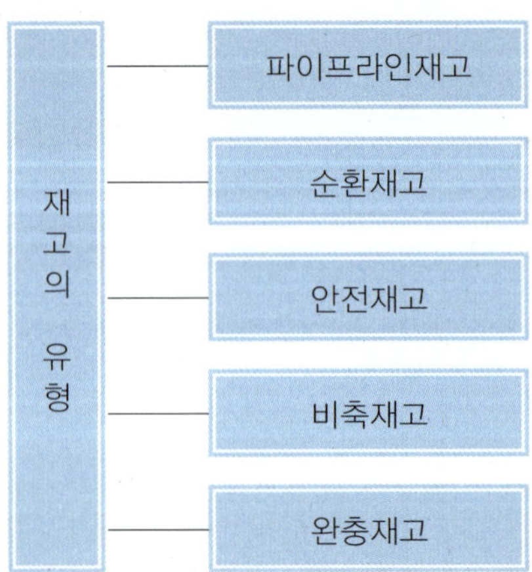

같은 재고가 가지는 부정적 측면 때문에 재고의 감축을 추구하는 것이 일반적이다. 그러나 재고부족은 생산공정을 멈추게 할 수 있으며, 하찮것없는 부품의 재고가 고갈되어 값비싼 중간조립품들이 생산공정 내에서 대기할 수도 있다. 재고의 유형과 기능에 대한 충분한 이해가 요구된다.

재고는 보유목적이나 기능에 따라 [그림 6-1]에서와 같이 파이프라인재고, 순환재고, 안전재고, 비축재고, 완충재고 등으로 분류할 수 있다.

- 파이프라인재고(pipeline inventory) : 파이프라인재고는 공장에서 물류센터, 물류센터에서 대리점, 대리점에서 소비자 등으로 이동중인 재고를 말한다. 파이프라인재고는 출고, 수송, 하역 등 수송 및 자재처리에 소요되는 시간에 의해 결정되므로 이 시간을 줄이지 않고서는 파이프라인재고를 줄일 수 없다.
- 순환재고(cycle inventory) : 순환재고는 생산준비비용이나 주문비용을 줄이거나 가격할인을 받기 위해 필요 이상을 주문할 때 사용하고 남은 재고를 말한다. 재고관리의 가장 중요한 대상이 되는 재고유형이다.
- 안전재고(safety stock) : 주문한 물량이 도착하는 데 소요되는 시간이나 리드타임 동안의 수요가 일정한 경우는 드물며 대개 불확실성이 개입되게 마련이다. 안전재고는 수요의 불확실성에 대비하여 추가적으로 보유하는 재고로서 평균수요량 이상 보유하는 재고를 의미한다. 원자재나 부품을 공급하는 협력업체가 제때에 공급하지 못할 경우에 대비하여 보유하는 재고라 할 수 있다.
- 비축재고(anticipation inventory) : 지금까지 파이프라인재고, 순환재고, 안전재고 등을 설명하는 데 있어 단위기간당 수요는 거의 일정하다고 가정하였다. 그러나 수요가 계절에 따라 변동하거나 원자재 가격이 상승하리라 예상될 때에는 미리 재고를 충분히 확보하여 대비한다. 계절적인 수요가 존재할 때에는 생산능력에 여유가 있을 때 생산하여 성수기에 대비한다. 예를 들어 에어컨이라든가 선풍기 등은 여름 한 계절에 주로 판매되므로 성수기 때의 급격한 수요에 대비하여 봄부터 생산에 들어가 재고를 확보해 둔다.
- 완충재고(buffer stock) : 여러 작업장으로 구성된 공장의 작업장과 작업장 사이에 여유분의 재고를 가지고 가는 경우가 있다. 한 작업장에서

문제가 생겨 공장 전체가 가동중지되는 경우를 막기 위해 보유하는 재고를 완충재고라고 한다. 어느 한 작업장에서의 지연이나 적체는 그 다음 작업장에서의 원활한 운영을 어렵게 하여 효율적인 자재나 제품의 흐름을 불가능하게 한다. 완충재고를 보유하게 되면 이러한 불규칙성이나 문제점을 어느 정도 흡수하여 공장 전체의 효율성을 향상시킬 수 있다.

이와 같은 다섯 가지 유형의 재고는 자재의 원활한 흐름, 설비의 효율적 이용, 자재취급비용의 절감, 소비자 서비스수준의 향상에 필요불가결한 요소들이다. 원자재를 주문할 때에는 재고비용은 물론 주문비용 및 수송비용을 감안하여 적정량을 주문해야 하고, 생산라인에서는 생산준비비용을 감안하여 1회 생산량의 생산계획을 수립해야 하며, 유통시스템에서는 1회 발송량을 조절함으로써 자재의 운반 및 취급 비용을 절감하고, 소비자 서비스수준을 향상시킬 수 있다. 이를 감안해 볼 때 재고관리의 목적은 단순히 재고량을 최소화하는 데 있는 것이 아니라 조직 전체를 효율적으로 움직이기 위해 필요한 재고수준의 산정에 있다고 볼 수 있다.

2 재고관리비용

재고와 관련해서 발생하는 비용으로는 크게 주문비용, 생산준비비용, 재고유지비용, 재고부족비용 등을 들 수 있는데, 이들 비용은 재고관리시스템의 선택 및 운영방침에 영향을 미친다.

(1) 주문비용과 생산준비비용

주문비용은 구매 또는 생산의뢰를 하는 데 필요한 제반 활동과 관련된 비용을 말한다. 외부에서 구매하는 경우 구매처 및 가격의 결정, 주문에 관련된 서류작성, 물품수송, 검사, 입고 등의 활동이 주문비용을 발생시킨다. 외부에서 구입하지 않고 자체적으로 생산할 때에는 생산준비비용이 주문비용의 역할을 하게 되는데, 생산공정의 변경, 기계, 공구의 교체 및 이로 인한 작업시간의 손실 등이 그 내역을 구성한다. 일반적으로 주문비용이나 생산준비비용은 주문량 또는 생산량의 크기와 관계없이 항상 일정하게 발생하는 비용으로 간주한다. 예를 들어 물품수송비용의 경우, 수송량에 관계없이 비용이 일정하게 발생한다면 이는 주문비용으로 고려해야 하지만, 제품 1개당 일정액을 지출해야 하는 경우에는 구입원가에 포함시켜 재고유지비용을 계산할 때 고려해야 한다.

(2) 재고유지비용

재고유지비용은 재고를 유지 · 보관하는 데 소요되는 비용이다. 재고유지비용 중 가장 큰 비중을 차지하는 항목은 이자비용 또는 자본비용으로, 현금이나 유가증권 등의 유동자산으로 가지고 있지 않고 재고형태로 자금이 묶임으로써 지출하는 비용이며 기회비용(opportunity cost)적인 성격을 가지고 있다. 이 외에도 재고유지비용에는 취급, 공간, 보험, 세금, 도난, 신부화 및 파손 등에 따른 비용이 포함된다.

공간비용의 추정은 비교적 까다롭다. 창고를 소유하거나 임대한 기업의 경우 창고의 일부만이 재고로 채워져 있다면 추가 재고의 발생은 공간관련 비용을 거의 발생시키지 않을 것이다. 이 경우 창고유지비용은 재고량에 상관없이 발생하는 매몰비용(sunk cost)이다. 그러나 재고 증가는 생산현장의 공간을 잠식하며 결과적으로 여러 가지 관리적 어려움을 야기시킨다. 이 경우에는 부피가 작은 제품보다는 큰 제품에 더 많은 공간비용이 부과되어야 한다. 마찬가지로 취급비용(handling cost)은 품목의 가치보다는 부피나 무게를 기준으로 부과되는 것이 바람직하다. 그러나 보험, 세금, 도난, 진부화, 파손 등으로 인한 재고유지비용은 품목의 가치에 비례해서 발생하는 것으로 간주하는 것이 옳다.

(3) 재고부족비용

재고부족비용은 충분한 재고를 공급하지 못해 발생하는 판매손실 또는 고객 상실 등을 비용화한 것으로 기회비용의 개념에 그 근거를 두고 있다. 이러한 기회비용은 개념상으로 명확하지만 실제 측정은 어렵다. 제조기업인 경우 재고부족비용은 조업중단이나 납기지연으로 인한 손실액까지 포함한다. 재고가 동이 나는 경우 고객은 공급이 재개될 때까지 기다릴 수도 있고(back order) 다른 곳으로 주문을 돌릴 수도 있다. 전자의 경우 주문적체상황을 지속적으로 파악하는 데 상당한 간접비용이 발생하며 또한 기다리고 있는 고객의 주문을 빠른 시간 내에 처리하기 위해 값비싼 운송수단을 이용할 때에도 추가비용이 발생한다. 그리고 고객이 겪는 불편이 미래의 고객상실로 이어질 가능성도 배제할 수 없다. 고객이 다른 곳으로 주문을 돌리는 경우에는 판매손실과 고객상실로 인한 직접손실액을 추정해야 한다.

이처럼 재고관리에 관련된 비용항목은 다양할 뿐만 아니라 실제로 측정하기도 쉽지 않다. 백화점이나 슈퍼마켓처럼 품목의 수가 매우 많은 경우에는 그 어려움이 더욱 가중된다.

3 기본적인 재고관련 평가지표

재고는 완제품이든 부품, 원자재이든 간에 지나치게 많이 보유하고 있으면 물리적인 저장공간을 필요로 할 뿐만 아니라 기타 불필요한 관리활동을 유발시켜 상당한 비용을 발생시킨다. 경우에 따라 유통기한이 지난 재고는 비용을 들여 폐기처분하기도 한다. 그러나 재고부족은 생산공정을 멈추게 할 수 있으며, 고객들의 주문을 충족시키지 못해 매출손실을 발생시키기도 하므로 재고의사결정과 관련된 적절한 평가지표의 도입 · 운영이 필요하다. 가장 많이 사용되는 재고평가지표는 재고회전율(inventory turnover)이다. 재고회전율은 다음과 같이 매출액(또는 매출원가)과 재고수준 간의 관계를 나타낸다.

$$\text{재고회전율} = \frac{\text{매출액(또는 매출원가)}}{\text{평균재고액}}$$

$$= \frac{\text{매출액(또는 매출원가)}}{\left(\dfrac{\text{기초재고자산} + \text{기말재고자산}}{2}\right)}$$

회전율은 한 회사를 동종의 다른 회사와 비교하는 데 많이 쓰이기도 한다. 회전율이 높을수록 재고에 대한 투자수익률이 높다는 것을 의미한다. 재고자산회전율은 레스토랑이나 식당의 '테이블 회전율'과도 유사한 개념이다. 회전율이 높다는 것은 고객이 들어와서 식사를 하고 나가는 데 소요되는 총시간이 짧다는 것을 의미한다.

한편 365일을 재고자산회전율로 나누면 재고자산회전일수가 도출된다.

$$\text{재고자산회전일수} = \frac{\text{365일}}{\text{재고자산회전율}}$$

재고자산회전일수는 기업에 재고자산이 얼마나 남아 있는가를 일수로 표현한 지표이다. 재고자산회전일수가 길다는 것은 그만큼 재고자산이 빨리 소진되지 못하고 있다는 의미이다.

재고회전율과 대비되는 또 하나의 중요한 재고관련 평가지표는 주문충족비율(fill rate)이다. 도소매 등 유통부분에서 많이 사용되는 지표로서 고객의 주문이 들어왔을 때 지체 없이 고객주문을 충족할 수 있는 비율로서 고객만족도를 나타내는 가장 중요한 지표이다. 즉, 이 비율이 100%에 가깝다는 것은 매출 손실이 없이 고객주문을 거의 대부분 수용할 수 있다는 것이다.

$$\text{주문충족비율} = \frac{\text{주문내역을 완벽하게 채워준 주문건수}}{\text{총주문건수}}$$

예를 들어 이번 주에 모두 100건의 주문이 들어왔고 이 중 92건은 주문품목과 물량을 정확하게 맞추어 납품했는데, 8건은 물량이 부족하여 납품이 지연되었다면 주문충족비율은 92%이다. 또 다른 사례로 어느 한 고객의 주문이 10개의 각기 다른 상품에 대한 주문으로 구성되어 있고 각 건별로 요구수량이 다를 수 있다고 생각해 보자. 만약 10건의 수분 중 6건에 대해서만 완벽하게 납품이 가능하고 나머지 4건의 경우 당장 납품할 수 없다면 이 경우 주문충족비율은 60%가 된다. 이처럼 주문충족비율은 상황에 따라 유연하게 정의할 수 있다.

상품을 공급하는 기업 입장에서는 주문충족비율이 100%에 가까울수록 좋지만, 이는 모든 주문가능한 제품에 대한 재고를 충분히 확보하고 있어야 한다는 것을 의미한다. 이 경우 재고회전율이 낮아질 수밖에 없어 상당한 재고투자를 부담할 수밖에 없다. 따라서 재고회전율과 주문충족비율 지표에 대한 지속적인 평가와 더불어 이에 상응하는 신속한 재고의사결정이 요구된다.

제 2 절 ABC 재고관리

1 ABC 재고관리의 배경

1950년대초 GE사의 H.F. Dickie가 제안한 ABC 관리기법은 백화점과 같이 재고관리품목수가 많은 경우에 유용하게 사용될 수 있는 기법이다. 예를 들어 〈표 6-1〉과 같이 20개의 품목으로 구성된 재고목록을 살펴보기로 하자. 이 표에서 두 번째 열은 각 품목의 연간매출량을 의미하며 마지막 열은 이를 금액으로 환산한 것이다. 물론 이는 예시자료이며 20개 정도의 소수품목에 ABC 관리기법을 적용할 필요는 없다.

〈표 6–1〉 20개 품목의 연간매출액

품목번호	연간매출량 (소요량)	단 가 (단위 : 천원)	연간매출액 (단위 : 천원)
1	1,500	5	7,500
2	6,450	20	129,000
3	5,000	45	225,000
4	200	12.50	2,500
5	20,000	35	700,000
6	84	250	21,000
7	800	80	64,000
8	300	5	1,500
9	10,000	35	350,000
10	2,000	65	130,000
11	5,000	25	125,000
12	3,250	125	406,250
13	9,000	0.5	4,500
14	2,900	10	29,000
15	800	15	12,000
16	675	200	135,000
17	1,470	100	147,000
18	8,200	15	123,000
19	1,250	0.16	200
20	2,500	0.20	500

만약 이들 품목을 연간매출액 순으로 재배열하고, 누적품목수와 누적매출액을 계산하면 〈표 6-2〉와 같으며 이를 그래프로 표시하면 [그림 6-2]와 같다. 〈표 6-2〉에 잘 나타나 있듯이 총매출액의 70%는 첫 다섯 품목에 의해 결정되며 매출액이 상대적으로 적은 마지막 10개 품목의 총매출액은 겨우 5.5%에 불과하다.

이처럼 재고품목을 누적매출액과 누적품목수를 기준으로 하여 3개의 그룹으로 나누는 방식을 ABC 분류라 한다. ABC 분류에서 A품목은 상대적으로 품목수가 적으나 매출액비율이 높은 품목들이고, C품목은 이와 반대로 품목수는 많으나 매출액비율이 낮은 품목들이며, B품목은 A와 C 사이에 위치하는 품목들이다.

일반적으로 ABC 분류에 따른 품목비율과 매출액비율은 〈표 6-3〉과 같다. 물론 A와 B품목, B와 C품목을 나누는 일정한 기준이 있는 것은 아니며

〈표 6-2〉 ABC 분석의 계산과정

순 위	품목번호	누적품목수	연간매출액	누적매출액	누적매출액 비율(%)
1	5	5	700,000	700,000	26.8
2	12	10	406,250	1,106,250	42.3
3	9	15	350,000	1,456,250	55.7
4	3	20	225,000	1,681,250	64.3
5	17	25	147,000	1,828,250	70.0
6	16	30	135,000	1,963,250	75.1
7	10	35	130,000	2,093,250	80.1
8	2	40	129,000	2,222,250	85.1
9	11	45	125,000	2,347,250	89.8
10	18	50	123,000	2,470,250	94.5
11	7	55	64,000	2,534,250	97.0
12	14	60	29,000	2,563,250	98.1
13	6	65	21,000	2,584,250	98.9
14	15	70	12,000	2,596,250	99.4
15	1	75	7,500	2,603,750	99.6
16	13	80	4,500	2,608,250	99.8
17	4	85	2,500	2,610,750	99.9
18	8	90	1,500	2,612,250	99.9
19	20	95	500	2,612,750	99.9
20	19	100	200	2,612,950	100.0

[그림 6-2]
ABC 분류

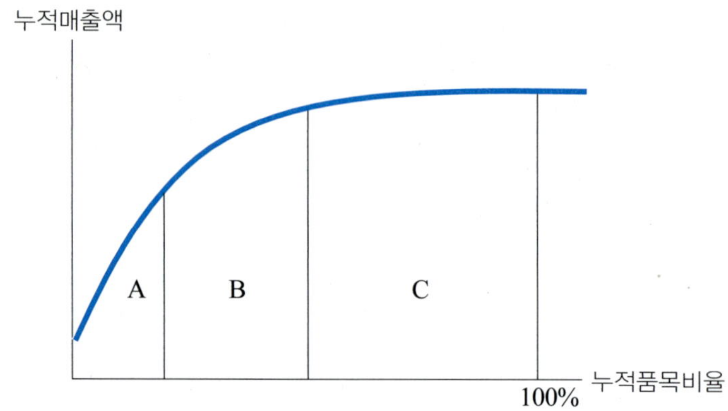

〈표 6-3〉
ABC 분석에서의 분류기준

등 급	품목비율(%)	매출액 또는 사용액 비율(%)
A	15～30	70～80
B	20～40	15～20
C	50	5～10

〈표 6-3〉은 단지 하나의 방향을 제시할 뿐이다. ABC 분석의 효용성은 재고관리시스템의 선택 및 운영에 큰 도움을 줄 수 있다는 데에 있다. A품목은 상당한 투자를 요구하는 품목들이므로 재고흐름에 대한 정확한 정보를 지속적으로 수집 · 유지해야 할 필요가 있다. 즉 재고의 입 · 출고, 실사, 주문량의 결정 등에 상당한 주의를 기울여야 한다. 이에 반해 C품목은 주문량의 확대에 따른 가격할인이나 수송비 절감 등을 적극적으로 도모해야 하며 재고실사도 주기적으로 간단히 하면 된다. B품목에 관한 통제는 C품목보다는 관심을 높여야 하겠지만 A품목의 관리만큼 주의를 기울일 필요는 없다.

2 다기준 ABC 분석

ABC 분석은 기본적으로 화폐단위로 나타난 매출액을 위주로 하지만 그 외에도 리드타임, 진부화, 공급 · 획득가능성, 대체가능성, 중요성 등을 기준으로 삼을 수 있다. 이와 같은 비용과 비용외적인 분류기준을 사용하는 경우 분석의 단순성을 유지하기 위해 분류기준을 화폐가치(매출액)와 리드타임, 진부화, 획득가능성, 대체가능성 등과 같은 비용외적인 요소들을 포괄하는 중요성(criticality)의 두 가지로 나눈다. 이 중요성의 평가기준은 비용외적인 여러 요소들이 얼마만큼 중요한가에 대한 경영자의 감을 나타내는 종합적 지표로 볼 수 있다.

우선 화폐가치(매출액)를 기준으로 A, B, C로 분류한 뒤 중요성을 기준으로 Ⅰ, Ⅱ, Ⅲ으로 다시 나눈다. 여기서 그룹 Ⅰ에 속하는 품목들은 라인을 완전 스톱시킬 정도로 대체품목이 없으며 손쉽게 구할 수 없는 품목들이다. 이에 반해 그룹 Ⅲ은 별 영향을 미치지 못하는 품목들이고 그룹 Ⅱ는 그 중간에 속하는 품목들이라 볼 수 있다. 예를 들어 총 128개 품목들을 분류하면 〈표 6-4〉와 같다고 하자. 한편 이들 품목을 화폐가치와 중요성을 동시에 적용시켜 분류한 결과가 〈표 6-5〉와 같다고 하자. 다기준 ABC 분류에서는 다음과 같이 재분류를 한다. 예를 들어 AⅠ, AⅡ, BⅠ에 해당하는 칸에 위치한 품목들은 AA 그룹으로 재분류한다.

AⅠ, AⅡ, BⅠ → AA
AⅢ, BⅡ, CⅠ → BB
BⅢ, CⅡ, CⅢ → CC

〈표 6-4〉 다기준 ABC 분석을 위한 기초자료

화폐가치				중요성			
분 류	품목수	품목수의 비율(%)	화폐가치의 비율(%)	분 류	품목수	품목수의 비율(%)	화폐가치의 비율(%)
A	15	11	84	Ⅰ	5	4	40
B	25	15	15	Ⅱ	48	39	56
C	88	74	1	Ⅲ	75	57	4
합 계	128	100	100	합 계	128	100	100

〈표 6-5〉 다기준 ABC 분석자료

화폐가치	중요성			
	Ⅰ	Ⅱ	Ⅲ	합 계
A	2	12	1	15
B	1	19	5	25
C	2	17	69	88
합 계	5	48	75	128

이러한 분류기준을 적용하면 AA는 15개, BB는 22개, CC는 91개가 되며 이를 정리하면 〈표 6-6〉과 같다.

재고의 분류가 확정되면 재고자료의 확인빈도수(실사주기), 주문량 조정, 안전재고의 조정, 재고품목의 분류시점 조정 등의 네 가지 영역에서 관리방식을 달리한다. 〈표 6-7〉은 가상적인 예를 들어 본 것이다.

〈표 6-6〉
다기준 ABC 분석결과

종합기준	품목수	비율(%)
AA	15	11.7
BB	22	17.2
CC	91	71.1
합 계	128	100

〈표 6-7〉
다기준 ABC 분류하에서의 관리방식

	AA	BB	CC
실 사	매월	6개월마다	연간
주문량	비싼 것은 조금씩	중간 : EOQ기준	대량
안전재고	중요한 것은 많이	중요한 것은 많이	조금
재분류주기	6개월마다	6개월마다	1년에 한 번

제 3 절 재고관리의 기본모형

1 경제적 주문량모형

주문량의 결정에 쓰일 수 있는 모형 중 가장 기본적인 것은 경제적 주문량(economic order quantity, EOQ)모형이다. 경제적 주문량이란 단위기간당 발생하는 총재고유지비용과 총주문비용을 최소화하는 주문량을 의미한다.

우선 총재고유지비용부터 살펴보자. 주문량이 커지면 평균재고량은 증가

[그림 6-3]
주문량에 따른 재고수준의 변동

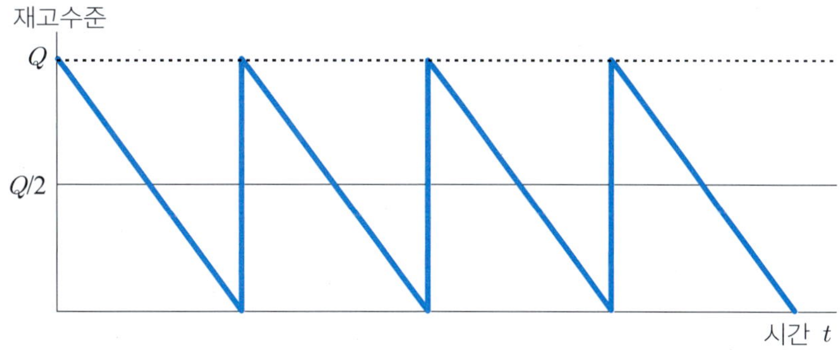

[그림 6-4]
총비용의 도시

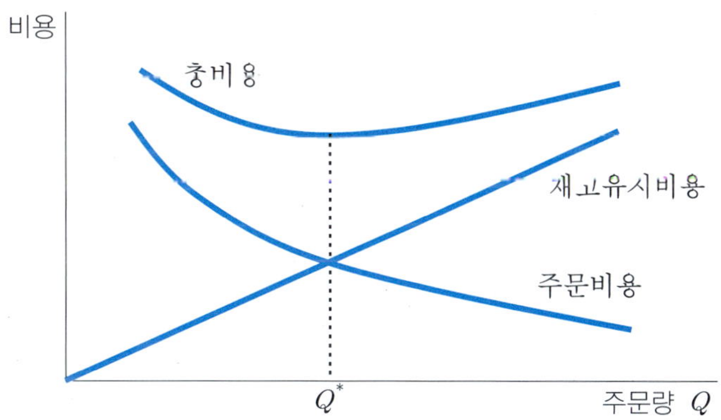

한다. 만약 매일매일의 수요가 일정하다고 가정한다면 평균재고량은 [그림 6-3]에서와 같이 주문량의 반이 된다. Q가 주문량이라면 평균재고량은 $Q/2$가 되어 연간총재고유지비용은 Q에 비례한다. 다시 말해 어느 일정시점을 보면 재고가 $Q/2$보다 크거나 작겠지만 평균적으로 보면 언제나 $Q/2$만큼을 재고로 보유한다.

한편 주문량 Q가 커질수록 주문횟수는 줄어들고 이에 따라 연간총주문비용도 감소한다. 연간수요를 D라 한다면 연간주문횟수는 D/Q가 되어 총주문비용은 Q에 반비례한다. 주문량 Q의 크기에 따라 변하는 총재고유지비용과 총주문비용을 그래프로 표시하면 [그림 6-4]와 같다. 이러한 형태의 비용을 기초로 하여 적정주문량을 계산하기 위해서는 다음과 같은 가정이 성립해야 한다.

- 매 기간당 수요는 알려져 있고 일정하다.
- 단위당 재고유지비용은 일정하다.
- 주문비용은 주문량 Q의 크기에 관계없이 일정하다.
- 구입단가는 주문량 Q의 크기와 관계없이 일정하다.
- 조달기간은 일정할 필요가 없으나 정확히 알 수 있다.
- 재고부족은 허용하지 않는다.
- 주문한 양은 일시에 도착하며 몇 번에 나뉘어 도착하지 않는다.

구체적으로 적정주문량을 도출하며 방법을 고려하기에 앞서 필요한 변수들을 정의하면 다음과 같다.

D = 연간수요
C_o = 1회 주문비용, 즉 주문시마다 발생하는 고정비용
C_h = 단위당 연간재고비용, 즉 재고 1단위를 1년간 보유할 때 발생하는 재고비용

이미 설명한 바와 같이 주문량이 Q일 때 평균재고량은 $Q/2$이다. 따라서 연간재고유지비용은 다음과 같이 나타낼 수 있다.

$$\text{연간재고유지비용} = \frac{Q}{2} \times C_h$$

한편 연간주문횟수는 주문량 Q에 반비례하므로 연간주문비용은 다음과 같다.

$$\text{연간주문비용} = \frac{D}{Q} \times C_o$$

이 두 비용을 합한 연간총비용 TC는 다음과 같이 나타낼 수 있다.

$$\text{연간총비용} \ \ TC = \frac{Q}{2} \times C_h + \frac{D}{Q} \times C_o$$

이 식에 구입원가는 포함되어 있지 않은데, 이는 위에서 가정한 바와 같이 단위당 구입단가는 주문량에 관계없이 일정하기 때문이다.

이제 연간총비용을 최소화하는 최적주문량을 계산해 보기로 하자. [그림 6-4]에서 알 수 있듯이 총비용 TC는 하나의 최저값을 가지며 C_h, C_o, D가 모두 상수이므로 TC를 Q에 대해 미분하고, 그 결과식을 0으로 놓고 방정식을 풀면 최적주문량 Q^*를 도출할 수 있다. 즉,

$$\frac{dTC}{dQ} = \frac{C_h}{2} - \frac{DC_o}{Q^2} = 0$$

$$Q^* = \sqrt{\frac{2DC_o}{C_h}}$$

주문할 때마다 매번 Q^*만큼을 주문한다면 연간재고유지비용과 연간수문비용은 다음과 같이 간단히 나타낼 수 있다.

$$\text{연간재고유지비용} = \frac{1}{2}\sqrt{\frac{2DC_o}{C_h}} \cdot C_h = \sqrt{\frac{DC_oC_h}{2}}$$

$$\text{연간주문비용} = \frac{DC_o}{\sqrt{\frac{2DC_o}{C_h}}} = \sqrt{\frac{DC_oC_h}{2}}$$

$$\text{총비용} \quad TC = 2\sqrt{\frac{DC_oC_h}{2}} = \sqrt{2DC_oC_h}$$

예제 6-1

한국완구제조는 장난감차에 쓰이는 바퀴를 외주에 의존한다. 연간 장난감차의 생산량은 10,000대이며, 차 한 대에 4개의 바퀴가 소요되므로, 연간 총 40,000개의 바퀴를 필요로 한다. 일일 장난감차 생산량은 일정하므로 EOQ모형을 적용하여도 큰 무리가 없다고 가정하였다. 바퀴 1개의 구입단가는 2,000원이며 연간재고유지비용은 구입단가의 20%이다. 또한 1회 주문비용은 80,000원으로 판명되었다. 1회 주문량을 계산하시오.

풀이

우선 필요한 자료를 정리해 보면, 연간수요 D는 40,000개이며, 주문비용 C_o는 80,000원이다. 단위당 연간재고유지비용은 구입단가의 20%이므로 C_h는 (2,000)(0.2)=400원이다. 따라서 경제적 주문량 Q^*와 총비용 TC는 다음과 같다.

$$Q^* = \sqrt{\frac{(2)(40{,}000)(80{,}000)}{400}} = 4{,}000$$

$$TC = \sqrt{(2)(40{,}000)(80{,}000)(400)} = 1{,}600{,}000\text{원}$$

한편 연간주문횟수는 $D/Q=10$이며, 평균재고수준은 $Q/2=2{,}000$개이다.

외부에서 구매하지 않고 자체적으로 생산하여 수요를 충족시키는 경우에도 경제적 주문량모형을 이용하여 1회 생산량을 계산할 수 있다. 이 경우 생산준비비용(set-up cost)이 주문비용 역할을 하는데, 생산준비비용은 생산을 개시하기 위해 필요한 기계설비의 조정 및 이로 인해 발생하는 유휴시간을 비용으로 환산한 값으로, 1회 생산량의 크기와는 관계없이 일정한 것으로 본다.

연간 수요량과 생산준비비용, 그리고 단위당 연간재고유지비용이 주어지면 경제적 주문량모형을 이용하여 최적 1회 생산량(batch size)을 구할 수 있다.

예제 6-2

한국완구제조는 외주에 의존하던 바퀴를 자체 제작하기로 하였다. 연간수요량은 20,000개, 단위당 연간재고유지비용은 400원이며 생산준비비용은 160,000원으로 추정되었다. 적정 1회 생산량은 얼마이겠는가?

풀이

$D=20{,}000$, $C_o=160{,}000$, $C_h=400$이므로 이를 경제적 주문량공식에 대입하면 Q^*는 4,000개가 되며 이에 따른 연간총비용은 1,600,000원이 된다.

$$Q^* = \sqrt{\frac{(2)(20{,}000)(160{,}000)}{(400)}} = 4{,}000$$

$$TC = \sqrt{(2)(20{,}000)(160{,}000)(400)} = 1{,}600{,}000$$

2 단일기간 확률적 재고모형

크리스마스 트리, 에어컨, 선풍기, 히터 등과 같은 단일계절용 제품이라든가 의류 등과 같이 유행을 타는 제품들의 구매·생산결정은 다른 여타의 제품들과는 달리 일단 의사결정이 최종화되어 실행되면 실제 판매기간 동안에는 추가공급을 하기 어렵다. 계절용 제품의 경우에는 생산이 완료되면 생산설비가 다른 품목의 생산으로 전환될 뿐만 아니라 제품생산에 소요되는 부품의 구입이 어려워지기 때문에 추가생산은 생각하기 힘들다. 그뿐만 아니라 지나친 생산으로 인한 과잉재고 역시 다음 해까지 재고로 남아 있을 수밖에 없어 재고관리의 연속성이 결여되어 있다. 여성의류와 같이 유행을 타는 제품의 경우 이러한 현상은 더욱 심해진다.

이와 같은 특성을 지니는 품목의 재고의사결정은 수요가 발생하는 기간을 한 기간으로 간주하여 이루어지게 된다. 뉴스벤더모형(newsvendor model)이라고도 불리는 이 문제의 특징을 살펴보면 다음과 같다.

- 판매기간이 짧고 판매시작시간과 종료시간이 미리 결정되어 있다.
- 판매개시 전에 상당량을 미리 주문 또는 생산해 놓아야 한다.
- 수요예측의 불확실성이 높다. 즉 판매시작시점까지 상당한 시간을 기다려야 하며 그때까지 수요가 어떻게 나타날지 예측하기 힘들다.
- 수요가 공급을 초과하게 되면 상당한 기회비용(미실현이익)이 발생하며, 공급이 수요를 초과하면 상당한 직접적인 손실(재고비용, 또는 재고처분비용)을 초래한다.

예를 들어 에어컨을 생산·판매하는 기업이 올여름 에어컨 수요에 대비하여 생산계획을 수립한다고 하자. 에어컨의 경우 6월부터 8월까지의 성수기 동안의 판매를 위해 이른 봄부터 생산에 들어가 5월말이면 대략 생산이 완료된다고 볼 수 있다. 이 경우 수요예측의 오류로 인한 비용은 두 가지로 내별해 볼 수 있는데, 첫째는 재고부족으로 인한 판매손실이고, 둘째는 재고과잉으로 인한 재고비용 또는 재고처리비용을 들 수 있다. 에어컨의 경우 일단 생산이 완료되면 부품구입의 어려움으로 인해 추가생산이 어려우며, 지나친 생산으로 인해 성수기가 끝난 후에도 재고로 남아 있는 경우에는 다음 해까지 재고로 보유하거나 대폭 할인하여 판매함으로써 직접적인 손실을 입을 수 있다.

재고부족으로 인해 발생하는 단위당 미실현된 판매이익 또는 판매손실을 C_u(cost of being under)라 표기하고, 수요가 재고수준보다 낮아 계획기간말에 처분하는 재고 한 단위에 대한 비용을 C_o(cost of being over)라 표기하기로 하자. 만약 올여름 에어컨 수요를 확률분포로 나타낼 수 있다면 적정생산량은 얼마겠는가? 단순히 평균수요를 생산량으로 설정한다면 C_u 및 C_o와 같은 비용을 감안하지 못해 상당한 손실을 초래할 수 있다.

상식적으로 생각해 보면 재고부족으로 인한 판매손실, 즉 실현되지 못한 판매이익액인 C_u값이 재고처분비용인 C_o보다 훨씬 큰 경우 최대수요에 가깝게 생산량을 설정해야 하며, 이와 반대의 경우에는 평균수요보다 낮게 생산량을 계획해도 무방할 것이다.

과잉생산으로 인한 재고비용과 과소생산으로 인한 절품손실의 합을 최소화하는 최적생산량은 다음 식을 만족하는 가장 작은 q^*값이다.[1)]

$$\text{수요가 } q^* \text{값보다 작거나 같을 확률} \geq \frac{C_u}{C_u + C_o}$$

---

1) 이 공식의 증명을 간략히 소개하면 다음과 같다.

최적주문량을 q^*라 가정하고 주문량을 q^*+1과 q^*-1로 각각 변경시킬 때의 총비용 변화를 살펴보기로 하자. q^*가 최적이라면 주문량이 변경될 때 총비용은 감소하지 않아야 한다.

q^*에서 q^*+1로 변경될 때 다음 기로 이월될 재고량의 기대치는 $P(D \leq q^*)$만큼 증가하게 되나, 재고부족으로 인한 판매손실량은 $P(D \geq q^*+1)$만큼 감소하게 된다. q^*가 최적이므로 총비용의 증가분 $C_o \cdot P(D \leq q^*) - C_u \cdot P(D \geq q^*+1)$은 0보다 크거나 같아야 한다. 즉

$$C_o \cdot P(D \leq q^*) \geq C_u \cdot P(D \geq q^*+1) \Rightarrow C_o \cdot P(D \leq q^*) \geq C_u \cdot [1 - P(D \leq q^*)]$$

따라서 $P(D \leq q^*) \geq \dfrac{C_u}{C_u + C_o}$ 가 성립한다.

마찬가지로 q^*에서 q^*-1로 변경될 때를 고려해 보면 다음 기로 이월될 재고량의 기대치는 $P(D \leq q^*-1)$만큼 감소하게 되나 재고부족으로 인한 판매손실량은 $P(D \geq q^*)$만큼 증가하게 되므로 q^*가 최적이기 위해서는

$$P(D \leq q^*-1) \leq \frac{C_u}{C_u + C_o}$$

가 성립해야 한다. 이 두 결과를 종합하면 결국 q^*는 $\dfrac{C_u}{C_u + C_o} \leq P(D \leq q^*)$를 만족하는 가장 작은 값이 됨을 알 수 있다.

예제 6-3

한국화원은 매년 연말이 되면 크리스마스 장식용 나무를 88농장에서 공급받아 판매한다. 올 연말의 장식용 나무 수요를 측정한 결과 다음과 같은 분포를 도출해 낼 수 있었다.

수 요	200	210	220	230	240	250
확 률	0.1	0.2	0.25	0.25	0.15	0.05

장식용 나무의 구입원가는 1그루당 25,000원이며 판매가격은 45,000원이다. 크리스마스 시즌까지 팔지 못한 나무는 1그루당 1,000원을 받고 땔감으로 처분한다. 적정주문량을 계산하시오.

풀이

C_u는 충분한 재고를 보유하지 못해 발생하는 비용으로 이 예에서는 미실현된 판매이익 20,000원(=45,000원−25,000원)이 될 것이며, 재고과잉으로 인한 비용 C_o는 25,000원−1,000원=24,000원이다.

$$\frac{C_u}{C_u+C_o}=\frac{20,000}{20,000+24,000}=0.4545$$

수요가 가장 적은 경우부터 시작해서 누적확률을 구해보면, 수요가 200보다 작거나 같을 확률은 0.1, 수요가 210보다 작거나 같은 확률은 0.3, 수요가 220보다 작거나 같은 확률은 0.55이다. 따라서 적정주문량은 220그루이다.

예제 6-4

한국모피는 겨울용 모피코트를 제조·판매하는 기업이다. 제조원가는 45만원이고 판매가격은 85만원이지만 겨울시즌 내에 팔리지 않는 코트는 시즌 밀경에 60% 할인하여 판매하면 모두 처분할 수 있다. 이번 시즌의 코트 수요가 다음과 같다고 가정할 때 적정생산량은 얼마이겠는가?

수 요	200	210	220	230	240	250	260	270	280
확 률	0.1	0.1	0.15	0.20	0.15	0.10	0.10	0.05	0.05

풀이

C_u는 미실현된 판매이익 40만원(=85만원−45만원)이 될 것이며, 재고과잉으로 인한 비용 C_o는 45만원−(85만원)(0.4)=11만원이 된다. 따라서

$$\frac{C_u}{C_u + C_o} = \frac{40}{40+11} = 0.784$$

가 되며 적정생산량은 250벌이다.

예제 6-5

한국베이커리는 매일 아침 식빵을 구워내 판매하고 있다. 식빵의 제조원가는 개당 500원이며 판매가격은 3,000원이다. 판매 후 남은 식빵은 개당 100원에 빵가루 제조업체에 넘기고 있다. 식빵 수요가 다음과 같은 확률분포를 따른다고 가정하고 적정일일생산량을 구하시오.

수 요	100	110	120	130	140	150
확 률	0.1	0.15	0.25	0.25	0.15	0.1

풀이

수요가 생산량에 못 미칠 경우 발생하는 손실액은 500−100=400원이며, 수요가 생산량을 초과할 경우에는 개당 3,000−500=2,500원의 미실현이익이 손실액으로 나타난다고 볼 수 있다. 따라서 최적생산량 x^*는

$$\frac{C_u}{C_u + C_o} = \frac{2,500}{2,500+400} = 0.862$$

를 만족해야 함을 알 수 있으며, 이에 대응하는 적정일일생산량은 140개이다.

제 4 절 재고관리시스템의 설계

1 재고관리시스템의 구조

재고관리시스템의 설계는 기본적으로 다음 세 가지 항목을 중심으로 한다.

- 실사주기 : 얼마나 자주 재고량을 파악해야 하는가?
- 주문시점 : 언제 주문을 해야 하는가?
- 수 문 량 : 얼마나 많은 양을 주문해야 하는가?

수요가 확정적인 경우 재고를 실사할 필요 없이 정확히 그 변화를 알 수 있으므로 첫 번째 항목은 큰 관심을 둘 필요가 없으며 주문시점 역시 조달기간 동안의 수요를 확실히 알 수 있으므로 새로운 물량이 도착했을 때 재고가 모두 소진될 수 있도록 조절하면 된다. 한편 주문량은 주문비용과 재고유지비용을 적절히 감안하여 결정할 수 있다.

그러나 수요가 불확실한 경우 이들 세 요소에 관한 의사결정과정이 상당히 복잡해진다. 첫째, 재고실사에 시간과 비용이 전혀 소요되지 않는다면 가능한 한 지속적으로 재고를 파악하는 것이 바람직하지만 그렇지 못한 경우 재고실사는 주기적으로 수행될 수밖에 없다. 그러나 실사주기는 길게 잡을수록 수요에 대한 불확실성이 높아져 필요 이상으로 재고를 많이 보유하게 될 우려가 크다.

둘째, 주문시점은 재고를 계속적으로 실사하느냐 또는 일정주기에 따라 실사하느냐에 따라 달라지게 된다. 재고를 계속적으로 실사하는 경우 주문시점은 바로 조달기간 동안의 수요를 기초로 하여 결정한다. 조달기간 동안의 수요에 불확실성이 높을수록 품절에 대비한 안전재고를 많이 보유해야 한다. 한편 재고를 주기적으로 실사하는 경우 주문시점은 곧 실사시점과 일치한다.

셋째, 주문량의 경우 역시 재고실사주기의 길이에 따라 결정방법이 달라진다. 계속적인 실사를 채택하는 경우 주문량은 대개 결정되어 있지만, 주기적인 실사인 경우 다음 실사 때까지의 수요와 조달기간 동안의 수요를 모두 고려하여 결정하게 되는데, 주문량과 실사주기의 상호연관성을 고려해야 하므로 이 역시 상당히 복잡해진다.

(1) 정기실사제

슈퍼마켓이나 소형할인매장과 같이 다양한 품목을 판매하는 기업에서 흔히 볼 수 있는 재고관리시스템이다. 매주 일요일, 또는 매달 마지막 일요일식으로 날짜를 정해 놓고 주기적으로 재고를 실사하고, 다음 기에 필요한 수량을 주문 또는 생산하여 적정재고수준을 유지하고자 하는 관리방식으로, 재고실사주기와 주문량의 결정이 주요 문제로 대두된다.

정기실사제(periodic review system)는 같은 설비를 이용하여 다양한 품목을 생산하거나 같은 공급원으로부터 여러 품목을 주문하는 경우 또는 같은 수송수단을 이용하여 물건을 운반하는 경우, 여러 품목을 묶어 주문처리할 수 있어 상당한 비용의 절감을 기대할 수 있다. 또한 재고관리에 필요한 인적 · 물적 자원의 소요량을 미리 계획할 수 있어 전반적인 관리측면에서 계속실사제보다 우수하다. 또한 실사에 비용이 많이 들거나 재고출납을 기록하기 어려울 때 또는 우유, 과일, 약품, 화학제품 등과 같이 수명이 제한된 품목들의 관리에는 어쩔 수 없이 정기실사제를 채택해야 한다.

(2) 계속실사제

계속적으로 재고를 관찰하다가 재고가 미리 결정된 수준 이하로 떨어지면 일정량을 다시 주문하여 재고수준을 적정수준으로 회복시키는 방법이다. 그러므로 수요가 많을 때에는 자주 주문을 하고 반면에 수요가 적을 때에는 주문의 빈도수가 적어진다. 여기서 주문의 시점을 결정하게 되는 재고수준을 재주문점(reorder point)이라 하며, 재고가 재주문점에 도달하게 되어야만 새로운 주문을 낸다. 이러한 관리시스템을 이용하기 위해서는 재주문점과 주문량을 결정하는 방법이 설정되어 있어야 한다.

가장 단순한 형태의 계속실사제(continuous review system)로서는 슈퍼마켓이나 백화점에서 흔히 볼 수 있는 이중 칸제도(two bin system)를 들 수 있다. 일반적으로 수량이 많고 부피가 작은 저가품에 주로 이용되는 시스템으로 재고를 두 개의 상자에 담아, 하나는 보관해 두고 또 다른 상자의 재고만을 고객에게 판매하기 위해 내놓게 되는데, 이 상자의 재고가 모두 판매되면 보관중인 재고를 내놓는 동시에 두 상자의 용량만큼 다시 주문한다. 이 경우 재주문점은 보관용 상자의 용량이 되며 주문량은 두 상자의 용량이 된다.

2 재주문점 결정과 안전재고 계산

가장 간단한 형태의 계속실사제는 [그림 6-5]에서와 같이 재고수준이 R 또는 그 이하로 떨어지게 되면 Q만큼을 주문하는 재주문점 시스템이다. 이 시스템을 채택할 경우 주문량이 어느 정도 일정하기 때문에 주문이나 공급량의 계산에 따른 오류를 줄일 수 있으며 공급자측에서 볼 때에도 소요량을 어느 정도 예측할 수 있다는 장점을 가진다. 그리나 재고수준이 R 이하로 급속히 떨어지게 되면 Q만큼을 다시 주문하더라도 재주문점 R 이상으로 재고수준을 올리지 못하는 경우가 발생할 수도 있다.

주문량 Q와 재주문점 R을 각각 독립적으로 구하는 경우 R은 리드타임 동안의 수요와 재고관련비용만을 고려하면 쉽게 구할 수 있다. 그렇지만 이것도 복잡하다고 생각이 되거나 고객에 대한 서비스수준이 우선이라고 판단되는 경우에는 다음과 같이 서비스수준만을 고려한 재주문점 결정방식을 채택할 수 있다.

서비스수준은 현재 보유하고 있는 재고로 아무런 부족함 없이 소비자의

[그림 6-5]
재주문점 시스템의 원리

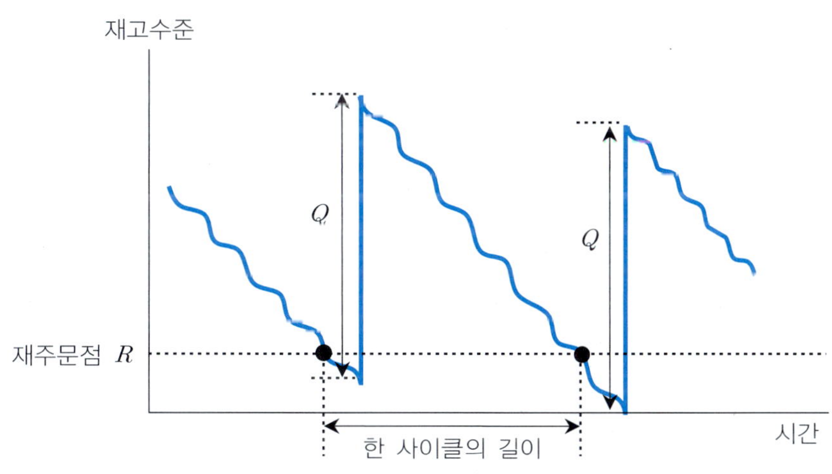

〈표 6-8〉 수요분포

수 요	200	210	220	230	240	250
빈도수	10	15	20	30	15	10
확 률	0.1	0.15	0.2	0.3	0.15	0.1

수요를 모두 만족시켜 줄 확률이다. 예를 들어 과거의 약 100기간 동안의 수요를 종합한 결과가 〈표 6-8〉과 같다고 가정해 보자. 이 표에서 확률은 각 수요가 발생한 빈도수를 총빈도수 100으로 나눈 값이다.

이때 물론 다음 기의 수요가 200일지, 220일지 또는 250일지 정확히 알 수는 없다. 그러나 만약 240개를 보유하고 있다면 수요가 얼마가 되든지 간에 최소한 90%는 완전히 만족시켜 줄 수 있다. 다시 말해 조달기간 동안의 수요가 200, 210, 220, 230, 240이 되는 경우는 부족함이 없이 모두 제품을 공급할 수 있으며, 수요가 250인 경우에만 10개가 부족하게 된다.

서비스수준이란 이처럼 부족함이 없이 수요를 모두 만족시켜 줄 확률을 의미한다. 다시 말해 재주문점을 R로 정했을 때(현재고는 없다고 가정), R의 서비스수준 $P(R)$은 다음과 같이 정의된다.

$$P(R) = \text{수요가 } R\text{보다 작거나 같을 확률} = P(\text{수요} \leq R)$$

만약 재고관리 담당자가 최적서비스수준을 75%로 결정하였다면, 이에 대응하는 재주문점은 230개가 된다. 서비스수준이 80%인 경우에는 재주문점이 240개가 되는데, 이는 수요가 230개 또는 240개는 될 수 있지만 그 사이의 값은 취할 수 없다고 가정하였기 때문이다.

재주문점이 결정되면 조달기간 동안에 평균적으로 발생하는 수요량을 이용하여 안전재고를 계산할 수 있다. 안전재고는 조달기간 동안 발생할 수 있는 수요의 평균값을 초과하여 재주문점을 유지할 때 발생한다. 안전재고의 계산식은 다음과 같이 정의된다. 물론 계산상 안전재고가 0보다 작을 수도 있지만 그런 식으로 재고관리를 하면 곤란할 것이다.

$$\text{안전재고} = \text{재주문점} - \text{조달기간 동안의 평균수요}$$

예제 6-6

한국정수기판매(주)는 미국의 유명제조회사로부터 정수기를 공급받아 대리점을 통해 판매하고 있다. EOQ분석을 통해 1회 주문량이 200대임이 판명되었다. 연평균 수요가 1,200대이고 리드타임 동안의 수요가 다음과 같다고 가정하고 물음에 답하시오.

수 요	21	23	25	27	29	31	33	35
확 률	0.05	0.10	0.10	0.15	0.15	0.20	0.15	0.10

서비스수준이 각각 75%, 85%, 95%일 때 재주문점은 얼마인가, 그리고 각각의 경우 안전재고는 얼마로 추정되는가?

풀이

조달기간 동안의 평균수요를 계산하면 다음과 같다.

$$(21)(.05)+(23)(.10)+(25)(.10)+(27)(.15)+(29)(.15)+(31)(.20)+(33)(.15)+(35)(.10)=28.9$$

(a) 75%일 때 $R=31$대, 안전재고$=31-28.9=2.1$

(b) 85%일 때 $R=33$대, 안전재고$=33-28.9=4.1$

(c) 95%일 때 $R=35$대, 안전재고$=35-28.9=6.1$

제 5 절 유통망에서의 재고관리

1 유통망에서의 안전재고 풀링

여러 곳에 흩어져 있는 수요에 대비하여 각 지역별로 물류센터를 구축하고 이곳에 각각 안전재고를 보유한다고 생각해 보자. 각 지역에서 발생하는 예상 외의 불규칙 수요는 해당 물류센터의 안전재고로 대처한다. 이 경우 지역별 수요발생패턴에 따라 어느 한 물류센터의 재고는 바닥이 날 수 있지만 다른 물류센터의 재고는 상당한 여유가 있을 수도 있다. 여유 재고가 있는 곳에서 그렇지 못한 곳으로 급히 배송해 줌으로써 품절을 막을 수도 있으나,

여러 곳에 퍼져 있는 물류센터간에 이처럼 신속한 업무협조관계를 유지하기가 쉽지 않다. 물류센터간의 운송비용도 부담해야 하며, 각 물류센터별로 수익과 성과를 평가할 때 관련 상품 처리에 관련된 비용과 수익의 할당이 번거롭기도 하다. 관련 상품의 보관, 서비스 처리비용은 A에서 발생하고 수익은 B에서 챙길 수도 있기 때문이다.

만약 A와 B 두 물류센터에서 보유하고 있는 안전재고를 한 곳에 몰아놓고 이곳에서만 서비스를 제공한다고 가정해 보자. 즉, 재고의 집중화(centralization)를 고려한다는 것이다. 한 곳에 재고를 몰아놓으면 A와 B 두 곳에서 재고를 나누어 처리할 때보다 재고의 불균형을 다소나마 줄일 수 있어 고객에 대한 서비스수준이 개선될 것이다. 이전과 같은 수준의 안전재고를 보유하더라도 품절의 가능성을 조금 더 줄일 수 있으며, 동일한 서비스수준을 유지하고자 할 때에도 안전재고 보유량이 다소 줄어든다. 이 문제를 수학적으로 분석해 보자.

앞 소절에서 안전재고는 재주문점에서 조달기간 동안의 평균수요를 뺀 값으로 정의한 바 있다. 조달기간 동안의 수요가 정규분포를 따르고 있다고 가정한다면 안전재고는 다음과 같이 표현할 수 있다. 이 식에서 $\sigma_{\text{리드타임}}$은 조달기간 동안 발생하는 수요를 정규확률분포로 나타내는 경우의 표준편차를 의미하며, Z는 안전재고수준을 계산하기 위해 사용하는 정규분포의 표준화 값이다. 참고로 Z=(수요−조달기간 동안의 평균수요)/$\sigma_{\text{리드타임}}$으로 정의된다.

$$I_{\text{안전재고}} = Z \cdot \sigma_{\text{리드타임}}$$

만약 A와 B 지역에 각각 물류센터를 구축하며, 이 두 지역의 수요가 동일하다면 두 곳의 안전재고를 합한 총재고는 다음과 같다.

$$I_{\text{안전재고}} = 2 \cdot Z \cdot \sigma_{\text{리드타임}}$$

A와 B 두 지역을 통합하여 하나의 물류센터만을 구축한다면 조달기간 동안의 총수요는 2배가 될 것이고 두 지역의 수요가 서로 독립적일 때 수요분포의 분산도 2배가 되어 $2 \cdot (\sigma_{\text{리드타임}})^2$의 형태를 취한다. 이 경우 안전재고는 다음과 같이 $\sqrt{2}$배만큼만 증가하여 A와 B에 각각 물류센터를 설치하는

경우보다 $1/\sqrt{2}$ 의 비율로 줄어든다.

$$I_{안전재고} = \sqrt{2} \cdot Z \cdot \sigma_{리드타임}$$

만약 A, B, C의 세 곳에 위치한 물류센터를 통합 · 운영한다면 안전재고는 다음과 같이 $3 \cdot Z \cdot \sigma_{리드타임}$에서 $\sqrt{3} \cdot Z \cdot \sigma_{리드타임}$으로 줄어든다. 이런 식으로 재고를 통합하여 운영하는 방식을 풀링(pooling)이라 한다.

$$I_{안전재고} = \sqrt{3} \cdot Z \cdot \sigma_{리드타임}$$

역으로 한 곳에서 통합적으로 운영하던 물류센터를 A, B, C 세 곳에 분산시켜 운영한다면 안전재고는 이전에 비해 $\sqrt{3}$배 증가한다.

그렇지만 재고의 집중화 또는 물류센터의 통합적 운영은 고객입장에서 보았을 때 단점도 많다. 우선 서비스 처리소요시간이나 배송소요시간이 상대적으로 증가할 수 있으며, 고객이 해당센터에 방문해야 하는 경우에는 여러 곳에 서비스센터가 분산해 있는 경우보다 더 불편하게 되어 고객만족도는 떨어질 가능성이 높다. 참고로 지역간의 수요발생패턴에 별다른 차이가 없는 경우에는 한 곳에 집중하여 통합 · 운영하여도 별다른 실익이 나타나지 않는다. 한 곳에서 수요가 폭등하더라도 다른 곳에서는 정상적인 수요패턴을 보여주거나 혹은 수요가 정체되어야 풀링의 의미가 살아난다. 지역간에 수요발생패턴이 서로 반대일 때 집중화 또는 풀링의 효과는 극대화된다.

2 크로스도킹을 통한 재고비용 절감

물류흐름을 신속하게 하여 수요변화에 적극적으로 대처할 뿐만 아니라 재고비용을 낮추기 위해, 월마트와 같은 기업은 상품을 실제로 창고에 보관하지 않고 공급자의 트럭에서 상품을 하역하면서 분류하고 소로트로 분할한 다음, 곧장 소매점으로 향하는 트럭에 실어 운반하는 방법을 도입하기도 한다. 크로스도킹(crossdocking)이라 부르는 처리방식은 물류센터로 입고되는 상품을 보관하는 것이 아니라 곧바로 소매점포에 배송하는 물류시스템으로, 물류센터 내에서의 보관과 정리작업 과정을 제거함으로써 재고관리비용 및 리드타임 절감에 상당한 기여를 한다.

크로스도킹은 물류센터를 일종의 상품분류 · 통합처리시설로 활용하는 개념으로, 다수의 공급업체가 보내온 상품을 수요처 또는 매장별로 분류하고 각 매장으로 보내야 할 상품을 하나로 모아 해당매장으로 일괄배송하는 방식이다. 각 공급업체가 여러 매장에 각자 독립적으로 배송해야 할 것을 모아서 한꺼번에 배송함으로써 시간과 비용을 절감할 수 있으며, 개별 공급업체가 보내야 하는 상품량이 한 트럭분에 미치지 못하더라도 여러 공급업체의 것을 모아 배송하기 때문에 규모의 경제를 도모할 수 있다. 월마트는 약 85%의 상품을 크로스도킹으로 처리한다고 한다.

크로스도킹방식은 상품 파손이나 오류가능성도 방지해 주는데, 이런 혁신적 시스템을 통해 월마트의 물류센터 한 곳은 반경 300마일 이내에 있는 80～100개 가량의 매장에 상품을 공급하고 있다고 한다. 또한 배송중인 상품의 이동경로와 배송소요시간을 철저히 통제함으로써 규모의 경제를 더욱 효과적으로 활용하고 있다.

[그림 6-6]
크로스도킹의 구조

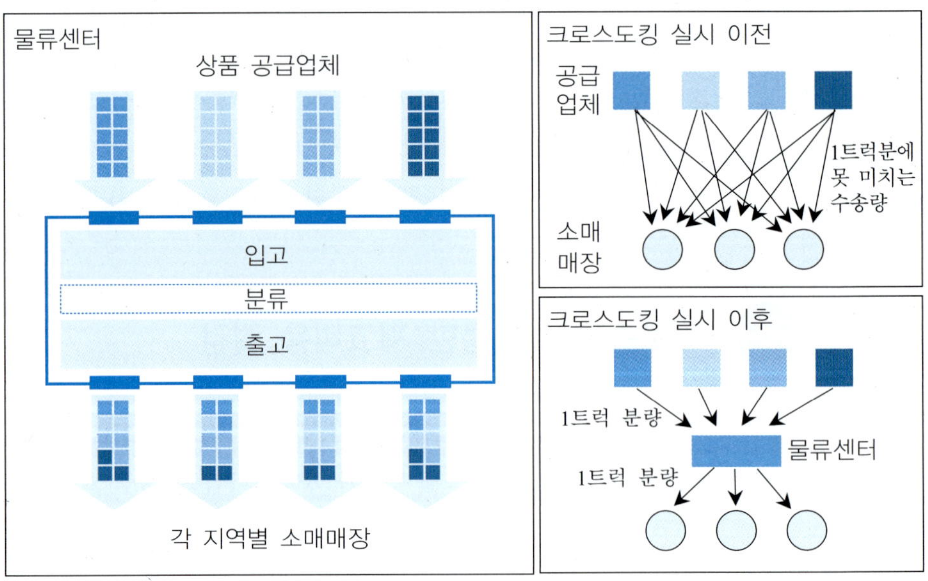

보론 뉴스벤더모형을 이용한 산출관리

1 서비스 생산성과 초과예약제도

순수 서비스를 제공하는 기업의 경우 고객이 예약을 지키지 않았더라도 고객 서비스 차원에서 특별한 재정적 부담을 물리지 않는다. 우리나라의 경우 승객이 비행기를 예약할 때 만약에 대비하여 여러 좌석을 예약하고 이를 취소하지 않고 떠나도 별다른 조치를 취하지 않는다. 물론 여행사를 통해 단체여행을 하는 경우처럼 미리 여행사에 할당된 할인 항공표를 이용하는 경우를 제외하고는 별다른 문제가 되지 않는다.[2)]

그렇지만 예약하고도 나타나지 않은 손님이 많을수록 손실은 커진다. 따라서 신용카드 등을 이용하여 예약한 서비스에 대해 일정부분 비용을 미리 청구하여, 예약을 하고도 나타나지 않은 고객에 대해 벌금을 물게 할 수 있는 방안이 없다면 예약은 당연히 100%를 넘는 수준에서 받아야 한다. 예를 들어, 설날이나 추석과 같이 비행기표를 구하기 거의 힘든 시기에도 예약승객의 실제 탑승률은 90%가 되지 못한다. 예약한 손님이 나타나지 않은 경우 그 시설을 신축적으로 다른 용도로 활용할 수 없을 때 어느 정도 좌석수를 초과하여 예약을 받을 수도 있다.

외국계 항공사에서는 이러한 노-쇼(no-show) 현상 때문에 초과예약(overbooking) 제도를 일찍부터 도입하였다. 실제 제공가능한 좌석보다 많은 예약을 받음으로써 상당한 수의 노-쇼에 대비하고 있다. 그러나 지나치게 많은 좌석을 초과예약받을 경우 예약한 승객에 대해 좌석을 배정하지 못할 위험이 커진다. 서비스 기업에서는 예약하고도 서비스를 받지 못한 고객들에게는 별도의 무료 또는 저가의 대체 서비스를 제공하기도 한다. 예를 들어 항공권의 경우 무료로 다음 비행기편에 좌석을 배정해 주기도 하며, 호텔의 경우 근처에 있는 동급 호텔에 무료로 객실을 마련해 주기도 한다.

2) 본 소절은 다음 책을 주로 참조하였음. Fitzsimmons, J.A. and M.J. Fitzsimmons, *Service management*, McGraw-Hill Higher Education, 2006.

바람직한 초과예약전략은 유휴서비스 능력의 기회비용과 예약거절에 따른 기회비용을 최소화하는 것이다. 본절에서는 한계효용의 개념을 활용한 초과예약규모의 결정방법에 대해 알아보기로 한다.

보론 예제 1

한국항공은 서울-제주 간만을 운행하는 지역항공사이다. 예약부도율이 높지만 이에 대한 패널티를 물리기는 어려워 이번부터 좌석에 대한 예약률을 좌석수 이상으로 높이기로 했다. 다음은 50명 좌석의 제주노선에 100% 예약을 받아들였음에도 불구하고 실제로 나타나지 않은 고객의 수를 과거자료를 이용하여 정리한 것이다.

예약했으나 나타나지 않은 승객수(d)	빈도수(총 200번의 100% 예약 중 나타난 횟수)	확 률	누적확률
0	14	.07	.07
1	38	.19	.26
2	44	.22	.48
3	32	.16	.64
4	24	.12	.76
5	20	.10	.86
6	14	.07	.93
7	8	.04	.97
8	4	.02	.99
9	2	.01	1.00

여기서 충분히 예약을 받지 않아 실제 탑승률이 100% 미만일 때 발생하는 좌석당 손실, 즉 판매이익은 40,000원 정도로 추정된다. 한편, 100% 이상 예약을 받았으나 실제 50명을 넘는 승객들이 나타남으로 인해 비행기를 타지 못한 고객에게 패널티로 지불하는 비용은 왕복항공표 값 및 선물티켓을 포함하여 100,000원 정도인 것으로 추정된다. 몇 좌석이나 초과예약을 받아야 하는가?

풀이

분석의 편의상 C_u와 C_o를 다음과 같이 정의한다.

C_u＝충분히 초과예약을 받지 않아 실제 탑승률이 100% 미만일 때 발생하는 좌석당 기회비용＝40,000원

C_o＝100% 이상 예약을 받았으나 실제 50명을 넘는 승객들이 나타남으로 인해 고객에게 패널티로 지불하는 비용으로 왕복항공표 값 및 선물티켓을 포함한 비용＝100,000원

50석을 넘어 초과예약해야 하는 좌석수를 K(즉, 총예약수는 $50+K$)라 한다면 100% 이상의 초과예약률이 높을수록 C_o 관련 손실이 커지고, 초과예약률이 낮을수록 역으로 C_u 관련 기회비용이 커진다. 뉴스벤더 모형을 이용하면 최적 대안은 다음 식을 만족하는 가장 작은 값이다.

$$P(K \geq \text{예약은 했으나 나타나지 않은 승객수}) \geq \frac{C_u}{C_u + C_o}$$

본 예제의 경우 $\frac{C_u}{C_u + C_o} = \frac{40{,}000}{40{,}000 + 100{,}000} = 0.28$이므로 50석을 초과하는 초과예약 좌석수는 2석에 불과하다.

2 산출관리

산출관리(yield management)는 재고로 저장이 불가능한 서비스에 대한 효율적 가격책정시스템을 통해 수익을 극대화하고자 하는 도구이다. 예를 들어, 항공사들은 같은 노선이라도 성수기와 비성수기의 요금이 다르다. 또한 여행사를 통해 단체여행을 가는 경우의 비행기 요금과 항공사로부터 직접 구입하는 경우의 비행기 요금도 다르다. 기간별, 노선별, 미할당좌석의 여유분 정도에 따라 요금을 달리하고 각 요금별로 할당가능한 좌석수를 미리 계산함으로써 수익극대화를 도모하고 있다. 항공사들은 일정비율의 좌석을 여행사들에게 미리 할당하여 판매함으로써 수익의 안정성을 도모할 수 있고, 여행사들은 충분한 좌석을 확보한 상태에서 여행객들을 모집함으로써 가격이나 스케줄 측면에서 상당한 신축성을 발휘할 수 있다. 물론 여행사들은 소비자 가격보다 훨씬 저렴한 가격으로 좌석을 구입하지만, 나중에 이 좌석을 고객에게 판매하지 못하더라도 미리 계약된 가격은 지불해야 한다.

산출관리는 앞에서 논의하였던 여러 가지 전략들, 즉 예약시스템, 초과예약, 수요 이동 및 분할 등을 통합하는 종합적인 시스템으로 공급능력이 제한적인 서비스 기업에서 수요와 공급을 대응시키기 위한 복잡다단하고 다양한 방법들의 묶음이라 정의할 수 있다. 산출관리를 통해 서비스 기업은 고객에게 부과되는 가격, 세분화된 고객그룹, 서비스 시설의 가동률 간의 최적 균형을 도모하게 된다. 산출관리의 개념은 항공사들이 처음 개발하였지만 이제는 호텔이나 렌터카회사 혹은 유람선 등과 같이 서비스 능력이 제한되어 있는 다양한 서비스 산업에서 활용하고 있다. 유람선의 경우 똑같은 공간 내라 할지라도 좌석을 일반석, 관광객석, 할인석 등과 같이 세분화하여 가장 수익성이 높은 방법으로 좌석을 할당한다.

참고로 산출관리는 다음과 같은 특성을 지닌 서비스 기업에 적용가능성이 높다.

- 상대적으로 고정된 서비스 능력 : 호텔이나 항공사와 같이 설비투자 규모가 큰 서비스 기업은 수요가 급증해도 공급능력 확대에 상당한 제약이 있다. 그뿐만 아니라 예상과 달리 수요가 공급에 미치지 못할 경우에도 유휴시설을 다른 용도로 전환하거나 대체수요를 창출하기 어렵다.
- 한계판매비용은 낮으나 서비스 공급능력의 확대는 어려움 : 항공사에서 한 단위의 좌석을 더 판매하는 비용은 무시할 만큼 낮다. 그러나 공급능력은 설비투자의 집중적 속성 때문에 (예를 들어, 호텔에서 객실 증설의 최저단위는 100여 개 이상일 것임) 한계공급능력의 추가비용은 매우 크다.
- 시장세분화의 가능성 : 서비스 기업에 산출관리가 효과적으로 적용되려면 고객층별로 시장을 세분화할 수 있어야 한다. 항공사의 경우 단체여행객을 위해 별도의 할인요금으로 여행사에 미리 할당하여 판매한다. 가격에 민감한 다양한 서비스 고객층을 개발하는 것이 산출관리의 핵심과제이다.
- 사전 판매 상품 : 서비스 기업에서는 사전에 공급능력을 판매하기 위해서 예약시스템을 사용한다. 경영자들은 할인가격으로 조기예약을 받을 것인가 아니면 기다려서 재고로 남겨두었다가 높은 가격을 지불할 고객에게 판매할 것인가의 불확실성에 직면하는 경우가 많다.

보론 예제 2

한국항공은 50명을 실을 수 있는 항공기의 제주노선에 대한 할인판매를 계획하고 있다. 탑승시점보다 60일 전에 비행기 요금을 지불하는 경우 10만원짜리 비행기표를 7만원에 할인하여 팔기로 했다. 너무 많은 좌석을 할인가격에 판매하는 경우 정상가격에 팔 수 있는 좌석수가 모자랄 수도 있지만, 반대로 필요 이상으로 정상가격에 판매할 좌석을 남겨두는 경우 가격에 민감한 손님들의 거부로 좌석이 남을 수도 있다. 물론 할인가격에 다 판매하지 못한 자리는 정상가격용 좌석으로 전환된다. 수요 불충분으로 빈자리로 가는 경우 좌석당 4만원의 손실이 발생하는 것으로 추정하고 있다.

단, 할인가격에 구입하지 못한 손님 중 50%는 여행을 포기하고, 나머지 50%는 정상가격에 구입하여 여행할 것이라 가정한다. 즉, 할인가격에 팔기 위해 남겨놓은 좌석이 너무 적은 경우 이 가격에 예약하지 못한 고객의 50%는 비싼 가격을 주고 티켓을 구입하고 나머지 50%는 여행을 포기한다. 과거자료를 분석한 결과 정상가격에 탑승하는 승객수의 분포는 다음과 같았다. 정상가격에 판매할 좌석수를 구하시오.

정상가격에 탑승하는 승객수(d)	빈도수	확 률	누적확률
35	14	.07	.07
36	38	.19	.26
37	44	.22	.48
38	32	.16	.64
39	24	.12	.76
40	20	.10	.86
41	14	.07	.93
42	8	.04	.97
43	4	.02	.99
44	2	.01	1.00

풀이

정상가격에 판매할 좌석수를 K라 하자. 우선 정상가격에 팔기 위해 남겨놓은 좌석이 너무 많아 빈자리로 갈 때(즉, 할인해서 팔면 다 팔 수 있었는데, 할인용으로는 너무 적은 수의 좌석을 할당한 경우) 발생하는 손실부터 계산하면 다음과 같다.

할인가격으로 구입하지 못하면 여행 포기시 빈자리로 가야 할 때 발생하는 손실＝4만원
할인가격으로 구입하지 못하더라도 정상가격으로 구입하는 경우의 손실(이 경우 득이 됨)
＝7만원－10만원＝－3만원

정상가격에 팔기 위해 남겨놓은 좌석이 너무 많아 빈자리로 갈 때 발생하는 손실은 4만원 혹은 −3만원이다. 각각의 가능성이 50%이므로 손실의 기대치는 다음과 같다.

$$C_o = (0.5)(4) + (0.5)(-3) = 0.5\text{만원}$$

한편 정상가격에 팔기 위해 남겨놓은 좌석이 불충분해서(즉, 너무 많은 좌석을 할인해서 판매한 경우) 발생하는 손실은 3만원이다. 즉, 10만원에 팔 수 있는 좌석을 7만원에 팔았으므로 그 차이인 3만원이 손실로 발생한다.

$$C_u = 10\text{만원} - 7\text{만원} = 3\text{만원}$$

따라서

$$\frac{C_u}{C_u + C_0} = \frac{30{,}000}{30{,}000 + 5{,}000} = 0.857$$

정상가격에 판매할 좌석수 K는 다음 식을 만족하는 가장 작은 값이다.

$$P(K \geq \text{확률분포상에서 정상가격에 탑승하는 승객수}) \geq \frac{C_u}{C_u + C_o}$$

확률분포표를 참고하면 K=40석이며, 비행기 좌석수가 총 50석이므로 할인가격에 예약이 가능한 좌석수는 10석에 불과하다.

쉬어가기

기업 돈맥경화 부르는 '악성재고'

사람의 혈관에 콜레스테롤이나 지방이 쌓이면 혈관이 막혀 피가 통하지 않는다. 이런 동맥경화는 비단 사람에게만 나타나는 것은 아니다. 기업에도 '돈맥경화'가 나타난다. '돈맥경화'란 피가 몸속에서 제대로 순환하지 않는 동맥경화를 빗대어 회사의 자금 사정이 원활하지 않은 상태를 일컫는 말이다. 기업의 자금이 제대로 순환하지 않으면 영업활동에 문제가 생긴다. 우리나라 증시에 상장돼 있는 기업은 대부분 제조업에 속해 있다. 실제로 제조업 현황에 따라 우리나라 증시 전체가 출렁이는 사례가 자주 나타나는 것도 이 때문이다. 제조업의 유동자산 중 대부분을 차지하는 자산이 바로 '재고자산'이다. 일반적으로 '재고자산'이라고 하면 창고에 쌓인 완성된 상품만 생각할 수 있다.

하지만 회계에서의 재고자산은 기업이 정상적인 영업활동과정에서 판매 또는 제품의 생산을 위해 보유하고 있는 자산을 말한다. 즉 물건을 만드는 데 필요한 원재료(raw materials), 원재료를 가공 중에 있는 재공품(work in process), 공정을 거쳐 완성한 완제품(finished goods), 외부에서 사온 상품 모두 재고자산에 해당된다. 일반적으로 재고자산은 판매를 목적으로 보유하는 자산으로 정상적인 영업주기 내에 제품이 판매될 것으로 예상해 유동자산으로 분류한다. 요즘같이 기술의 수명주기(life cycle)가 짧은 상황에서 전자업계와 같은 산업에서는 악성재고(불용재고)가 증가하고 있다.

악성재고는 사용하지 못하는 불용재고를 말한다. 이는 기업들이 원활한 생산활동을 위해 의도적으로 갖고 있는 재고가 아니라 앞으로 사용될 가능성이 거의 없는 불필요한 재고를 의미한다. 노트북이나 스마트폰의 경우 제품 자체가 유행을 많이 타기 때문에 한번 시즌을 놓치면 향후 상품을 판매하기가 쉽지 않아 유동성이 떨어진다. 이런 유행에 예민한 제품들이 창고에 쌓이게 되면 진부화로 인해 팔리기는 점점 더 어려워진다. 진부화란 재고자산이 유행에 뒤처지거나 연식이 오래돼 변색되고 물리적 손상으로 인해 가치가 떨어지는 것을 말한다. 회계에서는 진부화된 재고자산에 대한 손실을 '재고자산평가손실'로 비용처리한다. 재고를 오래 가지고 있을수록 기업에서는 많은 비용이 발생한다.

물론 모든 재고와 관련된 활동들이 비용을 발생시키는 것은 아니다. 기업은 수요예측을 통해 시장수요에 대응하기 위해 일정수준의 재고량을 미리 비축한다. 이러한 재고비축량을 '안전재고'라고 한다. 물론 수요예측에 실패하면 과소재고 또는 과잉재고가 나타난다. 이때 재고비용이 발생하는데 과소재고일 때 발생하는 긴급주문비용이, 과잉재고일 때 발생하는 재고유지비용이 대표적인 사례이다. 또 긴급주문비용은 고객주문부터 발송까지 과정에서 판매 지연으로 발생하는 비용을 말한다. 유지비용에는 재고를 창고에 보관하는 보관비용과 창고를 관리 감독하는 사람의 인건비, 창고에 들어가는 운영비(수도광열비 등)가 포함된다. 수요예측에 실패한 기업은 과잉재고가 신제품 출시를 지연시켜 시장에서 도태될 뿐만 아니라 악성재고가 돼 기업의 자금순환, 즉 혈관을 막히게 한다. 하지만 이처럼 처치 곤란한 악성재고를 통해 미래 수익성을 확보한 기업 사례도 있다. 대표적인 해외 사례로는 사우스웨스트항공의 반값 할인이다. 사우스웨스트항공사는 가장 싸게 표를 팔았음에도 불구하고 악성재고를 최소화하는 경영기법을 통해 다른 대형 항공사보다 높은 이익을 냈다. 항공사에서 비행기의 빈자리는 악성재고다. 비행하지 않고 공항에 대기하고 있는 비행기들도 악성재고다. 비행기가 운행을 지속적으로 하려면 정비시간이 짧아야 한다. 이 항공사는 타 회사와는 달리 한 가지 기종의 항공기로 운행을 했으며 정비사들은 한 기종에만 집중해 빨리 정비할 수 있게 됐다. 결국 다른 항공사들보다 빨리 비행기를 이륙시킬 수 있게 됐으며 남들이 잘 이용하지 않는 작은 공항을 저렴한 가격으로 운항해 반값 비행기표를 팔 수 있었다.

악성재고를 적절히 활용해 재기에 성공한 우리나라 기업 사례도 있다. 하이트진로의 '일품진로'가 그 예다. 하이트진로의 일품진로는 참나무통에서 10년이라는 긴 숙성기간을 거쳐 나온 프리미엄 소주이다. 고급스럽고 세련된 이미지 차별화로 소주 시장에서 독보적인 인기를 얻었다. 프리미엄 소주 '일품진로'는 사실 우여곡절이 많은 술이다. 일품진로는 회사의 파산위기로 처치 곤란한 악성재고였다가 회사 주인이 바뀐 뒤 명주(名酒)가 됐다. 이 일품진로는 사우스웨스트항공사 사례처럼 전략적인 재고관리를 통해 나온 것이 아니라 우연이 낳은 역전 상품이다. 1990년대 당시 소주 시장엔 프리미엄 소주가 잇따라 출시됐다. 그중에서도 프리미엄 소주의 대표주자는 진로의 '참나무통 맑은 소주'였다. 증류식 소주를 1년 이상 참나무통에서 숙성시킨 이 술은 일명 '위스키 소주'로 불렸으나 1997년 외환위기 여파로 진로는 파산 위기에 내몰렸다. 물론 '참나무통 맑은소주' 역시 단종이 됐으며 이 술이 담긴 오크통은 골칫거리가 됐다. 회사 입장에서는 공장 한 곳을 차지한 수천 개의 오크통이 처치 곤란한 악성재고였다. 이 술은 버릴 수도 없었고 회사 창립기념일에 오크통에 담긴 술을 활용해 기념주를 만드는 것이 전부였다. 오크통에 든 술은 공장 한쪽에서 한두 해 나이를 먹어갔으며 본의 아니게 자가숙성기간을 거쳤다. 2005년 하이트맥주가 진로를 전격적으로 인수·합병(M&A)해 하이트진로로 이름을 바꿨고 진로의 골칫거리였던 오크통 또한 하이트진로로 넘어갔다. 결국 하이트진로는 오크통에서 자가숙성을 거치고 있던 술의 처리를 고심한 끝에 10년 숙성의 명품 소주 '일품진로'를 출시했다. 한때 악성재고였던 이 술은 하이트진로의 수익성 높은 제품으로 성장했다.

재고관리를 아무리 철저히 하더라도 악성재고는 생긴다. 기업 구석구석에 숨어 있는 재고들이 많다. 실제로 악성재고 때문에 회사가 힘겨워지고 있는데 재무상태가 악화되는 원인이 악성재고 때문인지 모르고 있는 기업가들도 많다. 기업은 적정 재고 수준, 주문시기 및 주문량을 결정하는 정책을 적절하게 활용해 재고관리를 효과적으로 시행해야 돈맥경화를 예방할 수 있다.

(매일경제, 2017.5.11)

부진 재고를 현금 대신 광고비로 쓴다고?

2011년, 스티브 잡스의 뒤를 이을 애플의 총사령관으로 팀 쿡이 선정되었다. 이때만 해도 사람들은 애플의 미래를 우려 가득한 시선으로 봤다. 그리고 10년 후, 모두의 걱정과 달리 팀 쿡 체제 아래 애플은 매년 신기록을 자체 경신하며 전 세계에서 가장 시가총액이 높은 기업의 자리를 차지하고 있다. 전문가들은 팀 쿡이 10년간 애플을 성장시킬 수 있었던 비결을 두 가지로 꼽는다. 바로 재고관리와 현금흐름 관리이다.

어떤 형태의 비즈니스든지 재고관리와 현금흐름 관리는 기업의 흥망성쇠를 좌우하는 중요한 열쇠다. 문제는 언제나 '이 정도는 팔리겠지'라고 생각하고 만든 수량이 팔리지 않는 순간부터 발생한다. 매출과 이익은 정체되고 현금흐름은 막히기 시작한다. 게다가 대부분의 재고는 시간이라는 참을성 없는 상수와 관련을 맺고 있다. 시간이 지날수록 옷은 유행이 바뀌고, 전자제품은 기술이 뒤처지고, 자동차는 연식이 지나 중고가 된다. 유효기간이 있는 화장품이나 식음료 같은 것들은 말할 필요도 없다.

기업경영에서 부진 재고의 누적과 현금흐름의 부재는 모든 악순환의 시작이다. 'Cash is King'이라는 말이 괜히 나온 게 아니다. 현금이 없으면 광고도 못한다. 광고의 부재는 기업의 존재를 잊게 한다. 잊힌 자리는 금방 다른 경쟁자가 꿰차기 마련이다. 그렇다고 기존의 광고회사나 미디어회사에 현금(광고비) 대신 부진 재고 자산으로 대신 결제할 수 없겠냐고 물어보면? 말도 안 된다고 할 것이다. 그런데 실제로 현금 대신 부진 재고를 받는 곳이 있다. 바로 액티브인터내쇼날(이하 액티브)이다.

○ 물물교환 플랫폼 비즈니스

액티브 본사는 미국 뉴욕에 있다. 이 회사의 시작은 1980년대로 거슬러 올라간다. 당시 미국은 1970년대 장기 불황을 겪으며 자신감이 바닥을 쳤던 시기였다. 게다가 물건을 찍어내기만 하면 팔리던 시기도 아니었다. 많은 회사가 난생처음 경험해 보는 어마어마한 양의 부진 재고를 떠안고 있었다. 이 같은 시대의 니즈에 맞춰 액티브의 혁신적 비즈니스 모델이 탄생했다. 액티브의 독특한 플랫폼 비즈니스에 업의 본질상 '연결(connect)'이라는 키워드가 더해지면서 비즈니스의 속성은 더욱 유기적이고 규모는 무한대로 확장이 가능한 롱테일 구조의 비즈니스 생태계가 조성됐다.

플랫폼 비즈니스는 공급자와 수요자가 만나 특정 플랫폼 내에서 가치를 교환하는 형태로 이루어진다. 즉, 플랫폼은 '연결' 비즈니스 모델로 운영되는 접점 형태를 갖추고 있다는 점에서 액티브는 '부진 재고'라는 매개를 활용하여 생태계를 구축했다. 액티브의 비즈니스 모델 기반은 물물교환 플랫폼이다. 고객사가 가지고 있는 부진 재고를 고객사가 필요한 것과 교환할 수 있도록 도와주는 역할을 한다.

예를 들어 의류회사 A사에 부진 재고가 쌓여 있고, 이 재고를 무언가로 바꿀 수 있다면 A사에는 무엇이 필요할까? 다른 회사의 의류나 가방을 원하지는 않을 것이다. 물론 현금이 가장 좋겠지만 부진 재고라는 말 자체가 이미 현금화했어야 할 타이밍을 놓쳐 경제적 가치가 하락한 재고를 의미하는 만큼 현금은 논외로 하자. 차선으로 필요한 것은 영업활동을 위해 필연적으로 지출해야 하는 현금성 지출예산 항목들일 것이다.

대표적인 예로 광고가 있다. 의류회사 A사는 어떤 식으로든 매년 광고를 집행해야 한다. 그래야 고객들이 지속적으로 A사 브랜드를 인지하고 상품을 살 테니 말이다. 이 과정에서 액티브가 등장한다. 액티브는 A사에서 처리하기 어렵고, 처분손실을 안고 있는 부진 재고를 매입한다. 심지어 덤핑(홀세일)으로 처리했다면 생산원가에도 못 미치는 가격인 3억~4억원 수준에 처리됐을 헐값으로 가져가는 게 아니라, 원래 A사가 희망했던 정상가(장부가$+\alpha$) 20억원의 가치 그대로를 인정해 준다. 이제 A사는 액티브에서 20억원의 트레이드크레디트(Trade Credit, 고객사가 액티브사를 통해 광고 미디어 및 상품/서비스를 구매할 때 현금과 함께 사용할 수 있는 지불수단)를 받게 되고 이 T/C는 현금과 같은 사용가치를 지니게 된다.

액티브는 고객사들이 필요한 곳에 T/C를 사용할 수 있도록 광고 미디어를 비롯해 물류, 인쇄포장, 보험 등 제3자 파트너사들을 액티브의 '가치교환 플랫폼'에 참여시킨다. 그럼 고객사들은 T/C를 이용해 액티브 협력 파트너사를 통해 광고 미디어나 그 외 필요한 항목을 집행할 수 있게 된다. 기존 현금결제방식의 광고 미디어 에이전시와 비교해 보면 결제방식만 조금 바뀌었을 뿐인 것 같다. 하지만 이면을 들여다보면 쉽게 따라 하지 못하는 액티브만의 노하우가 숨어 있다. 먼저 미국, 영국, 중국, 한국 등 14개국에 진출한 광범위한 글로벌 네트워크가 그 첫 번째다. 액티브의 강력한 글로벌 네트워크 기반 덕에 매입한 재고를 시장가격과 유통채널의 교란 없이 처리할 수 있게 된다. 그래서 고객사들은 자사 재고가 엉뚱한 루트로 풀려 브랜드 이미지가 실추되지 않을까 하는 걱정을 하지 않아도 된다. 이런 특별한 방식 덕분에 액티브는 다른 광고 미디어 에이전시와 차별화된다.

○ 액티브만의 차별화된 노하우

일반적인 광고 미디어 에이전시들이 가장 먼저 '광고 예산이 얼마나 되는지'를 묻는 것에 반해, 액티브는 기업의 부진 재고를 먼저 파악한다. 그리고 이 부진 재고를 기반으로 적정 가치를 산정하고 유동화가능성을 추산한 후에 이 계산을 바탕으로 2~3년 이상의 장기적인 미디어플랜을 제안한다. 액티브의 접근방식이 다르다고 미디어 집행의 퀄리티(광고단가/집행 효율성 등)가 떨어지는 것은 더더욱 아니다. 미디어를 집행할 때도 고객사가 기존 광고 미디어 에이전시를 통해서 집행했던 조건을 기준점(Benchmark Price)으로 삼아 광고 에이전시가 해왔던 미디어 퍼포먼스를 유지하거나, 상향 조정될 수 있도록 미디어 퀄리티 컨트롤을 유지할 수 있는 액티브만의 미디어 퍼포먼스 솔루션이 구축되어 있기 때문에 달성가능한 구조다.

전에 없던 방식으로 액티브는 'Corporate Trading(기업간 거래)'이라는 새로운 시장을 만들어냈고, 전 세계 시장점유율의 절반 이상을 차지하고 있는 글로벌 1위 기업이다. 1위 플랫폼이 갖는 이점은 더 많은 생산자와 소비자가 몰리게 되는 승자독식(winner takes all) 구조에 있다. 액티브는 현재 전 세계 500대 글로벌 기업 중 70%를 고객사로 두고 있다. 혁신은 아예 새로운 것을 창조하는 데서 나올 수 있지만, 기존에 나온 혁신적인 것을 어떻게 사용할지 의사결정을 내리는 데서 나오기도 한다. 전통적인 현금결제 위주의 광고비용 집행방식에서 벗어나 액티브의 재무적 솔루션을 통해 기업이 안고 있는 부진 재고를 광고비로 연계하는 방식으로 변경하는 의사결정만으로도 재무적, 회계적 처분손실 없이 부진 재고 문제를 해결하는 새로운 혁신을 가져올 수 있다.

(중앙시사매거진, 2021.9.30,
https://m.post.naver.com/viewer/postView.naver?volumeNo=32447175&memberNo=11166748)

연습문제

CHAPTER 6

선택형 문제

1. 다음 중 재고에 관련된 설명으로 옳은 것은?

① 재고는 항상 자산으로 관리되어야 한다.
② 구매에 소요되는 시간이 줄어들면 재고도 줄어든다.
③ 재고회전율은 보관시설의 규모와 재고수준 간의 관계를 나타낸다.
④ 재고회전율은 재고를 보유함으로써 얻을 수 있는 편익을 반영한다.

2. 재고의 유형과 설명으로 옳은 것은?

① 안전재고 : 수요의 불확실성에 대비하여 추가적으로 보유하는 재고로서 평균수요량 이상을 보유하는 재고
② 비축재고 : 주문비용을 줄이거나 가격할인을 받기 위해 일정량을 주문할 때 발생하는 재고
③ 순환재고 : 수요의 변동에 대비하여 보유하는 재고
④ 물류재고 : 의사결정이 독립적으로 행해지도록 시스템 전반에 걸쳐 적정량 보유하는 재고

3. 다음 중 재고유지비용에 속하지 않는 것은?

① 이자비용
② 창고비용
③ 재고부족으로 인해 발행하는 판매손실
④ 상품의 수명이 다해 폐기할 때 발생하는 손실

4. 경제적 주문량모형에 대한 설명으로 옳은 것은?

① 단위기간당 총재고유지비용과 총주문비용을 최소화하는 주문량이다.
② 주문량이 커지면 평균재고량은 감소한다.
③ 주문량이 커지면 연간총주문비용은 증가한다.
④ 최적주문량은 연간재고비용의 제곱근에 비례한다.

5. ABC 관리기법에 관한 설명으로 옳은 것은?

ㄱ. 재고품목수가 많은 경우에 이들 품목을 연간재고유지비용순으로 재배열하고, 누적품목수와 누적매출액을 계산하여 3개의 그룹으로 나누는 방식이다.
ㄴ. ABC 분류에서 A품목은 상대적으로 품목수가 적으나 매출액 비율이 높은 품목들이고, C품목은 이와 반대로 품목수는 많으나 매출액 비율이 낮은 품목들이며, B품목은 A와 C 사이에 위치하는 품목들이다.
ㄷ. C품목은 주문량의 확대에 따른 가격할인이나 수송비 절감 등을 적극적으로 도모하고 재고실사도 주기적으로 간단히 하면 되나, A품목은 상당한 투자를 요구하는 품목들이므로 재고흐름에 대한 정확하고 계속적인 정보를 수집, 유지해야 할 필요가 있다.

---

① ㄱ, ㄴ ② ㄴ, ㄷ
③ ㄱ, ㄷ ④ ㄱ, ㄴ, ㄷ

6. 다음 중 정기실사제에 관한 설명으로 볼 수 없는 것은?

① 주문량은 매 기간 동일해야 한다.
② 주기적으로 재고를 파악해야 한다.
③ 재고관리시스템의 운영비용이 적게 소요된다.
④ 수요의 계절성이 뚜렷할 때에 효과적이다.

7. 다음 중 계속실사제에 관한 설명으로 옳은 것은?

① 재주문점을 계산한다.
② 주기적으로 재고를 파악한다.
③ 컴퓨터를 반드시 필요로 한다.
④ 재고보충에 소요되는 리드타임이 길면 사용할 수 없다.

8. 다음 중 EOQ에 관한 설명으로 옳은 것은?

① 절품의 가능성을 최소화하는 주문량이다.
② 경제적 주문량 Q^*에서 총재고유지비용은 총주문비용의 두 배이다.
③ 단위당 연간재고유지비용이 배로 증가하면 Q^*도 배로 증가한다.
④ 1회 주문비용과 단위당 연간재고유지비용이 각각 두 배로 변해도 Q^*는 변하지 않는다.

9. EOQ모형을 이용하여 재고의사결정을 하고 있다. 갑자기 수요가 100% 증가하고 단위당 연간재고유지비용은 50% 줄어들었다. 이 변화가 닥치기 전의 경제적 주문량은 10,000개이다. 경제적 주문량은 어떻게 변할 것인가?

① 경제적 주문량은 변하지 않는다.
② 경제적 주문량은 5,000개로 축소된다.
③ 경제적 주문량은 20,000개로 증가한다.
④ 경제적 주문량은 40,000개로 증가한다.

10. 한국글로벌패션은 선글라스를 전국에 공급하는 업체이다. 선글라스 테는 프랑스 제조기업에 외주를 주는데, 구입가격은 3만원이며 연간재고유지비용은 원가의 50%이다. 1년에 평균적으로 6번 정도 주문한다. 주문한 테가 도착할 때까지 소요되는 기간 동안의 수요분포는 다음과 같으며 이 기간 동안의 수요의 평균값은 36개이다. 재주문점이 40개일 때 안전재고는 몇 개나 되는가?

수 요	20	30	40	50	60
확 률	0.20	0.30	0.30	0.10	0.10

① 4 ② 6
③ 8 ④ 10

11. 문제 10에서 90% 서비스수준에 해당하는 재주문점을 유지한다면 안전재고는 몇 개나 되는가?

① 10 ② 14
③ 15 ④ 20

12. 다음 중 어떤 경우에 재고의 통합적 운영(풀링, pooling)을 통한 실익이 가장 클 것인가?

① 지역간의 수요발생패턴에 별다른 차이가 없는 경우
② 지역간에 수요발생패턴이 서로 반대일 경우
③ 수요예측의 정확도가 매우 높은 경우
④ 통합대상이 되는 물류센터의 가동률이 100%에 가까운 경우

13. 다음 중 크로스도킹에 관한 설명으로 옳지 않은 것은?

① 공급자의 트럭에서 상품을 하역하면서 분류하고 소로트로 분할한 다음, 곧장 소매점으로 향하는 트럭에 실어 운반하는 방식이다.
② 물류센터 내에서의 보관과 정리작업 과정을 제거함으로써 재고관리비용 및 리드타임 전감에 상당한 기여를 한다.
③ 개별 공급업체가 보내야 하는 상품량이 한 트럭분에 미치지 못하더라도 여러 공급업체 것을 모아 배송해야 하기 때문에 전반적인 공급리드타임은 길어진다.
④ 물류센터를 일종의 상품분류·통합처리시설로 활용하는 개념으로, 다수의 공급업체가 보내온 상품을 수요처 또는 매장별로 분류하고 각 매장으로 보내야 할 상품을 하나로 모아 해당매장으로 일괄배송하는 방식이다.

계산형 문제

1. 다음 자료는 변압기 관련 설비보수를 주로 하는 디지일렉트로(주)의 10개 핵심 부품의 개당 단가와 월평균 사용량을 정리한 것이다.

품 목	a	b	c	d	e	f	g	h	i	j
단가(단위 : 만원)	83	68	23	45	10	2	94	51	87	24
월 사용량(단위 : 개)	14	47	105	24	75	43	56	5	48	81

(a) 월간매출액을 기준으로 할 때, 상위 50%에 속하는 품목은 어떤 것들인가? 하위 10%에 속하는 품목은 어떤 것들인가?
(b) 매출액과 부품의 중요성을 고려하여 10개 품목을 다음과 같이 분류하였다. AA, BB, CC로 평가될 품목들을 구분하시오.

품 목	a	b	c	d	e	f	g	h	i	j
매출액기준	C	B	B	C	C	C	A	C	A	B
중요성	Ⅲ	Ⅱ	Ⅰ	Ⅲ	Ⅰ	Ⅲ	Ⅰ	Ⅱ	Ⅲ	Ⅲ

2. 한국제지총판은 주기적으로 종이를 주문하여 소매점에 판매하는 대규모 도매상이다. 주문비용은 1회 평균 10만원 정도이며 구입원가는 톤당 4만원, 그리고 운송비용은 톤당 3,000원이다. 구입 후 창고에 보관하는 종이 재고 중 6%는 판매 전에 훼손되어 폐기처분하며, 운영자금에 대한 연간이자비용은 12% 정도로 추정된다. EOQ모형을 적용하기 위해 필요한 1회 주문비용과 톤당 연간재고유지비용을 추정하시오.

3. 한국글로벌정밀은 선반제작에 필요한 중요 부품을 외주에 의존하고 있다. 개당 구입원가는 10,000원이며 수송비용은 개당 2,000원이다. 또한 수용능력 부족으로 부품 1개당 월평균 1,500원 정도의 비용으로 옆 회사 지하실을 임대하고 있다. 부품의 파손, 폐기 등으로 연평균 5% 정도의 재고가 비용처리화되고 있으며 공급물량 확보와 각종 주문관련 서류처리비용으로 주문시마다 100,000원이 소요된다고 한다. 부품이 입고될 때마다 검사비용으로 개당 500원이 소요되며 연간이자율을 10%라 한다면 1회 주문비용과 단위당 연간재고유지비용은 얼마이겠는가?

4. 한국의류는 의복제조에 소요되는 옷감을 6개월치씩 주문한다. 연간수요는 10,000m^2, 옷감의 구입가격은 1m^2당 3,000원이며, 연간재고유지비용은 구입원가의 15%, 1회 주문비용은 150,000원이다. 1회 주문량을 3개월치로 감소시킨다면 재고유지비용 및 주문비용은 몇 % 변화하는가?

5. 21세기뷰티는 카네이션을 매주 1번씩 단란농장에서 1다발당 2,000원을 주고 구입하여 5,000원에 판매한다. 1주일 내에 판매하지 못할 경우에는 근처 사무실에 1다발당 1,000원에 할인 판매한다. 다음과 같이 1주의 수요를 확률분포로 표시할 수 있다고 가정하고 물음에 답하시오.

수 요	29	30	31	32	33	34
확 률	0.1	0.1	0.25	0.3	0.2	0.05

(a) 최적서비스수준이 0.65(65%)일 때의 주문량은 얼마인가?

(b) C_u와 C_o 그리고 최적주문량을 구하시오.

6. 보유하고 있는 자재를 매출액 기준으로 A, B, C로 분류한 뒤 중요성 기준으로 Ⅰ, Ⅱ, Ⅲ으로 다시 나눈 결과가 다음과 같다. 다기준 ABC분류에서 AA와 CC에 해당하는 품목은 각각 몇 개인가?

매출액	중요성			
	Ⅰ	Ⅱ	Ⅲ	합 계
A	2	12	5	19
B	1	17	5	23
C	2	17	64	83
합 계	5	46	74	125

7. 21세기디지털은 OLED TV 제조에 필요한 부품을 외국부품업체에서 1달에 1번 공급받아 국내 수요업체에 판매하고 있다. 구입가격은 부품 1개당 5,000원이며 국내 업체에는 15,000원에 팔고 있다. 수요예측의 오류로 인해 필요량을 공급하지 못하는 경우에는 경쟁업체로부터 부품 1개당 13,000원에 구입하여 국내 TV생산업체에 공급하며, 지나치게 많이 구입하여 재고로 남는 경우에는 구로디지털단지의 소규모업체에 개당 2,000원에 할인 판매한다. C_u와 C_o를 구하시오.

8. 울트라정공은 부품재고의 관리를 위해 계속실사제를 이용하고 있다. 1년 평균수요는 1,075개이며 주문비용은 86,000원, 부품 1개당 연간재고유지비용은 4,000원이다. 부품의 조달기간은 2주이며 조달기간 동안의 수요는 다음과 같다.

수 요	15	20	25	30	35	40
확 률	0.1	0.2	0.3	0.2	0.1	0.1

(a) 재주문점이 30일 때 안전재고량은?

(b) 90% 서비스수준에 해당하는 재주문점을 유지한다면 안전재고는 몇 개나 되는가?

CHAPTER

7 동적주문량모형과 MRP시스템

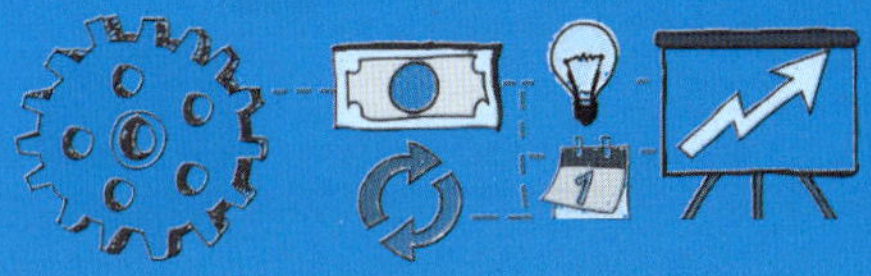

제조업의 경우 원자재와 부품의 소요량은 생산계획에 의해 결정된다. 물론 생산계획 자체가 소비자의 수요나 주문에 의해 결정되므로 불확실성이 배제될 수는 없지만 대개의 경우 안정적인 생산을 위해 일정기간 동안의 최종제품에 대한 생산계획은 확정시킨다. 이 경우 부품과 원자재의 수요는 최종제품의 생산계획에 의해 자동으로 결정된다. 본장에서는 이와 같은 특성을 갖는 수요품목의 생산스케줄 구축에 관한 체계적 접근방법을 학습히고자 힌다.

제 1 절 동적주문량모형의 개념

제 2 절 MRP시스템의 구소와 운영원리

제 3 절 MRP시스템하에서의 발주량 계산

제 1 절 동적주문량모형의 개념

1 동적주문량모형의 필요성

제조기업의 경우 원자재와 부품의 소요량은 생산계획이나 계약에 의해 결정되므로 일반 유통업체의 재고관리에서와 같이 수요의 불확실성은 상당히 줄어든다. 또한 설비보수에 사용되는 부품과 같이 보수일자에 맞추어 공급해야 하는 경우 각 기간의 수요는 주어진 것으로 간주한다. 이러한 경우 필요할 때마다 이들 원자재, 부품을 주문하거나 직접 제조하여 완제품 생산에 차질이 없도록 계획할 수 있으나 주문비용 또는 생산준비비용을 고려한다면 필요할 때마다 주문하는 방법보다는 어느 정도 미래의 사용량까지 고려하여 주문량을 결정하는 것이 보다 효율적일 것이다.

완제품 생산에 투입되는 원자재, 부품의 소요량이 매 기간 일정하다면 EOQ모형 등을 이용하여 어느 정도 효율적으로 관리할 수 있다. 그러나 최종품목의 생산스케줄이 생산준비비용을 감안하여 배치(batch)형태로 수립되거나, 몇 개의 서로 다른 품목이 같은 원자재 · 부품을 필요로 하는 경우 소요량의 패턴은 상당히 불규칙해진다. 이런 경우에도 동적주문량모형(dynamic lot size model)을 이용하여 효율적으로 주문량을 조절할 수 있다.[1] 이와 같이 수요가 최종 생산스케줄에 의해 결정되어 기간당 수요가 일정하지 않은 경우 동적주문량모형을 이용하여 주문량을 결정할 수 있다. 동적주문량모형은 수요의 불규칙성을 제외하고는 경제적 주문량모형에서 만족시켜야 하는 가정이 전제조건으로 도입되어야 하며, 분석의 편의상 다음과 같은 가정을 추가로 도입한다.

- 각 기간의 수요를 충족시킬 수 있는 물량은 해당기간초에 확보되어야 하며 재고부족은 허용하지 않는다. 이는 곧 각 기간의 수요는 해당기간초에 발생한다는 것과 같은 의미이다.

1) 각 기간에 필요한 소요량을 해당기간에 생산하여 수요를 충족시키는 경우, 즉 동적주문량모형을 고려하지 않고 계획을 수립하는 방식을 lot-for-lot이라 부른다.

- 주문 및 입고는 모두 해당기간초에 이루어진다.
- 재고유지비용은 각 기간말의 재고를 기준으로 계산한다. 즉 EOQ모형에서와 같이 평균재고를 기준으로 재고유지비용을 계산하지 않는다.

주문량과 주문시기를 구하는 방법은 크게 동적계획법을 이용한 최적화 기법과 휴리스틱 기법의 두 가지로 분류해 볼 수 있다. 동적계획법을 이용한 주문량모형은 최적주문량을 구할 수는 있지만 계산시간이 상당히 소요되며 이해하기가 쉽지 않기 때문에 그리 많이 사용되지 않는다. 이에 반해 다음에 소개할 휴리스틱 기법은 최적주문량을 도출해 낸다는 보장은 없지만, 계산이 쉽고 최적해에 근접하는 결과를 도출해 낼 수 있어 주문량 결정문제에 많이 이용된다.

2 이산기간 EOQ모형

이산기간 EOQ모형(discrete-time-period EOQ)은 기존의 EOQ모형과 유사하나, EOQ를 통해 계산된 주문량을 직접 쓰지 않고 각 기간의 수요를 고려해 새로운 물량을 주문할 때마다 재고가 남아 있지 않도록 주문량을 가감한다.

예제 7-1

한국완구제조의 주력제품인 코끼리형 자동차와 호랑이형 자동차 생산에 필요한 타이어의 12주간 소요량이 다음과 같이 주어져 있다. 1회 주문비용은 60,000원이고 재고유지비용은 1주당 200원/개이다. 조달기간은 극히 짧아 무시할 수 있다고 할 때 주문량과 주문시기를 결정하고자 한다.

기간(주)	1	2	3	4	5	6	7	8	9	10	11	12
수요량	100	50	70	20	180	80	60	20	70	200	90	80

주당 평균수요 d와 이를 기초로 한 경제적 주문량 Q^*를 계산하면 다음과 같다.

$$d = (100+50+70+20+180+80+60+20+70+200+90+80) \div 12 = 85$$

$$Q^* = \sqrt{\frac{(2)(85)(60,000)}{200}} \fallingdotseq 226$$

이산기간 EOQ모형을 적용하게 되면 주문량은 Q^*값인 226개에 가까운 값을 선택하나, 주문할 때마다 재고량이 0이 되도록 주문량을 결정하기 때문에 각각의 주문량은 서로 다른 값을 가질 수 있으며, 이들 주문량은 결국 연속된 몇 기간의 수요를 합한 값이 된다.

이제 이 원리를 [예제 7-1]에 적용해 보기로 하자. 1기초에 226개를 주문하면 4기초에 또다시 주문을 낼 때 6개의 재고가 남아 있으므로 1기초의 주문은 220, 즉 첫 3기간 동안의 수요로 결정한다. 4기에 접어들면 재고가 모두 소진되므로 새로운 주문을 내야 한다. 4, 5, 6기의 수요를 합하면 280개가 되어 $Q^*=226$에 비해 지나치게 많이 주문하게 되므로 4기와 5기의 수요 200개만 4기초에 주문한다. 즉 4기초의 주문량은 200개와 280개 중 하나를 선택하게 되는데, $Q^*=226$에 가까운 값이 200개이므로 이를 주문량으로 선택한다. 6기초의 주문량은 6기부터 9기까지의 수요량 230이 되며 10기초에 200개, 그리고 11기초에 170개를 주문한다. 이를 요약하면 〈표 7-1〉과 같다.

〈표 7-1〉
이산기간 EOQ 모형의 적용결과

기 간	1	2	3	4	5	6	7	8	9	10	11	12
수 요	100	50	70	20	180	80	60	20	70	200	90	80
주문량	220			200		230				200	170	
기말재고	120	70	0	180	0	150	90	70	0	0	80	0

3 주기적 주문주기모형

주기적 주문주기모형(periodic order quantity model, POQ모형) 역시 이산기간 EOQ 모형에서와 같이 평균수요 d와 최적주문량 Q^*를 먼저 계산한다. 다만 주기적 주문주기모형의 경우 Q^*/d에 가장 가까운 값 T^*를 계산하고 매 T^*기마다 주문을 하게 된다. 한국완구제조의 예에 이 모형을 적용해 보면

$$\frac{Q^*}{d} = 2.66, \quad T^* = 3$$

이다. 즉 매 3기마다 필요량을 주문하게 된다. 주문량과 주문시기, 그리고 예상재고량을 계산해 보면 〈표 7-2〉와 같다.

〈표 7-2〉 주기적 주문주기 모형의 적용결과

기 간	1	2	3	4	5	6	7	8	9	10	11	12
수 요	100	50	70	20	180	80	60	20	70	200	90	80
주문량	220	0	0	280	0	0	150	0	0	370	0	0
기말재고	120	70	0	260	80	0	90	70	0	170	80	0

제 2 절 MRP시스템의 구조와 운영원리

1 MRP시스템의 구조

제조기업의 경우 원자재와 부품의 소요량은 기준생산계획(MPS)에 의해 결정된다. 필요할 때마다 이들 원자재, 부품을 주문하거나 직접 제조하여 완제품 생산에 차질이 없도록 계획할 수 있으나 주문비용 또는 생산준비비용을 고려한다면 필요할 때마다 주문하는 방법보다는 어느 정도 미래의 사용량까지 고려하여 주문량을 결정하는 것이 효율적이다. 물론 정기실사제나 계속실사제 등을 도입하여 원자재, 부품의 재고관리 및 생산계획에 적용할 수 있으나, 재고부족으로 인한 생산차질을 방지하기 위해 경우에 따라서는 많은 재고를 보유할 우려가 크다.

MPS를 달성하기 위해 필요한 자재계획은 여러 부문의 조정된 노력을 필요로 한다. 제조·구매·인적자원·엔지니어링 등 여러 부문의 통합된 노력이 필요하다. 왜냐하면 고객요구의 변화, 제품디자인의 변경, 제조·공급업체의 뜻하지 않는 사건 등이 모두 상세한 자재계획에 반영되어야 하기 때문이다.

제조기업에서 원자재와 부품의 자재계획의 수립에 쓰일 수 있는 대표적인 시스템으로 자재소요계획(material requirement planning, 이하 MRP라 약칭함)을 들 수 있다. 배치생산을 주로 하는 기업에서 많이 쓰는 MRP시스템은 부품의 생산과 서브어셈블리를 조립하여 최종제품을 만드는 조립공정의 자재계획 수립에 효과적이다. MRP시스템의 목적은 "The right part, the right time"으로 MPS의 실질적인 달성에 있다.

MRP시스템의 기본원리는 MPS를 토대로 하여 원자재와 부품의 소요량을 정확히 계산하고 가능한 한 적정재고수준에 맞추어 주문량 또는 생산량과 그 발주시기를 결정하는 것이라 할 수 있다. 이러한 시스템을 운영하기 위해서는 어느 제품이 언제 생산되고 어느 원자재, 부품이 언제 얼마만큼 소요될 것인지, 이들의 조달에 소요되는 리드타임에 대한 정확한 정보를 확보해야 한다.

예를 들어 자동차 생산에 필요한 것 중의 하나인 휠(wheel)을 생각해 보자. 자동차 대당 5개의 휠이 필요하고, 휠마다 허브(hub), 타이어, 밸브(valve)시스템 등이 하나씩 있어야 한다. 만약 100대의 자동차를 생산할 계획이라면 우선 재고자료를 통해 100대 생산에 필요한 휠이 추가로 얼마나 필요한지 알아보기 위해 현재 몇 개 있고, 이미 다른 용도로 할당된 것이 몇 개이며, 이미 주문한 것은 몇 개인지 파악한다. 이런 자료들이 주어지면 자재 및 생산능력 계획은 단계별로 순차적으로 수립된다. 즉 자동차 생산계획은 휠의 소요량을 결정하고, 휠의 소요량은 다시 타이어의 소요량을 결정한다.

MRP시스템을 이용하여 상세한 자재계획을 준비하고자 하는 기업은 기간별로 MPS소요량을 준비하고, 이를 토대로 하여 부품과 원자재의 기간대별 소요량을 계산한다. [그림 7-1]에 도시되어 있는 바와 같이 MRP시스템을 운영하기 위해서는 최소한 다음의 자료들이 지속적으로 추적 · 정비되어야 한다.

- MPS : 각 개별 완제품 품목의 주별 또는 월별 생산계획이다. 원자재, 부품 수급계획이 이를 토대로 하여 작성되므로 MPS는 MRP시스템을 움직이는 엔진과 같은 역할을 한다.
- 재고관련자료 : 불필요한 부품, 원자재를 구입 또는 생산할 필요는 없으므로, 현재 보유하고 있는 품목에 대한 재고상태가 정확히 기록되어 있어야 한다. 충분히 보유하고 있는 재고품목들을 추가로 주문하거나 재고부족이 예상됨에도 불구하고 아무런 조치를 취하지 않는 문제점

[그림 7-1]
MRP시스템 운영의 흐름도

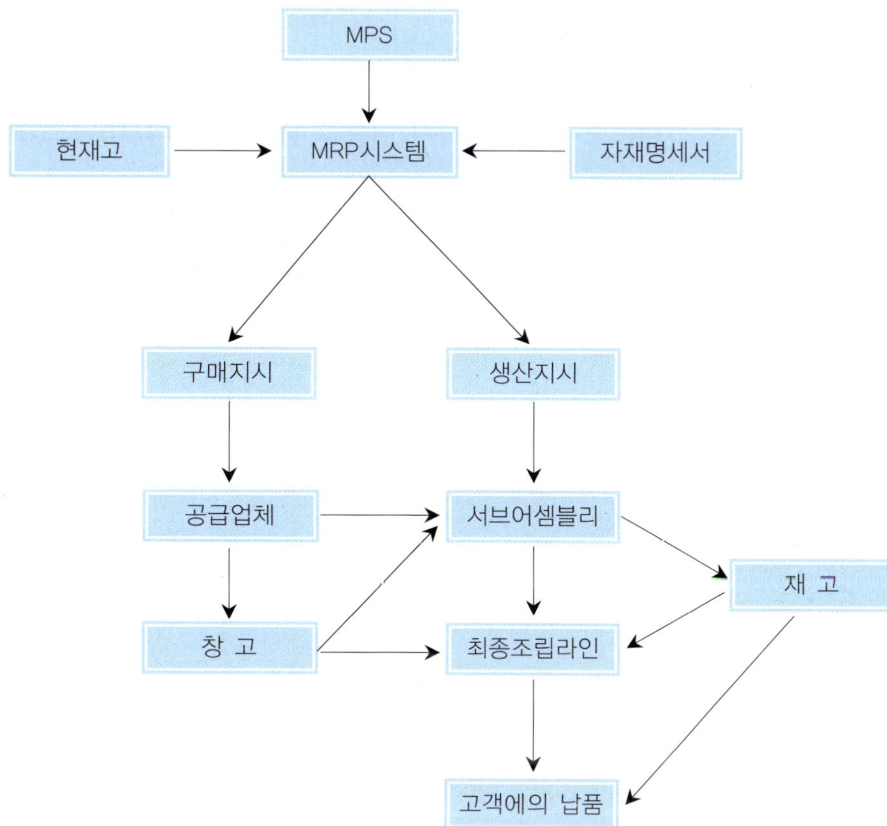

을 방지하기 위해서는 현재 보유하고 있는 재고와 서류상의 재고가 일치하도록 노력해야 한다. 이를 위해서는 부품주문량의 수정, 입고날짜의 변경, 재고의 출고, 주문취소, 재고관련자료의 수정, 반품과 폐기물처리 등에 관한 데이터가 생산정보시스템에 정확히 반영되어 있어야 한다.

- 자재명세서(bill of material, BOM) : 완제품 1단위를 생산하기 위해 필요한 원자재와 부품의 종류 및 소요량을 명시한 자료이다.
- 리드타임(lead time) : 부품, 원자재를 구입하거나 자체적으로 생산할 때 소요되는 시간으로 발주시기를 결정하는 데 필수적인 자료이다.

2 MRP운영의 기본원리

MRP의 주목적은 이미 언급한 바와 같이 완제품의 MPS를 토대로 하여 제품 생산에 필요한 원자재, 부품의 주문량과 주문시기를 결정하는 것이라 할 수 있다. 이제 MRP의 운영방법을 간단한 예를 통해 알아보기로 하자.

[그림 7-2]는 장난감 자동차 생산에 필요한 부품의 종류 및 소요량 등을 나타낸 자재명세서(BOM)이다. 이 표에서 단계(level)란 자재계획의 수립과정에서의 단계 또는 순서를 의미한다. 예를 들어 단계 0의 계획이 수립되고 난 뒤에야 이를 바탕으로 하여 단계 1의 계획이 수립된다.

[그림 7-2] 장난감 자동차의 자재명세서

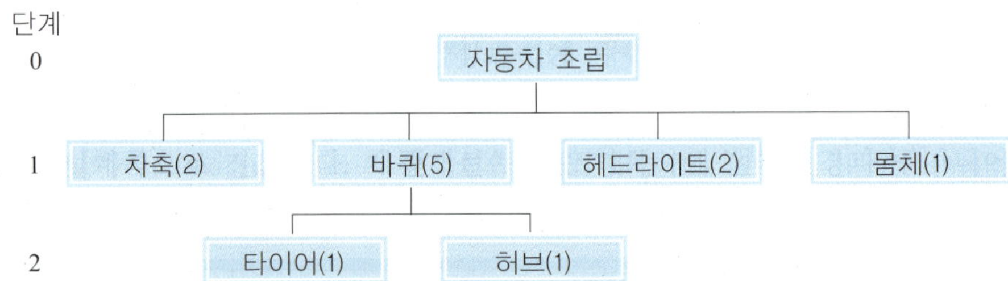

장난감 자동차의 조립에 필요한 중요 부품의 종류는 다섯 가지이나, 우선 바퀴의 소요계획에 대해서만 알아보기로 하자. 바퀴의 현재고는 150개이고 셋째주 초에 60개가 추가로 입고될 예정이다. 여기서 셋째주 초에 입고될 60개는 지난 계획기간에 주문한 것으로 아직 도착하지 않은 물량을 의미한다. 한편 바퀴의 조달기간은 1주일로 추정되며, 다음 8주간의 장난감 자동차 조립계획은 〈표 7-3〉에 수록되어 있다.

〈표 7-3〉 장난감 자동차의 MPS

주	1	2	3	4	5	6	7	8
생산량	25	30	30	40	30	25	30	40

예를 들어 자동차의 재고가 5대, 바퀴재고가 10개, 차축재고가 5개, 헤드라이트 재고가 10개, 몸체재고가 5개, 타이어와 허브의 재고가 각각 20개씩 있다고 가정해 보자. 만약 15대의 주문이 들어왔을 때, 단순하게 생각하면, 다음과 같이 소요량 계산에 오류를 범할 수 있다.

자동차 10대 (15－5)	바퀴 40개 (50－10)	차축 15개 (20－5)
헤드라이트 20개 (20－10)	몸체 5개 (10－5)	타이어 30개 (50－20)
허브 30개 (50－20)		

예를 들어 바퀴의 경우, 추가 생산할 자동차 대수가 10대이므로 10×5－10＝40개로 계산할 수 있다. 그러나 이것은 옳지 않다. 각 레벨의 1단위는 그 다음 레벨의 모든 구성품을 다 포함하기 때문이다. 바퀴는 이미 타이어와 허브를 포함하고 있으므로 바퀴 40개만 있으면 충분하지, 여기에 타이어와 허브가 추가로 30개씩 있어야 할 필요는 없다. 한 단계에서의 소요량은 바로 윗단계에서의 소요량에 그 품목 1개를 생산하는 데 필요한 소요량을 곱한 값에서 현재고를 뺀 값이다. 이런 과정을 순소요량계산(netting 또는 gross to net)이라 한다. 예를 들어 15대의 자동차를 생산하기 위해 필요한 바퀴, 허브, 타이어 소요량을 계산하면 다음과 같다.

품목	구분	수량
자동차	총소요량	15대
	－ 현재고	5대
	순소요량	10대
바퀴(차 1대에 5개씩)	총소요량	10×5＝50
	－ 현재고	10
	순소요량	40
허브(바퀴 1개에 1개씩)	총소요량	40×1＝40
	－ 현재고	20
	순소요량	20
타이어(바퀴 1개에 1개씩)	총소요량	40×1＝40
	－ 현재고	20
	순소요량	20

여기에 각 부품을 생산하는 데 걸리는 시간을 감안하면 각 작업의 시작 시점을 계산할 수 있다. 이와 같은 순소요량 계산을 손쉽게 하기 위해 [그림 7-2]에서와 같이 각 단계별로 번호를 부여하기도 한다. 이 경우 완제품에 0의 숫자를 부여하는 것이 일반적이다.

제 3 절 MRP시스템하에서의 발주량 계산

1 상위품목의 발주량 계산

이제 구체적으로 MRP 운영상의 계산과정을 살펴보기로 하자.

(1) 총소요량의 계산

계획수립의 첫 단계는 바퀴의 총소요량(gross requirement)을 계산하는 것이다. 예를 들어 첫째주의 경우, 25대의 장난감 자동차를 생산할 계획이므로 이에 소요되는 바퀴의 수량은 25대×5개=125개이며, 둘째주는 30대×5개=150개를 필요로 한다. 첫째주에서 여덟째주까지의 총소요량을 계산하면 〈표 7-4〉와 같다.

〈표 7-4〉 바퀴의 주별 총소요량

주	1	2	3	4	5	6	7	8
총소요량	125	150	150	200	150	125	150	200

(2) 순소요량의 계산

총소요량이 결정되면, 바퀴의 현재고와 앞으로 입고될 물량을 감안하여 순소요량(net requirement), 즉 추가로 주문하거나 생산해야 할 바퀴의 수량을 계산해야 한다. 〈표 7-4〉의 총소요량을 참고로 하면, 첫째주에 125개가 필요하나 재고로 150개가 있으므로 첫째주 수요량을 만족시키고도 25개의 바퀴가 재고로 남는다. 둘째주의 경우 첫째주에서 이월된 바퀴 25개를 빼면 125개가 추가로 필요하게 된다. 셋째주의 경우 150개가 소요되나 60개가 셋째주 초에 입고될 예정이므로 이를 감안하여 90개만 추가로 주문한다. 넷째주부터 여덟째주까지는 재고가 없으므로 총소요량이 곧 순소요량이 된다. 이를 정리하면 〈표 7-5〉와 같다.

〈표 7-5〉
순소요량의 산출

주	1	2	3	4	5	6	7	8
총소요량	125	150	150	200	150	125	150	200
현재고* 150	25							
입고예정량**			60					
순소요량	0	125	90	200	150	125	150	200

* 현재고는 각 주말의 재고임.
** 입고예정량은 주초에 입고될 수량임.

(3) 계획된 입고량의 계산

순소요량이란 각 주초에 필요한 바퀴의 수량으로 결국 각 기간의 바퀴수요량을 의미한다. 계획된 입고량의 개념을 살펴보기 전에 앞 절에서 설명한 동적주문량모형을 되새겨 보자. 각 주별 수요가 주어져 있을 때 주문량과 주문시기를 효율적으로 결정하고자 하는 것이 바로 동적주문량모형의 목적이다. 순소요량을 주별 수요로 간주하고 동적주문량모형을 적용할 때 구할 수 있는 주문량이 바로 계획된 입고량이다.

만약 필요할 때마다 주문하여 이용한다는 원칙(lot-for-lot, 이하 LFL방식으로 부름)을 적용한다면 순소요량 그 자체가 계획된 입고량이 된다. 제품구조가 복잡하고 레벨수가 많은 경우에는 LFL방식이 단순해 보이지만 오히려 효율적이다. 상위품목에서 로트의 크기를 크게 하게 되면 밑으로 갈수록 로트의 크기는 계속 커져 별로 바람직하지 않게 된다. 그래서 많은 기업들은 최종품목이나 주요 구성품 수준에서는 여러 동적주문량모형을 쓰고, 중간 서브어셈블리에서는 LFL방식을 많이 사용한다.

〈표 7-6〉
LFL방식 적용시의 계획된 입고량

기 간	1	2	3	4	5	6	7	8
순소요량	0	125	90	200	150	125	150	200
계획된 입고량	0	125	90	200	150	125	150	200

그러나 $T^* = 2$인 주기적 주문주기모형(periodic order quantity)을 적용하여 주문시마다 다음 2주의 수요를 한꺼번에 주문한다면 계획된 입고량은 〈표 7-7〉과 같을 것이다. 따라서 계획된 입고량은 어떤 동적주문량모형을 사용하느냐에 따라 그 값이 달라진다.

〈표 7-7〉
주기적 주문주기 모형 $T^*=2$를 적용시의 계획된 입고량

기 간	1	2	3	4	5	6	7	8
순소요량	0	125	90	200	150	125	150	200
계획된 입고량	0	215	0	350	0	275	0	200

(4) 계획된 발주량

계획된 입고량은 입고되어야 할 품목의 물량과 그 시기를 나타낸다. 그러나 리드타임이나 생산에 소요되는 시간을 감안한다면, 실제 주문은 그보다 빨리 해야 한다. 계획된 발주량은 리드타임과 계획된 입고시기를 감안하여 결정한다. 이 예에서는 리드타임이 한 주이므로, 〈표 7-7〉의 계획된 입고량을 기초로 하여 계획된 발주량을 산정하면 〈표 7-8〉과 같다. 예를 들어 첫째주 초에 215개의 바퀴를 주문해야 둘째주 초에 215개가 입고되어 생산에 차질이 없다.

〈표 7-8〉
계획된 발주량의 계산

기 간	1	2	3	4	5	6	7	8
계획된 입고량	0	215	0	350	0	275	0	200
계획된 발주량	215	0	350	0	275	0	200	0

(5) 계획된 재고량의 계산

마지막으로 계획대로 발주량이 도착한다는 가정하에 미래에 발생할 재고량을 계산한다. 예를 들어 둘째주 말의 재고는 첫째주 말의 재고 25개에 계획된 입고량 215개를 더한 다음, 둘째주의 총소요량 150개를 뺀 값이다. 마찬가지로 셋째주 말의 재고는 둘째주 말의 재고 90개에 입고예정량 60개를 더하고 총소요량 150개를 뺀 값이 된다. 넷째주 말의 경우, 셋째주 말 재고가 0이므로 계획된 입고량 350개에서 총소요량 200개를 뺀 값이 기말재고가 된다. 이를 정리하면 〈표 7-9〉와 같다.

〈표 7-9〉
계획된 재고량의 계산

기 간	1	2	3	4	5	6	7	8
현재고 150	25	90	0	150	0	150	0	0

지금까지 설명한 계산과정을 하나의 표로 요약해 보면 〈표 7-10〉과 같다.

〈표 7-10〉
MRP표의 작성

주	1	2	3	4	5	6	7	8
총소요량	125	150	150	200	150	125	150	200
현재고 150	25	(90)	(0)	(150)	(0)	(150)	(0)	(0)
입고예정량			60					
순소요량	0	125	90	200	150	125	150	200
계획된 입고량	0	215	0	350	0	275	0	200
계획된 발주량	215	0	350	0	275	0	200	0

2 하위품목의 계획수립

장난감 자동차 조립에 직접 투입되는 차축, 헤드라이트, 몸체 등의 소요계획은 위에서 설명한 바퀴의 소요계획과 같은 방법으로 수립될 수 있다. 그러나 바퀴의 조립에 필요한 타이어나 허브의 총소요량은 MPS에 그 근거를 두지 않고 상위품목(parent item)인 바퀴의 계획된 발주량을 기초로 하여 결정된다.

예를 들어 〈표 7-10〉을 살펴보면 첫째주 초에 215개의 바퀴를 주문하도록 되어 있다. 바퀴 제작을 외주로 하든 자체 내에서 해결하든 간에, 첫째주 초에 생산에 돌입해야 둘째주 초에 소요량을 공급할 수 있다. 따라서 215개의 바퀴를 첫째주 초에 제작하기 위해서는 바퀴제작에 필요한 타이어와 허브가 첫째주 초에 재고로 남아 있어야 한다. 다시 말해 타이어와 허브의 소요계획은 상위품목인 바퀴의 생산계획을 근거로 하여 수립된다.

바퀴 하나에 타이어 1개가 필요하므로 타이어의 총소요량은 〈표 7-10〉의 바퀴의 계획된 발주량과 일치한다. 만약 바퀴 하나에 2개의 타이어가 필요하다면 타이어의 총소요량은 바퀴의 계획된 발주량의 2배가 된다. 바퀴 하나에 타이어 1개가 필요할 때 타이어의 총소요량을 계산하면 〈표 7-11〉과 같다.

〈표 7-11〉
하위품목인 타이어의 소요량

주	1	2	3	4	5	6	7	8
총소요량	215	0	350	0	275	0	200	0

일단 총소요량이 결정되면 이미 설명한 바와 같이, 현재고와 입고예정량을 감안하여 순소요량을 계산한다. 동적주문량모형이나 또는 이와 유사한 방

법을 이용하여 계획된 입고량을 결정한 뒤, 최종적으로 조달기간을 고려하면 계획된 발주량, 즉 타이어 생산계획을 수립할 수 있다. 한 단계 더 내려가 타이어 생산에 필요한 원자재의 하나인 고무의 소요계획을 수립하려면, 타이어의 계획된 발주량을 기초로 하여 똑같은 과정을 반복해야 한다.

이와 같이 MRP는 MPS에서 출발하여 한 단계씩 밑으로 내려오면서 수립된다. 따라서 MPS가 정확하지 않거나 또는 빈번히 변경될 때에는 MRP의 유용성이 격감하여 오히려 혼란만 일으킬 가능성이 높다. 또한 상위단계에 있는 품목에 대한 소요계획이 제대로 수립되지 못한다면 이를 근거로 수립되는 하위품목의 소요계획은 거의 쓸모가 없어진다. 특히 기업간의 관계에서 을의 입장에 있는 대부분의 중소제조기업들은 MPS가 확정되어도 갑의 요구에 따라 일정이 자주 바뀌는 경우가 대부분이다. 이런 경우 계획 초기에 작성한 MPS는 수정될 수밖에 없는데, 이런 무계획한 변경이 자주 발생하는 경우 MRP는 도입해도 일정계획 측면에서는 실제 활용도가 거의 없으며 [그림 7-2]에 참고로 제시된 제1단계의 자재나 부품의 순소요량 정도를 계산하는 용도로 쓰이는 경우가 많다. 이렇게 순소요량이 추정되면 이를 수요로 간주하고 정기실사제나 계속실사제를 기반으로 원자재나 부품재고를 관리하는 것이 일반적인 관행이다.

예제 7-2

A사가 생산 중인 산업용 로봇은 로봇 1대에 3개의 다리(leg)가 필요하고, 다리 1개 생산에는 첨단IC회로기판이 2개 필요하다. 향후 8주간의 로봇 생산스케줄이 다음과 같을 때 MRP표를 작성하고자 한다.

기간(주)	1	2	3	4	5	6	7	8
생산계획량	15	20	25	15	20	15	20	15

다리의 현재고는 125개이지만, 둘째주 초에 40개가 추가로 입고될 예정이다. 또한 조립에 필요한 다리는 필요시점보다 1주 미리 주문해야 하며, 필요시마다 2주에 한 번씩 모아서 주문해야 한다. 첨단IC회로기판의 주별 총소요량을 구하시오.

풀이

다리의 계획된 발주량 계산

주		1	2	3	4	5	6	7	8
총소요량		45	60	75	45	60	45	60	45
현재고	125	80	60	(15)	(45)	(60)	(45)	(60)	(45)
입고예정량			40						
순소요량				15	45	60	45	60	45
계획된 입고량				60		105		105	
계획된 발주량			60		105		105		

첨단IC회로기판의 주별 총소요량

주	1	2	3	4	5	6	7	8
총소요량	0	120	0	210	0	210	0	0

3 공통품목의 계획수립

한 종류의 부품이 여러 서로 다른 품목의 생산에 공통적으로 사용되는 경우 그 부품의 총소요량 계산은 상위품목의 계획된 발주량을 한꺼번에 고려하여 계산해야 한다. 예를 들어 장난감 자동차의 생산에서 트랙터(tractor)와 트레일러(trailer)에 사용되는 바퀴가 같다고 가정해 보자. 이 경우 타이어의 총소요량은 트랙터와 트레일러 바퀴의 계획된 발주를 기초로 하여 결정된다. 만약 트랙터와 트레일러 바퀴의 계획된 발주량이 〈표 7-12〉의 (a), (b)와 같고, 서비스 파트로서의 타이어 수요가 (c)와 같다면 타이어의 총소요량은 (d)와 같이 된다. 예를 들어 첫째주 총소요량은 100+50+30=180이다.

〈표 7-12〉 공통적으로 사용되는 품목의 총소요량 산정

(a) 트랙터 바퀴의 계획된 발주

기 간	1	2	3	4	5
계획된 발주량	100	0	100	0	100

(b) 트레일러 바퀴의 계획된 발주

기 간	1	2	3	4	5
계획된 발주량	50	50	50	50	50

(c) 서비스 파트로서의 타이어 수요

기 간	1	2	3	4	5
수요예측	30	30	30	30	30

(d) 타이어 총소요량

기 간	1	2	3	4	5
총소요량	180	80	180	80	180

예제 7-3

한국둘리는 동일한 보드를 이용하여 최첨단 서버인 모델 K10과 K20을 생산한다. 모델 K10과 K20의 생산계획은 다음과 같다.

기간(주)	1	2	3	4	5	6
K10	10	0	25	5	10	0
K20	5	20	0	20	0	20

K10과 K20 생산에 각각 1대의 보드가 소요된다. 보드 구매에 소요되는 리드타임은 2주이고, 필요시마다 40대를 한 번에 구매한다. 계획기간초에 5대의 보드를 보유하고 있으며, 1주초에 40대가 추가로 입고될 계획이다.

(a) 보드용 MRP표를 작성하시오.

(b) 첫째주에 발생한 사건을 요약하면, 1주초에 입고될 40대의 보드 중 10대는 품질문제로 반납되었으며, K10의 생산계획에 7주차가 추가되어 30대를 생산하도록 요청받았다. K20의 7주 생산계획량은 없는 것으로 나타났다. 2주부터 7주까지의 보드용 MRP표를 작성하시오.

풀이

(a)

주		1	2	3	4	5	6
총소요량		15	20	25	25	10	20
현재고	5	30	10				
입고예정량		40	0	0	0	0	0
순소요량				15	25	10	20
계획된 입고량				40	0	40	0
계획된 발주량		40	0	40	0		

(b)

주		2	3	4	5	6	7
총소요량		20	25	25	10	20	30
현재고	20*	0	15				
입고예정량**		0	40	0	0	0	0
순소요량		0	0	10	10	20	30
계획된 입고량		0	0	40	0	0	40
계획된 발주량		40	0	0	40	0	0

* 2주초 재고는 (1주초 재고 5대)+(1주 입고량 30대)−(1주 소요량 15대)=20대이다.

** 1주초에 발주한 40대는 3주초에 도착한다.

이 표에 대한 추가적인 설명을 하면 다음과 같다. 우선 40개 중 30개만 첫째주 초에 사용할 수 있으므로 둘째주 초 재고는 (5+30)−15=20가 되어 (b)의 기초재고(둘째주 초 재고)는 20이 된다. 그리고 (a)에서 첫째주 초에 발주된 보드 40개는 셋째주 초에 들어올 것이므로 (b)에서는 입고예정량으로 셋째주 초에 40개가 들어오는 것으로 기록된다. 그런데 (a)에서는 셋째주 초에도 40개를 발주하는데, 아직 3주가 되지 않았기 때문에 이 내용을 (b)에서는 무시하고 다시 순소요량을 계산한다. 즉, 둘째주 초 시점에서 새로운 6주 기간(planning horizon)의 MRP표를 계산하게 된다. (b)에서의 계획된 발주량 40, 0, 0, 40, 0, 0은 다시 계산한 결과이다. 한 번 계산하고 6주 동안 그냥 가는 것이 아니고, 수정사항이 발생하면 MRP표를 수정해야 한다. 따라서 이런 불상사가 자주 일어나는 기업은 MRP시스템의 신뢰성이 저하되어 사용률이 떨어진다.

쉬어가기

제조정보시스템은 용어와 데이터의 통일에서부터

한국 최대 부품회사인 삼성전기가 야심찬 변신을 시도하고 있다. 1차 목표는 '삼성전자만큼' 효율적으로 생산 · 판매 · 운송을 관리하겠다는 것이고, 최종적으로는 '재고 0%' 회사가 되겠다는 계획이다. 삼성전기도 나름의 SCM시스템을 운용하고 있었지만, 체질 개선을 위해서는 과감한 삼성전자 벤치마킹이 필요했다. 1월말 경영지원실 산하에 SCM 태스크포스(TF)팀이 구성됐다. 40명의 팀원 중에는 4개 사업부 총괄책임자와 해외법인장까지 포함됐다. 이들에게 주어진 시간은 단 3개월. SCM 운영기준 확립과 전 부문 운영체계 개선, 전 사원 교육이라는 세 가지 목표를 달성하기 위해 이들은 숨 가쁘게 움직였다.

사업부별로 제각기였던 SCM 관련 용어부터 표준화했다. 지난해까지 '재고'라는 한 가지 용어를 사업부에 따라 'in transit' '항해재고' '운송 중 재고' 'EOH' 등 다양한 용어가 사용됐다. 업무효율 저하의 주범 중 하나였다. SCM TF팀은 관련 매뉴얼을 78개 규칙과 101개 용어로 표준화하고 한국어 · 영어 · 중국어 버전으로 각각 만들어 모든 현장에 배포했다. 본사는 물론 국내 3개 공장과 11개 해외법인(생산법인 5개, 판매법인 6개)에서 지원부서 및 단순노무직을 제외한 4,500여 명이 SCM 교육을 이수했다.

효과는 벌써부터 가시화되고 있다. 판매능력지수(주 단위 수요예측 대비 출고실적)는 1월 60% 수준에서 4월 80% 후반으로 20%포인트 향상됐고, 정량생산지수(주 단위 생산계획 대비 생산실적) 역시 10%포인트 높아져 현재 80% 수준까지 올라섰다. 제품 재고일도 3, 4개월 만에 절반 이하로 줄었다는 것이 삼성전기 측 설명. 최고경영자 그룹에서도 성과를 보고받은 뒤 "미흡하지만 일단 시스템은 정착된 것으로 보인다"며 "앞으로 이 시스템에 익숙해지지 않는다면 공부 안 하는 사람이고, 일 안 하는 사람"이라고 강조했다.

SCM TF팀은 2, 3명만 남아 이달 말 최종결과보고를 준비하고 있다. SCM TF팀장이었던 정보경영그룹장도 CEO 주재회의에 참석할 예정이다. 한 달에 한 번 열리는 이 회의는 최고재무책임자(CFO)와 최고기술책임자(CTO), 각 사업부장 등 핵심 임원들만 참석해 왔다. 앞으로도 SCM을 핵심 키워드로 삼겠다는 뜻으로 해석된다.

(동아일보, 2009.5.19)

CHAPTER 7

연습문제

선택형 문제

1. 다음 중 동적주문량모형과 관련이 없는 것은?

① 동적주문량모형은 수요의 불규칙성을 제외하고는 경제적 주문량모형에서 만족시켜야 하는 가정이 전제조건으로 도입된다.
② 수요가 최종 생산스케줄에 의해 결정되어 기간당 수요가 일정하지 않은 경우 주문량 결정에 이용된다.
③ 각 기간의 수요를 충족시킬 수 있는 물량은 해당기간초에 확보된다고 가정하나 재고부족도 허용한다.
④ 재고유지비용은 각 기간말의 재고를 기준으로 계산한다. 즉 EOQ모형에서와 같이 평균재고를 기준으로 재고유지비용을 계산하지 않는다.

2. 다음 중 주기적 주문주기모형(periodic order quantity model)에 대한 설명으로 바르게 된 것은?

ㄱ. 일단 계획기간 동안의 평균수요 d와 최적주문량 Q^*의 계산이 필요하다.
ㄴ. Q^*/d에 가장 가까운 값 T^*를 계산하고 매 T^*기마다 주문하는 방식이다.
ㄷ. 이산기간 EOQ모형과는 달리 재고비용을 최소화할 수 있는 주문량모형이다.

---

① ㄱ, ㄴ　　② ㄴ, ㄴ
③ ㄱ, ㄷ　　④ ㄱ, ㄴ, ㄷ

3. 다음 중 MRP의 도입과 운영에 필요한 자료는?

ㄱ. 자재명세서　　ㄴ. 재고관련자료　　ㄷ. 조달기간

---

① ㄱ, ㄴ　　② ㄴ, ㄷ
③ ㄱ, ㄷ　　④ ㄱ, ㄴ, ㄷ

4. 다음 중 MRP의 운영에 있어 옳지 않은 것은?

① 총소요량은 기준생산계획과 BOM을 이용하여 계산한다.
② 동적주문량모형은 계획된 입고량의 계산에 쓰인다.
③ 계획된 발주량은 계획된 입고량과 조달기간을 근거로 산정한다.
④ 순소요량은 총소요량, 현재고, 계획된 입고량을 근거로 계산한다.

5. 생산준비비용이 150,000원이고 개당 단위기간(1주)당 재고유지비용이 5,000원이다. 다음 6주간의 수요가 아래와 같이 주어져 있다.

기 간	1	2	3	4	5	6
수 요	10	20	5	25	10	20

(a) 평균수요를 이용한 EOQ모형을 적용시 첫째주에 생산해야 할 수량은 얼마인가?

① 10　　② 30
③ 35　　④ 60

(b) POQ모형을 사용한다면 넷째주 초에 생산해야 할 수량은 얼마인가?

① 0　　② 10
③ 30　　④ 40

6. 글로벌하이테크는 경비행기를 제작, 판매하고 있다. 경비행기 1대에 2대의 엔진이 소요되는데, 다음 7주간의 경비행기스케줄은 아래 표와 같다. 엔진의 현재고는 50대이며 셋째주 초에 20대의 엔진이 입고될 예정이다.

기 간	1	2	3	4	5	6	7
수 요	10	15	20	15	10	15	20

(a) 엔진의 첫째주 총소요량은 얼마인가?

① 5　　② 10
③ 15　　④ 20

(b) 엔진의 첫째주 순소요량은 얼마인가?

① 0　　② 10
③ 15　　④ 20

(c) 엔진의 셋째주 순소요량은 얼마인가?

① 10　　② 15
③ 20　　④ 30

7. 문제 6에서 엔진의 현재고가 30개이며 셋째주 초에 10대의 엔진이 입고될 예정이라고 가정해 보자. 리드타임은 무시할 만큼 짧으며 엔진의 주문은 T=2인 POQ모형을 이용한다고 할 때, 넷째주의 계획된 입고량은 얼마이겠는가?

① 30 ② 40
③ 50 ④ 60

8. 다음 중 MRP 운영을 위한 계산과정의 순서가 바른 것은?

① 총소요량 계산 → 순소요량 계산 → 계획된 입고량 계산 → 계획된 발주량 계산
② 총소요량 계산 → 순소요량 계산 → 계획된 발주량 계산 → 계획된 입고량 계산
③ 순소요량 계산 → 총소요량 계산 → 계획된 입고량 계산 → 계획된 발주량 계산
④ 총소요량 계산 → 계획된 발주량 계산 → 계획된 입고량 계산 → 순소요량 계산

계산형 문제

1. 다음은 한국경비행기제조(주)의 엔진수요에 관한 자료이다. 엔진 1대당 구입가격은 500만원이며 단위기간당 재고유지비용은 구입가의 2% 정도로 추정되고 있다. 1회 주문비용을 2,000만원이라 가정하고 이산기간 EOQ와 POQ 모형을 이용하여 주문량과 주문시점을 결정하시오. 여기서 리드타임은 무시할 만큼 짧다고 가정한다.

기 간	1	2	3	4	5	6	7	8	9	10	11	12
수 요	140	0	30	10	40	60	80	100	90	60	40	30

2. 다음은 한국전자가 취급하는 품목의 주문과 재고에 관한 자료이다.

주문비용=320,000원, 평균수요=8대/주, 재고유지비용=20,000원/주

(a) 평균수요를 토대로 한다면 연간 몇 회 주문을 해야 하는가? 단, 1년을 50주로 가정한다.

(b) 다음은 다음 8주간의 소요량이다. 이산기간 EOQ모형과 POQ모형을 이용하여 주문계획을 수립하시오.

주	1	2	3	4	5	6	7	8
소요량	15	2	10	12	6	0	14	0

3. 다음은 한국반도체가 취급하는 품목의 주문과 재고에 관한 자료이다. 1회 생산준비비용이 800,000원, 현재고가 0, 그리고 주당 재고유지비용이 10,000원일 때, 이산기간 EOQ모형과 T=2인 POQ모형을 이용하여 생산계획을 수립하시오.

기간(주)	1	2	3	4	5	6	7	8
예측치	60	40	25	5	100	20	60	10

4. 최종완제품인 품목 A는 B와 C 두 부품을 조립함으로써 생산할 수 있으며 부품 C의 생산에는 원자재 D가 2개, 원자재 E가 1개 소요된다. 이들 품목의 현재고, 1회 주문량, 조달기간 및 품목 A의 주별 수요량이 다음과 같이 주어져 있다고 가정하고 각 품목의 발주시기와 발주량을 결정하시오. 여기서 주문량은 필요할 때마다 주문하여 이용한다는 원칙(lot-for-lot 모형)을 이용하여 계산한다.

품 목	현재고	리드타임
A	0	1
B	200	3
C	0	1
D	600	1
E	0	2

품목 A의 MPS

기간(주)	1	2	3	4	5	6	7	8	9	10
계획량	0	0	0	100	80	0	0	70	0	70

5. 문제 4에서 원자재 E의 공급업체가 노사분규로 인해 셋째주 초에 가서야 자재를 입고시켜줄 수 있을 것이라고 통보해 왔다면 위에서 수립한 계획에 어떤 영향을 미치겠는가?

6. 한국정밀이 생산하는 혈액검사기의 자재명세서와 생산계획, 그리고 각 소요부품에 관한 자료가 다음과 같이 주어져 있다고 가정하고 문제에 답하시오.

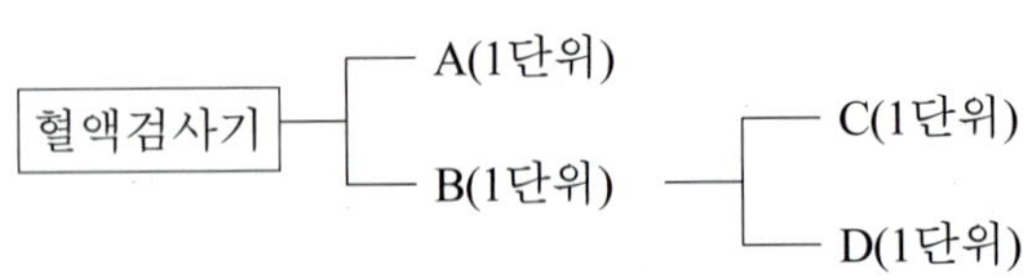

소요품목	예정된 수취량	현재고	리드타임
A	0	0	3주
B	5주초에 50개	0	3주
C	3주초에 100개	0	1주
D	0	0	1주

혈액검사기의 생산계획

기 간	1	2	3	4	5	6	7	8	9	10	11
계획량	0	0	0	0	0	0	0	160	0	0	100

(a) lot-for-lot방법을 이용하여 발주계획을 작성하시오.

(b) 만약 5주초에 공급될 예정인 품목 B 50개가 두 주 늦게 공급된다면 (a)에서 작성한 계획에 어떤 변화가 올 것인가?

(c) 만약 3주초에 입고될 품목 C 100개 중 50개만 제시간에 도착하고 나머지는 7주초에 공급된디면 (a)에시 작성한 계획에 어떤 변화가 올 것인가?

CHAPTER

8 린생산

린생산제는 제조조직에서 생길 수 있는 모든 낭비적 요소를 제거함으로써 물 흐르는 듯한 흐름생산의 구현에 최종적인 목표가 있다. 공정 내의 모든 자재와 정보의 흐름을 투명하게 구축하고, 매끈하고 단순한 조직을 구현함으로써, 필요할 때 필요한 양만큼만 생산하여 소비자에게 공급하고자 한다. 모든 기업이 다 바라는 목표이기도 하다. 이러한 린생산제를 구축하기 위해서는 다양한 노력이 필요하다. 본장에서는 린생산의 기본원리와 운영방식을 간략히 살펴보고자 한다.

제 1 절 린생산의 개념과 원리
제 2 절 린생산제의 전제조건
제 3 절 린생산제하에서의 프로세스 개선
제 4 절 린생산제의 기대효과

제 1 절 린생산의 개념과 원리

도요타자동차에서 시작하여 전 세계의 기업으로 확산된 적시생산제(Just-in-time system)는 린생산(lean manufacturing system)의 이론적 기초를 제공한다. 린생산은 조립생산체제에 적용되었던 적시생산제를 다양한 생산 · 서비스 시스템에 적용하기 위해 확장된 이론으로, 핵심원리는 조직 내의 모든 낭비적인 요소들을 제거함으로써 리드타임을 단축하고 신축성을 향상하고자 하는 데에 있다.

린생산은 공정 내의 모든 흐름을 한눈에 투명하게 볼 수 있으며 군더더기가 없는 아주 단순한 조직의 구현을 목표로 한다. 공정의 흐름이 단순하고 투명하므로 불량품이 생기면 즉시 그 원인을 찾아 해결할 수 있으며, 낭비적인 요소들이 없으므로 남보다 신속하게 생산해낼 수 있다. 남보다 좋은 제품을 더 빨리 생산해낼 수 있으므로 생산성은 당연히 경쟁업체보다 높을 것이고 공정 내에 낭비가 없으므로 원가나 품질 면에서도 비교가 안 된다. 이런 조직으로 탈바꿈하게 되면 소비자가 원하는 좋은 품질의 제품을 필요한 양만큼만 생산하여 신속히 공급할 수 있다. 미리 생산하여 재고로 가지고 있을 필요도 없고, 또 제대로 생산하지 못하여 고객의 불만을 야기할 경우도 생기지 않는다.

이제 린생산의 기본원리와 가치에 대해 자세히 살펴보기로 하자.

(1) 품질개선에 돈이 들지는 않는다

품질을 향상시키려면 돈이 많이 든다는 것은 잘못된 생각이다. 첫 번에 제대로 할 수 있다면 재작업과 폐기물을 줄이고 고객의 불만을 미연에 막을 수 있어 오히려 총비용은 줄어든다.

(2) 현장작업자들이야말로 전문가이다

첫 번에 제대로 잘하는 것은 현장작업자들을 통해서만 가능하다. 현장의 많은 문제점을 잘 이해하며 파악하고 있는 이들 전문가들을 제대로 활용하기 위해서는 이들에게 문제해결방법에 대해 조언해 주고 어려운 문제를 같이 생각해 줄 수 있는 지속적인 학습과 개선을 장려하는 조직분위기의 구축이 필요하다. 즉 "근로자들의 능력범위와 지식수준이 설비나 기계보다 훨씬 더 중요하다"는 것을 인식하고 인간이라는 자산에 지속적인 투자를 계획한다. 현장전문가들의 능력이 증대될수록 간접지원부문의 필요성은 줄어들고 신축성 있고 신속한 결정이 가능해진다. 현장의 작업자들도 남는 시간에는 지원스태프들이 하던 많은 일들을 직접 처리하게 된다.

즉 현장인력이 일시적으로 남는다고 해서 이들을 생산에 동원하여 불필요한 재고를 만들기보다는 지원업무까지 맡을 수 있도록 교육·훈련시킴으로써 여유자원으로 비축해야 한다. 그 결과, 현장의 작업자들은 통상적으로 "직접노동"과는 관계없는 많은 일을 할 수 있도록 다기능화되고 있다. 즉 설비수리·유지, 교육, 공정개선, 품질관리, 데이터 입력, 그리고 스케줄 수립에 이르는 다양한 일들을 하게 한다.

(3) 실수는 개선의 보고(寶庫)이다

실수와 오류의 분석을 통하지 않고서는 개선이 불가능하다. 모든 불량과 하자의 원인을 샅샅이 뒤져 조금씩 공정을 개선해간다. 무결점이란 단순히 목표가 아니라 실수의 지속적인 분석을 통해 실현할 수 있는 표준이다. 이를 위해서 개선이라는 활동이 조직의 모든 구성원들의 몸에 습관처럼 배야 한다. 물론 불가피한 실수와 오류의 영향을 최소화하기 위해서는 자동검사기나 각종 실수방지장치(foolproof mechanism)의 개발을 적극적으로 시도해야 한다.

(4) 재고는 모든 말썽의 근원이다

재고는 현상에서 일어나는 모든 문제를 깊숙이 감주어버리는 나쁜 역할을 한다. 일본의 경영자들은 [그림 8-1]과 같이 강의 비유를 통해 재고문제를 생각하곤 한다. 강물이 항상 같은 속도로 하류를 향해 흘러가지는 않는다. 강물 속에는 돌, 바위, 쓰레기, 깊은 골짜기가 있을 수 있으며 물의 흐름은 바로 이런 것들 때문에 방해받는다. 이 비유에서 물의 흐름은 제조공정 내의 자재흐름이라고 할 수 있으며 관리업무의 경우에는 서류나 보고서 같은 것의 흐름이라고도 볼 수 있다. 물은 재고이고 돌이나 바위는 공정 내의 수많은 문제점이나 불완전한 요소를 의미한다. 물의 흐름을 더 빠르고 깨끗이 하기 위해서는 돌이나 바위 같은 장애물요소를 없애야 하며 이것들이 어디에 숨어 있

[그림 8-1]
재고의 비유

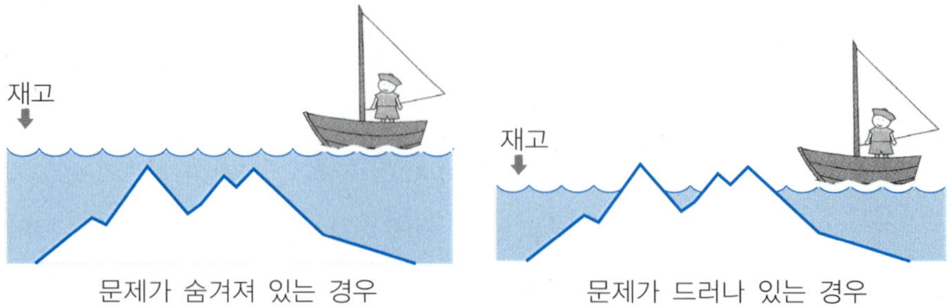

는지를 알아내기 위해서는 무엇보다도 수위가 낮아져야 한다. 물속에 잠긴 상태, 즉 수위가 높을 때에는 아무리 좋은 도구라도 제대로 돌이나 바위를 제거하기 힘들며 설사 제거했다 하더라도 강가에서 더 많은 바위나 쓰레기가 굴러들어갈 수 있기 때문이다.

재고의 축소는 수위를 낮추게 하여 얼마 안 가서 배가 바위에 부딪히게 된다. 이는 곧 제조공정에서의 수많은 문제 중의 하나와 맞부딪히게 된다는 것이다. 의식적으로 재고수준을 낮추어 문제점을 노출함으로써 작업자, 감독자, 엔지니어들이 합심하여 노력하지 않을 수 없도록 한다. 물론 재고 없이 모든 공정을 운영할 수는 없다. 그러나 병목작업장을 식별하여 생산능력을 고르게 하고 불량품의 발생을 미연에 예방함으로써 작업장과 작업장 사이의 자재흐름을 원활히 하면 재공품재고는 자연히 줄어든다.

(5) 로트의 크기는 작을수록 좋다

가장 이상적인 로트크기는 $Q=1$이다. 로트의 크기, 즉 1회 생산량이 필요 이상으로 크면 당장 긴급히 공급해야 하는 물량이 적더라도 많이 만들어야 하므로 고객의 수요를 충족시키는 데 걸리는 시간이 필요 이상으로 길어진다. 또한 모든 다른 품목들의 로트크기도 크므로 작업장마다 상당시간을 대기해야만 그 품목의 작업을 시작할 수 있다. 그뿐만 아니라 작업도중에는 발견하지 못했던 불량부위가 나중에 발견되었을 때 로트크기가 클수록 상대적으로 많은 손실을 초래한다. 로트의 크기를 줄이고 제조공정의 리드타임을 단축하기 위해서는 생산준비시간의 단축, 작업장간의 이동거리 축소, 품질 좋은 부품의 공급업체 확보, 공정의 개선, 병목의 제거 등의 개선활동이 지속적으로 수행되어야 한다.

(6) 작업장 내 작업흐름의 속도를 높인다

작업흐름의 속도가 높아지기 위해서는 무엇보다도 품질이 뒷받침해 줄 수 있어야 한다. 불량품이 양산되면 아무리 빨리 생산해 보았자 재작업, 폐기처분, 검사 등을 하다보면 양품의 공급 자체는 늦어진다. 품질이 높아지면 재고수준을 낮추어야만 공장 내의 흐름속도를 높일 수 있다. 전사적 품질관리체제가 뿌리박히고 로트의 크기가 $Q=1$에 가까워지면 작업장마다 대기하고 있는 재공품재고가 현저히 줄어들어 공장바닥에 쓸모없이 대기하는 시간이 줄어든다. 이처럼 작업장 사이의 자재흐름 속도가 빨라지면 전체적인 사이클시간과 리드타임이 줄어들어 고객의 주문을 신속히 충족시킬 수 있다.

(7) 원가하락은 공정 내의 흐름속도가 빨라진 결과이다

가격경쟁력의 약화로 원가절감이 중요한 사안으로 등장하면 제품과 서비스를 만들어내는 공정의 개선에 초점을 두기보다는 제품의 원가구조부터 살펴본다. 원가를 구성하는 재료비, 노무비, 고정비의 구성내역을 살펴보고 어디서 어떤 것을 몇 % 줄일 것인가를 결정한 다음 이 목표를 달성할 수 있는가를 분석한다. 만약 그만큼의 절감이 불가능하다면 자체적인 생산은 포기하고 공장을 이전하거나 외주를 주기로 결정하곤 한다. 린생산제하에서 원가절감은 그 자체가 목표가 아니고 재공품재고의 감축, 품질개선, 효율적인 설비배치 등 여러 가지 낭비제거의 결과로 나타난 것이다. 갖가지 낭비요인들이 없어지면 리드타임이 현저히 줄어들면서 그 과정에서 자연히 원가절감이 이루어진다.

(8) 정보와 자재흐름이 빨라지면 신축성은 자연스럽게 증대된다

제조공정 내의 생산 리드타임, 협력업체로부터의 원자재·부품공급 리드타임, 신제품개발 리드타임, 주문접수·처리 리드타임, 설계변경 리드타임 등 조직 내의 모든 업무처리 리드타임을 단축할 수 있으면 외부환경의 변화에 대해 신축성 있게 대응할 수 있다. 제조조직 내의 모든 낭비적인 요소를 제거함으로써 자연스럽게 증대되는 신축성은 여유설비, 범용설비, 안전재고 등을 통해 증대되는 신축성보다 훨씬 오랫동안 지속된다.

제 2 절 린생산제의 전제조건

적시생산제로 대표되는 린생산은 제조조직에서 생길 수 있는 모든 낭비적인 요소를 제거함으로써 물 흐르는 듯한 흐름생산의 구현에 최종적인 목표가 있다. 린생산제의 도입은 여러 측면에서부터 시작할 수 있겠지만 대개는 작업장 정비를 통해 작업현장부터 준비하는 것이 순서이다.

1 작업장 정비

린생산제 도입의 첫 단계는 작업장 정비(workplace organization)에서부터 시작한다. 작업장 정비는 공장의 작업현장에서 시작하지만 제조조직 전체에 확산되어야 한다. 작업장 정비의 목적은 문제가 발생한 곳에서 신속하게 해결책을 강구한다는 데에 있으며 5S 운동이라 불리는 다음의 다섯 단계를 거쳐 진행된다. 여기서 5S는 Seiri, Seiton, Seisou, Seiketsu, Shitsuke라는 일본어의 영문 표기의 첫 글자에서 따온 것이다.

- Seiri(정리) : 당장 쓸 것이 아니면 모두 치워라. 불필요한 재공품, 불필요한 유휴설비, 사용하지 않는 각종 계기, 자재, 쓰레기 등등 불필요한 것들을 현장에서 깨끗이 치워 정돈된 작업환경을 유지한다.
- Seiton(정돈) : 작업장 안의 모든 공구와 물자에 대해 놓여 있어야 할 위치를 결정하고 항상 제자리에 되돌려 놓도록 함으로써 언제나 지체하지 않고도 찾아 쓸 수 있도록 한다. 작업자 스스로가 모든 것의 상세한 위치와 레이아웃을 결정하도록 하고 자신의 일과 작업장에 100% 책임을 지도록 한다.
- Seisou(청소) : 작업장 자체의 청소는 물론 기계설비 · 공구의 청소와 정비를 게을리해서는 안 된다. 자신이 쓰는 기계를 닦고 조이며 기름칠하여 항상 좋은 상태로 유지함으로써 기계고장의 징후도 쉽게 발견할 수 있다.

- Seiketsu(청결) : 앞의 세 가지를 항상 지킴으로써 작업환경을 언제나 청결하게 유지한다.
- Shitsuke(규율) : 모든 사람들이 이러한 규칙을 이해하고 지키며 또한 어떤 방법으로든지 이 운동에 적극적으로 참여한다.

2 품질경영과 실수방지책 구축

린생산제를 실현하기 위해서는 후속공정에 불량품이 하나도 흐르지 않아야 하고 그 흐름이 유연하고 막힘이 없어야 한다. 린생산제가 효과적이기 위해서는 무엇보다도 품질이 완벽해야 한다. 린생산제의 주춧돌로서의 지속적 개선은 생산프로세스, 제품기술 등의 분야에서 수월성을 추구하고 끊임없이 작은 개선을 시도하는 것이다. 이 과정에서 현장기술자들의 적극적인 참여가 요구된다. 생산에 참여하지 않는 유휴시간이 생기면, 이를 곧 지속적 개선활동에 적절히 활용함으로써 개선을 가속화할 수 있다.

기존의 TQM원리가 관리시스템에 충분히 반영되어야 함은 물론 작업현장의 설비도 품질을 보장할 수 있도록 디자인되어야 한다. 오늘날 공장에서 쓰이는 많은 자동화설비들은 스위치만 누르면 저절로 작업한다. 그러나 이들 기계들이 스스로 문제점을 발견하여 고치지는 않는다. 또 언제 작업을 중단할 것인가를 판단하지도 않는다. 결국 누군가가 이 기계들이 잘 돌아가고 있는지를 지켜보고 있어야 한다. 만약 작업자들을 기계에서부터 분리하여 낭비적인 시간(기계를 지켜보고 있는 시간)을 줄일 수 있다면 더 많은 생산적인 일을 할 수 있다. 즉 불량, 공구의 파손, 부품부족과 같은 비정상적인 현상이 발생했을 때 스스로 가동을 멈추고 작업자의 도움을 청하기 위한 신호를 보낼 수 있도록 피드백시스템을 갖출 수 있다면 품질과 생산성 면에서 현격한 향상을 기대할 수 있다.

도요타에서는 이런 시스템을 사람인(人)변이 붙은 자동화(自働化) 시스템이라 부른다. 자동화 중에서도 foolproof 장치라고도 부르는 실수방지도구는 타이머(timer), 감지기(sensor), 경보장치(warning tone), 정렬표지표(alignment template)와 같은 간단한 도구를 이용하여 작업상의 실수를 미연에 방지하거나 실수를 했더라도 이를 즉각 피드백할 수 있도록 하는 과정이나 장치를 의미한다. 이와 같은 실수방지책으로 다음과 같은 예를 들 수 있다.

- 리미트 스위치를 부착하여 코일을 공급할 필요가 있는지 자동으로 체크한다. 코일을 거의 다 쓴 시점이 되면 불(andon)이 들어오고 경고음이 발생되어 작업자가 다음 코일을 준비하도록 한다.
- 카운터가 부착되어 가공횟수를 센다. 필요한 양만큼 생산이 되면 불이 들어오고 경고음이 나온다.
- 리미트 스위치와 타이머를 부착하여 기계의 문제점을 예방한다. 리미트 스위치가 일정시간 이상 켜져 있으면 불이 켜지고 경고음이 발생한다.
- 작업장에서 30개를 가공하면 밀링헤드의 교체를 위해 자동적으로 작동을 중지한다.
- 워드프로세싱에서 20줄을 입력시키면 자동으로 세이브되게 한다.
- 미국의 블랙 앤드 데커사의 벤치 그라인더 포장박스에는 공구, 몇 가지 부착물, 사용설명서, 보증서 등 모두 9가지가 들어간다. 실수방지책 도입 전까지 소비자불평의 70%는 이 9가지가 모두 들어가 있지 않았기 때문이었다. 이들이 도입한 실수방지책은 다음과 같다. 우선 그라인더를 박스에 넣어 컨베이어 위에 올려놓으면 일단 포장부서에서 자동장치에 의해 정지한다. 박스에 들어갈 나머지 8가지 품목은 서로 독립된 칸 속에 들어가 있는데, 이 칸마다 포토셀(photocell)이 부착되어 있어 작업자가 칸 속의 품목을 꺼내기 위해 이 칸에 손을 대면 포토셀의 불이 나가도록 되어 있다. 8개의 포토셀의 불이 모두 나가면 자동장치가 박스를 움직이게 한다. 물론 포토셀의 불이 꺼졌다고 해서 해당칸의 품목을 박스에 집어넣었다고 확신할 수는 없다. 그러나 이 방법을 도입한 후 9개월 만에 소비자의 불평은 한 건도 발생하지 않았다. 그 후 이 회사는 모든 품목의 포장에 이 방법을 채택하였다고 한다.

3 생산준비시간의 단축

생산준비시간 또는 이를 비용으로 환산한 생산준비비용이 증가하면 경제적 생산량은 증가한다. 따라서 생산준비에 많은 시간이 소요된다면 수요에 맞추

[그림 8-2]
생산준비시간의 절감으로 인한 1회 생산량의 감소

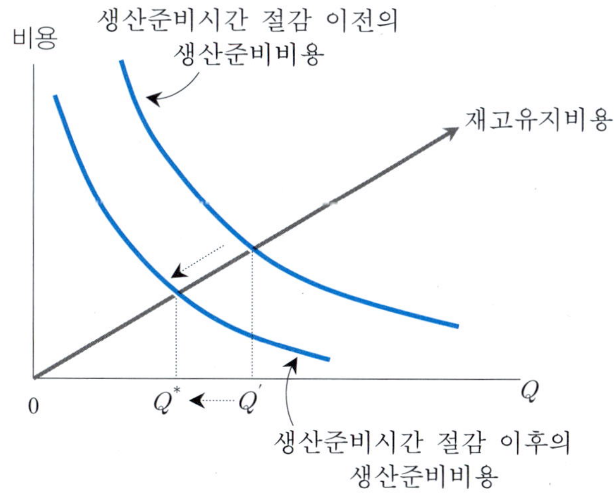

어 필요할 때마다 생산한다는 원리가 적용될 수 없다. 린생산제하에서는 생산준비시간 역시 다른 여타의 비용과 마찬가지로 지속적인 연구개발과 분석을 통해 절감할 수 있는 항목으로, 단순히 기계설비의 성격에 따라 고정되어 있다고 간주하지 않는다. [그림 8-2]에서 보여주듯이 지속적인 연구개발과 분석을 통해 생산준비비용이 감소되면 적정생산량 Q^* 역시 감소된다.

셀을 구축하거나 설비개선을 통해 생산준비시간이 줄어들고 이에 따라 로트의 크기가 줄어들면 리드타임은 짧아진다. 생산관리이론 중에서 가장 자주 접하는 경제적 주문량 공식을 이용할 경우 생산준비시간(또는 이를 비용으로 환산한 생산준비비용)이 줄어들면 1회 생산량도 줄어든다. 물론 정비례하여 줄어들지는 않지만 1회 생산량은 줄어든다.

$$Q^* = \sqrt{\frac{2(\text{연간수요})(\text{생산준비비용})}{\text{단위당 연간재고유지비용}}}$$

만약 모든 생산품목의 준비시간이 줄어들었다면 각 품목별 1회 생산량이 줄어들어 이전보다 빨리 자기 차례가 돌아오므로 리드타임은 줄어든다. 한 번에 작은 수량을 만들기 때문에 재고도 줄어든다. 이전보다 자주 생산준비를 하게 되어 전체적인 생산준비시간은 크게 줄지 않을 수도 있다. 구매자 입장에서도 리드타임이 줄어들어 납품에 대한 불확실성이 그만큼 줄게 되어 안전재고를 이전보다는 조금 보유해도 된다. 보통 안전재고는 $\sqrt{\text{리드타임}}$의 크기에 비례한다. 가령 4주였던 리드타임이 1주로 줄어들면 안전재고는 반으로 줄어든다. 결과적으로 생산준비시간의 단축은 재고의 축소로 이어진다.

예를 들어 도요타자동차는 1970년대 중반 자동차 후드(hood)와 펜더(fender)의 생산에 이용되는 800톤 프레스 기계의 생산준비시간을 5년간의 노력 끝에 1시간에서 12분으로 단축함으로써 1회 생산량을 하루분 수요로 줄인 바 있다. 반면 같은 시기의 미국기업들은 6시간을 생산준비에 소비함으로써 1회 생산량으로 10일분 소요량을 생산해야만 했다. 도요타는 이에 그치지 않고 원-터치 준비, 즉 1분 이내에 모든 생산준비(single-minute exchange of dies, SMED)를 마치는 것을 목표로 하여 각종 개선활동을 전개하였다. 생산준비시간의 단축은 다음과 같은 몇 단계를 거쳐 이루어진다.

- 생산준비작업을 기계설비의 가동이 중지되지 않고서는 불가능한 내부적 생산준비작업과 기계설비의 가동과는 무관한 외부적 생산준비작업으로 분류한다. 예를 들어 새로운 품목을 생산하기 위해 기계설비를 조정한다든가, 청색 염색약을 사용하기 위해 탱크 안에 남아 있던 적색 염색약을 세척하는 등의 활동은 모두 내부적 생산준비작업에 해당한다. 이에 반해 조립에 필요한 부품을 물류창고에서 가지고 오거나 가공에 필요한 공구를 최적상태로 준비하는 등의 작업은 기계설비의 가동중단과는 무관한 외부적 생산준비작업이다.
- 가능한 한 외부적 생산준비작업을 기계가동이 중단되는 동안에는 하지 않도록 하여 생산준비의 효율성과 기계설비의 가동률을 높이고자 한다. 이 과정에서 비디오카메라를 이용한 간단한 분석을 통해서도 생산준비시간의 75% 정도는 줄일 수 있다고 한다.
- 기계설비, 공구의 재설계와 제품 자체의 재설계를 통해 내부적 생산준비작업을 외부적 생산준비작업으로 전환시키도록 한다.
- 내부적 생산준비시간의 50~70%를 차지하는 기계설비의 조정시간을 줄이고자 노력한다. 가능한 한 표준화된 공구를 사용하고, 이들 공구의 종류를 줄임으로써 기계설비의 조정빈도수 자체를 줄일 수 있도록 노력한다.

조직적으로 생산준비만 갖추어도 준비시간을 50% 이상 절감할 수 있다.

프레스기계로 몇 가지 단순한 금속부품을 만드는 과정을 생각해 보자. 개선 활동 시작 전에는 원자재로 투입되는 철재의 규격에 변동이 많아 금형(die)의 선정에 상당한 시간이 걸렸다. 결국 더 좋은 품질의 자재를 사용함으로써 비용은 증가했으나 폐기물이 줄어들고 금형보수가 전보다 줄어들어 원자재 구입비용증가를 상쇄하고도 남았다. 또한 특정금형은 특정 프레스에 사용하기로 할당하고 언제나 쉽게 장착할 수 있도록 위치를 옮겨 놓았으며, 금형의 높이를 표준화하여 조정시간을 더욱 절감할 수 있었다. 이처럼 생산준비시간의 절감 노하우는 복잡하지 않다.

90% 이상의 절감을 위해서는 기계가 가동중지되었을 때 생산준비를 할 수 있는 태세를 완비하고 있어야 한다. 이를 위해서는 다음번에 무엇을 생산할 것인가가 확실히 알려져 있어야 한다. 이 문제는 스케줄의 안정성과 설비 보수유지, 품질 등과 관계가 있다. 각종 치공구가 잘 설계되어 있고 언제나 새 것 같은 느낌이 들 정도로 잘 보수・유지되어 있어야만 실제 준비과정에서 이를 조정을 할 필요가 없어진다. 만약 검사는 검사원만이 하도록 규정하고 있다면 생산준비를 한 사람이 책임질 수 있도록 조정해야 한다. 생산준비 활동에 능숙해질수록 준비시간은 줄어들며 결과적으로는 표준화된 준비작업을 확립해 낼 수 있다. 그러나 계속적인 스케줄 변경은 이 같은 학습과정에 장해물이 된다.

4 풀(Pull)시스템의 도입

자재흐름을 계획하는 방법에는 푸시(Push)와 풀(Pull)의 두 가지 형태가 있다. 푸시시스템이란 자재소요계획과 같이 미리 결정된 상세한 생산계획에 따라 할당된 물량을 생산하여 이를 필요로 하는 부서에 전달하는 생산시스템으로, 이 시스템하에서는 그 품목이 당장 필요하든 하지 않든 간에 상관하지 않고 주어진 물량을 생산한다. 이에 반하여 풀시스템은 재주문점시스템이나 적시생산제와 같이 그 품목을 필요로 하는 부서가 주문이나 생산의뢰를 하지 않으면 공급을 하지 않도록 되어 있는 생산시스템이라 할 수 있다.

린생산체제의 원조격인 적시생산제하에서는 모든 작업지시가 최종 조립 생산라인에서 시작하여 그 앞 공정으로 진행되며 결과적으로 모든 공정이 최종 조립생산스케줄에 맞추어 유기적으로 연결된다. 따라서 적시생산제하에서는 미리 결정된 생산스케줄에 의거해 불필요하더라도 할당된 부품을 생산하여 다음 공정으로 넘겨 재공품재고만 쌓아 놓게 하는 폐해는 방지할 수 있다. 이러한 운영원리는 원자재와 부품의 공급업체에도 확대 · 적용되어 필요할 때마다 적정수준의 물량을 공급할 수 있도록 계획한다.

풀시스템을 도입하기 위해서는 제품의 설계과정에서 자재명세서(BOM)의 단계수(levels)를 줄여야 한다. BOM의 단계수가 2~3개를 넘어서지 않도록 설계해야만 풀시스템이 제대로 운영될 수 있다. BOM의 단계가 많아지면 자연적으로 재공품재고가 증가하게 되며 생산계획의 수립도 복잡해진다.

5 생산스케줄의 평준화와 안정화

리드타임을 거의 무시할 만큼 줄이기 위해서는 수요의 발생패턴에 맞추어 공급할 수 있어야 한다. 예를 들어 품목 A가 1주일에 8,000개, 품목 B가 6,000개, 품목 C가 4,000개 그리고 품목 D가 2,000개씩 팔린다면 구태여 A 8,000개, B 6,000개, C 4,000개, D 2,000개씩 대량으로 생산하여 재고로 가지고 있을 이유가 없다. 매일매일 A 1,600개, B 1,200개, C 800개, D 400개씩 생산하거나, 가능하다면 매시간 A 200개, B 150개, C 100개, D 50개씩 생산하는 것이 재고도 줄이고 리드타임도 줄이며 아울러 품질도 개선할 수 있는 계기가 된다.

이처럼 여러 가지를 섞어서 생산하는 혼류생산(mixed line)이 가능해지면 제품의 다양화와 수요의 급격한 변화에도 손쉽게 대처할 수 있으며 완제품재고도 현저히 줄일 수 있다. 혼류생산을 통해 소비자 수요를 잘 반영해 줄 수 있으면 품목생산에 필요한 다양한 자재와 부품도 안정적으로 투입 · 소비된다. 따라서 공급업체들도 안정적 납품스케줄을 수립할 수 있어 재고와 원가절감을 기대할 수 있다.

제품 다양성에 대응하면서 생산을 평준화하면 여러 가지 이점이 있다. 첫째, 각 제품을 매일 소량씩 균등하게 만들기 때문에 월중에도 매일매일의 수요변동에 대해서 신속하게 대응할 수 있다. 둘째, 완제품재고가 없어도 매일 고객의 주문에 대응할 수 있다. 셋째, 모든 공정이 사이클 타임에 따라 제품을 만들어가면 공정간의 균형도 향상되고 공정간의 재공품재고도 없어진다. 생산평준화를 실현하기 위해서는 각 제품을 신속하면서도 시의적절하게 생산해야 하므로 생산 리드타임의 단축이 필요하다.

제 3 절 린생산제하에서의 프로세스 개선

적시생산이나 린생산체제하에서는 제품이나 서비스의 흐름에 막힘이 없어야 한다. 린생산이 성공적으로 도입·운영되기 위해서는 지속적인 프로세스 개선을 통해 자재흐름의 속도가 높아져야 한다. 생산공정이 물 흐르듯이 연속적이면 리드타임도 최소화할 수 있다.

다양한 품목을 번갈아 가면서 생산하는 배치(batch)공정이나 고객의 주문에 기초하여 아주 특이한 제품들만을 생산하는 개별생산체제하에서도 연속적인 흐름공정(continuous process flow)을 흉내 낼 수 있다면 다음과 같은 효과가 즉각적으로 나타난다.

- 낭비의 근원이었지만 어디엔가 숨어 있던 문제들이 밖으로 노출된다.
- 전체적인 생산프로세스가 물 흐르듯이 원활하게 되어 병목현상이 줄어든다.
- 어느 한 부문에서 문제가 생기면 그 영향이 전체에 미치게 되므로 자발적인 참여와 주인의식을 북돋울 수 있다.
- 다음 공정이 나의 고객이라는 생각이 손쉽게 확산·정착된다.

도요타에서는 이를 더욱 극대화시켜 한 단위 흐름의 생산과 운반(single-unit production and conveyance : 1個流)을 추구하고 있다. 한 단위 흐름의 생산과 운반이란 사이클 타임마다 공정별로 제품 한 단위가 작업이 완료되어서 다음 단계의 공정으로 흘러가는 현상을 말한다.

린생산의 성공적 운영을 위한 프로세스 개선방안을 살펴보기로 하자.

1 셀룰러 시스템의 구축

연속흐름형 프로세스를 구축하기 위해서는 우선 레이아웃부터 바꾸는 것이 급선무이다. 주변에서 볼 수 있는 레이아웃은 대개 기능별 레이아웃이며, 일반 관리업무에서의 서류처리도 이 같은 기능별 레이아웃을 벗어나지 못할 때가 많다. 기능별 레이아웃하에서와 같이 같은 기능을 하는 사람들을 한 부서에 묶어두게 되면 자연히 1회 생산량, 즉 배치(batch)의 크기는 커지게 된다. 기능별 레이아웃이나 부문간의 벽이 두터울 때에는 하나하나씩 처리하여 다음 부서나 공정으로 넘기기보다는 한꺼번에 모아 처리하고자 하는 경향이 있다.

같은 종류의 기계들을 한자리에 설치하는 기능별 레이아웃하에서는 아무리 최적배치를 하더라도 상당한 거리를 이동한다. 불필요한 이동거리를 줄일 수 있는 가장 좋은 방법은 가능한 한 한곳에서 모든 필요한 작업을 다 끝내는 것이다. 서로 비슷한 작업공정을 거치는 품목들을 하나의 그룹으로 묶어 이들을 생산해낼 수 있는 기계들을 한곳에 모아 셀형태로 조직하면 이동거리는 엄청나게 줄어든다. 공정의 순서에 따라 자연스럽게 이동함으로써 자재흐름은 물론 다음 공정이 무엇인지에 대한 혼란도 줄어들고 이 작업이 끝나면 어디로 옮겨지는지를 생각할 필요도 없다. 작업장들이 서로 가까이 위치함으로써 리드타임도 현저히 줄어든다.

특정기능에 배정되기보다는 특정 품목그룹에 배정되므로 전체의 입장에서 생각하는 습관을 들일 수 있다. 기본적으로 셀형태의 작업장에서는 작업자들의 다기능이 요구된다. 즉, 한 명의 작업자가 여러 기계를 동시에 운영할 수 있도록 기술 교육을 실시함으로써 노동생산성을 향상시킨다.

이처럼 셀은 제조공정을 통합화할 수 있는 좋은 도구이자 생산현장의 개선도구로서 지나친 자금과 기술적 부담을 안기지도 않는다. 셀은 신축성 향상과 대응시간의 단축에 일조를 할 수 있는 도구이다. 과거에는 사이클시간의 단축은 규모의 경제와 전용설비로만 가능하다고 생각했었다. 그러나 다양한 품목을 신속히 생산하기 위한 필요성이 증대되면서 셀의 개념이 더욱 부각되었다. 셀은 그 자체가 고객, 납품업자, 경영진과의 확실한 접촉점으로 업무나 책임의 한계와 구분이 뚜렷하며, 분권화로 자치적 · 독립적인 관리가 정착된다.

그렇다면 이렇게 많은 긍정적 효과를 가져올 수 있는 셀의 개념이 왜 폭넓게 응용되지 못하고 있는가? 우선 처음부터 셀형태로 작업장을 구축할 생각이 없었다면 기존의 공장을 셀로 바꾸기는 쉽지 않다. 제품과 공정의 설계는 물론 설비의 구입도 셀을 염두에 두지 않았으며 각각의 작업도 독자적으로 설계된 셀로 구성되어 한 명의 작업자가 여러 작업을 동시에 수행하기에 쉽지 않은 경우도 많다.

기계설비의 경우 그 자체의 장단점을 기준으로 하여 도입되었다. 따라서 어떤 것들은 빠르고 어떤 것들은 느리며 어떤 것들은 쉽게 보수·유지가 되지만 어떤 것들은 고장이 잘 난다. 같은 셀 안에 배치가 되더라도 서로 생산속도가 달라 원활한 작업흐름을 유지하지 못하는 경우가 많으며 보수·유지가 상대적으로 쉽지 않은 기계가 섞여 있는 경우 셀 전체의 가동률이 떨어진다. 이런 점들을 감안하면 셀을 중심으로 하는 조직은 극히 비효율적으로 보일 수 있다. 그러나 셀 안에 여러 기계들을 하나의 그룹으로 구성해 놓음으로 인해 절약할 수 있는 각종 간접비용은 단기적으로는 금방 나타나지 않고 쉽게 눈에 들어오지도 않지만 누적적인 효과는 기계의 비효율적 사용으로 인한 단기적인 손실을 훨씬 넘어선다.

2 U자형 셀

U-라인이란 셀을 구성하는 기계들을 알파벳 U자 형태로 배열한 것을 말한다. 작업의 흐름은 U자의 한쪽 끝에서 시작하여 다른 쪽 끝에서 종료한다. 특히 가공하고자 하는 자재의 크기가 작아 손으로 옮기기 쉽고 작업자가 손쉽게 가동할 수 있는 작은 규모의 기계들로 구성되어 있을 때 U-라인은 효과가 크다. U자형 셀의 장점을 살펴보면 다음과 같다.

- 셀이 U자 모양으로 생기면 한 명이 셀 내의 여러 기계를 동시에 관할 할 수 있다. [그림 8-3]에서와 같이 서로 인접해 있는 기계들을 책임질 수도 있고 앞뒤에 위치한 기계들을 나물 수도 있다. 수요가 증가하더라도 작업자를 더 배정하여 담당할 기계수를 줄이면 된다. 즉 생산라인의 균형을 도모하기 쉽다. [그림 8-3]의 예에서 작업대가 일자로 정렬되어 있다면, 작업 A와 작업 F를 한 사람이 담당하기는 어렵다. 그

[그림 8-3]
U자형 셀의 예시

작업번호	A	B	C	D	E	F
작업시간	6분	5분	1분	2분	2분	3분

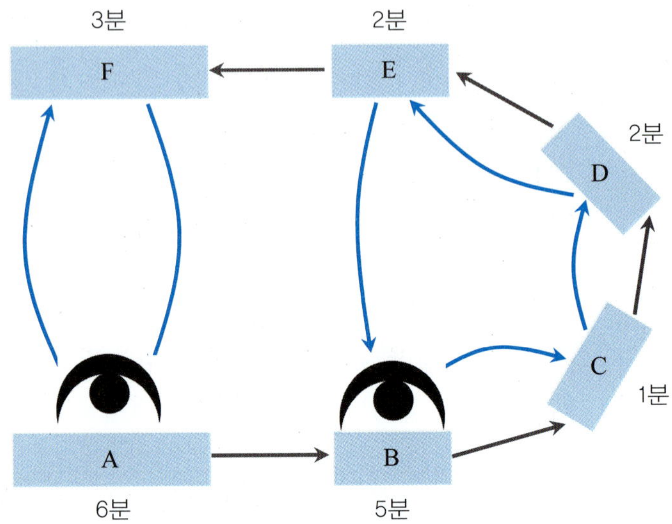

러나 그림에서와 같이 U자형이라면 2명이 10분마다 1개씩 생산할 수 있다.

- 직선형일 때보다 서로 가까이 위치하게 되므로 불량이 생기더라도 손쉽게 되돌려 재작업을 할 수 있다.
- 직선으로 되어 있을 때보다 훨씬 쉽게 가로질러 이동할 수 있으며 U자의 중심에서 필요한 자재나 부품, 도구를 바로 건네주기 쉽기 때문에 불필요한 움직임을 줄일 수 있다. 즉 자재의 처리와 취급이 단순화되고 쉽다.
- U자 모양으로 셀이 구성되면 직선형일 때보다 팀의 느낌이 더 생긴다. 이처럼 셀 안에서는 내 작업, 네 작업의 개념이 상대적으로 줄어들고 불량문제도 신속히 처리할 수 있으며 서로 하는 일을 바꾸어 함으로써 여러 기술을 익힐 기회도 제공한다. 또 작업자들이 서로 도울 수 있어 생산공정의 신축성이 높다. 다양한 작업을 맡도록 함으로써 지루함을 덜어줄 수 있다.

U자형 라인배치 공정에서는 이른바 풀방식(pull system)이 가능하다. 이는 제품 한 단위가 출구에서 떠나면 한 단위의 재료가 공정의 입구에 투입되기 때문이다. 출구와 입구의 작업이 동일한 작업자에 의해 이루어지도록 할 수 있으므로 라인 내의 재공품 수량은 항상 일정하게 유지된다. 또한 각 기계마다 재공품을 표준보유량만 유지하게 함으로써 작업자간의 작업불균형이 눈에 드러나게 되어 공정의 개선이 촉구된다.

3 다능공의 양성과 작업인력의 소인화

수요변동에 적응할 수 있도록 작업현장의 작업자 수를 유연하게 조정하는 것을 도요타자동차에서는 소인화(少人化)라고 부른다. 즉 소인화는 수요가 변할 때 작업현장의 작업자 수를 조정하는 것을 의미한다. 소인화는 수요감소로 작업자를 줄여야 할 때 중요한 의미가 있다. 예를 들어 한 라인에 다섯 명이 어떤 일정량의 제품을 만드는 작업을 하고 있다고 가정하자. 이 라인의 생산량이 80%로 감소되면, 작업자 수는 네 명으로 줄여야 한다. 수요가 20%로 감소되면 작업자의 수는 한 명으로 줄어들 것이다.

소인화는 인적자원을 조정하고 재배치하여 생산성을 향상시키는 것이다. 소인화 개념을 실현하기 위해서는 여러 가지 훈련을 두루 거친 숙련된 다능공(多能工)의 확보가 전제조건이다.

글로벌 기업들이 린생산을 위해 다능공제를 도입하고 있는 이유는 크게 세 가지로 요약된다. 우선 생산패턴의 변화를 꼽을 수 있다. 예를 들어 컨베이어방식을 급속히 대체하고 있는 셀 생산라인에서는 작업자가 다능공이 안 되려야 안 될 수가 없다. 셀라인은 대량생산을 목표로 하는 컨베이어방식과는 달리 여러 품목을 조금씩 생산하는 체제이다. 4~5명이 부품조립에서 완성품 포장까지 담당하는 이 방식에서는 사실상 한 사람의 작업자가 모든 공정을 할 수 있어야 한다.

생산직 근로자의 임금이 높아진 것도 다능공제 도입을 부추기는 요인이다. 고임금 구조하에서 인건비 비중을 낮추기 위해서는 한 사람이 두 명 이상의 몫을 하도록 하는 게 필요하다. 따라서 다능공제도를 실시할 경우 라인에 투입되는 절대인력을 줄일 수 있어 총생산원가에서 인건비 비중을 낮출 수 있다.

다능공 도입이 늘고 있는 또 다른 이유는 불량률을 줄이고 작업의 효율성을 높이자는 것이다. 예를 들어 전문기술을 가진 작업자가 결근을 했을 경우 다른 사람이 대신 라인에 들어간다면 아무래도 불량품이 나올 확률이 높다. 결국 제2, 제3의 전문기술자를 확보해 만일의 사태에 대비하는 게 중요하다. 또 다능공제도를 실시할 경우 작업시간이 줄어들어 생산성을 높일 수 있는 장점이 있다. 선반공은 선반만, 드릴공은 드릴만 다루는 단능공(單能工)체제에서는 작업공정이 많아질 수밖에 없다. 그러나 한 사람이 여러 작업을 할 경우 공정수가 줄어들어 작업의 효율성을 크게 높일 수 있게 된다. 공정수가 줄어들면서 생긴 여유공간에 라인을 추가로 설치할 수 있는 이점도 있다.

물론 다능공제는 말처럼 쉽게 실시할 수 있는 게 아니다. 우선 생산환경이 다능공을 지원할 수 있는 방향으로 바뀌어야 한다. 자동화 장비를 설치하거나 라인에서 조립하는 부품수를 줄이는 등 사람의 손이 덜 가도록 생산구조를 변화시켜야 한다는 것이다. 또한 작업자들의 업무부담이 늘어나는 만큼 권한을 부여하는 등 생산라인 운영시스템 자체를 변화시키는 발상의 전환도 필요한 것으로 지적되고 있다. 권한 없이 업무분야만 늘리면 작업자의 사기가 떨어질 게 분명하기 때문이다.

4 생산라인의 동기화

대기시간은 각 공정의 재공품이 가공과 조립을 시작하기 전에 기다리고 있는 가공 전 대기시간과 생산이 완료된 물품이 다음 공정에 인수될 때까지 기다리고 있는 가공 후 대기시간으로 구성된다. 이들은 모두 공정간에 동기화(synchronization)되지 않음으로써 생기는 현상이다. 푸시(push)시스템에서는 앞 공정의 로트 크기가 크면 후속공정이 기다리는 경우가 있다. 풀(pull)시스템에서는 반대로 선행공정이 정지하거나 재개하는 것이 반복된다.

따라서 대기시간을 단축하는 데에는 무엇보다도 라인의 동기화가 달성되어야 한다. 즉, 각 작업장의 생산량과 소요시간이 비슷하게 나타나도록 병목공정(bottleneck)을 제거해야 한다. 병목공정에서 생산가능시간을 1시간 상실했다면 이는 곧 생산시스템 전체에서 1시간을 상실한 것이다. 특히 병목공정의 생산준비시간 절감은 매우 중요하다. 생산준비시간의 절감은 곧 생산적인 시간의 증가를 의미한다. 따라서 병목공정에서의 생산준비시간의 절감은 생산시스템의 생산능력을 증대시키지만 비병목공정의 경우는 그렇지 않다. 비병목공정의 준비시간을 절감했다는 것은 곧 유휴시간을 그만큼 증가시켰다는 것을 의미한다. 따라서 비병목공정에서 절약한 1시간은 해당공정의 인건비를 절감하는 데에는 기여하지만 생산라인 전체의 사이클시간 축소에는 별다른 기여를 하지 못한다.

5 리드타임 단축을 위한 로트 축소

제조현장의 리드타임은 대기시간, 생산준비시간, 이동시간 그리고 실제 무엇인가 가치 있는 것을 만들어내는 가공시간으로 구성되는데, 리드타임이란 결국 소비자가 기다리는 시간이므로 이미 들어온 주문적체량에 정비례하고 작업장의 처리능력에 반비례한다.

리드타임 = 주문적체량 ÷ 작업장생산능력
= 재공품재고수준 ÷ 작업장생산능력

분모는 그대로 있는데 분자가 늘어나면 리드타임은 증가할 수밖에 없다. 리드타임이 길어지면 미리미리 작업장에 생산을 의뢰해야 하므로 주문적체는 더 심해진다. 이에 반해 리드타임을 단축하면 고객에게 주문제품을 짧은 기간 안에 인도할 수 있는 수주 위주의 생산체제를 유지할 수 있어 불필요한 재고가 줄며, 모델이 변경되더라도 그때 발생할 수 있는 못 쓰게 된 재고를 최소화할 수 있다. 이제 리드타임의 구성요소를 살펴보자.

- 대기시간(queue time) : 리드타임 중 차지하는 비율이 가장 높은 요소로 작업능력이 부족하면 어쩔 수 없이 생길 수밖에 없다. 또한 평균적으로 충분한 능력을 가지더라도 작업량이 심하게 변동하면 대기시간은 길어진다. 그뿐만 아니라 설비의 배치가 공정별로 되어 있거나 로트의 크기가 크면 대기시간은 당연히 증가한다. 더군다나 공장의 경우 유휴

시간은 죄악이지만 잔업은 당연한 것으로 받아들인다. 이 같은 편견을 가지고 있으면 가능한 한 모든 작업장 앞에 엄청난 재공품을 쌓이도록 하여 결과적으로 대기시간은 늘어난다. 이런 작업장을 몇 군데 거쳐가면 리드타임은 한없이 늘어난다.

- 생산준비시간(set-up time) : 예전에는 생산준비작업 자체를 어쩔 수 없이 거쳐야 하는 과정으로 생각했었다. 생산공정의 개선 역시 생산준비작업은 제외하고 나머지에만 주력하였다. 생산준비시간이 길면 1회 생산량을 늘림으로써 지나치게 빈번한 생산준비에서 오는 가동률 손실을 막고자 하였다. 그러나 이제는 생산준비작업을 공정의 신축성을 떨어뜨리고 재공품재고를 증가시키는 주범으로 간주한다.
- 기계가공시간(run time 또는 process time) : 리드타임에서 실제 기계가공시간이 차지하는 비중은 5%도 되지 않는 경우가 많다.
- 이동시간(move time) : 한 작업장에서 또 다른 작업장으로 재공품을 운반하는 데 소요되는 시간으로, 셀이나 흐름라인의 도입을 통해 현저히 줄일 수 있는 요소이다.
- 짝을 이루는 다른 부품들이 도착할 때까지 기다리는 시간

상식적으로 로트의 크기는 작을수록 좋다. 가장 이상적인 로트크기는 $Q=1$이다. 로트의 크기, 즉 1회 생산량이 필요 이상으로 크면 다음과 같은 부작용을 일으킨다.

- 모든 품목들의 로트크기가 크면 작업장마다 상당시간을 대기해야만 그 품목의 작업을 시작할 수 있다. 따라서 새로운 주문이 들어오더라도 작업에 들어갈 수 없어 리드타임은 길 수밖에 없다.
- 로트크기가 크면 작업도중에는 발견하지 못했던 불량부위가 나중에 발견되었을 때 상대적으로 많은 손실을 초래한다. 그뿐만 아니라 불량의 원인도 시간이 지체되어 찾기 힘들어진다.

이에 반해 로트의 크기를 줄이면 다음과 같은 효과가 있다.

- 짧은 시간 내에 모두 소진되므로 불량품이 섞여 있더라도 신속히 색출

된다. 결과적으로 문제의 근원이 사라지기 전에 신속히 그 원인을 파악할 수 있으며 재작업이나 폐기처리되는 물량이 준다.

- 재고를 보관할 공간이 줄어들어 작업장과 작업장 간의 간격이 줄어든다. 이는 곧 이동시간을 줄여준다.
- 새로운 주문이나 긴급한 주문이 들어오더라도 신속히 처리할 수 있다.

물론 물건을 하나씩 다루지 않고 한꺼번에 많은 양을 처리하는 이유, 즉 배치로 처리하는 이유는 다음 두 가지이다. 첫째, 생산준비시간을 줄이기 위해서이다. 유사한 품목들을 묶어 한꺼번에 처리하면 생산준비를 자주 할 필요가 없으며 결과적으로 생산능력이 늘어난다. 둘째, 자재처리를 손쉽게 하기 위해서이다. 작업장 사이를 이동할 때 한꺼번에 많이 가지고 가는 것이 효율적이다. 한 번에 3,000개를 생산할 때 한 작업장에서 그다음 작업장으로 3개씩 가지고 가는 것보다는 한 번에 30개씩 가지고 가면 이동횟수를 10%로 줄일 수 있다. 따라서 로트에도 다음과 같은 두 가지 유형이 있다.

- 가공로트(process lot) : 일반적인 로트의 의미와 일치한다. 즉 생산준비가 끝난 뒤 다음번 생산준비를 할 때까지 생산하는 수량을 말한다.
- 이동로트(transfer lot) : 한 작업장에서 그다음 작업장으로 이동할 때의 수량이다.

예를 들어 A라는 부품의 로트크기가 100개라면 일단 생산준비가 끝나면 100개를 생산하고서야 다른 부품을 생산한다. 이때 100개는 가공로트이다. 그러나 100개의 가공이 모두 끝난 뒤 한꺼번에 다음 작업장으로 이동할 이유는 없다. 경우에 따라서는 50개의 가공이 끝나면 우선 이 50개만 다음 작업장으로 이동하고 나중에 나머지 50개를 옮겨와도 된다. 이 경우 50개는 이동로트가 된다. 즉 가공로트는 그냥 두더라도 이동로트의 크기를 줄이면 리드타임은 대폭 줄어든다.

전통적으로 가공로트와 이동로트는 같은 것으로 간주했으나 반드시 그럴 이유는 없다. 생산준비시간이 매우 길지만 작업장간의 거리가 짧을 때에는 가공로트는 크게 하지만 이동로트는 작게 함으로써 리드타임을 단축할 수 있다. 이런 관행을 로트분할(lot splitting)이라 부른다.

6 간판을 이용한 공정간 의사소통

린생산의 대표격인 적시생산제 운영의 핵심은 간판(Kanban, 칸반)방식에 있다. 간판이란 생산라인의 앞공정과 뒷공정 간의 의사소통을 지원하는 도구이다. 도요타의 생산라인에서는 뒷공정이 필요한 부품이나 가공품을 필요할 때, 필요한 양만큼 앞공정에서 가져온다. 앞공정은 뒷공정에서 추가적인 생산을 요구하지 않으면 생산을 중단한다.

고전적인 생산라인에서는 각자 정밀한 계획에 맞추어 생산한 후 앞공정에서 뒷공정으로 밀어 보내는 푸시(push, 밀어내기)방식을 사용한다. 뒷공정에서 어떤 일이 벌어지든 간에 상관없이 주어진 목표량 달성에 초점을 둔다. 이에 반해 린생산하에서의 풀(pull, 끌어당기기)방식은 뒷공정에서 필요로 하지 않으면 앞공정에서 생산을 하지 않는다. 이런 원리를 확장하면 판매부문에서 요구하지 않으면 생산부문에서는 생산을 중단한다. 모든 생산활동이 뒷공정의 요구에 의해 수행된다.

앞공정과 뒷공정을 연결하는 간판은 부품을 담은 상자에 붙어 있는 명찰로 부품 이름과 수량 등이 쓰여 있다. 예를 들어, 어느 생산공정(뒷공정)에서 부품을 사용하면 상자에 붙은 간판을 제거한다. 제거된 간판이 일정수가 되면 이걸 가지고 앞공정에 부품을 가지러 가게 되는데, 이게 '운반 지시용' 간판이다. 앞공정의 부품이 놓여 있는 장소에는 '생산 지시용' 간판이 붙어 있는데, 이를 제거하고 그곳에 운반 지시용 간판을 붙인 뒤 그 부품을 뒷공정으로 가져오게 된다. 앞공정에서는 제거된 생산 지시용 간판 수에 해당하는 부품 수만큼 정해진 시간까지 보충해야 한다. 이런 과정을 통해 앞공정은 뒷공정이 필요로 하는 양만큼만 부품을 생산하게 되어 재고수준을 최소화할 수 있다.[1)]

린생산제하에서는 개별파트나 작업장별, 또는 처리공정별로 제조활동을 계획하기보다는 최종품목수준에서의 제조활동을 계획한다. 이는 곧 정보의 세밀성의 필요성을 줄이고 거래내역처리량도 90% 이상 줄일 수 있다는 것을 의미한다. 린생산제에서 자세한 자재계획을 지원하기 위해 필요한 정보는 MRP시스템하에서 필요한 것과는 전혀 다르다. 가장 큰 차이는 린생산제의

1) 김현철, '복잡성, 어떻게 관리할 것인가,' 조선일보, 2014.10.18.

경우 공식적인 작업지시서가 없다는 것이다. 자재가 공장 내를 매우 신속하게 흘러 지나가므로, 어디에 어떤 상태로 있는지 굳이 체크할 필요가 없다. 근본적으로 원자재로 남아 있지 않으면 완제품화되어 있기 때문에 어떻게 진행되어 가고 있는지 체크할 대상인 재공품 상태로 남아 있는 품목이 별로 없다.

이와 같이 린생산제에서는 각종 거래행위가 대폭 축소되고 많은 생산관리업무가 현장기술자에게 이양되어 전체적으로 숨겨진 공장의 규모가 대폭 줄어든다. 이젠 현장의 기술자・근로자들이 컴퓨터의 도움을 받으며 작업장을 운영하게 되어 간접부문과 직접생산부문의 구별이 점차 희미해지고 있다. 성공적인 린생산 구현의 전제요건에 대한 이해가 높아짐에 따라 린생산시스템이 생산・재고관리부문에서 차지하는 비중은 더욱 커지고 있다.

제 4 절 린생산제의 기대효과

린생산제를 구축하기 위해서는 이와 같이 작업장정비, 제조공정의 투명화, 작업공정의 foolproof화, 생산준비시간의 단축, 풀시스템의 도입, 기준생산계획의 평준화와 안정화, TQM과 지속적 개선 등의 활동을 통해 제조조직의 체질을 개선해야 한다. 이러한 체질개선노력은 자연스럽게 1회 생산량의 축소, 재공품재고의 감축, 폐기물과 재작업시간 감소의 결과를 가져온다. 제조조직 내에서의 자재와 정보흐름의 단순화는 다시 자료의 수집 및 분석에 소요되는 시간과 노력을 절감시켜 준다.

제조현장의 체질개선과 1회 생산량의 축소로부터 시작되는 이와 같은 린생산제의 기대효과는 [그림 8-4]와 같다. 생산준비시간을 단축함으로써 가능한 1회 생산량의 감소는 적시에 필요한 양만큼 생산할 수 있는 린생산의 운영을 가능하게 하며, 이는 곧 불량품 발생원인을 신속히 파악할 수 있게 해 품질경영의 효율성을 높인다. 또한 이러한 작업자의 품질에 대한 자각은 곧 생산공정상의 문제점 색출 및 개선으로 이어져 생산준비시간의 절감, 린

[그림 8-4]
린생산제의
기대효과

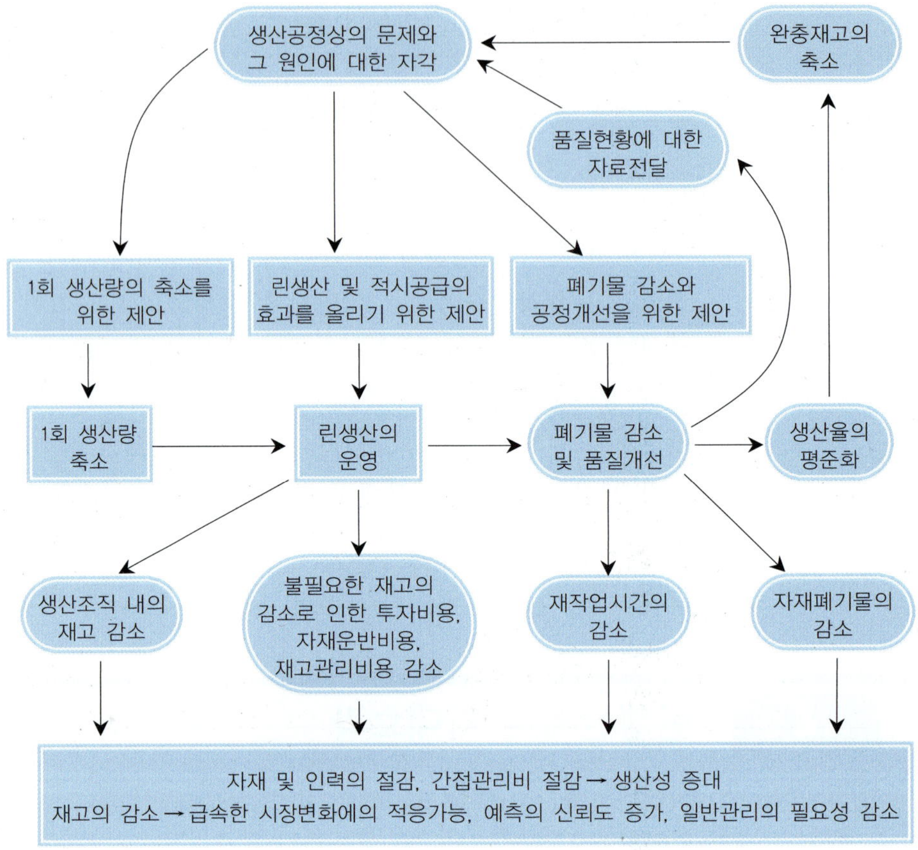

생산의 효율성 향상 그리고 폐기물 감소 및 공정개선을 위한 각종 제안을 자발적으로 유도하게 한다.

린생산의 지속적인 운영은 생산조직 내의 재고의 감소, 불필요한 자재운반 및 재고관리에 따르는 비용의 절감 등을 가능하게 하며 폐기물 감소 및 품질향상은 재작업시간의 감소와 자재의 절감으로 이어져 결과적으로 리드타임의 단축과 원가절감을 가능하게 한다.

쉬어가기

도요타 방식(린경영)이 전자상거래를 만났을 때 : 어느 현장직원의 이야기

내가 아마존에서 일하기 시작한 것은 2007년이었다. 당시 아마존에는 이미 린경영(lean management) 정신이 있었다. 제프 베조스는 아마존을 설립한 첫날부터 전적으로 고객 중심적인 정책을 펼쳤다. 베조스는 고객들이 불필요한 것에 돈을 지불하지 않는다는 사실을 잘 알고 있었다. 불필요한 것을 없애는 데 초점을 맞춘 것이 린의 근본적인 개념이다. 아마존의 IT는 항상 고객이 무엇을 원하는지 이해하고 올바른 신호를 전달하는 일을 훌륭하게 해냈다. 예컨대 소포 운용 방법을 정할 때에는 고객에게 약속한 배송날짜를 가장 중요하게 여겼다. 제시간에 도착할 가능성이 똑같을 때에만 저렴한 운송방안을 함께 고려한다. 이것이 기본적으로 린 원칙이다.

설립 초기, 기술 기업인 아마존은 기술이 있으면 대부분의 문제를 해결할 수 있다고 믿었다. 그런 탓에 지속적으로 혁신을 추구하는 과정에 일선직원들을 체계적으로 참여시키지 않았다. 일선직원들을 지속적인 개선에 적극 참여시키는 것 역시 린경영의 일부다. 아마존에서는 주문처리센터와 고객서비스센터에서 일하는 직원의 숫자가 컴퓨터 엔지니어의 숫자보다 많다. 성공적으로 린경영을 실행하기 위해서는 일선직원들의 참여가 필요하다. 주문처리센터와 고객서비스센터에서 일하는 직원들이 소포를 받고, 적재하고, 가려내고, 포장하고, 발송하는 일을 직접 처리하고, 전화나 채팅, e메일을 통해 실제로 고객을 응대하는 사람들이기 때문이다.

초창기에는 주문처리센터에서 이뤄지는 거의 모든 활동을 자동화하려 했다. 서적을 처리하는 데에는 자동화가 도움이 됐다. 하지만 취급 물품을 확대하는 과정에서 새롭게 등장한 신발 등의 제품을 처리하는 데에는 자동화가 도움이 되지 않았다. 자동화 기기에는 신발을 한데 모아 포장라인을 향해 가볍게 튕겨주는 지점이 있었다. 하지만 신발 상자가 이 지점에 도착하면 신발들이 상자 밖으로 튕겨져 나갔다. 결국 아마존이 자동화 창고에서 처리할 수 있는 물건의 종류는 제한적이었다.

아마존이 서적만을 취급하는 온라인 서점에서 온갖 물건을 취급하는 매장으로 변신한 만큼 '오토노메이션(autonomation, 부가가치가 크고 복잡한 일은 인간이 처리하고 이런 일을 지원하는 일은 기계가 담당하는 방식)'이라는 린 원식을 따라 자동화를 재창조해야만 했다. 인간은 매우 창의적이며 융통성이 뛰어나다. 물론 문제점도 있다. 이따금씩 피로를 느끼거나 화를 내고 실수를 저지른다. '6시그마(6Sigma)'의 관점에서 보면 모든 인간은 약 3시그마 수준이다. 이는 곧 인간이 약 93% 정도의 정확성으로 업무를 수행하며 불량을 낼 가능성이 7%라는 뜻이다. 오토노메이션은 프로세스 내의 여러 단계 중 기본적이고 반복적이며 가치가 낮은 단계만 자동화해 결함이 없고 안전한 방식으로 업무를 수행할 수 있도록 도와준다. 오토노메이션으로 인해 인간과 기계의 장점을 더한 업무방식이 탄생했다. 프로세스를 3시그마 수준에서 6시그마 수준으로 높여주는 기계가 매우 융통성 있는 인간을 도와주는 방식이기 때문이다.

린경영방식의 또 다른 특징은 '표준업무'다. 아마존을 비롯한 많은 기업에서 공통적으로 등장하는 문제는 직원들에게 할당되는 과제가 매우 모호하다는 것이다. 자신에게 주어진 과제를 이해하는 것은 결국 직원 개개인의 몫이다. 직원들의 성과를 개선할 방안을 고민하기 시작한 아마존은 직원들에게 할당된 과제를 하나하나 자세히 살펴봐야만 했다. 그러자 실제로 이루어지는 일이 글로 명시된 과제와는 완전히 다를 뿐 아니라 비정상적인 요인들로 가득하다는 사실을 곧 깨달을 수 있었다. 이런 깨달음을 토대로 우리는 명확한 표준 프로세스를 확립하고 모든 비정상 요인을 추적했다.

나는 주문처리센터 적재라인에서 일하면서 이런 상황을 직접 목격했다. 적재라인에서 근무하는 모든 직원들은 제품과 스캐너가 실린 손수레를 끌고 다닌다. 직원들은 선반에 제품을 쌓아 올리는 동시에 각 제품의 위치를 컴퓨터에 입력할 수 있도록 각 제품과 해당제품이 적재된 선반번호를 스캔한다. 표준업무-생산성 목표에 의하면 손수레 하나를 20분 내에 처리해야 한다. 하지만 직접 제품을 스캔하기 시작했던 나는 경우에 따라 스캐너가 제대로 인식하기까지 네 번이나 스캔을 해야 할 때도 있다는 사실을 깨달았다. 그런 탓에 손수레 하나를 처리하는 데 20분이 아니라 45분이 걸렸다. 내 자신이 무능하게 느껴졌다. 나는 목표를 달성할 수 없었다. 하지만 그런 일이 벌어진 것은 이상요인, 즉 스캐너의 부실한 성능 때문이었다. 나중에서야 배터리가 충분히 충전돼 있지 않은 탓에 그런 일이 벌어졌다는 사실을 알게 됐다. 하루 일과가 끝난 후 직원들이 보고한 모든 이상요인을 분석했다. 내가 직접 경험한 스캐너 문제의 근본 원인도 분석했다. 스캐너 배터리 수명이 닳기 전까지 몇 회나 스캔을 할 수 있는가? 스캐너 배터리를 확인하고 재충전할 수 있는 프로세스가 있는가? 현장 관리자들은 이 중 어떤 정보도 갖고 있지 않았다. 그런 탓에 스캐너의 배터리 충전이 끝나갈 때마다 몇 시간씩 생산성이 떨어지곤 했다. 근본 원인 분석을 통해 우리는 스캐너를 충전하고 관찰하기 위한 프로세스를 마련했다. 이제 스캐너 배터리가 부족해서 생산성 목표를 달성하지 못하는 일은 없을 것이다.

○ 주문처리센터의 카이젠

카이젠[2)]과 지속적인 개선을 위한 전반적인 프로세스는 아마존의 강력한 도구였다. 물론 지금도 그렇다. 오래전부터 모든 고위급 경영진에게 1년에 하루 이상 고객서비스부문에서 실습할 것을 요구하는 제프 베조스의 정책도 이런 문화에 영향을 미쳤다. 현장 실습 경험은 경영자들이 실제 현장에서 어떤 일이 벌어지는지 확인하고, 어떤 문제가 발생하는지 이해하며, 해결책 탐색에 동참하는 데 도움이 됐다.

카이젠은 매우 단순하다. 하지만 카이젠이 누적되면 엄청난 차이가 생긴다. 베조스와 내가 함께 현장에서 실습을 했던 어느 날, 베조스는 리시빙 라인에서 일을 하게 됐다. 리시빙 라인은 주문 프로

2) 카이젠은 '개선(改善)'이라는 한자의 일본식 표현이다. 제조업 부문에서 쓰이는 카이젠이란 현장 작업자들이 중심이 되어 수행하는 소위 아래로부터(bottom-up) 시작되는 활동이다. 이 활동은 생산설비의 개조나 공구의 개량 등 업무효율 향상과 안전 확보, 불량 방지 등 다양한 생산현장에서 전개된다.

세스와 배송 프로세스에서 나오는 불량품들이 도착하는 곳이다. 여기서는 이런 모든 문제들을 처리해야 한다. 일부 판매자들은 일을 제대로 처리하지 않았다. 제대로 라벨을 붙이지 않거나 꼼꼼하게 포장을 하지 않은 채 제품을 발송하기도 했다. 베조스는 샴푸가 들어 있는 상자를 열었다. 샴푸 병이 모두 깨져 있었다. 샴푸가 베조스에게 쏟아져 내렸고 그는 다칠 뻔했다. 병이 깨진 샴푸를 사려는 고객은 없다. 게다가 허술하게 포장된 상자는 여는 사람의 건강을 위태롭게 할 수도 있다. 그래서 우리는 아마존의 주문처리서비스를 이용하는 판매자들에게 '삼진아웃' 포장 프로세스를 적용하기로 결정했다. 삼진아웃 프로세스란 맨 처음 문제가 발생하면 판매자에게 포장규칙을 설명하고, 두 번째로 문제가 발생하면 판매자에게 경고를 하며, 세 번째로 문제가 발생하면 더 이상 아마존과 거래할 수 없도록 관계를 끊는 방식이다. 나는 삼진아웃 포장 프로세스가 가장 인상적인 카이젠 중 하나라고 생각한다.

제품 적재 업무와 관련된 새로운 생산성 목표에 도달하기 위해 워크스테이션 사원에서도 카이젠을 활용했다. 아마존의 목표는 언제나 일정한 숫자의 일선직원들을 동원해 일정한 시간 내에 제품을 적재하는 것이었다. 적재 업무가 주문처리센터에서 발생하는 비용의 약 20%를 차지하기 때문이다.

하지만 손수레의 생산성을 예측하기가 매우 힘들었다. 조그마한 책 한 권을 적재할 때에는 컴퓨터 모니터를 적재할 때만큼 많은 시간이 걸리지 않았다. 문제해결을 위해 우리는 현장에서 각기 다른 제품을 적재할 때 얼마의 시간이 걸리는지 기록했다. 그런 다음 세 종류의 손수레를 사용하기로 결정했다. 각 유형의 손수레에 어떤 제품을 실을지 결정하고 제품을 적재하는 데 어느 정도의 시간이 필요할지 결정했다. 그런 다음 아이디어를 검증하고 프로세스를 변경했다. 적재시간 감소를 통해 표준업무를 개선하기 위해 카이젠을 활용했다. 상의하달 방식으로 전달된 생산성 목표를 달성하기 위해 현장에서 하의상달 방식으로 문제를 해결했던 것이다. 아마존의 카이젠 팀은 현장직원, 엔지니어, 몇 명의 경영자(미리 아이디어를 생각해 두지는 않고 질문만 던진다)로 구성된다. 이들을 한데 모아 놓고 이렇게 이야기한다. "여기 문제가 있습니다. 우리는 이 문제를 개선해야 합니다." 그런 다음 개선에 대한 기대치를 높인다. 카이젠 팀을 평가할 때에는 장기적으로 아마존에 의미 있을 만한 결과를 토대로 판단해야 한다. 사람들에게 두뇌와 상상력을 활용해 문제를 해결할 것을 촉구해야 한다.

○ 안돈코드

아마존에서 일을 하기 시작한 직후, 나는 고객서비스부문에서 안돈코드를 실행하는 방안을 제안했다. 안돈코드란 현장작업자들이 불량품이나 문제점을 발견했을 때 작업라인을 정지시킬 수 있는 일종의 도구이다. 안돈코드가 작동되면 문제가 해결될 때까지 라인이 일시적으로 중단된다.

아마존으로부터 제품을 배송받은 고객이 제품에 문제가 있다는 사실을 알리기 위해 아마존의 서비스 직원에게 전화를 걸면 이 프로세스가 가동된다. 고객이 지적한 문제가 반복적인 결함이라면 해당 고객서비스 직원이 라인을 정지시킬 수 있다. 다시 말해서 결함이 해결될 때까지 웹사이트에서 해당제품을 취급하지 못하도록 서비스를 중단시킬 수 있는 권한을 고객서비스 직원에게 부여하는 것이다. 서비스 직원에게 이런 권한을 부여하는 이유는 결함을 해결한 후 라인을 재가동하기 위해서다. 우리는 이런 결함을 찾아내고, 추적하며, 해결하기 위한 배경 프로세스를 개발했다.

안돈코드는 놀라운 결과를 낳았다. 연간 수만 개의 문제점을 해결할 정도로 뛰어난 성적을 자랑한다. 안돈코드에 숨어 있는 또 다른 놀라운 특징은 고객서비스 직원들에게 권한을 부여했다는 것이다. 고객서비스 직원들에게는 대개 수화기 너머에서 분노를 표출하는 고객을 도울 수 있는 실질적인 권한이 주어지지 않는다. 고객서비스 직원들에게 라인을 정지할 수 있는 권한을 부여한다는 것은 곧 이들을 신뢰한다는 엄청난 증거다. 안돈코드가 도입되자 아마존의 서비스 직원들은 고객들에게 문제가 해결될 때까지 연구실에서 결함을 해결하기 위한 방안을 모색할 것이라고 이야기할 수 있게 됐다. 그와 동시에 서비스 직원들은 고객들에게 새로운 제품을 제시하거나 환불을 해준다. 고객들은 아마존 웹사이트에서 품질 문제로 인해 관리중인 제품 목록을 실시간으로 확인할 수 있다. 안돈코드는 아마존의 일선직원들에게 믿기 힘들 정도로 강력한 에너지를 불어넣었으며 고객을 위해 좀더 훌륭한 일을 해내도록 동기를 부여했다.

일선직원들의 판단은 거의 항상 옳다. 일선직원들이 안돈코드를 당겼을 때 실제로 해결을 필요로 하는 문제가 발견된 경우가 98%였다. 훌륭한 프로세스를 도입하면 일선직원들이 해당 프로세스를 훌륭하게 활용할 수 있다고 신뢰해도 좋다는 증거다. (동아비즈니스리뷰, 149호, 2014.3)

연습문제

CHAPTER 8

선택형 문제

1. 다음 중 푸시(push)시스템에 해당하는 것은?

① 자재소요계획 ② 정기실사제
③ 계속실사제 ④ 적시생산제

2. 다음 중 린생산제 도입의 전제조건에 해당한다고 보기 힘든 것은?

① 생산준비시간의 절감 ② 다양한 품목의 개발
③ 안정된 생산스케줄 ④ 조달기간의 단축

3. 다음 중 작업장 정비(workplace organization)에 대한 설명으로 바르게 된 것은?

ㄱ. 린생산제 도입을 위한 첫 단계에 해당하며 문제가 발생한 곳에서 신속하게 해결책을 강구하고자 노력한다는 데에 의의가 있다.
ㄴ. 일반적으로 5S 운동이라 불리는 다섯 단계를 거쳐 진행된다.
ㄷ. 생산준비시간 절감을 통한 리드타임 단축에 상당한 기여를 한다.

---

① ㄱ, ㄴ ② ㄴ, ㄷ
③ ㄱ, ㄷ ④ ㄱ, ㄴ, ㄷ

4. 린생산제가 추구하는 제조부문의 기본원리에 어긋나는 것은?

① 현장작업자들이야말로 전문가이고 지원부서는 이들을 돕기 위해 있다.
② 실수는 개선의 보고이다. 즉 실수와 오류의 분석을 통하지 않고서는 개선이 불가능하다.
③ 재고는 고객서비스 수준을 높이는 데 기여하므로 로트의 크기는 클수록 좋다.
④ 제조조직 내의 정보와 자재흐름이 빨라지면 신축성은 자연스럽게 증대된다.

5. 오늘날의 자동화기기도 스스로 문제점을 발견하여 고치지는 않는다. 따라서 불량, 공구의 파손, 부품부족과 같은 비정상적인 현상이 발생했을 때 스스로 가동을 멈추고 작업자의 도움을 청하기 위한 신호를 보낼 수 있도록 피드백시스템을 갖출 수 있다면 품질과 생산성 면에서 현격한 향상을 기대할 수 있다. 이런 장치를 무엇이라 하는가?

① 유연형 자동화 장치 ② foolproof장치
③ 자동흐름라인 ④ 유연생산시스템

6. 다음 중 생산준비시간을 절감하기 위한 방법이 아닌 것은?

① 여러 제품에 공통적으로 사용될 수 있는 공용 부품의 확대
② 외부적 set-up을 내부적 set-up으로 전환
③ 최종 완제품 품목수의 축소
④ 표준화된 도구(tool) 사용

7. 제조공정에서의 리드타임이란 생산을 의뢰받은 뒤 제품생산을 완료할 때까지 소요되는 시간을 의미한다. 다음 중 리드타임을 구성하는 요소인 것은?

ㄱ. 작업장에서의 가공시간
ㄴ. 한 작업장에서 다른 작업장으로 재공품을 운반하는 데 소요되는 운반시간
ㄷ. 작업장에서의 대기시간

① ㄱ, ㄴ ② ㄴ, ㄷ
③ ㄱ, ㄷ ④ ㄱ, ㄴ, ㄷ

8. 다음 중 리드타임에 관한 설명이 잘못된 것은?

① 리드타임이 증가하게 되면 이에 맞추어 주문도 필요 이상으로 빨리 의뢰하게 될 것이고, 이는 다시 재공품재고와 공정 내에서의 대기 및 이동 시간을 증가시켜 결국 리드타임이 더욱 길어지는 악순환을 되풀이하게 된다.
② 리드타임의 증가는 결국 재공품재고의 증가를 의미하게 되므로 재공품재고가 급증하는 원인을 분석하여 이를 시정하면 리드타임도 단축할 수 있다.
③ 리드타임의 증가는 병목공정이나 자재, 부품의 부족 등에 기인한다고 볼 수 있다.
④ 생산준비시간이 길어질수록 완제품재고수준이 높아지게 되어 리드타임은 짧아진다.

9. 다음 중 U자형 셀의 장점으로 볼 수 있는 것은?

ㄱ. 불량이 생기더라도 손쉽게 되돌려 재작업을 할 수 있다.
ㄴ. 자재소요량을 최소화할 수 있다.
ㄷ. 한 명이 셀 내의 여러 기계를 동시에 관리할 수 있다.

---

① ㄱ, ㄴ ② ㄴ, ㄷ
③ ㄱ, ㄷ ④ ㄱ, ㄴ, ㄷ

10. 다음 중 작업현장에서 로트의 크기를 줄일 때 기대할 수 있는 효과에 해당하지 않는 것은?

① 짧은 시간 내에 모두 소진되므로 불량품이 섞여 있더라도 신속히 색출된다.
② 재고를 보관할 공간이 줄어들어 작업장과 작업장 간의 간격이 줄어든다.
③ 병목공정 발생, 자재·부품의 부족 등의 부작용을 미연에 방지할 수 있다.
④ 새로운 주문이나 긴급한 주문이 들어오더라도 신속히 처리할 수 있다.

11. 다음 중 린생산을 위해 다능공제를 도입하고 있는 이유로 보기 힘든 것은?

① 셀 생산라인이 컨베이어방식을 급속히 대체하고 있기 때문이다.
② 고정형 자동화 도입의 확산으로 작업자들의 업무가 지나치게 단순화되어 이를 극복하기 위한 대안이다.
③ 고임금 구조하에서 인건비 비중을 낮추기 위해서는 한 사람이 두 명 이상의 몫을 하도록 하는 게 필요하다.
④ 한 사람이 여러 작업을 할 경우 공정수가 줄어들어 작업의 효율성을 크게 높일 수 있으며 공정수가 줄어들면서 생긴 여유공간에 라인을 추가로 설치할 수 있는 이점도 있다.

12. 한국주물의 생산설비는 세 개의 작업장으로 구성되어 있다. 한 번에 200개씩 가공한 후 다음 품목을 가공할 준비를 하지만, 가공중이더라도 50개만 마무리되면 컨테이너에 담아 다음 작업장으로 옮긴다. 이 경우 가공로트와 이동로트는 각각 몇 개인가?

① 가공로트=50, 이동로트=200
② 가공로트=200, 이동로트=50
③ 가공로트=200, 이동로트=200
④ 가공로트=50, 이동로트=50

13. 다음 중 린생산의 지속적인 운영을 통해 기대할 수 있는 효과가 아닌 것은?

① 생산조직 내의 재고의 감소
② 연구개발비의 절감
③ 재작업시간의 감소와 품질향상
④ 불필요한 자재운반 및 재고관리에 따르는 비용의 절감

CHAPTER

9 품질경영

품질은 원가, 유연성, 납기준수 등과 함께 수많은 최고경영자가 가장 중요시 여기는 기업경영의 전략적 요소 중 하나이다. 그러나 이처럼 품질의 중요성이 강조되고 효율적인 품질관리를 위한 많은 기법들이 개발되었음에도 불구하고 품질개선이 손쉽게 이루어지지 않는 이유는 무엇보다도 품질의 개념이 제대로 정립되어 있지 않기 때문이다. 본장에서는 품질과 품질경영의 개념을 간략히 살펴본 뒤 현대적 의미의 종합적 품질경영의 원리에 대해 알아보고자 한다.

제 1 절 품질과 품질경영의 의의
제 2 절 품질비용
제 3 절 품질개선을 위한 7가지 문제해결기법
제 4 설 통합적 경영혁신도구로서의 식스시그마 경영
제 5 절 서비스 품질의 경영

제 1 절 품질과 품질경영의 의의

1 품질의 정의

품질은 수많은 최고경영자가 가장 중요시 여기는 기업경영의 전략적 요소 중 하나이다. 그러나 품질경영을 위해 많은 기법들이 개발되었고 이처럼 품질의 중요성이 강조됨에도 불구하고 효율적인 품질개선이 손쉽게 이루어지지 않는 이유는 무엇보다도 품질의 개념이 제대로 정립되어 있지 않기 때문이다. 기업경영자의 입장에서 보면 품질이란 단순히 제조규격 또는 설계규격에 일치하는 정도라 생각하는 경향이 있으며, 소비자의 경우 디자인이나 기능이 우수하면서도 가격이 저렴한 제품을 좋은 품질의 제품으로 간주한다.

즉, 소비자가 인식하는 품질은 매우 주관적이지만 제품을 공급하는 생산자 입장에서의 품질은 곧 제품의 스펙으로 이어지므로 명확한 품질의 정의가 필요하다. 품질의 정의는 쥬란(J.M. Juran)의 것을 대표적인 것으로 들 수 있는데, 쥬란은 품질을 "용도에 대한 적합성(fitness for use)"으로 정의함으로써 규격에의 일치여부와 소비자 만족도수준의 두 측면을 모두 포괄하고 있다.[1] 이 정의에서 "용도"란 최종적으로 소비자가 결정하게 되는 것으로 소비자의 필요성, 요구, 기호 등을 기초로 하여 설정되는 성능, 기능, 신뢰도, 가격, 등급 등을 의미하며, "적합도"는 이 용도를 제품의 기술적 특성으로 구체적으로 표시해냈을 때의 일치여부를 나타낸다.

쥬란의 이 정의는 설계상의 품질과 제조공정상의 품질을 모두 포함하는 개념이라 할 수 있다. 설계상의 품질이란 단순히 등급의 의미뿐만 아니라 소비자의 만족을 이끌어내기 위한 설계상의 각종 요소들의 품질특성(즉 내구성, 신뢰성, 수리의 용이, 가격)을 포함한다. 다시 말해 불량의 원인이 제거된 완벽한 제품이라 하더라도 소비자가 요구하지 않는 제품은 시장가치가 없기 때문에 이와 같은 다양한 품질특성을 고려하지 않을 수 없다. 예를 들어 일본 자

---

1) Gryna, F.M., *Quality Planning and Analysis: From Product Development through Use*, 4th ed., New York: McGraw-Hill, 2001.

동차의 품질이 우수한 것은 비단 제조공정상의 우수성뿐만 아니라 내구성 및 높은 중고차 가격 때문이기도 하다.

1980년대 미국 산업의 품질경영 붐을 일으킨 데밍(W.E. Deming)도 품질의 구성요소를 설계품질, 적합품질, 판매 및 서비스 기능의 품질 등으로 정의함으로써 쥬란과 유사한 정의를 제시한 바 있다.

- 설계품질 : 제품의 설계단계에서 결정되는 품질특성으로, 소비자의 요구와 기호, 소비자에게 부담시킬 가격, 그리고 생산시스템의 기술수준 등을 감안하여 결정된다. 설계품질을 결정한다는 것은 곧 제품의 기본적인 골격을 구체화하는 것으로 제품의 기술적인 특성, 기능, 수명, 성능, 신뢰도 등이 이 과정에서 고려된다. 설계품질의 개선은 제조비용의 상승을 초래할 수 있으나 경쟁제품보다 높은 가격을 유시할 수 있음으로 인해 결과적으로는 기업에 이익을 가져다줄 수 있다. 또한 제품의 등급은 그대로 유지하지만 제조과정의 단순화를 위한 설계개선은 전체적인 비용절감을 가능하게 해 준다.
- 적합품질 : 설계규격이나 품질규격에 일치하는 정도를 나타내는 것으로, 통상적인 통계적 품질관리의 주관심사이다. 설계품질이 제대로 결정되어 있다 하더라도 제조공정의 제반여건이 이를 뒷받침하지 못한다면 생산되어 나오는 제품의 품질은 설계과정에서 결정한 품질특성에 미치지 못하게 된다. 적합품질은 생산공정의 기술적 능력, 작업자의 품질에 대한 태도, 설비의 보수·점검, 품질검사 시스템의 운영상태 등 여러 가지 요소에 의해 영향을 받게 되며 설계품질과 함께 다음에 언급할 사용품질의 수준을 결정짓는 품질개념이다. 그러나 적합품질이 완전하다 하여 반드시 성공적인 제품은 아니다. 소비자에게 인식되는 품질수준은 아무리 노력해 보았자 설계상의 품질을 뛰어넘을 수는 없기 때문이다. 적합품질이 우수하다 해도 디자인이나 기능상의 저급함을 극복할 수는 없다.
- 판매 및 서비스 기능의 품질 : 이 품질은 소비자가 제품을 얼마나 손쉽게 구입할 수 있으며, 구입 후 애프터서비스를 어디서 어떻게 받을 수 있는가 등의 문제뿐만 아니라 실제 사용과정에서의 만족도까지를 포함한다. 신속한 애프터서비스는 경쟁력 제고에 큰 기여를 하겠지만 제

품의 기대수명 동안은 아예 애프터서비스를 받으러 갈 필요가 없는 제품을 공급하는 것이 소비자에게는 훨씬 좋다.

이처럼 품질경영이 설계품질, 적합품질, 그리고 판매 및 서비스 기능의 품질을 대상으로 한다는 것이 이해된다면 품질경영이 어떠한 방향으로 수행되어 나가야 하는가는 손쉽게 알 수 있다. 설계품질을 향상시키기 위해서는 신제품의 기획, 설계, 시작 및 테스트로부터 부품의 외주, 구매, 생산준비, 양산설계 등에 이르기까지 각 단계별로 철저한 분석 및 평가가 이루어져야 할 것이며 적합품질의 개선은 생산기술의 개선, 설비의 보수 · 유지, 원자재 및 부품의 품질검사, 공정의 통제 등이 효율적으로 이루어져야 가능할 것이다. 판매 및 애프터서비스 부서는 소비자가 불만스러워하는 제품의 특성, 전반적인 만족도, 경쟁제품과의 품질비교 등에 관한 자료를 수집 · 분석한 결과를 설계 및 생산 부서와 함께 협의함으로써 품질개선의 방향을 모색해야 한다.

다시 말해 설계품질의 향상은 비단 설계부서뿐만 아니라 생산, 구매, 판매 부서 등과의 긴밀한 협조하에서나 가능하며 적합품질 역시 설계 및 기술 그리고 판매 및 서비스 부서의 도움 없이는 지속적인 개선이 어려워진다. 이렇게 볼 때 품질개선은 단지 품질관리 담당부서의 책임일 수만은 없다. 참고로 설계품질, 적합품질, 판매 및 서비스 기능 품질의 상호보완적인 기능을 도시하면 [그림 9-1]과 같다. 이 그림에서 품질계획이란 신제품 개발, 새로운 공정의 개발 등 앞으로의 품질개선활동을 최소의 노력으로 영위하기 위한 과정을 의미한다.

[그림 9-1]
품질의 세 가지 측면과 상호관계

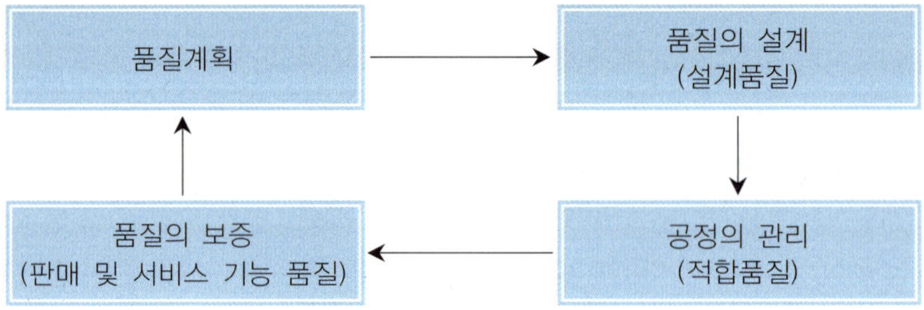

2 품질의 진부화와 카노 모형

카노(Kano) 품질모형은 일본의 품질경영학자 카노 노리아키가 1984년 제시한 이론으로, 동기(motivation)이론 중의 하나인 허즈버그(Herzberg)의 동기-위생이론과 흡사하다. 동기-위생이론을 2요인이론(two factor theory)이라고도 부르는데, 조직구성원이 직무를 수행하면서 만족 혹은 불만족을 느끼는 것은 서로 다른 차원의 요인이 작용하고 있기 때문이라고 한다. 허즈버그는 직무에 만족을 주는 요인을 동기요인(motivators), 불만을 주는 요인을 위생요인(hygiene factors)이라 하였는데, 동기요인이 충족되면 종업원들은 만족하게 되지만 동기요인이 충족되지 못하면 만족이 없어지게 된다. 반면, 위생요인이 충족되면 종업원들은 불만족이 없어지지만, 위생요인이 충족되지 못하면 불만족이 생기게 된다. 즉, 동기요인과 위생요인을 하나의 일직선상의 양 끝으로 보는 것이 아니라 서로 다른 직선상에서 상대적 개념으로 인간의 욕구를 파악하였다.

카노의 품질모형도 이와 유사한데, 카노는 품질의 속성을 매력적 품질, 일원적 품질, 당연적 품질, 무관심 품질, 역품질로 구분한 바 있다.[2)]

- 매력적 품질요소(attractive quality element) : 고객이 미처 기대하지 못했거나 또는 기대수준을 넘어서는 품질요소로서 충족되면 상당한 만족을 제공하지만, 충족되지 않더라도 불만족과는 무관한 품질요소를 말한다. 매력적 품질요소는 유사한 서비스나 상품과의 차별성을 제공하고 고객감동의 원천이 될 수 있다. 다만 시간이 흘러감에 따라 매력적 품질요소는 소비자의 기대수준 상승과 함께 다음에 설명한 일원적 품질이나 당연적 품질요소로 그 위치가 떨어질 수도 있다. 예를 들어 모바일 폰의 고급 카메라 기능은 10여년 전만 해도 매력적인 품질요소였겠지만, 고객에 따라서는 당연히 갖추고 있어야 하는 당연적 품질요소에 해당될 수도 있다.
- 일원적 품질요소(one-dimensional quality element) : 충족되면 만족하고 충

2) Berger, C. 외, "Kano's Methods for Understanding Customer-defined Quality," *Center for Quality Management Journal*, Vol. 4, 1993, pp.3~36.

[그림 9-2]
카노의 품질모형

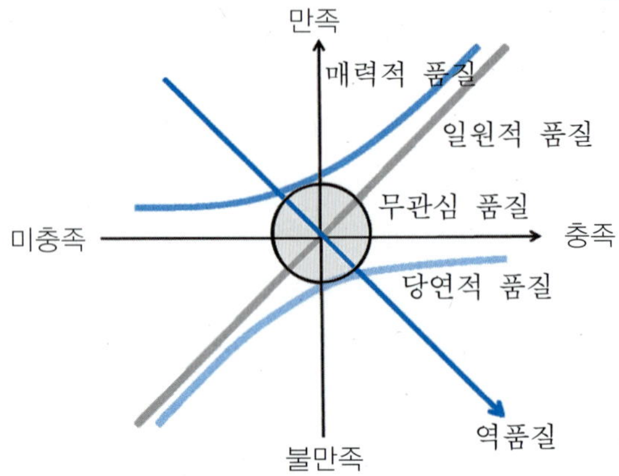

족되지 않으면 고객들의 불만을 일으키는 품질요소로서 가장 일반적인 품질속성을 의미한다. 예를 들어 자동차의 연비는 높을수록 고객이 만족하며, 낮을수록 불만을 낳게 하는 품질요소이다. 콜센터의 대기시간, 직원의 친절도나 전문성 등도 일원적 품질요소에 해당할 것이다. 일원적 품질요소는 매력적 품질요소와 마찬가지로 소비자의 요구수준이 높아지게 되면 당연적 품질요소로 변할 수도 있다.

- 당연적 품질요소(must-be quality element) : 반드시 있어야만 만족하는 품질요소이기 때문에 충족되어도 별다른 만족감을 주지 못하지만, 충족되지 않으면 불만을 일으키는 품질요소이다. 예를 들어 카메라의 자동초점 기능이나 자동차의 자동 미션은 일반인에게는 당연적 품질요소로 받아들여지고 있다.
- 무관심 품질요소(indifferent quality element) : 충족되건 충족되지 않건 간에 만족여부에 별다른 영향을 미치지 않는 품질요소를 의미한다. 예를 들어 기업 웹사이트 외에 추가로 제공하는 블로그나 웹사이트의 FAQ 기능 등은 대개 무관심한 품질요소로 볼 수 있다.
- 역품질요소(reverse quality element) : 충족되면 불만족을 일으키고 충족되지 못하면 만족되는 품질요소를 말한다. 서비스 공급자가 충족시키려는 노력을 기울이지만 결과적으로 사용자는 불만족스럽다고 평가하는 품질요소도 있을 수 있기 때문에 역품질이라는 용어를 사용한다. 예를 들어 인터넷뱅킹을 이용하는 경우, 경우에 따라 온갖 보안프로그

램을 다운받아 설치해야 한다. 보안 관련 품질은 충족되었겠지만 고객 입장에서는 짜증나기 쉽다.

카노의 품질모형은 다양한 고객니즈의 우선순위를 정하는 데 도움을 준다. 고객대상 조사를 통해 정리된 요구사항을 중요도별로 분류하고, 서로 상충되는 요구가 발생하는 경우 어느 품질속성에 해당하느냐에 따라 반영여부를 정할 수도 있다. 또한 시간이 흘러감에 따라 중요한 품질속성도 진부화될 수 있다는 점을 깨우치는 데에도 도움을 준다.

3 품질경영의 발전추이

품질관리의 중요성이 부각되기 시작한 것은 20세기 중반 이후 전반적인 산업구조가 양산체제를 갖추기 시작한 직후라 할 수 있다. 그 이전에는 생산자 자신이 직접 품질을 책임지며 생산량 자체도 그다지 많지 않았기 때문에 체계적인 품질관리기법의 필요성을 그다지 느끼지 못했다.

제2차 세계대전의 발발과 함께 생산시스템은 더욱 복잡해지고 한 사람의 직장이 많은 작업자들을 지휘 · 통제하게 됨에 따라 직장에 의한 품질관리가 거의 불가능해지게 되었으며 이에 따라 검사 중심의 품질관리가 탄생했다. 그 뒤 1924년 슈하트(W. Shewhart)가 관리도를 개발하고, 1929년에는 벨 연구소의 닷지(H.F. Dodge)와 로우믹(H.G. Romig)이 샘플링검사이론을 발표함으로써 통계적 품질관리의 기반이 제시되었다. 이후 파이겐바움(A.V. Feigenbaum), 데밍(W.E. Deming)과 쥬란(J.M. Juran) 등을 중심으로 종합적 · 전사적 품질관리의 중요성이 제기되었다. 1980년대 후반에 접어들면서 종합적 품질관리는 전략적인 경영활동의 일환으로 간주되면서 종합적 품질경영의 개념이 등장하기 시작하였다. 또한 모토로라나 GE 등과 같은 세계적인 기업들이 식스시그마 품질경영운동을 통해 경영혁신을 도모하면서 품질경영의 폭이 더욱 넓어지게 되었다.

우리나라에서는 한국표준협회가 중심이 되어 품질경영이 크게 확산되기 시작했는데, 협회 산하의 국가품질망 사이트에서는 품질경영을 "품질을 통한 경쟁력 우위확보에 중점을 두고, 고객만족 · 종업원존중 · 사회적 공헌을 중시하여 최고경영자의 방침에 의거 전 종업원이 체계적인 개선활동을 전개함으로써 기업의 장기적 성공을 추구하는 경영방식"으로 정의하고 있다.[3] 품질은 이제 조직구성원 모두가 관심을 가지고 적극적인 노력을 기울여야 하는 전략적 목표 중의 하나로서, 모두가 참여하는 종합적 경영활동으로 인식되고 있다.

종합적 품질경영, 즉 TQM(total quality management)은 "최고경영자의 열의와 리더십을 기반으로 끊임없는 교육훈련과 참여의식에 의해 능력이 개발된 조직구성원이 합리적 · 과학적 관리방식을 활용하여 조직 내의 모든 절차를 표준화하고 지속적으로 개선하는 과정에서 종업원의 욕구를 충족시키고 이를 바탕으로 고객만족과 조직의 장기적 성장을 추구하는 경영시스템"이라고 정의할 수 있다. 따라서 TQM은 단순한 제도나 기법을 도입하고 적용하는 방식이 아니라 전 구성원의 가치와 신념의 변화를 전제로 하고 이를 통하여 업무를 수행하는 태도와 행동을 변화시켜 기업문화의 창달을 이룩하는 것이다.[4]

이와 같이 정의할 수 있는 TQM은 소비자의 니즈에서 시작하여 소비자만족의 극대화로 끝나며 다음과 같은 기본 운영원리를 토대로 한다.

- 소비자로부터 시작한다. 품질은 고객의 기대(expectation)로부터 결정된다. 그러므로 고객의 기대를 제대로 인식하고 이를 구체적으로 제품의 설계와 제조 과정에 반영하는 것이 바로 TQM의 첫 단계이다. 품질기능전개나 컨커런트 엔지니어링 등과 같이 고객의 목소리를 제대로 그리고 신속히 파악하고 분석하는 데 효과적인 도구들을 적극 활용해야 한다.
- 품질을 측정하고 자료를 정리한다. 품질개선을 아무리 외쳐보았자 불량품이 줄어들지는 않는다. 불량품을 줄이고 고객만족을 높이기 위해서는 무엇보다도 어디에서, 왜, 얼마나 많은 불량품이 생기며 그 원인이 무엇인가를 제대로 조사해야 한다. 시의적절한 자료가 뒷받침되지 않는 품질관리는 오히려 불량품을 증가시킨다. 품질경영의 7가지 기본기법과 품질비용시스템은 이처럼 측정과 평가에 필수적인 원리들이다.

---

3) http://www.q-korea.net/qualitymanage/qualitymanage 참조.

4) Goetsch, David L. and Stanley B. Davis, *Quality Management : Introduction to Total Quality Management for Production, Processing, and Services,* 4th ed., Upper Saddle River, NJ : Prentice Hall, 2002.

- 폭넓은 시각에서 품질을 바라보자. 품질은 설계품질, 적합품질, 판매 및 서비스 품질의 세 가지 측면이 있음을 살펴본 바 있다. 품질경영은 제품과 서비스의 설계까지를 포함하는 통합프로세스로 이해해야 한다.
- 문제가 발생하면 바로 발생근원에서 해결하도록 한다. 개개인의 일이 중요하다는 생각과 아무도 대신 고쳐주거나 해주지 않는다는 사실을 인식시켜야 한다.
- 표준화는 바람직한 처리방법을 유지시키며 같은 문제가 재발하는 것을 막아준다. 표준화가 잘 모르는 많은 사람들을 이끌어가기 위한 엄격한 룰은 아니다. 오히려 품질개선과 낭비제거의 촉진을 위한 기초가 된다.
- 실수를 미연에 방지할 수 있도록 작업과 작업환경을 설계한다. 실수를 하려야 할 수 없도록, 또 이것이 어려우면 실수를 즉시 탐지해낼 수 있도록 고객의 주문접수에서 박스포장까지의 모든 작업을 재설계한다면 품질은 거의 완벽에 가까울 것이다. 즉각적인 피드백은 실수, 문제, 비정상적 현상이 발생했음을 그 발생의 뿌리에 즉시 전달하는 것이다.

제 2 절 품질비용

1 품질비용의 정의

서비스 품질경영으로 유명한 미국의 페덱스는 '1 : 10 : 100'이란 서비스법칙으로 유명하다. 현상에서 불량을 발견하고 이를 즉각 고치는 데에는 1의 비용이 들지만, 책임 소재나 문책 등의 이유로 이를 숨기고 회사 밖으로 내보내는 경우 10만큼의 비용이 들며, 만약 이것이 고객의 손에 들어가 반품이나 서비스 재처리 또는 A/S 등의 손실로 되돌아오면 100의 비용이 든다는 것이다. 품질비용은 이런 개념을 현장에서 계량화하고자 하는 데 도움을 줄 수 있는 도구이다.

품질비용이란 제품의 규격 또는 설계규격이 설정되어 있을 경우 제품을 이 규격에 맞추어 생산하고자 할 때 필요한 예방적인 품질관리비용과 생산된 제품이 설계규격에 미달될 때 발생할 수 있는 비용을 포함하는 개념이다. 우선 품질비용에 포함되는 구체적인 비용항목을 요약해 보면 다음과 같다.[5)]

(1) 실패비용

실패비용이란 생산된 제품의 품질이 설계규격에 미달하거나 소비자의 만족감을 충족시키지 못했을 때 발생하는 비용으로, 제조과정에서 발생하는 비용과 완제품이 소비자에게 인도된 후에 발생하는 비용으로 나누어 볼 수 있다. 전자는 내부적 실패비용(internal failure cost)이라고 하며 후자는 외부적 실패비용(external failure cost)이라 하는데, 우선 내부적 실패비용에 속하는 항목부터 살펴보기로 하자.

1) 내부적 실패비용

- 재작업비용 : 불량품을 수리하거나 고쳐서 사용가능한 정품으로 만드는 데 소요되는 비용을 의미하나 불량의 원인을 제거하기 위해 추가적인 공정을 거칠 때 발생하는 비용도 이에 포함된다.
- 폐기물비용 : 불량품이 발생했으나 이를 경제적으로 수리하거나 사용하기 힘든 경우에 발생하는 비용으로, 제품생산에 투입된 재료비 및 노무비 손실분으로 추정한다.
- 재평가 및 재검사 비용 : 재작업을 통해 수리한 제품을 다시 검사하거나 수리하는 데 드는 비용을 의미한다.
- 설비가동손실비용 : 제품의 불량으로 인해 설비를 사용하지 못하게 되는 경우에 발생하는 비용으로, 예를 들어 인쇄기에 종이가 끼여 이를 제거하기 위해 기계사용을 중단하는 경우 이 같은 유형의 비용이 발생한다.
- 수율(yield)의 감소 : 공정을 제대로 관리했을 때 기대되는 수율보다 낮은 수치의 수율이 나타날 때의 손실을 비용화한 것이다.

---

5) Campanella, Jack, *Principles of Quality Costs : Principles, Implementation and Use*, 3rd ed., Milwaukee, Wis. : ASQ Quality Press, 1999.

2) 외부적 실패비용

앞에서 설명한 바와 같이 외부적 실패비용은 완제품이 소비자에게 인도된 후에 발생하는 비용으로 반품으로 인한 판매손실, 애프터서비스에 소요되는 비용, 품질보증에 따른 제반비용을 들 수 있다.

- 소비자 불평의 처리비용 : 제품이 제대로 만들어지지 않음으로 인해 나타나는 소비자의 불평 · 불만을 들어주고 이를 처리하는 데 소요되는 비용을 의미한다.
- 반품에 따른 처리비용 : 제품의 품질에 만족하지 않은 소비자가 반품한 제품으로 인해 나타나는 손실로 직접적인 이익의 감소와 반품과 관련된 각종 처리비용이 이에 포함된다.
- 보증기간 내의 수리비용 : 품질보증기간 동안에 발생하는 각종 수리 · 보수에 소요되는 비용을 의미한다.
- 무료공급량비용(allowance) : 소비자에게 불량품이 섞여 있는 제품을 공급하는 경우 이를 보전하기 위해 추가적으로 공급하는 제품으로 인해 발생하는 비용과 제품의 등급을 하향조정할 때 발생하는 비용이 이에 속한다.

그 외에 계량적으로 평가하기 힘들지만 소비자의 불만으로 인한 매출액 손실 및 기업이미지 훼손으로 인한 비용도 외부적 실패비용에 속한다.

(2) 평가비용

평가비용이란 시험제작한 모형의 평가, 원자재 및 부품의 품질검사, 생산공정의 통제, 완제품 검사 등 품질의 직접적인 통제 및 분석에 소요되는 비용으로 관리도나 샘플링검사 등의 통계적 품질관리기법의 적용 및 운용에 관계되는 항목이라 할 수 있다.

- 수입자재검사비용 : 외부로부터 구입한 또는 구입하고자 하는 자재를 직접 검사하거나 또는 간접적인 방법을 통해 품질을 유지하고자 할 때 소요되는 비용을 의미한다.
- 검사 및 실험 비용 : 제품이 완성되어 가는 과정에서 규격에 일치하는가 여부를 판단하기 위해 수행하는 각종 검사 및 실험활동에 소요되는

비용을 의미한다.

- 실험설비의 보수 · 유지비용 : 품질관리에 투입되는 각종 설비가 제기능을 발휘할 수 있도록 보수 · 유지하는 데 소요되는 비용을 의미한다.
- 실험자재 및 서비스 비용 : 파괴검사에 소요되는 비용이나 X-레이 필름과 같은 각종 검사자재 및 에너지비용이 이에 속한다.
- 제품출고시의 품질검사 : 소비자에게 재품을 출고하기에 앞서 보관중인 제품의 등급이 저하했는지 여부를 판단하는 데 소요되는 비용을 의미한다.

(3) 예방비용

예방비용이란 불량품의 발생을 미연에 방지하기 위해 투자하는 비용으로 실패 및 평가 비용을 줄이기 위해 필요한 활동에 소요되는 비용을 의미한다. 예방비용은 품질경영시스템의 설계와 구축과정에서 나타나는 비용이므로 품질경영이라는 제목하에 나타나는 비용만이 포함되는 것은 아니다. 예를 들어 다른 여타의 교육 및 훈련 프로그램에도 품질경영에 관계되는 부분이 있으면 해당부분의 비용을 예방비용에 포함시켜야 한다.

- 품질계획의 수립 및 그 진행의 평가 비용 : 검사계획, 신뢰도설정계획, 품질정보시스템의 구축 및 보고서작성 그리고 각종 품질관리지침서의 작성 등 상당히 광범위한 품질관리활동에 소요되는 비용을 의미한다.
- 신제품 설계의 검토 및 심사 비용 : 새로운 제품의 설계와 디자인의 검토, 신제품생산에 필요한 공정의 설계검토와 같이 신제품생산에 앞서 필요한 각종 준비작업에 소요되는 비용을 말한다.
- 품질경영기법의 교육 및 훈련 비용 : 품질경영을 효율적으로 수행하기 위해 필요한 각종 교육 · 훈련프로그램의 준비 및 이의 실행에 소요되는 비용이 이에 속한다.
- 공정관리와 각종 인증(인가)을 위한 실험준비비용 : 용도의 적합성을 유지하기 위해 필요한 생산공정의 통제 및 분석에 소요되는 비용을 의미한다.
- 품질개선을 위한 프로젝트비용 : 품질관리분임조 활동 및 각종 품질관리지원 프로그램의 설계 및 운영에 소요되는 비용을 의미한다.

2 품질비용분석의 목적

품질비용분석의 목적은 간단히 말해 효율적인 품질개선시스템의 도입을 촉진시키고 개선을 통한 직접적인 성과측정에 있다고 볼 수 있다. 최고경영자의 품질보증이나 체계적인 품질경영시스템에 대한 관심이 결여된 것도 이처럼 품질비용에 관한 자료가 충분하지 못했기 때문이라 할 수 있다. 품질저하로 인한 직·간접 손실 및 품질개선으로 인한 직접적인 기대이익의 증가에 관한 정보를 제공하고 효과적인 품질개선시스템에 관한 제안을 한다면 종합적 품질경영은 손쉽게 시작될 수 있다. 즉 품질비용에 관한 자료수집 및 분석은 품질경영시스템의 도입 및 운영을 위한 전제조건의 역할을 할 수 있다.

구체적으로 품질비용분석의 목적을 알아보기로 하자.

첫째, 품질비용은 기업경영의 성과측정기준으로 사용될 수 있다. 누구나 이해할 수 있는 용어로 서술함으로써 효과적인 관리를 위한 방향을 제시할 수 있다. 즉 금액으로 표시된 품질관리현황은 최고경영자의 관심을 집중시킬 수 있을 뿐만 아니라 품질은 품질관리부서뿐만 아니라 납품업자와 소비자를 포함하는 모든 조직구성원에 영향을 미칠 수 있는 사항이라는 사실을 인식시킬 수 있다.

둘째, 품질비용의 추세분석, 파레토분석을 통한 품질개선활동의 우선순위 설정 및 투자부문의 선택 등을 통해 기업 내의 자원을 합리적으로 배분할 수 있는 도구의 역할을 할 수 있다.

셋째, 품질비용의 계획과 관리방법으로 사용할 수 있다. 여기서 비용은 예산설정과 비용통제의 수단으로 쓰일 수 있다. 다만 회계적인 비용개념과 품질비용의 개념이 일치하기 어렵기 때문에 회계자료를 직접 사용할 수는 없다.

넷째, 기업 내부에서 동기유발수단으로 사용될 수 있다. 최고경영층은 비용의 절감이라면 상당한 관심을 갖게 마련이다. 단순한 불량률 감소 등으로 표시하기보다는 불량률 감소를 위한 비용과 이로 인한 이익증가분으로 분리하여 나타냄으로써 조직구성원의 관심을 유발시키기 쉽다. 예를 들어 폐기물 발생현황 및 추이를 각 관련 작업장에 도표로 표시함으로써 품질에 대한 인식을 높일 수도 있다.

품질비용의 체계화는 각 비용항목에 대한 구체적인 자료를 수집할 수 있는 계기가 되며, 품질에 대한 인식도를 높여 조직 전체의 품질관리활동을 활성화시킬 수 있는 계기를 마련해 줄 수 있다. 더욱이 이 자료는 불량률 감소로 인한 비용절감 정도를 수치로 표시해 줄 수 있으므로 품질계획의 수립과정에서 목표의 설정과 목표달성 여부의 점검에도 효과적으로 쓰이는 도구가 될 수 있다.

제 3 절 품질개선을 위한 7가지 문제해결기법

품질경영담당자는 물론 일선 작업자들도 체계적인 품질개선과정에 참여하기 위해서는 기본적인 문제해결기법에 관한 지식을 확고히 이해하고 있어야 한다. 다양한 품질관련자료를 수집하고 이를 비교 · 분석하는 데 사용할 수 있는 기초적인 통계 도구의 이해는 식스시그마 경영원리의 도입을 손쉽게 하고 품질정보의 가치를 인식하는 데 큰 도움을 준다. 품질경영에 유용하게 쓰일 수 있는 대표적 기법으로는 다음에 설명할 점검표(check sheets), 도수분포표(histograms), 파레토도(Pareto diagrams), 특성요인도(cause and effect diagrams), 산점도(scatter plots), 흐름도(flow charts), 관리도(control charts) 등을 들 수 있다.

(1) 점검표

불량관련자료의 수집 및 분석에 쓰일 수 있는 가장 단순한 도식적 기법으로 여러 가지 양식의 점검표를 고려해 볼 수 있다. [그림 9-3]은 각 불량원인별 불량품개수를 표시하는 데 사용되는 표로 품질개선을 위한 기초자료수집에 많이 쓰이며 공정 전체의 품질특성을 한눈에 알아보기 쉽게 구성되어 있다.

또 다른 형태의 점검표는 [그림 9-4]에서와 같이 불량의 발생상황을 작업자의 위치, 할당기계, 그리고 시간대별로 나누어 기록한 것이다. 이 그림을 살펴보면 기계 1은 작업자에 상관없이 문제점이 많아 재정비가 요구되며 또한 주말 근무자에 대한 교육이 제대로 되지 못하고 있음을 나타내고 있다.

[그림 9-3]
셈표

회로판	날　짜
위　치	검사원
표본의 크기	로트번호

구 분	불량개수	
기능검사	卌卌 ‖	12
납 땜	卌卌卌卌卌卌卌卌 |	41
도 금	|||	3
기 타	卌 |||	8
계		64

[그림 9-4]
작업자별/기계별/기간별 점검표

설비	작업자	월		화		수		목		금		토		일	
		AM	PM	AM	PM	AM	PM	AM	PM	AM	PM	AM	PM	AM	PM
기계 1	A	△ △	~ △	△			△				△ ~ △ △	△		~ △	○
	B	△ ~ ~	~	△		△					△ ~	~ × ○ ○	○ ○ ~ × △ △	× ×	△ × ○
기계 2	C	△ ~ ○										△			
	D	△ ~					△								
기계 3	E					×					~				
	F	~ ×	△ ○ ○	○ × ×	○	[illegible] ○		○	× ○ ~	× ×	× ○ ○ △ △	×		○	
기계 4	G	~			~				△		×				
	H	○ ~							~				△		
계		15	6	5	2	4	2	1	5	2	14	7	7	5	4

~ 흠집　　△ 파손　　○ 구멍　　× 형태이상

또한 흠집형태의 불량이 많이 발생하는데, 이는 자재 취급요령이 제대로 확립되어 있지 못함을 나타내고 있다.

(2) 도수분포표

도수분포표는 가장 많이 사용하는 도식적 기법으로 [그림 9-5]에서와 같이 구간별로 발생빈도수는 물론 제품규격의 상하한까지 포함시킴으로써 체계적인 자료정리를 용이하게 할 수 있는 기법이다. 이런 유형의 표는 제품개수를 줄이기 위해 평균을 이동시켜야 할지 또는 변동의 폭을 줄여야 할지에 대한 방향도 제시해 줄 수 있다. 또한 자료의 분포형태를 한눈에 알아볼 수 있으므로 정상적인 작업이 이루어지고 있는지 또는 단순히 자료를 조작했는지의 여부도 쉽게 파악할 수 있다.

[그림 9-5]
도수분포표의 예시

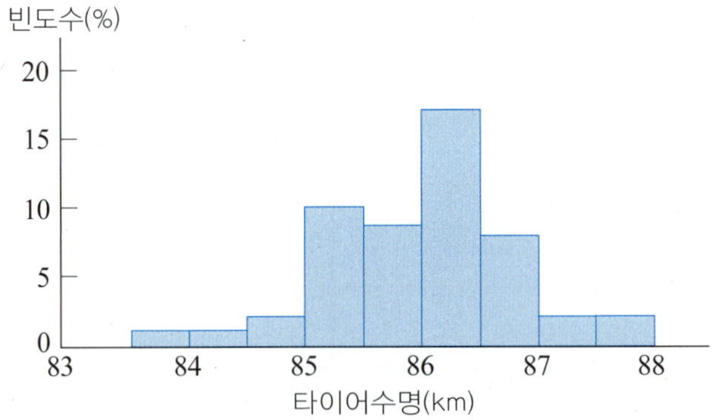

(3) 파레토도

파레토도는 품질관련 불평불만이나 사고건수 등의 분석대상을 원인이나 발생부서별로 나누어, 그 영향력이 가장 큰 것부터 나타낸 히스토그램이다. 파레토도는 빈도수는 상대적으로 작지만 품질의 불량으로 인한 손실액이 큰 항목을 체계적으로 알아보는 데 유용한 기법이다.

1950년대 쥬란이 처음으로 품질경영에 사용했으며 여러 가지 사건들에 대한 분석상의 우선순위를 정하는 방법일 뿐만 아니라 문제를 조리 있게 생각하는 하나의 방법이기도 하다. 파레토원리는 간단히 말해 80%의 문제는 20%의 원인으로부터 나온다는 것이다. 예를 들어 불량품의 80%는 불량원인 중 20%의 원인에 의해 발생한다. 쥬란은 이 20%를 “Vital Few”라 부르고 나머지는 “Trivial Many”라 불렀다.[6]

---

6) ‘파레토의 원칙’은 19세기 빌프레도 파레토가 제시한 원칙이다. 그의 이론 가운데 하나는 사회 · 경제적 부의 분배에서 자연스런 패턴은 집중현상이라는 것이다. 그의 이런 생각은 80/20 공식 또는 파레토의 원칙으로 명명되어 전해지고 있다. 판매에 이 원리를 적용하면 판매품목 중 20%가 전체 매출의 80%를 발생시킨다는 것으로 해석할 수 있다.

[그림 9-6]은 가상 홈쇼핑몰의 주문관련 오류를 유형별로 구분하여 파레토도로 나타낸 것이다. 주문번호와 할인율, 그리고 주문담당자 기재오류가 전체의 80% 이상을 차지하고 있음을 알 수 있다. 여기서 X축은 불량원인을 나타내며 Y축은 빈도수나 손실금액을 나타낸다. 파레토도의 사용은 특히 관심을 두고 시정해야 할 문제점을 밝히는 데에 있으므로 개선을 위한 적절한 조치를 한 뒤에도 이를 작성하여 비교 검토해야 한다. 파레토도의 형태는 [그림 9-7]에서처럼 수직축을 중심으로 좌우에 배치할 수도 있다.

[그림 9-6]
가상 홈쇼핑몰의 수분관련 오류 파레토도

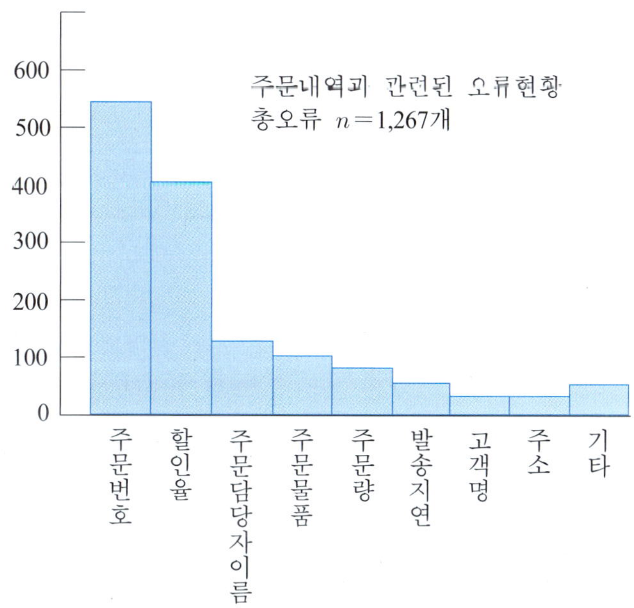

[그림 9-7]
기간별 결과비교를 위한 파레토도 (주문내역 오류원인)

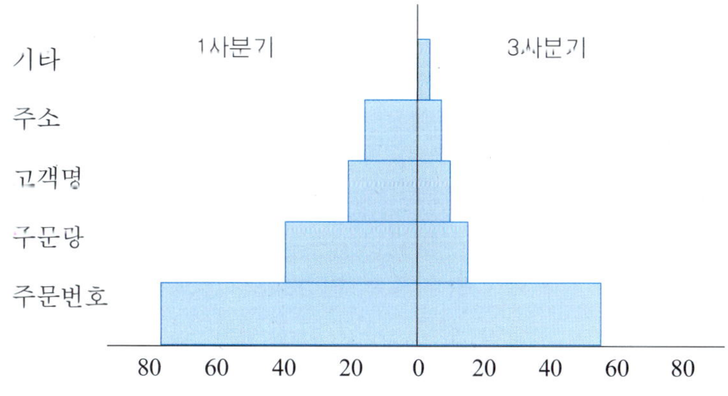

(4) 특성요인도

피시본 차트(fish bone chart) 또는 인과분석도(cause and Effect diagram)라고도 불리는 이 그래프기법은 불량의 유형과 이에 영향을 미친다고 생각되는 모든 요인 간의 관계를 이해하기 쉽게 나타내는 데 이용된다. 피시본 차트는 최종적인 결과 또는 변수를 화살표 오른쪽 끝에 표시하고 그 원인들을 각 계통별로 나타낸다. 이 기법은 1943년 동경대학의 이시가와가 처음 만들어 사용한 기법이다. 이시가와는 가와자키 제철소의 엔지니어들에게 여러 요인들을 분류하고 상호관계를 설정하는 방법을 강의하면서 이 기법을 사용하였다. 피시본 차트는 프로세스의 변동을 분석하는 방법으로 원인이 되는 요인과 결과가 되는 현상을 관계짓는 데 사용하며, 주의를 요하는 이슈의 분석에 필요불가결한 도구이다.

피시본 차트는 팀 중심의 개선프로젝트에 적합한데, 많은 사람들이 한꺼번에 내놓은 아이디어들을 계통적으로 정리할 수 있기 때문이다. 피시본 차트의 구축과정은 다음과 같다.

- 분석하게 될 문제점이나 결과가 무엇인지를 간략한 문장으로 정리하고, 그것을 물고기 뼈의 머리부분에 적는다.
- 상황에 맞는 원인범주들을 결정한다. 일차적 요인들은 등뼈에 붙어 있는 큰 가지로 표시된다. 명확하게 구분하기 힘든 경우에는 작업방법, 기계, 사람, 자재, 환경 등으로 나누어 아이디어를 내볼 수 있다.
- 각 범주에 대해 잠재원인을 브레인스토밍한다.
- 각 범주 안에 있는 요소들간의 원인-결과 관계를 파악한다. 순차적으로 그 원인들을 더 깊이 파고들어간다. 서로 다른 가지에 똑같은 요인들이 등장하여도 무방하다. 자세할수록 피시본 차트의 효과는 커진다.
- 피시본 차트를 구조화한다. 뼈 크기에 따라 원인과 그 원인에 대한 하위원인을 차례로 정렬한다. 가장 구체적인 원인들은 가장 작은 크기의 뼈에 기록한다. 작은 뼈의 원인들은 그보다 큰 뼈의 좀더 포괄적인 원인에 귀속된다.
- 피시본 차트를 이용하여 문제의 근원을 파악했으면 적절한 조치를 취해야 한다. 가급적 문제와 그런 문제를 불러일으킨 원인들을 최대한 계량화하는 것이 바람직하다.

[그림 9-8]
주문오류에 관한 특성요인도

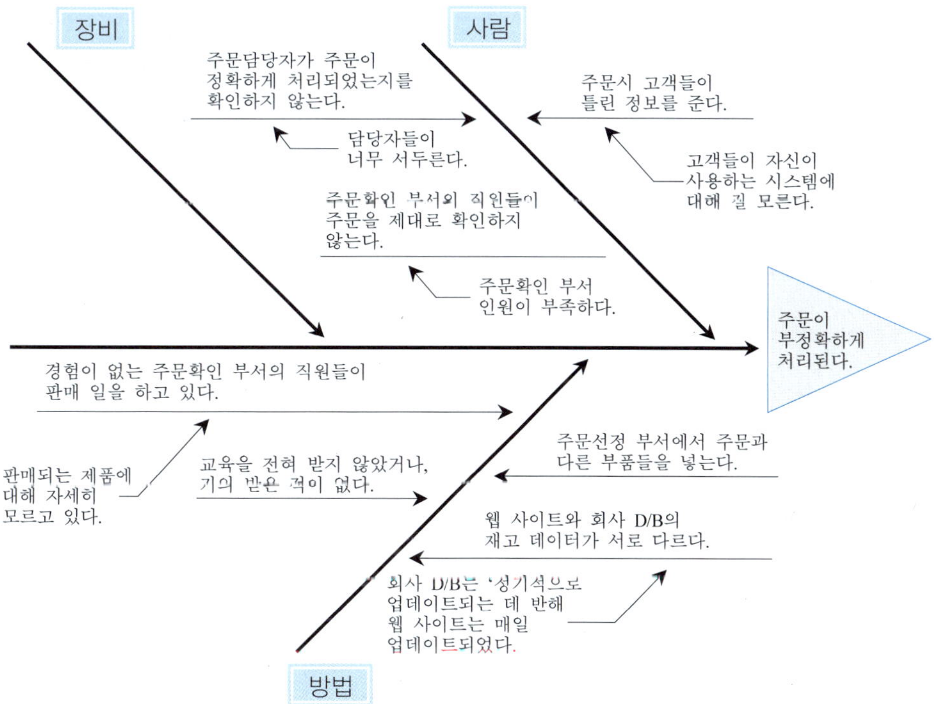

[그림 9-9]
호텔 레스토랑에서의 대기시간 축소를 위한 특성요인도

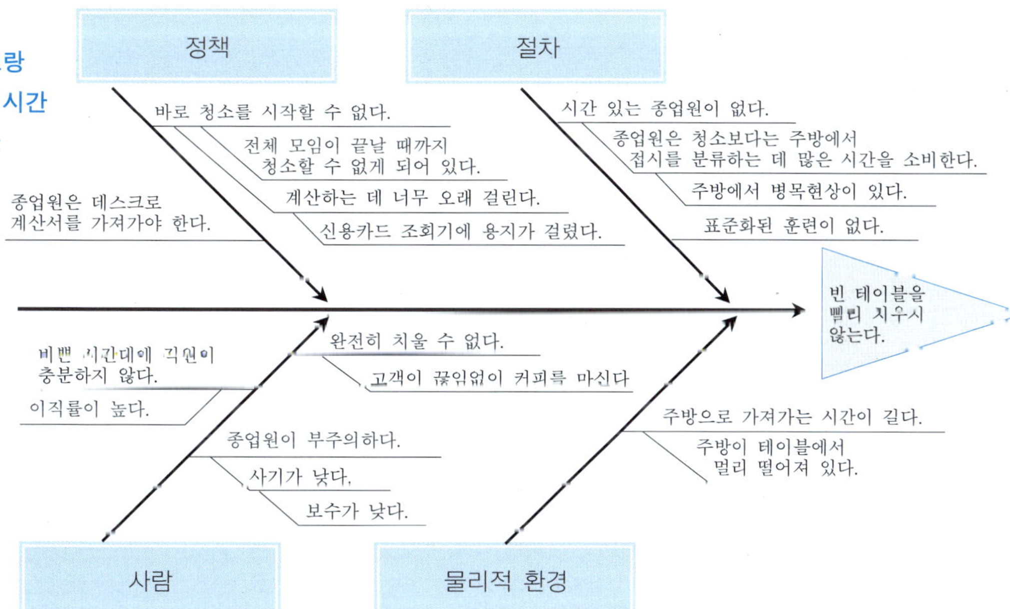

출처 : Gaudard, M., R. Coates, and L. Freeman, "Accelerating Improvement," *Quality Progress,* vol. 24, no. 10(October 1991), p.84.

[그림 9-8]은 웹을 통해 주문을 접수하는 서비스 조직에서 발생하는 다양한 문제에 대한 피시본 차트이며, [그림 9-9]는 호텔 레스토랑에서 발생한 문제를 분석한 특성요인도이다.

(5) 산점도

산점도는 [그림 9-10]과 같이 (X_i, Y_i)형태의 자료를 그래프에 표시한 것으로, 품질특성의 변화상태나 추이를 살펴봄으로써 비정상적인 사례를 가려내는 데 이용된다.

[그림 9-10]
산점도의 예시

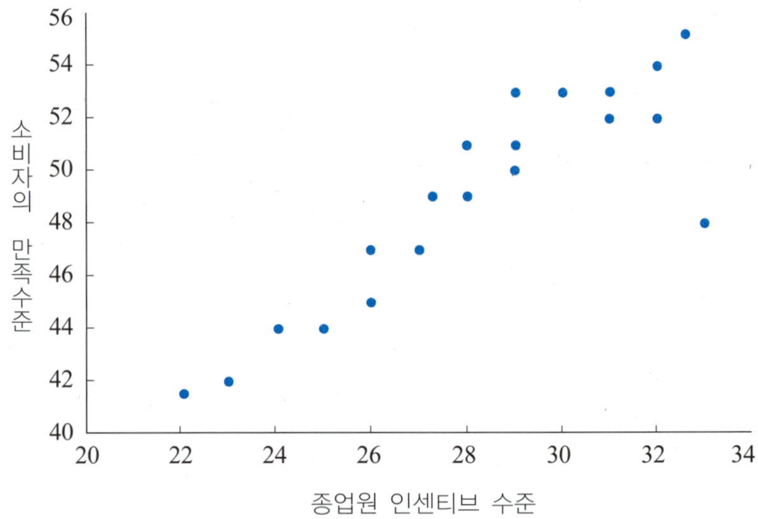

(6) 흐름도

흐름도는 [그림 9-11]에 예시된 것과 같이 프로세스의 구성요소와 이들 요소 간의 선후관계를 간략히 나타낸 그림으로, 프로세스 전체를 나타내는 데 이용하기도 하지만 한 부분만을 자세히 나타냄으로써 불필요한 작업이나 비능률적인 작업방법을 가려내는 데에도 효과적으로 사용할 수 있다. 또한 조직 내의 각종 정보의 흐름패턴을 나타내는 데 많이 사용되기도 한다.

[그림 9-11]
반품처리 프로세스의 흐름도

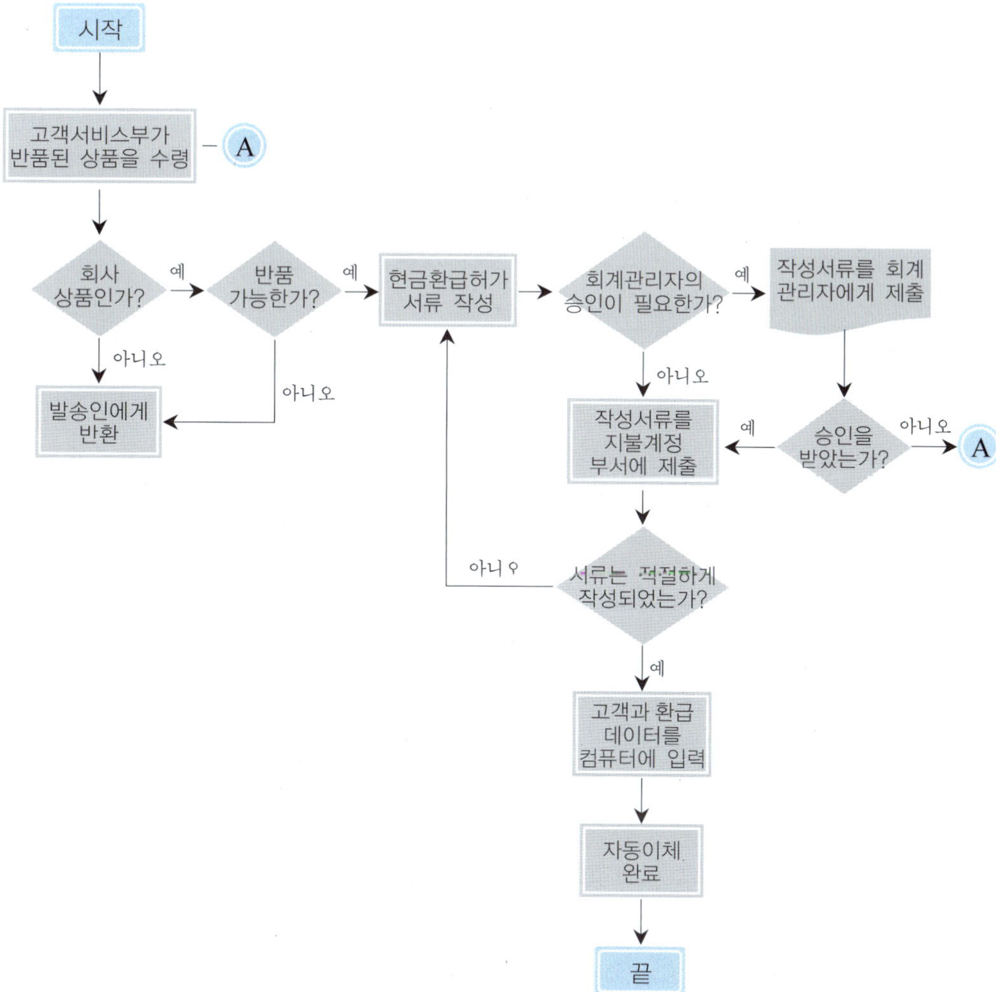

(7) 관리도

생산현장이 품질관리를 도모하기 위해서는 제품을 생산해내는 공정의 관리가 요구된다. 공정을 관리한다는 것은 공정에서 생산되는 제품의 품질특성의 변동폭을 줄인다는 의미와 직결된다. 제품의 설계가 완벽하고 공정이 아무 이상 없이 가동되더라도 그 공정에서 나오는 제품이 모두 똑같을 수는 없다. 품질특성에 변동을 일으키는 요인은 이상원인(assignable causes)과 우연원인(random causes, common causes)으로 나누어 볼 수 있다.

이상원인에 의한 변동은 작업자 훈련부족, 불량 원자재 사용, 설비의 마모, 기계의 고장이나 노후화, 생산준비의 미비, 조명, 습기, 진동, 불결한 작업환경 등과 같이 충분히 예방할 수 있는 이유로 인해 발생하는 변동으로 불규칙한 패턴을 보이는 경향이 있다. 이에 반해 우연원인에 기인하는 변동은 공통원인에 의한 변동이라고도 불리는데, 이는 변동 자체가 작업시간이나 작업자에 관계없이 전 공정에서 계속적으로 발생하며 변동의 폭이 어느 정도 안정적인 패턴을 나타내기 때문이다. 우연원인에 속하는 주요 문제점으로는 제품이나 서비스의 설계상의 오류, 작업방법상의 문제점, 구매자재의 품질과 요구규격의 불일치 등을 들 수 있다.

1924년 벨 전화연구소의 슈하트에 의해 개발된 관리도기법은 이상원인에 의한 변동을 감지하는 데 효과적이다. 관리도는 통계학의 표본분포이론을 기초로 하여 변동의 예상폭을 설정하는 기법으로, 공정상태를 점검하여 공정이 정상적으로 가동되고 있는지 여부를 판단하는 데 많이 이용된다. 관리도의 유형은 크게 계량치관리도와 계수치관리도로 구분된다. 계량치관리도에는 표본평균치의 변화를 통제하는 데 사용되는 $\overline{X}$ 관리도 및 표본 내의 산포(variability)의 변화를 관리하는 데 사용되는 R 관리도와 σ 관리도 등이 있다. 계수치관리도는 불량률, 불량품개수, 결점수 등 합격 또는 불합격으로 표시될 수 있는 특성치를 관리하고자 할 때 사용한다.

관리도를 활용할 때 공정에서 도출된 품질특성의 평균값이 미리 정해진 한계치(예상폭) 안에 있으면 공정은 이상원인이 작용하지 않는 안정적 상태(in control)에 있다고 평가하며, 그렇지 않은 경우에는 불안정 상태(out of control)에 있다고 결론을 내린다. 공정이 안정적인 상태를 유지한다는 것은 곧 공정의 변화패턴을 어느 정도 예측해 볼 수 있다는 것이며, 공정이 불안정 상태에 있다는 것은 앞으로 공정이 어떻게 변화할지 예측하기 어렵다는 의미이다. 따라서 공정이 현재 어떤 상태에 있는지에 따라 공정을 조정하여 안정적인 상태로 이끌 것인가 또는 현 상태를 그대로 유지할 것인가를 결정한다.

참고로 [그림 9-12]는 전자회로판의 두께를 관리하기 위해 구축한 $\overline{X}$ 관리도이다. 4개의 회로판으로 구성된 표본을 매 4시간마다 30번 추출한 다음, 4개 회로판 두께의 평균값이 위치할 것으로 예상되는 관리상한선(upper control limit, UCL)과 관리하한선(lower control limit, LCL)을 그림으로 나타낸 것이다. 이 그림에서 중심선과 관리상하한선은 표본자료에 대한 통계적 분석을 통해 계산하게 되는데, 그 과정에 대한 논의는 생략하기로 한다. 관리도기법에서는

[그림 9-12]
표본평균값을 도시한 $\overline{X}$ 관리도의 작성

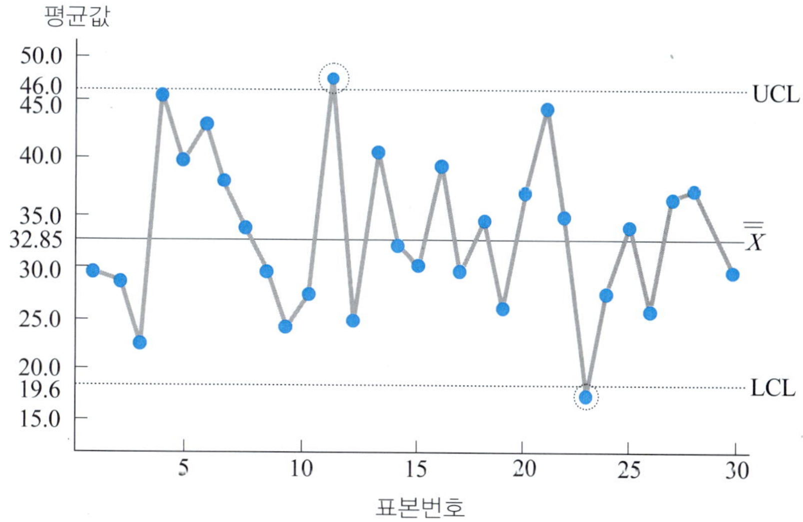

표본에서 도출된 평균값들이 관리상하선과 하한선 사이에 위치해야만 공정이 안정적인 상태에 있다고 결론내리게 된다. [그림 9-12]에서와 같이 관리상하한선을 벗어나는 표본값(점선으로 표기한 것)이 나타난다면 발생원인을 찾아 시정하고 그 두 표본자료를 제외한 나머지 자료를 이용하여 중심선과 관리상하한선을 다시 계산하게 된다.

제 4 절 통합적 경영혁신도구로서의 식스시그마 경영

1 식스시그마 경영의 출현배경

식스시그마 경영은 미국의 모토로라에서 1987년에 시작한 혁신적인 품질개선을 목적으로 제시된 기업경영전략이다. 1980년대 중반 모토로라는 TQM을 바탕으로 방법론을 보다 정교화한 식스시그마 경영을 창안하였는데, 당시 모토로라는 일본 경쟁기업에 비해 제품 불량률이 1,000배 높았으며 이를 시정

하기 위해 연간 매출액의 5~10%를 품질비용으로 지출하고 있었다. 당시 CEO였던 로버트 갤빈은 "당해연도 품질비용을 절반으로 줄이라"는 목표를 제시하였고 이를 달성하기 위해 체계적 문제해결방법인 식스시그마가 첫선을 보이게 되었다.

모토로라의 식스시그마 경영은 사이클시간 단축, 불량 축소, 고객만족 등을 키워드로 선정하여 기존의 혁신방법과는 또 다른 경영이론을 제시하였다. 모토로라는 다음과 같은 '6시그마를 위한 6단계'라는 간단한 프로세스를 제정하여 조직 내 모든 사람들이 이를 활용하도록 했다.

① 당신의 제품은 무엇인가? 당신이 하는 일을 정의하라. 그리고 그것을 적어보라. 그러면 아마 당신의 제품과 더욱 가까워질 것이고 해야 할 일이 명확해질 것이다.

② 당신의 업무는 누구를 위한 것인가? 당신의 고객이 누구인지를 명확히 하라.

③ 당신의 업무를 수행하는 데 무엇이 필요한가? 당신 업무의 전체적인 그림을 그려보라.

④ 당신은 어떻게 작업을 수행하는가? 행해져야 할 모든 작업들과 함께 현장작업 수준에서 자신의 업무를 살펴보라.

⑤ 당신은 그 업무를 어떻게 하면 더 잘할 수 있을까? 프로세스에서 잘못된 점을 찾고 헛된 노력을 줄여라. 첫째, 각 단계에서 나타날 수 있는 오류의 종류를 구분하라. 둘째, 각 종류의 오류가 나타날 가능성을 줄이는 방법을 생각하라. 그리고 부가가치가 없거나 최적의 상태에 미치지 못하는 작업이나 행동을 과감히 제거하라. 즉, 이 단계에서 당신은 작업속도와 불량에 대해 새롭게 개선된 구체적인 그림을 갖게 된다. 이 시점에서 어떤 변화가 필요한지 알기 위해 고객과의 지속적인 대화를 통해 그들의 요구사항을 확실히 아는 것이 중요하다.

⑥ 목표 대비 실제 성과의 측정과 공표를 통해 계속적인 개선을 보증하라. 계속적인 개선 속에서 나타나는 결과의 진척도를 보고하라. 이러한 진척도를 표시한 차트에 목표 대비 실제 불량을 그래프로 표시하라.

식스시그마 경영이 세계적으로 주목을 받은 것은 1995년 GE가 도입한 이후이다. GE의 잭 웰치 회장이 앞장서서 주도하였으며, 특히 과거에 혁신활동이 미흡했던 서비스업과 연구개발 분야에도 식스시그마를 적용함으로써, GE캐피탈은 1998년 3억 달러의 추가 이익을 실현하였고 이를 계기로 GE 고유의 혁신운동과 결합되어 시너지효과가 나타나기 시작했다. 1995년 10월 전 부문에 식스시그마를 도입하여 경영품질을 혁신적으로 제고하고자 하였으며, 품질 평가의 기준을 기업 내부 관점에서 고객 관점으로 전환하고 모든 임원 및 관리자의 평가와 승진에 있어서 식스시그마 추진성과를 최우선적으로 고려하게 되었다.

식스시그마 경영활동은 기존의 혁신활동들을 모두 통합한 개념으로 통용되고 있지만, 실질적으로는 통계적 품질관리를 기반으로 하여 현장의 무결함운동, 프로세스 혁신, 고객만족, 지식경영 등 각종 경영혁신운동의 정신과 기법이 접목되어 만들어진 것이라 할 수 있다. 전통적 품질경영이 생산현장에서의 불량을 최소화하는 데 비해, 식스시그마 경영의 가장 큰 특징은 회사 내 전 부문에서 불량을 발생시키는 원인을 근본적으로 제거하는 것에 있다.

2 식스시그마의 개념

식스시그마란 최고경영자의 리더십 아래 시그마(σ)라는 통계척도를 사용하여 모든 프로세스의 품질수준을 정량적으로 평가 · 발전시키고 문제해결과정 및 전문가양성 등의 효율적 품질문화를 조성해가며, 품질혁신과 고객만족을 달성하기 위해 전사적으로 실행하는 종합적인 기업의 경영전략이라고 정의할 수 있다. 즉 식스시그마는 경영전략이고, 경영철학이며, 과학적이고 통계적인 품질혁신수단인 것이다.

식스시그마 품질경영은 '1백만 개 중 3.4개의 불량품'을 목표로 한다. '99.99966%'라는 사실상의 '불량률 제로'를 지향할 때 품질비용을 극소화할 수 있다. 시그마(σ)는 표준편차라고 불리며 분포의 산포 정도, 즉 에러나 미스의 발생확률을 가리키는 통계용어이다. 6σ는 '에러나 미스의 발생확률이 1백만분의 3.4회라는 수준을 의미한다. 통계용어에 불과한 6σ를 기업경영이 도달해야 할 '목표치'로서 파악하는 것이 식스시그마 기법의 출발점이다. 시그마 앞의 숫자는 불량률의 정도를 표시하는 것으로 숫자가 클수록 불량률이

[그림 9–13]
시그마 개념의 예시 – '오자'가 나올 확률

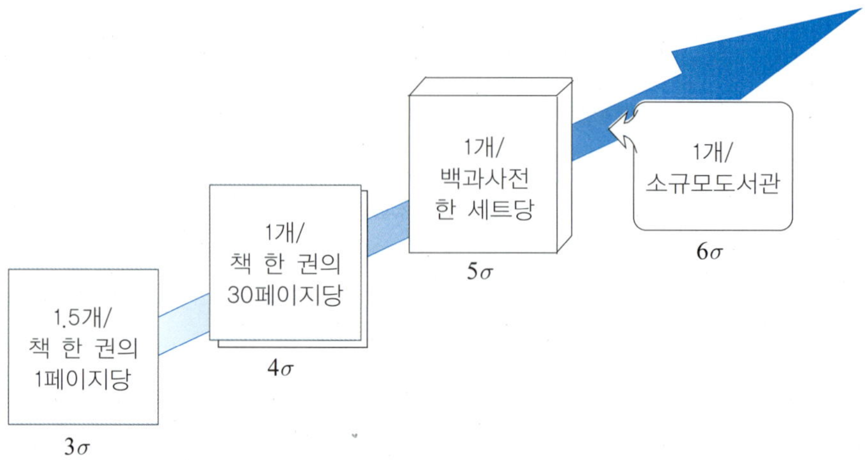

〈표 9–1〉
식스시그마의 수준

시그마값	오자 찾기	시 간
3	책 한 권의 1페이지당 1.5단어	100년의 시간에서 3.5개월
4	책 한 권의 30페이지당 한 단어	100년의 시간에서 2.5일
6	작은 도서관의 모든 책에서 한 단어	100년의 시간에서 6초의 시간

그만큼 낮다. 참고로 항공사는 안전도면에서 6.5시그마, 그러나 짐처리에서는 3.5에서 4시그마 수준이다. 이에 비해 '6시그마'의 경우 제품을 100만 번 생산할 때 결함이나 불량건수가 3.4회 정도로 거의 불량제품이 나오지 않는 것을 보여준다. 식스시그마 경영은 평균으로부터 6시그마 안에 드는 것은 모두 합격으로 처리할 수 있도록 품질을 높인다는 목표를 가진다.

3 식스시그마 경영의 추진절차

식스시그마 경영은 다음과 같이 3단계로 추진된다.

- 1단계 : 핵심품질요소를 파악한다. 즉 고객 입장에서 기업의 경영활동을 재조명한다.

[그림 9-14]
식스시그마의 절차

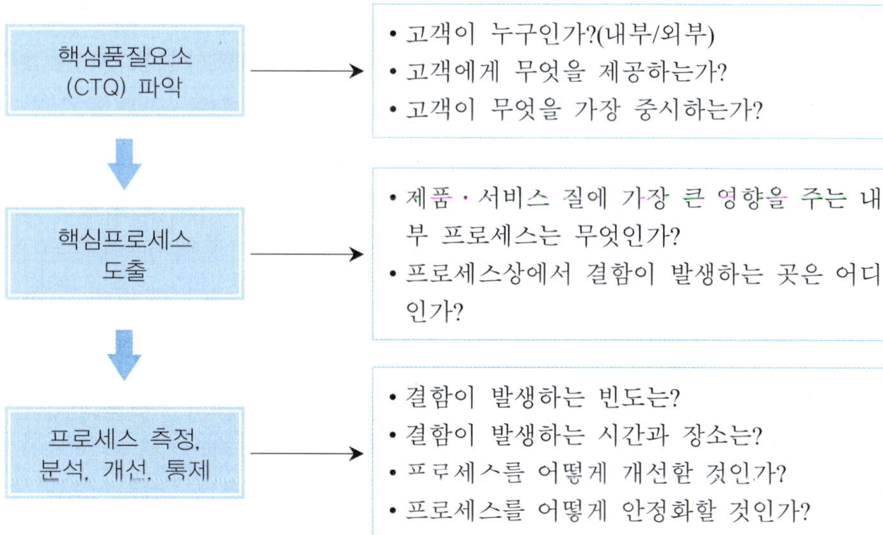

- 2단계 : 핵심프로세스를 도출한다. 핵심품질요소(critical to quality, CTQ)를 좌우하는 프로세스와 결함을 발생시키는 부분을 집중 탐색한다.
- 3단계 : 프로세스에 대한 측정, 분석, 개선 및 통제를 시도한다. 결함 원인을 찾고, 개선활동으로 원인을 제거한 뒤 지속적으로 통제한다.

식스시그마 경영의 특징은 다음과 같다.

첫째, 통계 데이터에 근거한 철저한 분석을 시도한다. 식스시그마는 모든 결과를 통계적 데이터에 근거하여 처리한다. 과거의 품질관리기법은 엄밀한 방법론이 수반되지 못하여 구호적인 운동으로 끝나는 경우가 많았으나, 식스시그마 경영은 프로젝트를 수행하면서 통계적 방법을 기반으로 측정, 분석, 성과계산 등을 철저하게 계량화함으로써 객관적 타당성을 확보한다. 심지어 추진목표까지도 명확하게 계량화하므로 진도, 목표관리와 개선작업이 용이하다. 이 같은 특징 때문에 경영관리 수준이 낮거나 통계적 데이터를 축적, 분석할 수 없는 기업은 식스시그마 경영을 도입하기가 어렵다.

둘째, 고객만족에 초점을 둔다. 식스시그마 경영은 고객 관점에서 품질에 영향을 미치는 핵심요소를 발견하고 이를 제거하는 데 핵심목표를 둔다. 과거에는 규격에 적합한 것을 품질로 인식했으나, 식스시그마 경영은 고객만족을 품질로 본다. 식스시그마 경영에서는 겉으로 드러난 문제뿐 아니라 잠재적 문제까지 개선과제에 포함시키며, 최종제품의 불량을 줄이는 것은 물론, 불량을 발생시키는 원인을 철저히 규명, 제거하여 궁극적으로 경영품질 전반을 향상시키고자 노력한다. 모든 부서의 프로세스들을 대상으로 하여 전체 최적화를 추구한다.

셋째, 개선 프로젝트의 비용절감 효과를 정밀하게 분석하고, 재무부서가 그것을 공식적으로 인정해 준다. 기존의 품질경영활동은 부서별로 발의한 과제가 대부분으로 투자 대비 효과분석이 미흡했는데, 식스시그마 추진결과가 재무적인 성과로 표시되므로 참여자들이 프로젝트의 가치를 충분히 인식한다.

넷째, 식스시그마 경영은 전문인력이 주도한다. 프로젝트 개선을 전담하는 리더는 상당 수준의 전문가로서 종래의 상향식 활동보다 훨씬 전략적으로 진행된다. 기업 내 상주전문인력은 철저한 전문교육과 현장경험을 통해 양성된다. 종래의 품질경영은 경영자가 추진자에게 일임하는 상향식 형태로 진행되어 현장종업원들의 분임조 활동과 제안에 치중하였는데, 식스시그마 경영은 그 반대이다.

4 식스시그마 경영하에서의 품질개선절차

식스시그마 경영에서 품질개선을 위한 작업은 크게 5단계로 나누어 실시하는데, 'DMAIC'가 그것이다. 이는 정의(Define), 측정(Measure), 분석(Analyze), 개선(Improve), 통제(Control)의 첫 글자를 딴 것이다. 'DMAIC'는 개선대상이 될 프로세스 또는 프로젝트를 정의하고, 측정과 분석을 통해 프로세스나 제품 · 서비스의 문제점을 들춰낸 다음 문제해결방법을 찾아내고 실제로 개선작업을 실시한다. 마지막으로 이와 같은 과정을 제어 · 감시해 품질의 개선상태를 유지하도록 한다.[7]

(1) 정 의

품질혁신의 첫 단계로 CTQ에 영향을 주는 중요 프로세스를 발견하고 프로젝트 범위를 설정한다. 고객만족의 시각에서 모든 것을 이해하고자 노력하며,

7) Chowdhury, S., *Design for Six Sigma : the Revolutionary Process for Achieving Extraordinary Profits*, Chicago, IL : Dearborn Trade Pub., 2002.

[그림 9-15]
식스시그마 경영의 DMAIC

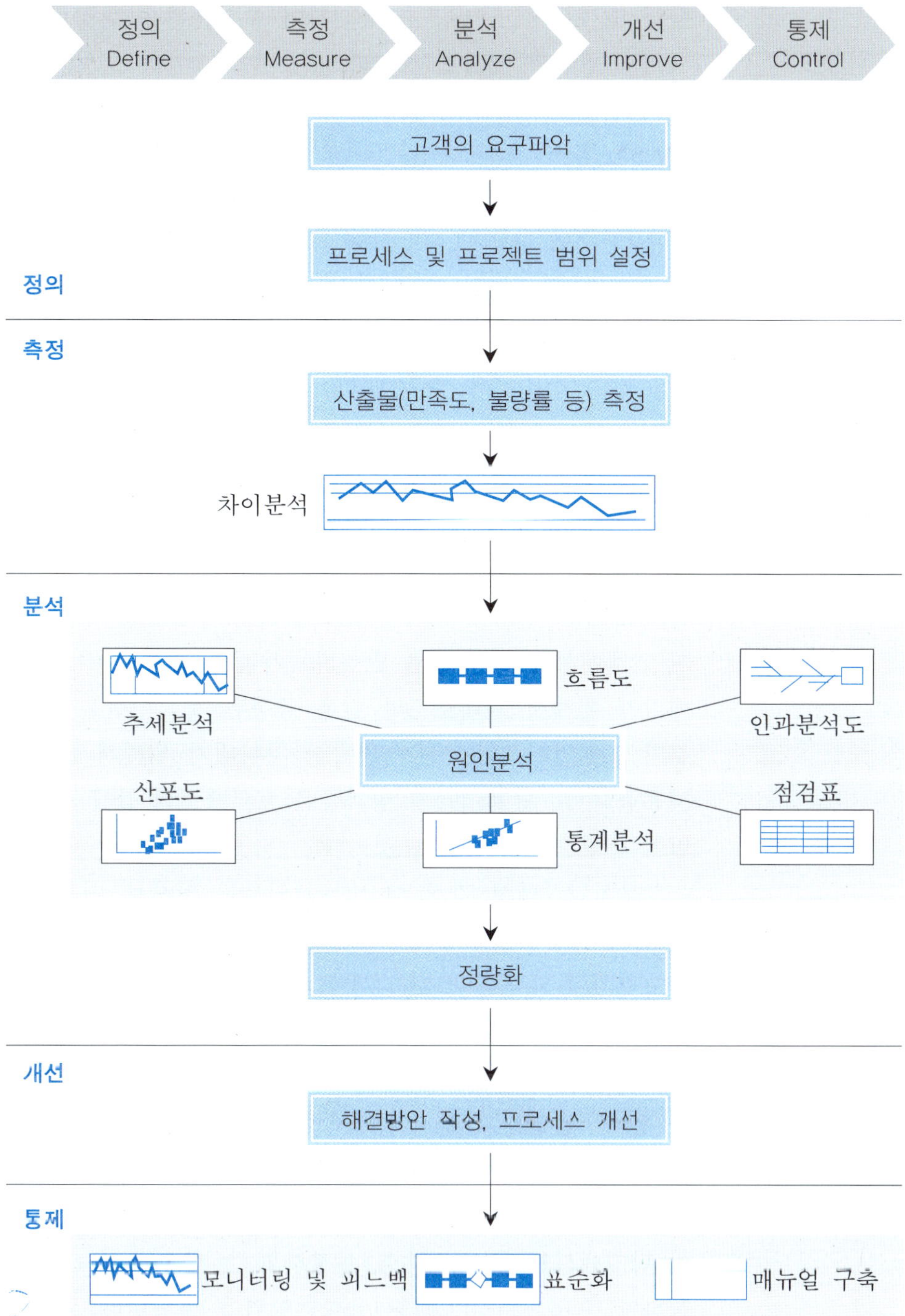

출처 : Chowdhury, S., *Design for Six Sigma : the Revolutionary Process for Achieving Extraordinary Profits*, Chicago, IL : Dearborn Trade Pub., 2002.

특히 고객요구 및 니즈를 분석하여 우선순위를 설정한다. 이를 토대로 프로젝트의 범위와 일정을 정한다.

(2) 측 정

전단계에서 선정한 프로세스를 대상으로 CTQ와 대비시켜 발생한 결함을 측정한다. 이때 결함은 허용한계 외의 CTQ라고 정의한다. 다시 말하면 이 단계는 식스시그마 활동의 대상범위를 정의하는 데에서 시작한다고 볼 수 있다.

참고로 GE는 식스시그마 경영의 진척도를 추적하는 척도로 고객만족도(5점 척도), 품질비용, 부품공급업자의 품질(납품된 백만 개의 부품에 포함된 불량부품 개수로 평가), 내부성과(조직 내 각 프로세스에서 발생한 결점수), 만들기 쉬운 설계(식스시그마 경영이 가능하도록 설계된 결과물의 비율) 등을 제시한 바 있다.[8]

(3) 분 석

이 단계에서는 결함이 왜 발생하는가를 이해한다. 각 프로젝트의 우선순위를 매기기 위해서 파레토도와 같은 공통된 분석수단을 먼저 사용하고, 이어서 결함의 원인이 되는 주요 변수를 알아내기 위해서 좀더 복잡한 통계수단을 사용한다. 이 단계에서의 성과물은 프로세스의 불규칙한 산포에 영향을 많이 미치는 변수를 알아내는 것이다.

분석단계에서 가장 중요한 포인트는 앞으로 대응할 과제의 우선순위부여이다. 특정부문이나 일부현장에 대한 시점이 아니라 전체회사를 바라보는 사고방식이 요구된다. 이 과정에서는 통계적인 전문지식이 필요하다. 왜냐하면 문제 있는 프로세스를 분석하기 위해서는 측정결과인 수치해석이 필요하기 때문이다. 특히 요인과 요인 사이의 인과관계에 착안하여 복잡한 관련성을 정리 · 집약해서 문제를 단순화해야 한다.

(4) 개 선

이 단계에서는 주요 변수를 설정하고 그 변수가 CTQ에 미치는 영향을 수량화하며 주요 변수의 최대허용한계영역을 설정한다. 평가시스템이 주요 변수

---

8) 로버트 슬레이터, 『잭 웰치와 GE방식』(강석진 옮김), 물푸레, 2001.

의 불규칙한 산포를 측정할 수 있는지의 여부를 확인하고 허용한계영역 내에 불규칙한 산포가 들어가도록 프로세스를 변경한다.

(5) 통제(개선결과 정착을 위한 관리)

프로젝트 수행에서는 성과를 올려도 그 상태로 방치되면 효과는 곧 사라져 버리고 만다. 지속적으로 변화하는 환경에 맞추어 개선결과가 조직 내의 표준으로 정착하도록 유도해야 한다.

제 5 절 서비스 품질의 경영

서비스에 불만족하는 고객, 즉 서비스 품질이 시원치 않다고 평가하는 고객은 다시 찾아오지 않을 가능성이 높다. 모든 고객의 접촉 중 90%가 고객과 직접 대면하는 일선 직원들에게 연결된다.

서비스 분야의 전문가들이 즐겨 사용하는 용어 중의 하나로 결정적 순간 또는 진실의 순간(moment of truth, MOT)이라는 것이 있다. 이 개념은 고객이 기업의 종업원 혹은 특정자원과 접촉하는 순간으로 고객은 기업의 서비스를 처음 접촉하는 순간에 서비스 품질에 대한 결정적 인식을 하게 된다는 의미이다. 결정적 순간은 서비스 기업이 고객과 접촉하게 되는 매 순간마다 발생하게 되는데, 일반적으로 원격접촉, 전화접촉, 면대면 접촉 등의 세 가지 형태로 나타난다. 고객에게 친절하기, 인사 잘하기, 전화응대 잘하기 등 서비스 시설의 현장에 근무하는 종업원들에 대한 교육은 모두 바로 이 결정적 순간의 접촉에서 고객만족을 극대화하기 위한 것이다.

서비스 조직은 종업원들이 고객들과 직접 문제를 해결할 수 있도록 일선 직원들을 훈련시킴으로써 고객만족을 증대시키고 불필요한 시간과 돈을 아낄 수 있다. 고객은 문제가 빨리 효과적으로 해결되기를 바라므로 직원들은 고객관계에서 일어날 수 있는 모든 넓은 영역의 상황을 다룰 수 있어야 한다.

그렇다면 근본적으로 이러한 불평과 불만이 발생하지 않도록 하기 위해서는 어떻게 서비스 품질을 정의하고 관리해야 하는가? 제품의 경우 직접 사용해 보고 품질이 시원치 않으면 반품이나 수리, 또는 교환을 요구할 수 있지만, 순수서비스의 경우 품질에 대한 객관적 평가를 내리기도 힘들고 반품도 불가능하다. 생산과 소비가 동시에 이루어진 탓에 무를 수도 없기 때문이다.

서비스의 품질은 서비스 지원시설, 서비스에 포함되는 상품, 명시적 서비스, 묵시적 서비스 등의 품질에 의해 복합적으로 결정되지만 소비자의 입장에서는 이렇듯 요소별로 분리하여 품질을 느끼지 않는다. 서비스의 질을 이야기할 때 묵시적 서비스, 즉 최고급호텔의 분위기, 일류대학의 브랜드 이미지, 은행의 고객응대 서비스 등을 예로 들지만, 이것은 서비스 품질의 극히 일부에 불과하다. 서비스 품질의 평가에는 다음과 같이 다양하면서도 복합적인 요인들이 작용한다.

- 고객의 입장에서 서비스 품질을 평가한다는 것은 제품품질을 평가하는 것보다 훨씬 어렵다. 따라서 고객이 서비스 품질을 평가하는 기준을 판매자가 파악하기도 간단치 않다. 이를테면 의료서비스에 대한 고객평가는 자동차 품질평가보다 한층 더 복합적이며 난해하다.
- 고객은 서비스의 결과만을 가지고 평가하지는 않는다. 예를 들면 미용실에서 서비스받은 후의 머리모양만 가지고 미용실 서비스를 평가하지 않는다. 서비스의 제공과정도 중요시한다.
- 서비스 품질의 평가에서 중요한 것은 평가기준을 고객이 정한다는 것이다. 고객만이 서비스 품질을 평가할 수 있으며 다른 어떠한 평가도 중요하지 않다. 실제 제공된 서비스에 대한 고객의 인지도가 고객이 가지고 있던 기대치를 초과하는 경우에만 고객은 훌륭한 서비스였다고 평가한다. 실제 서비스의 내용에 비해 지나치게 과장하여 선전하는 것은 고객에게 실망만 줄 가능성이 크다.

이와 같이 무형적이며 확인이 어려운 서비스 품질의 결정요인을 찾아내기 위해 Parasuraman, Zeithaml & Berry 세 학자는 1985년에 SERVQUAL이라는 서비스 품질측정방법을 제시했다. 이들은 다양한 고객집단과의 인터뷰를 통해 다음과 같은 서비스 품질의 10개 차원을 발견했다.

• 신뢰성(서비스에 대한 성과와 믿음의 일관성)
  – 철저한 서비스의 제공, 약속된 서비스시간의 준수 등
• 대응성(담당직원의 서비스 제공에 대한 의욕과 준비 철저)
  – 서비스의 시의성, 고객에 대한 즉각적 응답, 신속한 서비스의 제공
• 능력(서비스 수행에 필요한 기술과 지식의 보유)
  – 담당직원과 지원인력의 지식과 기술, 서비스 관련 연구개발능력
• 접근의 용이성(서비스 시설에의 접근가능성과 접촉용이성)
  – 전화를 통한 접근가능, 납득할 만한 대기시간, 서비스 제공시간대 및 시설접근의 편리성
• 정중함(고객담당직원의 정중, 사려, 친근감)
  – 고객재산에 대한 배려, 담당직원의 청결하고 정숙한 외모
• 의사소통(고객이 이해할 수 있는 방법으로 정보제공, 고객의사 경청)
  – 서비스의 내역 및 비용 설명, 문제해결 보증
• 신용도(서비스 제공자의 진실성, 정직, 최대 편익을 제공하겠다는 의지)
  – 브랜드, 서비스 담당직원의 개인적 특성, 고객 대응시 강매의 정도
• 안전성(위험이나 의심으로부터 자유, 불안감 해소)
  – 물리적 안전, 금전적 안전, 비밀의 보장
• 고객 이해(고객의 욕구를 이해하려는 노력)
  – 고객의 구체적 요구사항 인지, 개별적인 관심 표명, 단골고객 인지
• 유형성(서비스의 외형적 증거)
  – 서비스 지원시설, 서비스 담당직원의 외모, 서비스 제공에 사용되는 설비와 도구, 서비스받은 결과, 서비스 시설 내 다른 고객들의 모습

[그림 9–16]
서비스 품질의 구성요소

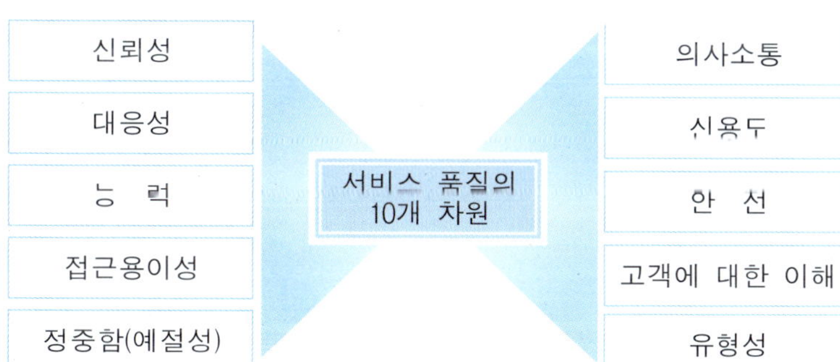

이들 3명의 연구에 따르면 고객의 서비스 품질 인지는 서비스를 받기 전의 기대수준과 실제 서비스를 받은 경험을 비교한 결과로 측정한다. 이처럼 서비스 품질의 인지는 서비스를 제공받은 결과로 나타나는 상태뿐만 아니라 서비스를 받는 과정 그 자체에서도 도출된다. 고객입장에서는 서비스가 수행되는 방법 또한 서비스 품질의 주요 결정요인이 된다. 예를 들어 음식맛이 다소 떨어지더라도 종업원이 친절하고 음식을 대접하는 매너가 좋으면 맛의 저급함을 다소나마 보완해 줄 수 있을 것이다. 반대로 아무리 음식맛이 우수하고 둘도 없더라도 종업원이 불친절하고 식당이 불결하면 서비스 품질은 나쁘게 평가된다.

쉬어가기

AI로 품질혁신… LG전자 '빅 식스시그마' 구축 - 100만개 제품 중 3~4개 불량

LG전자가 업계 최초로 기존 '식스시그마'에 빅데이터와 인공지능(AI), 사물인터넷(IoT)을 접목한 '빅(Big)식스시그마' 프로젝트에 나선다. 식스시그마는 100만개 제품 중 3~4개 불량만을 허용하는 품질혁신 운동을 말한다. LG전자는 최근 산업 전반에 디지털화가 빠르게 진행되면서 기존 방법(식스시그마)에 한계가 있다는 판단에서 본질은 유지하면서 빅데이터, AI 등을 접목해 품질관리 수준을 획기적으로 개선 · 유지하기 위한 프로젝트에 착수했다.

전자업계 등에 따르면 최근 LG전자는 품질경영센터 산하에 '식스시그마팀'을 '빅식스시그마팀'으로 재편하고 4차 산업혁명 기술을 품질관리에 도입하기로 했다. 식스시그마팀은 품질개선, 설계 최적화, 통계적 공정관리 등을 통해 품질을 개선하는 업무를 수행해왔다. 아울러 LG전자는 식스시그마와 빅데이터 활용 역량을 함께 갖춘 빅식스시그마 전문가 육성 체계도 확대해 품질관리 전문가를 육성 · 확보한다는 구상이다. 식스시그마는 데이터를 활용해 기업이나 조직의 다양한 문제를 정의하고 현재 수준을 계량화한 뒤 문제 발생 원인을 분석하는 게 핵심이다.

LG전자는 앞서 1996년 국내 기업 최초로 식스시그마를 도입하면서 생산 · 품질 · 구매 · 개발 등 업무의 다양한 영역에서 이를 활용해왔다. 그러나 최근 들어 산업 전반에 걸쳐 디지털화가 빠르게 진행되면서 제품 관련 데이터 양과 변수가 늘어나 기존 식스시그마 방법을 그대로 적용하는 데 한계가 있다고 회사 측은 판단한 것으로 알려졌다. LG전자는 기존 식스시그마의 절차와 본질은 유지하면서 빅데이터, AI 등 디지털 기술을 접목해 품질 수준을 혁신적으로 높인다는 계획이다.

LG전자는 최근 TV 화면을 검수하는 영상판별 작업에 AI · 빅데이터 분석 기법과 식스시그마를 접목해 적용했다. 기존 육안으로 평가하던 영상 판별은 데이터 수집 등에 한계가 있어 식스시그마를 적용하기가 쉽지 않았다. 이를 해결하기 위해 영상 판별에 AI를 도입하고 여기서 수집된 데이터를 바탕으로 식스시그마 기법을 적용해 정확도를 크게 높였다. LG전자 관계자는 "식스시그마를 성공적으로 정착시킨 경험과 역량을 토대로 빅식스시그마 활동을 통해 보다 완벽한 품질을 확보해 갈 것"이라고 강조했다. LG전자는 향후 필요한 데이터를 디지털화할 수 있는 체계를 구축해 나가며 정량화가 어려웠던 영역과 정교한 최적화가 어려웠던 분야에 빅식스시그마를 적극적으로 활용한다는 계획이다.

(매일경제, 2020.4.15)

기계한테 "감사합니다" 인사 전하자 고장률이 떨어졌다?

2011년, 포스코 포항제철소에서는 직원들이 기계에 감사 스티커를 붙이면서 "고장 나지 않아 고맙다"는 인사를 전했다. 기계가 말을 알아들을 리 없었기에 직원들은 감사 인사를 하면서도 기계 고장률이 낮아질 것이란 기대를 거의 하지 않았다. 그런데 시간이 흐르자 거짓말처럼 기계의 고장률이 떨어지기 시작했다. 2010년 0.23%였던 기계 고장률은 감사 운동이 시작된 2011년 0.17%, 2012년에는 0.12%로 고장률이 2년 만에 52%가 감소했다. 갑작스런 고장으로 야간에 호출을 받는 직원 수(돌발호출 건수)도 2010년 899명에서 2012년 320명으로 대폭 줄었다. 정말 기계가 고맙다는 말에 보답이라도 한 것일까?

자체 조사 결과 비결은 따로 있었던 것으로 추정됐다. 설비를 관리하는 현장 직원들이 감사 인사를 붙인 기계에 이전보다 더 큰 관심을 보였기 때문에 고장률이 이전보다 줄어들었다는 설명이다. 직원들은 감사 운동을 생활화하면서부터 정비를 할 때마다 더 애정을 가지고 기름칠을 하고 설비 체크도 꼼꼼히 했다. 기계에 감사하는 운동이 좋은 성과를 내자 직원들은 기계의 부품 하나하나에도 감사를 표시하기 시작했다. 예를 들면 기계를 분해하여 청소할 때 밸브에 '가스를 잘 찾아내줘서 감사하다'는 뜻을 전달하는 식이었다.

긍정적인 언어를 듣고 자란 식물이 부정적인 언어를 듣고 자란 식물에 비해 더 잘 자란다는 실험은 들어본 적이 있을 것이다. 실제로 포스코 포항제철소는 기계에 감사 스티커를 붙이기 전에 긍정적인 언어의 중요성에 대한 실험을 실시했다. 실험은 양파를 두 개씩 준비한 뒤 하나에는 '감사합니다'와 같은 긍정적인 말을, 다른 하나에는 '짜증 난다' 등의 부정적인 말을 들려주는 식으로 진행됐다. 그 결과 긍정적인 말을 들은 양파는 싹이 빨리 자랐고, 부정적인 말을 들은 양파는 싹이 거의 나오지 않았다. 포스코는 이러한 실험 결과를 이용해 긍정적인 말과 행동으로 직원들의 근무 만족도와 행복도를 높이고자 했다.

포스코는 기계에 감사 인사를 전하는 활동 외에도 '직원간 감사 편지 전하기', '감사한 일을 노트에 작성하기' 등의 감사 운동을 전개했다. 그 효과는 포스코의 '행복지수' 조사에서 확연히 드러났다. "나는 내 일을 하면서 성취감을 느낀다", "나의 직장 생활은 매우 행복하다", "우리 회사에서 나의 장래 기회는 밝은 것 같다" 등의 질문으로 구성된 설문에서 포스코 임직원들의 행복지수는 감사 운동 도입 이후 큰 폭으로 증가했다.

감사를 실천한다는 것은 얼핏 보면 쉬울 수도 있지만 사실 꽤 많은 노력이 필요한 일이다. 감사를 하기 위해서는 상대방에게 깊은 관심을 갖고 관찰한 뒤, 감사할 부분을 찾아내야 한다. 그렇다면 역으로, 이러한 부분들이 기업의 생산성을 해치지는 않을까? 또한 억지로 감사를 강요하면 직원들의 반발을 사지는 않을까? 포스코 역시 감사 운동의 실효성에 대해 많은 의문점을 가졌다고 한다. 하지만 감사 운동을 직접 실천해 본 임직원들은 "긍정적인 생각의 선순환 구조가 구축이 된다"고 전했다. 감사를 하기 위해서는 긍정적인 에너지가 필요하고, 타인에게 감사를 하기 위해서는 자신부터 편안해야 한다. 이 과정에서 자신의 내부를 스스로 치유해야 하기 때문에 힐링 효과도 느낄 수 있다.

자신의 일에 만족하는 직원들은 기업의 생산성 향상에도 기여하게 된다. 물론 고객 만족도도 당연히 같이 상승한다. Sears Roebuck & Co.(세계적인 미국계 유통업체)에 관한 연구에 따르면 직원 만족도가 5포인트 오를 때 고객 만족도가 1.3포인트 따라 오르며, 이는 소폭의 매출 증가로도 이어졌다. 숀 아처(굿싱크 CEO)의 〈행복의 특권〉이라는 책에서도 직원 만족도의 중요성을 언급하고 있다. 이 책에 따르면 기업은 직원이 스스로 행복하다고 여길 때 생산성이 30%가량 향상됐다는 실험 결과가 있다. 직원의 행복이 기업의 성장에 매우 중요한 요소라는 설명이다. 또 인간의 뇌는 긍정적인 감정이 충만해지면 자연스럽게 도파민과 세로토닌을 분비해 학습능력과 창의성을 높이고, 다양한 아이디어가 떠오르게 만들며, 스트레스와 짜증스러운 순간을 유연하게 대처할 수 있는 여유를 마련해준다고 한다.

긍정적인 뇌를 개발하기 위한 방법으로 업무나 일상에서 일어났던 감사한 일들을 하루에 3가지씩 꾸준히 적어볼 것을 권유한다. 타인을 도와주거나 적극적으로 칭찬을 해주는 일도 좋다. 물론 가장 중요한 사안은 이러한 활동들을 반복적으로 지속해 습관화하는 것이다. 이를 통해 긍정적 감정을 자극받고 업무 열정과 효율성을 높여 장기적으로 큰 성과를 낼 수 있다.

(김선우, DBR, 126호, 2018.6.22)

공장 곳곳에 '바보도 한다'… 볼보 굴삭기 표준된 '창원 스타일'

'Poka-Yoke(포카-요케)'

지난 17일 방문한 볼보건설기계코리아 경남 창원공장 곳곳엔 이런 표어가 붙어 있다. 일본에서 나온 말(ポカヨケ)로 '바보도 한다'(fool proof)는 뜻이다. 사무실의 조명 스위치, 대형 건설장비의 온·오프 버튼, 생산라인에서 나사를 조일 때 어떤 장비부터 챙겨야 하는지 등 실수를 막기 위해 만든 안전장치와 안내 패널 맨 위에 이 문구가 쓰여 있다. 문구를 부착한 이유는 하나다. 여러 사람이 찾아낸 최적의 작업방식을 전 직원이 매뉴얼·교육 등을 통해 공유하면서 효율을 높이고 실수를 줄이고 있다는 사실을 전 직원에게 환기하기 위해서다. '매뉴얼을 지키는 게 바보도 할 수 있을 정도로 쉬우니 실수하지 말자'는 뜻이다. 별것 아닌 것 같지만 이런 디테일이 모여 큰 차이를 만들어 냈다. 우선 창원공장 제작시간이 세계 다른 볼보 현장에 비해 짧다. 또 안전사고를 줄일 수 있고 어디에서 문제가 생겼는지 파악하기도 쉽도록 설계돼 있다.

이렇게 된 비결을 묻자 의외의 대답이 돌아왔다. 석위수 대표는 "실수하면 영어로 변명하는 것이 잔업보다 무서웠기 때문"이라고 말했다. 그는 "내 일 네 일 구분하지 않고 해버리는 한국적 직장 문화, 갑자기 회사 주인이 바뀌면서 닥친 위기감이 더해져 현재의 창원을 만들었다"는 설명이다. 일본어를 강조하던 삼성중공업 문화에서 1998년 볼보로 넘어가며 하루아침에 영어로 소통해야 하는 스웨덴 회사가 되자 직원들의 스트레스가 만만치 않았다. 석 대표는 “납기를 맞추지 못하거나 불량품이 나오면 구구절절 설명해야 하지만 문제가 없으면 그냥 지날 수 있어 편했다”고 했다. 포카-요케도 실수를 최소화하기 위해 계속됐다.

1927년 자동차 생산으로 시작된 볼보는 1999년 자동차 부문을 매각한 뒤 건설기계 · 트럭 · 버스 · 선박에 집중하고 있다. 이 중 건설기계본부는 벨기에에 있고 생산시설은 전 세계에 퍼져 있다. 일 빨리하고 말이 적은 ‘창원 스타일’은 볼보 편입 몇 년 만에 굴삭기 제작의 표준으로 자리 잡았다. 일처리와 능률에 대한 글로벌 본사의 긍정적인 평가가 나오면서 창원 스타일은 곧 다른 굴삭기 거점으로 적용됐다. 우선 2006년께 독일 굴삭기 공장을 모두 뜯어고쳤다. 창원 방식을 유럽 직원에 적용하는 것은 쉽지 않았다. 독일은 상단 · 하단 · 굴삭기 팔 등 각 부분을 만드는 조직이 각각 떨어져 있는 섬조직 형태였다. 작업의 속도를 조직별로 조율할 수가 있어 업무 속도의 편차가 생긴다. 장점은 자율성, 단점은 생산성 약화다. 반면 창원은 삼성 시절부터 도요타 생산방식을 사용하고 있어 앞뒤 팀과의 작업 속도 조율과 팀워크가 중요하다. 처음에 저항이 심했지만 2010년부터는 미국, 러시아, 인도, 중국 굴삭기 공장은 모두 창원 스타일을 도입했다. 중국 고유 굴삭기 브랜드인 합작사 SDLG를 만들 때도 창원이 핵심적인 역할을 했다.

창원공장은 볼보건설기계 64개 공장 중 그룹 심사평가에서 2012년 역대 최고의 점수를 받으며 그룹 내 최고 공장으로 평가받고 있다. 이 심사는 안전 · 품질 · 납기 · 원가 · 환경 · 인재양성의 지표 등 22개 분야를 평가하는 것으로 창원은 매년 우수한 성적을 내고 있으며 현재는 2위를 기록하고 있다. 물론 직원 노력이 전부는 아니었다. 창원공장은 삼성중공업에서 볼보로 5억 달러에 팔릴 당시 연간 670억원 적자를 내고 있었다. 볼보는 인수 직후 약 9,000만 달러를 투자해 굴삭기 연구개발(R&D) 기능을 강화했다. 제품은 중장비를 10종에서 굴삭기 하나로 과감하게 단일화했다. 첨단기술개발센터를 만들어 연구원 300여 명이 오직 굴삭기에만 매달리게 했다. 볼보그룹도 미국 캐터필러에 비해 취약했던 굴삭기 분야에서 단숨에 경쟁력을 확보할 수 있었다. 창원은 볼보에서 가져간 지 1년 반 만에 253억원의 흑자로 돌아설 수 있다. 2015년 매출액은 1조5,950억원을 올렸고, 지난해엔 이와 비슷한 수준, 올해는 약 2조원을 기록할 전망이다.

창원이 볼보의 굴삭기 생산 거점으로 자리 잡자 인근 협력업체는 305개(2001년 기준)에서 358개로 늘어났다. 굴삭기에 들어가는 부품의 85%가 한국산이다. 특히 이중 보안이 필요한 핵심 부품 77종은 창원공장에서 만들어져 세계 생산기지로 보급된다. 덕분에 볼보 창원공장 협력사의 매출은 2001년 대비 약 6배 늘어 함께 웃을 수 있었다. (중앙일보, 2017.3.27)

연습문제

CHAPTER 9

선택형 문제

1. 다음 중 품질에 관한 설명으로 옳은 것은?

ㄱ. 설계품질은 제품의 설계단계에서 결정되는 품질특성으로 소비자의 요구와 기호, 소비자 가격, 그리고 생산시스템의 기술수준 등을 감안하여 결정된다.
ㄴ. 설계품질을 결정한다는 것은 곧 제품의 기본적인 골격을 구체화하는 것으로 제품의 기술적인 특성, 기능, 수명, 성능, 신뢰도 등이 이 과정에서 구체적으로 고려되며 통계적 품질관리의 주관심대상이다.
ㄷ. 적합품질이란 설계규격에 일치하는 정도를 나타내는 것으로 생산공정의 기술적 능력, 작업자의 품질에 대한 태도, 설비의 보수 및 점검, 품질검사 시스템의 운영상태 등 여러 가지 요소에 의해 영향을 받게 된다.

---

① ㄱ, ㄴ　② ㄴ, ㄷ
③ ㄱ, ㄷ　④ ㄱ, ㄴ, ㄷ

2. 다음 중 적합품질을 직접적으로 향상시키기 위한 활동으로 볼 수 없는 것은?

① 신제품의 기획, 설계의 재검토
② 생산기술의 개선, 설비의 보수 및 유지
③ 원자재 및 부품의 품질검사
④ 공정의 효율적 관리

3. 품질계획, 신제품 설계의 검토와 개선, 품질관리 교육, 품질관계 자료수집, 품질개선을 위한 공정연구, 외주업체의 교육 및 평가 등의 활동에 소요되는 비용을 지칭하는 품질비용은?

① 평가비용　② 예방비용
③ 실패비용　④ 품질기획비용

4. 다음 중 내적인 실패비용이 아닌 것은?

① 불량품 처리를 위한 재작업비용
② 폐기물, 등외품 등으로 인한 손실
③ 원자재 불량으로 인한 설비고장 등으로 인해 발생하는 비용
④ 반품으로 인한 판매손실, A/S에 소요되는 비용

5. 다음 중 품질비용의 도입, 운영의 목적에 해당하는 것은?

ㄱ. TQM의 도입과 확산의 성공여부를 판단할 수 있는 기준으로 활용될 수 있다.
ㄴ. 품질관련 예산의 설정과 비용통제의 수단으로 쓰일 수 있다.
ㄷ. 품질개선활동의 우선순위 설정 및 투자부문의 선택 등을 통해 기업 내의 자원을 합리적으로 배분할 수 있는 도구의 역할을 할 수 있다.

---

① ㄱ, ㄴ　　② ㄴ, ㄷ
③ ㄱ, ㄷ　　④ ㄱ, ㄴ, ㄷ

6. 품질경영을 성공적으로 이끄는 데 유용한 7가지 품질경영기법에 해당하지 않는 것은?

① 파레토도(Pareto diagrams)　　② 특성요인도(cause and effect diagrams)
③ 샘플링검사법(sampling inspection)　　④ 산점도(scatter plots)

7. 다음 중 TQM의 구성요소에 포함되는 것은?

ㄱ. 최고경영자의 열의와 리더십
ㄴ. 끊임없는 교육훈련과 참여의식을 통한 능력개발
ㄷ. 합리적 · 과학적 관리방식을 활용한 절차의 표준화

---

① ㄱ, ㄴ　　② ㄴ, ㄷ
③ ㄱ, ㄷ　　④ ㄱ, ㄴ, ㄷ

8. 다음 중 빈도수는 상대적으로 작지만 서비스 품질의 불량으로 인한 손실액이 큰 항목을 체계적으로 알아보는 데 유용한 기법은?

① 특성요인도　　② 산점도
③ 파레토도　　④ 흐름도

9. 최종적인 결과 또는 변수를 화살표 오른쪽 끝에 표시하고, 그 원인들을 각 계통별로 나타내는 데 도움을 줄 수 있는 도구는?

① 특성요인도 ② 산점도
③ 파레토도 ④ 흐름도

10. 통제가능한 변동, 즉 이상원인에 의한 변동을 감지하는 데 효과적으로 쓰이는 서비스 품질 혁신을 위한 기본 도구는?

① 흐름도 ② 피시본 차트
③ 관리도 ④ 히스토그램

11. 다음 중 관리도에 관한 설명으로 옳은 것은?

ㄱ. 관리도를 통해 생산설비의 기술수준이 품질에 미치는 영향 정도를 계량적으로 분석할 수 있다.
ㄴ. 관리도의 목적은 기계설비의 마모, 정비불량, 원자재의 불량, 작업자의 부주의 등과 같이 제거해야 할 이상원인에 의한 변동을 감지하고자 하는 데에 있다.
ㄷ. 관리도에서 중심선은 공정에서 산출되는 제품특성치의 평균을 나타내고, 관리상한선(UCL)과 관리하한선(LCL)은 공정에서 추출된 표본특성치의 평균값이 가져야 할 한계치를 나타낸다.

---

① ㄱ, ㄴ ② ㄴ, ㄷ
③ ㄱ, ㄷ ④ ㄱ, ㄴ, ㄷ

12. 다음 중 식스시그마 운동에 대한 설명이 바른 것은?

ㄱ. 통계적 기법보다는 팀과 리더십을 강조한다.
ㄴ. 조직 전체가 달성해야 할 품질의 개선목표를 계량적으로 설정한 것이다.
ㄷ. 시그마는 편차를 의미하며, 시그마 앞의 숫자가 클수록 품질수준이 높다.

---

① ㄱ, ㄴ ② ㄴ, ㄷ
③ ㄱ, ㄷ ④ ㄱ, ㄴ, ㄷ

13. 다음 중 카노의 품질모형에 대한 설명으로 바른 것은?

ㄱ. 일원적 품질요소는 유사한 서비스나 상품과의 차별성을 제공하고 고객감동의 원천이 될 수 있다.
ㄴ. 매력적 품질요소는 고객이 미처 기대하지 못했거나 또는 기대수준을 넘어서는 품질요소로서 충족되면 상당한 만족을 제공하지만, 충족되지 않더라도 불만족과는 무관한 품질요소를 말한다.
ㄷ. 당연적 품질요소는 반드시 있어야만 만족하는 품질요소이기 때문에 충족되어도 별다른 만족감을 주지 못하지만, 충족되지 않으면 불만을 일으키는 품질요소이다.

---

① ㄱ, ㄴ ② ㄴ, ㄷ
③ ㄱ, ㄷ ④ ㄱ, ㄴ, ㄷ

14. 자동차의 연비는 높을수록 고객이 만족하며, 낮을수록 불만을 낳게 하는 품질요소이다. 또한 콜센터의 대기시간이 짧고, 직원의 친절도나 전문성 등이 높을수록 고객이 만족한다. 이런 품질요소를 카노는 무엇이라 불렀는가?

① 매력적 품질 ② 일원적 품질
③ 당연적 품질 ④ 소구적 품질

15. 다음 중 GE가 식스시그마 경영의 진척도를 추적하는 척도로 도입한 지표에 해당하는 것은?

ㄱ. 빈약한 품질로 인한 비용
ㄴ. 공급업체의 품질
ㄷ. 현장 종업원들의 식스시그마 경영 참여도

---

① ㄱ, ㄴ ② ㄴ, ㄷ
③ ㄱ, ㄷ ④ ㄱ, ㄴ, ㄷ

16. 식스시그마 경영에서 품질개선을 위한 작업은 크게 'DMAIC'의 5단계로 나누어 실시한다. 'DMAIC'에 포함되지 않는 것은?

① 측정(Measure) ② 정의(Define)
③ 통제(Control) ④ 주도(Initiative)

17. 다음 중 서비스 품질평가에 대한 설명으로 바르게 된 것은?

ㄱ. 고객이 서비스 품질을 평가하는 기준을 판매자가 파악하기가 쉽지 않다.
ㄴ. 서비스 품질은 브랜드와 충성도에 의해 영향을 받으므로 직접적인 평가가 불가능하다.
ㄷ. 고객의 서비스 품질평가는 서비스의 결과뿐만 아니라 서비스 제공과정의 질도 반영한다.

① ㄱ, ㄴ　　② ㄴ, ㄷ
③ ㄱ, ㄷ　　④ ㄱ, ㄴ, ㄷ

18. 다음은 서비스 품질의 10개 차원에 대한 설명이다. 차원과 그에 대한 설명이 맞는 것은?

ㄱ. 의사소통－고객이 이해할 수 있는 방법으로 정보제공, 고객의사 경청
ㄴ. 대응성－담당직원의 서비스 제공에 대한 의욕과 준비 철저
ㄷ. 신용도－서비스 전달과정의 일관성

① ㄱ, ㄴ　　② ㄴ, ㄷ
③ ㄱ, ㄷ　　④ ㄱ, ㄴ, ㄷ

PART Ⅱ

공급망관리의 이해

제10장 공급망관리의 의의와 범주
제11장 공급망 계획수립시스템
제12장 디지털 공급망관리의 의의와 구성요소

CHAPTER

10 공급망관리의 의의와 범주

공급망은 고객, 유통업체, 소매업자, 도매업자, 제조업체, 부품 및 자재공급업체, 물류업체 등으로 구성된 망 또는 네트워크로서 이들 구성원들이 유기적으로 서로 얽혀 상호작용이 이루어지는 네트워크를 말한다. 공급망관리의 등장은 시장의 움직임을 직접 관찰하고 가시성을 높임으로써 채찍효과를 해소하기 위해 나타난 개념이기는 하지만, 이제는 지속가능한 경영을 위해 필요한 핵심역량의 일부분이 되어가고 있다. 본장에서는 공급망의 통합적 관리를 위해 필요한 정보시스템 구성요소와 공급망 구성원간의 협업체계 그리고 다양한 평가지표에 대해 살펴보고자 한다.

제 1 절 공급망관리의 의의
제 2 절 공급망 내의 흐름관리와 공급망 유형
제 3 절 공급망관리시스템의 구성
제 4 절 기업간 협업과 SRM
제 5 절 공급망관리의 평가지표

제 1 절 공급망관리의 의의

1 공급망의 개념

공급망(supply chain)이란 제1장에서 간략히 살펴본 바와 같이 고객, 유통업체, 소매업자, 도매업자, 제조업체, 부품 및 자재공급업체, 물류업체 등으로 구성된 망 또는 네트워크를 의미한다. 부품이나 자재 공급업자는 제조업체에, 제조업체는 고객에게 직접 판매하거나 유통업체 또는 대리점, 직판사 등을 통해 고객에게 상품을 판매한다. 유통업체는 다시 고객에게 직접 판매하거나 소매점 등을 통해 고객에게 상품을 공급하기도 한다. 고객에게 판매가 완료되면 상품의 공급과정과는 정반대 방향으로 자금이 이동한다.

월마트나 이마트와 같은 글로벌 기업의 경우 이들 소매기업을 중심으로 수천개의 제조업체 및 유통업체들이 연결되어 있을 것이다. 누가 공급망을 이끌어가는 선도적 역할을 하느냐에 따라 공급망의 구조가 달라진다. 공급망관리는 이렇게 복잡하게 얽혀 있는 공급망 구성원 사이의 자재와 상품의 흐름, 정보의 흐름, 자금의 흐름을 통합적으로 관리함으로써, 고객에 대한 리드타임을 줄이고 공급망 내 재고를 최소화하고자 하는 데 목적이 있다. 공급망

[그림 10-1]
공급망의 구조

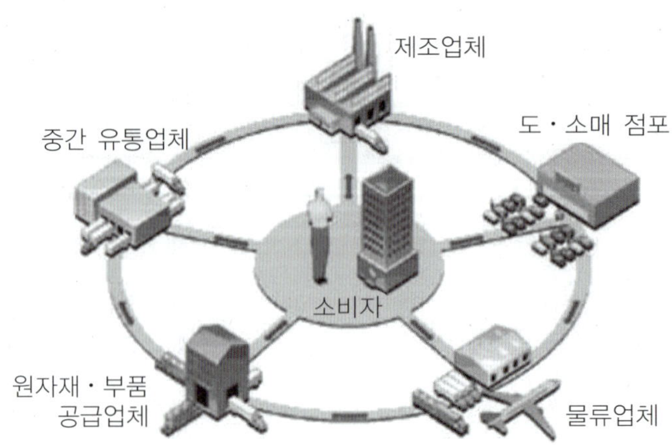

출처 : http://www.axtin.com/solutions/supply_chain.html

관리의 최우선 목표는 신속대응과 고객만족에 있다. 고객의 모든 요구사항에 대해 신속하게 대응한다는 것이다. 이는 언제, 어디서든지 주문이 가능하도록 하고, 고객의 요구사양에 따른 공급(make-to-order)을 하며, 현지 시장의 요구사항에 맞는 가격 및 납기를 설정한다는 것이다. 삼성전자, 애플, 도요타, 로레알, 델, H&M, 자라 등과 같은 거대 글로벌 기업의 경우 각 사가 주체적으로 공급망을 이끌어간다. 각 공급망에는 수천여 개의 협력업체들이 거미줄처럼 연결되어 최고의 상품과 서비스를 신속하게 고객이 원하는 곳에 공급하고자 노력한다. 이 과정에서 부가가치가 창출되며 엄청난 부가 축적된다. 이들 기업에게 공급망관리란 자재와 상품의 흐름, 정보의 흐름, 자금의 흐름을 통합적으로 관리하는 데 필요한 핵심역량이다.

이런 거대 공급망을 주도하는 기업이 아니라 하더라도 공급망관리의 개념은 기업경쟁력 제고를 위한 핵심도구이다. 일반 소비자로부터의 수요나 주문보다는 대기업이나 대형유통업체의 개별수주를 기반으로 생산계획을 수립하는 많은 중소기업들에게 공급망이란 생소한 개념일 수 있다. 주문의 불확실성을 자체적으로 해소하기도 힘들며, 거의 대부분의 작업이 자사 내의 설비에서 이루어지기 때문에 아웃소싱은 생각할 필요도 없다.

그러나 기술력과 품질, 그리고 납품의 신뢰도 등을 기반으로 기업규모가 중견기업 수준으로 성장하게 되면, 생산관리는 단순한 일상적 점검수준을 넘어선다. 제품이 다양해지고 고객만족도가 높아지면서, 대기업이나 대형 도·소매업체로부터의 주문에 의존하던 판매방식이 자사 대리점을 통한 판매, 자사 웹사이트와 쇼핑몰을 통한 직접 판매, 외국 바이어들로부터의 주문 등으로 유통채널이 확장되기 시작하고, 모든 생산공정을 자체적으로 처리하던 방식에서 벗어나 일부 부품이나 조립품 생산을 외부에 아웃소싱하고 경쟁력 있는 부분에만 주력하는 경향이 나타나기 시작한다. 매출이 늘어나면서 생산부문에 대한 요구도 다양해져서, 예정에도 없는 대형구매업체의 특판요청, 갑작스러운 물량 증대요청, 상품디자인의 수정, 유통채널마다 달리 요구하는 포장방식 등으로 인해 수요측면의 변동이 커지게 된다. 수요예측의 오류로 인해 인기상품은 생산차질을 불러일으키며, 예상외의 수요부진으로 과잉재고로 남아 있는 상품도 많아짐에 따라 자금회전이 둔해져 기업운영에 어려움을 겪기도 한다.

이런 현상이 나타나기 시작하면 매출은 증가하지만 리드타임이 증가하고 재고로 쌓이는 상품의 비율도 급증한다. 원자재의 구매, 가공에서부터 완제품의 생산, 유통에 이르는 부가가치활동과 관련된 일련의 프로세스, 즉 공급망에 대한 정확한 정보수집과 리드타임 축소를 위한 다양한 조치를 필요로 한다. 공급망관리 개념의 도입이 절실해지는 시점이다. 즉, 제품개발, 자재구매, 생산, 영업, 마케팅 등 회사 내의 여러 부서들이 다른 부서에 대한 별다른 배려 없이 자기 부서의 성과 극대화에만 노력하게 될 때 부조화와 갈등이 발생한다.

글로벌 기업들이 공급망관리시스템 도입 초기에 수많은 파트너기업이나 협력업체와의 정보공유 및 협업과정에서 어려움을 겪은 바와 같이, 중소기업들도 자사 내의 여러 부서간 협조부족으로 인해 어려움을 겪게 된다. 같은 회사에서 근무하지만 부서간 의사소통과 정보공유를 거북해하며 각기 편한 방식으로만 업무를 처리할 때, 어디에선가 재고는 쌓이게 되며 고객에 대한 리드타임은 증가하고 결과적으로 영업이익은 급감하게 된다. 결국 공급망관리는 같은 회사 내의 부서간 정보공유와 협업에서부터 시작할 수밖에 없으며, 지금까지 누구도 관심을 보이지 않았던 혁신적 업무를 주도적으로 책임지고 이끌어나가야 한다. 자사 내에서의 정보공유와 협업이 효율적으로 이루어지지 않는다면 파트너기업이나 협력업체와의 정보공유나 협업도 제대로 이루어지기 어렵다.

2 초기 공급망관리의 태동배경

공급망은 고객의 요구사항을 이행하는 데 직·간접적으로 관여된 여러 다양한 단계로 구성된다. 생산자와 공급자뿐만 아니라 운송업자, 물류창고, 도·소매업자 등이 참여한다. 이러한 공급망은 과거에도 존재했지만, 근래에 와서 많은 사람들의 관심을 끄는 것은 그만한 이유가 있다고 보아야 할 것이다. 공급망관리가 글로벌 기업들의 관심을 끌게 된 원인 중의 하나는 채찍효과(bullwhip effect)라는 수요왜곡현상이다.

1990년대초 P&G사는 팸퍼스 기저귀에 대한 수요가 공급망을 거슬러 올라가면서(즉, 원자재 공급기능쪽으로 올라가면서) 최종소비자의 수요변동이 증폭되어 공급망의 상위에 있는 기업들이 느끼는 수요변동폭이 최종소비자의 수요변동폭보다 훨씬 크다는 것을 발견하였다. 이러한 주문량·변동량의 증폭 현상을 채찍의 손목부분에서 끝부분으로 가면서 움직임의 진폭이 커지는 것에 빗대어 채찍효과라 부르게 되었다.

주문량 또는 수요량 증폭현상은 최종소비자의 수요량과 변동에 대한 정보가 제대로 전달되지 않고 왜곡되어 전달되고 있다는 의미에서 정보의 왜곡현상으로 해석할 수 있을 것이다. 이렇게 수요관련정보가 왜곡되어 전달됨으로써 공급망의 상위에 있는 기업들은 최종 수요의 실제 변동폭보다 훨씬 큰 변동폭에 대응하여 생산·구매계획을 세우고 실행에 옮기게 된다. 결과적으로 필요 이상의 잉여재고 발생과 생산량 변동으로 인한 추가비용 발생이 빈번히 반복되어 공급망 전체가 비효율적으로 운영될 수밖에 없다는 현상을 밝혀냈다. 채찍효과의 원인으로는 다음과 같은 네 가지가 제시된 바 있다.[1)]

- 단계적으로 이루어지는 수요예측
- 로트 주문방식
- 판촉 및 세일 등으로 인한 가격 변동
- 공급을 초과하는 수요에 따른 구매자간 힘겨루기

단계적으로 이루어지는 수요예측은 매우 일반화된 관행이다. 최종소비자의 수요데이터를 바탕으로 수요를 예측하고, 수요예측치에 근거하여 소매상은 도매상에 주문하며, 도매상은 소매상의 주문데이터에 의거하여 구매계획을 세운다. 이 구매계획에 따른 주문활동은 생산자 생산계획의 기초자료가 된다. 이렇게 이루어지는 단계적 수요예측은 최종소비자의 구매 또는 수요정보가 공급망의 말단에서 수집되지만, 이 정보가 공급망 전체에 확산·공유되지 않음으로 인해 발생하는 현상이다. 따라서 단계적 수요예측은 곧 최종수요정보의 왜곡현상으로 볼 수 있으며, 이 왜곡현상은 수요예측량 변동을 증폭시켜 불필요한 비용의 발생과 시간의 낭비라는 결과를 가져온다.

[그림 10-2]에 예시된 것과 같은 채찍효과의 발생은 로트주문방식에 기인하기도 한다. 로트주문방식은 필요할 때 필요한 양만큼 주문하기보다는 일정

1) Lee, H.L., P. Padmanabhan, and S. Whang, "The Bullwhip Effect in Supply Chains," *Sloan Management Review*, 38(3), Spring 1997, pp.93～102.

[그림 10-2]
채찍효과 예시

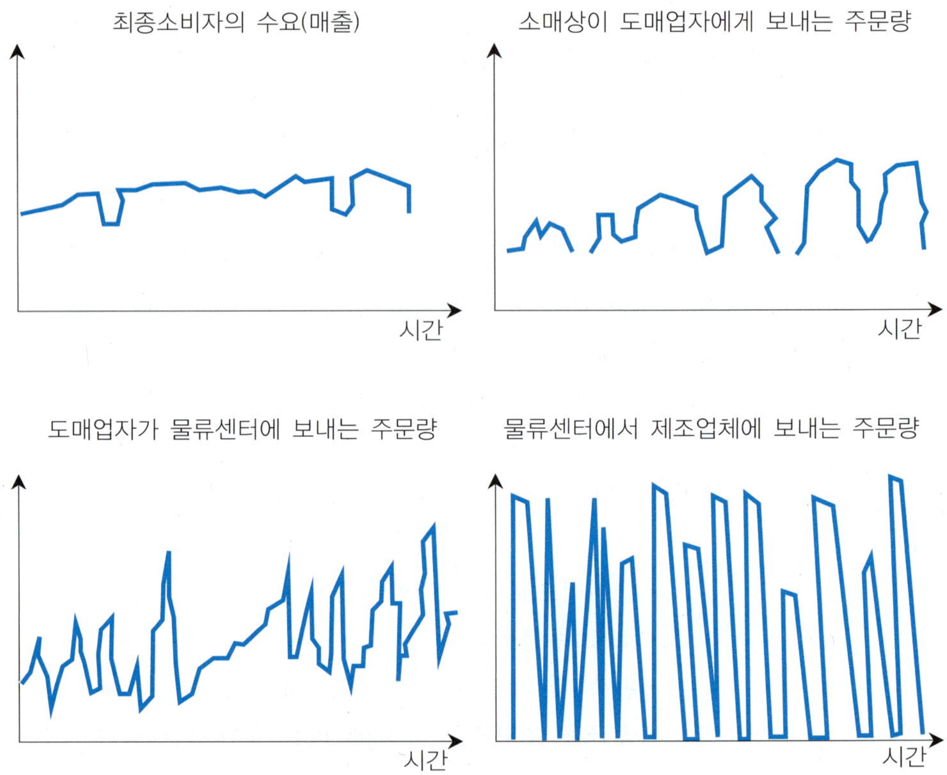

출처 : Ravi, A., S. Chopra, S.D. Deshmukh, J.A.V. Mieghem, and E. Zemel, *Managing Business Process Flows; Principles of Operations Management*, 3rd ed., Pearson Education, New Jersey, 2011.

기간 동안 필요할 것으로 예상되는 물량을 한꺼번에 주문하는 방식으로서 실제 수요량보다 주문량의 변동폭이 클 수밖에 없다. 예를 들어 실제 수요량이 매일 10개로 고정된 경우에 소매상이 도매상에 매일 주문하는 대신 일주일 분량 70개를 모아 묶음으로 일주일에 1회 주문한다면, 실제 수요량의 변동폭은 0이나 주문량(첫날은 70개, 나머지 6일은 0개)의 변동폭은 매우 커진다. 도매상도 생산자에게 4주(=28일) 분량을 모아 한 로트분을 주문한다면 주문량은 첫날에 280개이고 나머지 27일은 0개이며, 따라서 주문변동폭은 더욱 확대된다. 만약 소매상이 실제 수요량만큼을 매일 도매상에게 주문하고 도매상도 동일한 양을 생산자에게 주문한다면, 최종소비자의 수요변동폭을 증폭시키는 결과가 나타나지 않을 것이다.

특별할인판매와 같은 영업부문의 매출촉진전략도 채찍효과를 야기한다. 가격할인으로 판매촉진을 하는 경우, 가격할인을 기다리며 구매를 미루거나 가격할인을 최대한 활용하기 위해 미래의 수요량을 미리 구매하기도 한다. 이는 세일기간에 판매고를 최대한으로 늘리는 효과를 가져오지만, 한편으로는 세일기간 동안에는 실제 수요량보다 많은 주문량이 발생하고 세일 전과 후의 기간에는 주문량이 급감하는 현상이 나타난다. 따라서 수요량을 왜곡시키고 단기간 동안 발생하는 부풀려진 수요량을 충족시키기 위해 추가비용이 발생하게 마련이다.

생산능력이 수요를 충족시키지 못하는 경우에도 채찍효과가 발생한다. 특정제품에 대한 수요가 급증할 것으로 예상하는 경우에 볼 수 있는 현상인데, 이러한 경우에 소・도매상들은 물량확보를 위해 실제 수요예측치보다 훨씬 많은 양을 주문하는 것이 일반적이다. 이러한 경우 수요정보가 왜곡되어 생산자에게 전달될 것이다. 이런 수요의 왜곡현상을 줄이고 시장에 대한 가시성을 높이기 위해서는 공급망을 구성하는 개별기업간의 정보공유와 의사결정의 동기화가 필요하다. 즉, 공급망 전체에 걸친 전략적 관리가 필요하다.

3 글로벌 기업의 공급망관리

공급망관리의 등장은 시장의 움직임을 직접 관찰하고 가시성을 높임으로써 채찍효과를 해소하기 위해 나타난 개념이기는 하지만, 이제는 지속가능한 경영을 위해 필요한 핵심역량의 일부분이 되어가고 있다. 전통적으로 제조업체들은 종래에 생산라인, 공장 또는 기업 내의 생산성 향상, 리드타임 단축, 원가절감, 품질제고를 위한 합리화와 정보화, 자동화 시스템 구축 등을 위해 노력해왔다. 그러나 글로벌 시장에서 경쟁하는 많은 기업들은 기존의 생산・운영관리(Production and Operations Management) 활동만으로는 소비자의 마음을 사로잡기가 쉽지 않아졌다. 몇 가지 이유를 살펴보기로 하자.

첫째, 제조과정 이외에서 발생되는 부가가치가 증대되었기 때문이다. 실제 부가가치의 60～70%가 제조과정 외부의 공급망상에서 발생하며 미국의 경우 제조업 물류비용은 업종에 따라 10～15%에 이른다. 일반적으로 고객이 주문 후 상품을 받을 때까지 기다려야 하는 공급리드타임 중 순수하게 제조과정에서 소요되는 시간보다는 그 외 공급망상에서 소요되는 시간이 훨씬 길다. 제조업체들이 공장자동화를 위해 막대한 투자를 하고 있으나 실질적인 고객만족 효과는 주문에 대한 신속한 대응과 처리, 효율적인 물류관리 등의 단계에서 개선의 여지가 훨씬 크다.

둘째, 부품이나 원자재를 외부 협력업체에서 공급받는 경우 중장기적인 계약을 맺고 있다 하더라도 공급과정상의 불확실성을 완벽하게 제거할 수는 없다. 공급받는 자재나 부품의 품질과 물량 등에 불확실성이 존재하기 때문이다. 또한 수요예측에 많은 시간과 비용을 투자하더라도 시장수요의 불확실성을 배제한다는 것은 불가능하다. 따라서 생산계획 편성과 제조부문에 대한 치밀한 관리를 통한 리드타임 단축과 재고·재공품 감축에는 한계가 있을 수밖에 없다. 따라서 이러한 조직 내·외부 환경의 예상치 못한 변동을 협력업체의 역량을 통해 일부 대응함으로써 시장변화에 대한 대응성 극대화는 물론 아웃소싱을 통한 원가절감도 적극적으로 강구하게 되었다.

셋째, 생산, 부품 조달 및 구매, 보관 및 물류, 운송, 판매 및 유통 등의 기업활동이 글로벌화됨에 따라 공급망상의 리드타임이 길어지고 불확실성이 증대되어가고 있다. 국가별·지역별 편차가 크고 물류가 복잡해지면서, 어떤 주문을 어디서 받아서, 언제 어디서 어떻게 얼마나 만들고, 어떤 물류 및 유통채널을 통해 어떻게 운송하며, 필요한 자재 및 부품 조달을 어디서 어떻게 할 것인가에 등에 관한 방대한 계획수립과 실행 그리고 성과 추적이 점점 더 어려운 의사결정문제로 부각되고 있다. 글로벌 공급망 운영을 위한 합리적인 계획수립과 관리, 조정, 통제가 기업 생존에 핵심적인 과제로 부가되었다.

넷째, 종래의 표준화된 제품을 대량생산하여 고객에게 밀어내던 방식에서 탈피하여 고객의 다양한 요구에 맞추어 제조·납품해야 하는 대량고객화(mass customization)가 보편화되고 있다. 이러한 추세에 따라 관리대상 품목이 많아지고 재고·물류관리도 복잡해지며 결과적으로 주문관리, 생산계획, 판매에 따른 추적관리도 매우 복잡해질 수밖에 없다. 이런 상황에 대한 적절한 관리가 수반되지 않으면 고객에 대한 리드타임이 길어지고 불확실해지며 결과적으로 원·부자재재고의 증가, 부진재고의 증가 등으로 인해 공급망의 효율이 급속히 저하된다. 더욱이 기업간의 경쟁이 더욱 치열해지면서 공급망의 복잡함으로 인한 원가 및 리드타임 증가는 용납하기 힘들어졌다.

공급망관리는 원자재 조달부문과 생산관리, 완제품의 유통 등 상품이 고객에게 도착할 때까지 회사 내·외부를 포괄하는 전 과정의 경영효율화를 동시에 꾀한다는 것이 특징이다. 따라서 이런 가치창출 프로세스를 주도적으로 이끌어갈 만한 제품이나 시장, 유통채널, 브랜드 등을 보유하지 못하는 기업들은 공급망관리 도입 자체가 쉽지 않다. 공급망을 구성하는 기업들이 정보공유나 협업을 해야 할 필요성을 느끼지 못하며 이를 강요할 수도 없기 때문이다. 예를 들어 농수산물의 유통과정은 생산자, 수집상, 중도매인, 도매시장법인, 매매참가인, 직판소매시장, 소비자 등 복잡하기 짝이 없다. 이런 시장참여자들로 구성된 공급망을 주도적으로 이끌어 가면서 생산과 판매 및 재고, 가격 등에 관한 정보를 공유하며 소비자 만족을 극대화하기 위해 리드타임을 줄이고 적정재고를 유지하겠다는 주체는 아무도 없다. 이런 사업분야에서도 공급망은 존재하겠지만 공급망 자체를 주도적으로 이끌어가겠다는 주체는 찾기 힘들다. 소비자들과 산지생산자들의 불만이 해소되지 않는 이유이기도 하다. 각기 직접적인 거래관계에 있는 상대방에게만 신경을 쓰면 되기 때문이다.

그렇다고 해서 공급망관리를 도입하는 기업들이 '수직 계열화'를 지향하지도 않는다. 수직 계열화는 보통 상류의 공급자와 하류의 고객을 소유하는 것을 의미한다. 이것은 한때 바람직한 전략으로 여겨졌으나, 최근에 이르러 조직들은 점차적으로 그들의 '핵심사업'에만 초점을 맞추고 있다. 예를 들면, 한때 모든 부품을 자사에서 만들었던 회사들이 이제는 완제품만을 조립할 뿐이다. 또한 과거 공급망을 구성하는 기업간의 관계는 상호협조적이었다기보다는 적대적인 것이 보통이었다. 오늘날에도 원가절감이나 이익의 개선을 위해서 공급연쇄상의 파트너를 희생시키는 경우가 많다. 이러한 회사는 단순히 상류나 하류로 비용을 이전시킨다고 경쟁력이 향상되는 것은 아니라는 사실을 인식하지 못하고 있다. 모든 비용은 결국 최종시장으로 이동되며 최종사용자가 부담하는 가격에 반영되기 때문이다.

글로벌 기업들은 이러한 재래적인 접근방법의 오류를 인식하고, 대신에 가치의 부가와 비용의 삭축을 전체적인 공급망 관점에서 추구하여 자신들의 공급망을 더욱 경쟁적으로 만든다. 그들은 진정한 의미에서의 경쟁은 개별기업 대 개별기업 간의 경쟁이 아니라, 공급망 대 공급망의 경쟁이라는 사실을 알고 있다. 공급망 대 공급망의 경쟁에서 승리하기 위해서는 공급망 전체의 최적화를 도모해야 한다. 공급망관리를 통한 전체의 최적화 달성은 인센티브와 성과의 배분, 정보의 공유, 의사결정의 조정, 헌신과 신뢰의 관계 확립 등과 같은 많은 현실적 이슈의 해결을 의미한다.

공급망관리의 확산이 쉽지 않은 것은 공급망에 참여하는 개별구성원이 각기 상이한 목적에 따라 독자적으로 의사결정을 내릴 수 있는 권한을 가지고 있다는 점 때문이다. 각 구성원의 독자적인 의사결정 내용이 체계적인 틀에 의해 조정되지 않으면 공급망 전체의 성과는 전체의 최적화가 아닌 부분의 최적화(local optimization)에 머무를 수밖에 없다. 공급망 참여기업간 이해관계 상충과 이의 해소 문제가 해결되지 않는 한 공급망관리가 가져다줄 수 있는 잠재력을 최대한도로 활용하기는 힘들다. 예를 들어 판매업자와 생산자로 이어지는 간단한 공급망을 고려해 보자. 판매업자는 소비자의 다양한 욕구를 충족시키기 위해 가능한 한 많은 종류의 제품을 갖추길 원할 것이다. 그러나 생산자의 입장에서는 생산비용의 감축을 위해서 제품라인을 단순화시키고 싶어 할 것이다. 판매업자는 재고고갈 등에 따른 고객서비스 비용을 감소시키면서 한편으로는 자신의 재고는 줄이고 생산자가 재고를 떠안기를 바랄 것이다. 이러한 경우에 생산자와 판매자 간에 갈등은 발생할 수밖에 없고, 따라서 이 둘간의 의사결정 내용을 협상을 통해 조정하고 서로가 상생(win-win)할 수 있는 결과를 도출해야만 공급망 구성기업간 신뢰가 구축되고 공급망이 원활하게 운영될 것이다.

공급망관리 도입 초기에는 단순히 채찍효과를 방지하기 위한 정보공유시스템 정도로 생각하였지만, 이젠 환경의 불확실성에 적극적으로 대응하기 위한 공급망 구성원간의 정보공유와 협업, 성과 공유를 가능하게 하는 통합적 의사결정시스템으로 부각되고 있다.

제 2 절 공급망 내의 흐름관리와 공급망 유형

1 공급망에서의 흐름관리

공급망관리는 크게 보면 두 분야, 즉 흐름(flow)의 관리와 관계(relationship)의 관리로 나누어 생각할 수 있다. 공급망에서의 흐름은 일반적으로 자재와 제품의 흐름(physical flow), 정보흐름 및 자금흐름을 포함한다. 물적 흐름이 공급망의 상부(원자재 공급)에서 하부(최종소비자)로 자재가 이동하는 것을 의미한다면, 자금의 흐름은 반대로 공급망의 하부에서 상부로 정보와 자금이 이동하는 것을 지칭한다고 할 수 있다. 이런 보든 흐름을 가능하게 하는 것은 바로 정보의 흐름이다.

제품과 정보의 흐름 간의 관계를 보면, 제품의 흐름이 원활하지 못하다는 것은 공장, 창고 혹은 유통과정 등에 지나치게 많은 재고가 존재하거나 혹은 수요에 비해 재고가 상대적으로 부족하다는 것을 의미한다. 원활하지 못한 제품의 흐름은 정보의 흐름을 관리함으로써 개선될 수 있다. 예를 들어, 고객의 수요정보에 대한 실시간 공유를 통해 공급업체 측은 비교적 정확한 공급 및 생산 계획을 수립할 수 있고 이에 따라 재고의 과부족 현상도 줄어

[그림 10-3]
공급망 내의 흐름과 상호연관성

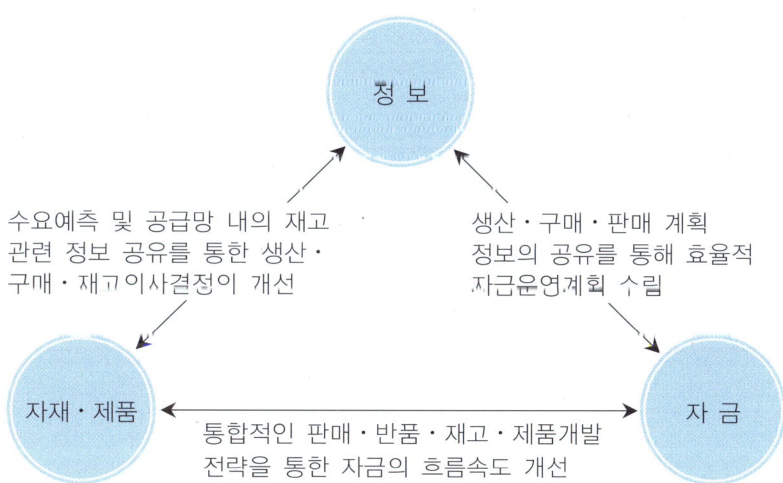

들 수 있을 것이다.

제품의 흐름과 현금의 흐름 간의 관계를 알아보면, 현금과 관련된 여러 가지 옵션을 통하여 제품의 흐름이 개선될 수도 있는데, 위탁판매나 반품을 허용하는 정책 등을 사용함으로써 재고 소유권 이전에 따른 위험부담을 감소시킬 수 있다. 정보의 흐름과 자금의 흐름 간의 관계를 보면, 수요 및 생산계획 등에 관한 정보가 자금담당부서 쪽에도 공유된다면 자금담당부서에서는 훨씬 유연한 자금운용계획 수립이 가능해진다. 예를 들면, 생산계획을 통하여 자재의 구매시기를 미리 예측할 수 있고 이에 따라 효율적인 자금운용계획을 수립할 수 있다.

이처럼 세 가지 흐름은 상호 대체가능하다는 성격을 가지고 있기 때문에 이 중에서 한 가지 흐름만 잘 관리해도 다른 모든 흐름이 원활해진다. 흐름 중에서도 그 영향력이 가장 큰 것, 즉 레버리지(leverage) 역할을 하기에 가장 적합한 흐름이 바로 정보의 흐름이기 때문에 공급망관리에서는 정보흐름의 통합적 관리를 통해 공급망 내의 흐름속도를 극대화하고자 노력한다. 최근 글로벌 기업들을 중심으로 도입되고 있는 디지털 SCM은 공급망 내의 정보 공유의 수준을 극대화하고 의사결정 자체를 소프트웨어를 통해 자동화함으로써 공급망의 움직임을 최적화하는 한편 리드타임도 최소한으로 축소시키고자 하는 데 목적이 있다. 생산·공급망 분야의 복잡한 의사결정문제를 소프트웨어를 통해 해결하겠다는 전략적 행보의 결과물이다.

2 공급망의 유형

제품의 특성에 따라 차이는 있지만 수요는 본질적으로 시간이 흐르면서 변화한다. 그리고 이러한 수요변화는 수요발생 지역과 제품별로 다양한 패턴을 지니기 때문에 예측오차가 발생하게 마련이다. 특히 가격을 위주로 경쟁하는 표준화된 일상용품 시장보다는 제품의 차별성을 위주로 경쟁하는 시장에서 수요의 변동이 더욱 심하게 나타난다. 공급망의 유형은 환경의 불확실성 정도에 따라 대응하는 방식이 다를 수 있는데, 크게 효율적 공급망과 반응적 공급망으로 분류된다.[2] 가격경쟁을 위주로 하는 효율적 공급망(efficient supply chain)은 높은 가동률, 최저재고수준의 유지, 원가상승 억제 등의 전략을 채택

〈표 10-1〉
공급망의 유형

공급망 유형 / 전략적 이슈	효율적 공급망 (최저원가로 수요충족)	반응적 공급망 (수요에 대한 신속반응)
제품디자인전략	최저원가로 최고의 성능	모듈화를 통한 차별화 지연
가격전략	가격이 주요 경쟁무기 마진이 낮음	가격이 주요 경쟁무기 아님 마진이 높음
제조전략	높은 가동률로 원가를 낮춤	여유생산능력으로 수요변동에 대비
재고전략	가능한 한 낮은 재고수준	수요변동에 대비하여 안전재고를 유지
리드타임전략	원가상승이 없는 범위에서 리드타임을 감축	원가상승이 있더라도 공격적으로 리드타임 감축
공급자전략	원가와 품질을 중시	속도, 유연성, 품질을 중시

하는 공급망이고, 반응적 공급망(responsive supply chain)은 모듈화를 통한 제품생산의 차별화 지연, 여유생산능력과 완충재고, 리드타임 감축 등을 통해 수요변동에 대비하고자 하는 전략을 취하는 공급망이라 할 수 있다.

일상용품과 같이 표준화된 제품·서비스를 원하는 시장에서는 공급망이 유연하지는 않지만 효율적인 공급망이 적합할 것이나, 주요 고객들이 다양한 제품을 신속하게 제공받기를 원하고 고객니즈의 동적인 변화에 맞추어 제품·서비스를 혁신하고 빠른 시간에 시장에 내놓기를 원하는 경우, 효율적이지만 경직된 공급망보다는 변화에 대해 유연하고 신속하게 움직일 수 있는 공급망을 희망할 것이다.

공급망은 제품과 서비스 생산을 이끌어내는 동인(driver)에 따라 푸시(push)형과 풀(pull)형으로 구분하기도 한다. 푸시형은 자재소요계획의 운영방식에서 알 수 있듯이 수요예측을 전제로 하는 체제이다. 소비자의 수요나 주문이 확정된 상태에서 공급망의 움직임이 개시되는 것이 아니라, 수요예측을 전제로 한다. 일용품과 같이 수요가 일정하거나 소비자 요구가 크게 다양하지 않은 제품이라면 미리 수요예측을 하고 제품을 대량생산함으로써 비용을 최소화할 수 있지만, 리드타임이 길고 재고수준이 높다는 문제점이 발생한다.

풀형은 적시생산제의 간판 운용방식에서 알 수 있듯이 소비자 수요가 명

2) Fisher, M.L., "What is the Right Supply Chain for Your Product," *Harvard Business Review*, March-April 1997, pp.105~116.

확하게 알려진 시점에서 공급망이 작동한다. 소비자들이 주문을 하면 그것을 근거로 소매점, 도매점, 제조업체, 원재료공급업체가 움직이게 되며, 예측을 근거로 하지 않고 소비자의 판매요청에 기초하여 공급망이 움직이기 때문에 불필요한 재고가 발생하지 않는다. 모든 기업들이 풀형을 선호하지만 소비자들이 요구하는 리드타임이 원자재 구매에서 생산완료에 이르는 정상적인 공급리드타임보다 훨씬 짧기 때문에 100% 풀형은 찾아보기 힘들다. 도요타자동차의 적시생산제도 원자재 구매, 중요 부품과 조립품의 생산은 리드타임 축소를 위해 푸시형으로 미리 계획한다.

제 3 절 공급망관리시스템의 구성

1 공급망관리의 구성요소

글로벌 제조기업들이 운영중인 공급망관리는 대개 [그림 10-4]와 같이 크게 두 구성요소를 중심으로 이루어진다.

- 공급망을 이끌어가는 기업과 협력관계에 있는 기업들의 구성과 협업관계를 정의하는 네트워크 구조
- 공급망 운영을 담당하는 프로세스의 구조, 공급망 내에서의 실질적 운영을 계획하는 SCM 계획수립과 실행기능, 공급망 내의 정보 전달체계

공급망관리의 첫 번째 요소는 협력업체의 선정과 협력업체와의 협업수준 결정 등 공급망의 구조에 대한 것으로 공급자 관계관리(Supplier Relationship Management)의 주된 관심사이다. 두 번째 요소는 기존의 기능별 관리방식을 타파하는 프로세스 혁신, 부가가치를 창출하기 위해 필요한 SCM 계획수립과 실행과정, 자사와 공급망에 참여중인 협력업체와의 IT 기반의 커뮤니케이션 방법 등 공급망을 통해 사업을 영위하는 실질적 과정으로 구성된다.

[그림 10-4]
공급망관리의 구조와 체계

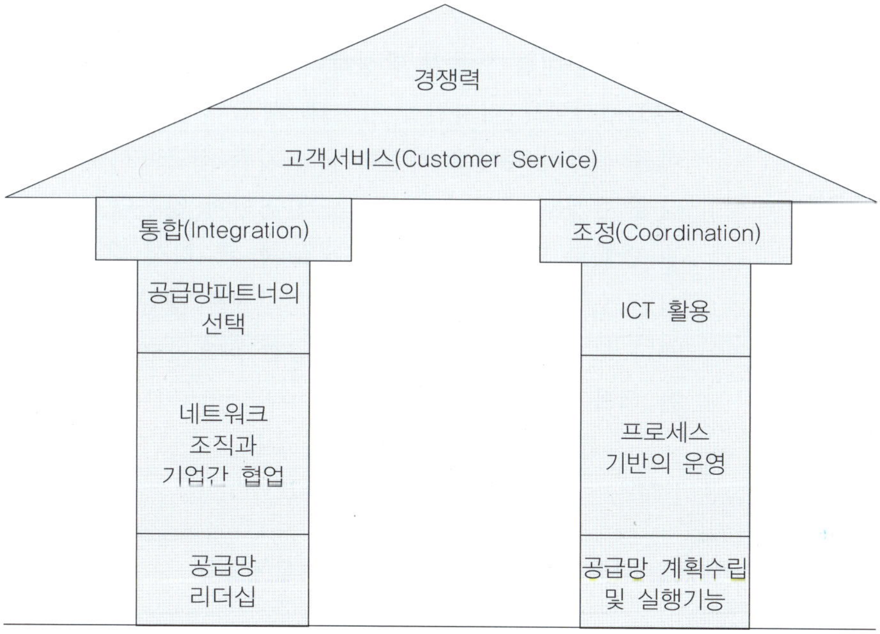

출처 : Stadtler, H. and C. Kilger, *Supply Chain Management and Advanced Planning : Concepts, Models, Software, and Case Studies*, 4th ed., Springer-Verlag Berlin Heidelberg, 2008.

2 공급망관리 도입을 위한 프로세스 혁신

공급망관리는 전통적인 기능별 조직을 혁신하는 것으로부터 시작한다. 각자가 맡고 있는 업무가 자세하게 구분되어 있어 서로 간섭할 여지가 별로 없는 기능별 조직하에서는 서로에게 신경을 쓸 필요 없이 맡겨진 업무만 처리하면 된다. 그러나 이런 조직하에서는 한 부서에서 처리한 결과를 다른 부서로 넘겨주는 과정에서 지연현상과 오류가 발생될 여지가 크다. 예를 들어 전통적인 상품개발과정은 마케팅부서에서 고객의 요구에 대한 정보를 수집하고 이 정보를 R&D부서에 넘겨 디자인과 설계를 의뢰하며 이 정보가 제조부서로 넘어가게 되면 생산이 시작된다. 생산된 제품은 판매부서로 넘어가고 마지막으로 고객서비스부서는 제품을 구매한 고객에게 설치와 보증수리 같은 애프터서비스를 제공한다.

이와 같이 순차적으로 일이 처리되는 조직에서는 하나의 업무를 끝내는 데 소요되는 시간을 가능한 한 최대로 확보하려는 경향이 있다. 또한 처리과정에서 중대한 오류가 발생하더라도 즉시 발견되지 않을 수 있다. 예를 들어 R&D부서에서 디자인을 했는데 제조부서에서 보니 제작할 수 없거나 매우 비용이 많이 든다고 가정하자. 순차적 접근에서는 이 문제는 한 단계가 끝나 다음 단계로 넘어갈 때까지는 발견되지 않는다. 따라서 문제가 발견되면 이전 단계로 되돌려 보내서 수정을 한 후 다시 다음 단계로 넘어와야 한다. 이러한 오류 수정횟수가 증가하면 신제품 생산에는 더 많은 지연이 발생한다. 게다가 작업의 수가 늘거나 작업간 상호독립성이 증가하면 잠재적 지연현상은 더욱 늘어난다.

과거 대부분의 조직체제하에서는 각 부서의 업무상 상호독립성 확보는

[그림 10-5] 기능별 조직에서 프로세스적 조직으로의 혁신적 전환

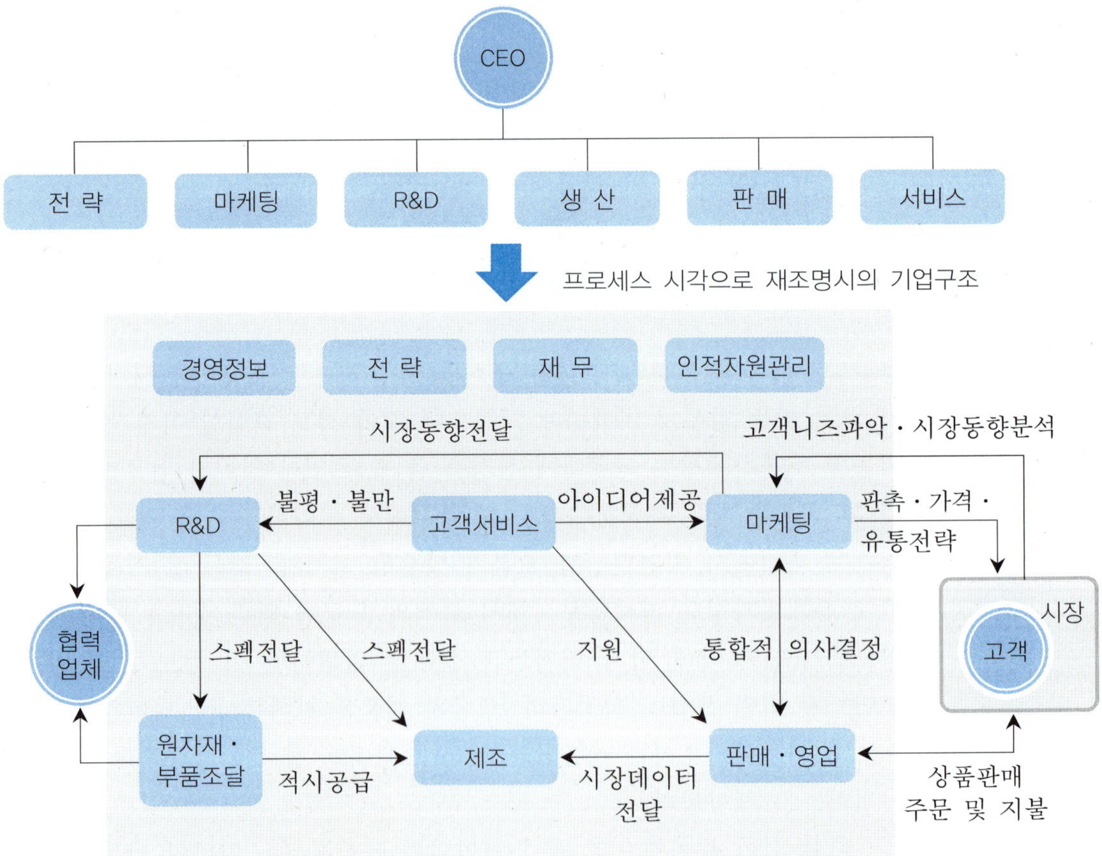

생산성 극대화에 필수적인 것으로 생각하곤 했다. 지연현상이나 오류는 어쩔 수 없는 부작용 정도로 받아들였다. 그러나 경쟁이 심화되고 제품의 수명주기가 짧아짐에 따라 순차적으로 수행되는 활동에 따른 지연현상이나 오류는 더 이상 용납하기가 어렵다는 것을 알게 되었고 [그림 10-5]에 예시된 것과 같은 프로세스에 바탕을 둔 조직구조가 등장했다.

프로세스란 투입물을 제품이나 서비스 산출물로 전환시키기 위해 함께 연결된 일련의 부가가치 업무이다. 가치를 부가하는 업무란 프로세스에 필수적인 작업 노력이며(예 : 프로세스 산출물 생산능력에 기여), 가치를 부가하지 못하는 업무란 프로세스에 중요하지 않은 작업 노력이다. 프로세스에는 투입물과 산출물이 있다. 투입물은 제품 또는 서비스를 만들어내는 데 필요한 정보, 자재, 자원으로 생산 프로세스의 출발점이다. 산출물은 다른 개인 또는 집단에 제공하는 제품, 정보 또는 서비스로서 프로세스의 종착점이다. 프로세스가 시작되고(투입물) 끝나는(산출물) 시점을 프로세스 경계(process boundaries)라고 한다. 프로세스의 평가는 프로세스가 산출물을 통해 창출해내는 시간, 품질, 비용, 유연성 등과 같은 가치를 토대로 한다. 모든 기업조직은 마케팅, 재무, 생산, 회계, 경영정보 등 다양한 핵심기능을 수행한다. 그렇지만 프로세스 관점에서 보면 대개 다음과 같이 5개의 프로세스로 구성되어 있다.

- 디자인 및 신제품 개발 프로세스 : 신제품 개발과 관련된 모든 활동을 포함하는 것으로 디자인, 제품 및 생산공정의 설계, 사업타당성 및 시장성 분석, 테스트 마케팅 시도, 목표원가 및 출시가격 설정 등의 제반 활동을 포함한다.
- 자원관리 프로세스 : 조직 내의 물적자원, 인적자원의 수급 및 설비 · 기술관리와 같은 핵심자원의 관리활동을 포함한다.
- 공급망관리 프로세스 : 원재료 및 부품의 획득에서 시작하여 생산과정을 거쳐 물류센터, 창고, 대리점 등 최종 산출물을 고객에게 전달하는 과정상의 전반적인 물적 자재와 상품 그리고 정보의 흐름을 총괄하는 활동을 포함한다.
- 고객지원 프로세스 : 시장 및 소비자 정보의 획득, 목표시장의 선택, 제품광고와 판매, 고객서비스 제공 등과 같은 고객만족을 위한 전반적 활동을 포함한다.

- 지원 프로세스 : 조직 내외의 협력자 및 이해관계자에 대한 법적 지원 과정, 재무정보 수집 및 보고, 정보시스템의 개발 및 유지 등이 그 예이다.

이런 프로세스들은 특정부서의 업무를 넘어서는 일들의 집합이다. 프로세스의 고객은 내부(즉, 조직 내 실체) 또는 외부(즉, 조직 외 실체)에 있을 수 있다. 예를 들면 기능조직에서 제조부서는 R&D부서의 내부고객이다. 반대로 제조부서에서 생산하는 제품을 실제 구매하는 조직 또는 개인은 외부고객이다. 유사업무들을 하나로 묶어 그룹을 이룬 기능별 조직과는 대조적으로 많은 다른 활동들을 묶어 만든 프로세스 기반 조직에서는 전통적 업무경계를 초월한다. 예를 들면 많은 회사들이 주로 고객과 공급자를 자신의 제품개발팀에 참여시키는 것이 이익이 된다는 것을 잘 알고 있다. 고객을 참여시킴으로써 신상품이 그들의 요구에 부합하는가에 대하여 도움을 받고 공급업체를 의사결정과정에 포함시킴으로써 회사에서 고려하지 못한 전문적 의견을 반영할 수도 있다.

또한 전통적 기능조직에서 부서장은 하나의 기능적 활동에 대해 책임을 진다. 예를 들면 마케팅부서의 부서장은 마케팅에 대해서 책임을 지고, 공장의 부서장은 제조활동에 대해 책임을 진다. 그러나 아무도 사업과정 전반에 대한 책임을 지지 않는다. 프로세스 기반 조직에서는 각 프로세스를 책임질 책임자(process owner)가 있으며, 프로세스를 구성하는 첫 번째 활동에서 마지막 활동까지의 실행과 최종적인 성과에 대한 책임을 이들에게 맡긴다.

오늘날의 기업환경은 수많은 경쟁과 위협상황에서 어떻게 하면 잘못된 점을 미리 감지하고 그것을 신속하게 개선하느냐에 달렸다고 해도 과언이 아니다. 매출이나 비용을 관리하는 것도 매우 중요하지만 그것들만 추구하다 보면 현재 어디가 잘못되고, 어디서부터 개선해 나가야 할지 막막한 상황에 빠지기 쉽다. 때로는 잘못된 곳을 개선하기에 이미 늦어버린 경우에 처하게도 되는데 이것은 프로세스를 잘 관리하지 못한 데서 비롯되었다고 할 수 있다.

일선 관리자들이 설정해놓은 목표 이익이나 매출, 비용 등을 달성하기 위해서는 자사가 어떤 성과치를 가장 중요시 여기고 있는지를 알아야 하는데, 고객과 조직구성원의 소리에 귀를 기울이는 것이 성과치 달성과정에서 중요한 지표의 역할을 할 수 있다. 그러나 아마도 가장 중요한 것은 프로세스를 잘 이해하고 관리하는 것이다. 우리 회사에서 무엇을 하고 있는지 그 프로세스가 얼마나 잘 운영되고 있는지를 안다는 것은 단순히 과거에 무슨 일이 일어났는지만을 아는 것이 아니라, 미래에 어떤 일이 발생할 것인가를 안다는 점에서 그 중요성이 더하다. 또한 문제가 발생되는 원인을 지켜보는 것이기 때문에 문제발생 전에 그 원인을 알 수 있고 그에 따른 적절한 조치를 취할 수 있다.

3 정보시스템 기반의 정보공유

마케팅, 재무, 생산, 회계, 경영정보 등으로 구성된 기능별 조직을 디자인 및 신제품 개발 프로세스, 자원관리 프로세스, 공급망관리 프로세스, 고객지원 프로세스, 지원 프로세스 등의 프로세스 기반의 조직으로 대변신시킨다 하더라도 이들 프로세스간의 정보공유와 협업을 촉진시킬 수 있는 정보시스템의 개발과 효율적인 운영이 뒷받침되지 않으면 그 효과는 그리 크지 않다.

공급망관리의 성공적 운영의 전제조건은 정보의 가시성을 확보하는 것이다. 가시성 확보는 회사 내의 경우 통합정보시스템인 ERP 도입을 기반으로 한다. 거래내역 및 공급망 운영상황에 관한 정확한 데이터가 축적되어야 의사결정에 필요한 정보가 정리되어 도출될 수 있으며, 공급망 운영상황을 나타내는 다양한 성과지표도 실시간으로 손쉽게 계산하여 현업에 피드백할 수 있다. 그렇지만 ERP로 대표되는 사내 정보시스템이 보유하고 있는 데이터의 정확성과 효용성은 이를 공급망관리에 적극적으로 활용하고자 하는 최고경영층의 의지에 전적으로 달려 있다.

대부분의 경우 조직구성원 개개인은 공급망 운영상황에 관해 상당히 정확한 데이터를 가지고 있지만 이를 다른 부서나 조직 또는 프로세스와는 공유하고 싶어 하지 않는다. 공유하지 않더라도 별다른 불이익이 없으며 누구도 이를 공유하라고 시스템상에서 강제하지 않으면 정보공유 자체를 불필요한 요식행위로 생각한다. 정보시스템에 축적된 데이터가 운영현황을 실시간으로 반영하지 못한다면 해당 데이터를 기반으로 하는 정보시스템의 활용도는 낮아질 수밖에 없고 활용가치가 낮은 정보시스템에 데이터나 정보의 입력은 불필요한 작업이 될 수밖에 없다. 결국 정보시스템의 활용도는 더욱 저하되는 악순환이 반복된다.

ERP시스템의 효용도가 시원치 않으면 공급망 전체를 아우르는 정보시스템인 공급망관리시스템 도입은 요원해진다. 공급망관리시스템의 도입과 효율적인 운영은 고객, 유통채널 및 협력업체를 포함하는 전체 공급망 내의 프로세스 운영상태와 역량에 대한 가시성을 제고해 준다. 공급망 내에서 어떤 일이 벌어지는지 알 수 없다면, 즉 고객, 유통채널 및 경쟁사의 상황 및 능력에 대한 가시성이 떨어진다면 공급망 운영에 관한 의사결정은 엄청난 불확실성을 안고 가게 된다. 지금 돌아가고 있는 현장에 대해 아는 것이 별로 없다면 계획수립은 하나마나가 된다. 기본적으로 생판(S&OP) 회의에 제시되는 시장에 관련된 예측정보, 주문정보, 시장현황 정보 등은 회사 내의 각 부문에 실시간으로 공유되어 각 프로세스 내에서의 의사결정에 즉각 반영되어야 한다. 즉, 정보의 동시적 확산(synchronization)이 이루어져야 한다. 더불어 시장에 관련된 예측정보, 주문정보, 시장현황 정보 등은 자사 외에도 협력업체에도 공유되어 시장의 불확실성에 공급망 전체가 신속하게 대처할 수 있어야 한다.

많은 기업들은 정보시스템 구축과 운영이 현업과 동떨어지는 경우가 많다. 의사결정을 정보시스템 내의 데이터를 기반으로 하기보다는 현업의 감이나 의견조율 등의 과정을 중심으로 진행하는 경우 그 많은 데이터를 축적·유지·관리할 필요가 없다. 의사결정에 꼭 필요한 데이터의 종류를 정하고 정확하게 유지하면 그것으로 충분하다.

불필요한 데이터의 축적도 문제이지만, 핵심 데이터의 정확도 유지 실패도 정보시스템의 활용도를 저하하는 요인이다. 예를 들어 ERP시스템 내에서 제대로 유지되지 않는 대표적인 항목으로 BOM(bill of material, 자재명세서)을 들 수 있다. 설계변경을 자주 하거나 신제품을 지속적으로 개발·출시하는 기업의 경우 BOM의 관리는 쉽지 않다. BOM이 틀렸는데도 이를 수정하지 않고 현업의 담당자들이 그때그때 수정하여 임시방편으로 사용하는 경우 정보시스템 내의 데이터는 점점 더 엉망이 된다.

특히나 영업부문에서 제품을 판매할 때 사용하는 제품코드가 생산에서 제품을 생산할 때 사용하는 제품코드와 상이한 경우가 많으며, 생산부문에서 사용하는 부품코드와 구매부문에서 사용하는 코드가 다른 경우도 많다. 영업코드와 생산코드의 관계가 N : 1이면, 아무런 문제가 없다. 영업에서 수요계획을 수립할 때의 제품코드는 생산에서 사용할 제품코드를 정확하게 지정하고 있기 때문이다. 그렇지만 1 : N의 경우나 N : N인 관계에 있다면 반드시 코드체계를 바로잡아야 한다.[3] 영업의 수요계획은 반드시 생산에서 생산해야 할 정확한 코드를 지정해야만 생산에서 정확한 제품코드를 대상으로 생산계획을 수립할 수 있기 때문이다. 자재, 부품 및 제품 코드 체계를 정비하는 것은 SCM 체계 정립의 기본적인 사항이다.

ERP시스템을 운영하면서도 재고관련 데이터가 매우 부정확한 경우가 많다. 특히나 재고관련 데이터를 활용하여 생판계획을 수립하거나 고객에 대한 납기약속 등을 일상적으로 하지 않는 경우 데이터의 정확성은 더욱 저하된다. 일상적인 경영활동에 활용하지 않는 데이터를 시간과 비용을 들여 정리할 필요가 없기 때문이다. 입고, 생산, 출하, 재고 등의 데이터를 활용할 수밖에 없도록 회사 내의 관리방식을 혁신한다면 자연스럽게 데이터의 정확성도 제고되고 의사결정의 효율성도 높아진다.

정보시스템이 전략적으로 활용되지 못하는 중요한 이유는 정보시스템에 대한 협업 사용자의 오너십(ownership) 부족에 기인한다.[4] 정보시스템 부서는 마치 정보시스템이 자기의 것인 것처럼 시스템 개발에 현업의 참여를 적극 독려하지 않고, 현업의 실사용부서 또한 정보시스템은 정보시스템 부문에서 알아서 해주겠지 하고 요구사항만 나열하고 개발과정에 적극 참여하지 않는다. 정보기술을 전략적으로 활용하려면 정보시스템 부문은 적극적으로 현업을 이해하여 업무추진방식을 바꾸고 표준화, 단순화에 적극 참여함으로써 사용부서가 실질적인 시스템의 오너십을 갖도록 해야 한다. 전사적으로 프로세스 표준을 유지하는 부서와 정보시스템을 총괄하는 부서는 긴밀하게 협조해야 한다. 프로세스가 물 흐르듯이 흐를 수 있도록, 데이터가 중복되지 않도록, 보고 싶은 정보를 전 세계 어디에서나 실시간 수준으로 볼 수 있도록 효율적으로 시스템이 구축될 수 있도록 해야 한다. 또한 급속히 발전하는 정보기술을 최대한 활용하여 프로세스 처리를 가장 효율적으로 해야 한다.

3) 주요섭, 『기업 운영효율 극대화를 위한 SCM 체계구축』, 해성티앤에스, 2009.
4) 박성칠, 『Supply Chain 프로세스 혁신 (SCM 경쟁력 향상을 위한)』, 시그마인사이트컴, 2007.

4 ERP시스템의 도입과 정착

제조부문뿐만 아니라 기업 내의 다른 부문도 ERP시스템을 통해 정보화가 이루어지고 있다. ERP시스템은 좁은 의미로는 통합생산관리시스템이지만 넓은 의미로 보면 기업 전체를 대상으로 하는 종합적인 자원관리시스템이다. 제1장에서도 간략히 소개한 바 있지만 ERP는 재무, 인사, 회계를 포함해 구매, 생산, 물류 등 기업의 전 업무를 포괄하며, 시스템 설치 및 실행 기간을 단축시키고 설치과정 중 기업의 프로세스를 재설계할 수 있는 능력을 가지는 대형 소프트웨어로서, 경영활동을 위해 기업 내의 모든 자원을 계획하고 업무 프로세스에 따른 흐름을 관리하는 정보시스템이다.

[그림 10-6]은 ERP 소프트웨어로 유명한 SAP사의 R/3 소프트웨어의 구조를 보여주고 있다. 판매 · 유통(sales and distribution), 생산계획(production planning), 자재관리(material management), 품질관리(quality management) 등의 모듈이 마케팅과 영업 그리고 제조부문 활동을 지원한다. 이에 대해 간략히 살펴보기로 한다.

[그림 10-6]
SAP R/3의 기능

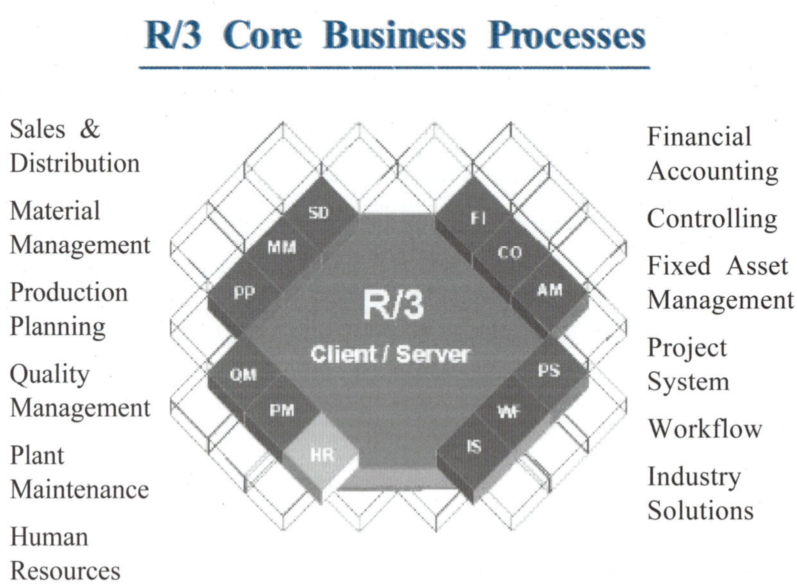

출처 : https://informationarchtectureya.wordpress.com/sap-modules/

- **판매 · 유통 모듈** : 주문에 대한 문의와 출하 및 대금 청구까지의 고객 관련 업무를 지원한다. 고객 주문에 대한 오더가 생성되는 동안 고객, 판매활동, 제품 및 자재에 대한 데이터가 데이터베이스의 관련 데이터와 자동적으로 연결되어 복제된다. 자재관리 및 생산계획과 밀접하게 연결되어 있어 고객이 가격에 대한 정확한 견적을 받을 수 있고, 가격이 결정되면 정확한 납기도 제시받을 수 있다. 출하담당직원은 배송에 관련된 모든 주문정보를 조회할 수 있으며, 주문을 분할하여 배달하거나, 여러 주문을 모아 혼적하여 배달하는 것이 가능하다. 배송과 동시에 대금청구서가 발행되고 회계부문으로 이관되어 처리된다. 주문, 배달, 대금청구서 등이 입력된 후 모든 데이터는 실시간으로 접근이 가능해진다. 고객별, 제품별, 지역별 판매내역이 그래픽으로 보기 쉽게 제시된다.
- **생산계획 모듈** : 기준정보, 생산계획, 자재소요계획, 생산능력계획, 현장관리, 원가분석 등의 기능을 수행한다. 데이터는 오직 한 번 입력되고 필요할 때마다 실시간으로 조회하여 사용할 수 있다. 이런 점은 직원들을 MRP 실행계획 수립, 구매업무 등의 일상적인 업무에서 해방시켜 다른 중요한 업무활동에 집중할 수 있게 해준다. 제조기업의 생산관리에 직접적으로 적용되는 생산계획 모듈은 기본 데이터(basic data), 기준생산계획, 생산능력계획, 작업현장의 통제, 제품단가추정 등의 기능을 포함한다.
- **자재관리 모듈** : 구매, 재고관리, 물류센터관리 등의 기능을 포함한다. 일회 데이터 입력과 자동적인 데이터 갱신원칙은 자재관리의 기능적 프로세스에 완벽하게 적용되고 있다. 또한 바코드와 스캐닝 같은 자동자료 입력방법을 통해 효율을 높인다. 재고관리는 현재의 재고가 모두 사용될 때까지 관리한다. 즉, 입/출고, 이동 등의 모든 공동 유형을 비롯하여 위탁재고 등과 특별한 재고의 관리까지 지원한다. 물류센터관리는 저장 물품에 대한 최적 회전을 가능하게 한다. 시스템에서 개별적인 요구사항을 충족시키는 배치 및 출하전략도 제공한다. 그 외 구매정보시스템 프로그램은 ABC 분석 등 다양한 기법을 통해 자재의 회전속도를 높이는 데 기여하며 모든 분석결과를 그래픽으로 보기 쉽게 보여준다.
- **품질관리 모듈** : 품질검사과정에서 데이터 처리를 지원하는 기능을 제

공하며 구매부서에 주문을 위한 업체의 품질정보도 제공할 수 있다. 품질검사 관련 정보는 생산 오더가 생성될 때 관련 프로세스에 자동 이관되며, 불량에 따른 비용 손실도 추적가능하게 한다.

이처럼 ERP시스템은 다양한 기능을 발휘할 수 있지만 대개의 경우 기업 내부의 생산·영업·물류·인적자원·재무 등 개별 프로세스별 정보수집과 분석에 초점을 둔다. 기업규모가 커지고 글로벌화가 심해지면서 아웃소싱이 일반화되어 가고 있다. 원자재공급이나 생산, 물류 등을 담당하는 협력업체 및 대리점·유통·판매업체 등과의 정보공유와 유기적 연결체제의 운영이 필요한데, ERP시스템만으로는 이런 전략적 역할을 수행해나가기가 쉽지 않다. 공급망관리라는 새로운 운영전략이 등장하게 된 배경이기도 하다.

5 공급망 운영을 위한 계획수립과 실행기능

ERP시스템을 기반으로 하더라도 공급망을 효율적으로 관리하기 위해서는 공급망을 운영하는 데 필요한 계획수립과 실행기능이 소프트웨어 기반으로 구축되어 있어야 한다. 정보시스템의 지원이 뒷받침되지 않는 빈번한 회의만으로는 공급망의 복잡한 움직임을 관리하기 어렵다.

공급망을 움직이는 여러 프로세스는 실시간으로 상호작용한다. 마케팅 및 판매 부문에서는 고객 니즈와 시장 동향을 고려하여 제품별·거래선별·유통채널별 수요예측자료를 준비하고 생산, 재무, 개발, 구매 등 사내의 이해관계자가 모인 생판회의(Sales & Operations Planning, S&OP)[5]를 거쳐 전사 차원의 수요계획을 확정한다. 그 다음, 확정된 수요예측치와 공장 및 공급업체의 제약조건을 감안하여 주별(weekly, 경우에 따라서는 월별) 통합공급계획이 수립된다. 통합공급계획이 확정되면 이를 토대로 세부품목별·공장별·생산라인별·일별(daily) 공장운영계획을 수립한다. 공장의 생산계획, 자재와 부품의 구매계획, 재고운영계획 등이 수립되고 이 계획은 부품공급업체에 공유되어 적절한 시점에 적절한 양의 자재와 부품이 공급되도록 조치한다. 이와 같은 과정을 반

5) 글로벌 SCM 혁신의 선두주자인 삼성전자의 경우 판매부문과 제조부문 간 공급물량을 조정하는 '판생회의'를 월 혹은 주 단위로 개최하다가 몇 년간의 혁신과정을 거쳐 S&OP로 새롭게 그 역할을 격상시켰다고 한다.

복합으로써 조직 내의 여러 부문간 동기화된 계획을 실행하며, 더불어 공급망 전체에 대한 실시간 모니터링을 통해 계획대로 진행되는지 점검한다.

공급계획은 공장운영계획으로 구체화될 뿐만 아니라 영업 및 판매 부문이 이끌어가는 주문처리 프로세스에도 공유되어 언제 어떤 제품이 얼마나 공급될 수 있을 것인가에 대한 정보를 고객과 유통채널에 전달하고 구체적인 납기에 대한 약속도 제시할 수 있다. 또한 공급계획과 공장운영계획이 실행되어 재고가 입고되면, 고객 주문이 들어왔을 때 미리 정해진 규칙에 따라 재고를 할당하는 구체적인 실행활동도 주문처리 프로세스에 포함된다.

이런 프로세스를 공급망관리의 핵심 모듈별로 구분하면 다음과 같다. 우선 마케팅 및 판매 부문이 주도적으로 이끌어가고 S&OP를 거쳐 전사 차원의 수요계획이 확정되는 프로세스는 수요관리(demand planning)에 해당한다. 수요관리에서 확정된 수요예측치를 공장 및 공급업체의 제약조건을 감안하여 주별(weekly) 계획으로 전환시키는 중요한 결정은 통합공급계획(master planning)에서 이루어진다. 공급망의 실질적 운영계획에 해당한다고 볼 수 있다. 통합공급계획에서 상세한 품목별 생산계획으로의 전환은 공장운영계획(factory planning)에서 수립되며, 영업 및 판매 부문이 이끌어가는 주문처리는 주문처리관리(demand fulfillment) 모듈에서 이루어진다.

앞에서 논의한 프로세스 혁신, ERP시스템을 기반으로 하는 정보관리, 협력업체와의 정보공유, 그리고 이를 기반으로 하는 공급망 운영을 위한 계획수립과 실행기능이 정착되면 [그림 10-7]에서와 같이 기업운영의 속도가 향상된다. 즉 모든 업무처리에서의 리드타임이 단축되고, 신축성 향상 및 공급망 전체의 원가절감을 도모할 수 있다.

[그림 10-7]
공급망관리 도입 및 정착의 기대효과

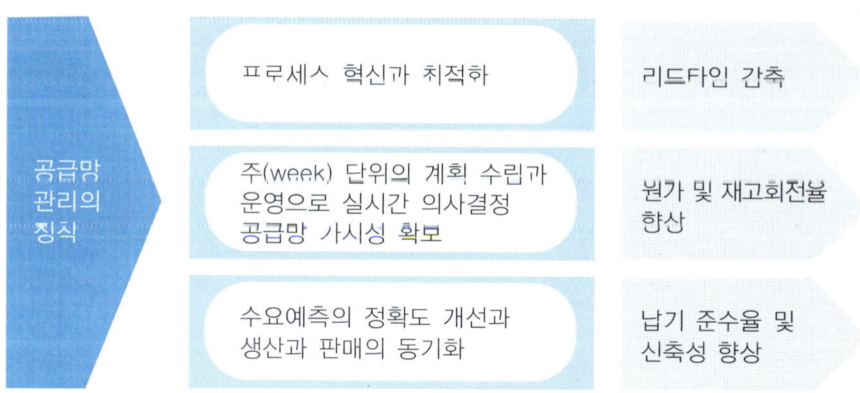

제4절 기업간 협업과 SRM

1 SRM의 의의

기업 내부의 여러 부문에 걸친 SCM 관련 활동의 통합화와 효율화가 진척되면서 자연스럽게 협력업체와의 동반성장의 중요성이 대두되었다. SCM의 도입 초기에는 조직 내부의 SCM 관련활동이 프로세스화되면서 리드타임 단축, 원가절감, 재고관리 혁신 및 주문관리의 체계화 등의 성과가 나타났다.

SCM을 통한 성과가 가시화되면서 공급망에 상품과 서비스를 제공하는 협력업체들의 전폭적인 협력 없이는 더 이상의 성과달성이 어려워진다는 것을 깨닫게 되었다. 이에 따라 기존의 조직 내부의 부문간 협업과 통합적 의사결정 방식을 조직 외부의 협력업체에도 적용해 보고자 하는 시도를 하게 되면서, SRM(supplier relationship management)의 전략적 중요성이 가시화되었다.

Gartner 그룹에 의하면 SRM은 기업의 수익성에 다양한 수준의 결정적 영향을 미치는 상품과 서비스를 제공하는 공급업체와의 상호작용에 필요한 방법론과 관행의 모음(a set of methodologies and practices)으로 정의된다. SAP사에 의하면 SRM은 SCM 구성요소 중 정보흐름을 총괄하는 시스템의 일부로서 공급업체와의 거래방식과 소프트웨어를 포함한다. SRM은 SCM 주도기업과 공급업체 간의 효과적 의사소통을 가능하게 하는 공통적인 틀을 제공함으로써, 상품과 서비스의 구매, 재고관리, 자재가공과 같은 프로세스의 효율성 증대에 기여한다.

SRM 도입 이전에는 협력업체란 단지 자사의 성장과 경쟁우위를 지원하는 역할을 하는 도구, 즉 언제나 대체가능한 존재로만 평가되는 분위기가 팽배하였다. SRM의 도입은 이런 분위기의 쇄신에도 기여한다. SRM은 협력업체와의 관계를 개발·유지하는 데 필요한 구조와 규칙을 제공하는 다양한 프로세스로 구성되며, 네트워크로 구성된 제조기업과 협력업체 간의 상호작용과 협업에 초점을 둔다. 글로벌 경쟁 심화, 기업환경의 불확실성 증대, 기업활동 영역의 국제화, 정보기술의 발달 등으로 인해 경쟁의 양상은 개별기업간 경쟁에서 공급망간의 경쟁차원으로 한 단계 변화하게 되었다. 결과적으로 협력업체와의 지속적 협업, 정보 및 위험 공유는 더욱 중요한 전략적 가치를 나타내게 되었다.

공급망에 참여하는 다양한 구성원들의 독자적 의사결정 내용이 체계적인 틀에 의해 조정되지 않으면 공급망 전체의 성과는 전체의 최적화가 아닌 부분 최적화에 머무를 수밖에 없다. 효과적인 SRM은 인센티브와 성과의 배분, 정보의 공유, 의사결정의 조정, 헌신과 신뢰의 관계 확립 등과 같은 많은 현실적 이슈를 해결할 수 있는 기반을 제공하며, 공급망 참여기업 상호간에 비전과 가치 공유를 촉진시켜 신뢰의식을 제고한다.

공급망의 참여기업들은 개별적으로 독특한 기술을 가지고 서로 다른 공헌을 한다. 궁극적으로 이 기업들은 공급망 전체의 수익성을 높이고 향상된 수익을 공정하게 배분받기를 원한다. 어떤 방식이든지 간에 공정성이 보장된 수익분배가 가능해야만 공급망 전체의 대응성과 효율성이 극대화된다. SRM은 전략적으로 선정된 협력업체와의 긴밀한 관계 구축수단이며 상호간의 이해와 수익성 증대를 위한 노력을 경주하는 과정으로 기대 효과는 다음과 같다.

- 협력업체와의 관계 최적화 : 협력업체의 전략적 중요성에 따라 서로 다른 수준의 관계를 구축할 수 있다. 핵심적인 협력업체의 역량과 기술력을 최대로 활용할 수 있는 계기를 제공한다.
- 경쟁적 우위 구축 : 협력업체와의 협업을 통해 고객중심의 대안을 신속히 제공함으로써 시장변화에 대한 대응력을 극대화할 수 있다.
- 핵심 협력업체와의 전략적 관계 구축 : 핵심 협력업체와의 관계가 자사의 비즈니스 프로세스에 녹아들어가 장기적인 협업관계를 가능하게 한다. 협력업체와의 협업과 상호작용이 프로세스로 구체화되어 통합적인 의사결정이 실시간으로 이루어진다.
- 수익성의 극대화 : 결과적으로 기존의 혁신적 품질은 유지하면서도 공급망 운영에 소요되는 비용이 최소화된다.

SRM 운영이 정상적인 궤도에 도달하게 되면 소수의 핵심 공급업체와 새로운 비즈니스 모델의 구축을 도모하며 이 과정에서 고객관련 정보, 상품개발 및 생산과정과 관련된 핵심 정보도 공유하게 된다. SRM 도입 전에는 전략적으로 중요하지 않은 정보만을 마지못해 제공하면서도 이에 대한 보안을 지나칠 정도로 요구했으나, SRM의 도입은 이런 장애물을 극복하지 않을 수 없다. 새로운 가치를 창출하고 개방적인 관계 정립을 위해서는 실시간 상호작용이 가능한 B2B 엑스트라넷이 구축되어야 한다. 기업 조직 내부의 공급망이 효율적으로 운영되기 위해 부문간 또는 프로세스간 정보공유가 핵심이듯이 SRM을 통한 전략적 효과를 증대시키기 위해서는 자사 공급망의 한계를 넘어서는 정보공유가 이루어질 수밖에 없다. 물론 이에 대한 전제조건으로 정보보안에 대한 쌍방간의 협력이 필수적이다.

2 SRM의 구성요소

기업 내의 구매관리 측면에서 본다면 SRM은 소모품 등을 대상으로 하는 기업간 전자구매(e-procurement)나 소수의 전략적 파트너에의 집중을 강조한 전략적 소싱(strategic sourcing) 등을 모두 포괄한다. SRM은 단순한 거래조건에 대한 협상 수준이 아니라 실행가능한 구체적 협업(collaboration)을 요구한다. SRM에 참여하는 공급업체와는 단순히 상품과 서비스의 저렴하고도 신속한 납품 수준(소싱)을 넘어서는 새로운 비즈니스 모델의 구축을 필요로 한다. SRM의 효과적인 운영을 통해 공급업체와의 관계가 신뢰 기반으로 전환되고 쌍방간의 협업이 구체화되는 과정에 자연스럽게 IT 기반의 정보공유와 의사소통시스템이 필요해진다. 고객에 대한 신속하면서 적절한 대응을 위해서는 공급망 구성기업간의 커뮤니케이션 시스템 구축이 전제조건이기 때문이다.

SRM의 핵심 프로세스는 소싱(sourcing), 협상(negotiation), 디자인 협업(design collaboration), 구매(procurement), 공급활동 협업(supply collaboration) 등으로 구성된다. 제조기업 전체를 총괄하는 공급망의 성과는 SRM이 제조조직 내부의 다양한 프로세스를 통합적으로 운영하는 SCM 체제와의 접합성에 의해 큰 영향을 받는다. 고객이 원하는 제품을 신속하게 생산·공급하기 위해서는 소싱, 협상, 구매, 공급업체와의 협업 등의 전략적 활동이 SCM 운영체제와 매듭 없이 연계되어야 한다.

소싱 프로세스에서의 핵심은 협력업체 평가지표의 개발과 평가과정이다. 평가지표에는 리드타임, 정시 공급능력, 공급의 신축성, 최저 공급량 규모, 제품과 서비스의 질, 물류비용, 가격조건, 협력업체의 통합적 정보체계 운영능력, 디자인 협업능력, 리더십과 조직문화 등이 포함된다. 협상 프로세스에는 공급(가격과 공급량), 재고관련 서비스수준, 공급과정상의 위험공유, 반품조건, 계약내용의 신축성과 인센티브 등이 논의된다. 디자인, 구매, 공급활동상의 협업 정도도 해당기업에 대한 평가결과에 따라 그 수준이 달라질 것이다. 협업의 가장 기본적인 수준은 계약조건에 있는 항목만을 준수하는 정도일 것이며, 전략적 수준에 이르게 되면 동반성장을 가능하게 하는 신뢰 기반의 개방적 협업이 가능하게 된다.

SRM 프로세스는 또한 전략적 서브 프로세스와 운영적 서브 프로세스로 구분하여 살펴볼 수 있다. 전략적 서브 프로세스는 현재 운영중인 공급망 관련 소싱전략의 평가, 공급업체의 전략적 중요도 평가를 위한 지표개발, 상품과 서비스 공급에서의 커스터마이제이션 수준과 범위 설정을 위한 가이드라인 개발, 공급업체에 대한 성과평가지표 개발, 협업 프로세스에서 창출되는 이익과 성과의 공유방식 개발 등으로 구성되며, SRM의 운영구조를 설정하는 과정이다.

운영적 서브 프로세스는 실제 SRM을 운영하는 데 필요한 가이드라인을 포함하는데, 공급업체의 평가와 분류, 각 수준별 협력업체와의 협업(상품과 서비스의 개발 및 공급, 정보공유시스템의 개발과 운영 등)가능 항목의 개발, 구체적인 상품과 서비스 제공 내역과 서비스 계약조건 결정, 협력업체의 성과평가로 이루어진다. 특히 품질, 가격, 공급에서 발생할 수 있는 리스크를 최소화하고, 미래의 관계를 지속하기 위한 기술력이나 가격경쟁력을 가진 우수 협력사를 판별하는 능력을 확보하는 것이 중요하다.

이 외에도 운영적 서브 프로세스에는 협력업체의 의견과 요구사항을 긍정적으로 접수・선별・수용하기 위한 VOC(voice of customers) 제도도 포함된다. VOC시스템은 협력업체의 경쟁력 강화를 통한 상생경영을 실천하고 사업주에서부터 하도급 협력사까지 서로 이익이 되고 발전할 수 있는 전략을 찾아 실행하기 위해 필요한 내・외부의 의사소통채널을 확립하고, 이를 통해 협력업체의 제안과 고충을 긍정적으로 해결하는 데 도움을 줄 수 있는 업무수행지침까지 포함한다.

3 협력업체와의 상생관계 모색

공급망관리의 성공은 기술혁신과 동반성장을 함께 할 수 있는 협력업체의 선정과 함께 이들 기업과의 신뢰구축에 달려 있다. 협력업체가 공급망을 이끌어가는 선도기업과의 관계를 개선하기 위해 노력한다 하더라도, 선도기업측에서 협력업체의 품질개선에 필요한 아이디어, 정보, 기술, 제조공정에 관한 세부사항 등을 제공하기 꺼린다면 이들 두 업체는 상부상조라기보다는 적대적인 관계로 변하게 되고 만다. 협력업체는 단순히 현재 상태를 유지하면서 경쟁업체가 참여하는 것을 방지하기 위한 가격정책만을 선호할 것이며 공급망 선도기업은 언제든지 협력업체를 바꿀 수 있는 위치를 계속 유지하고자 할 것이다.

따라서 협력업체와 공급망 선도기업 간에 상호신뢰에 기반을 둔 계약관계가 정착되어야만 지속적인 품질개선은 물론 기술혁신도 가능하다고 볼 수 있다. 제품의 설계과정에 협력업체를 참여시켜 기술적인 문제에 대한 제안을 하게 하고 협력업체 자체의 기술적 능력을 고려할 수 있도록 함으로써 부품의 제조가능성을 개선함은 물론, 설계에 소요되는 시간도 줄일 수 있다.

또한 서로서로의 제조공정에 대한 연구와 이해는 각사의 기술적 능력을 향상시키며 품질개선에 대한 동기부여는 물론 개선방법에 대한 정보교환도 가능해진다. 이와 같은 우호적인 상호관계는 협력업체와 공급망 선도기업 간의 정기적인 모임을 통해 더욱 확고해질 수 있다. 이와 같은 모임에서는 대개 다음과 같은 사항에 대한 충분한 논의가 이루어져야 한다.

- 시장상황에 관한 예측
- 공급망 참여기업간의 관계를 더욱 확고히 하기 위해 필요한 정보공유
- 교육 및 훈련의 필요성
- 원가절감을 위한 합리화 방안
- 공동설계 및 기술개발

모든 협력업체가 품질개선, 기술개발을 위한 필요여건을 갖추고 있는 경우에는 문제가 되지 않지만 그렇지 못한 경우 공급망 선도기업은 교육・훈련

은 물론 기술적 문제에 대한 지원을 하지 않을 수 없다. 이러한 지원은 대개 다음과 같은 다양한 방식으로 이루어지게 된다.

- 교육, 훈련, 기술적 조언 등을 받을 수 있는 기관이나 조직의 추천
- 협력업체 자체의 교육·훈련 프로그램 개설 및 지도
- 현장에서 직접 쓰일 수 있는 여러 가지 기술적 조언과 품질혁신기법 등의 사용방법 제시

제5절 공급망관리의 평가지표

1 핵심성과지표의 의의

고객과 제품에 초점을 두는 공급망 운영조직을 구축하고 리드타임 단축, 원가절감, 협력업체와의 협업 강화 등의 지속적인 혁신노력을 기울이더라도 이와 같은 혁신을 통해 나타나는 성과를 제대로 측정하고 조직구성원에게 피드백할 수 있는 체계가 뒷받침하지 않으면 공급망 혁신으로부터 나타나는 결과가 기대에 미치지 못할 가능성이 높다.

피터 드러커는 '측정대상이 되는 것만이 제대로 수행된다'고 주장한 바 있다. 핵심성과지표(key performance indicators, KPI)는 경영자가 성공적인 여정을 따라 사업을 잘 운영하고 있는지 아니면 순조로운 항로에서 이탈해 다른 방향으로 가고 있는지 파악하기 위해 사용하는 항해과정의 필수 수단 중 하나이다. 올바른 KPI가 개발·운영되지 않고 있다면, 이는 마치 경영자들이 눈이 먼 상태에서 항해하고 있는 것과 마찬가지라 할 수 있다.[6] 재무, 회계 및 인적자원에 관한 데이터는 기업운영을 위한 가장 기초적인 데이터이다. 그렇지만 공급망 운영과 관련된 KPI가 수집·보고되지 않는다면 리드타임, 품질,

6) Bernard, M., *Key Performance Indicators : the 75 Measures Every Manager Needs to Know*(핵심성과지표의 모든 것, 한준구 역), 피어슨에듀케이션코리아, 2012.

[그림 10-8]
KPI의 특성

이해의 용이성/구체성 (specific)	• KPI의 정의가 구체적으로 되어 있으며 이해하기가 용이한가?
측정가능성 (measurable)	• 정량화되고 측정가능한가? • 산업과 시장에서 지속적으로 사용될 수 있는가?
전략과의 연계성 (relevant)	• KPI의 달성을 통해 전략달성 여부를 판별할 가능성이 높은가?
데이터의 적시성 (timely)	• KPI 성과를 측정하고자 하는 주기에 따라 원하는 데이터가 확보가능한가?

재고 등에 관한 효율적인 의사결정은 불가능하다.

KPI 측정이나 인센티브 제공방법을 살펴보면 그 조직의 자원할당방법, 관리방식, 문제해결방법 등을 결정하는 조직의 가치에 대해 알 수 있다. 공급망관리를 지속적으로 혁신해 나가기 위해서는 기업의 전략목표와 일치하는 KPI를 정의해야 한다. 이를 통해 조직은 지속적인 개선의 분위기 속에서 성과를 측정·관리할 수 있는 도구와 정보를 제공함으로써 조직구성원의 동기유발을 북돋을 수 있다. 즉 모든 조직구성원들에게 공개적으로 KPI 측정방법, 현재의 성과수준, 앞으로의 기대치 등에 관한 자료를 제시함으로써 기업은 조직구성원들이 조직 전체의 목표와 일치하는 의사결정을 내리는 데 필요한 공통적인 가치관과 정보를 제공한다. 양적으로 측정된 KPI 목표와 실제 성과를 비교·검토함으로써 기업은 두 가지 사항을 밝힐 수 있다. 하나는 기대에 미치지 못한 영역이고 또 하나는 기대치를 초과하여 적절한 보상이 필요한 영역이다. 따라서 제대로 설계된 KPI 측정시스템은 다음과 같은 요소를 포함해야 한다.

- KPI의 주목적은 조직구성원의 행동에 영향을 미침으로써 목표달성에 기여하도록 하는 것이므로 KPI의 의미나 해석에 있어서 모호함이 없어야 한다. 누구나가 측정대상과 KPI 간의 관계를 명확히 이해할 수 있어야 하며 측정 결과가 가시적이고 신속한 피드백이 가능해야 한다.
- KPI는 경영관리자가 반드시 알고 있어야 할 정보를 실시간으로 반영하고 있어야 한다. 따라서 각종 KPI의 개발 및 검토 작업을 시작하기 전에 어떤 정보를 필요로 하는지 또 어떤 전략적 질문사항에 대한 답변

을 듣기 원하는지 등에 관해 정확히 파악하고 있어야 한다. 따라서 KPI를 통해 추진하고자 했던 전략의 달성여부도 판별될 수 있어야 한다.

- KPI는 ERP 및 SCM을 이끌어가는 데이터베이스 내에 축적된 자료를 토대로 실시간으로 계산될 수 있어야 한다. 필요에 따라 자료를 수집하여 상당시간을 투입하여 계산하는 KPI 성과치는 평가 용도로는 적절할 수 있으나 공급망을 둘러싸고 있는 환경과 고객, 협력업체 활동의 불확실성과 변동성에 대한 대응전략을 구축하는 데에는 별 소용이 없다. 공급망의 성과와 관련된 KPI는 신속한 의사결정을 도모하는 데 기여할 수 있어야 한다.

2 공급망의 성과평가를 위한 주요 KPI

(1) 수요예측정확도

공급망관리의 성과는 수요예측의 오류를 얼마나 줄일 수 있는가에 의해 크게 영향을 받는다. 부정확한 수요예측은 부정확한 생산・유통계획을 수립하게 하여, 결과적으로 생산성 저하나 재고의 과부족 현상을 유발하고, 자재의 긴급 수송으로 물류비용이 증가하며 재고관리 비용 역시 증가한다. 수요예측정확도는 단순히 지난주의 수요예측정확도만을 반영하는 것이 아니라 필요에 따라 지난 4주 또는 8주의 주별 수요예측정확도를 계산하고 주별로 가중치를 부여한 뒤 합산한 값을 KPI로 사용하기도 한다. 참고로 판매실적이 예측치보다 큰 경우도 예측오류가 발생한다.

$$\text{수요예측정확도} = \frac{\text{판매실적} - (\text{판매실적과 수요예측치의 차이})}{\text{판매실적}}$$

(2) 생산능력지수

계획된 기간에 생산된 물량의 비율을 측정하는 지수이다. 지난 기에 계획되었지만 생산능력부족으로 이번 기에 생산된 물량은 적시생산물량에 포함되지 않으며, 생산능력에 여유가 있어 미리 생산한 물량도 적시생산물량에서 제외된다.

$$생산능력지수 = \frac{지난\ 특정기간\ 동안에\ 적시에\ 생산된\ 물량}{지난\ 특정기간\ 동안의\ 생산계획량}$$

(3) 판매능력지수

판매능력지수 계산공식에서 분모의 판매가능량은 현재 보유하고 있는 재고에 물류센터나 대리점 등으로 이동중인 재고(파이프라인 재고)와 이번 기에 공장에서 출하계획에 있는 물량을 모두 합한 값이다. 이 지수 역시 필요에 따라 지난 4주의 주별 판매능력지수를 계산하고 주별로 가중치를 부여한 뒤 합산한 값을 KPI로 사용하기도 한다.

$$판매능력지수 = \frac{판매실적}{판매가능량}$$

(4) 공급능력지수

공급능력지수는 각 기간별로 도착할 예정물량 중 계획된 시점에 맞추어 입고된 물량의 비율을 의미한다. 생산부문과 물류부문의 종합적 공급역량을 측정하는 데 사용된다.

$$공급능력지수 = \frac{적기입고량}{도착예정물량}$$

(5) SOP실행률

SOP실행률은 S&OP 회의에서 결정된 생산물량이 공장운영계획(factory planning)에서 이행된 정도를 측정한다. 일별로 출하검사가 마무리된 수량을 합산하여 주별 SOP 물량과 대비한다.

$$SOP실행률 = \frac{출하검사\ 완료\ 수량}{SOP\ 수량}$$

(6) 정량납품률

당일 입고예정인 협력사 공급물량이 계획대로 입고된 경우의 비율을 의미한다. 예를 들어 10개 협력업체가 부품을 공급하기로 하였는데 이 중 2개 업체가 예정된 물량보다 적은 양을 가져왔거나 아예 공급을 못한 경우 정량납품률은 80%가 된다.

(7) 당일 출하율

당일 출하검사를 합격한 후 미리 정해진 시간(예를 들어 12시간 이내) 내에 출하된 물량의 비율을 의미한다. 너무 일찍 생산해서 출하검사를 마쳐도 계속 창고에 재고로 있는 경우를 줄이기 위한 지표로서 생산계획의 적정성 확보와 공장 내의 완제품재고 축소에 기여한다.

(8) 제조리드타임

오더확정시점에서 선적 또는 출하까지 소요되는 시간을 측정한다. 공급망관리의 성과 측정시 가장 중요한 지표 중의 하나이다.

(9) 재고일수

이번 달과 다음 달의 매출원가를 추정하여 합산한 뒤 이를 60일로 나누면 1일 평균매출원가가 계산된다. 현재의 재고자산 평가금액을 1일 평균매출원가금액으로 나눈 값이 상품재고일수이다. 이 결과를 식으로 나타내면 다음과 같다.

$$\text{상품재고일수} = \frac{\text{현시점의 제품 재고자산 평가금액}}{\text{1일 평균매출원가}}$$

상품재고일수의 계산공식을 이용하면 재공품재고일수도 다음과 같이 쉽게 정의할 수 있다.

$$\text{재공품재고일수} = \frac{\text{현시점의 재공품재고 평가금액}}{\text{1일 평균매출원가}}$$

원재료의 재고일수는 분모의 매출원가를 재료비로 바꾸고 분자는 원재료재고금액으로 설정하여 계산한 값이다.

$$원재료재고일수 = \frac{현시점의\ 원재료재고금액}{(당월\ 매출원가\ 중\ 재료비 + 차월실행매출원가\ 중\ 재료비)/60일}$$

(10) 재고율

재고율에는 장기재고율, 부실재고율, 부진재고율 등이 있으며 상품 특성에 영업전략을 반영하여 부실재고 및 장기재고 여부를 판단한다.

장기재고율＝전체 재고에서 입고 후 일정기일(예를 들어 61일에서 120일 이내)을 경과한 재고의 비율

부실재고율＝전체 재고에서 입고 후 일정기일(예를 들어 120일)을 초과했거나 전혀 쓸모가 없는 악성재고의 비율

부진재고율＝전체 재고에서 장기재고 및 부실재고의 비율

(11) 현금순환주기

현금순환주기(cash conversion cycle)는 투입자원을 현금흐름 형태로 전환하는데 소요되는 시간을 측정한 것이다. 즉, 고객을 대상으로 한 판매과정을 통해 현금으로 전환되기 전까지 투입된 자원이 생산 및 판매 과정에 묶여 있는 기간을 측정해 준다. 기본적으로 이 지표는 상품재고판매에 소요되는 시간(상품이 재고로 입고된 뒤 판매로 인해 출고될 때까지 걸리는 시간을 의미함), 채권회수에 소요되는 시간(외상으로 상품을 공급한 뒤 대금이 회수될 때까지 소요되는 시간을 의미함), 그리고 협력업체에 대한 대금지급 약속시점까지의 여유시간(자재나 부품을 구입한 뒤 그 대금을 바로 지불하지 않고 일정기간 후에 지불하기로 약속할 때, 공급업체가 연기해 준 시간을 의미함) 등으로 구성된다.

현금순환주기는 상품재고판매에 소요되는 시간에 채권회수에 소요되는 시간을 합한 뒤 청구대금을 지급할 수 있도록 허용된 시간을 공제한 값으로 정의된다. 현금순환주기가 길어질수록 현금가용성이 줄어들어 기업운영이 어려움에 처하게 된다. 반대로 현금순환주기가 짧아질수록 유동성이 개선되어 자금을 차입해야 할 필요성이 줄어든다.

쉬어가기

세계 1위 '자라' 누가 어떻게 만들었나

세계 1위 패션의류업체 자라(ZARA)는 거칠게 요약하면 한국 동대문시장의 제조생산방식과 닮았다. 최신 유행 패션을 신속하게 파악한 다음 최대한 빠른 시간 안에 생산하고 판매한다는 점에서다. 다만 동대문시장 제품이 아직 중국과 한국 경계에서 머물고 있는 반면 자라는 글로벌 최고 의류상으로 도약했다. 자라 본사 시설들을 돌아보며 느끼고 분석한 자라만의 강점을 다섯 가지 정도로 요약하면 다음과 같다.

1. 시스템화된 속도전 : 기획 · 디자인 · 견본제작 · 배송팀이 한 공간에

자라의 첫 번째 성공 비결은 속도를 극대화한 시스템에 있다. 자라 본사는 층별로 여성복, 남성복, 아동복으로 나뉘어 있다. 사무실에는 별도 벽이나 칸막이가 없이 상품기획팀, 디자인팀, 견본제작팀, 배송팀 등 모든 부서가 한 공간에 모여 있다. '제품 매니저'가 매장과 연락을 주고받아 고객 취향을 실시간으로 분석하면 바로 옆자리에서 신상품 디자인이 시작된다. 완성된 디자인은 같은 공간에서 재봉질을 거쳐 시제품으로 만들어진다. 이를 모델이 착용해 본 다음, 최종 생산 여부를 결정한다.

생산이 결정되면 본사 바로 옆 공장에서 작업이 시작된다. 공장에서는 가장 먼저 원단에서 옷감 패턴을 뜨는 작업을 벌인다. 컴퓨터에서 테트리스 퍼즐을 떠올리게 하는 프로그램이 수차례 돌아가며 자투리 천 낭비를 최소화할 수 있는 옷감 절취선을 찾아낸다. 이후 기계가 정해진 선을 따라 원단을 잘라낸다. 한 번에 최대 200장을 자를 수 있는 기계다. 이 조각들이 외부 생산공장으로 보내져 완제품으로 탄생한다. 이후 이 제품은 다시 자라 본사로 돌아와 검수를 거친 뒤 다림질로 마무리된다. 직원들은 사람 신체 모양을 뜬 판 위에 옷을 올려 다림질한 다음 소매에는 뜨거운 바람을 주입해 둥근 형태를 유지하도록 모양을 잡는다. 이 모든 과정이 일사천리로 진행된다.

2. 중앙집중화로 품질 유지 : 본사에서 전 세계 매장 진열 · 조명 · 온도 · 습도 조절

본사 시하에 내려가니 난네없이 내영 쇼핑몰이 펼쳐졌나. 인디텍스 8개 브랜드벌로 매장이 실제와 똑같이 꾸며져 있었다. 마네킹부터 조명, 인테리어, 상품 배치까지 실제 매장과 동일했다.

이곳은 '랩(실험실)'으로 부르는 실험용 매장이다. 전 세계 7,490개 매장은 이곳에서 정해진 진열방식을 그대로 따라야 한다. 바로 옆 관제실에 도착하니 10여명 직원이 모니터 앞에 앉아 전 세계 매장 상황을 점검하고 있었다. 매장 조명, 온도, 습도 등 모든 조건을 여기서 통제하고 시차를 고려해 관제실을 24시간 운영한다.

자라 제품은 57%를 스페인을 비롯한 포르투갈, 터키, 모로코 등 인접국에서 생산하고, 나머지 43%는 중국, 방글라데시, 베트남, 브라질 등 원거리 국가에서 받는다. 그런데 중국에서 생산하고 중국 매장 판매용일지라도 일단 스페인 본사에서 검수를 받아야 한다. 그리고 자라의 모든 제품은 스페인 내 10개 물류센터 중 하나를 거쳐 전 세계 매장으로 비행기로 운송된다.

자라 물류센터는 전 세계 매장별로 제품을 직접 보낸다. 보통 해외 브랜드라면 서울 인근에 대형 창고를 두고 제품을 보관하는데, 자라는 이런 과정을 생략한다. 자라 명동 매장 매니저가 본사에 필요한 제품을 요청하면, 스페인 물류센터에서 해당매장으로 곧바로 제품이 날아온다. 한국에 도착한 물건이 창고에서 대기하는 시간을 줄일 수 있다. 펠리페 카로 UCLA 경영대학원 교수는 "자라의 성공 비결을 한 가지만 고르자면 '중앙집중화(centralization)'"라고 지적했다. 헤수스 에체바리아 자라 CCO(최고홍보책임자)도 이런 분석에 동의하면서 "자라는 본사에서 전 세계 매장을 직접 통제하고 있으며 이게 경쟁력의 원천"이라고 말했다.

3. 데이터 분석, 수요예측 : 스타 디자이너 · 스타 비즈니스맨 없이 데이터로

자라 본사 3층에서는 디자이너 15명이 회갈색 재킷을 입은 모델을 둘러싸고 서 있다. "클래식하면서 트렌디해서 좋네요." 중국인 디자이너가 말문을 열자 영국인 디자이너는 "형태가 다소 과감해 보수적인 시장에서는 어떨지 의문이 들어요"라고 맞받아친다. 뒤편에 서 있던 다른 디자이너는 빅데이터 분석 자료를 꺼내며 "소비자 구매 패턴을 분석해 보니 중국 시장에는 과감한 색상, 유럽에는 단색으로 제작하는 게 좋겠네요"라고 말했다. 다른 디자이너들도 고개를 끄덕이며 동의하는 표정을 지었다.

자라는 신제품 실패율이 1% 미만이란 성적을 자랑한다. 의류업계 평균이 17~20% 안팎이란 사실을 놓고 보면 놀라지 않을 수 없다. 그 저변에는 철저한 데이터 기반 수요예측 모델이 자리 잡고 있다. 자라는 상품 수요예측과 재고관리 문제를 해결하기 위해 2005년 MIT 경영대학원 제러미 갤리언 교수(현 런던비즈니스스쿨 교수)와 전 세계 매장 판매 · 재고 데이터를 분석해 재고 최적 분배 시스템을 개발했다. 블룸버그는 "자라는 '더 많은 데이터, 더 적은 상사(more data, fewer bosses)'로 혁신을 이뤘다"면서 "신제품 디자인은 상사의 지시가 아닌 디자이너간 토론과 데이터를 기반으로 이뤄진다"고 분석했다. 인디텍스 파블로 이슬라(Isla) 회장은 "자라에는 스타 디자이너도 없고 스타 비즈니스맨도 없다"며 "상사 지시 대신 각자가 데이터를 참고하여 권한과 책임을 가지고 일한다"고 말했다.

에체바리아 자라 CCO는 "옷을 빠르게 만드는 것보다 소비자가 원하는 걸 정확히 읽어내는 과정이 더 중요하다"고 강조했다. 디자이너의 감에 의존하기보다는 데이터를 기반으로 제품 기획을 결정한다는 얘기다. 본사에서 일하는 300여명 디자이너는 '제품 매니저'가 분석한 매장 내 소비자 취향과 의견을 토대로 새로운 상품을 신속하게 디자인하고 있다. 결국 매장에서 벌어지는 소비자 행동 패턴을 읽어내는 제품 매니저 역할이 중요하다.

본사에 30개 국적을 가진 직원이 근무하는 이유가 여기에 있다. 자국민이 아니면 정확히 파악할 수 없는 미세한 차이를 구분하면서 트렌드를 정확하게 읽어내기 위해서다.

4. RFID 등 첨단 기술 활용 : 年 4억5,000만개 상품 생산… RFID로 재고관리

자라 매장에서 원하는 상품을 골랐는데 맞는 치수가 없을 때 직원에게 문의하면, 스마트폰을 꺼내 가격표 QR 코드에 댄다. 그러면 해당치수가 매장 창고에 있는지, 인근 다른 매장에 있는지 등 갖가지 정보가 화면에 뜬다.

자라는 1년에 약 4억5,000만개 상품을 생산한다. 매장에는 늘 수백 가지 상품이 진열되어 있는데다, 이마저 매주 신상품으로 교체된다. 이 때문에 아무리 훌륭한 직원이라고 해도 상품과 재고를 기억해서 파악하는 건 불가능하다. 이를 위해 자라는 무선주파수인식(RFID) 기술을 독자적으로 개발해왔다. 옷이나 액세서리 등 모든 아이템에 붙어 있는 RFID 칩은 해당제품 색상, 치수, 매장 내 위치, 판매량 등 모든 정보를 저장한다. 원피스가 한 장 팔리면 재고관리실에서 실시간으로 파악해 똑같은 치수 옷을 바로 채워 넣을 수 있다.

서울 강남점처럼 3,300m^2 넘는 매장에 가득 쌓여 있는 재고 물량 파악도 1명이 반나절이면 거뜬히 해낸다. RFID 리더기를 손에 들고 매장 안 구석구석을 돌아다니기만 해도 모든 상품 정보가 한꺼번에 읽혀 중앙 컴퓨터로 보내지고, 이를 모니터에서 확인할 수 있기 때문이다. 자라 특유의 RFID 기술은 아직도 진화 중이다. 매장에서 필요한 재고가 본사 물류센터에 있다는 사실만 확인하는 차원을 넘어 물류센터 내 몇 번째 옷걸이에 걸려 있는지도 파악하는 단계로 발전하고 있다.

5. 친환경, 지속가능한 성장 : 환경단체 승인 받은 원단·폴리에스테르 사용

자라 본사에서 차로 45분 떨어진 거리에 있는 인디텍스 브랜드 풀앤베어(Pull&Bear) 본사에 들어서니 사무실 벽면의 통창 유리가 한눈에 들어왔다. 창밖으로 펼쳐진 숲을 보고 "전망이 훌륭하네요"라고 감탄하자 "에너지 절감을 최우선으로 지어진 친환경 건물"이라는 답변이 돌아왔다. 낮에는 실내 조명이 필요 없을 정도로 강한 햇살이 사무실 안쪽까지 비친다.

인디텍스가 주도한 패스트패션 산업은 빠른 상품 회전율과 저렴한 가격으로 시장을 지배했지만, 의류도 일회용품처럼 잠깐 입고 버릴 수 있다는 인식을 심어줬다. 결국 막대한 의류 폐기물을 초래했고, 환경단체들로부터 비난을 받아왔다. 이런 시대적 반발에 발맞춰 인디텍스는 '지속가능한 성장'을 경영전략 한 축으로 채택했다. 유행에 민감한 자라의 저력을 다른 방식으로 구현한 셈이다. 이런 고민으로 탄생한 생산라인은 '조인 라이프'. 일부 상품에 조인 라이프 라벨을 따로 붙인다. 이 조인 라이프 제품은 환경단세 승인을 받은 면이나 텐셀 원단, 유기농 면, 재활용 면, 재활용 폴리에스테르 등을 활용한다. 생산과정에서도 인디텍스 고유의 '그린투웨어' 기술을 사용한다. 공업용수를 재활용하고 화학처리과정도 친환경적으로 운용한다. 인디텍스 담당자는 "친환경적으로 지속가능한 섬유소재를 찾기 위해 노력하고 있다"며 "앞으로 과거 사용했던 소재와 신소재를 결합하면서 생산방식을 개혁해가겠다"고 설명했다.

(조선일보, 2019.6.6)

직원 1,000명이 한 층에서 근무… 유니클로 30년 만의 조직 혁신

세계 3위 의류업체 유니클로의 야나이 다다시 회장이 기획·생산·판매 등 대대적인 조직 쇄신에 나섰다. 유니클로의 위기를 이기기 위해 내건 그의 세 가지 전략을 알아보자.

거대한 직육면체가 얼굴을 내민다. 도쿄 시내에서 도쿄만(灣)의 인공 매립섬 오다이바를 잇는 다리인 레인보 브리지를 건너다보면 왼쪽 멀리 보이는 광경이다. 이 직육면체는 유니클로가 작년에 세운 초대형 물류센터다. 지상 6층, 가로·세로 240×70m로 도시 한 블록 면적을 수직으로 올린 건물이라 이해하면 쉽다. 오다이바의 아리아케(有明)역 근처에 지어졌기 때문에 '아리아케 프로젝트'라 불리는 유니클로 조직 혁신 계획의 거점이다. 올봄 도쿄 롯폰기의 인력 1,000여명이 옮겨와 본사 기능까지 맡게 됐다.

일본 최대, 세계 3위 의류업체 유니클로의 야나이 다다시 회장 겸 사장이 사운을 건 개혁에 나섰다. 본사와 물류센터 기능을 합한 새 거점을 만들어 기획부터 생산·물류·판매, 업무 방식까지 조직을 쇄신하겠다는 것이다. 그가 1984년 히로시마에 '유니크 클로딩 웨어하우스(Unique Clothing Warehouse·특별한 옷 창고, 약칭 유니클로)' 1호점을 세운 지 30여 년 만에 벌이는 '제2의 창업'이다.

후계자를 찾아야 할 나이를 넘긴 그가 조직 혁신에 팔을 걷어붙인 건 '회사가 정체되고 있다'는 위기감 때문이다. 유니클로는 기본 품목 위주의 중저가 의류를 아시아 공장에서 한꺼번에 많이 만들어 파는 방식으로 2015년까지 거의 매년 두 자릿수 성장을 했다. 작년엔 미국 갭(GAP)을 누르고 자라(ZARA)·H&M에 이어 세계 의류업계 3위에 올랐다. 문제는 성장률 둔화였다. 작년 매출은 1조7,864억엔으로 전년보다 6% 오르는 데 그쳤다. 올해 예상 매출성장률은 그 절반인 3%에 불과하다. 직원 10만명 글로벌 기업을 일궈낸 야나이 회장은 왜 '도심 속 섬' 아리아케에 전사 역량을 집결시킨 것일까? 그가 노리는 세 가지 전략을 분석했다.

1. 불량재고 줄이기

야나이 회장이 특히 심각하게 본 것은 영업이익률의 급락이었다. 2004년 18.8%에서 2014년 처음 10% 아래로 가더니 작년엔 7.1%까지 내려갔다. 경쟁이 치열해졌기 때문만은 아니었다. 작년 의류업계 1위인 자라의 영업이익률은 17.2%, 2위인 H&M은 12.4%로 유니클로보다 훨씬 높았다.

그는 물류가 문제라고 봤다. 유니클로에선 제품을 기획·디자인·부품 조달·생산해서 매장에 진열하기까지 반년에서 일년이 걸린다. 품질 좋은 상품을 저렴하게 파는 데는 적합하지만, 정작 매장에 상품이 진열될 때는 유행이 지나거나 날씨·기후와 안 맞아 재고로 쌓이는 일이 허다하다. 2015년 겨울에는 글로벌 이상 난동(暖冬) 현상 때문에 보온기능을 강조한 의류재고가 잔뜩 쌓였다. 기회를 놓치면 재고처리를 위한 대폭 할인이 불가피하고 고스란히 수익률 악화로 이어진다.

아리아케 프로젝트의 우선 목표는 재고 줄이기다. 새로 지은 건물은 이를 위해 면밀히 설계됐다. 한 층 면적만 1만6,500m^2(약 5,000평)인데, 1~4층과 5층 절반은 물류센터다. 모든 게 전산·자동화돼 있다. 항구 근처에 지은 것은 해외에서 만든 제품을 본사로 모은 뒤 수요에 맞춰 검사·재분류한 뒤 배로 실어보내기 위해서다. 5층의 나머지 절반은 매장의 진열·운영을 미리 시험해 보는 곳. 맨 꼭대기인 6층은 사무실이다. 수요 조사·디자인·개발·기획·마케팅·생산·판매영업·IT(정보기술) 인력 1,000여명을 집결시켰다. 롯폰기의 고층 건물 7개 층에 나뉘어 일하던 인력이 한 층에 모인 것이다.

야나이 회장은 지난 4일 아리아케 프로젝트 설명회에서 "(인력을 한곳에 모음으로써) 제품의 실시간 기획·생산이 가능해지도록 하겠다"고 말했다. 작업 정보의 흐름을 보면 현재는 한 공정에서 다음 공정으로 상품과 정보가 릴레이된다. 생산자 중심일 뿐 아니라 공정이 넘어올 때까지 부서간 정보 공유도 어렵다. 그러나 앞으로는 소비자 수요가 중심이 된다. 소비자의 수요 데이터가 생산·물류 부문에서 실시간 공유되면서 일주일 단위였던 기획·생산 흐름이 하루 단위로 진화한다. 신제품 출시 스피드를 높임으로써 꼭 필요한 제품만 만들어 재고를 줄이겠다는 얘기다.

2. 온라인 판매에 익숙해지기

유니클로는 2020년까지 연 매출 3조엔 달성이 목표다. 3년 안에 기존 매출을 70% 이상 끌어올려야 한다. 그러려면 온라인 매출을 함께 높여야 한다. 야나이 회장은 "(전체 매출의 5% 수준인) 인터넷 쇼핑몰 비중을 30% 선까지 끌어올리겠다"고 최근 밝혔다.

야나이 회장은 새 건물 6층의 각 업무 부서 바로 옆에 IT 담당자들이 붙어 일하도록 만들었는데, 온라인 판매를 늘리기 위한 전초 작업이다. IT 담당들이 각 현장에 깊숙이 파고들어 필요한 정보를 모으게 함으로써 온라인에 익숙한 조직문화를 만들어보겠다는 것이다. 롯폰기에 본사 건물이 있을 때 IT 부서가 현업 부서와 층이 완전히 다른 '외딴섬'이었던 것과 크게 다른 것이다.

고객이 인터넷에서 색깔·디자인과 목·팔 길이 등 개인별 치수를 선택하면 10일 내로 제품을 집까지 배송하는 서비스도 곧 시작한다. 개인별 맞춤화로 새 고객층을 발굴하겠다는 것이다. 이 서비스를 위해선 모든 부서와 IT 담당의 협업이 필수인데 새 사무실은 이런 일에 최적이다. 모든 직원이 한 층, 한 공간에 있기에 몇 분 안에 사무실 내 미팅룸·카페에서 직원들이 모여 문제를 해결할 수 있기 때문이다.

3. 위계중시 조직문화 없애기

아리아케 프로젝트의 또 다른 목적은 '일하는 문화를 바꾸는 것'이다. 이것이 절실했던 이유는 최근 사내에서 일어난 한 사건에서도 찾을 수 있다. 외부에서 영입된 물류 담당 임원이 목표 미달을 이유로 경질됐는데, 이 일을 두고 외부에선 "이 임원이 유니클로의 '위에서 시키는 것만 하는' 경직된 조직문화에 희생됐다"는 비판까지 나왔다.

야나이 회장은 지난 8일 일본 주간 동양경제 인터뷰에서 “조직이 커지면 상사 말만 듣게 된다. 상사도 스스로 생각하지 않고 ‘사장이 말했으니까’라든지 ‘전에 이렇게 해왔으니까’라는 식으로 옛일을 반복한다”며 자아비판했다. 그는 “아리아케 프로젝트로 재고를 줄인다는 것은 현상적 목표일 뿐”이라면서 “유니클로의 사업이 (오프라인 · 온라인 경쟁은 물론 스포츠용품 업체의 의류 시장 잠식 등으로) 이종 격투기처럼 바뀌고 있는데, 여기에 대비하려는 것이 더 큰 목표”라고 했다. 그는 “사원 의식이 가장 큰 문제이며, 물리적인 것보다 사원의 습관이나 업무방식의 재검토가 가장 큰 과제”라고도 했다. 야나이 회장은 “조직을 전부 수평적으로 만들고, 상사가 정한 것을 하는 게 아니라 자신이 일을 정해 해나가도록 바꾸려는 것”이라며 “조직이 경직되지 않도록 하나하나의 조직을 작게 만들고 담당자가 자기 아이디어를 확실히 내고 책임도 지도록 만들겠다”고 했다. (조선일보, 2017.10.6)

연습문제

CHAPTER 10

선택형 문제

1. 다음 중 공급망관리에 관한 설명으로 옳은 것은?

① 자사조직 내의 물적 흐름을 최적화시키기 위해 계량적인 컴퓨터 모델을 이용한 최첨단 물류관리기법이다.
② 복잡하게 얽혀 있는 공급망 구성원 사이의 자재와 상품의 흐름, 정보의 흐름, 자금의 흐름을 통합적으로 관리함으로써, 고객에 대한 리드타임을 줄이고 공급망 내 재고를 최소화하고자 하는 데 목적이 있다.
③ 물류관리를 표준화하고 컴퓨터를 이용한 재고관리를 통해 고객서비스를 극대화하고자 하는 체계적인 완제품 및 원자재 주문관리시스템이다.
④ 수직계열화를 지양하고 아웃소싱을 통해 자사 외부에서 모든 소요자재를 조달함으로써 리드타임을 줄이고 생산성을 극대화하는 데 목표가 있다.

2. 다음 중 공급망에서의 채찍효과(bullwhip effect)의 원인으로 볼 수 있는 것은?

ㄱ. 단계적으로 이루어지는 수요예측 : 단계적 수요예측은 최종소비자의 구매 또는 수요 정보가 공급망의 말단에서 수집되지만, 이 정보가 공급망 전체에 확산·공유되지 않음으로 인해 발생하는 현상이다.
ㄴ. 로트주문방식 : 로트주문방식은 필요할 때 필요한 양만큼 주문하는 JIT식 주문방식과는 달리 일정기간 동안 필요한 양을 모아 묶음으로 주문하는 방식으로서 실제수요량보다 주문량의 변동폭이 크다.
ㄷ. 세일 등으로 인한 가격의 변동 : 가격할인으로 판매촉진을 하는 경우, 가격할인을 기다리며 구매를 미루거나 가격할인을 최대한 활용하기 위해 미래의 수요량을 미리 구매하기도 한다.

---

① ㄱ, ㄴ　　② ㄴ, ㄷ
③ ㄱ, ㄷ　　④ ㄱ, ㄴ, ㄷ

3. 최근 공급망관리의 중요성이 더욱 강조되는 이유에 해당하지 않는 것은?

① 제조과정 이외에서 발생되는 부가가치가 증대되었기 때문이다.
② 공급받는 자재와 부품의 품질과 물량 등의 불확실성이 존재하기 때문이다.
③ 글로벌화에 따라 공급망상의 리드타임이 길어지고 불확실성이 증대되어가고 있기 때문이다.
④ 품질제고를 위한 합리화와 자동화 생산시스템 구축 등이 필요하게 되었기 때문이다.

4. 공급망 내에서의 흐름(flow)은 무엇의 흐름을 의미하는가?

ㄱ. 정보　　ㄴ. 기술력　　ㄷ. 자재(제품)

① ㄱ, ㄴ　　② ㄴ, ㄷ
③ ㄱ, ㄷ　　④ ㄱ, ㄴ, ㄷ

5. 다음 중 효율적 공급망(efficient supply chain)의 운영목표와는 거리가 먼 것은?

① 가동률의 극대화　　② 재고수준의 최소화
③ 적정 여유생산능력의 보유　　④ 원가상승 억제

6. 다음 중 반응적 공급망(responsive supply chain)에 대한 설명인 것은?

ㄱ. 모듈화를 통한 차별화 지연
ㄴ. 고정형 자동화의 도입으로 수요변동에 대비
ㄷ. 원가상승이 있더라도 공격적으로 리드타임 감축

① ㄱ, ㄴ　　② ㄴ, ㄷ
③ ㄱ, ㄷ　　④ ㄱ, ㄴ, ㄷ

7. ERP시스템에서 자재소요계획과 생산능력계획 및 원가분석 등의 기능을 수행하는 모듈에 해당하는 것은?

① 생산계획 모듈　　② 판매·유통 모듈
③ 자재관리 모듈　　④ 품질관리 모듈

8. ERP시스템에서 주문에 대한 문의와 출하 및 대금 청구까지의 고객관련 업무를 지원하는 모듈에 해당하는 것은?

① 자재관리 모듈　② 생산계획 모듈
③ 판매 · 유통 모듈　④ 품질관리 모듈

9. 다음 중 SRM(supplier relationship management)의 핵심 프로세스에 해당하는 것은?

ㄱ. 소싱(sourcing)과 협상(negotiation)　ㄴ. 디자인 협업(design collaboration)
ㄷ. 공급활동의 협업(supply collaboration)

---

① ㄱ, ㄴ　② ㄴ, ㄷ
③ ㄱ, ㄷ　④ ㄱ, ㄴ, ㄷ

10. 다음 중 SRM 도입과 운영에서 기대할 수 있는 효과는?

ㄱ. 공급업체와의 관계 최적화 : 공급업체의 전략적 중요성에 따라 서로 다른 수준의 협업관계를 구축할 수 있다.
ㄴ. 수요예측의 정확성 제고 : 공급업체와 협업을 통해 다양한 시나리오하에서의 예측을 시도할 수 있으며, 공급업체가 제시하는 기술과 정보의 전사적 공유를 통해 예측의 정확성 제고가 가능하다.
ㄷ. 핵심 공급업체와의 전략적 관계 구축 : 핵심적인 공급업체와의 관계가 자사의 비즈니스 프로세스에 녹아들어가 장기적인 협업관계를 가능하게 한다.

---

① ㄱ, ㄴ　② ㄴ, ㄷ
③ ㄱ, ㄷ　④ ㄱ, ㄴ, ㄷ

11. 다음 중 SRM에 관한 설명이 바르지 않은 것은?

① SRM은 MRO 등을 대상으로 하는 기업간 전자구매(e-procurement)나 소수의 전략적 파트너에의 집중을 강조한 전략적 소싱(strategic sourcing) 등을 모두 포괄한다.
② SRM에 참여하는 공급업체와는 단순히 상품과 서비스의 저렴하고도 신속한 납품 수준(소싱)을 넘어서는 새로운 비즈니스 모델의 구축을 필요로 한다.
③ SRM의 핵심 프로세스는 구매, 물류 및 창고관리, 협력업체 평가 및 선정 등이 주된 요소이며, 디자인 협업이나 공급활동 협업과 같은 업무는 포함되지 않는다.
④ SRM을 통해 공급업체와의 관계를 신뢰 기반으로 전환하고 쌍방간의 협업을 구체화하기 위해서는 IT 기반의 정보공유와 의사소통 시스템이 필요해진다.

12. 다음 중 공급망 관련 KPI에 대한 설명으로 바르지 않은 것은?

① 조직은 지속적인 개선의 분위기 속에서 성과를 측정·관리할 수 있는 도구와 정보를 제공함으로써 조직구성원의 동기유발을 북돋을 수 있다.
② KPI는 전략적인 성격을 띠므로 분기실적발표 즈음에 최고경영자계층의 리뷰를 거쳐 발표하는 것이 바람직하다. 실시간적인 공유는 조직구성원의 사기를 저하시킬 수도 있기 때문이다.
③ 양적으로 측정된 KPI 목표와 실제 성과를 비교·검토함으로써 기업은 두 가지 사항을 밝힐 수 있다. 하나는 기대에 미치지 못한 영역이고 또 하나는 기대치를 초과하여 적절한 보상이 필요한 영역이다.
④ 모든 조직구성원들에게 공개적으로 KPI 측정방법, 현재의 성과수준, 앞으로의 기대치 등에 관한 자료를 제시함으로써 기업은 조직구성원들이 조직 전체의 목표와 일치하는 의사결정을 내리는 데 필요한 공통적인 가치관과 정보를 제공한다.

13. 다음 중 KPI의 특성에 해당하지 않는 것은?

① 이해의 용이성 ② 측정가능성
③ 데이터의 적시성 ④ 조직구성원 역량과의 연계성

14. 다음 중 계획된 기간 내에 생산된 물량의 비율을 측정하는 KPI에 해당하는 것은?

① 수요예측정확도 ② 생산능력지수
③ 판매능력지수 ④ 공급능력지수

15. 다음 중 각 기간별로 도착할 예정물량 중 계획된 시점에 맞추어 입고된 물량의 비율을 의미하는 지표는?

① 판매능력지수 ② 공급능력지수
③ SOP 실행률 ④ 정량납품률

16. 다음 중 생산계획의 적정성 확보와 공장 내의 완제품재고 축소에 기여할 수 있는 지표는?

① 판매능력지수 ② 공급능력지수
③ SOP 실행률 ④ 당일 출하율

17. 다음 중 재고관련 KPI에 대한 설명으로 바르게 된 것은?

ㄱ. 장기재고율은 전체 재고에서 입고 후 일정기일(예를 들어 61일에서 120일 이내)을 경과한 재고의 비율을 의미한다.
ㄴ. 부실재고율은 전체 재고에서 입고 후 일정기일(예를 들어 120일)을 초과했거나 전혀 쓸모가 없는 악성재고의 비율이다.
ㄷ. 부진재고율은 전체 재고에서 장기재고 및 부실재고의 비율이다.

---

① ㄱ, ㄴ　　② ㄴ, ㄷ
③ ㄱ, ㄷ　　④ ㄱ, ㄴ, ㄷ

18. 다음 중 현금순환주기(cash conversion cycle)에 대한 설명인 것은?

ㄱ. 투입자원을 현금흐름 형태로 전환하는 데 소요되는 시간을 측정한 것이다.
ㄴ. 고객을 대상으로 한 판매과정을 통해 현금으로 전환되기 전까지 투입된 자원이 생산 및 판매 과정에 묶여 있는 기간을 측정해 준다.
ㄷ. 상품재고판매에 소요되는 시간에 채권회수에 소요되는 시간을 합한 뒤 청구대금을 지급할 수 있도록 허용된 시간을 공제한 값으로 정의된다.

---

① ㄱ, ㄴ　　② ㄴ, ㄷ
③ ㄱ, ㄷ　　④ ㄱ, ㄴ, ㄷ

CHAPTER

11 공급망 계획수립시스템

공급망을 구성하는 다양한 프로세스에 대한 계획수립과 모니터링은 공급망 계획수립시스템(advanced planning system, APS)을 통해 이루어진다. 공급망관리의 핵심기능으로 공급망 내의 정보를 기반으로 정확한 계획을 수립하고 다양한 상황에 대응할 수 있는 의사결정을 내릴 수 있도록 지원하는 시스템으로, 시장 및 환경 변화에 대한 가시성을 증대함으로써 수요예측 오류를 줄이고 여러 곳에 산재되어 있는 제조공장 및 물류센터의 운영에 대한 계획을 통합적으로 수립·통제하는 데 기여한다. APS는 유통법인을 포함한 다양한 거래처로부터의 수요관련 데이터를 수집·분석하여 수요예측을 실시하고 단일화된 예측치를 도출하는 수요관리, 공급망 내의 재고정보와 가용 자원을 감안하여 공급계획을 수립하는 통합공급계획, 공급계획에서 생성된 계획안을 기반으로 제조부문의 일별 생산계획을 수립하는 공장운영계획, 공급가능한 물량에 대한 정보와 거래처에 대한 납기약속을 담당하는 주문처리관리 등으로 구성된다. 본장에서는 이들 모듈에 대해 간략히 살펴보기로 한다.

제 1 절 공급망 계획수립시스템의 구성요소

제 2 절 수요관리

제 3 절 통합공급계획

제 4 절 공장운영계획

제 5 절 주문처리관리

제 6 절 재고관리

제 7 절 물류관리

제 1 절 공급망 계획수립시스템의 구성요소

ERP시스템의 운영이 효율적으로 이루어진다고 해도 공급망 전체의 움직임을 계획하고 관리하기 위해서는 별도의 계획수립기능이 필요하다. ERP시스템은 자사 중심인 만큼 협력관계에 있는 회사들과의 정보교류와 협업을 위해서는 정교한 공급망 계획수립과 실행과정이 필요하다.

공급망 계획수립시스템(advanced planning system, APS)은 공급망관리의 핵심기능으로 공급망 내의 정보를 기반으로 정확한 계획을 수립하고 다양한 상황에 대응할 수 있는 의사결정을 내릴 수 있도록 지원하는 시스템이다. 시장 및 환경 변화에 대한 가시성을 증대함으로써 수요예측 오류를 줄이고 여러 곳에 산재되어 있는 제조공장 및 물류센터의 운영에 대한 계획을 통합적으로 수립 · 통제하는 데 기여한다. APS의 구축을 통해 공급망 전반에서 독립적으로 운영되던 구매 · 제조 · 물류관련 계획을 단일한 시스템으로 통합함으로써, 공급망 내의 다양한 의사결정부문간 의견조율을 효율적으로 수행하고 실시

[그림 11-1]
APS 모듈간 상호작용

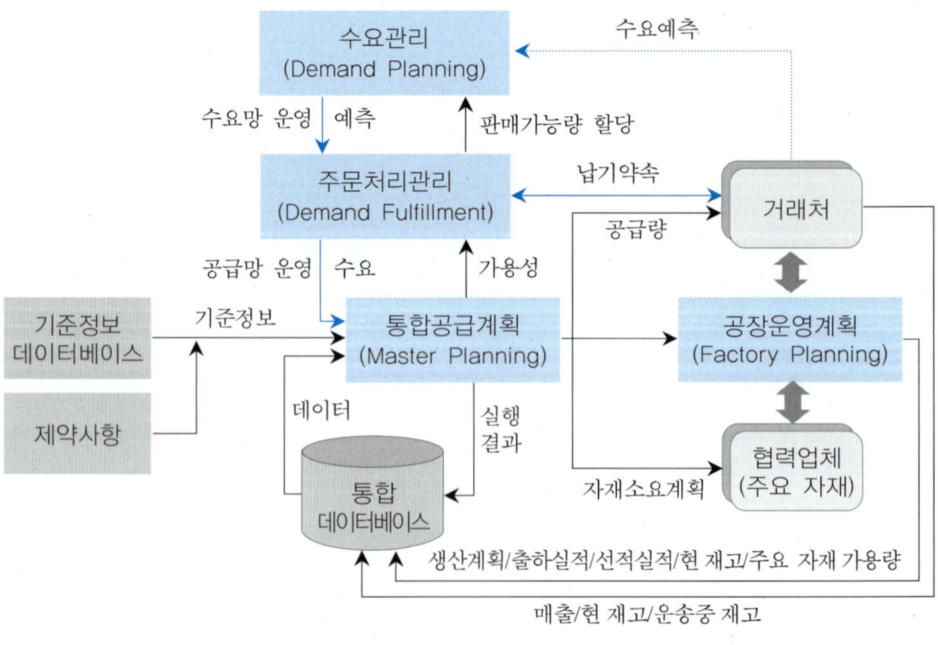

간으로 통합계획을 수립할 수 있는 기반을 구축할 수 있다. 즉, 프로세스적 혁신과 통합적 계획수립기능이 현실적으로 나타난 결과물이기도 하다.

[그림 11-1]에서 알 수 있듯이 APS는 크게 4가지 모듈로 구성되어 있다. 유통법인을 포함한 다양한 거래처로부터의 수요관련 데이터를 수집·분석하여 수요예측을 실시하고 단일화된 예측치를 도출하는 수요관리(demand planning), 공급망 내의 재고정보와 가용 자원을 감안하여 공급계획을 수립하는 통합공급계획(master planning), 공급계획에서 생성된 계획안을 기반으로 제조부문의 일별 생산계획을 수립하는 공장운영계획(factory planning), 공급가능한 물량에 대한 정보와 거래처에 대한 납기약속을 담당하는 주문처리관리(demand fulfillment) 등으로 구성된다.

제 2 절 수요관리

1 수요관리의 절차

공급망관리를 구성하는 모듈로서의 수요관리는 소비성향 파악 등 시장의 움직임을 감지하는 활동, 판매정보를 활용하여 고객의 수요를 예측하는 활동, 그리고 이런 정보를 바탕으로 전략수립 등 판매계획을 수립하는 활동으로 나뉜다. 이를 프로세스별로 보면 다음과 같이 여러 기능으로 구성된다.

- 신제품 출시 기획 프로세스(개발/마케팅과 연결)
- 판매부진 제품의 단종 프로세스
- 판매그룹 계층별 수요예측 프로세스
- 판매관련 데이터의 축적과 분석 프로세스

이와 같은 핵심 프로세스의 시작은 신뢰할 만한 수요예측에서 시작된다. 기본적으로 예측의 신뢰도 제고를 위해서는 예측과정 참여자들이 예측에 도움을 줄 수 있는 다양한 요인에 대해 같은 정보를 공유하고 있어야 한다. 즉 동일선상에서 출발할 수 있도록 수요관리에 관한 논의 개시 이전에 공용화된 정보를 제공해야 한다. 특히, 개인적으로 습득한 정보의 경우 공유할 의사가 없다면 예측과정에 반영해서는 곤란하다. [그림 11-2]에서와 같이 산업관련 정보, 해당품목의 과거 예측자료, 실제 세부 판매정보 등을 하나의 묶음으로 만들어 모든 예측 참여자에게 공유할 수 있도록 준비해야 한다.

수요예측은 몇 가지 방식을 통해 이루어지는데, 글로벌 기업의 경우 하향식(top-down)으로도 이루어진다. 이 방식은 글로벌 예상수요로부터 출발하여 시장점유율에 대한 과거와 현재 추세 및 경쟁사의 상품라인 등을 고려하여 상품별, 지역별 예측치를 개발하는 과정이다. 본부 전략부문은 시장조사 그룹에서부터 정보를 얻어 경쟁상황과 가격효과를 추정하기도 한다. 두 번째는 상향식(bottom-up) 예측치로서 판매부서의 팀장급들이 그들 나름대로의 예측치를 제공하는 방법을 기반으로 한다. 각 지역 및 채널의 판매담당자들은 신상품에 대한 소개와 다가올 판촉전략 등을 소개하며, 각 지역의 판매장들은 해당지역의 과거 판매내역을 종합하고 유통파워, 현 판매추세, 예상판촉 등을 고려하여 예측치를 개발한다. 세 번째는 과거 판매자료를 토대로 통계적 추정을 하여 예측치를 개발한다. 이 예측치는 상향식과 하향식 두 가지 예측치에 대한 평가기준으로도 사용되는데 일종의 reference 포인트로도 활용된다. 즉 통계적 예측치와 지나치게 차이가 나는 예측치는 추가적인 원인분석과 관련 사항의 가정에 대한 근거를 요구하게 된다.

[그림 11-2]
수요예측 절차

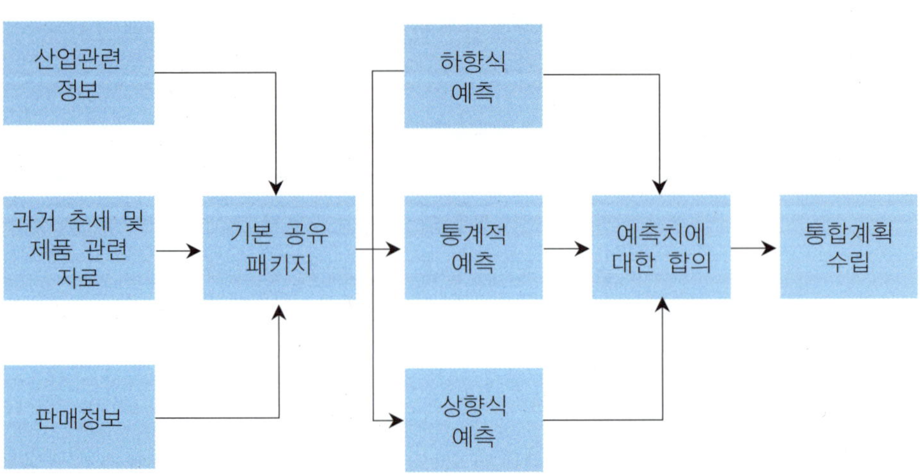

공급망관리를 구성하는 모듈로서의 수요관리 핵심은 수요계획에 대해 판매·마케팅, 생산 등의 여러 부문이 합의(consensus forecast)를 이루는 것이다. 합의과정에서 미래 수요에 대한 예측치는 수요계획의 역할을 한다. 실질적으로 지역별, 품목그룹별 수요계획과 공급부족시의 우선순위 등에 대한 논의를 거친다. 예를 들어 합의를 위해 매주 각 판매주체는 판매회의를 통해 수요예측 관련 제반정보를 교환, 공유하면서 상호 조율하는 과정을 거친다. 이 과정에서 새로운 의견이나 이로 인한 새로운 가정을 문서화하고 모니터하여 어떤 가정이 실제 수요를 가장 잘 추정하였는지를 알아내야 한다. 예측의 배경이 되는 가정에 대한 토의를 통해 수요, 시장, 전반적인 경영상황에 대한 이해도가 높아지고 이 과정이 반복될수록 우수한 수요계획이 도출된다.

수요 변동성이 낮은 품목의 예측은 상대적으로 용이하므로 수요관리는 변동성 또는 불확실성이 높은 품목에 대한 집중관리가 요구된다. 불확실성을 줄이기 위해서는 거래처와의 의사소통을 활성화하여 가능한 한 많은 정보를 공유하는 것이 필요하다. 주문생산(MTO)의 경우 충분한 리드타임 확보가 중요하며, 시장상황이 불확실한 경우에는 일반 비즈니스 전략에서 사용하고 있는 시나리오 방식을 활용할 수 있다. 각각의 시나리오별로 다른 수요를 나타내고 이에 따라 공급과 재무 계획도 달라진다. 시장상황을 예의주시하면서 상황에 따라 적합한 시나리오를 선택·실행함으로써 시장변화에 신속히 대응할 수 있다.

수요예측의 신뢰도 제고를 위해서는 제품수명주기에 따라서 신모델과 단종 모델을 별도로 관리해야 한다. 일반적으로 항상 팔리는 모델에 대한 수요예측은 상대적으로 안정적이지만 신모델 도입과 구모델 단종 관리는 문제를 많이 일으키는 부분이다. 제품의 수명주기가 짧아지면서 신구 모델의 교체가 잘못될 때 엄청난 손실이 발생할 수도 있으므로 세심한 예측과정이 요구된다.

2 수요관리 산출물의 공유

(1) 조직 내의 프로세스간 공유

합의된 수요계획은 조직 내외의 모든 다른 프로세스에 공유된다. 대부분의 기업들은 재무부문에서 독자적으로 재무예측과 재무계획을 수립한다. 이는 수요계획과 괴리된다. 재무부문이 독자적으로 재무예측을 하는 것은 통산 연초에 세워진 경영계획이나 그 후에 수정 보완된 실행계획 혹은 주식시장에 약속한 계획상의 매출에 근접하기 위한 욕구의 발로일 수 있다. 수요관리의 결과가 제대로 공유되고 신뢰성 있는 계획안으로 인정받기 위해서는 부문간 의사소통이 원활해야 한다. 일반적으로 생판계획(Sales & Operations Planning, S&OP)을 통해 수요계획이 공급계획, 재무계획과 동기화된다.

(2) 공급망 참여기업과의 공유

회사 내부뿐만 아니라 협업관계를 구축하고 있는 협력업체까지도 수요계획에 대한 정보공유가 이루어진다. 수요공급망 내의 모든 조직들이 하나의 계획으로 동기화되어 시장의 변화에 맞추어 일사불란하게 대응하기 위한 전제조건으로 정보공유가 요구된다.

수요 쪽으로는 고객의 고객을 통하여 소비자까지 연결되고, 공급 쪽으로는 2차, 3차 협력업체까지 전 프로세스가 연결되어 마치 하나의 회사처럼 최적화된 단일계획에 의하여 일사불란하게 운영될 때, 최고의 SCM 경쟁력을 구현할 수 있다. EDI나 인터넷을 통한 쌍방향 의사소통이 일반화됨에 따라 유통업체의 POS 데이터와 수요예측치 공유 등이 가능해지면서 공급망 참여기업과의 정보공유의 전략적 가치가 더욱 높게 평가되고 있다.

3 제품수명주기관리

디지털 상품에 사용되는 많은 부품들은 제품수명주기가 매우 짧다. 따라서 신모델과 단종 모델을 별도로 관리해야 하는데, 이는 일선 판매조직에서 하는 것보다 본사 마케팅 및 전략본부에서 수요관리의 한 핵심기능으로 정착시키는 것이 바람직하다. 신모델 출시(new product introduction, NPI)와 구모델 단종(end of life, EOL)은 전략본부 차원에서 세밀한 관리가 필요하고, 신구 모델에 대한 정보도 본부 차원에서 더 정확하고 폭넓게 알 수 있기 때문이다.

제품의 수명주기가 짧아지면서 신구 모델의 교체시기가 적절하지 않을 때 손실은 엄청나게 커지게 된다. 유통채널에 아직 팔리지 않은 상품재고가 많이 쌓여 있음에도 불구하고 관련 내용의 정보공유가 미진한 경우 유사 신상품의 출시는 유통채널의 재고를 부진재고로 퇴화시키는 역할도 한다. 신상품의 출시로 인해 불용 처리될 수밖에 없는 원자재나 부품재고의 보유여부도 출시 전에 미리 고려해야 한다.

지금 잘 팔리고 있는 상품도 일정기간이 지나가면 점차 판매성장률이 하락한다. 일정기간 이상 신규수분이 없는 경우 해당상품의 재고수준을 고려하여 단종여부를 결정하는 것이 바람직하다. 이 경우 왜 해당상품의 수요가 미진한지, 또는 왜 예상했던 대로 판매가 이루어지지 않았는지에 대한 원인을 분석하고 추후 유사한 상황이 발생할 때에 이에 대비할 수 있어야 한다. 더 이상 해당상품을 판매하지 않을 것으로 결정짓는 경우 생산 및 구매 부서에 관련 정보를 공유하고 상품코드를 삭제한다.

제 3 절 통합공급계획

1 통합공급계획의 의의

수요관리를 통해 단일화된 수요예측치가 도출되면 현재 보유하고 있는 재고를 감안하여 통합공급계획(master planning, 이하 MP)을 수립한다. MP는 설비능력, 가용 원자재 등 다양한 제약조건을 감안하면서도 수요계획을 충족시킬 수 있는 실행가능한 판매가능계획을 수립한다.

일반적으로 MP를 수립할 때에는 각 공장의 상세한 계획을 수립할 정도로 깊이 있고 자세하게 진행하기는 힘들다. 각 공장의 상세한 장비 현황이나 생산능력(capacity) 혹은 각종 제약사항들을 통합공급계획 수립시에 함께 고려하는 것이 어렵기 때문이다. 시간이 많이 소요되기도 하겠지만, 실제 물리적으로 떨어져 있는 공장 현황을 일일이 고려해서 생산현장을 관리할 수 있을 정도의 자세한 계획을 수립하는 것은 더욱 힘들기 때문이다. 그러므로 통합공급계획은 출하계획 및 생산계획을 모두 포함하고, 여러 공장들 및 제품흐름을 모두 포함하여 전체 공급계획의 동기화를 가져다주는 것에 초점을 맞추어야 한다. 이러한 의미에서 MP는 공급관리의 핵심을 이룬다고 말할 수 있다. 통합공급계획은 ATP(available to promise) 정보를 제공해 준다. 판매 일선에서 효율적으로 활용할 수 있는 공급정보를 제공해 준다는 의미이다. 굳이 ATP를 활용할 수 있는 별도의 시스템을 운영하지 않더라도 통합공급계획을 통해서 ATP 정보를 충분히 활용할 수 있다.

2 생판계획(S&OP)을 통한 공급계획 조정

(1) S&OP의 기능

수요계획과 공급계획은 최종적으로 S&OP를 통해 조정·확정된다. S&OP의 핵심은 단일계획의 실행이다. 공급망관리의 잠재력을 극대화하기 위해서는 회사의 경영목표를 달성하는 최선의 계획이 수립되어야 하고, 판매, 생산, 재무, 개발, 구매 등 회사 내의 모든 계획이 하나로 동기화되며, 각 부문이 계획에서 약속한 대로 실행하고, 계획 대비 실적을 분석하여 원인과 책임을 명확히 함으로써 계획대로 실행하는 능력을 키워나가야 한다.

월 단위 S&OP는 중장기 관점의 경영상 필요한 의사결정 및 계획을 확정하기 위한 과정이다. 판매·마케팅에서 주도적으로 수립한 합의된 수요계획을 기반으로 시장상황 및 경영전망을 검토하고, 중장기 예상 매출, 손익, 시장점유율, 재고운영 방침 및 계획을 확정하며, 제품 라인업 운영관련 이슈, 마케팅 정책관련 이슈, 중장기 생산능력 및 자재 운영관련 이슈, 부문간 기타 이슈들을 협의한다.

공급관리 부문에서는 중장기 공급계획, 월별 신제품 출시와 단종에 의한 라인업 진행상황, 공급실적 및 KPI 성과를 검토하고, 공급차질 원인을 파악하여 대응방안을 분석한다. 또한 판매와 공급의 실무 담당자들은 상호요청사항에 대한 이슈를 협의하고 미해결 이슈 위주의 의사결정 항목을 도출하여 S&OP의 최종 안건을 확정한다.

S&OP는 전월의 S&OP에서 수요와 공급관련 의사결정사항의 진행경과를 검토하면서 시작한다. 또한 품목이나 모델군별 전월, 분기, 누적 매출, 수량, 손익, 시장점유율 등의 계획 대비 실적 및 전월 자재, 재공품, 완제품 재고, 부진재고, 파악가능한 유통재고, 판매계획 정확도, 생산계획 준수율, 미출 및

결품률, 납기준수율 등과 같은 주요 KPI 수치도 리뷰한다. 주 단위 S&OP는 월별 S&OP에서 확정된 월 단일계획을 기반으로 실행해 가면서 주 단위로 보정하는 것이다. 즉, 주 단위로 계획 대비 실적 차이사항에 대한 이슈(예측되지 않은 고객 긴급주문, 대량주문, 부진재고 해소방안, 차주 판매공급계획 확정)를 검토하고 대책을 수립하여 실행하는 것이다.

(2) S&OP의 전략적 가치

S&OP는 생산부문의 운영계획이 기업전략의 방향과 일치할 수 있도록 조정하고, 수평적으로는 수요와 공급 계획이 일치할 수 있도록 방향을 조정·통제하는 역할을 한다. S&OP는 기업규모나 시장 및 상품구성에 따라 기업 내 여러 부문간의 교차적 기능(cross-functional)과 그 기능을 기반으로 하는 자재, 자금, 정보흐름에 초점을 두는 경우도 있고, 글로벌 기업의 경우와 같이 협력업체까지 포함하는 공급망 전체의 의사결정 통합에 주력하는 경우도 있다.

생산부문과 영업·마케팅부문 간에는 보이지 않는 벽을 쌓는 경우가 많은데, 서로 사용하는 용어도 다른 경우가 많고 기업경영에 대한 사고방식에도 차이가 나며, 구성원의 특성상 부문간 인적자원교류도 거의 이루어지지 않기 때문이다. 많은 기업들이 S&OP를 이런 기능 또는 부문간 괴리(functional divide)를 해소하기 위한 공식적인 계획수립 프로세스로 활용하곤 한다. S&OP는 환경의 불확실성에 신속하게 대응하기 위한 조정메커니즘 역할을 담당함으로써 생산·구매·영업·연구개발부문간의 계획이 기업전략과 최대한 일치하도록 조정하는 역할을 한다. S&OP가 단순히 제조부문의 계획수립과정에 머무는 것이 아니라 시장에 대응하는 운영계획 수립을 기업 내의 다양한 시각에서 검토하고 단일화하기 위한 전략적 도구로 등장하고 있으며, 3M, 나이키, 애플 등 대부분의 글로벌 기업들은 이를 격상시켜 IBP(Integrated Business Planning)라는 개념으로 고도화하여 공급망관리의 핵심모듈로 운영하고 있다.

S&OP를 통한 자원의 통합, 다양한 조직 내 기능과 프로세스의 통합은 물류 및 생산 부문의 성과에 긍정적 영향을 미치며, 기업 전체의 성과 제고에도 상당한 기여를 하게 된다. 최근에는 S&OP 대시보드(dashboard)나 사내 소셜네트워킹 시스템을 이용하여 정보공유와 환경변화에 대한 대응방안을 공개적으로 논의함으로써 S&OP의 조정메커니즘 역할을 보완하고자 노력하는 추세이다.

(3) 효과적인 S&OP 운영을 위한 전제조건

공급망 내의 다양한 모듈을 통합적으로 운영하기 위해서는 조직 내로부터 실시간 데이터와 협력관계의 외부 기업 및 고객으로부터의 데이터가 요구된다. S&OP 운영이 성숙단계에 접어든 글로벌 기업들의 경우 협력업체와 고객으로부터의 데이터와 정보가 실시간으로 도착하며 다양한 공급망 애널리틱스(analytics)를 통해 분석되어 의사결정에 활용된다.

이와 같이 S&OP가 공급망 내외의 의사결정을 조정하는 메커니즘으로서 전략적 기능을 담당하기 위해서는 다양한 정보와 데이터의 공유, 그리고 이를 토대로 하는 핵심평가지표(KPI)의 제공이 전제되어야 한다. 효과적인 S&OP 운영을 위해서는 관련 KPI가 연계되어 각 부문의 성과평가에 반영되어야 한다. 전략적 목표를 반영하는 관련 KPI를 주기적으로 추정하여 목표와의 일치 여부를 평가하고 평가결과를 각 팀과 구성원의 인센티브와 연계시키는 투명한 평가시스템이 뒷받침되어야 한다. S&OP가 통합적 의사결정도구로 활용되기 위해서는 조직 내의 다양한 부서에 대한 일관성 있는 성과평가와 연계되어야 한다. 그렇지 못한 경우 S&OP의 조정메커니즘으로서의 역할은 한계에 부딪칠 수밖에 없다.

3 글로벌 MRP로의 진화

각 공장 단위의 MP 자료가 전달되면 이를 토대로 글로벌 MRP를 운영하여 본사에서 한꺼번에 구매 발주를 낸다. 전사적으로 여러 사업부와 여러 지역에 공급할 수 있는 협력업체를 선정하면 글로벌하게 물량을 통합할 수 있고 협력업체와의 레버리지도 확대할 수 있다.

글로벌 구매계획의 수립을 위해서는 일단 자재코드나 협력업체 코드 등의 기준정보가 글로벌하게 표준화되어 있어야 한다. 많은 회사에서 아직도 가시성 부족으로 같은 자재를 공장에 따라 다른 가격으로 구매하는 경우가 많으며, 동일한 협력업체로부터 구매하는 데도 다른 가격으로 구매하는 사례가 종종 있다. 글로벌 구매운영을 통해 자재 소요량을 기반으로 통합구매함으로써 규모의 경제로 구매단가를 낮출 수 있다.

여러 사업부가 있는 경우에는 모든 자재에 대하여 더욱더 글로벌하게 통합구매를 해야 한다. 자재의 글로벌 관리로 사업부간에 활용하는 자재를 공유하여 회사 차원에서 새로이 생성되는 자재를 최소화해야 한다. 자재 및 상품코드를 표준화하여 글로벌하게 재고의 가시성을 확보함으로써 글로벌하게 남는 재고와 모자라는 재고의 균형을 효율적으로 맞출 수 있다.

공급자 관계관리 시스템(supplier relationship management, SRM)의 전략적 중요성이 이 과정에서 부각된다. 협력업체와의 협업관리 체계는 비즈니스 프로세스를 정립하는 것부터 시작한다. 단순히 구매 오더를 발행하고, 자재를 납품하면 그에 대한 대금을 지불하는 것과 같은 순차적 프로세스로는 공급망의 효율성 극대화가 어렵다. 협력업체와의 기술개발 협업, 재고수준 최소화를 위한 정보공유, 장기 수요예측정보의 제공을 통한 장기적 구매계획 수립 등의 협업도 절실하다.

협력업체와의 비즈니스 프로세스를 정립하고 나면, 정보전달 및 공유체계를 정립하는 것이 중요한 과제로 떠오른다. 지역적으로 떨어져 있는 협력업체와의 효율적인 SCM 프로세스 진행을 위해서는, 인터넷을 기반으로 하는 정보전달 체계를 활용하는 것이 필수적이다. 기업 내부에서 ERP시스템을 활용하는 것처럼 기업 외부로의 확장 개념이 필요한 것이다. 이러한 정보전달 체계를 일반적으로 협업시스템이라 부른다. 예전에는 협업시스템 자체만 너무 강조해서, 이 시스템만 구축되면 모든 협업관리가 획기적으로 이루어질 것으로 생각했었다.

그러나 기업 내부의 SCM 체계가 정립되지 않으면 협력업체와의 협업도 제대로 이루어질 수 없다. 협력업체와의 비즈니스 프로세스는, 기업에서 어떤 자재가 언제 얼마만큼 필요한 것인가를 기준으로 이루어지는 것이기 때문이다. 기업 내부에서 필요한 자재를 제대로 산출하고 나서야, 이를 어떻게 효율적으로 협력업체로부터 확보해 나갈 것인가를 생각할 수 있다. 협업시스템이란 협력업체와의 커뮤니케이션을 도와주는 도구일 뿐이다.

제4절 공장운영계획

1 공장운영계획의 의의

통합공급계획이 공급망 전반에 걸친 최적화 관점에서의 계획수립이라면 공장운영계획은 통합공급계획을 통해 수립된 주 또는 월 단위 출하계획을 실행하기 위한 생산공정별, 일별, 라인별 생산계획을 수립·관리하는 역할을 담당한다. 공장운영계획은 각종 설비와 자원의 한계를 반영하여 상세한 생산계획을 도출해낸다. 즉, 공장별로 제약조건을 감안해 라인별, 일별, 모델별 생산계획을 수립·운영한다. 수요관리와 공급관리에서는 주 단위 또는 월 단위 계획을 수립하지만 공장운영계획에서는 일 단위로 생산계획을 수립한다.

공장운영계획 프로세스에서는 3일 확정구간을 반영한 생산계획을 수립하는 것이 일반적인 추세이다. 3일 확정구간이란 오늘부터 3일간의 생산계획은 수정할 수 없고 신규 주문량은 D+3일차에 반영이 가능하도록 하여 계획변동에 의한 자원의 손실을 최소화하기 위한 도구이다. 더불어 정량생산체제를 운영하는데, 이는 당일 계획된 물량은 당일 생산완료해야 하고 추가적 생산을 금지하는 규칙을 의미한다.

〈표 11-1〉 공장운영계획 프로세스의 특징

일 단위 생산계획		정량생산	
정의	실행가능한 일별 상세 생산계획	정의	당일 계획된 물량의 당일 생산완료
내용	• 3일 확정구간 운영. 즉 D, D+1, D+2일차 생산계획은 불변이며, 신규주문은 D+3일차에 반영함 • 생산능력 및 사이클타임 등을 기준으로 계획수립 • 설비관련 제약을 반영한 계획수립	내용	• 당일 목표 조기달성시 초과생산 금지 • 생산 차질시 선행생산 금지 • 당일 생산, 당일 출하실시

2 생산일정의 관리

매일매일의 생산일정 수립은 생산현장에서 늘 고심하는 이슈이다. 공급망 운영의 핵심은 판매와 공급(또는 생산)의 동기화인데, 동기화시키는 데 소요되는 기간이 중요하다. 일 단위, 주 단위, 월 단위, 분기 단위 등이 있는데, 그 기간이 짧을수록 공급이 시장에 유연하게 대응할 수 있다. 분기 단위라는 것은 분기의 전체 수요와 공급을 일치시키는 것이고, 일 단위는 매일의 수요와 공급을 일치시키는 것이다. 당연히 일 단위에서는 재고가 거의 없을 것이다. 기간이 길어진다는 것은 선행생산을 한다는 것이고, 이는 수요가 공급을 초과하는 시기에 대비하여 사전에 비축을 한다는 것이다. 비축한다는 것은 공급이 수요에 유연하게 대처하는 능력이 떨어진다는 것을 의미한다.

공급(또는 생산)부문에서는 가급적 생산로트(1회에 생산하는 물량) 단위를 최소화하여 금주나 금일에 판매되는 양 이상으로 공급해서는 안 된다. 판매에서는 거꾸로 공급의 제약을 고려하여 이미 만들어진 물건을 최대한 빨리 판매되도록 해야 한다. 로트를 크게 해서 계획보다 많이 생산하는 방식으로 단위당 원가를 줄이려는 부적절한 사례도 근절되어야 한다.

장치산업과 수주산업은 제조 사이클타임 단축이 매우 중요한 목표이다. 장치산업은 설비가동률을 높이기 위하여 불필요한 재공품(생산과정에 있는 미완성 제품이나 부품, 자재)을 보유하게 된다. 그러나 재공품 수준이 높아지면 사이클타임이 길어지고 결과적으로 고객에 대한 적기공급률이 저하된다. 주문의 긴급도에 따라 작업의 우선순위를 정해야 하는데, 재공품이 늘어나면 작업의 우선순위를 정하기가 어렵고 공정간의 균형도 유지하기 힘들어진다. 재공품 재고수준이 최소화되면 팔리는 속도에 동기화되는 생산과 공급이 가능해질 것이다.

제 5 절 주문처리관리

주문처리관리는 통합공급계획에서 합의된 공급량을 우선순위에 따라 거래처에 할당하고 납기약속을 하는 프로세스로 구성된다. 상품의 라이프사이클은 점차 짧아지는 데 반해, 가짓수는 증가되면서 급변하는 수요와 주문에 적절히 대처할 수 있는 주문처리관리는 SCM의 핵심 프로세스 중의 하나가 되었다.

기존의 주문관리는 그저 보유하고 있는 재고수준을 파악하고 거기에 맞추어 고객에게 납기를 불러주는 정도였으며, 그나마 재고에 관한 실시간 파악이 어려워 한참을 기다려야 했다. 재고가 없다고 알려진 경우에는 생산부문에 리드타임 추정을 의뢰하는 과정을 거치기 때문에 고객들은 마냥 기다릴 수밖에 없었으며, 생산부문의 설비 사용가능성과 핵심 자재의 가용성 파악도 쉽지 않아 고객에게 알려준 납기도 지키기가 쉽지 않은 경우가 많았다. SCM의 핵심 프로세스로서의 주문처리관리는 이런 한계를 극복한다.

1 할당 및 수주 · 주문정보 관리

회사에서 가장 중요한 정보는 주문정보이다. 거래처로부터의 주문은 공급망 시스템 내의 가장 중요한 정보로 최초 생성부터 수금으로 마무리될 때까지의 전 과정에서 투명하게 관리 · 공유되어야 한다. 수요관리와 공급관리는 고객주문을 기반으로 일사불란하게 동기화되기 때문이다. 이를 위해서는 시스템 내에서의 주문정보 가시성이 확보 · 공유되어야 한다.

주문처리관리에서 가장 중요한 것은 주문의 가시성을 확보하는 것이다. 주문이 공유되지 않는 이유는 대부분 정보시스템이 불편하기 때문이다. 주문이 생성되고 제품이 공급되어 수금될 때까지의 라이프사이클 동안 주문상태는 항시 추적되고 전 프로세스에 투명하게 공유되어야 하며 주문의 진행상태는 즉시 고객에게 제공될 수 있어야 한다. 특히 기업 고객에게 더욱 중요한데, 고객별 웹 페이지를 운영하여 고객으로 하여금 자신들 주문의 이행상태를 실시간으로 조회할 수 있게 해야 한다. 주문의 생성부터 생산 · 배송의 전

과정 상태가 추적되고 웹에 실시간으로 갱신되어야 한다. 유통 주문의 전 단계인 소비자의 구매정보도 투명하게 공유되어야 한다.

주문처리관리의 기본은 고객이 주문을 내었을 때 실시간으로 공급가격과 가능한 납기를 알려줄 수 있어야 한다. 주문은 고객이 요구납기를 지정하지 않는 한 막힘없이 흘러 즉시 출하로 연결되어야 한다. 고객에게 제때에 제품을 공급하는 것은 고객서비스의 핵심이므로 적기공급률(on time delivery, OTD)이나 적기출하율(on time shipment, OTS) 등이 관리되어야 하며 당연히 고객과도 공유해야 한다. 고객이 원하는 날, 최초 약속해 준 날, 최종 약속날짜를 제공한 날 등을 기준으로 세분하여 관리함으로써 고객의 친밀도를 높이고 추가적인 매출 증대로 이어질 수 있도록 노력해야 한다. 또한 주문 후 공급까지 걸린 시간(order to delivery time)도 관리해야 한다.

영업부문의 판매물량 요구에 대한 할당은 'No Forecasting, No allocation (예측하지 않은 물량은 할당하지 않는다)'의 원리를 반영해야 한다. 이 원리는 영업담당자들이 정확한 예측치를 도출하고자 노력하지 않고 대강 개략적인 수치 정도를 예측치로 제공하는 폐단을 미연에 방지하기 위한 수단이다. 예측치 또는 판매목표치를 낮게 설정하면 재고를 줄이고 목표를 상향하는 실적을 거둠으로써 겉으로는 상당한 성과를 거두는 것으로 보이지만, 계획에 없는 물량의 생산은 긴급자재의 발주, 생산라인의 시간외 근무, 긴급배송 등의 비용발생으로 인해 실질적인 이익은 오히려 줄어드는 경우가 많다. 판매계획이 수요예측과 생산계획에 근접하도록 노력할 때 현금흐름이 개선되고 납기 준수율과 판매계획 준수율도 개선된다. 이런 노력에도 불구하고 현업에서 요구한 물량이 생산계획량보다 큰 경우에는 적절한 의사결정규칙을 이용하여 할당한다.

반대로 예측치보다 낮은 판매율을 보이는 경우에는 판매계획 준수율과 같은 지표를 KPI로 도입함으로써 물량확보를 우선하고 보자는 식의 폐해를 방지할 수 있다. 이런 지표의 준수가 강력히 요구되지 않으면 악성 장기재고가 급증하며 생산과 영업 부문 간의 갈등이 심해져 효과적인 공급망관리는 불가능해진다.

2 납기의 약속

기 주문한 고객물량에 대한 납기정보 제공은 당연한 것이지만, 신규 고객이 요청하는 주문량에 대한 추정 납기 제공도 매우 중요한 기능이다. 공급관리를 통해 생산가능물량에 대한 데이터가 구축되면, 새로운 주문에 정보요청이 들어왔을 때 정확한 공급시점을 제시해 줄 수 있다.

예를 들어 MTS(make-to-stock) 환경하에서 MP는 ATP(available to promise)를 계산해 줌으로써 앞으로 들어올 주문을 언제 충족시켜 줄 수 있는지 거의 100% 정확하게 알려줄 수 있다. ATP는 흔히 '납기약속' 또는 '약속가능물량'이란 말로 사용되기도 하는데, 고객에게 정해진 날짜에 납품을 약속할 수 있는지 여부를 답해 줄 수 있는 기능을 수행한다.

고객이 발주 전에 납품가능 여부를 문의하는 경우가 있다면 ATP를 이용하여 손쉽게 답할 수 있다. 재고가 충분한 경우는 문제가 없으나 재고가 충분히 확보되어 있지 않다면 생산부서에의 문의를 거치는 것이 SCM이 도입되지 않은 기업들의 일반적인 행태이다. 만약 이런 문의가 매우 빈번하거나, 영업부문의 각 조직에서 동시에 생산관리 등으로 문의를 하게 되면 적절한 대응이 어려워진다. 언제 공급가능한지를 계산하는 것도 시간이 많이 소요되지만, 영업의 어느 조직은 공급해 주고 어느 조직은 공급할 수 없는 경우가 발생하면, 생산관리부서로서는 결정하기가 쉽지 않게 된다. 어떤 고객이 얼마나 중요하고 얼마나 시급한지를 고객과 한참 떨어져 있는 생산관리부서가 나름대로 판단하고 있다면, 이는 심각한 문제가 아닐 수 없다.

수요관리와 공급관리를 통해 도출된 통합공급계획은 ATP에 관한 정확한 정보를 제공해 줄 수 있다. 통합공급계획은 현재 보유하고 있는 재고, 생산능력, 자재의 가용성 등을 모두 고려한 계획이기 때문에, 추가적인 주문에 대한 납품가능시점을 자동적으로 추정해 줄 수 있다.

MTO 환경에서는 자재의 가용수준 외에도 생산능력(capacity)이 또 하나의 제약조건으로 등장한다. 고객주문을 소화시키기 위한 특정 생산설비에 작업이 집중되는 경우, 해당설비의 생산능력이 일종의 부품처럼 처리된다. 즉 'capacity component'와 같은 개념으로 처리되어 공급계획에 반영되어 리드타임과 납기설정에 이용된다. 이런 개념을 식으로 CTP(capable-to-promise)라 부른다. CTP를 추정하기 위해서는 새로운 주문량을 포함하여 생산계획을 시뮬레이션할 수 있는 모듈이 있어야 한다. 자재와 설비의 가용성(availability)을 체크하고 먼저 들어온 주문량과 새롭게 요구된 주문량을 모두 포함한 계획안이 실시간으로 도출가능해야 한다.

3 반품관리

반품에는 해당제품의 매출손실 외에도 부수적인 비용이 수반된다. 자유롭게 반품을 받거나 팔리지 않은 재고에 대한 보상이 반복되면 마케팅과 영업 부문에서 수요관리나 재고관리에 관심을 기울일 이유가 없어진다.

재고를 충분히 갖고 있는 유통법인의 주문은 특별 관리하여 새로운 주문을 내기 이전에 갖고 있는 재고를 소진하도록 독려해야 한다. 필요하면 주문은 받되 처리를 늦추어야 한다. 이를 위해서는 판매에 대한 성과평가의 기초자료가 유통채널에 대한 판매실적에서 유통에서 실제 소비자에 대한 판매실적으로 전환되어야 한다. 영업사원에 대한 평가도 대리점에 대한 판매에서 대리점이 최종소비자에게 실제 판매한 양을 기준으로 하여 대리점의 재고를 공급업체의 재고로 인식·관리해야 한다. 특히 악성 장기재고 관리를 철저히 하고 밀어내기를 원천적으로 봉쇄해야 반품을 방지할 수 있다.

제 6 절 재고관리

1 공급망상의 재고관리와 협업

공급망에서의 물적 흐름은 공급망의 상부(원자재 공급)에서 하부(최종소비자)로 자재가 이동하는 것을 의미하며 재고 및 물류에 관한 다양한 의사결정이 포함된다. 물적 흐름이 정체되면 재고가 발생한다. 재고가 공급망상에 존재하는 근본적인 이유는 수요와 공급의 불일치에서 찾을 수 있다. 만약 수요와 공급이 완벽하게 일치하도록 수요와 공급을 동기화(synchronization)시킬 수 있다면, 재고가 발생하지 않을 것이다.

수요와 공급의 불일치는 정확한 수요예측의 어려움에서 비롯되지만, 수요를 정확하게 예측할 수 있다 하더라도 불가피하게 재고가 발생하기도 한다. 순환재고, 안전재고, 파이프라인재고, 비축재고 등으로 구분되는 재고는 각각의 기능이 명확하다. 그러나 공급망 내에서 정보공유와 통합적 의사결정을 통해 전체적인 재고수준을 줄일 수 있다.

재고에 대한 체계적이고도 효율적인 관리가 되지 않는 가장 큰 이유는 누구도 재고에 대해 100% 책임을 지지 않기 때문이다. 재고를 단지 유동자산의 일종으로만 간주한다면 문제는 심각해진다. 구매부서는 자재나 상품재고 부족으로 인한 생산중단이나 판매부진을 미연에 방지하기 위해 충분한 양을 구매하고자 노력한다. 월별로 평가되는 생산성에 의해서만 생산부서가 평가를 받는다면 월말에는 만들기 쉬운 제품들만 집중적으로 생산하여 불필요한 재고만 양산할 것이다. 고객에 대한 빠른 상품공급을 원하는 영업 및 마케팅 부서는 수요 자체를 부풀려서 예측하기도 한다. 이런 과정이 뒤섞이게 되면 재고에 대한 책임을 묻는다는 것이 불가능해진다. 따라서 재고의 과부족이 발생하지 않도록 각 부문별로 관리목적에 걸맞은 성과지표의 개발과 운용이 필요하다.

1회성에 그치지 않고 지속적으로 성과지표를 활용하기 위해서는 관련 데이터가 데이터베이스에 축적되어 있어야 하고 또한 실제 재고현황을 제대로 반영하고 있어야 한다. 재고수치가 실제와 맞지 않으면, 생산 및 구매 계획은 물론 기업 내 모든 프로세스가 제대로 진행될 수 없다. ERP시스템이 있다고 재고데이터가 정확한 것은 아니다. 재고관련 의사결정은 사람이 하기 때문에 적시에 관련 자료를 입력하거나 반영하지 않으면 데이터가 정확할 수가 없다. 수많은 기업들이 재고관리에 어려움을 겪는 이유가 바로 여기에 있다.

재고데이터는 매우 복합적이다. 품목별 현재 재고량만을 기록할 수도 있고, 입고예정인 자재나 상품의 수량, 반품된 상품재고, 출고예정인 상품수량, 각 지역별 물류센터별 재고량, 재고의 체화(aging) 정도 또는 유통기한 등에 관한 데이터를 추가할 수도 있다. 재고에 대한 데이터는 이를 이용하여 어떤 의사결정을 할 것이냐에 따라 가시성(visibility)과 수집범위가 달라진다. 결국 재고관리는 재고데이터를 이용한 의사결정의 가치를 얼마나 중시하는가에 달려 있다.

공급망관리를 운영하는 글로벌 기업들은 유통채널이 보유하고 있는 재고수준 파악에 상당한 노력을 기울인다. 유통업체들과의 정보공유를 통해 재고수준을 파악하기도 하지만, 실시간적인 정보공유가 불가능한 경우가 많은 대리점 체제하에서도 지속적으로 유통재고 파악에 시간과 비용을 투자한다. 팔리지 않은 유통채널의 재고는 결국 제조기업의 재고나 마찬가지이기 때문이다. 영업사원에 대한 평가도 대리점에 대한 판매에서 대리점이 최종소비자에게 실제 판매한 양을 기준으로 하는 것도 바로 이런 이유 때문이다. 밀어내기식 영업은 재고를 보관하는 장소만 바꾸었을 뿐 전체적인 수량에는 변화가 없다. 오히려 재고의 체화관리만 어렵게 할 뿐이다.

자재나 부품을 공급하는 협력업체나 판매를 담당하는 유통업체와의 정보공유와 협업이 제대로 이루어지면 고객만족도는 그대로 유지하면서도 공급망 내의 재고는 현저히 줄일 수 있다. VMI(vendor-managed inventory)와 CPFR(collaborative planning, forecasting, and replenishment)이 대표적인 사례이다.

(1) VMI

공급망상에서의 수요와 공급의 불일치로 인한 부작용을 해결하기 위해서 자주 논의되는 주문·재고관리방식에는 CRP(continuous replenishment planning)와 VMI(vendor-managed inventory) 등이 있다. CRP는 1980년대 중반 P&G가 처음 도입한 방식으로, 소매업체의 물류창고에서 매장으로 배송하는 상품내역에 관한 정보를 제조업체가 EDI를 통해 전달받으면, 제조업체는 이를 근거로 소매업체의 물류창고에 보낼 상품의 양과 배송시점을 결정하는 재고관리기법이다. 이후 EDI시스템의 발전이 급속해지면서, 1988년 P&G는 소매매장과 연결된 EDI를 통해 받게 되는 판매관련 데이터를 근거로 자동으로 배송량을 결정하고 상품을 공급하는 VMI시스템을 가동할 수 있게 되었다.

VMI는 소매업체가 제조업체에게 매출 및 재고수준에 대한 정보를 제공하고, 제조업체는 재고유지에 대한 권한과 책임을 가지고 소매업체와 약속한 장소에 재고를 공급하는 제도이다. 소매업체 입장에서는 구매와 물류에 관련된 비용을 크게 절감할 수 있고, 서비스수준이 향상되며 공급망을 투명하게 관리할 수 있어 채찍효과 감소도 기대할 수 있다. 제조업체는 제품공급 관련 절차를 단순화함으로써 정보와 제품의 흐름이 지연되는 것을 피할 수 있고,

불확실성과 수요의 왜곡현상을 최소화함으로써 공급망 관련 의사결정을 빠르게 할 수 있다.

특히 제조업자에게 가장 큰 이득이 되는 부분은 소매업체의 매출데이터를 생산계획에 반영할 수 있다는 점이다. 제조업체가 많은 소매업체들과 VMI를 하게 된다면 그만큼 수요정보를 빨리 얻을 수 있고 생산계획에 실시간으로 반영함으로써 수요의 불확실성을 줄이고, 예측에 의존함으로써 발생하는 긴급발주건수도 줄일 수 있을 것이다. 또한 주문의 불확실성을 감소시켜 주므로 안전재고와 재고비용도 줄일 수 있으며 제조업체가 직접 배송을 하는 경우에는 배송스케줄을 조정할 수 있기 때문에 만차로 배차할 수 있는 기회가 더 많아져 배송비용 절감도 가능해진다.

VMI는 공급망상에서의 재고효율성을 높이기 위한 방안으로 제기되었지만 항상 바람직한 성과를 거둘 수 있는 것은 아니다. 우선 VMI 관계자들의 참여와 신뢰가 전제조건인데 제조업체가 구매력이 강력한 소매업체에 의해 어쩔 수 없이 VMI를 하게 되는 경우 구성원들의 자발적이고 능동적인 참여와 이해를 이끌어내기 힘들다. 또한 소매업체가 담당하던 재고관리 부담을 제조업체에 이전시킨 것에 불과하다는 지적도 나올 수 있는데, 이는 VMI를 도입하기 위해서는 제조업체의 경우 추가적인 업무 부담뿐 아니라 시스템 구축을 위한 비용도 부담해야 하기 때문이다. 제조업체에 대해 충분한 인센티브가 제시되지 않으면 이런 문제들을 해결하기 어렵다.

제조업체가 VMI 프로세스의 대부분을 운영하더라도 실질적 이득은 소매업체가 보게 되는 이유로는 결품 예방을 위해 재고수준의 하한선을 유지해 주기를 원하지만, 동시에 재고공간의 부담을 줄이기 위해 재고량 자체를 낮추어 달라는 요구도 하는 경우가 있기 때문이다. 이런 경우 제조업체는 소량을 빈번하게 납품할 수밖에 없어 물류비용의 부담이 커진다. 단기성 이벤트나 대규모 세일 등과 같은 판촉관련 정보가 공유되지 않을 경우에도 수요예측의 오류가 커지게 되어 효율적인 재고 및 생산관리가 어려워진다. 여기에 VMI 프로세스 모니터링과 사후조치를 위한 인력투입비용까지 고려한다면 상당한 추가비용을 염두에 두어야 한다.

(2) CPFR

CPFR(collaborative planning, forecasting, and replenishment)은 용어 자체가 설명하듯

이 수요예측, 수요충족을 위한 각종 계획수립, 재고보충 등에 관한 다양한 활동을 공급망 참여기업간 협업(collaboration)을 통해 수행해 나가는 것이다. 여기서 협업은 정보의 공유와 조정을 통해 단일계획을 수립하고 계획의 수행과정에 필요한 공동의 노력을 아끼지 않는 것을 의미한다.

CPFR은 VMI가 한 단계 진화된 방식으로, 공급업체와 판매업체가 공동으로 수요예측에 관한 의견조정을 시도하여 단일화된 수요예측치를 도출하고, 이를 토대로 하여 단일화된 발주계획도 공동으로 수립하는 방식이다. 이를 위해서는 예측정보와 관련 자료의 공유, 정보공유의 동시성과 안정성 등이 핵심성공요인이다. CPFR은 수요와 공급의 동시성을 추구하는 시스템이다. 즉 시장에서 발생하는 수요의 움직임이 생산계획에 최대한으로 반영되어 수급의 차이를 줄이는 데 목적이 있다. 따라서 고객서비스수준과 품절비율 측정, 재고 및 서비스 수준목표의 설정 등에 대해 합의되고 이를 실질적으로 지켜내기 위한 정보시스템이 뒷받침되어야 한다.

CPFR에 참여하는 제조업체는 생산시스템 운영관련 정보(생산계획, 원자재나 부품재고, 리드타임, 생산능력의 여유분과 적체분 등)를 판매업체와 공유하고, 판매업체는 판매·마케팅 관련정보를 제조업체와 공유함으로써 고객 수요와

[그림 11-3]
CPFR의 구성도

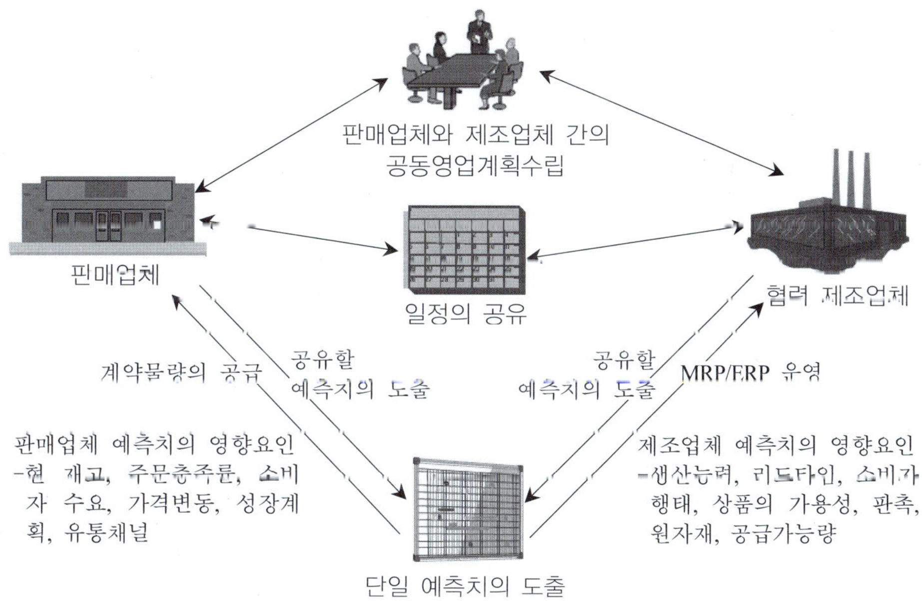

출처 : www.ise.ufl.edu/Supplychain/done/Day1/.../Viswanathan.ppt

니즈 변화를 더욱 능동적으로 수용하고자 노력한다. CPFR에 참여하는 제조업체들은 이 같은 혁신적인 협력체제를 통해 매출상승을 기대하며, 이에 대한 반대급부로 전보다는 낮은 가격으로 상품을 공급하겠다는 불이익을 감수하는 것이 일반적인 관행이다.

그러나 기업간 신뢰가 그리 높지 않은 우리나라에서는 판매업체가 매출관련 정보를 제조업체와 공유해야 한다는 전제조건으로 인하여 CPFR 도입이 쉽지 않다. 예를 들어 국내 가전업체들은 자사 고유의 유통채널과 함께 대리점이나 백화점에도 상품을 공급한다. 상품을 팔아주는 협력업체가 경쟁업체이기도 한 현 상황에서는 판촉계획이나 매출관련 정보를 공유하기가 어렵다. 생활용품 제조업체의 경우도 유통채널이 매우 복잡하기 때문에 특정 판매업체만을 대상으로 CPFR 협약을 체결한다는 것이 현실적으로 어려운 실정이다.

2 재고관리 효율화를 위한 기업간 협업 사례

(1) 월마트와 P&G 간의 협업 사례

미국 아칸소 주에서 '벤 프랭클린'이라는 상호로 잡화점 체인을 운영하던 샘 월튼이 1962년 Walmart Discount City라는 이름의 새로운 개념의 체인을 창업함으로써 세계 최대의 소매매장체인인 월마트 역사가 시작되었다. 월마트는 주요 공급업체와 정보공유, 예측자료와 판매전략의 공유 등의 공급업체와의 우호적 협력관계로 유명하지만, 1980년대 초까지만 해도 다른 일반 소매업체와 마찬가지로 제조업체와는 가격할인, 판촉비용 공유, 긴급한 공급물량 확보 등과 같은 단기적 거래관계에 치중하였다. 예를 들어 월마트의 대표적 공급업체인 P&G 역시 초기에는 다른 공급업체와 별반 다를 것이 없었다. 대부분의 상품 공급업체는 월마트의 빈번한 판촉과 이를 통해 발생되는 인위적 수요 증대에 대비해 상당한 규모의 재고를 보유해야 했으며 판촉이 마감되면 저조한 수요로 인해 생산공장의 가동률이 저하되는 현상을 반복하게 되었다.

1980년대 중반 P&G는 공급채널상의 비용절감과 서비스 개선을 위해 CRP를 개발하였으며, EDI시스템의 발전이 급속해지면서 1988년에는 VMI시스템을 가동할 수 있게 되었다. VMI 운영을 위해 월마트와 P&G는 상품가격과 내역에 관한 공용 데이터베이스를 개발하여 본격적인 정보공유에 들어가게 되었다. 특히나 P&G는 월마트를 위한 사업개발부서를 구성하여 보다 장기적인 목표를 공유하는 적극적 협력관계에 돌입하게 되었다. 이 시스템의 도입으로 월마트는 P&G가 공급하는 상품에 관해서는 재고수준을 관찰하고 언제 얼마나 주문해야 하는 관리 부담에서 완전히 벗어날 수 있었고, 품절비율 등으로 평가되는 서비스수준도 일성 목표수준 이상을 확보할 수 있게 되었다. P&G도 수요의 변동성이나 불확실성을 줄여 안전재고, 물류비용과 리드타임을 모두 줄일 수 있게 되었음은 물론이다. 월마트에서는 이후 매장에서의 수요 데이터까지 P&G가 공유하도록 함으로써 리드타임 단축과 이로 인한 공급망 내의 전체적인 재고수준 최소화를 도모할 수 있었다.

이처럼 월마트와 P&G의 협력관계가 더욱 강화되면서 CPFR이라는 한 차원 높은 협업단계가 등장하게 되었다. CPFR에 참여하는 공급업체의 생산시스템 운영관련정보와 월마트의 마케팅정보가 실시간으로 공유됨으로써 고객 수요와 니즈 변화를 더욱 능동적으로 수용할 수 있게 되었다. CPFR에 참여하는 공급업체들은 이 같은 혁신적인 협력체제를 통해 매출이 급격히 상승하는 것을 경험하게 되면서, CPFR 참여에 대한 반대급부로 전보다는 낮은 가격으로 상품을 공급하겠다는 불이익을 감수하게 되었다. 참고로 2000년 중반 월마트 공급업체들은 다른 소매업체에 대한 공급가격보다 약 10% 정도 낮은 가격으로 상품을 공급하였다고 한다. 월마트는 현재 1,000여개 이상의 글로벌 공급업체와 CPFR을 운영할 정도에 이르게 되었다.

공급업체와의 협업은 IT시스템을 기반으로 한다. 예를 들어 월마트는 27개국 12,000개에 이르는 매장을 보유하고 있으며 한 주일 평균 2억5천만 명 이상의 고객이 쇼핑을 즐긴다. 월마트는 전 세계에 퍼져 있는 이들 매장과 250여 개의 물류센터를 하나의 네트워크로 연결하고 주요 공급업체와 CPFR 관계를 구축하면서, 매장의 상품별 판매데이터, 매장과 물류센터의 재고자료, 판매추세 등을 공유하는 것으로 유명하다. 이런 실시간 정보공유를 통해 공급망 전체시각에서 재고 최소화, 품절 방지와 원가절감에 매진한다.

(2) 델과 공급업체 간의 협업 사례

델(Dell)컴퓨터는 컴퓨터산업에서 아주 독특한 비즈니스 모델을 개척한 선도기업이다. 델과 협력업체의 협업관계는 델의 공급망의 구조를 살펴보면 쉽게 이해할 수 있다. 델의 지연전략(postponement)과 모듈러 디자인은 대량고객화를 가능하게 했으며 VMI는 델로 하여금 최저의 재고수준을 유지하면서도 조립과정에만 신경 쓰는 것을 가능하게 했다. 부품공급업체와 물류서비스 협력업체의 파트너십은 델로 하여금 고객정보를 공유하는 정보시스템을 구축하고 이를 통해 공급망 전체를 스무스하게 운영하는 것을 가능하게 했다.

지연전략(postponement strategy)은 고객이 원하는 다양한 상품을 만들어 주되, 다양성이 가급적 생산공정이 거의 끝나갈 무렵에 나타나도록 제품구조를 디자인하는 전략이다. 지연전략의 핵심인 모듈러 디자인(modular design)은 선택사양의 체계화에 기여할 수 있는 디자인원리이다. 여러 개의 독립된 모듈로 하나의 제품을 구성할 수 있도록 제품을 설계하고 각각의 모듈은 독자적으로 조립·검사되며 고객이 원하는 선택사양에 따라 최종조립단계에서 제품의 일부가 된다. 결과적으로 소비자가 인식하는 제품의 종류는 모듈수에 따라 기하급수적으로 늘어난다. 제조공정을 단순하게 유지하면서도 소비자들에게 다양한 제품을 제공할 수 있는 가장 손쉬운 방법은 바로 이런 모듈러 디자인을 활용하는 방법이다.

델은 이런 모듈화를 실제 제품디자인과 생산에 반영함으로써 BTO(build-to-order)를 가능하게 한 첫 번째 대형제조업체이다. 최종제품별로 부품을 보유할 필요가 없기 때문에 재고부담이 줄어들고 새로운 테크놀로지의 활용도 신속해진다. 또한 협력업체들로 하여금 새로운 기술개발을 유도하고 이를 표준화된 모듈화 부품에 반영하도록 함으로써 델의 R&D 부담을 줄이고 여러 공급업체의 기술력을 다양하게 활용하여 첨단상품을 값싸게 만들 수 있는 경쟁역량을 갖출 수 있게 된다.

델의 고객주문처리방식 역시 지연전략의 구현을 손쉽게 해준다. 델은 고

[그림 11-4]
델의 SCM 전략

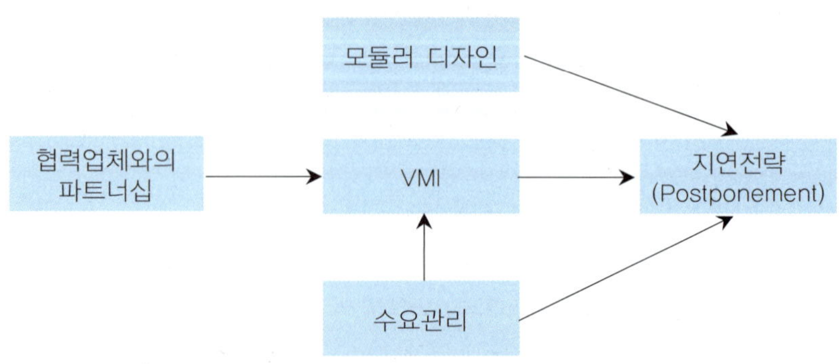

객주문이 접수되고 신용상태에 대한 조사가 마무리되어 상품대금이 안전하게 확보되기 전에는 조립공정을 시작하지 않는다. 또한 부품과 자재의 공용화 및 모듈화를 통해 제품의 기본적 부품, 케이스 등의 대량생산을 유도하여 단가를 낮추되, 최종 제품의 사양확정시점은 가급적 늦추어 대량고객화(mass customization)를 가능하게 한다. 이런 형태의 대량고객화를 통해 델은 한때 1억 가지 이상의 다양한 PC사양 제공이 가능했다고 한다.

수요관리는 고객의 급박한 요구에 유연하게 대처하면서도 피크수요도 평활화할 수 있도록 했다. 제조 및 조립 공정의 유연성은 수요변동에의 대처를 쉽게 했고, 정보의 통합화는 공급망 내의 자재와 파트, 부품의 흐름을 원활하게 유도했다. 일반 기업들이 이런 도구들 중 한두 개에 초점을 두고 공급망을 개선하고자 했지만 델은 이런 과정을 모두 통합적으로 운영함으로써 공급망 전체의 경쟁우위를 가능하게 했다.

부품구매 및 재고관리 측면에서 델과 공급업체 간의 협력관계는 주목할 만하다. 델과 협력업체 간의 자재와 정보의 흐름은 [그림 11-5]와 같다. 우선 델은 부품을 공급하는 협력업체로 하여금 델사 조립공장 근처의 소형물류창고(revolver라고 부름)에 부품을 배송하도록 요청한다. 델은 협력업체의 배송비용절감을 도와주고 업체별로 창고공간이나 배송시스템 공간도 알선・조정해

[그림 11-5]
델과 협력업체 간의 협업 구조

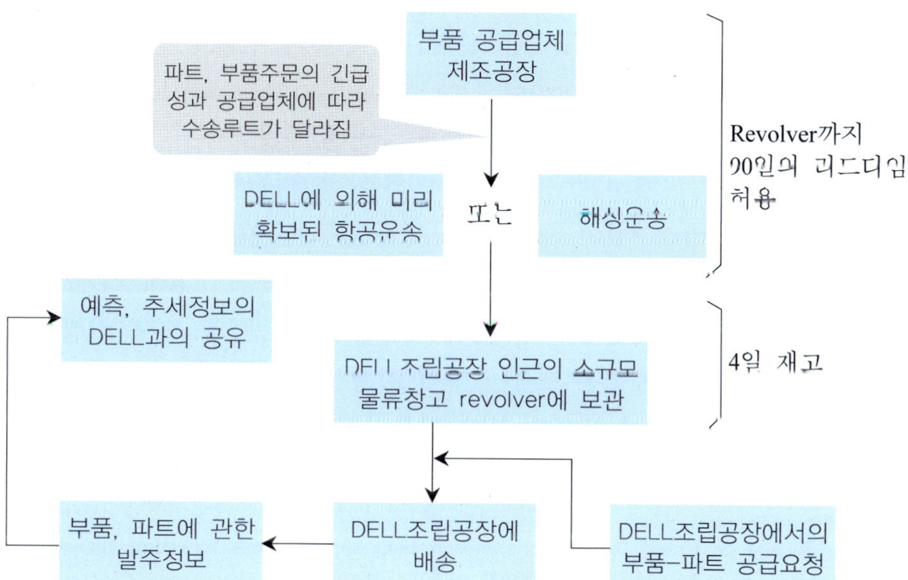

줌으로써 SCM 총비용의 최소화에 노력한다.[1] 소형물류창고 내의 부품재고는 협력업체의 소유이고 재고보충의사결정도 협력업체들이 하지만, 임대료는 델과 공동 부담한다. 델은 목표서비스수준(대략 10일분 재고)을 유지하게 하고 재고수준의 변동치를 체크하지만, 서비스수준을 충족하는 경우 적절한 인센티브를 제공한다. 델 입장에서는 가급적 최종 소비처 인근에 재고를 가져다 주기를 원했고 이에 대한 인센티브로 물류비 일부를 지원한다. 계획초기의 예측과 달리 수요가 없을 것으로 예상되었던 상품에 대한 수요가 증가하면 불필요한 부품 대신 필요한 부품으로 대체·납품할 수 있도록 정보공유와 협력관계를 유지한다.

한편 소형물류창고 내에서는 고객으로부터의 주문이 마무리된 후에야 재고가 소형물류창고에서 조립공정으로 이동한다. 재공품재고나 완제품재고 자체가 존재하지 않기 때문에 신제품 출시 의사결정도 조금도 지체하지 않는다. 경쟁업체들은 통상 30~45일 완제품재고를 보유하나 델은 3~4일분 정도만 공급망 내에 보유하기 때문이다.

델은 자사 공급망이 경쟁사 공급망과 경쟁관계에 있는 것으로 보기 때문에 공급망 전체의 가치제고와 비용절감에 많은 노력을 기울인다. 협력업체와의 정보공유, 일정수준의 사업물량 제시, 주문량 결정 및 주문과정의 지원 등의 구조적인 협력관계를 통해 파트너십을 공고히 한다. VMI를 위해 협력업체가 수요 및 추세동향에 관한 정보를 공유하는데, 이는 공급업체의 정상적 공급리드타임과는 관계없이 신속히 부품을 공급하기를 원하기 때문이다. 또한 공급망 어디에서든간에 재고 자체를 부채로 생각하기 때문에 물류창고 내의 재고감축에도 지속적 노력을 개진한다.

물론 공급업체들이 다른 컴퓨터제조업체와도 협력관계를 맺기 때문에 관련정보가 새나갈 수도 있겠지만, 그렇다 하더라도 협력업체가 효율화되지 않으면 SCM전략 자체가 델에 별 도움이 되지 않기 때문에 정보유출보다는 정보공유로 인한 협업 자체가 가져다줄 수 있는 기대이익을 더 중시한다. 협력업체들은 델을 일종의 시장선도자(bellwether)로 보기 때문에 다른 대형고객들도 그 추세를 따라갈 것으로 보고 미리 준비할 수 있는 시간과 공급여력을 갖추는 데 도움을 주는 것으로 판단한다. 델과 협력업체들은 엑스트라넷을

---

1) Kumar, S. and S. Craig, "Dell, Inc.'s closed loop supply chain for computer assembly plants," *Information Knowledge Systems Management*, 6, 2007, pp.197~214.

이용하여 발주 및 제조공정상의 정보를 공유하며, 이 정보를 통해 공급업체들은 자신들이 공급하는 부품 파트의 품질정보도 추적한다. 물론 협력업체들도 다른 고객업체에 제시한 새로운 기술개발에 대한 정보를 델과 공유하는 보답을 한다.

델은 협력업체의 평가에 매우 체계적인 지표를 활용하는데, 공급의 연속성, e-비즈니스상의 협력(collaboration), 비용, 테크놀로지 리더십 등의 네 가지 측면에서 평가하고 있다. 또한 파트너십 개발・유지와 정보공유에 대한 반대급부로 델은 각 협력업체별로 성과목표를 제시하여 이의 달성을 지속적으로 요구하고 있다. 이런 요구는 델의 영업전략 환경의 노출성에 기인한다. 델은 시장 움직임에 바로 노출되어 있으므로 시장의 변동성에 더 많이 영향을 받게 되어, 공급업체의 신축성을 강력히 요구할 수밖에 없다.

물론 협력업체들은 그 대가로 대량주문확보, 연구개발 지원 등의 전략적 지원도 받게 되므로 상생관계의 유지가 가능하다. 또한 협력업체들의 비용절감을 위해 델은 아시아에서 정규 항공노선에 블록(block)으로 운송공간을 확보하여 공급업체들이 이용할 수 있게 지원해 줌으로써, 급박한 수요변동에도 신속히 대응할 수 있도록 지원한다.

제 7 절 물류관리

1 정보공유와 물류관리

기업들의 활동 자체가 국제화되어 가는 추세에 비추어 볼 때 물류관리는 갈수록 중요해지고 있다. 물류관리와 관련한 주요 의사결정요소 중의 하나는 운송수단의 선택과 아웃소싱의 여부이다. 어떠한 운송수단을 이용하느냐에 따라 공급망의 효율성과 반응성은 큰 차이가 있기 때문에 공급망의 전략에 적합한 운송수단을 선택해야 할 것이다. 효율성에 비해 반응성이 중시되는 시장을 공략하기 위해서는 비용이 높더라도 신속하게 원・부자재를 항공기와 같이 신속하게 운송할 수 있는 수단을 활용해야 한다. 이와 반대로 고객들이 가격을 가장 중요시하는 경우에는 철도나 배와 같이 운송소요시간이 길더라도 저렴한 운송수단을 선택하는 것이 전략적으로 적절한 결정이다.

전통적으로 운송기능은 자체적으로 수행하였으나, 최근에 들어와서 운송을 포함한 전체 물류기능을 물류전문기업에 아웃소싱하는 제3자 물류서비스 활용 추세가 두드러지고 있다. 일반적으로 아웃소싱을 택하는 이유는 물류기업의 전문성을 활용함으로써 물류활동의 정확성을 통한 고객서비스수준을 향상시키고 비용을 절감하는 데 있다. 대부분의 기업들의 경우에 물류는 지원기능에 해당하기 때문에 물류기능을 아웃소싱함으로써 자신의 핵심역량 분야에 자원을 집중시키고 이로 인해 기업의 경쟁력을 강화시킬 수 있다.

물류기능의 아웃소싱과 함께 물류서비스기업과의 정보공유와 협업이 진행되면서 직선적하는 경우도 많아졌다. 직(直)선적이란 출하 후 상품이 물류센터를 경유하지 않고 거래처가 지정한 장소까지 바로 공급하는 서비스를 의미한다. 공장에서 생산이 완료된 제품을 제품창고에 입고하고 이를 토대로 하여 출하계획을 수립하는 비효율적인 방식에서 벗어나, 일일 생산계획을 기준으로 생산완료와 동시에 출하할 수 있도록 생산과 물류 기능이 통합될 때 가능한 운영방식이다. 즉, 일일 생산계획의 안정성과 판매계획의 정확도가 확보될 때 가능한 관리방식이다.

수출기업의 경우 직선적 방식은 더욱 선호된다. 리드타임이 대폭 축소되고 입출고 및 추가적인 배송활동에 소요되는 비용을 줄일 수 있기 때문이다. 예를 들면, 대형 냉장고 1대를 한국에서 생산하여 유럽 법인 창고를 거치지 않고 직접 고객에게 배달하면 1대당 30달러 이상의 비용이 절감되고, 반도체를 미주 법인을 거치지 않고 출하하면 물류 리드타임이 절반으로 줄어든다.[2] 이러한 직선적은 단순히 공장의 출하단계에서 결정되는 것이 아니고, 사전에 판매 마케팅에서 거래처와 협의하여 직선적 거래처별 수요예측 및 납기약속 프로세스를 운영해야 한다. 또한 거래처 배송정보를 정비하고, 부서간에 거래처 정보를 공유해야 한다. 인프라 측면에서도 출하장 내에 거래처 출하요구에 대응하는 포장이나 라벨 부착 설비를 설치하는 등의 준비과정이 필요하다.

2) 주요섭, 『기업 운영효율 극대화를 위한 SCM 체계구축』, 해성티앤에스, 2009.

2 글로벌 기업의 물류관리 사례

(1) 월마트의 물류센터 운영전략

“EveryDay Low Prices”라는 슬로건 아래 매년 지속적인 성장을 거듭하여 세계 최대의 유통업체로 성장한 월마트는 상품공급업체와의 정보공유를 통한 효율적 공급망 운영이 핵심전략이다. 고객이 원치 않는 인기 없는 상품을 매우 싼 가격으로 공급하기보다는 상시저가로 고객이 원하는 상품을 신속하게 공급함으로써 고객서비스를 극대화하자는 것을 공급망 운영의 목표로 설정하고 있다. 불필요한 판촉전략으로 인해 고객수요의 변동성이 심화되면, 이를 추적 관리하기 위한 주문 및 재고관리에 비용이 추가되며, 주문과 재고관리의 복잡성은 비생산적인 간접부문의 인력충원으로 이어지게 된다. 전 세계적으로 12,000개 가까운 소매매장과 250여 개의 물류센터(distribution center)를 운영하고 있는 월마트 그룹의 핵심역량은 물류센터를 중심으로 한 물류관리의 효율성을 기반으로 한다.

월마트의 현재 운영중인 물류·배송시스템은 최첨단이고 혁신적이지만 성장과정은 점진적으로 이루어졌다. 모든 소매점포가 그렇지만 어느 정도 규모가 되면 자체 물류창고나 물류센터를 운영한다. 수많은 공급업체로부터 직접 매장으로 상품을 공급받는 것은 비용과 시간 측면에서 비현실적이며, 지속적인 상품흐름의 유지가 거의 불가능하다. 월마트 역시 초기에는 운송회사들이 월마트 매장에 트럭을 보낼 만큼 화물량이 많지 않았기 때문에 상품을 화물통합 업체에 보내 일시 보관하다가 해당지역에 보낼 물량이 경제성이 있을 만큼 증가하게 되면 운송해 주었다. 결과적으로 리드타임 증대는 물론 품절현상이 빈번하게 발생하여 고객서비스수준 확보가 쉽지 않았다. 이 문제를 해결하기 위해 월마트는 자사 소유의 물류센터를 건설하여 운영했으며, 매장에서의 주문은 공급업체 대신 물류센터로 전달하여 처리하기 시작했다. 첫 번째 물류센터는 1970년대 초에 건설하였고 이때부터 hub-and-spoke 전략을 구축하여 하루 정도의 운전거리에 있는 매장들을 서비스할 수 있도록 물류전략을 구축하였다.

새로운 매장이 다수 개설되는 지역에 추가로 물류센터를 개설하면서 매장에서의 주문처리는 거의 물류센터에서 이루어지게 되었다. 결과적으로 고객서비스수준은 엄청나게 개선되었지만 매장의 보관창고 규모는 줄어들고 공급망 내의 재고도 급격히 감소하게 되어 비용은 오히려 크게 줄어들었다. 그 후 바코드 기술이 도입되면서 물류센터에도 바코드 스캐너를 장착한 컨베이어시스템을 갖추게 되었는데, 이 기술은 상품을 운송하는 데 드는 시간과 비용을 획기적으로 절감시켰다. 1990년대 후반부터는 물류센터에 무선제어 주문준비시스템이 도입되어, 인쇄된 서류나 꼬리표를 볼 필요 없이 컴퓨터와 무선으로 교신하면서 처리해야 할 상품박스의 위치와 품목번호를 확인할 수 있게 되었으며, 반입 화물의 위치 역시 컴퓨터로 배정하도록 해서 물류센터 내 모든 품목의 저장과 검색을 전자적으로 제어할 수 있게 되었다.

2000년대 중반에 이르러서는 약 8,000명 가까운 자사운송팀을 운영하고 있는데, 첨단기술응용 및 공급업체와의 정보공유로 운송트럭의 공차율도 현격히 줄일 수 있게 되었다. 즉, 트럭에 장착된 컴퓨터를 통해, 매장에서 물류센터로의 복귀하는 과정에서 공급업체에 들어온 반입 물품을 운송하도록 함으로써 공차율을 낮추고 운송비용을 줄일 수 있게 도모하였으며, 반입 상품의 50퍼센트 이상을 회사 소유의 트럭으로 배송센터로 운송할 수 있게 되었다.

지금은 국내의 할인매장에서도 쉽게 볼 수 있는 크로스도킹(cross docking)도 월마트가 선도적으로 개발·운영한 일종의 상품처리시스템으로, 물류비용과 배송시간 절감에 있어 엄청난 효과를 나타낸 것으로 알려지고 있다. 크로스도킹은 창고나 물류센터로 입고되는 상품을 보관하는 것이 아니라 곧바로 소매점포에 배송하는 물류시스템으로, 물류센터 내에서의 보관과 정리작업 과정을 제거함으로써 비용과 시간 절감에 상당한 기여를 하는데, 이는 입고 및 출고를 위한 모든 작업에 있어 긴밀한 동기화를 필요로 한다. 월마트는 약 85%의 상품을 크로스도킹으로 처리한다고 한다.

크로스도킹의 가장 일반적 형태는 케이스 크로스도킹으로, 한 종류의 상품으로 적재된 팔레트 단위가 물류센터로 입고되면 각 매장별 주문수량에 따라 상품이 분류되고, 남은 팔레트 상품은 익일 납품을 위해 잠시 보관하게 된다. 사전 분류된 팔레트 크로스도킹도 사용되는데, 사전에 제조업체가 상품을 분류하여 납품받을 각 매장별로 팔레트에 적재하여 배송하면, 물류센터에서 자동 분류되어 보관과정을 거치지 않고 바로 매장으로 향하는 트럭으로 적재된다. 이 경우에는 제조업체가 각 매장별 주문사항에 대한 정보를 공유하고 있어야 한다. 참고로 제조업체의 경우 여러 부품공급업체에서 보내온 부품과 파트를 최종 제품별로 분류하여 조립라인으로 일괄배송하여 적시생산을 계획할 때 활용하기도 한다.

크로스도킹방식은 상품 파손이나 오류가능성을 방지해 주는데, 이런 혁신적 시스템을 통해 월마트의 물류센터 한 곳은 반경 300마일 이내에 있는 80에서 100개가량의 매장에 상품을 공급하고 있다. 더불어 배송중인 상품의 이동경로와 배송소요시간을 철저히 통제함으로써 규모의 경제를 더욱 효과적으로 활용하고 있다. 이와 같은 효율적 물류센터의 운용은 일선 매장의 보관창고 면적을 최소화할 수 있게 했으며, 매장에 대한 투자와 관리 비용의 축소는 "EveryDay Low Prices" 유지와 수익률 극대화로 이어지게 되었다. 월마트의 물류시스템을 뒷받침하는 것은 첨단기술이다. 위성통신(이제는 인터넷)을 이용해 공급업체와 월마트 본사 및 월마트의 물류 담당자들의 각종 정보를 주고받는 시스템, 판매되는 상품들의 실시간 집계, 바코드를 이용한 개별 물품 단위의 관리 등이 있기에 크로스도킹방식이 가능했다.

2005년에는 "Remix"라고 불리는 물류시스템 개선 프로그램을 시작했다. 2007년 즈음에 마무리된 이 프로그램은 매장 상품의 품절비율 최소화에 목표가 있는데, 빠른 속도로 매출이 발생하는 페이퍼 타월, 화장지, 치약, 일부 식료품 및 계절적 품목 등과 같은 상품(fast moving goods)만을 취급하는 물류센터(high velocity distribution centers)를 별도로 운영하는 것이 핵심이다. 이전에는 판매속도에 대한 고려 없이 동일 매장으로 가는 상품은 같이 섞여서 배송되었다. 문제는 매장에 트럭이 도착하면 급한 마음에 fast moving 품목부터 찾아 정리하려고 분주하게 움직였고, 결과적으로 전체적인 상품하역 및 정리과정에서 지연현상이 많이 발생하였다. 물론 물류센터의 운영이 다소 복잡해지기는 했지만 매장 운영은 훨씬 단순해졌으며, 판매속도가 빠른 상품은 그만큼 더 자주 공급받게 되어 품절비율을 줄이고 더 신선한 상품을 공급할 수 있게 되어 고객만족도는 상당히 개선되었다.

(2) 자라의 물류센터 운영전략

1975년 스페인에서 첫 매장을 오픈한 자라(ZARA)는 '패스트패션(fast fashion)'의 선두업체이다. 보통 패션업체들은 1년에서 1년 6개월 앞서 다음 시즌에 팔 제품의 디자인과 수량 등을 결정, 생산주문을 내지만, 자라는 '지금 팔리는 옷을 지금 기획·생산하는 전략을 펼친다. 다른 SPA 브랜드들이 60~70%를 사전에 기획생산하고, 30~40%를 소비자 반응을 봐가며 생산하는 것과 반대로 자라는 30~40%만 기획생산하며, 나머지 60~70%를 소비자 반응을 반영하여 생산계획을 수립한다. 자라는 1975년 스페인의 코루냐(Coruña)에서 사업을 시작한 이래 지속적으로 성장하여 2017년말 현재 90여 개국에 2,200여 개의 매장을 보유하고 있다.

자라를 계열사로 둔 인디텍스 그룹은 스페인 북서부의 Galicia에 본사를 두고 있다. 창업초기부터 자라는 중간수준의 품질패션(medium quality fashion), 중간정도의 가격(affordable prices)을 목표로 하였으며, 1970년대말 Galicia에 5개 매장을 오픈함으로써 자라가 탄생하게 되었다. 1990년대 접어들면서 스페인에서의 신규매장 개설이 거의 마무리되면서 본격적으로 글로벌 시장에 진입한다. 이와 함께, 도요타의 적시생산제와 같은 제조물류, IT 등에 대규모 투자를 시작한다. 130,000제곱미터 규모의 물류센터를 본사 부근에 설치하고 텔레커뮤니케이션 시스템을 통해 본사, 공급사, 생산, 매장을 연결하였다. 물류, 소매판매, 금융, 머천다이징 등을 연계하는 정보시스템도 지속적으로 개발, 업데이트되고 있는데, 정보시스템 대부분은 자체 개발되어 사용되고 있다.

자라가 패스트패션의 대명사로 등장한 것은 다음과 같은 실적에 기인한다. 자라는 연간 11,000개 이상의 아이템을 생산하는데, 색상, 원단, 사이즈를 감안하면 연간 수십만 종의 서로 다른 아이템(SKUs)을 생산하는 것과 같다. 이에 반해 경쟁업체는 연간 2,000~4,000개 아이템을 생산한다. 1회 생산량은 가급적 소량으로 제한하며, 시간에 민감한 아이템은 자라 소유의 공장 내에서 소화시킨다. 생산된 품목들은 모두 물류센터에 모이고, 여기서 바로 1주일에 2번씩 전 세계의 매장으로 출시되며, 길어야 72시간이면 매장에 도착하여 바로 전시된다.

디자인에서 매장 전시까지 고작 4~5주 정도 소요되며, 디자인을 일부 수정한 아이템은 2주일 만에 매장에 출시된다. 보통 6개월이나 1년 전부터 준비하는 우리나라 의류업체들과는 엄청난 차이를 보여주고 있다. 특히 지역적으로 특색 있는 상품의 생산에도 평균 15일이면 충분하다. 덕분에 상품 다양성도 10배나 뛰어나다. 결과적으로 자라에서 구경할 수 있는 상품들은 5주 전에는 개념조차 없었던 것이다. 원자재 가공에서 최종 생산에 이르는 과정이 수직적으로 통합되었고, 협력업체와의 협업, 적시생산을 통해 단축가능한 1분의 리드타임 여유분도 줄여 나간다. 짧은 리드타임은 자본투자소요를 줄이고 신규상품의 지속적 개발, 생산, 공급을 가능하게 하며, 시즌이 한참 지난 후에도 신상품 개발과 생산이 가능하다. 결과적으로 자라의 상품 마진율이 10%이고 판매 및 일반관리비의 비율도 매출의 20%에 불과한 것도 다 이유가 있다. 이에 반해 경쟁업체들은 대개 40% 수준이다.

고객을 지속적으로 끌어들이는 자라의 힘은 상품구색의 신선함(freshness), 늘 모자라는 듯한 매장재고, 고급스럽고 품위 있는 매장의 위치와 내부 인테리어, 그리고 이로 인한 구전효과(word of mouth)에 기인한다. 자라고객들은 한 주일에 2번 신상품이 도착한다는 것을 알고 있으며 3~4주면 대략 매장 상품의 70~80%가 새로운 것으로 교체되어 있을 것이라는 것도 인지하고 있다. 연간 평균 매장방문횟수가 17회라는 통계도 이런 이유 때문에 나타난 결과이다. 경쟁업체는 보통 연간 3~4회 정도 고객들이 방문한다고 한다.

자라는 1990년대 초 도요타의 도움을 받아 JIT시스템을 도입했으며, 종업원들은 다기능공으로의 변신에 익숙해져야 했다. 자라 소유의 공장은 매우 복잡한 기술을 보유하고 있다. 예를 들어 컴퓨터 기반 재단설비는 자투리를 최소화하는 알고리즘을 이용하여 한 번에 100장 정도를 자른다. 자라 내부에서 생산하는 아이템들도 노동집약적인 품목(규모의 경제와 무관한 작업들을 의미)은 북부 포르투갈의 소규모 작업장에 보내진다. 이들 소기업들은 자라와 장기적인 비즈니스 관계를 유지하고 있다. 이들 소기업에서 마무리된 상품은 다시 본사로 돌아와 검사과정을 거쳐 상표와 각종 표가 부착되어 물류센터로 보내진다.

자라는 물류원가를 포함한 공급망 전체에서 발생하는 원가를 최소화하고자 하는 효율적 공급망보다는 시장수요의 움직임에 적극적으로 맞추고자 하는 반응적 공급망의 구축과 운영을 핵심역량으로 삼고 있다. 반 정도밖에 채우지 않은 트럭을 유럽의 매장으로 급송한다든가, 아시아 각국의 매장에 전세비행기를 띄우는 결정 등 모두 수요에 대한 긴밀한 대응성을 제고하기 위한 전략으로 평가할 수 있다.

생산이 마무리된 상품은 5백만 제곱피트 정도의 크기(축구장 90개 정도의 크기)를 자랑하는 라코루냐와 사라고사의 물류센터로 모인다. 1주일 평균 500만개 이상의 품목을 처리한다. 24시간 운영되는 물류센터는 통상적으로 야밤에 배송물량을 준비한다. 대기하고 있는 트럭에 상품이 실리면 매장으로 직행하거나 인근 공항으로 신속히 이동한다. 모든 트럭과 항공 화물운송은 마치 고속버스 스케줄처럼 정확히 운영된다. 유럽 내 매장에는 24시간 이내, 미국 48시간, 한국과 일본은 72시간이 기준이다. 매장 책임자는 정확히 언제 신상품이 도착할지 안다. 물류센터 내에서는 랙(rack)을 주로 이용하여 보관하므로 상대적으로 많은 공간을 필요로 하며 물류운반설비도 이런 니즈를 충족시킬 수 있도록 다소 정교한 조작이 가능해야 한다. 물류센터 내의 의류상품은 미리 다림질이 마무리되어 있으며 보안태그와 가격표가 부착되어 있는 상태로 옷걸이에 걸려 있다. 전 세계의 자라매장의 직원들이 재고정리와 같은 부수적 업무에 시간을 낭비할 필요 없이 고객만족을 위한 중요한 업무에만 매진하라는 전략적 의도에서 나온 관행이다. 한창 바쁜 시즌에는 평균 3시간 정도의 시간을 절감시켜 주는 효과가 있다.

아시아에서 생산되는 일부 저가 제품을 제외한 대부분의 상품은 스페인 본사 인근의 물류센터로 입고되지만 대개 몇 시간 정도 머무르며, 3일 이상 보관하는 상품은 없다. 즉, 물류센터는 안전재고나 비축재고 보관용이라기보다는 잠시 지나치는 장소에 불과하다. 물류센터는 모바일 추적시스템을 활용하여 시간당 45,000벌 이상을 처리한다.

모든 주문은 컴퓨터로 접수되는데, 물류센터 보유재고 체크 후 바로 배송준비를 하며, 물량이 모자라면 과거 실적 및 기타 배정기준에 따라 적절히 나누어 배송한다. 자라는 로트량을 작게 하는 대신 자주 배송함으로써(1주일 2회) 다양한 상품을 신속히 소개할 수 있는 역량을 보유하고 있다. 물론 잘 팔리는 인기상품은 추가적인 공급도 하지만 신상품이 주종을 이룬다. 물류센

[그림 11-6]
리드타임 최소화의 선순환 사이클

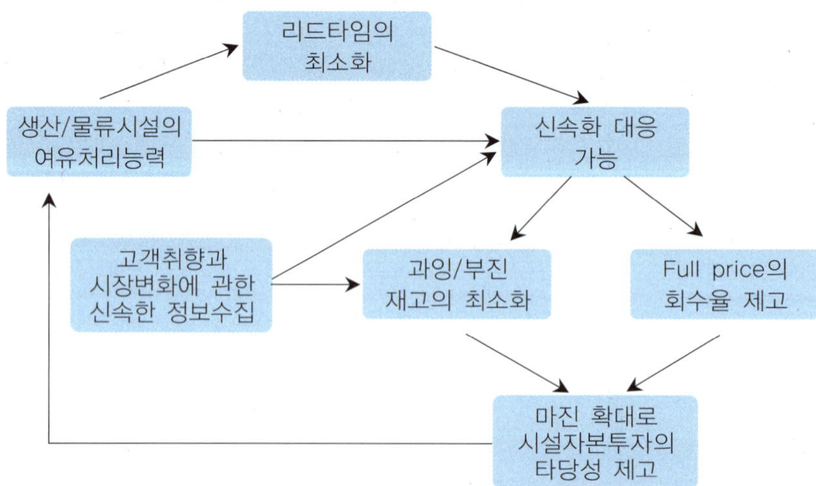

터에서의 신속하고 정확한 입출고 처리능력이 뒷받침되지 않고서는 불가능한 일이다. 자라는 물류센터 운영의 효율성 및 재고비용의 최소화 전략을 통해 항공운송비용의 부담을 떠안고 이를 통해 리드타임 최소화를 도모한다. 이런 물류전략은 혁신적인 신상품 개발전략의 현실화를 가능하게 한다.

사라의 물류센터는 100% 가동률과는 거리가 먼 운영전략을 채택하고 있다. 물리적 보관능력이나 근무자수 역시 충분한 여유를 부여한다. 대기행렬이론(queuing model)의 기본 원리에 충실한 전략을 구현하고 있는데, 핵심은 처리능력 한계까지 가동이 이루어지고 수요변동이 심하면 대기시간은 기하급수적으로 급격히 증가한다는 것이다. [그림 11-7]을 살펴보면, 설비가동률이 점차 높아지기 시작하면 서비스 대기시간은 점진적으로 증가하기 시작한다. 가동률이 어느 수준을 넘어서기 시작하면 대기시간은 기하급수적으로 증가하기 시작하여 통세가 안 되는 상태에 이른다. 서비스 수요의 발생패턴에 변동이 심하면 동일한 가동률 수준에서도 평균 대기시간은 더욱 증가하게 된다. 따라서 물류센터와 같은 서비스 시설에서 배송요청에 주저함 없이 대응하기 위해서는 시설의 평균가동률을 평균 50% 내외에서 유지시켜야 한다.

자라는 공장과 물류센터를 마치 서비스 처리시설인 것으로 간주하고 가동률을 낮춤으로써 예기치 못한 수요물량에 신속히 대응하고 있다. 물론 수요의 변동성이나 예측오류가 거의 없다면 이런 전략은 엄청난 비용을 수반한다. 자라는 이와 같은 유연성 있는 설비가동전략을 채택하였지만 투자 대비 수익

[그림 11-7]
물류센터의
대기행렬원리 적용

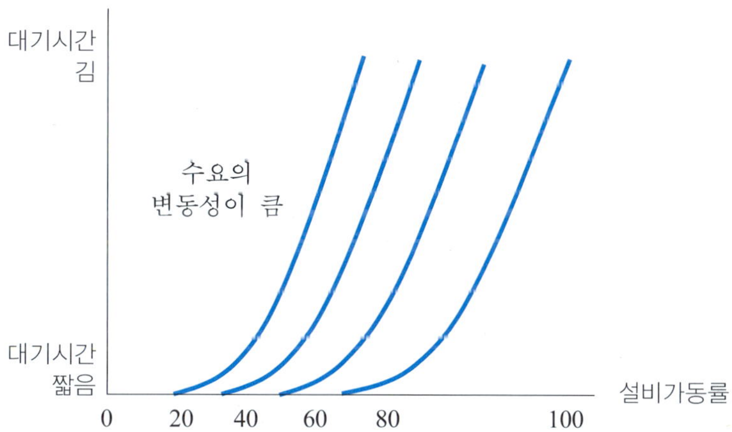

출처 : Lewis, M., K. Ferdows, and J. Machuca, "Rapid-fire fulfillment," *Harvard Business Review*, 82(11), 2004, pp.104~110.

성은 훌륭한 편이다. 신속대응은 운영자금이 재고에 묶이는 부작용을 해소했고 생산 마무리 후 며칠 만에 상품이 팔려나감으로 인해 운전자본도 거의 들지 않는다. 이런 프로세스를 통해 발생하는 현금여유분은 과감한 설비투자로 인한 부담을 거의 느끼지 못하게 한다. 공급망 전반에 걸쳐 조금도 주춤대지 않고 시계추 움직임과 같이 세밀한 영업활동을 전개했기에 이런 결과가 가능한 것이다. 신속대응에 대한 역량이 부족한 경쟁기업 입장에서는 이렇게 과감하고 위험스러운 전략을 채택하기가 조심스러울 것이다.

쉬어가기

월마트 vs 아마존, 온 · 오프라인 용호상박 大혈투 : ‘가상현실’ 무장한 ‘오프라인 공룡’ ‘공룡의 땅’ 침입한 Amazon Go

리테일 산업이 하이테크로 변모하면서 두 거인이 충돌한다. 온 · 오프라인 최강자 월마트와 아마존이 허물어진 경계를 넘어 상대의 시장을 빼앗고자 ‘삼국지’ 관도대전을 연상케 하는 대결을 벌인다. 두 거대 기업이 충돌하면서 리테일 산업이 술렁거린다. 오프라인 리테일 산업 최강자 월마트와 온라인 최강자 아마존이 서로의 시장을 빼앗고자 치열한 경쟁을 벌인다.

기업 규모만 고려하면 월마트가 압도적으로 승리할 것만 같다. 월마트 직원 수는 230만 명. 종사자가 미국 국방부와 중국 국방부 다음으로 많다. 사기업으론 세계에서 가장 많은 직원을 보유한 회사다. 전 세계 매장 수는 1만1,700여 곳. 매출액도 천문학적이다. 2018년 매출액이 4,813억달러(529조원)가 넘는다. 같은 해 아마존 매출액의 두 배가 넘는 실적이다(아마존의 매출액은 1,779억달러). 회사 규모만 보면 아마존이 질 수밖에 없는 경쟁으로 보이나 현재의 시장 추세를 보면 얘기가 달라진다. 4차 산업혁명을 맞이한 상황에서 ICT(정보 · 통신기술) 기업이 강세를 보인다. 아마존도 ICT 유형에 속하는 리테일 기업으로 4차 산업혁명 도래로 빠르게 성장하고 있다. 아마존은 지난해 4분기 매출이 605억달러에 달했다. 투자 전문기관 예상치 598억달러를 넘어섰을 뿐만 아니라 전년 동기 대비 38% 늘어난 수치다. 높은 성장세는 올해 내내 이어질 전망이다. 월마트가 최강자라면 아마존은 떠오르는 신흥 강자다.

아마존은 오래전부터 리테일 산업을 중심으로 활동해온 ICT 기업이다. 4차 산업혁명 이전의 경우 오프라인과 온라인으로 시장이 나뉘었기에 월마트와 아마존이 경쟁할 필요가 없었으나 4차 산업혁명 도래와 함께 경계가 허물어지면서 아마존이 월마트의 오프라인 시장으로 사업 영역을 넓혔다. 투자 대가 워런 버핏은 오프라인 리테일 중심의 월마트가 가진 성장성이 낮다고 판단해 2016년 4분기 1조원 규모의 월마트 지분을 팔기도 했다. 월마트로서는 더욱더 분발해야 할 상황이 된 것이다. 월마트는 주식을 팔아 버린 버핏의 시각처럼 아마존에 잠식당해 사라질 수 있다는 위기감을 느꼈을 것이다. 월마트는 현재 아마존의 공세를 방어하면서 거꾸로 아마존의 영역에 진출하는 공격 태세를 갖춰나가고 있다.

월마트와 아마존은 어떤 전략으로 상대와 경쟁할까. 우선 아마존부터 살펴보자. 앞서 언급했듯 아마존은 오프라인 리테일 시장으로 나아가려고 혈안이다. 이는 오프라인 시장이 그만큼 크기 때문이다. 시장조사 전문기관 리서치 앤드 마켓(Research and Markets)에 따르면 2015년 세계 소매 산업 매출 규모는 22조6,000억달러(27경1,000조원)다. 소매 산업은 최근 10년간 연평균 3.8%의 꾸준한 성장률을 보였다. 이 같은 추세가 이어지면 2019년 28조달러의 시장을 형성한다.

그중 온라인 리테일 시장의 성장이 특히 눈에 띈다. 리서치 앤드 마켓에 따르면 2012년부터

2019년까지 연평균 성장률이 23%나 된다. 온라인 시장의 성장세가 이렇듯 눈부시나 오프라인 리테일 시장이 차지하는 비중은 여전히 높다. 미국을 예로 들면 전체 리테일 시장 매출의 35%가 오프라인 형태로 판매하는 '마트 매출'에서 나온다. 따라서 아마존은 시장 확장을 위해 오프라인 시장을 노리지 않을 수 없다.

아마존은 오프라인 진출 전략으로 식료품 산업에 집중하고 있다. 식료품이 오프라인 리테일 시장에서 차지하는 비중이 워낙 높아서다. 프라이스워터하우스쿠퍼스(PwC)가 내놓은 2017년 리테일 트렌드(Total Retail 2017)에 따르면 식료품은 오프라인 구매 비중이 매우 높다. 소비자의 70%가 오프라인 매장에서 식료품을 구매한다. 이는 품질을 중요시하기 때문인 것으로 보인다. 식료품은 같은 가격이더라도 어떤 것을 고르냐에 따라 품질이 다르므로 소비자 대부분이 식료품을 직접 고르기 원하는 것이다. 식료품 구입시 오프라인 선호도는 월마트의 매출액 비중을 봐도 알 수 있다. 2018년 발간한 월마트의 파이낸셜 팩트북(Financial Fact Book)에 따르면 총매출액의 56%가 식료품에서 발생한다.

아마존은 2007년 아마존 프레시(Amazon Fresh)를 선보였다. 식료품의 신선도를 유지하고자 냉장기능을 가진 트럭을 이용해 소비자에게 배달한다. 아마존 프레시는 아마존 본사가 위치한 미국 워싱턴주 시애틀에서 시범 사업을 6년간 거친 후 2013년부터 애틀랜타, 보스턴, 시카고, 휴스턴, 로스앤젤레스, 런던 등 6개 도시로 사업을 확장했으나 성과는 좋지 않았다. 시애틀타임스(Seattle Times)는 2017년 3월 "아마존이 '아마존 프레시'만으로는 오프라인 식료품 시장에 진출하기 어렵다"고 보도했다. 아마존 프레시가 가진 한계 탓인지 지난해 9월 아마존은 유기농 소매상 홀 푸드(Whole Foods Market)를 137억달러(15조원)에 인수했으며 다양한 서비스를 새로 도입해 식료품 분야 사업 확대에 박차를 가하고 있다. 지난해 5월 아마존 프레시는 픽업 서비스를 시작했다. 소비자가 온라인으로 식품을 구매한 후 자동차를 갖고 방문해 구매 식품을 찾아가는 형태의 서비스다. 자동차에서 내리지 않고 바로 가져갈 수 있어 편리하다.

2016년 12월엔 혁신적인 서비스라고 평가할 만한 아마존 고(Amazon Go) 매장이 아마존 본사 건물 1층에 개설됐다. 아마존 고는 계산대 직원이 없는 매장으로 '저스트 워크아웃 기술(Just Walk Out Technology)'이 적용됐다. 소비자가 계산대에 줄 서지 않고 걸어 지나가기만 하면 자동으로 계산과 결제가 되는 방식이다. 매장 이용방법도 매우 간편하다. 아마존 고 앱을 스마트폰에 설치한 후 매장 진입시 본인 인증을 한 후 물품을 구매하고 그냥 걸어 나가면 된다. 아마존 고에는 각종 첨단기술이 적용됐다. 소비자의 행동을 관찰하기 위한 카메라 센서 등 수백여 대의 각종 센서가 매장에 설치돼 있다. 누가 얼마만큼 구매했는지 판단하기 위해 인공지능도 활용된다. 아마존 고의 인공지능은 자율주행차의 영상 분석에 활용되는 인공지능과 유사한 것으로 알려졌다. 아마존 고의 장점은 오류가 제로 수준이라는 점이다. 고객이 물품을 가방에 넣었다가 제자리에 갖다놓는 것도 정확하게 포착한다. 뉴욕타임스가 아마존 고의 허락을 받고 바닐라 소다를 훔치려 시도한 적이 있다. 해당물건을 몰래 숨긴 뒤 매장을 빠져나오는 방식이었다. 바닐라 소다를 '훔쳐' 매장을 빠져나오는 데는 성공

했으나 아마존 고 앱을 통해 곧바로 결제가 이뤄지고 영수증이 첨부됐다. 포천(Fortune)은 아마존 고가 로스앤젤레스 등 6개 지역에 올해 안으로 들어설 것이라고 보도했다. 이는 아마존 고의 론칭이 성공적임을 보여주면서 계산대 일자리가 사라질 것이라는 점도 일깨운다.

월마트는 거꾸로 온라인 리테일 시장을 넘본다. 아마존에 맞대응하는 전략이다. 자본력을 이용해 온라인 리테일 기업을 인수하는 전략을 펼친다. 온라인 쇼핑몰을 인수해 온라인 영역에서 몸집을 키우는 것이다. 월마트는 2016년 8월 온라인 쇼핑몰 제트닷컴(Jet.com)을 33억달러(36조3,000억원)에 인수했으며 지난해 1월 온라인 신발 쇼핑몰 슈바이닷컴(Shoebuy.com)을 7,000만달러에 확보했다. 지난해 2월, 7월 온라인 아웃도어 쇼핑몰 무스조(Moosejaw), 의류 쇼핑몰 보노보스(Bonobos)를 각각 인수했다. 올해 4월에는 인도 최대 쇼핑몰인 플립카트(FlipKart)를 인수할 계획이라고 밝혔다. 월마트의 온라인 쇼핑몰 인수 전략이 가진 이점은 인수 대상 기업이 가진 고객을 확보할 수 있어 시장 진출이 쉽다는 것이다. 인재 영입이 가능하다는 장점도 있는데, 이는 온라인 리테일에 전문성이 없는 월마트의 약점을 보완해 준다.

그렇다고 월마트가 기업 인수만 하는 건 아니다. 기술 연구에도 상당한 투자를 한다. 2012년 월마트는 고객의 얼굴을 인식해 서비스 만족도를 측정하는 시스템을 특허로 출원한 바 있다. 아직 매장에 적용되지 않은 것으로 알려졌으나 상용화하면 파급효과가 상당할 것으로 보인다. 월마트는 4차 산업혁명의 첨단 기술을 마트에 적용하고자 '스토어 넘버 에이트(Store No.8)'라는 조직을 만들었다. 스토어 넘버 에이트는 월마트 내의 '실리콘밸리'로서 오프라인 매장에 적용할 혁신 기술 개발 및 스타트업을 양성하는 역할을 한다.

지난해 4월 월마트 자회사 코드 에이트(Code Eight)가 스토어 넘버 에이트를 통해 설립됐는데, 코드 에이트는 인공지능 기술을 활용해 맞춤형 물품을 고객에게 문자로 추천해 주는 서비스를 제공한다. 또한 월마트는 도심 지역을 대상으로 가정용품의 경우 24시간 안에 무료로 배송해 주는 서비스를 준비중이다. 스토어 넘버 에이트는 케플러(Kepler)라는 명칭의 과제도 진행한다. 케플러는 영상분석 기술을 활용해 아마존 고처럼 계산대를 거치지 않고 자동으로 계산이 이뤄지는 시스템이다. 월마트는 2월 가상현실 프로그램을 개발하는 스타트업 스페이셜랜드(Spatialand)도 인수했다. 스토어 넘버 에이트는 그간 매장에 직접 가지 않고 가상현실을 통해 구현한 공간에서 쇼핑할 수 있는 서비스를 구현하려고 노력해왔다. 스페이셜랜드가 이 같은 시도에 확룡점정이 될 것으로 보인다.

아마존과 월마트의 경쟁은 기업간 경쟁 수준을 넘어 리테일 생태계의 변화까지 일으킬 선방이다. 4차 산업혁명 덕분에 로테크(Low-Tech)로 인식되던 리테일 산업이 하이테크(High-Tech)로 변모하고 있다.

(신동아, 705호, 2018.6.10, pp.400~405)

삼성전자 '1일 SCM 혁명'… 제조업체 중 세계 유일

삼성전자가 무선사업부 공장의 현장 수요 대응 기간을 종전 사흘에서 하루로 줄였다. 세계 각국 통신회사와 유통업체가 스마트폰 수요를 줄이거나 늘리면 다음날 생산에 바로 반영할 수 있다는 의미다. 부품 조달에서 재고 처리에 이르는 제품 전 과정을 하루 단위로 결정한다는 점에서 회사의 관리 능력을 극한까지 밀어붙인 것이다.

삼성은 이 같은 관리시스템을 '공급망관리(SCM) 1일 결정체제'라고 부르고 있다. 결정 기간이 짧아질수록 생산성 향상과 비용 절감을 기대할 수 있다. 28일 전자업계에 따르면 삼성전자 무선사업부는 지난해부터 '1일 결정체제'를 도입하기 시작해 지금은 거의 모든 주력 제품에 적용하고 있는 것으로 확인됐다. 현재 TV와 생활가전은 '2일 결정체제'를 확립하고 있다. 주로 중장기 부품수요에 대응하는 반도체 사업부문은 이 같은 단기 결정체제를 시행하지 않고 있다. 삼성전자가 주력 스마트폰에 초단기 공급망관리(SCM) 혁신을 단행한 것은 세계 소비재 가운데 제품수명이 가장 짧은 것이 휴대폰이기 때문이다. 2008년 도입한 3일 결정체제는 10년 만에 하루로 단축됐다.

○ 맥도날드와 어떻게 다른가

생산량이 수요보다 많으면 팔고 남은 제품이 판매될 때까지 걸리는 기간만큼 생산에 들어간 돈이 묶이고, 이를 쌓아 두기 위한 창고 · 물류비용도 치러야 한다. 스마트폰과 TV 등 전자제품은 시간이 지날수록 판매가격이 떨어지는 속성이 있어 비용 부담은 갈수록 커지게 돼 있다.

하지만 누구나 1일 결정체제를 도입할 수 있는 것은 아니다. 시장의 수요예측과 공장의 생산 및 부품 조달 속도 등 회사 전체 관리역량이 최적화돼 있어야 한다. 해당 시스템 전반을 관리하는 SCM이 '종합예술'로 불리는 이유다.

삼성전자는 2000년대 초반부터 SCM 최적화를 위해 노력해 지금은 세계에서 SCM이 가장 강한 기업 중 하나로 꼽히고 있다. 시장조사업체 가트너가 세계 500대 기업의 SCM을 평가해 지난해 5월 발표한 'SCM 톱(top) 25'에 따르면 삼성전자의 2016년 재고회전비율은 15.1배로 평가 대상 기업 중 2위에 올랐다. 재고회전비율은 전체 제품 판매량을 평균 재고량으로 나눈 것으로 수치가 높을수록 수요에 따른 공급 조정이 빨랐다는 의미다. 1위는 미국의 맥도날드로 제품 재료의 수가 적고 단순해 삼성전자와 같은 기업과는 동일 선상에서 비교하기 어렵다.

○ 혁신의 비결은

삼성전자는 결정체제 기간을 줄이기 위해 협력업체를 중심으로 한 부품 공급 생태계부터 손봤다. 생산량이 날마다 바뀌는 가운데 부품이 많이 공급되면 재고 부품 관리비가 늘고, 부족하면 필요한 만큼 제품을 제조할 수 없기 때문이다. 삼성전자는 우선 통신사 및 유통업체마다 다른 케이스와 제품 포장 상자를 30분~1시간 단위로 공급받는 시스템을 구축했다.

회사 관계자는 "특정모델의 수요가 당일 아침에 바뀌는 것을 알게 된 시점으로부터 빠르면 30분에 해당부품을 공급받을 수 있도록 조치했다"고 말했다. 또 생산에 제법 시일이 필요해 시간단위로 공급량을 조절할 수 없는 모바일 애플리케이션프로세서(AP)와 카메라 모듈 등 핵심 부품은 여러 모델에서 함께 사용할 수 있도록 범용화했다는 설명이다. 특정 스마트폰에 들어가는 AP 수요가 갑자기 줄더라도 다른 모델에 사용이 가능해 재고 부담을 줄일 수 있는 것이다.

빅데이터 분석 등을 바탕으로 시스템적 의사결정이 이뤄진 것도 SCM 혁신을 가능케 했다. 삼성전자는 특정국가에서 특정모델의 수요가 갑자기 늘면 한국과 중국, 인도, 베트남, 브라질 등 다섯 곳의 스마트폰 공장 중 어디에서 생산량을 늘려 어떤 경로로 제품을 공급할지를 자동으로 결정하고 있다.

마지막으로 삼성전자는 모듈화 확대를 통해 생산시간을 단축했다. 공장당 생산효율성이 높아지면서 예상치 않게 늘어난 제품 수요를 공정들이 쉽게 맞출 수 있게 됐다. 삼성전자 스마트폰 중에서 일부 모델은 아직 2일 결정체제로 생산되는 것도 모듈화에 따른 생산효율성 향상에 모델마다 편차가 있어서다.

(모바일한경, 2018.1.28)

연습문제

CHAPTER 11

선택형 문제

1. 다음 중 공급망 계획수립시스템(APS)의 기능이나 역할과는 거리가 먼 것은?

① 실시간으로 통합계획을 수립할 수 있도록 지원한다.
② 공급망 내의 다양한 의사결정부문간 의견조율을 효율적으로 수행할 수 있다.
③ 다양한 상품개발을 통해 고객만족을 극대화하는 데 기여한다.
④ 공급망 전반에서 독립적으로 운영되던 구매·제조·물류관련 계획을 단일한 시스템으로 통합하는 데 기여한다.

2. 다음은 공급망 계획수립시스템을 간략히 나타낸 것이다. (A)에 들어갈 모듈은 무엇인가?

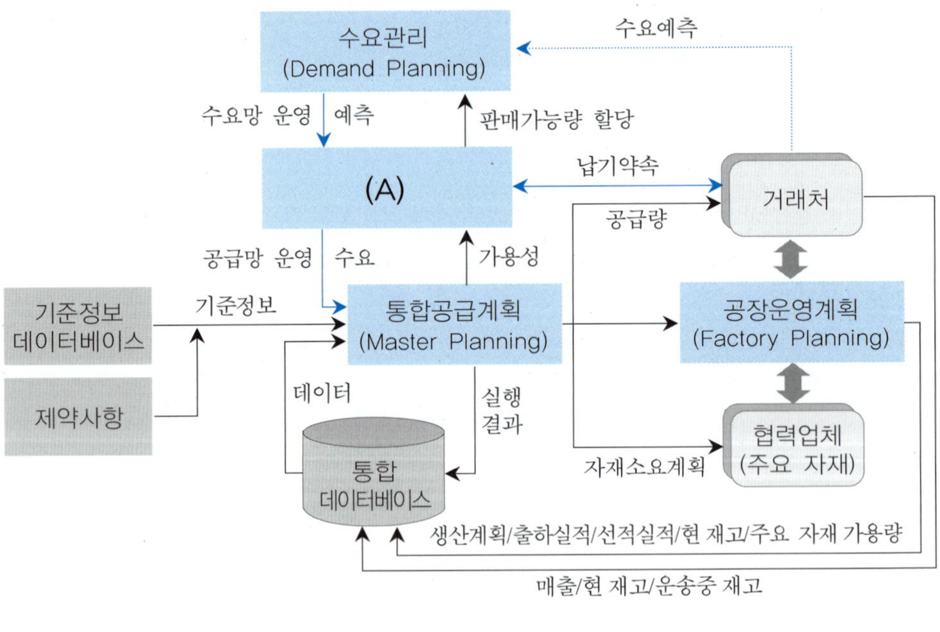

① 주문처리관리 ② 기준생산계획
③ 통합고객관리 ④ 유통물량관리

3. 다음 중 부정확한 수요예측의 폐해에 해당하는 것은?

ㄱ. 생산성 저하나 재고의 과부족 현상을 불러일으킨다.
ㄴ. 자재의 긴급수송으로 물류 및 재고관리 비용이 증가한다.
ㄷ. 빈번한 재고품절이나 주문지연은 소량선적 등으로 인해 선적비용을 증가시킨다.

---

① ㄱ, ㄴ　　② ㄴ, ㄷ
③ ㄱ, ㄷ　　④ ㄱ, ㄴ, ㄷ

4. 다음 중 수요관리를 통해 도출된 결과 및 관련 정보의 공유에 대한 설명이 바르게 된 것은?

① 회사 내부뿐만 아니라 협업관계를 구축하고 있는 협력업체까지도 정보공유가 이루어진다.
② ERP시스템에 업데이트되는 자료들만이 정보공유의 대상이 된다.
③ 단종 및 신제품 개발에 관한 정보는 협력업체에 제공하지 않는 것이 바람직하다.
④ 정보시스템을 통한 공유는 비밀 유지가 쉽지 않으므로 정례회의를 통해 회의자료로 제공한다.

5. 다음 중 통합공급계획(master planning, MP) 수립을 위해 필요한 자료에 해당하는 것은?

ㄱ. 기준정보
ㄴ. 리드타임 및 공장의 생산능력
ㄷ. 재고정보

---

① ㄱ, ㄴ　　② ㄴ, ㄷ
③ ㄱ, ㄷ　　④ ㄱ, ㄴ, ㄷ

6. 다음 중 통합공급계획을 통해 도출되는 자료 중 영업의 판매 입장에서 효율적으로 활용할 수 있는 정보에 해당하는 것은?

① 병목공정의 생산능력　　② ATP(available to promise) 정보
③ 주간 수요예측치　　④ 신제품 개발 일정

7. 다음 중 S&OP의 전략적 가치에 대한 설명으로 바르게 된 것은?

ㄱ. 생산부문의 운영계획이 기업전략의 방향과 일치할 수 있도록 조정한다.
ㄴ. 수평적으로는 수요와 공급 계획이 일치할 수 있도록 방향을 조정·통제하는 역할을 한다.
ㄷ. 환경의 불확실성에 신속하게 대응하기 위한 조정메커니즘 역할을 담당함으로써 생산·구매·영업·연구개발부문간의 계획이 기업전략과 최대한 일치하도록 조정하는 역할을 한다.

---

① ㄱ, ㄴ ② ㄴ, ㄷ
③ ㄱ, ㄷ ④ ㄱ, ㄴ, ㄷ

8. 다음 중 효과적인 S&OP 운영을 위한 전제조건에 해당하는 것은?

ㄱ. 공급망 참여기업간의 다양한 정보와 데이터의 공유
ㄴ. 공급망 성과를 토대로 하는 핵심평가지표(KPI)의 개발 및 활용
ㄷ. MRP와 구매계획의 글로벌화

---

① ㄱ, ㄴ ② ㄴ, ㄷ
③ ㄱ, ㄷ ④ ㄱ, ㄴ, ㄷ

9. 다음 중 공급망 계획수립시스템 내에서의 공장운영계획에 대한 설명으로 바르지 않은 것은?

① 통합공급계획을 통해 수립된 주 또는 월 단위 출하계획을 실행하기 위한 생산공정별, 일별, 라인별 생산계획을 수립·관리하는 역할을 담당한다.
② 각종 설비와 자원의 한계를 반영하여 상세한 생산계획을 도출해낸다.
③ 공장별로 제약조건을 감안해 라인별, 일별, 모델별 생산계획을 수립·운영한다.
④ 통합공급계획에서 합의된 공급량을 우선순위에 따라 거래처에 할당하고 납기약속을 하는 프로세스도 포함한다.

10. CTP(capable-to-promise)나 ATP(available to promise)가 주로 활용되는 영역은?

① 재고관리 ② 주문처리관리
③ 수요예측 ④ 공장운영계획

11. CTP(capable-to-promise) 개념이 활용되는 환경은 다음 중 어떤 것인가?

① MTS(make-to-stock) 환경 ② MTO(make-to-order) 환경
③ ATO(assemble-to-order) 환경 ④ Mass Customization 환경

12. 다음 중 주문치리관리활동의 구성요소에 해당히는 것온?

ㄱ. 할당 및 수주 · 주문정보 관리 ㄴ. 수요예측
ㄷ. 반품관리

① ㄱ, ㄴ ② ㄴ, ㄷ
③ ㄱ, ㄷ ④ ㄱ, ㄴ, ㄷ

13. 다음 중 VMI(vendor managed inventory)에 관한 설명이 바르지 않은 것은?

① 소매업체 입장에서는 구매와 물류에 관련된 비용을 크게 절감할 수 있고, 서비스수준이 향상되며 공급망을 투명하게 관리할 수 있어 채찍효과 감소도 기대할 수 있다.
② 제조업체는 제품공급 관련 절차를 단순화함으로써 정보와 제품의 흐름이 지연되는 것을 피할 수 있고, 불확실성과 수요의 왜곡현상을 최소화함으로써 공급망 관련 의사결정을 빠르게 할 수 있다.
③ 제조업체가 지나치게 많은 소매업체들과 VMI를 하게 된다면 수요정보의 공유와 분석이 어려워져 생산계획의 신축성이 저하되고 수요 불확실성에 대한 대비책도 견고해지기 힘들어진다.
④ 소매업체는 제조업체에게 매출 및 재고수준에 대한 정보를 제공하고, 제조업체는 재고유지에 대한 권한과 책임을 가지고 상품을 공급하는 제도이다.

14. 다음 중 CPFR에 관한 설명이 바르게 된 것은?

① 글로벌 시장을 대상으로 최저가 판매전략을 유지하기 위해 글로벌 소싱과 제3자 물류를 활용하는 전략이다.
② 공급망 참여기업과 공동으로 신상품 및 신기술 개발, 글로벌 시장 개척 등을 도모하는 과정에서 정보 공유와 조정을 통해 공동전략을 수립하는 과정을 의미한다.
③ VMI가 한 단계 진화된 방식으로, 공급업체와 판매업체가 공동으로 수요예측에 관한 의사소통을 시도하여 단일화된 수요예측치를 도출하고, 이를 토대로 하여 단일화된 발주계획도 공동으로 수립하는 방식이다.
④ CPFR에 참여하는 제조업체는 판매업체의 정보시스템을 공유함으로써 정보처리비용 절감과 함께 고객 니즈의 변화를 실시간으로 감지할 수 있게 된다.

CHAPTER

12 디지털 공급망관리의 의의와 구성요소

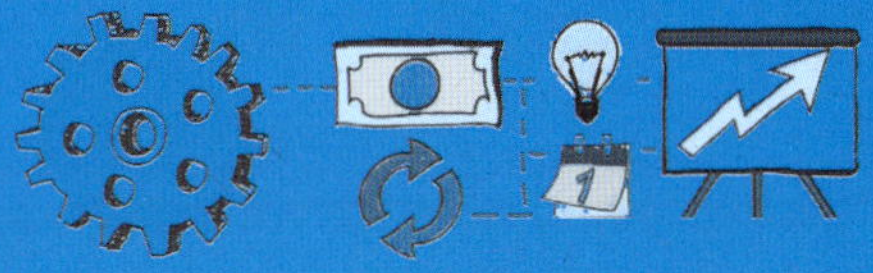

디지털 공급망은 구성원간의 상호작용이 디지털 기술로 연결된 시스템으로, 공급망 참여업체들이 시장에서 수집 · 축적하는 다양한 정보와 데이터를 공유하며, 공유 · 축적된 데이터를 활용해 공급망의 변동에 대한 실시간적인 정보를 이끌어낼 수 있는 체제이다. 연결망의 디지털화와 정보의 공유는 참여기업 모두에게 공급망과 시장환경 변동에 대한 가시성을 증대시켜 주고, 참여기업간의 실시간 의사결정 및 동시적 협업을 가능하게 한다. 본장에서는 디지털 공급망의 핵심개념과 적용사례, 구성요소에 대해 간략히 살펴보고 디지털 공급망으로의 변신을 위한 몇 가지 시사점을 논의해 보고자 한다.

제 1 절 디지털 공급망관리의 의의
제 2 절 디지털 공급망관리의 핵심개념과 적용사례
제 3 절 디지털 공급망관리의 구성요소
제 4 절 디지털 공급망으로의 변신을 위한 시사점

제 1 절 디지털 공급망관리의 의의

공급망관리의 핵심은 공급망 구성기업간의 정보공유와 동시적 의사결정에 있다. 공급망을 구성하는 개별기업이 독립적인 의사결정을 추구하는 이해관계자로서 자사와 거래하는 기업과의 상호작용에서 발생하는 정보와 데이터만을 토대로 결정을 이끌어간다면 채찍효과를 방지할 수도 없으며 정보공유를 기반으로 하는 동시적 의사결정과 실행 역시 불가능하다.[1] 국내에서도 삼성전자가 처음 공급망관리의 정착을 통해 리드타임 단축, 재고절감, 원가절감 등을 이룩하고 이를 통해 고객서비스 혁신과 글로벌 경쟁력 강화를 도모한 바 있다.[2] 그 후 많은 국내 대기업들이 공급망관리를 도입함으로써 상당한 성과를 얻기도 했지만 여전히 많은 기업들이 도입·운영과정에서 어려움을 겪고 있는 것도 현실이다. 특히 조직 내외의 이질적인 부서나 조직들을 상호 연결시키고 이를 통해 공급망 내의 가시성을 확보하며, 공급망 내에 축적되는 엄청난 양의 데이터를 분석하여 의사결정을 지원해 줄 수 있는 역량이 뒷받침되지 않으면 공급망관리의 전략적 효과가 기대만큼 나타나지 않게 된다.

월마트, 아마존, 델, 자라, 3M, 나이키 등과 같은 글로벌 기업들은 자체적으로 개발한 다양한 소프트웨어와 플랫폼을 활용하여 경쟁기업들이 흉내 내기 어려운 공급망관리의 역량을 경쟁력의 핵심요소로 평가하고 있다. 이제 디지털 기술의 혁신적 발전으로 인해 이들 글로벌 기업수준의 투자여력이 없는 기업들도 공급망관리의 디지털화(digitization of supply chain management)를 추진할 수 있게 되었다.

디지털 공급망은 단순히 외부협력업체와의 연결고리가 디지털화된 수준을 넘어선다. 디지털 공급망관리는 [그림 12-1]에서와 같이 ① 구성원간의 상호작용이 디지털 기술로 연결(connected)된 시스템이나 프로세스를 통해 이루어지고, ② 공급망 참여업체들이 시장에서 수집·축적하는 다양한 정보와 데이터

1) 이 절의 내용은 다음 논문을 주로 참고하였음. 박성택·김태웅·김미량, "공급망관리의 디지털화: 구성요소와 전략적 파급효과," 디지털융복합연구, 18(6), 2020, pp.109~120.

2) 김진백, "글로벌 전자기업의 SCM 혁신을 통한 경쟁력 강화: 삼성전자 사례 연구," 한국생산관리학회지, 24(3), 2013, pp.383~407.

[그림 12-1]
디지털 공급망의 특질

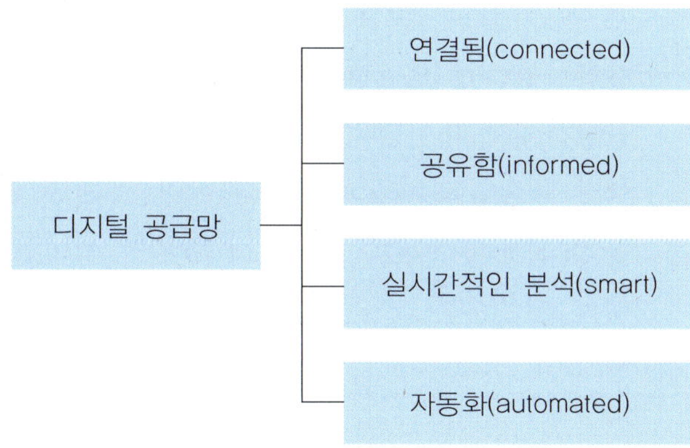

를 공유하며(informed), ③ 공유 · 축적된 데이터와 정보를 강력한 빅데이터 분석기법을 통해 활용함으로써 공급망의 변동에 대한 실시간적인 정보를 이끌어낼 수 있고(smart), ④ 로봇이나 자동화된 기술을 적극 도입하여(automated) 생산성 향상과 원가절감을 이룩하겠다는 것을 전략적 목표로 설정한다.3) 연결망의 디지털화와 정보의 공유는 참여기업 모두에게 공급망과 시장환경 변동에 대한 가시성을 증대시켜 주고, 참여기업간의 실시간 의사결정 및 동시적 협업을 가능하게 한다.

공급망의 디지털화가 늦어지면 자사 내 부문간, 또는 협력업체와의 연결고리가 원활하게 운영되지 않는다. 예를 들어 수요예측, 협력업체로부터의 자재와 부품의 구매, 주별 · 일별 생산할당량의 결정, 재고의사결정, 물류의사결정 등은 그저 더하기 빼기 수준의 수학만으로 가능하지 않다. 모두 공급망 내의 정보를 바탕으로 분석 및 계획수립에 필요한 의사결정규칙을 만들고 그 결과를 협력업체와 유통업체 등을 포함하는 공급망의 연결고리를 통해 의사결정결과와 관련 정보를 공유한다. 연결고리의 디지털화가 미진하여 모든 정보가 매끄럽지 못하게 흘러가면 정보의 시의성이 저하되고 환경변화에 대한 공급망의 대응도 뒤쳐진다.

디지털 SCM의 전략적 기대효과는 보스턴 컨설팅그룹의 연구에 의해서도 널리 알려진 바 있다. 이 연구에 의하면 디지털 SCM은 소비자 입장에서의 상품 가용성이 10% 증가했으며, 시장수요 변화에 대한 대응성은 25% 이

3) Schrauf, S., and P. Berttram, "Industry 4.0: How digitization makes the supply chain more efficient, agile, and customer-focused," Strategy&, 2016, https://www.strategyand.pwc.com/media/file/Industry4.0.pdf.

상 증가, 운전자본은 30% 이상 절감, 현금전환주기 역시 17%에서 64% 정도 절감되었다고 보고한 바 있다.[4] 이제 글로벌 선도기업들은 대부분 디지털 공급망하에서 데이터와 정보의 투명성과 시의성을 확보하고 이를 기반으로 공급망 움직임의 속도를 극대화하기 위한 다양한 전략을 구축하고 있다. 글로벌 시장에서 새로운 고객들의 니즈와 욕구를 파악하고 지역특성에 적합한 상품과 서비스를 최소한 리드타임 내에 공급하는 실행전략이 현실화되고 있다.

제 2 절 디지털 공급망관리의 핵심개념과 적용사례

공급망의 움직임에 영향을 미치는 여러 의사결정도구가 디지털화되어 있다고 해서 디지털 SCM 운영이 가능한 것은 아니다. 예를 들어 온라인 포털서비스, 상품개발, 협력업체 포털, 물류망관리 등이 디지털 · 자동화되어 있어도 기능이나 부문간에 정보공유가 자동으로 이루어지고 자사의 의사결정 프로세스가 상대방의 시스템 안에 일정부분 녹아들어가(embedded) 있어야만 SCM의 디지털화가 가능해진다. 그렇지 않으면 각각의 디지털화된 프로세스가 연결되지 않아 실시간 정보공유나 동시적 의사결정이 어려워진다.

디지털 SCM의 핵심개념은 속도(velocity)와 가시성(visibility)이다. 속도는 특히 운전자본의 회전율과 직접적으로 연계되는데, 정보와 자재흐름의 지연은 운전자본의 회전율에 부정적 영향을 미친다. 또한 공급망의 계획수립주기를 길게 가지고 가는 것, 예를 들어 주별 계획 대신 월별 계획을 수립 · 운영한다면 그만큼 의사결정 속도를 지연시키고 긴급한 변동에 대한 대처능력을 저하시킨다. 속도를 높이기 위해서는 가시성이 높아야 한다. 가시성은 대개 정보나 데이터에 미진한 부분이 많거나 여러 부문을 거쳐 오면서 정보의 시의성이 떨어지거나, 또는 데이터 표준화의 미비로 내용 파악에 시간이 소요

4) Ganeriwalla, A., G. Walter, L. Kotlik., R. Roesgen and S. Gstettner, "Three Paths To Advantage with Digital Supply Chains," Bcg.Perspectives, 2016.

되는 경우 자주 발생한다. 가시성은 환경변화에 대한 신속한 대응과 의사결정에 필수적인 요소로서 이해관계집단 사이에 발생하는 갈등을 줄여주고 리드타임 절감에 기여한다. 갈등은 의사결정을 지연시키고 결과적으로 공급망 내의 불필요한 재고를 증가시킨다.

글로벌 기업들의 디지털 공급망싱에서의 디지털 및 소프트웨어 기반의 의사결정 사례를 간략히 살펴보기로 하자. 이런 간단한 사례를 통해서도 공급망 선도기업들이 공급망 내에서 창출되는 데이터와 정보를 활용하여 어떤 부문에서 효율화를 도모하는지 엿볼 수 있다.

(1) 월마트의 정보공유

월마트는 매주 2억 6천만 명 이상의 고객이 27개국 12,000개 가까운 매장을 방문하며 10개국에서 인터넷 매장을 운영하고 있다. 미국 내에만 4천여 개의 매장을 운영하고 있는데, 월마트는 이들 매장과 220여 개의 물류센터를 하나의 네트워크로 연결하고 주요 상품공급업체와 CPFR 관계를 구축하면서, 매장의 상품별 판매데이터, 매장과 물류센터의 재고자료, 판매추세 등을 공유하는 것으로 유명하다. 이런 실시간 정보공유를 통해 공급망 전체 시각에서 재고 최소화, 품절 방지와 원가절감에 매진한다.[5]

월마트는 지난 20년간의 판매자료를 보관하고 있는데, 상품공급업체들이 자신들이 공급한 상품에 대한 실시간 매출데이터에 접속할 수 있도록 하여, 각 매장 단위의 개별상품(stock keeping unit) 수준까지의 세밀한 정보까지 공유한다. 공급업체들은 자사의 PC 화면에서 자사가 공급하는 모든 품목의 매출을 매장별, 지역별, 주별로 추적·분석할 수 있게 되었고, 어느 장소의 어떤 품목에 대해서는지 일간 매출을 추적할 수 있으며, 미국 내의 어느 매장에서든지 신규 품목을 테스트하고 판매에 대한 즉각적인 피드백을 받을 수 있다. 공급업체는 이런 정보를 기반으로 시장에서 팔릴 수 있는 상품을 신속히 개발·공급할 수 있는 소위 time-to-market 체제를 구축할 수 있게 되었으며, 더불어 고객들의 1회 구매량 패턴 및 생활 습관 등을 고려하여 지역별로 판매를 촉진시킬 수 있는 패키지(사이즈, 디자인 등)의 디자인도 가능해졌다.

---

5) Natto, H., "Wal-Mart supply chain management," *International Journal of Scientific & Engineering Research*, 5(1), 2014, pp.1023~1026.

(2) 3M과 바스프의 디지털 협업

공급망의 디지털화는 외부 협력업체나 파트너기업과의 디지털 기반의 상호작용이 요구되기 때문에 쌍방간에 신뢰가 쌓이지 않고서는 이루어지기 쉽지 않다. 수만 가지 이상의 제품을 생산하는 3M의 공급업체 중 대표적인 기업은 화학제품을 생산하는 글로벌 기업 바스프(BASF)이다. 바스프는 3M 공장과의 연결성을 극대화하기 위해 디지털 공급망 구축에 상당한 투자를 감행하였다. 10여 개 이상의 바스프 공장이 3M 공장과의 실시간 커뮤니케이션을 통해 3M 공장의 원자재 수요변동과 동기화된 공급활동을 전개한다. 3M 제품에 대한 수요가 불규칙하게 변화하더라도 바스프는 안정적으로 원자재를 공급할 수 있는 디지털화된 역량을 보유하고 있다. 바스프는 실시간으로 자사의 공급제품이 얼마나 소진되고 있는지 볼 수 있으며 3M도 바스프의 공급여력이 얼마나 되는지 실시간으로 알아볼 수 있다. 바스프와의 디지털화된 연결고리가 기대 이상의 성과를 거두자 3M은 이와 유사한 디지털 연결고리를 다른 글로벌 공급업체와도 구축하였다.6) 양사의 ERP시스템이 동일한 업체의 소프트웨어를 사용하는 경우 두 시스템이 직접 정보를 교환하고 의사결정을 할 수 있도록 미들웨어의 도움이 필요 없는 디지털 연결고리를 개발·운영하고 있다.

(3) 몬산토와 고객의 협업

원가절감에만 주력하던 몬산토(Monsanto)는 고객과의 긴밀한 상호작용 유도를 위해 빅데이터 분석시스템을 도입하였다. 연간 40만 명 이상의 고객과의 거래 및 상호작용 과정에서 축적된 빅데이터는 분석을 통해 그 결과가 공급망 전체에 공유되어 연구개발 및 마케팅 부문이 효율적이고 주도적인 의사결정과 상품개발을 이끌어 나갈 수 있도록 분위기를 조성하였다. 새로운 디지털 공급망관리시스템은 고객과의 거래 마무리시간을 50% 이상 단축하였으며, 수십 개 국에 퍼져 있는 고객 농장과 주변 자연환경(기후, 토양 등)에 대한 정보 수집과 분석을 통해 해당농장의 생산성을 극대화할 수 있는 방법에 대한 정보와 컨설팅 서비스를 제공할 수 있게 되었다.7)

6) Banker, S., Digitization and the 3M Supply Chain, 2017, https://www.forbes.com/sites/stevebanker.
7) Forbes Insights, Digital Supply Chain : Are You Leading the Pack?, 2017, https://www.forbes.com.

제3절 디지털 공급망관리의 구성요소

공급망 참여기업간의 원활한 의사소통과 정보공유를 위해 디지털 기반의 연결고리를 구축했다고 해서 디지털 SCM이 완성되는 것은 아니다. 단순한 정보공유로는 환경변화로 인한 공급망 변동에 적절히 대응하기 어렵기 때문이다. 공급망 참여기업뿐만 아니라 공급망 선도기업의 여러 부서를 거쳐 신뢰성이 확보된 정보는 비즈니스 애널리틱스(business analytics)를 기반으로 하는 의사결정 플랫폼을 통해 전략적 최적화를 위한 입력 자료로 역할이 바뀌게 된다. 수요예측, 구매, 생산, 주문처리, 물류 등의 공급망 내의 의사결정 프로세스가 비즈니스 애널리틱스의 지원을 통해 디지털화되고, 실질적인 생산과 공급과정도 다양한 자동화 설비와 자율적 메커니즘을 통해 실행된다.

1 Schrauf & Berttram의 연구

Schrauf & Berttram(2016)은 디지털 공급망의 요소로서 다음의 8가지를 제안한 바 있다.[8)]

(1) 통합계획수립과 실행(integrated planning and execution)

기존 APS(Advanced Planning System)가 업그레이드된 개념으로 클라우드 기반의 통합적 의사결정시스템을 의미한다. 공급업체, 제조업체, 물류업체, 물류센터 및 고객을 디지털 기반으로 연결함으로써, 공급망 내의 어느 한 곳에서의 변동이나 사건에 대한 실시간적인 대응이 가능하도록 시스템이 구축된다. 관리자가 관여하지 않더라도 리드타임, 재고, 물류활동이 최적화되며, 고객니즈의 요구에 대한 대량고객화가 가능하도록 공급망 움직임에 대한 계획수립과 실행전략이 극도로 유연하다.

8) Schrauf & Berttram(2016)의 앞의 논문에서 발췌.

[그림 12-2] Schrauf & Berttram(2016)이 제시한 디지털 공급망의 구성요소

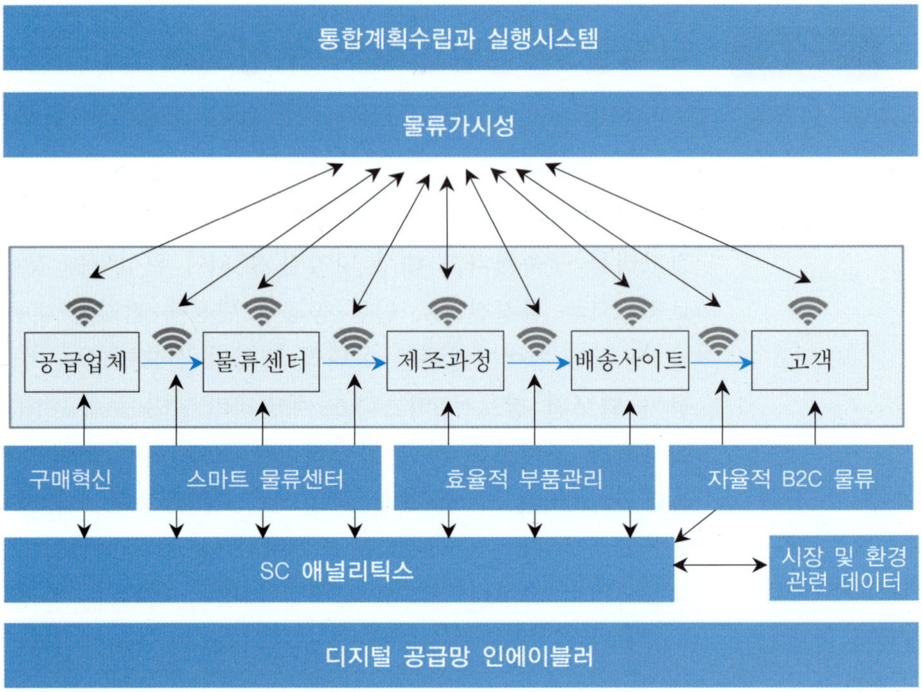

(2) 물류가시성(logistics visibility)

물류망이나 SNS로부터 창출되는 데이터는 물론 날씨나 교통정보와 같이 공급망 내에서 자재와 상품의 흐름에 영향을 미칠 수 있는 모든 데이터가 자동으로 수집·축적되어 단일 플랫폼으로 보내진다. 플랫폼에 축적된 데이터는 공급망 애널리틱스를 이용하여 분석하고 공급망 운영의 최적화에 도움을 줄 수 있는 정보를 제공한다. 예상치 못한 수요의 변동이나 공급망 내의 상품흐름을 방해하는 각종 사건에 대한 대비책도 이 프로세스를 통해 제시된다.

(3) 구매혁신(Procurement 4.0)

원자재 및 부품공급업체와의 효율적인 통합은 디지털 공급망의 핵심구성요인이다. 다양한 빅데이터기법을 활용한 구매관리는 공급업체와의 관계를 더욱 밀접하게 이끌어가고 자재계획수립, 공급프로세스의 리스크관리 및 협업을 촉진시킨다. 이를 거듭할수록 구매프로세스는 자동화 수준이 제고된다.

(4) 스마트 물류센터(smart warehousing)

로봇 및 자동화기기를 활용한 물류센터의 자동화는 효율성과 안전성 측면에서 엄청난 변혁을 가져오며 고객만족과 리드타임 절감이라는 공급망 운영목표 달성에 필수적인 요소이다.

(5) 효율적 부품관리(efficient spare parts management)

부품업체와의 연결고리가 디지털화되고 정보공유가 일상화되면서 부품관리도 디지털 공급망의 일부분으로 녹아 들어가게 되면, 3D 프린팅기술의 상용화는 불규칙한 부품수요의 관리에 큰 영향을 미치게 된다. 안전재고를 높게 가져가야 하는 부담도 덜고 부품구매와 관련된 리드타임도 절감된다. 애널리틱스 소프트웨어를 활용하여 스페어 부품에 대한 수요예측을 시도함으로써 예측오류 축소를 통한 부품관리의 최적화도 가능해진다.

(6) 자율적 B2C 물류(Autonomous and B2C logistics)

자동화공장에서는 사람의 간섭이 필요 없는 자율적(autonomous) 현장 자재운반기기의 도입이 기본이다. 생산프로세스의 진척도에 따라 자율적으로 필요한 자재와 부품을 작업장에 공급한다. ERP시스템에 연계되어 생산계획을 달성하는 데 필요한 각종 자재를 적시에 적재적소로 운반하며 센서와 레이저 안전범퍼 등을 장착하여 현장 근로자의 안전도 제고에 기여한다.

(7) SC 애널리틱스(SC analytics)

공급망상에서의 비즈니스 애널리틱스(business analytics)는 디지털화된 데이터의 분석을 통해 의사결정을 지원하는 데 활용되는데, 분석목적에 따라 기술적(descriptive), 예측적(predictive) 그리고 처방적(prescriptive) 애널리틱스로 구분된다. 기업은 일차적으로 ERP, CRM, e-커머스 등의 프로세스를 통해 자동으로 창출되는 데이터부터 활용한다. 고객과의 계약 및 거래내용, 고객의 불평 및 불만, 내부 이메일, 생산공정을 모니터링하는 과정에서 도출되는 각종 이미지 데이터, SNS상의 비구조적 데이터 등도 분석대상에 포함된다.

기술적 애널리틱스는 어떤 일이 발생했는지, 계획수립한 바대로 진행되는지 또는 문제가 생겼다면 어떤 유형의 문제가 발생했는지 등에 대한 모니터링 역할을 한다. 관리자가 이해하기 쉽도록 다양한 도표와 차트를 이용하

[그림 12-3]
비즈니스 애널리틱스의 유형

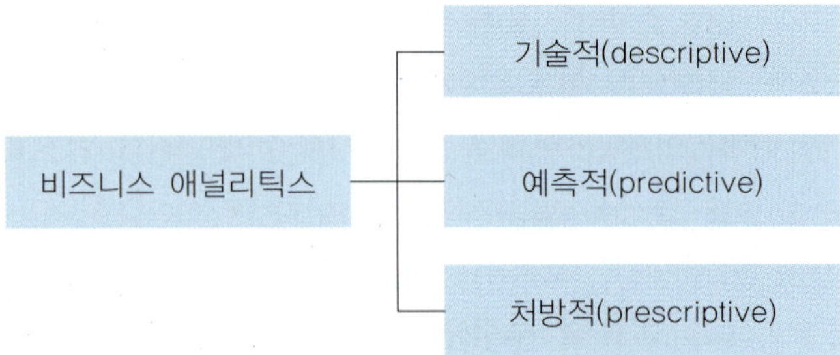

여 모니터링 결과를 제시한다. 예측적 애널리틱스는 소비자와 기술에 대한 예측을 위한 것으로 상관관계분석, 회귀분석, 키워드분석, 패턴 인식 프로세스 등을 활용하여 공급망이 움직여야 할 방향에 대한 정보를 제공한다. 몬테칼로 시뮬레이션과 같은 도구를 활용하여 특정사안이 발생한다면 어떤 결과가 나타날 것인가 등에 대한 논의가 이루어지기도 한다. 처방적 애널리틱스는 공급망의 운영에 영향을 미치는 사건이 발생할 경우 실시간으로 이에 대한 대처방안을 제시해 주거나, 주기적 또는 배치(batch) 형태로 수학적 알고리즘을 토대로 최적 대안을 찾는 데 활용되기도 한다. 처방적 분석은 향후 인간 대신 의사결정을 담당하는 자동화 또는 자율적 의사결정 메커니즘의 등장도 촉진시킬 것이다. 예를 들어 구매담당자의 결정 없이도 협력업체의 컴퓨터에 구매요청 오더를 발주할 수 있다.

(8) 디지털 공급망 인에이블러(digital SC enablers)

공급망의 디지털화를 촉진시키는 지원요소에는 클라우드 기반의 플랫폼, 다양한 공급업체와 유통업체, IT서비스업체 등과의 협업 등이 포함된다.

2 매킨지의 연구

공급망 4.0(supply Chain 4.0)으로 표기되는 매킨지(Mckinsey)의 디지털 공급망은 사물인터넷, 첨단 로봇 그리고 최첨단 빅데이터 분석도구의 활용에 초점을 둔다. 모든 곳에 센서를 설치하고 모든 곳을 네트워크로 구축하며 모든 것을 자동화시키고 또한 모든 것을 분석하여 공급망의 성과와 고객만족도를 극대화하는 데 목표가 있다.

[그림 12-4]
매킨지(2016)의 디지털 공급망 구조

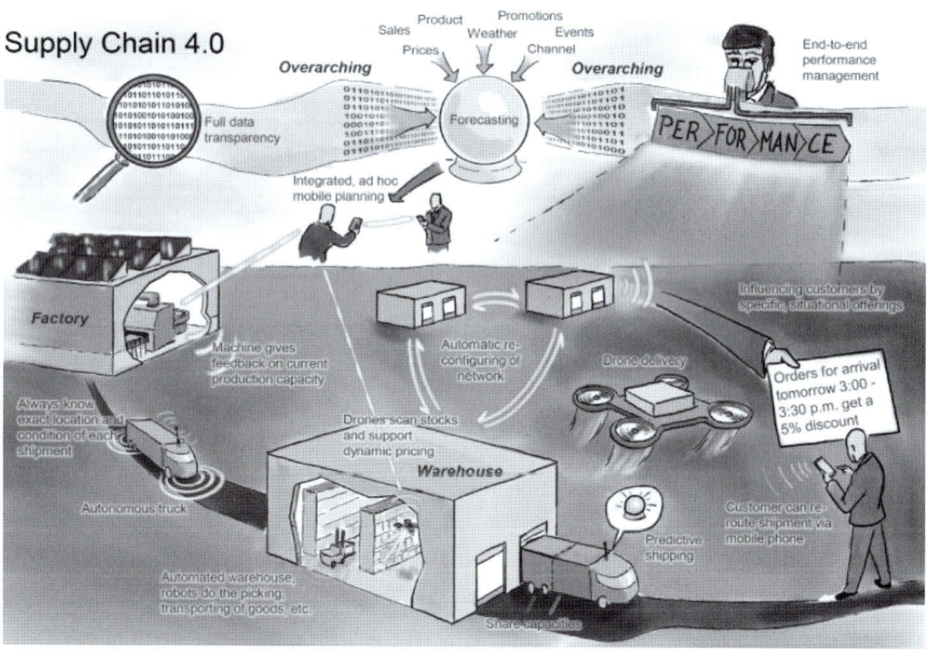

공급망의 디지털화는 무엇이든 빠르고 신축성 있게 대처할 수 있도록 지원한다. 예를 들어 기업 내외의 빅데이터에 대한 예측적 애널리틱스와 머신러닝의 활용은 고객수요에 대한 오류를 최소화할 수 있으며 예측대상기간도 월별이 아니라 주별 또는 품목에 따라서는 일별 예측도 가능해질 것이다. 아마존이 특허권을 가지고 있는 예측적 배달(predictive shipping)도 가능해질 수 있다. 고객이 주문하기 전에 이미 이를 예측하여 물류망에 배달을 의뢰하고 최종적인 주문 확정에 따라 도착지 데이터를 실시간으로 확정짓는 방식도 디지털 공급망하에서는 가능해질 것으로 전망하고 있다. 이에 따라 실시간적인 계획수립도 가능해져 수요 및 공급환경 변화에 매우 신축성 있게 대응이 가능해진다. 소위 계획수립 사이클(planning cycles)이나 계획내용의 동결기간(frozen periods)도 최소화되어 계획수립 자체가 연속적인 프로세스화됨으로써 다양한 제약조건에도 동적으로 대응할 수 있는 역량을 갖추게 된다. 고객의 주문상품 내역 수정이나 배송시 변경도 이전보다는 훨씬 여유롭게 허용될 것이다.

이런 미래를 가능케 할 디지털 공급망관리의 구성요소로 매킨지는 6가지의 가치창출 동인(value driver)을 〈표 12-1〉과 같이 구분하고 각 동인별로 핵심기술을 제시한 바 있다.[9]

〈표 12-1〉
매킨지의 6가지 핵심가치창출 동인과 관련 기술

핵심가치 창출 동인	핵심기술
계획수립 (planning)	수요예측과정에서의 예측적 애널리틱스, 지식기반업무의 자동화, 첨단 수익최적화, 시나리오 플래닝
물리적 흐름 (physical flow)	물류센터 자동화, 자율적 스마트 운반도구, 인간-기계 상호작용, 스마트 물류계획 수립 알고리즘
성과관리 (performance management)	자동화된 근원적 원인분석(root cause analysis), 디지털 평가관리, 온라인 투명성
주문관리 (order management)	비접촉 오더처리, 실시간적인 계획수립 수정, 높은 신뢰도의 온라인 오더 모니터링
협업 (collaboration)	클라우드 기반의 공급망관리, 공급망 내의 모든 구성원간 연결성
공급망전략 (supply chain strategy)	시장의 미시 세분화(micro segmentation), 동적인 네트워크 구현(configuration) 기능

〈표 12-1〉에 제시된 핵심기술 중 몇 가지 특이한 것을 간략히 살펴보면, 예를 들어 성과관리(performance management)를 위한 핵심기술 중 하나인 자동화된 근원적 원인분석은 예외사항을 처리하기 위한 도구이다. 성과관리시스템은 어떤 특이사항이 발생했을 때 그 항목과 관련된 지표값들을 미리 정의된 값들과 비교하거나 빅데이터/데이터 마이닝 또는 머신러닝기법을 활용해 예외적 상황이 나타나게 된 근본원인을 식별해 나가게 된다. 이를 통해 드러난 근본원인을 감안하여 상황에 적절한 대응책을 제시한다.

협업을 촉진시키기 위한 공급망 클라우드는 고객, 기업, 협력업체 간의 협업을 위한 플랫폼으로 물류인프라를 공유하거나 협업적 계획수립 솔루션을 제공하는 역할을 한다. 상호 경쟁하에 있지 않은 기업들이 공급망비용 절감과 글로벌 스탠더드 공유를 촉진시키는 협업의 장 역할을 한다. 공급망 전략의 핵심기술인 미시 세분화는 고객특성과 요구조건에 따라 공급망을 수백개의 개별 공급망으로 세분화하고 빅데이터 분석을 통해 각 개별 공급망이 제공할 수 있는 상품과 서비스군을 도출해내는 전략을 말한다. 고객군별로 특화된 공급망은 비용절감과 리드타임 단축 및 재고절감에 상당한 기여를 해줄 수 있을 것으로 기대된다.

9) Mckinsey Report, Supply Chain 4.0 : the next-generation digital supply chain, 2016, available at. https://www.mckinsey.com/business-functions/operations/our-insights/supply-chain-40--the-next-generation-digital-supply-chain.

3 SAP의 연구

SAP에서 발간한 연구보고서에 의하면,[10] 미래 SCM 운영에 영향을 미칠 기술로 빅데이터, 클라우드 컴퓨팅, 예측적 애널리틱스, 소셜 미디어, 사물인터넷, 3D 프린팅 등을 제시하고 다음과 같은 기술혁신을 통해 디지털 SCM을 구현해야 한다고 주장한 바 있다.

첫째, 디지털 고객군을 구축한다. 수요 감지(demand sensing), 추세관련 자료의 데이터 마이닝, 판매정보의 실시간 공유 및 분석을 통해 상품의 판매패턴과 고객의 구매행위에 대해 이해도를 제고함으로써 고객 니즈와 욕구에 대한 정확한 정보를 추출한다. 공급망 파트너기업들과 VMI나 CPFR 등의 협업관계를 추진하여 다양한 고객수요에 대한 대응력을 극대화한다.

둘째, 디지털 생산시스템을 구축한다. 로봇과 자동화 물류기기를 기반으로 하는 생산공정의 자동화 및 센서를 통해 수집된 품질이나 설비고장 관련 데이터의 자동분석을 통해 설비 생산성의 극대화를 추진한다. 또한 3D 프린팅기술을 통해 언제 어디서나 필요한 파트의 생산을 가능하게 하여 설비의 신축성을 증대시킨다. 아디다스의 스피드팩토리가 좋은 예이다. 미국 애틀랜타에 세울 것으로 예상되는 이 공장은 기존의 자동화공장에서는 생각할 수도 없었던 고객화(customization) 서비스를 제공하면서도 대량생산을 지향하는 공장으로, 고객 발의 형태와 사이즈에 완벽하게 맞으면서도 원하는 색상, 자재, 무늬 등 심미적 요구를 모두 충족시키는 상품의 주문생산에 목표를 둔다.

셋째, 디지털 공급업체(digital suppliers)와 디지털 물류・재고관리를 디지털 공급망관리의 주요 구성요소로 제시하고 있다. 이는 앞에서 논의한 구매혁신과 사물적 B2C물류 및 스마트 물류센터의 개념과 그 내용이 유사하다. 또한 클라우드 컴퓨팅 기술, 성과측정을 위한 웨어러블(wearable) 기술 도입, 공급망 성과관리의 디지털화 등도 주요 요소로 제시한 바 있다.

---

10) Farahani, P., C. Meier, and J. Wilke, White Paper : Digital Supply Chain Management 2020 vision, SAP SE, Germany, 2015.

제 4 절 디지털 공급망으로의 변신을 위한 시사점

효율적이고 실시간적인 의사결정을 도모하기 위해서는 공급망 내 연결고리의 디지털화가 최우선적 과제이다. 고객, 협력업체, 제조업체, 물류업체, 서비스 아웃소싱업체, 선도기업의 부문간의 연결고리는 물론, 제조 및 물류 관련 시스템 내의 M2M 커뮤니케이션과 센서를 통한 자율적 데이터 수집고리 등이 여기에 해당한다. SNS나 M2M 커뮤니케이션과 센서를 활용하는 경우 자동적으로 상호작용 관련 데이터가 쌓이지만, 이해관계자들로 구성되는 공급망 내의 연결고리가 상호계약하에 정보시스템으로 연결되기 전에는 디지털 연결고리로 혁신화하는 것이 불가능하다. 또한 정보공유는 해당자료를 이용하여 협력업체가 핵심적인 의사결정을 할 수 있도록 허용하지 않는 한 별다른 가치를 부여하기 힘들다. 이런 의미의 정보민주화가 전제되지 않는 한 공급망의 디지털화는 기대만큼 성과를 거두지 못할 수 있다.

연결고리의 디지털화는 단순히 정보기술의 문제가 아니라 디지털화에 응해야 하는 참여 및 협력 업체의 신뢰를 기반으로 하기 때문이다. 공급망 내의 쌍방간 신뢰구축이 단순히 상생을 위한 비전이나 선언문 발표로 가능하다고 생각하는 기업은 어디에도 존재하지 않는다. 신뢰는 상당기간 동안의 거래를 토대로 하며 일종의 실증적 의미(empirical sense)로 이해해야 한다. 공급망을 이끌어가는 선도기업이 그들 고객과 파트너 및 협력업체에 약속한 내용을 지킨다는 실제적인 데이터가 일정수준 이상 축적돼야만 파트너와 협력업체들도 역으로 신뢰의 시그널을 보내게 될 것이다. 이런 시그널이 구체화되면서 공급망 내의 신뢰가 사회적 자본으로 쌓여간다. 협력업체를 포함하는 이해관계자에 대한 적절한 인센티브 제공도 신뢰를 쌓기 위한 전제조건이다.

연결고리의 디지털화로 데이터의 표준화와 정보의 실시간적 공유가 가능해지면 이를 활용하여 최적 의사결정을 도모하기 위한 다양한 의사결정모듈이 개발·도입되어야 한다. 중요 의사결정의 프로세스화로 빅데이터 분석이 상시적인 도구로 활용가능해야 한다. 디지털 공급망하에서는 엑셀과 같은 입문수준의 분석기법을 벗어나 통합의사결정이 가능한 애널리틱스의 도입과 활용, 학습이 요구된다. 분석에 필요한 모형을 만들고 결과를 도출하는 분석능력(analytics modeling)은 또 다른 차원의 조직역량을 요구한다.

예를 들어 로레알이나 3M과 같은 글로벌 제조기업들은 전 세계에 산재해 있는 공장과 물류센터, 유통업체, 공급업체 등의 위치와 생산·공급능력을 네이터화하여 어디서 얼마나 생산하여 어디로 보낼 것인가와 같은 글로벌 공급망관리 이슈에 관해 수리적 모형을 토대로 하여 대안을 제시한다. 시뮬레이션이나 네트워크 모델링, 풋프린트 최적화(footprint optimization) 등의 도구들이 사용되는 경우도 빈번하다. 단순히 각 개별공장이나 설비의 경제성만을 분석하는 것이 아니라 글로벌 시각에서 공급망의 경제성을 분석한다. 일단 전략적인 이슈가 해결되면 APS나 통합계획수립과 실행(integrated planning and execution) 시스템을 활용하여 주별 계획과 일별 상세스케줄을 도출한다. 복잡한 글로벌 시장을 대상으로 할 때 엑셀이나 수작업을 통한 시행착오적 계획수립방법은 고려의 대상이 될 수 없다.

공급망의 디지털화 추세에 동참하지 못한다면, 고객과 환경의 변화에 대한 정보 확보가 늦어져 적절한 대응이 늦어지며, 불필요한 재고는 많아지고 고객을 위한 재고확보는 제대로 못하게 될 가능성이 높다. 이런 기업들 중 MTS(make-to-stock) 위주의 기업은 과다한 안전재고를 부담할 수밖에 없으며, MTO(make-to-order) 기업은 다양한 설계변경요구를 감당할 만한 신축성 결여로 글로벌 시각에서는 경쟁력 있는 가격으로 수주하더라도 결과적으로는 실행원가의 초과로 인해 손실이 발생할 것이다. ETO(engineering-to-order) 기업도 고객의 설계변경요구나 스펙변경이 있을 경우 리스크 관리의 역량 부족으로 인해 프로젝트 구조, 원가, 납기 등에 미치는 영향분석이 부실해져 큰 손실을 감수하게 될 위험성이 크다.

물론 MTS 기업이라도 철강이나 화학, 반도체와 같은 B2B 기반의 대량 생산 위주의 장치산업의 경우 공급망의 디지털화가 경쟁력에 미치는 영향이 다소 덜하다. 품질이 유지되는 경우 글로벌한 경제환경이 더 큰 영향을 미치기 때문이다. 이런 장치산업에서 공급망관리의 초점은 공급망의 단순화, 제조공정의 자동화와 표준화이다. 특히 제조공정에서의 사물인터넷 활용과 빅데이터 분석을 통한 프로세스 자동화는 경쟁력 강화에 상당한 기여를 할 것이다. 그러나 의류, 가전 등의 B2C 소비재는 소비자와 시장의 변화에 가장 빠른 시간 내에 대응하는 글로벌 기업들만이 생존할 것이다. 이를 위해서는 연결고리의 디지털화를 통해 수요변동과 재고수준의 움직임을 실시간으로 모니터링하고 이를 토대로 의사결정모듈을 활용한 신축성 있으면서도 신속한 대응전략 수립이 요구된다. 클라우드 기반의 예측적·처방적 빅데이터 분석도구의 일상적인 활용이 시급한 과제이다.

쉬어가기

쿠팡의 최첨단 비밀기지

2022년 3월 준공한 대구 풀필먼트센터(FC)는 쿠팡의 '비밀기지'로 불린다. 외부인의 출입을 엄격히 제한할 정도로 경비가 삼엄하다. 하루 전에 지원해도 사지 멀쩡하면 누구나 일할 수 있는 쿠팡의 다른 물류시설과는 격이 다르다. 총 3,200억원을 투자했으며, 축구장 46개 넓이만 한 국내 최대 규모의 대구FC는 쿠팡의 다음 목적지가 어디인지를 보여주는 곳이다. 인공지능(AI)으로 중무장한 물류로봇과 인간 노동의 최적 결합에 관한 거대한 실험실이 바로 쿠팡 대구FC다. 김범석 쿠팡 창업자(쿠팡Inc 대표)는 플라이휠의 신봉자다. 단기적으로 비용이 들더라도 초기에 엄청난 투자로 거대한 바퀴를 만들어 굴리는 순간, 수많은 작은 바퀴가 가는 거리보다 훨씬 더 멀리 갈 것이란 신념이다. 제프 베저스 아마존 창업자를 철저히 벤치마킹한 것이긴 하지만, 제너럴모터스, 삼성전자, 월마트 등 글로벌 굴지의 기업 대부분이 플라이휠의 작동원리를 실현함으로써 왕좌의 자리에 올랐다.

쿠팡의 전략은 마치 트로이의 목마와 비슷하다. 그리스 정예군을 숨길 거대한 목마가 자신들의 땅에 세워질 때 트로이 사람들은 '무엇에 쓰일 물건'인지 가늠조차 못했다. 김 대표가 수조원을 들여 전국에 대형 풀필먼트센터들을 연달아 지을 때 국내 e커머스 시장의 경쟁자들은 '미친 짓일 뿐'이라며 폄하하고 조롱했다. 제조업이 아니라 유통업에서 쿠팡처럼 엄청난 고정 투자를 단행한 곳은 이제껏 없었다. 쿠팡에 대한 오랜 의심은 올 3분기에 흑자전환에 성공함으로써 완전히 일소됐다. 이천 물류센터 화재와 코로나19로 인한 비용 증가 등으로 약 9,500만달러가량의 손실 요인이 발생했음에도 불구하고, 쿠팡은 1,037억원의 영업이익을 거뒀다. 로켓배송이 나온 지 8년 만이다. 매출은 5조 4,784억원으로 역대 최고치를 기록했다. 올해만 800만제곱피트 규모의 물류 인프라를 증설하는 등 생산설비 투자에 전년 대비 15%가량 돈을 더 쓰면서 흑자를 냈다는 점이 의미 있다. 쿠팡은 플라이휠의 무서움을 입증했다.

쿠팡의 다음 행보와 관련해 김범석 대표는 이렇게 말했다. "앞으로도 프로세스 최적화와 머신러닝·로보틱스를 포함한 자동화 기술에 지속해서 투자해 합리적인 가격대의 제품을 제공하겠다." 2014년 로켓배송 서비스 개시 이후 전국적인 물류 네트워크 구축이 1단계 투자였다면, 앞으로는 현재 짓고 있는 신선식품 물류센터를 비롯해 모든 물류 인프라의 효율성을 최대치로 끌어올리는 데 집중하겠다는 설명이다. 핵심은 로보틱스다. 대구FC에서 쿠팡은 고객이 주문한 물건이 담긴 선반을 피커(picker) 앞으로 옮겨주는 AGV 로봇을 비롯해 수백 대의 분류 로봇들을 가동 중이다. 작업자들은 포장된 상품을 분류 로봇에 올려놓기만 하면 이들 로봇이 배송 지역별로 상품을 가져다 놓는다. 고객 주문과 함께 쿠친 트럭에 실리는 데까지 걸리는 시간은 채 10분을 넘지 않는다.

이와 관련해 쿠팡의 CFO(최고재무책임자)인 거라브 아난드는 "(쿠팡은) 40억달러의 무제한 현금이 있는 상황이고, 앞으로 강력한 성장을 위한 투자를 진행할 것"이라고 말했다. 광고, 3자 물류,

핀테크 등 수익성 높은 사업들이 쿠팡의 흑자 기조를 지탱하는 한 앞으로도 경쟁자들을 압도할 투자를 단행할 것임을 짐작게 한다.

쿠팡의 이와 같은 전략이 주목받는 이유는 테크(Tech)와 이익(profit)의 선순환을 입증하려 한다는 점에서다. 로봇 물류는 아마존, 알리바바 등 굴지의 e커머스 기업들이 이미 격전을 준비 중이다. 아마존은 미국 매사추세츠주 보스턴 외곽에 있는 혁신 연구소 및 로봇 제조 시설에서 최첨단 물류 로봇, 드론 배송, 전기 배송 차량 등에 관한 다양한 실험을 진행 중이다. 최근엔 스패로우라는 물류 로봇을 공개하기도 했다. 전문가들은 물류 로봇이 하드웨어 혁명의 시발점이 될 것으로 보고 있다. 인간과 로봇이 결합한 로봇 혁명이 적용될 최적지이고, 한 번 적용이 되면 대량 생산이 가능한 영역이기 때문이다. 보스턴다이내믹스 등 로봇 제조사들이 물류 로봇에 집중하고 있는 것도 이런 이유에서다.

물론 넘어야 할 산도 크고 높다. 물류 IT 전문가는 "자동화는 겉으로 보기엔 그럴듯해 보이지만 비용 대비 효율을 내기가 쉽지 않다"며 "로봇이 노동을 대체하는 것에 대한 정치권과 노동계의 반발도 감수해야 할 것"이라고 지적했다. 마크 저커버그 페이스북 창업자(메타 회장)가 메타버스라는 신산업에 엄청난 돈을 쏟아붓고도 이렇다 할 성과를 내지 못하는 것처럼 위험요인이 엄청나다는 게 전문가들의 예상이다. 김범석 대표는 이순신 장군의 신봉자라고 한다. 영화 명량이 나오기 전부터 그는 임직원들에게 단 12척의 배로 수많은 왜선을 침몰시킨 명량해전을 자주 언급하곤 했다. 의심과 비판 속에 지금껏 치렀던 김범석의 전투는 명량해전에 가까웠다. 그가 준비하는 다음의 전투는 한산대첩이 아닐까. 누구나 아는 전술이던 학익진을 물때와 바람, 적의 심리를 적절히 활용해 최고의 전술로 만들었던 이순신 장군처럼 로봇과 인간이 결합한 최적의 물류 시스템을 만들 수 있을지 지켜볼 일이다. (한국경제신문, 2022.11.28, https://www.hankyung.com/economy/article/202211277487i)

미국 기업, 코로나19 이후 공급망 디지털화 노력 확대 전망

코로나19 확산으로 주정부에서 자택격리명령을 내리고 대부분의 비즈니스가 폐쇄됨에 따라 미국 소매업계는 전례 없는 위기를 맞았다. 3월 미국 소매판매가 전월 대비 8.7% 감소하며 사상 최대 하락폭을 기록했고 코로나19로 인한 경제 타격이 모두 반영된 4월 경제지표는 더욱 악화될 것으로 전망된다. 미국 소매체인의 부진은 코로나19 유행 이전부터 지속돼왔는데 코로나19의 타격이 더해져 니만마커스(Neiman Marcus), 제이크루(J. Crew)가 최근 파산을 신청했고 메이시스(Macy's), 제이씨페니(JC Penny), 갭(Gap) 등 더 많은 소매체인이 파산위기에 놓여 있다.

코로나19 확산 중에 눈에 띄는 좋은 실적을 나타낸 소매업체는 월마트(Walmart), 타깃(Target), 크로거(Kroger), 코스트코(Costco) 등 식료품점과 전자상거래 기업 아마존(Amazon) 등 손에 꼽을 정도이다. 미국 온라인 판매액의 절반 가까이를 담당하는 전자상거래 기업 아마존은 올해 1분기 매출이 전년 대비 26% 증가한 755억 달러를 기록했다. 월마트와 타깃도 식료품, 생필품 등을 아마존과 유사한 빠르고 편리한 배송서비스로 제공하며 온라인 판매를 중심으로 뛰어난 실적을 보였다.

코로나19의 대유행에 따른 소매업계 부진 속에서 타깃(Target)의 온라인 판매 매출은 3월 100%, 4월 275% 증가를 기록했다. 전자상거래에서 타깃이 강력한 성장을 보이게 된 배경에는 2017년 소비자의 디지털 경험 향상을 목적으로 투자한 쉽트와 그랜드정션 인수 결정이 있다.

타깃은 배송 기능 개선 및 확장을 위해 2017년 8월 운송기술기업 그랜드정션(Grand Junction)을 인수했다. 그랜드정션은 미국 전역에 대한 지역 배송 관리 소프트웨어 회사로 소매업체, 유통업체, 3자 물류 제공업체 등이 지역 배송을 원활히 수행할 수 있도록 기술과 네트워크를 지원한다. 2017년 12월에는 식료품 당일배송 서비스 기업 쉽트(Shipt)를 인수하며 공급망 혁신에 박차를 가했다. 쉽트는 2014년 설립돼 빠른 성장을 보이던 회원 기반의 지역 식료품점 당일배송 플랫폼으로 타깃의 식료품 당일배송을 담당하는 동시에 기존의 사업도 독립적으로 운영하고 있다. 타깃은 그랜드정션을 통해 온라인 판매 플랫폼 운영, 운송 및 공급망 분석을 수행하고, 쉽트의 배송 자원을 이용해 소비자에게 빠르고 편리한 당일배송 서비스를 제공한다.

타깃의 CEO 브라이언 코넬(Brian Cornell)은 정부에서 미국인들에게 매장에서의 시간을 최소화하라고 지시함에 따라 온라인 주문 후 픽업 또는 배송 서비스와 같은 비접촉식 쇼핑 옵션 수요가 크게 증가하는 등 소비자들 행동이 급격히 변화했다고 분석했다. 새로운 행동 방식 채택과 당분간 이어질 공중보건 위기로 소비자들의 디지털화는 향후 오랜 기간 지속될 것으로 전망하고 소비자 행동 변화에 민첩히 대응하는 것이 중요하다고 강조했다.

제조업체가 생산된 제품을 출하하는 과정에서 종이 청구서에 서명 후 교환함에 따라 피할 수 없는 접촉이 일어난다. 코로나19 유행 이후 기업들은 접촉을 최소화하고자 디지털 선하증권(bills of lading)과 같은 새로운 방식을 찾고 있다. 물류 소프트웨어 기업 페가수스트렌스테크(Pegasus TransTech LLC) 인터뷰에 따르면, "코로나19 유행 이후 접촉 없는 서류작업을 원하는 물류업체로부터 수많은 전화를 받고 있다"고 언급하고 "코로나19가 미국 전역에 퍼지기 전 운임 청구서에서 디지털 서류작업은 작은 부분을 차지했으나 트럭 운송 회사의 관심이 증가함에 따라 향후 90일간 30%의 비중으로 증가할 것"이라고 예상했다.

코로나19 펜데믹과 정부 명령에 따른 기업 폐쇄가 공급과 수요에 충격을 줌에 따라 기업들은 전자상거래 판매에 더욱 집중하고 있다. 어도비 애널리틱스(Adobe Analytics)에 따르면 3월 12일부터 4월 11일까지 미국의 일일 전자상거래 판매가 전월 대비 49% 증가한 것으로 나타났다. 온라인 판매 물량의 증가는 배송 소프트웨어에서부터 작업자가 전자상거래 주문을 이행할 수 있도록 돕는 이동식 로봇에 이르기까지 물류 자동화 장비의 수요를 함께 증가시켰다. 물류 자동화는 코로나19 팬데믹 이전부터 진행돼 왔으며 아마존, 타깃 등과 같이 자동화 솔루션을 구축한 대기업들은 뛰어난 실적을 보였다. 마진폭이 적어 물류 자동화, 디지털 플랫폼 등 디지털화에 투자를 주저하던 소규모 기업들도 공급망 격변에 대응하기 위해 새로운 기술에 대한 적극적인 검토에 나서고 있다.

한편 자택격리명령에 따른 직원 휴무로 노동력 부족이 발생한 가운데 생산성을 높이기를 원하는 기업들에 로봇이 좋은 대안으로 주목받고 있다. 주문 이행을 위해 인간 근로자를 도와 물류창고를 탐색하는 로봇은 컨베이어 벨트 등 고정장비와 달리 기존 작업환경에 신속히 추가해 볼륨 변동에 대처할 수 있는 장점이 있다. 물류창고에서 고객까지 제품을 이동하는 과정에서 사람간 접촉을 최소화함으로써 사회적 거리 두기 지침 준수에도 효과적이다.

코로나19 펜데믹으로 기업들이 운영방식의 취약점에 직면하게 되면서 디지털 혁신을 가속화하고 있다. 코로나19 이후 기술 중심의 비즈니스 모델이 더욱 중요해지고 향후 글로벌 공급망 구성 및 전략 수립에 핵심적 역할을 하게 될 것으로 전망된다. 이번 위기에서 얻은 교훈을 바탕으로 기업들은 제조, 운송, 물류, 물류창고 등 전 과정에서 인력에 대한 의존도를 줄이기를 원할 것으로 판단된다. 따라서 사물인터넷, 블록체인, 컨트롤타워 프로그램, 인공지능 · 머신러닝 활용이 확대되고 자동주행차, 드론, 로봇 등 자동화 이동 장비의 도입이 활발해질 전망이다. 미국에 진출한 우리 기업의 경우 생산 및 물류의 디지털화를 검토할 필요가 있으며, 한국의 기술 기업들은 미국 시장에서 확대되는 첨단기술 분야 소프트웨어 및 장비 수요를 포착하고 수출 기회를 모색해 볼 만하다.

(미국 뉴욕무역관 임소현, 2020.5.13, https://news.kotra.or.kr/user/globalBbs/kotranews/782/globalBbsDataView.do?setIdx=243&dataIdx=181621)

연습문제

CHAPTER 12

선택형 문제

1. 다음 중 디지털 공급망의 특질로 볼 수 있는 것은?

ㄱ. 공급망 참여업체들이 시장에서 수집・축적하는 다양한 정보와 데이터를 공유한다.
ㄴ. 공유・축적된 데이터와 정보를 강력한 빅데이터 분석기법을 통해 활용함으로써 공급망의 변동에 대한 실시간적인 정보를 이끌어낼 수 있다.
ㄷ. 구성원간의 상호작용이 디지털 기술로 연결된 시스템이나 프로세스를 통해 이루어진다.

---

① ㄱ, ㄴ ② ㄴ, ㄷ
③ ㄱ, ㄷ ④ ㄱ, ㄴ, ㄷ

2. 공급망의 디지털화가 늦어질 때 나타날 수 있는 문제점에 해당하는 것은?

① 고객을 위한 애프터서비스 만족도가 저하된다.
② 환경변화에 대한 대응이 뒤처진다.
③ 시장에서의 제품수명이 짧아진다.
④ 신기술 개발의 속도가 뒤처지게 된다.

3. 본문에서 디지털 SCM의 핵심개념을 두 가지로 축약하고 있다. 이 중 하나는 속도(velocity)인데 또 다른 핵심개념은 무엇인가?

① 가시성(visibility)
② 지속가능경영(sustainable management)
③ 대량 고객화(mass customization)
④ 글로벌화(globalization)

4. 다음 중 Schrauf & Berttram(2016)이 제시한 디지털 공급망의 요소에 해당하지 않는 것은?

① 통합계획수립과 실행(integrated planning and execution)
② 물류 가시성(logistics visibility)
③ 블록체인 기반의 결제시스템(blockchain-based payment system)
④ 자율적 B2C 물류(autonomous and B2C logistics)

5. 다음 중 매킨지(Mckinsey)가 제시한 디지털 공급망의 개념에 일치하는 것은?

ㄱ. 모든 곳에 센서를 설치하고 모든 곳을 네트워크로 구축하며 모든 것을 자동화시키고 또한 모든 것을 분석하여 공급망의 성과와 고객만족도를 극대화하는 데 목표가 있다.
ㄴ. 기업 내외의 빅데이터에 대한 예측적 애널리틱스와 머신러닝의 활용을 통해 고객수요에 대한 오류를 최소화한다.
ㄷ. 계획수립 사이클이나 계획내용의 동결기간을 최소화되어 계획수립 자체가 연속적인 프로세스화로 변신되도록 한다.

---

① ㄱ, ㄴ　　② ㄴ, ㄷ
③ ㄱ, ㄷ　　④ ㄱ, ㄴ, ㄷ

6. 다음 중 공급망상에서의 비즈니스 애널리틱스의 개념과 유형에 대한 설명으로 바르지 않은 것은?

① 비즈니스 애널리틱스는 디지털화된 데이터의 분석을 통해 의사결정을 지원하는 데 활용된다.
② 지원적 애널리틱스는 공급망의 운영에 영향을 미치는 사건이 발생할 경우 실시간으로 이에 대한 대처방안을 제시해 주거나 수학적 알고리즘을 토대로 최적 대안을 찾는 데 활용되기도 한다.
③ 예측적 애널리틱스는 소비자와 기술에 대한 예측을 위한 것으로 상관관계분석, 회귀분석, 키워드분석, 패턴 인식 프로세스 등을 활용하여 공급망이 움직여야 할 방향에 대한 정보를 제공한다.
④ 기술적 애널리틱스는 어떤 일이 발생했는지, 계획수립한 바대로 진행되는지 또는 문제가 생겼다면 어떤 유형의 문제가 발생했는지 등에 대한 모니터링 역할을 한다.

7. 다음 중 SAP사가 제시한 디지털 공급망관리 이슈 중 디지털 고객과 연관 있는 활동은?

ㄱ. 수요 감지(demand sensing)
ㄴ. 추세관련 자료의 데이터 마이닝
ㄷ. 판매정보의 실시간 공유 및 분석

---

① ㄱ, ㄴ　　② ㄴ, ㄷ
③ ㄱ, ㄷ　　④ ㄱ, ㄴ, ㄷ

8. 다음 중 공급망을 구성하는 연결고리의 디지털화에 대한 설명으로 바르지 않은 것은?

① 의류, 가전 등의 B2C 소비재 공급업체는 장치산업 중심의 기업들보다 디지털화가 경쟁역량에 미치는 영향 정도가 낮다.
② 디지털화 추세에 동참하지 못하면 고객과 환경의 변화에 대한 정보 확보가 늦어져 적절한 대응이 늦어지며, 불필요한 재고가 많아지게 된다.
③ 연결고리의 디지털화로 데이터의 표준화와 정보의 실시간적 공유가 가능해지면 이를 활용하여 최적 의사결정을 도모하기 위한 다양한 의사결정모듈 개발이 가능해진다.
④ 연결고리의 디지털화는 단순히 정보기술의 문제가 아니라 디지털화에 응해야 하는 참여 및 협력 업체의 신뢰를 기반으로 한다.

부 록

- 표준정규분포표
- 연습문제 해답

표준정규분포표

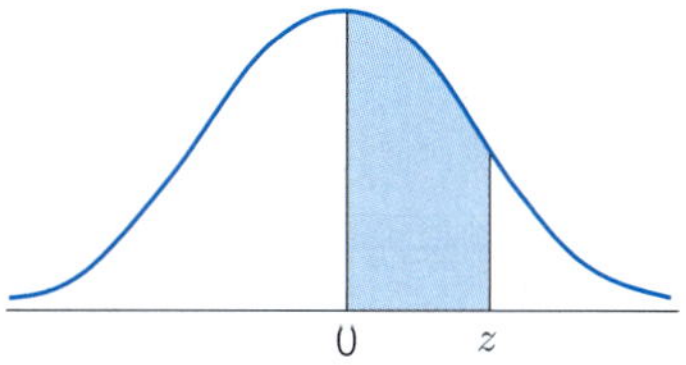

z	.00	.01	.02	.03	.04	.05	.06	.07	.08	.09
0.0	.0000	.0040	.0080	.0120	.0160	.0199	.0239	.0279	.0319	.0359
0.1	.0398	.0438	.0478	.0517	.0557	.0596	.0636	.0675	.0714	.0753
0.2	.0793	.0832	.0871	.0910	.0948	.0987	.1026	.1064	.1103	.1141
0.3	.1179	.1217	.1255	.1293	.1331	.1368	.1406	.1443	.1480	.1517
0.4	.1554	.1591	.1628	.1664	.1700	.1736	.1772	.1808	.1844	.1879
0.5	.1915	.1950	.1985	.2019	.2054	.2088	.2123	.2157	.2190	.2224
0.6	.2257	.2291	.2324	.2357	.2389	.2422	.2454	.2486	.2518	.2549
0.7	.2580	.2612	.2642	.2673	.2704	.2734	.2764	.2794	.2823	.2852
0.8	.2881	.2910	.2939	.2967	.2995	.3023	.3051	.3078	.3106	.3133
0.9	.3159	.3186	.3212	.3238	.3264	.3289	.3315	.3340	.3365	.3389
1.0	.3413	.3438	.3461	.3485	.3508	.3531	.3554	.3577	.3599	.3621
1.1	.3643	.3665	.3686	.3708	.3729	.3749	.3770	.3790	.3810	.3830
1.2	.3849	.3869	.3888	.3907	.3925	.3944	.3962	.3980	.3997	.4015
1.3	.4032	.4049	.4066	.4082	.4099	.4115	.4131	.4147	.4162	.4177
1.4	.4192	.4207	.4222	.4236	.4251	.4265	.4279	.4292	.4306	.4319
1.5	.4332	.4345	.4357	.4370	.4382	.4394	.4406	.4418	.4429	.4441
1.6	.4452	.4463	.4474	.4484	.4495	.4505	.4515	.4525	.4535	.4545
1.7	.4554	.4564	.4573	.4582	.4591	.4599	.4608	.4616	.4625	.4633
1.8	.4641	.4649	.4656	.4664	.4671	.4678	.4686	.4693	.4699	.4706
1.9	.4713	.4719	.4726	.4732	.4738	.4744	.4750	.4756	.4761	.4767
2.0	.4772	.4778	.4783	.4788	.4793	.4798	.4803	.4808	.4812	.4817
2.1	.4821	.4826	.4830	.4834	.4838	.4842	.4846	.4850	.4854	.4857
2.2	.4861	.4864	.4868	.4871	.4875	.4878	.4881	.4884	.4887	.4890
2.3	.4893	.4896	.4898	.4901	.4904	.4906	.4909	.4911	.4913	.4916
2.4	.4918	.4920	.4922	.4925	.4927	.4929	.4931	.4932	.4934	.4936
2.5	.4938	.4940	.4941	.4943	.4945	.4946	.4948	.4949	.4951	.4952
2.6	.4953	.4955	.4956	.4957	.4959	.4960	.4961	.4962	.4963	.4964
2.7	.4965	.4966	.4967	.4968	.4969	.4970	.4971	.4972	.4973	.4974
2.8	.4974	.4975	.4976	.4977	.4977	.4978	.4979	.4979	.4980	.4981
2.9	.4981	.4982	.4982	.4983	.4984	.4984	.4985	.4985	.4986	.4986
3.0	.4987	.4987	.4987	.4988	.4988	.4989	.4989	.4989	.4990	.4990
4.0	.4999685									

(예 : z=1.96일 때 색깔부분의 확률은 0.4750임)

연습문제 해답

제 1 장 생산 · 공급망관리의 의의와 범주

선택형 문제

1. ④ 2. ① 3. ③ 4. ④ 5. ① 6. ① 7. ① 8. ① 9. ④ 10. ②
11. ④ 12. ①

제 2 장 신제품 및 프로세스 개발전략

선택형 문제

1. ④ 2. ④ 3. ① 4. ① 5. ② 6. ④ 7. ④ 8. ② 9. ④ 10. ①
11. ④

제 3 장 프로세스 분석과 레이아웃

선택형 문제

1. ① 2. ③ 3. ④ 4. ① 5. ③ 6. ④ 7. ③ 8. ③ 9. ③ 10. ④
11. ① 12. ② 13. ①

계산형 문제

1. (a)

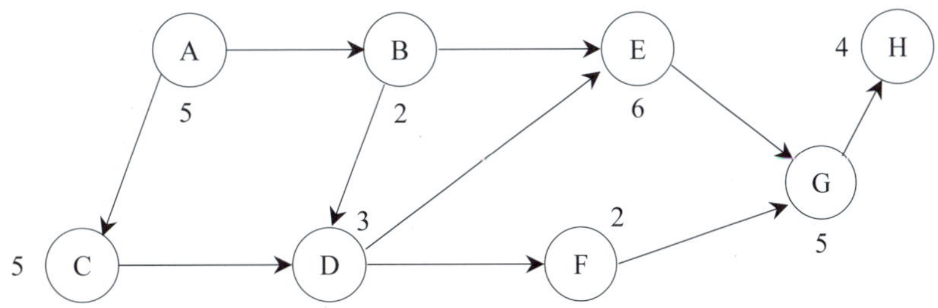

(b) 하루 8시간, 즉 480분 동안 40개를 생산해야 하므로 480분/40개=12분마다 1개씩 생산해야 한다.

(c) 주기시간=12분을 목표로 하여 호프만 기법을 적용하면 다음과 같은 결과가 도출된다.

작업장 1 : A, B, C → 12분

작업장 2 : D, E, F → 11분

작업장 3 : G, H → 9분

$$\text{라인의 효율} = \frac{32}{(3)(12)} = 88.9\%$$

2. (a) C=2,400/200=12분

(b)

작업장 1 : 1, 2, 3	11분
작업장 2 : 4, 5, 6	11분
작업장 3 : 7, 8, 9	9분
	31분

(c) 작업의 배정결과 주기시간은 12분에서 11분으로 줄어들었으므로 라인의 효율도 주기시간으로 12분이 아닌 11분을 이용하여 계산한다.

$$\text{라인의 효율} = \frac{31}{(3)(11)} = 93.93\%$$

3. (a) C=2,400/300=8분

(b)

작업장 1 : 1, 2	8분
작업장 2 : 3, 4, 5	7분
작업장 3 : 6	7분
작업장 4 : 7, 8	7분
	29분

(c) $\text{라인의 효율} = \frac{29}{(4)(8)} = 90.6\%$

4. (a) 라인의 효율$=\dfrac{250}{(55)(5)}=91\%$

(b) 작업장 1 : A, C : 90분, 작업장 2 : B, D, F : 95분, 작업장 3 : G, H, E, I : 65분

라인의 효율$=\dfrac{250}{(95)(3)}=88\%$

5.

작업장 1	A, B, D	145초
2	G, E, F	150초
3	H	135초
4	I, C	150초
5	J	140초

라인의 효율$=\dfrac{145+150+135+150+140}{(150)(5)}=0.96=96\%$

6. 대기행렬모형을 이용하면

(a) $\mu=2,\ \lambda=1.2$

평균대기시간$=\dfrac{1.2}{(2)(2-1.2)}=0.75$시간

대기행렬 내의 고객수$=\dfrac{(1.2)^2}{(2)(2-1.2)}=0.9$명

평균가동률$=\dfrac{1.2}{2}=60\%$

(b) $\mu=3,\ \lambda=1.2$

평균대기시간$=\dfrac{1.2}{(3)(3-1.2)}=0.22$시간

대기행렬 내의 고객수$=\dfrac{(1.2)^2}{(3)(3-1.2)}=0.27$명

평균가동률$=\dfrac{1.2}{3}=40\%$

7. (a) $\dfrac{1}{\mu-\lambda}=\dfrac{1}{10-6}=0.25$분

(b) $\dfrac{(6)^2}{(10)(10-6)}=0.9$명

제 4 장 수요관리와 수요예측

선택형 문제

1. ③ 2. ② 3. ③ 4. ① 5. ① 6. ④ 7. ② 8. ③ 9. ③ 10. ③
11. ④ 12. ②

계산형 문제

1.

주	1	2	3	4	5	6	7	8	9	10
실적치 − 예측치	−2	−10	0	−5	−10	+6	+5	−10	−6	+5
$\lvert e_t \rvert$	2	10	0	5	10	6	5	10	6	5
e_t^2	4	100	0	25	100	36	25	100	36	25

$$\text{MAD} = \frac{\sum \lvert e_t \rvert}{10} = \frac{59}{10} = 5.9 \qquad \text{MSE} = \frac{\sum e_t^2}{10} = \frac{451}{10} = 45.1$$

2. MAD=21.7, MSE=750인 A가 가장 우수하다.

	A		B		C	
	$\lvert e_t \rvert$	e_t^2	$\lvert e_t \rvert$	e_t^2	$\lvert e_t \rvert$	e_t^2
	10	100	30	900	30	900
	40	1,600	50	2,500	80	6,400
	50	2,500	10	100	50	2,500
	10	100	60	3,600	50	2,500
	10	100	10	100	50	2,500
	10	100	10	100	40	1,600
계	130	4,500	170	7,300	300	16,400
평 균	21.7	750	28.3	1,216.7	50	2,733.3

3.

기 간	3기 이동평균법	가중이동평균법	지수평활법
1			
2			120
3			121.4
4	118.33	112.80	119.36
5	117.33	113.90	119.12
6	102.33	98.60	116.11
7	115.67	123.00	118.60
8	117.00	123.80	118.84
	126.33	120.60	118.66

여기서 각 예측치는 예측치가 사용되는 기간에 수록되어 있다. 예를 들어 3기 이동평균인 118.33은 3기말에 계산한 4기 예측치이다.

4.

		$\alpha=0.1$		$\alpha=0.5$		$\alpha=0.7$	
기 간	수 요	예측치	e_t	예측치	e_t	예측치	e_t
1	153	150	3	150	3	150	3
2	160	150	10	152	8	152	8
3	141	151	−10	156	−15	158	−17
4	159	150	9	148	11	146	13
5	155	151	4	154	1	155	0
6	137	152	−15	154	−17	155	−18
7	275	150	125	146	129	142	133
8	267	163	104	210	57	235	32
9	285	173	112	239	46	258	27
10	279	184	95	262	17	277	2
11	282	194	88	270	12	278	4
12	274	203	71	276	−2	281	−7
13	275	210	65	273	2	273	2
14	220	216	4	274	−54	275	−55
15	227	217	10	247	−20	237	−10
MAD		$\frac{725}{15}=48.33$		$\frac{394}{15}=26.27$		$\frac{331}{15}=22.07$	

5. (a)

기간(주)	A_t	T_t	$A_t + T_t$
1	104.5	4.9	109.4
2	109.0	4.8	113.8
3	113.9	4.8	118.7
4	118.8	4.8	123.6
5	124.2	4.9	129.1
6	129.7	5.0	134.7

이 표에서 예를 들어 6주말의 $A_t + T_t$값인 134.7은 6주말에 실제 매출액 135를 관측한 후 계산한 값이다.

(b) 7주 예측치$=129.7+5.0=134.7$　　9주 예측치$=129.7+(9-6)(5.0)=144.7$

6. (a) $(0.6)(15)+(0.3)(16)+(0.1)(12)=15.0$

(b) $(15+16+12)/3=14.33$

(c) $(0.2)(15)+(0.8)(13)=13.4$

7. $A_{12}=(0.3)(44)+(0.7)(40-23)=25.1$

$T_{12}=(0.4)(25.1-40)+(0.6)(-23)=-19.8$

12월말에 계산한 1월 예측치$=25.1+(1)(-19.8)=5.3$

12월말에 계산한 2월 예측치$=25.1+(2)(-19.8)\approx$거의 0에 가까움

8. 연도별 계절적 요인의 예상치와 평균값은 다음과 같다.

	20×1	20×2	20×3	20×4	계절적 요인의 평균값
1분기	0.25	0.367816	0.409091	0.434783	0.365422402
2분기	1	0.919540	0.954545	1	0.968521421
3분기	1.25	1.241379	1.136364	1.130435	1.189544432
4분기	1.5	1.471264	1.5	1.434783	1.476511744

계절적 요인의 평균값에 분기 평균매출규모인 250(=1,000/4)을 곱하면 20×5년도 분기별 매출예상치가 다음과 같이 계산된다.

	예상치
1분기	91.3556
2분기	242.1304
3분기	297.3861
4분기	369.1279
합 계	1,000

9. 이 문제의 경우 이미 각 일별 계절적 요인의 추정치가 주어져 있으므로 계절적 요인의 평균값을 구한 뒤 이 값을 5주차의 일 평균 예상매출액인 1,300/5=260에 곱하면 된다.

	계절적 요인의 평균값 (1주차+2주차+3주차+4주차)/4	일별 예측치
월	0.3027640	78.7186
화	0.8624635	224.2405
수	1.0835852	281.7322
목	1.3450185	349.7048
금	1.4061688	365.6039

10. (a) 매출액=12.5+(4)(8)+(90)(60)+(2.5)(80)−(4)(1.5)=5,638.5백만원

(b) X_2의 계수인 90백만원만큼 증가한다.

11. 엑셀을 이용하여 해를 구하면 다음과 같은데, 이를 이용하면

결정계수	0.419528			
조정된 결정계수	0.303434			
표준오차	8.262171			
관측수	7			
분산분석				
	자유도	제곱합	제곱평균	F비
회 귀	1	246.6826	246.6826	3.613684
잔 차	5	341.3174	68.26348	
계	6	588		
	계수	표준오차	t통계량	P-값
Y절편	3.466312	9.241131	0.375096	0.722974
X_1	0.066135	0.03479	1.900969	0.115719

(a) y=3.466312+0.066135(운행편수)

(b) y=3.466312+0.066135(400)=29.92(만명)

(c) R^2=0.419528이므로 승객수 변화의 41.95%가 회귀식에 의해 설명된다.

12. (a) 독립변수 – 한 달 전의 허가건수, 종속변수 – 이달의 판매액

(b) 독립변수와 종속변수값 간에는 한 달의 시차가 있으므로 이를 감안하며 $(X_i,\ Y_i)$쌍을 고려해야 한다. 따라서 데이터 개수가 9쌍에서 8쌍으로 줄어든다.

i	X_i	Y_i	$X_i Y_i$	X_I^2	Y_i^2
1	15	6	90	225	36
2	9	4	36	81	16
3	40	16	640	1,600	256
4	20	6	120	400	36
5	25	13	325	625	169
6	25	9	225	625	81
7	15	10	150	225	100
8	35	16	560	1,225	256
계	184	80	2,146	5,006	950

$$\overline{X}=\frac{184}{8}=23 \qquad \overline{Y}=\frac{80}{8}=10$$

$$b=\frac{\sum X_i Y_i-n\overline{X}\,\overline{Y}}{\sum X_i^2-n(\overline{X})^2}=\frac{2{,}146-8(23)(10)}{5{,}006-8(23)(23)}=\frac{306}{774}=0.395$$

$$a=\overline{Y}-b\overline{X}=10-0.395(23)=0.91$$

회귀식 : $Y=0.91+0.395X,\ R^2=0.806$

(c) $Y=0.91+0.395(30)=12.76\approx 13$

제 5 장 생판계획(S&OP)과 일정계획

선택형 문제

1. ④ 2. ① 3. ③ 4. ④ 5. ④ 6. ① 7. ③ 8. ④ 9. ④ 10. ②
11. ④ 12. ②

계산형 문제

1.

품 목	1회 생산량	소요시간	일일 수요	현재고
콜라	40,000	24	20,000	20,000
오렌지소다	12,000	12	4,000	12,000
사이다	20,000	24	6,000	18,000
밀크음료	8,000	12	3,000	6,000

(생산량 단위 : 리터, 소요시간 단위 : 시간)

우선 현재고와 주당 평균수요를 이용하여 각 품목의 재고소진기간을 계산해 보기로 하자.

품 목	콜라	오렌지소다	사이다	밀크음료
재고소진기간	1	3	3	2

이 중 재고소진기간이 제일 짧은 것은 콜라가 되므로 우선 이 품목을 1회 생산량만큼 생산하게 된다. 콜라의 1회 생산에 소요되는 시간은 24시간이므로, 24시간 후에야 새로운 품목으로의 생산전환이 가능해진다. 24시간 후의 예상수요를 기초로 하여 예상재고를 계산하고 이를 이용하여 재고소진기간을 계산하면 다음과 같다.

품 목	24시간 후의 예상재고	재고소진기간
콜라	20,000−20,000+40,000=40,000	2
오렌지소다	12,000−4,000=8,000	2
사이다	18,000−6,000=12,000	2
밀크음료	6,000−3,000=3,000	1

두 번째로 생산해야 할 품목은 밀크음료가 되며 생산소요시간이 12시간(0.5일)이므로, 현재를 기점으로 하여 36시간 후(즉 밀크음료의 생산이 완료되는 시점)의 새로운 재고소진기간을 계산하고 생산해야 할 품목을 결정해야 한다. 36시간 후의 예상재고와 재고소진기간은 다음과 같다.

품 목	36시간 후의 예상재고	재고소진기간
콜라	40,000−(0.5)(20,000)=30,000	1.5
오렌지소다	8,000−(0.5)(4,000)=6,000	1.5
사이다	12,000−(0.5)(6,000)=9,000	1.5
밀크음료	3,000−(0.5)(3,000)+8,000=9,500	3.17

36시간 후에는 콜라, 오렌지소다, 사이다의 예상 재고소진기간이 모두 1.5로 같다. 이 문제에서는 1회 생산소요시간이 제일 짧은 오렌지소다를 생산하기로 한다. 현실적으로 이런 상황이 발생할 가능성은 높지 않지만, 이런 경우에 대비해서 우선순위규칙을 설정해

놓을 필요가 있을 것이다. 다만 36시간이 지난 후에는 새롭게 재고정보가 업데이트되므로 필요하다면 재고소진기간을 다시 계산하여 계획을 수정하면 될 것이다.

2. (a)와 (b)

주		1	2	3	4
예측치		10	50	50	10
예상기말재고	20	10	20	30	20
MPS			60	60	

현재고=20

(c) 현 시점은 첫째주말이다.

주	1	2	3	4
예측치	0	20	40	60
예상기말재고	20	60	20	20
MPS		60		60

현재고=20

3. EDD규칙을 적용하면 작업순서는 $J_2 - J_1 - J_3 - J_4 - J_5 - J_6$이다.

작업순서	J_2	J_1	J_3	J_4	J_5	J_6
공정시간	1	2	5	3	9	7
작업완료시간(C_i)	1	3	8	11	20	27
납 기	2	5	9	10	14	15
납기초과시간	0	0	0	1	6	12

(a) 납기를 지나친 품목수=3

(b) 평균납기초과시간=(1+6+12)÷6=3.2

SPT규칙을 적용하면 작업순서는 $J_2 - J_1 - J_4 - J_3 - J_6 - J_5$이다

작업순서	J_2	J_1	J_4	J_3	J_6	J_5
공정시간	1	2	3	5	7	9
작업완류시간(C_i)	1	3	6	11	18	27
납 기	2	5	10	9	15	14
납기초과시간	0	0	0	2	3	13

(a) 납기를 지나친 품목수=3

(b) 평균납기초과시간=(2+3+13)÷6=3

MST규칙을 적용하면 작업순서는 J_2 - J_1 - J_3 - J_5 - J_4 - J_6이다.

작업순서	J_2	J_1	J_3	J_5	J_4	J_6
공정시간	1	2	5	9	3	7
작업완료시간(C_i)	1	3	8	17	20	27
납 기	2	5	9	14	10	15
납기초과시간	0	0	0	3	10	12

(a) 납기를 지나친 품목수=3

(b) 평균납기초과시간=(3+10+12)÷6=4.2

4.

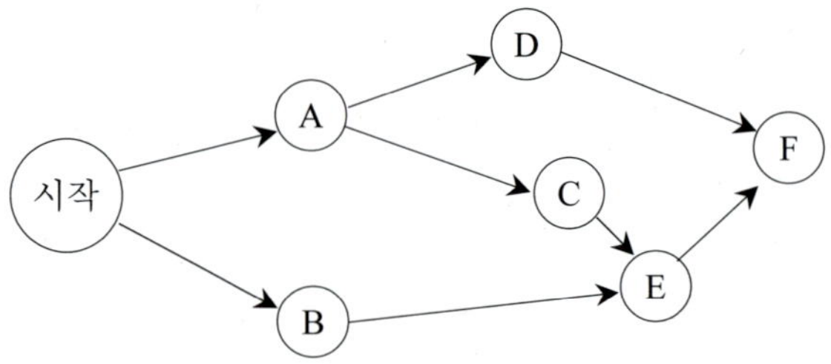

5.

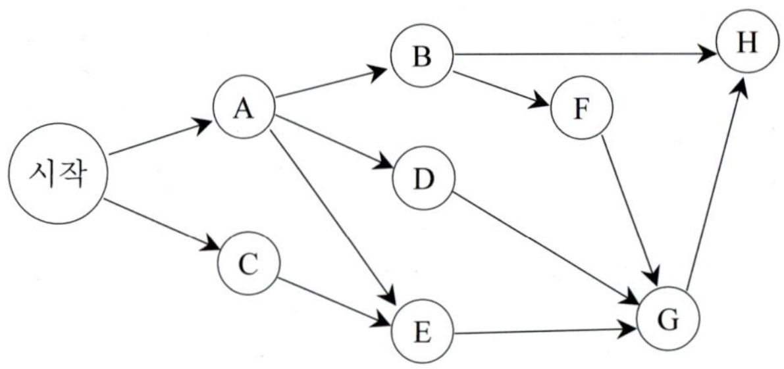

6.

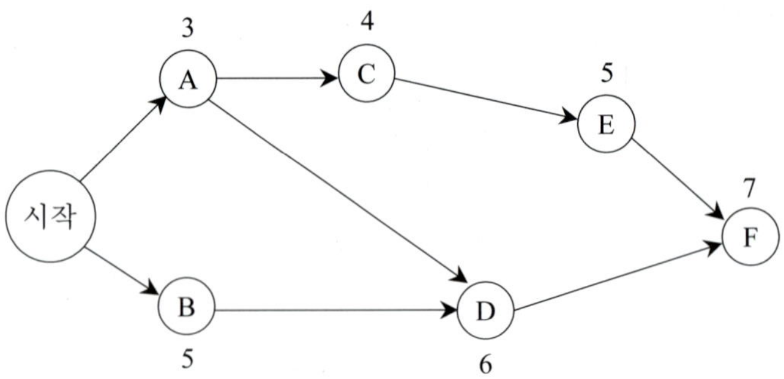

(a) 주공정은 시작 → A → C → E → F로 완성시간은 19일이다.

(b) 1주 단축시 과업 C의 작업시간을 450만원 투입하여 1일 축소가 가능하다.
이렇게 되면 주공정이 기존의 시작 → A → C → E → F 외에도 다음과 같은 경로 시작 → B → D → F가 또 하나의 주공정으로 등장한다.

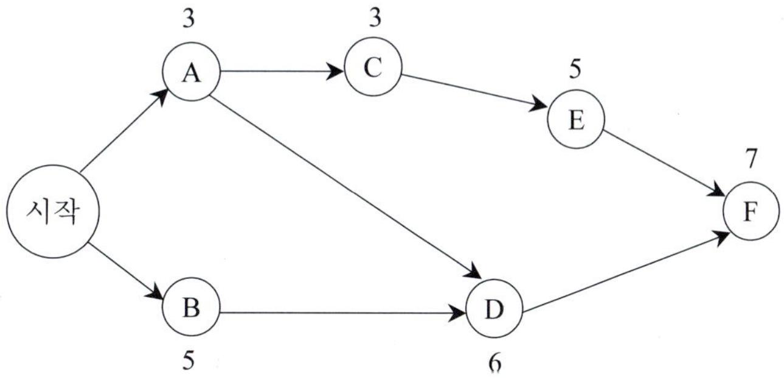

따라서 또 1일을 단축하려면 이 두 개의 주공정 모두의 소요시간을 줄여야 하는데, 가장 경제적인 방법은 작업 F를 600만원 투입하여 7일에서 6일로 단축하는 것이다. 작업 F의 작업시간을 줄이면 두 주공정의 길이가 모두 단축된다.

7. 현재의 주공정은 A–C–E–F(소요시간=28주)

(a) E를 2주 단축(비용=1,200×2=2,400) → 2주 단축

(b) 이제 주공정이 두 개가 되어 A–B–D–F, A–C–E–F가 주공정이 된다.

- A를 2주 단축(비용=1,800×2=3,600)하면 두 주공정의 길이가 동시에 줄어든다. 단, A의 속성시간이 8주이므로 더 이상의 시간단축은 불가능하다.
- B와 E를 각각 3주씩 단축(비용=(700×3)+(1,200×3)=5,700)하면 3주 단축이 가능하다.

이 이상 단축하면 1주일에 2,000만원 이상이 소요된다. 총 7주 단축이 가능하며,
총비용=2,400+3,600+5,700=11,700
보너스 합계=(2+2+3)(2,000)=14,000
순이익=14,000−11,700=2,300이 가능하다.

제 6 장 재고관리

선택형 문제

1. ② 2. ① 3. ③ 4. ① 5. ② 6. ① 7. ① 8. ④ 9. ③ 10. ①
11. ② 12. ② 13. ③

계산형 문제

1. (a)

품 목	월사용량	단가(만원)	사용부품비용(만원)	%	누적 %
g	56	94	5,264	.26	.26
i	48	87	4,176	.20	.46
b	47	68	3,196	.16	.62
c	105	23	2,415	.12	.74
j	81	24	1,944	.10	.84
a	14	83	1,162	.06	.90
d	24	45	1,080	.05	.95
e	75	10	750	.04	.99
h	5	51	255	.01	1
f	43	2	86	.00	1
			20,328		

g와 i의 2개 품목이 거의 50% 가까이 차지하며, 하위 4개 품목은 고작 10% 정도 차지하고 있다.

(b)

분 류	I	II	III
A	g		i
B	c	b	j
C	e	h	f, a, d

AA가 약 38%, CC가 22%를 차지한다.

품 목	분 류	사용량	단 가	부품비용	%	누적 %
g	A I	56	94	5,264	.26	.26
i	B I	48	87	4,176	.20	.46
b	AIII	47	68	3,196	.16	.62
c	B II	105	23	2,415	.12	.74
j	C I	81	24	1,944	.10	.84
a	BIII	14	83	1,162	.06	.90
d	CIII	24	45	1,080	.05	.95
e	CIII	75	10	750	.04	.99
h	C II	5	51	255	.01	1
f	CIII	43	2	86	.00	1

2. 1회 주문비용=10만원
단위당 연간재고유지비용=(4만원+3,000원)(0.06+0.12)=7,740원
이 문제에서 운송비용은 주문량에 비례하므로 주문비용에 포함되지 않고 구입원가에 포함되어 재고유지비용계산에 사용된다.

3. 주문량에 비례하는 비용항목은 모두 구입원가에 포함시켜야 한다.
단위당 연간재고유지비용=(10,000+2,000+500)(0.1+0.05)+(1,500)(12)=19,875원
(참고로 창고보관비용은 개당 1개월에 1,500원이므로 재고 1개를 1년간 보관하려면 보관비용으로만 (1,500)(12)이 소요된다)
주문비용=100,000원

4. 1단위 연간재고유지비용=(3,000)(0.15)=450원/m^2
1회 주문비용=150,000원
6개월분씩 주문 : $Q=5,000$

$$TC=\left(\frac{5,000}{2}\right)(450)+(2)(150,000)=1,425,000$$

3개월씩 주문 : $Q=2,500$

$$TC=\left(\frac{2,500}{2}\right)(450)+(4)(150,000)=1,162,500$$

따라서 $\dfrac{1,425,000-1,162,500}{1,425,000}=0.1842 \fallingdotseq 18.4\%$ 감소한다.

5. (a) 서비스수준=65%에 정확히 일치하는 주문량은 없으므로, 65%를 초과하면서 그에 가장 가까운 서비스수준을 찾아보면 75%가 되며 그에 해당하는 주문량은 32다발이다.
(b) $C_u=5,000-2,000=3,000$
$C_o=2,000-1,000=1,000$
따라서 $C_u/(C_u+C_o)=\dfrac{3,000}{3,000+1,000}=0.75$이며, 최적주문량은 32다발이다.

6. AA항복=15개, CC항목=86개

7. 이 경우 재고가 충분하지 않으면 경쟁업체에서 13,000원에 구입하여 2,000원의 이익을 올릴 수 있다. 그러나 충분히 주문했다면 5,000원에 사서 10,000원의 이익을 올릴 수도 있었다. 즉 충분한 재고를 보유하지 못한 경우 10,000원의 이익을 올릴 수 있는데 고작

2,000원의 이익만을 기대하게 되므로 일종의 손실로 C_u=10,000−2,000=8,000원만큼 발생한다고 생각해 볼 수 있다. 한편 C_o=5,000−2,000=3,000원이다.

8. (a) 안전재고=재주문점−평균수요

평균수요=(15)(0.1)+(20)(0.2)+(25)(0.3)+(30)(0.2)+(35)(0.1)+(40)(0.1)=26.5

안전재고=30−26.5=3.5

(b) 90% 서비스수준을 유지하려면 재주문점이 35개가 되어야 하므로

안전재고=35−26.5=8.5

제 7 장 동적주문량모형과 MRP시스템

선택형 문제

1. ③ **2.** ① **3.** ④ **4.** ④ **5.** (a) ②, (b) ① **6.** (a) ④, (b) ①, (c) ③
7. ③ **8.** ①

계산형 문제

1. ① 이산기간 EOQ모형

d=(140+0+30+⋯40+30)=680/12=56.66, 약 57이 된다.

$$Q^* = \sqrt{\frac{(2)(57)(2,000)}{(500)(0.02)}} = 150.99 \cong 151$$

주	1	2	3	4	5	6	7	8	9	10	11	12
주문량	140		140				180		150		70	

② POQ모형

Q^*/d=151/57=2.65, 약 3이 된다.

주	1	2	3	4	5	6	7	8	9	10	11	12
주문량	170			110			270			130		

2. 주문비용=320,000원, 평균수요=8, 주당 재고유지비용=20,000원

(a) 평균수요를 토대로 한 연간주문횟수

$Q=\sqrt{(2\times 8\times 320,000/20,000)}=16$

$D=8\times 50=400$ (1년=50주)

연간주문횟수=400/16=25회

(b)

주	1	2	3	4	5	6	7	8
소요량	15	2	10	12	6	0	14	0

• 이산기간 EOQ모형

주	1	2	3	4	5	6	7	8
소요량	15	2	10	12	6	0	14	0
주문량	15	12		18			14	
재 고	0	10	0	6	0	0	0	0

첫 번째 주의 주문량을 15가 아닌 17로 하는 경우(15나 17이나 모두 앞에서 계산한 Q=16에 가까운 값임), 결과는 다음과 같이 다소 달라진다.

주	1	2	3	4	5	6	7	8
소요량	15	2	10	12	6	0	14	0
주문량	17	0	10	18			14	
재 고	2	0	0	6	0	0	0	0

8주간의 총재고비용에는 다소 차이가 있지만 이 문제에서는 이를 고려하지 않는 것으로 가정한다.

• POQ모형 (T=2)

주	1	2	3	4	5	6	7	8
소요량	15	2	10	12	6	0	14	0
주문량	17		22		6		14	
재 고	2	0	12	0	0	0	0	0

3. 주문비용=800,000, 현재고=0, 주당 재고유지비용=10,000

주	1	2	3	4	5	6	7	8
예측치	60	40	25	5	100	20	60	10

1) 이산기간 EOQ모형

평균수요=40이고 EOQ=80개로 계산된다.

주	1	2	3	4	5	6	7	8
예측치	60	40	25	5	100	20	60	10
주문량	60	70			100	80		10
재 고	0	30	5	0	0	60	0	0

실제 현업에서는 1주일 지나면 다시 8주나 12주 계획을 다시 수립하게 되므로, 위 표에서 8주차에 10개로 설정한 주문량은 수정될 가능성이 높다.

2) POQ모형 (T=2)

주	1	2	3	4	5	6	7	8
예측치	60	40	25	5	100	20	60	10
주문량	100		30		120		70	
재 고	40	0	5	0	20	0	10	0

4. BOM을 그려보면

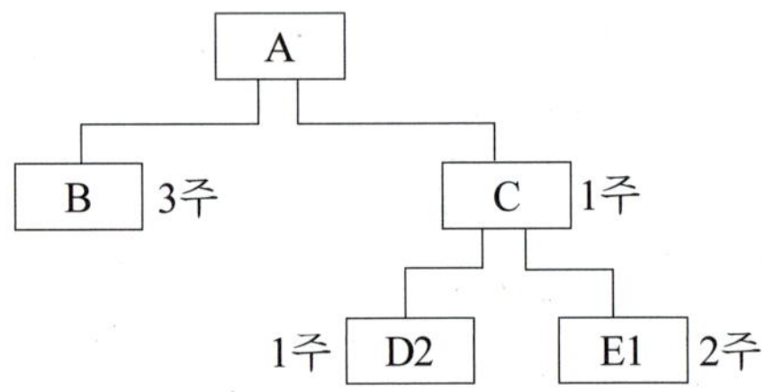

품목 A의 생산이 4주초부터 시작되므로 A를 생산하는 부서의 입장에서 보면 B와 C 재고도 4주초에는 확보되어 있어야 한다. 따라서 lot-for-lot으로 스케줄을 구축하면 다음과 같다.

B의 계획

주		1	2	3	4	5	6	7	8	9	10
총소요량		0	0	0	100	80	0	0	70	0	70
현재고	200	200	200	200	100	20	20	20			
입고예정량											
순소요량									50	0	70
계획된 입고량									50	0	70
계획된 발주량						50	0	70			

C의 계획

주		1	2	3	4	5	6	7	8	9	10
총소요량		0	0	0	100	80	0	0	70	0	70
현재고	0	0	0	0							
입고예정량											
순소요량					100	80	0	0	70	0	70
계획된 입고량					100	80	0	0	70	0	70
계획된 발주량				100	80	0	0	70	0	70	

D의 계획

주		1	2	3	4	5	6	7	8	9	10
총소요량				200	160	0	0	140	0	140	
현재고	600	600	600	400	240	240	240	100	100		
입고예정량											
순소요량										40	
계획된 입고량										40	
계획된 발주량									40		

E의 계획

주		1	2	3	4	5	6	7	8	9	10
총소요량				100	80	0	0	70	0	70	
현재고	0										
입고예정량											
순소요량				100	80	0	0	70	0	70	
계획된 입고량				100	80	0	0	70	0	70	
계획된 발주량		100	80	0	0	70	0	70			

5. 앞 문제에서 E의 계획에 해당하는 표를 보면, E는 셋째주 초에 100개가 입고해 있어야 순소요량 100개를 충족시켜 줄 수 있다. 따라서 3주초에 입고시켜 준다면 별문제가 없다.

6. (a) 품목 A

주		1	2	3	4	5	6	7	8	9	10	11
총소요량		0	0	0	0	0	0	0	160	0	0	100
현재고	0											
입고예정량												
순소요량		0	0	0	0	0	0	0	160	0	0	100
계획된 입고량		0	0	0	0	0	0	0	160	0	0	100
계획된 발주량						160	0	0	100			

품목 B

주		1	2	3	4	5	6	7	8	9	10	11
총소요량									160	0	0	100
현재고	0	0	0	0	0	50	50	50				
입고예정량						50						
순소요량									110	0	0	100
계획된 입고량									110	0	0	100
계획된 발주량						110	0	0	100			

품목 C

주		1	2	3	4	5	6	7	8	9	10	11
총소요량						110	0	0	100			
현재고	0	0	0	100	100							
입고예정량				100								
순소요량						10	0	0	100			
계획된 입고량						10	0	0	100			
계획된 발주량					10	0	0	100				

품목 D

주		1	2	3	4	5	6	7	8	9	10	11
총소요량						110	0	0	100			
현재고	0											
입고예정량												
순소요량						110	0	0	100			
계획된 입고량						110	0	0	100			
계획된 발주량					110	0	0	100				

(b) 품목 B의 경우 총소요량은 8주째부터 0보다 큰 값으로 나타난다. 따라서 2주 늦어서 7주초에 공급되면 5주와 6주째의 현재고가 0으로 변할 뿐, 다른 사항에는 전혀 영향을 미치지 못한다. 오히려 재고유지비용이 절감된다.

(c) 품목 C의 발주량을 기준으로 하여 품목 C의 표만 재작성하면 된다.

주		1	2	3	4	5	6	7	8	9	10	11
총소요량						110	0	0	100			
현재고	0			50	50	0		50				
입고예정량				50				50				
순소요량						60			50			
계획된 입고량						60			50			
계획된 발주량					60	0	0	50				

제 8 장 린생산

선택형 문제

1. ① 2. ② 3. ① 4. ③ 5. ② 6. ② 7. ④ 8. ④ 9. ③ 10. ③
11. ② 12. ② 13. ②

제 9 장 품질경영

선택형 문제

1. ③ 2. ① 3. ② 4. ④ 5. ② 6. ③ 7. ④ 8. ③ 9. ① 10. ③
11. ② 12. ② 13. ② 14. ② 15. ① 16. ④ 17. ③ 18. ①

제 10 장 공급망관리의 의의와 범주

선택형 문제

1. ② 2. ④ 3. ④ 4. ③ 5. ③ 6. ③ 7. ① 8. ③ 9. ④ 10. ③
11. ③ 12. ② 13. ④ 14. ② 15. ② 16. ④ 17. ④ 18. ④

제 11 장 공급망 계획수립시스템

선택형 문제

1. ③ 2. ① 3. ④ 4. ① 5. ④ 6. ② 7. ④ 8. ① 9. ④ 10. ①
11. ② 12. ③ 13. ③ 14. ③

제 12 장 디지털 공급망관리의 의의와 구성요소

선택형 문제

1. ④ 2. ② 3. ① 4. ③ 5. ④ 6. ② 7. ④ 8. ①

찾아보기

[ㄱ]

가공공정 33
가공로트(process lot) 317
가시성 경계 111
가중이동평균법 150
간트 차트(Gantt chart) 205
간판(Kanban)방식 318
개별생산 30
결정계수 163
결정적 순간 359
경제적 주문량 238
계량적 기법 142
계속생산 31
계속실사제 248
계획생산 194
계획생산시스템 34
계획수립기법 39
고객지원 프로세스 391
고정형 자동화시스템 73
공급능력지수 408
공급망 376
공급망관리 18, 22, 381
공급자 관계관리 시스템 433
공정별 레이아웃 95
관리도 335, 349
그룹테크놀로지 98
기계가공시간 316
기능별 레이아웃 114
기준생산계획 190, 192

[ㄴ]

낙관적 시간 207
내부적 실패비용 338
네트워크 206
노-쇼 현상 255
뉴스벤더모형 243

[ㄷ]

다능공(多能工) 313
단순이동평균법 150
단순화의 원리 87
당연적 품질요소 334
당일 출하율 409
대기시간 315
대기행렬 115
델파이법 143
도수분포표 344
동기요인 333
동적주문량모형 274
디지털 공급망관리 470

[ㄹ]

라인별 레이아웃 114
라인의 균형 101
로봇 74
로트분할 317
리드타임 279, 315
린생산(lean manufacturing system) 298

[ㅁ]

마켓시계 56
매력적 품질요소 333
매몰비용(sunk cost) 231
매스커스터마이제이션 26
명시적 서비스 109
모니터링 139
모듈러 디자인 63
무결점 299
무관심 품질요소 334
무료공급량비용 339
묵시적 서비스 110
물류관리 449
미쓰비시 66

[ㅂ]

반복라인생산 30
반응적 공급망 387
배치(batch)공정 309
배치생산 30
병목공정 32, 314

부실재고율 410
부진재고율 410
분업이론 37
비관적 시간 207
비축재고 229

[ㅅ]
사전 판매 상품 258
산점도 348
산출물(output) 391
상호작용경계 112
생산계획 모듈 397
생산 · 공급망관리 18
생산능력 32, 438
생산능력지수 407
생산라인 100
생산라인의 효율 101
생산준비비용 230, 242
생산준비시간 304, 316
생판계획(S&OP) 187
서비스 109
서비스 생산성 255
서비스 지원시설 109
선택사양설계전략 65
설계품질 331
설비가동손실비용 338
세부자재계획 190
셀룰러 시스템 310
소인화(少人化) 313
속성비용 209
속성시간 209
수동제조기술 71
수요계획 프로세스 139
수요계획 합의 프로세스 139
수요관리 136, 425
수요분석 프로세스 139
수요예측 137
수요예측정확도 407
수요왜곡현상 378
수율(yield)의 감소 338
수입자재검사비용 339
수직 계열화 383
순소요량 282
순환재고 229
시간대별 주문점제도 199
시계열 예측기법 145
시장세분화 258
시장조사법 143
식스시그마 353
신제품 개발 프로세스 391, 393
실패비용 338

[ㅇ]
아웃소싱 450
안전재고 229, 250, 305
역품질요소 334
연간주문비용 240
연간주문횟수 240
예방비용 340
예측오차 146
완충재고(buffer stock) 229
외부적 실패비용 338
우선순위규칙 201
운송수단 449
원가(cost) 26
원자재 33
위생요인 333
유연생산시스템(FMS) 74
유연형 자동화시스템 73
이동로트(transfer lot) 317
이동시간 316
이동평균법 148
이산기간 EOQ모형 275
이중 칸제도(two bin system) 248
인과분석도 346
인과형 예측기법 160
일원적 품질요소 333
일정관리 200

[ㅈ]
자본비용 231
자원관리 프로세스 391, 393
자재관리 모듈 397
자재명세서(BOM) 279
자재소요계획 277
장기재고율 410
재고 228, 440
재고관리 228
재고관리시스템 247
재고부족비용 231
재고소진기간 196
재고수준 33
재고실사 247
재고유지비용 231
재고율 410
재고일수 409
재고회전율 232
재작업비용 338
재주문점 248
적기공급률 437
적기출하율 437
적시생산제(JIT system) 298
적합품질 331
전사적 자원관리시스템 42
점검표(check sheets) 342

정기실사제 248
정량납품률 408
정상비용 209
정상시간 209
정성적 기법 142
제조리드타임 409
조립도표 92
종합적 품질경영 336
주기적 주문주기모형 276
주문관리 436
주문량 247
주문비용 230
주문생산 195
주문생산시스템 35
주문시점 247
주문조립생산 195
주문조립생산시스템 35
주문주기모형 283
주문충족비율 233
지수평활법 151
지연전략 65, 446
직(直)선적 450
진실의 순간(MOT) 359

[ㅊ]
채찍효과 378
첨단계획수립시스템 423, 424
초점화의 원리 86
총괄생산계획 187
총소요량 282
최빈시간 207
최소자승법 161
취급비용 231

[ㅋ]
카노(Kano) 품질모형 333
컨커런트 엔지니어링 40, 58
컴퓨터지원생산시스템 75
컴퓨터지원설계시스템 75
컴퓨터통합생산시스템 40
크로스도킹(cross docking) 452

[ㅌ]
타당성 검토 53
통합공급계획 429
통합화의 원리 90
투입물(input) 391
특성요인도 346

[ㅍ]
파레토도 344
파레토의 원칙 344
파이프라인재고 229
판매능력지수 408
판매・유통 모듈 397
패스트패션(fast fashion) 453
평가비용 339
폐기물비용 338
포디즘(Fordism) 38
푸시(push)시스템 307, 314
푸시(push)형 387
풀링 121, 253
풀(pull)시스템 307, 314
풀(pull)형 387
품질(quality) 24, 330
품질경영 335
품질관리 모듈 397
품질기능전개(QFD) 65
품질비용 337
품질비용분석 341
프로세스 391
프로세스 분석 86
프로세스 테크놀로지 70
피시본 차트 346

[ㅎ]
핵심성과지표 405
현금순환주기 410
혼류생산 308
회귀분석 142, 160
회사시계 56
효율적 공급망 386
휴리스틱 기법 103
흐름공정표 92
흐름도 348

[기타]
5S운동 302, 325
ABC 관리기법 234
House of Quality(품질의 집) 66
NC기계 73
SOP실행률 408
U-라인 311

저자소개

김 태 웅 성균관대학교 경영대학 명예교수

- 미국 인디애나대학교에서 MBA, 퍼듀대학교에서 생산운영관리 전공으로 경영학박사학위 취득 후 1988년 성균관대학교 경영대학에 부임하였음
- 20년 넘게 경영통계학, 경영학원론, 생산공급망관리 등을 강의하고 있음
- 현재, 중소제조업체의 ERP 구축과 운영, SCM 도입 등에 관심을 가지고 연구중임
- 주요 저서로는 경영학원론(신영사, 2023), 엑셀과 R Commander를 활용한 통계(신영사, 2023), 품질경영의 이해(신영사, 2021), 경영수학의 이해(신영사, 2020) 등이 있음

장 영 봉 성균관대학교 경영대학 교수

- 미국 캘리포니아대학교 에바인캠퍼스에서 경영학박사학위 취득 후 캐나다의 브리티시 컬럼비아대학교 및 울산과학기술대학교(UNIST)에서 근무하였음
- 성균관대학교 부임 후 10여 년 동안 생산공급망관리론, 경영통계, 경영학원론 및 수리적 분석방법론 등을 강의하고 있음
- 현재, ICT 산업에 대한 경제학적 실증분석을 토대로 ICT 기반 산업의 투자 · 경쟁분석, 스타트업 가치 · 위험분석, 인수 · 합병전략 등에 대한 관심을 가지고 관련 연구를 진행중임

제4판 생산 · 공급망관리의 이해

2016년 1월 20일 제1판 1쇄 발행
2023년 7월 15일 제4판 1쇄 인쇄
2023년 7월 25일 제4판 1쇄 발행

㈜신영사

저　　자　김태웅 · 장영봉
발 행 인　권 영 섭
발 행 처　(주)신 영 사

경기도 파주시 심학산로 12(출판문화단지)
등　　록 : 1988. 5. 2 / 제406-1988-000020호
전　　화 : 031-946-2894(代)
F A X : 031-946-0799
e-mail : sys28945@naver.com
홈페이지 : http://www.shinyoungsa.co.kr

정가 **32,000**원　　ISBN 978-89-5501-836-3